Souverän zum Erfolg:
Perfekt vortragen und verhandeln

Rhetorik, Grammatik, Dialektik
Ein Handbuch

Zum Buch

Dieses Buch hat einen völlig anderen Ansatz als alle anderen Rhetorikbücher: Es vereinigt die Bausteine Rhetorik, Grammatik und Dialektik und zeigt durch seine einzigartige Lexikonfunktion die zahlreichen Gemeinsamkeiten zwischen diesen drei Bereichen auf - nicht nur als Lehrbuch, sondern auch als Übungsbuch. Die Leser werden in die Lage versetzt, eine Rede in vielen unterschiedlichen Varianten zu erstellen, ohne auf Musterredensammlungen zurückgreifen zu müssen.
In leicht verständlicher Sprache geht das vorliegende Standardwerk in die Tiefe des rhetorischen Handwerks: Die Affektenlehre des Aristoteles, die Emotionen im Publikum auszulösen versteht, wird genauso nahe gebracht wie die antike Humortheorie von Cicero, mit der man das Publikum zum Lachen bringt. Auch die Reaktion auf die Gesprächspartner ist Teil der konkreten Ratschläge, die Sie hier in die Hand bekommen, wie etwa, echte Argumente von falschen zu unterscheiden und einen Diskussionsgegner ins Leere laufen zu lassen, wenn er Sie angreift. Im Ergebnis werden Sie schwierigen Verhandlungssituationen souverän begegnen. Und nicht zuletzt: Es gibt zahlreiche Tipps, wie Sie es schaffen, mit Ihrem Gedächtnis zu brillieren.
Die Geschichte der Rhetorik ist hier auf das Nötigste beschränkt, im Vordergrund steht das Wissen darum, wie man mit seiner Sprache umgehen muss, um Erfolg zu haben. Auch wenn Sie jetzt noch Anfänger der Rhetorik sind – nach diesem Buch werden Sie sogar einen Rhetoriktrainer besiegen können. Denn auch der Rhetoriktrainer wird nicht mehr Möglichkeiten kennen und immer nur aus den in diesem Buch aufgeführten schöpfen.

„Souverän zum Erfolg" ist ein praktischer Begleiter für jeden Tag, der zum Sprechen oder Schreiben einlädt, sei es eine Präsentation vor vielen oder die Kunst des Streitgesprächs, sei es das Erstellen eines Textes oder auch nur eine witzige Bemerkung im Freundeskreis!

Zum Autor

Uwe Pache unterrichtet seit über 15 Jahren die Fächer Deutsch, Englisch und Latein und ist schon von Berufs wegen Dauersprecher und Rhetoriktrainer mit Herz und Seele. Er hat weitreichende Erfahrungen mit dem Vermitteln von Grammatik und Stilistik.
In Kombination mit Fremdsprachen studierte er an den Universitäten Tübingen und Nottingham „Allgemeine Rhetorik", bei so bekannten Dozenten wie Gert Ueding, Joachim Knape, Clemens Ottmers, Franz H. Robling und Robert Cockcroft, ergänzt von einem Schreibseminar beim späteren Büchner-Preisträger Wilhelm Genazino. Berufliche Tätigkeit in Presse- und Öffentlichkeitsarbeit (Schwerpunkt: „Mein Leben" von Marcel Reich-Ranicki) folgte, er war Texter zu auflagenstarken Planern der Formel 1-Rennsaison 2002 und der Fußball-WM 2002 in Japan/Südkorea, er arbeitete als Redakteur für Ostdeutschlands größte Online-Zeitung mit eigener Kolumne („Aus aller Welt" / „Paches Bundesliga kompakt" / „CD-Besprechungen") und er war bei der Werbeagentur des Sportwagenherstellers Porsche tätig. Als einstiger Versicherungskaufmann von Allianz Leben kennt er zudem die Welt eben nicht nur aus dem akademischen Blickwinkel der Universität, sondern versteht Rhetorik vor allem als Praxisanwendung, die es aktiv und passiv zu beherrschen gilt.

Uwe Pache

Souverän zum Erfolg:
Perfekt vortragen und verhandeln

Rhetorik, Grammatik, Dialektik
Ein Handbuch

Originalausgabe
Copyright 2017 by Autumnus Verlag, Berlin
Umschlaggestaltung: Haakon Auster
Das Werk ist urheberrechtlich geschützt.
Kein Teil des Werkes darf in irgendeiner Form
(durch Photographie, Mikrofilm oder andere Verfahren)
ohne schriftliche Genehmigung des Verlages reproduziert
oder unter Verwendung elektronischer Systeme verarbeitet,
vervielfältigt oder verbreitet werden.
Printed in Europe
ISBN 978-3-944382-60-9
www.autumnus-verlag.de

Schweige nicht zu viel, sonst belehrst du nicht; brumme nicht zu viel, sonst bekehrst du nicht; liebe nicht zu viel, sonst beglückst du nicht; singe nicht zu viel, sonst entzückst du nicht; schwätze nicht zu viel, sonst erhellst du nicht; spotte nicht zu viel, sonst gefällst du nicht; trinke nicht zu viel, sonst gedeihst du nicht; sündige nicht zu viel, sonst verzeihst du nicht.

Das Pilsener Bier ist blond wie die Heldin einer Ballade, leicht wie das Gewissen eines Diplomaten, glänzend wie die Versprechungen eines Finanzministers und schäumend wie die Rede.

Ein Blick sagt (oft) mehr als eine Rede.

Ist deine Rede noch nicht ganz reif, so pfeif'!

Glücksrad teilt vier Mann: Der eine steigt auf, der andere steigt ab, der dritte ist oben, der vierte unten.

Ein Prediger und ein Demagogus sind so weit voneinander als ein Redner und ein Schwätzer.

Inhaltsverzeichnis

Schritt 1

- Das Aufschreiben der Rede beherrschen (elocutio): alle Wortarten:
A17 – A53 ....S.57- S.172
Alle Satzarten können:
A54 – A72 .... S.173 - S.197
Alle rhetorische Figuren können:
A73 – B51 .... S.198 - S. 373
Mit Gruppenübungen, eigenen Redebeispielen, Original-Reden historischer Persönlichkeiten und Multiple-Choice Test nach jeder Lerneinheit:
A17 – B51..S.368 - S.373

  A1 Einführung
  A2 Definition: Was ist Rhetorik? / Geschichtliche Anfänge / Aufstieg und Fall der Rhetorik
  A3 Was ist noch Rhetorik?
  A4 Wie lernt man Rhetorik?
  A5 Rhetorik in diesem Buch
  A6 Definition – was ist Grammatik
  A7 Grammatik in diesem Buch
  A8 Definition: Was ist Dialektik
  A9 Dialektik in diesem Buch
  A10 Definition: Inventio
  A11 Definition: Dispositio
  A12 Definition: Elocutio
  A13 Definition: Memoria
  A14 Definition: Actio
  A15 Arbeitsschritte eines Redners
  A16 Schreibregeln für Rhetorik
  A17 Fragewort
  A18 bestimmter Artikel
  A19 unbestimmter Artikel
  A20 Demonstrativpronomen
  A21 Substantiv
  A22 Genitivattribut
  A23 Exkurs: Die vier Fälle im Satz
  A24 Verb

A25 Hilfsverb
A26 Vollverb
A27 Modalverb
A28 Substantivierte Verben
A29 Partizip Präsens
A30 Partizip Perfekt
A31 Adjektiv Positiv
A32 Adjektiv – Komparativ
A33 Superlativ
A34 Substantiviertes Adjektiv
A35 Adverb der Art und Weise
A36 Gradadverb
A37 Ortsadverb
A38 Zeitadverb
A39 Häufigkeitsadverb
A40 Adverbien – Reihenfolge im Satz
A41 Modal-Adverbien
A42 Modal-Partikel
A43 Präposition
A44 Personalpronomen
A45 Reflexivpronomen
A46 Possessivpronomen
A47 Relativpronomen
A48 Indefinitpronomen
A49 Numerale
A50 Interjektion
A51 Konjunktion
A52 Subjunktion
A53 Komposita
A54 Aussagesatz
A55 Fragesatz
A56 Wunschsatz
A57 Befehlssatz
A58 Vergleichssatz
A59 dass-Satz
A60 Kausalsatz
A61 Temporalsatz
A62 Adversativsatz
A63 Konsekutivsatz
A64 Finalsatz
A65 Konditionalsatz
A66 Relativsatz

A67 Direkte Rede
A68 Indirekte Rede
A69 Konjunktionalsatz
A70 Indirekter Fragesatz
A71 Infinitivsatz
A72 Apposition
A73 Definition: Rhetorische Figur
A74 Geminatio
A75 Reduplicatio
A76 Klimax
A77 Inclusio
A78 Anapher
A79 Epipher
A80 Symploke
A81 Epanode
A82 Polyptoton
A83 Synonymia
A84 Diaphora
A85 Paronomasie
A86 Derivatio
A87 Asyndeton / Polysyndeton
A88 Refrain
A89 Verdeutlichung
A90 Bekräftigung
A91 Alliteration
A92 Congeries
A93 Ellipse
A94 Asyndeton
A95 Zeugma
A96 Anakoluth
A97 Inversio
A98 Hypallage
A99 Hysteron proteron
B1 Hyperbaton
B2 Parallelismus
B3 Chiasmus
B4 Antithese
B5 Antimetabole
B6 Synonym
B7 Archaismus
B8 Neologismus
B9 Periphrase

B10 Fremdwort
B11 Stilbruch
B12 Emphase
B13 Epitheton ornans
B14 Litotes
B15 Hyperbel
B16 Ironie
B17 Metonymie
B18 – B 21 Synekdoche
B22 Pronominatio
B23 Metapher
B24 Katachrese
B25 Allegorie
B26 Personifikation
B27 Detaillierung
B28 Exemplum
B29 Definition: Manipulationsfiguren
B30 Rhetorische Frage
B31 Correctio
B32 Permissio
B33 Licentia
B34 Repetitio sententiae
B35 Subnexio
B36 Ironie
B37 Praeteritio
B38 Adiectio
B39 Anticipatio
B40 Praeparatio
B41 Definition: Figuren der Aufmerksamkeitssteigerung und Sympathie
B42 Sermocinatio
B43 Fictio Audientis
B44 Reticentia
B45 Brevitas
B46 Humilitas
B47 Tua Res Agitur
B48 Direkte Publikumsansprache
B49 Publikumsentscheid
B50 Sentenz
B51 Abschlusstest rhetorische Figuren

Schritt 2

-Die Anordnung von Information meistern (dispositio): Alle Argumentationsarten kennenlernen, die für eine Rede bedeutsam sind.
-Inhaltliche Einteilung der Rede für die verschiedene Anlässe beherrschen.
B52 – C10 .... S.373 - S.441

    B52 Definition: Argumentationsfiguren
    B53.1 Allgemeine Regeln für richtiges Argumentieren
    B53.2 Wie überzeugt ein Argument?
    B54 Basis-Argumentation
    B55 Plusminus-Argumentation
    B56 scheinbares Zugeständnis mit Contra-Widerlegung
    B57 Pro-Contra-Argumentation mit Ablenkungsmanöver
    B58 Argumentationsarten
    B59 Syllogismus
    B60 Apodiktischer Beweis
    B61 Autoritätsbeweis
    B62 Bilanzierung von Pro und Contra
    B63 Evidentia
    B64-B86 Scheinargumente
    B64 neuer Faktor zur Ergebnisänderung
    B65 Mitleidargument
    B66 Gruppenargument
    B67 Traditionsverweis
    B68 Moralisches Argument
    B69 Erfolgsargument
    B70 Angstargument
    B71 Neidargument
    B72 Hassargument
    B73 Fantasieargument
    B74 unbeweisbares Argument
    B75 Argument des zeitgleichen Zusammenhangs
    B76 herablassendes Argument
    B77 Stammtisch-Argument
    B78 Gewinnersparnis-Argument
    B79 Risikominimierungs-Argument
    B80 Nutzen-Argument
    B81 Beschwichtigung durch Ausklammerung
    B82 Diffamierung durch Ausklammerung
    B83 Wiederholungs-Argument

B84 Angriffs-Argument
B85 Totschlags-Argument
B86 Weiterführung durch Ausklammerung
B87-C10 Gliederung
B88 Definition: Gliederung
B89 Redeformen
B90 Betrachtung
B91 Bericht
B92 Abhandlung
B93 Beschreibung
B94 Schilderung
B95 Erzählung
B96 Leitgedanken Gliederung / Stilarten
B97 Leitgedanken für die elocutio
B98 Vorgehensweise Gliederung
B99 Einfache Gliederung
C1 Tipps für die Einleitung
C2 Einleitungsschema
C3 Überleitung zu neuen Argumenten
C4 Hauptteil: inneres aptum
C5 Zuschauerreaktionen: äußeres aptum
C6 Tipps für den Schluss
C7 Spannungsgefälle in der Gliederung
C8 Gliederungsmöglichkeiten aus Rednersicht
C9 Bekannte Gliederungsformen in der Rhetorik
C10 Mustergliederung für verschiedene Redeanlässe

Schritt 3

-Dem Vortrag der Rede gewachsen sein (actio): Körpersprache und Stimme einsetzen.
-Selbstkritische Analyse von Videoaufnahmen. Richtige Manuskriptgestaltung.
C11 – C38 .... S.442 - S.498

C1 Einführung in die Körpersprache
C12 Flight or fight
C13 Körpersprache, Definition
C14 Körpersprache in der Rhetorik
C15 Körpersprache: Mythen und Wahrheiten

C16 Körpersprache: Eine Form der Intelligenz?
C17 Faustregeln für ein Gespräch
C18 Faktoren, die Körpersprache beeinflussen
C19 Status des Redners
C20 Gründe für Lampenfieber
C21 Sprechtempo
C22 Sprechmelodie
C23 Artikulation
C24 Lautstärke
C25 Pausen
C26 Atmung
C27 Blickkontakt zum Publikum
C28 Haltung
C29 Hände
C30 Mimik
C31 Kleidung
C32 Manuskriptgestaltung
C33 Raum
C34 Raumbestuhlung
C35 technisches Equipment
C36 Keynotes
C37 Geld verdienen als Redner
C38 Beurteilungskriterien für einen Redner

Schritt 4

-Das Sammeln von Information beherrschen (inventio): Selektives Lesen (Texte überfliegen) und Brainstorming (z.B. ABC-Technik) können.
C39 – C46 .... S.499 - S.510

C39 Informationssammlung für Beweise
C40 Informationen zur Person und Sache gewinnen
C41 Grundfertigkeiten zur Informationsgewinnung
C42 journalistische Methode
C43 ABC-Methode
C44 Brainstorming
C45 Mind-Map
C46 Lesen nach PQR4

Schritt 5

-Das Einprägen der Rede können (memoria): eventuell Gedächtnistechniken einsetzen.
C47 – C51 .... S.510 - S.524

    C47 Gedächtnis: Einführung
    C48 Memoria: Definition / Tipps zum Einprägen
    C59 Loci-Technik
    C50 Wortketten-Technik
    C51 Story-Technik

Schritt 6

-Die Massenkommunikation beherrschen – wie man Gefühle im Publikum auslöst (Affektenlehre des Aristoteles).
-Rhetorische Humortechniken nach Cicero.
C52 – D11 .... S.525 - S.566

    C52 Einführung in die Affektenlehre des Aristoteles
    C53 Definition: Affekte
    C54 Der Zorn nach Aristoteles
    C55 Der Zorn in der Rede
    C56 Die Besänftigung nach Aristoteles
    C57 Die Besänftigung in der Rede
    C58 Freundschaft und Feindschaft nach Aristoteles
    C59 Freundschaft und Feindschaft in der Rede
    C60 Die Furcht nach Aristoteles
    C61 Die Furcht in der Rede
    C62 Der Mut nach Aristoteles
    C63 Der Mut in der Rede
    C64 Die Scham und Schamlosigkeit nach Aristoteles
    C65 Die Scham und Schamlosigkeit in der Rede
    C66 Das Mitleid nach Aristoteles
    C67 Das Mitleid in der Rede
    C68 Der Neid nach Aristoteles
    C69 Der Neid in der Rede
    C70 Die Eifersucht nach Aristoteles
    C71 Die Eifersucht in der Rede

C72 Die Jugend nach Aristoteles
C73 Die Jugend als Publikum
C74 Die Alten nach Aristoteles
C75 Die Alten als Publikum
C76 Die Vermögenden nach Aristoteles
C77 Die Mächtigen nach Aristoteles
C78 Der Witz: Teil der Affektenlehre
C79 Witzgegenstand nach Cicero
C80 Sachwitz versus Formulierungswitz nach Cicero
C81 Das Witzfeld nach Cicero
C82 Themen für Witze nach Cicero
C83 Cicero: Warum lacht man über Witze?
C84 Paronomasie nach Cicero
C85 Sentenzen nach Cicero
C86 sich dumm stellen nach Cicero
C87 Ironie nach Cicero
C88 Unterstellungen nach Cicero
C89 Ironie als Konter für Witze nach Cicero
C90 Bilderwartungen verdrehen nach Cicero
C91 Anekdote nach Cicero
C92 Fabel nach Cicero
C93 Umschreiben der Geschichte nach Cicero
C94 Ähnlichkeiten suchen nach Cicero
C95 Hässlichkeitsübertragung nach Cicero
C96 Verzerrung nach Cicero
C97 Anspielung nach Cicero
C98 Paradox nach Cicero
C99 Versteckte Ironie nach Cicero
D1 Mürrische Komik nach Cicero
D2 Geduldige Komik nach Cicero
D3 Unverschämte Komik nach Cicero
D4 Abkürzungsneologismus nach Cicero
D5 Unerwartete Komik nach Cicero
D6 Blitzschnelle Änderung der eigenen Meinung nach Cicero
D7 Fragekette nach Cicero
D8 Gelassenheit zeigen nach Cicero
D9 Komisches und Lächerliches nach Fülleborn
D10 Der Witz nach Fülleborn
D11 Komik nach Fülleborn

Schritt 7

-Gespräche führen können (Dialektik): Argumentieren können (siehe Schritt 2)
-Rhetorische Figuren (z.B. Ironie) einsetzen können (siehe Schritt 1)
-Faire Diskussionen führen können, unfaire Diskussionen (z.B. Manipulationsversuche durch Lob/ harsche Kritik) erkennen und widerlegen können.
D12 – F50 .... S.567 – S.656

    D12 Begriffsbestimmung Dialektik
    D13 Anwendungsbereiche der Dialektik
    D14 Konversationsmaximen für faire Gespräche
    D15 Kontakt zum Gesprächspartner herstellen
    D16 Die richtigen Fragen stellen
    D17 Selbstenthüllung
    D18 Sprachbeherrschung
    D19 Eigene Meinung zurückhalten
    D20 Zeit für Antworten gewähren
    D21 Gesprächsverstärker
    D22 auf die Sachebene kommen
    D23 Gespräche positiv beenden
    D24 Checkliste für Gespräche
    D25 Analysefehler für Gespräche
    D26 – D36 Axiome für den ersten Eindruck
    D26 Sympathieträger Gleichmacherei nach Aronson
    D27 Sympathieträger Gegensatz nach Aronson
    D28 Sympathieträger Schönheit nach Aronson
    D29 Sympathiekiller Intelligenz nach Aronson
    D30 Sympathieträger Kritik nach Aronson
    D31 Sympathiekiller Kritik nach Aronson
    D32 Sympathieträger Lob nach Aronson
    D33 – D35 Sympathieträger/Sympathiekiller Gefallen nach Aronson
    D36 Sympathieträger „böse zu nett" versus „immer nett" nach Aronson
    D37 Eröffnungsphase einer Verhandlung
    D38 Themensammlung und Verfahrensplanung einer Verhandlung
    D39 Meinungen einholen in einer Verhandlung
    D40 Verhandlungsbeginn
    D41 Maßnahmenkatalog für eine Verhandlung
    D42 Ergebnissicherung einer Verhandlung
    D43 Nullsummensituation in einer Verhandlung
    D44 Nicht-Nullsummensituation in einer Verhandlung
    D45 Verhandlungsziele

D46 Definitionsziele
D47 Materielle Ziele
D48 Positionsziele
D49 Imageziele
D50 Kooperationsziele
D51 Verhandlungsrhetorik nach lösungsorientierter Methode
D52 Problemdefinition
D53 Verhandlungsziele bestimmen
D54 Lösungsvorschläge entwickeln
D55 Lösungsvorschläge beurteilen
D56 Akzeptanz des Verhandlungspartners
D57 Vermeidung von Schuldzuweisungen
D58 Kreative Atmosphäre schaffen
D59 Interessenausgleich
D60 Vertrauensbasis schaffen
D61 Motivation und Eigenbegeisterung entwickeln
D62 Aktives Zuhören
D63 Bestätigungen geben
D64 Persönliche Begründung mit Ich-Botschaft
D65 Wertschätzung zeigen
D66 Entlastung des Verhandlungspartners
D67 Ansprechen des Konflikts
D68 Aufwertung des Verhandlungspartners
D69 guten Willen zeigen
D70 Vertrauensbasis entwickeln
D71 Gefühle zeigen
D72 Verhandlungsrhetorik nach destruktiver Methode
D73 Killerphrasen
D74 Dominanzsignale
D75 Rollenanweisungen
D76 auf Sachzwänge berufen
D77 Abwertung des Gegners
D78 dem Gegner etwas unterstellen
D79 Abblockung
D80 Verantwortungszuweisung
D81 Vorwürfe
D82 böse Ironie
D83 Belehrungen
D84 Selbstdarstellung zur Abwertung
D85 Übertriebener Ausdruck von Gefühlen
D86 Ausspielen der eigenen Machtbasis
D87 Negativworte

D88 Zwischenrufe
D89 Sprüche
D90 Desinteresse
D91 in die Enge treiben
D92 Anteilnahme simulieren
D93 - E1 Gegentaktiken auf destruktive Verhandlungsmethode
D94 Kallikles
D95 Sichtbarmachung
D96 Gegenabwertung
D97 Emotionalisierung
D98 Ironische Betroffenheit
D99 Abblockung
E1 auflaufen lassen
E2 Angriffstaktiken
E3 direkter Angriff / indirekter Angriff
E4 beleidigt sein
E5 Pausen-Taktik
E6 Verschleppung der Verhandlung
E7 Negative Atmosphäre schaffen
E8 Wechselbad
E9 Datenflut
E10 Desinformation
E11 Verhandlungsrhetorik nach manipulativer Methode
E12 Geplante Wahlmöglichkeit
E13 Buhmann-Taktik
E14 Schein-Kompromiss
E15 Reaktanzmethode
E16 Symptomverschreibung
E17 Schuldgefühle erzeugen
E18 Betroffenheit simulieren
E19 Tränen-Drüse
E20 Schmeichelei und Vorzugsbehandlung
E21 Spaltungstechnik
E22 Katastrophenszenario vorstellen
E23 Abwertung des Gegners mit Hintergedanken
E24 Zange
E25 Ja-Straße
E26 Selbstverständlichkeits-Taktik
E27 Drohung
E28 – E55 weitere Verhandlungstricks mit richtiger Gegentaktik
E28 Arzt-Sprechstunde
E29 Stuntman

E30 Kerker
E31 Reise nach Jerusalem
E32 Störfeuer
E33 Alphabet von hinten
E34 Improvisation
E35 Die Uhr geht nach
E36 Ich bin dann mal weg
E37 Elefantengedächtnis
E38 ständige Unterbrechung
E39 Stummschaltung
E40 Bedrohung
E41 Provokation
E42 Ja, aber-Taktik
E43 Zange
E44 Sachkompetenz anzweifeln
E55 Alibi-Veranstaltung
E46 Schlechtes Benehmen
E47 Endlos-Monologe
E48 nicht bewiesene Behauptungen
E49 falsche Rückschlüsse ziehen
E50.1 Kaninchen aus dem Zauberhut
E50.2 Falsche Fährte setzen
E50.3 Forderungshyperbel
E51 Exkurs
E52 Heiratsschwindler
E53 Betrüger
E54 Verhandlungsgegenstand ausdehnen
E55 Blitz-Entscheidung gegen uns
B56 – E60 Themenbezogene Verhandlungstricks
E56 das Problem abstreiten
E57 Problem neu definieren
E58 door-in-the-face-Technik
E59 foot-in-the-door-Technik
E60 Gefallenstrick
E61 – E78 Eristische Dialektik nach Schopenhauer
E62 Fragefluss nach Schopenhauer
E63 plötzlicher Aufschrei nach Schopenhauer
E64 Zynismus nach Schopenhauer
E65 Diskussionsunterbrechung nach Schopenhauer
E66 Reizen des Gegners nach Schopenhauer
E67 Beispiele entkräften nach Schopenhauer
E68 schwache Stelle suchen nach Schopenhauer

E69 Themawechsel nach Schopenhauer
E70 Autoritäten und Vorurteile gebrauchen nach Schopenhauer
E71 unwissende Ironie nach Schopenhauer
E72 Gegenargument in ein schlechtes Licht stellen
E73 Konsequenzen leugnen nach Schopenhauer
E74 Nachhaken bei faulen Punkten
E75 Argument des Gegners widerspricht seinem eigenen Interesse
E76 hochgestochenen Wortschatz einsetzen nach Schopenhauer
E77 gegnerische Beweise anzweifeln nach Schopenhauer
E78 persönliche Angriffe fahren nach Schopenhauer
E79 Politische Dialektik nach Hamilton
E80 Nachteile als unwichtig deuten
E81 Vorwürfe übertreiben nach Hamilton
E82 Kritik und Lob einsetzen nach Hamilton
E83 persönlich werden nach Hamilton
E84 Ironie und Ernsthaftigkeit einsetzen nach Hamilton
E85 falsche Argumentationskette des Gegners ausgiebig widerlegen
E86 Vorwurf des Gegners durch einen Teil ersetzen
E87 Zweideutige Wörter einsetzen nach Hamilton
E88 Folgen übertreiben nach Hamilton
E89 widerlegte Argumente abkürzen nach Hamilton
E90 – F5 weitere rhetorische Tricks in Verhandlungen und Diskussionen
E90 dickes Lob
E91 Autoritätsbeweis
E92 Ruhm
E93 Blamage
E94 Detaillierung
E95 Zynismus
E96 Verantwortung abschieben
E97 Nachteil als Vorteil erscheinen lassen
E98 Vorwurf als Vorteil erscheinen lassen
E99 Abwertung des Gegners
F1 Aufwertung der eigenen Person
F2 persönlicher Angriff
F3 Sachverhalt verdrehen
F4 nicht auf anderen reagieren
F5 Verwirrung stiften
F6 - F26 journalistisches Interview: richtige Antworttaktiken
F7 Keine Antwort geben
F8 Voraussetzung leugnen
F9 Hinweis auf veränderte Lage
F10 Umdeutung von Äußerungen

F11 Bagatellisierung
F12 Übertreibung von Folgen
F13 Vertagung
F14 Gegenfrage für Zeitgewinn
F15 als absurd abtun
F16 Großzügigkeit zeigen
F17 Versteckspiel hinter anderen
F18 Praxis gegen Theorie
F19 Sachkompetenz zeigen
F20 den Fragesteller angreifen
F21 Themawechsel
F22 Umarmung des Gegners
F23 Falsche Gewichtung
F24 Annahmen als Tatsachen
F25 Hinweis auf schlechtere Verhältnisse anderswo
F26 Extremposition einnehmen
F27 – F50 Gegenmaßnahmen bei unfairem Verhalten des Gesprächspartners
F28 Aggressivität
F29 Ausweichen
F30 Unsicherheit
F31 Spott
F32 schlechtes Benehmen
F33 Unterbrechungen
F34 Nörgeln
F35 Endlos-Monologe
F36 vorgeben, keine Zeit zu haben
F37 Wiederholungsargument
F38 nur seine Interessen sehen
F39 Sonderangebot
F40 Aktenzitat
F41 Stummschaltung
F42 Fremdwörtersalat
F43 Überbetonung der Fachkompetenz
F43 nur Teilprobleme diskutieren wollen
F45 Trotzkopf
F46 Streithammel
F47 Ungereimtheiten in unserer Argumentation
F48 ständige Gegenfragen
F49 Lästern über Abwesende
F50 Gesprächszeit ausdehnen

Schritt 8

- Praxistest im Alltag (actio): außerhalb des Rhetorikseminars einen Vortrag halten, an Konferenzen der Firma teilnehmen.

F51 – F58 das Referat
F51 Körpersprache
F52 äußere Vorbereitung des Referats
F53 Ziele setzen
F54 Karteikarten einsetzen
F55 inhaltliche Vorbereitung des Referats
F56 das Referat halten
F57 Streitgespräch im Anschluss des Referats
F58 in die Diskussion gehen

Schritt 9

- Schritt 1 bis 7 mit Übungen daheim wiederholen.
- Neue Bücher zum Thema „Rhetorik" lesen.
- Wortschatz erweitern durch Diskussionen und das Lesen von Interviews und Reden bedeutender Persönlichkeiten.
-Textauszüge zum Thema Rhetorik aus der deutschen Prosa.
F60–F87..S.662-S.686

F60 Raabe: Abu Telfan
F61 Spielhagen: Problematische Naturen
F62 Goethe: Wilhelm Meisters Wanderjahre
F63 Gutzkow: Die Ritter vom Geiste
F64 Meyer: Das Amulett
F65 Schlegel: Lucinde
F66 Fontane: Vor dem Sturm
F67 Freytag: Soll und Haben
F68 Freytag: Die Ahnen
F69 Goethe: Wilhelm Meisters Lehrjahre
F70 Gutzkow: Die Ritter vom Geiste
F71 Immermann: Die Epigonen
F72 Knigge: Benjamin Noldmanns Geschichte
F73 La Roche: Geschichte des Fräuleins von Sternheim
F74 Mörike: Malter Nolten
F75 Nicolai: Sebaldus Nothanker

F76 Raabe: Der Hungerpastor
E77 Raabe: Abu Telfan
F78 Scheerbart: Lesabéndio
F79 Spielhagen: Problematische Naturen
F80 Wieland: Geschichte des Agathon
F81 Fontane: Stine
F82 Keller: Der grüne Heinrich
F83 Tieck: Der junge Tischlermeister
F84 Arnim: Armut, Reichtum, Schuld und Buße der Gräfin Dolores
F85 Brentano: Godwi
F86 Ebner-Eschenbach: Bozena

Anhang 1

F87 Konversationsspiele

Anhang 2

F88 181 verschiedene rhetorische Figuren mit deutscher Benennung

Anhang 3

F89 Neueinteilung der rhetorischen Figuren
F90 Arbeitsschritte eines Redners: Schematische Übersicht
F91 Redebeispiele mit rhetorischen Figuren von Barack Obama
F92 Redebeispiel mit rhetorischen Figuren von Margaret Thatcher
F93 Das rhetorische System: Kurzübersicht aller Elemente mit Wirkung auf das Publikum

Anhang 4

F94 Sachregister mit Zuordnung zu Rhetorik, Grammatik oder Dialektik
F95 Ausführliches Sachregister mit Tabellennummer
F96 Personenregister aller Redner und Schriftsteller
F97 Literaturhinweis

Einführung   **A1**

Nicht nur in der Spätantike (ca. 350 n. Chr.), sondern auch im deutschsprachigen Gebiet (frühes Mittelalter bis 18. Jahrhundert) gab es folgende Schulfächer:

Grammatik, Rhetorik, Dialektik (das sprachliche "Trivium").
Geometrie, Arithmetik, Musik und Astronomie (das mathematische „Quadrivium").

Diese Schulfächer, die sogenannten „sieben freien Künste", gehörten zur Grundbildung eines jeden freien Mannes im Staate, der nicht für einen Lehnsherrn Frondienste ableisten oder gar ein Sklavendasein fristen musste. Dieses Buch handelt vom Trivium, den ersten drei sprachlichen Fächern.

Zwar wird heute vom Trivium immer noch die Grammatik im Deutschunterricht und bei den Fremdsprachen (vor allem Latein) gelehrt; und Ansätze der Rhetorik sind noch bei Referaten, Gedichtinterpretationen, Textinterpretationen sichtbar, oftmals aber nur in der gymnasialen Oberstufe (Klasse 11-13); auch die Dialektik gibt es noch in der Aufsatzform „Erörterung". Der Unterricht zu Rhetorik und Dialektik erfolgt ohne jede Theorie; von der Rhetorik gibt es nur die rhetorischen Figuren mit einer unübersichtlichen A bis Z - Liste; von der Dialektik nur die Lehre mit den fünf wichtigsten Argumentationsarten.

Schon gewusst? Bereits **Protagoras** *und* **Hippias** *stritten über den Sinn und Nutzen der Aufteilung des Schulstoffs in einen sprachlichen und einen mathematischen Bereich.*

**Definition –
was ist Rhetorik?**   **A2**

Während Sie diesen Textabschnitt studieren, vollzieht sich gleichzeitig etwas Unglaubliches – Sie lesen. Ihre Augen huschen über die Zeilen, vier oder fünf Wörter pro Sekunde. Wahrscheinlich machen Sie es wie der Bischof Ambrosius im 4. Jahrhundert nach Christus: Er verblüffte die anderen Kleriker - darunter auch Kirchenvater Augustinus - weil er lautlos lesen konnte. Von besagtem Ambrosius stammt z.B. dieses bekannte Gebet:

„Gloria Patri et Filio et Spiritui Sancto." (Ehre sei dem Vater und dem Sohn und dem Heiligen Geist!) „Sicut erat in principio et nunc et semper et in saecula saeculorum. Amen." (Wie es war im Anfang, jetzt und immerdar und von Ewigkeit zu Ewigkeit. Amen.)

Redner vor Publikum

Die Menschen im Altertum sprachen also auch beim Lesen die Wörter im lauten Flüsterton aus. Das Lesen ist eine verhältnismäßig junge Erfindung - die Schrift gibt es seit 4500 Jahren. Das Sprechen mit der Zunge hingegen eine uralte – höchstwahrscheinlich sprechen wir Menschen und die Vorläufer des modernen

Menschen schon seit zwei Millionen Jahren. Der Fund zweier Steinzeit-Skelette aus der Periode des Altpaläolithikums (ältere Altsteinzeit) mit der wissenschaftlichen Bezeichnung *Australopithecus sediba* nördlich von Johannesburg – ein zum Todeszeitpunkt neunjähriger Junge sowie eine junge Frau, die wohl beide vor zwei Millionen Jahren beim Wasserholen umkamen – bringt die Theorie ins Wanken, dass die Menschen erst seit 40 000 Jahren sprechen können. Der Schädel des Jungen hat eine Wölbung im Frontallappen, der beim modernen Menschen für die Steuerung von Gesicht, Kehlkopf und Zunge verantwortlich ist. Er hat zudem die sogenannte „Sylvische Furche" im Gehirn – diese ist für das Sprachverständnis entscheidend. Die These der Paläoanthropologen besagt, dass sich die menschliche Sprache bereits mit dem aufrechten Gang entwickelt haben muss.

Ob Lucy, der älteste Menschentyp - sie hat vor drei Millionen Jahren gelebt -, wohl schon gesprochen hat, als sie die Bäume des Urwalds verließ und sich entschied, auf zwei Beinen zu gehen? Sicherlich nicht mit Wörtern, aber mit Schreien und Warnrufen. Aus diesen primitiven Lauten entwickelte sich irgendwann im Laufe der Evolution Wörter, die eine Bedeutung transportierten.

Uns jedoch sollte noch immer die Geschichtsschreibung ein reiner Warnruf sein – wimmelt es da nicht nur so von grausamen Königen und Kaisern, Feldherrn und Eroberern, Hetzern und Scharfmachern, die das Volk zum Krieg gegen andere Länder aufrufen oder es erfolgreich zum Bösen verführen? War es nicht sogar die Wissenschaft der Rhetorik, durch die erst eine dirigierte Manipulation der Massen möglich wurde, auf dass Alleinherrscher leichtes Spiel hatten, ihren Eroberungsgelüsten zu frönen, ja sogar gegen Minderheiten in der eigenen Bevölkerung vorzugehen? So heißt ein bekanntes Sprichwort aus der grundlegenden „Sammlung lateinischer Sprichwörter und Sentenzen" von H. Walther:

Gula plures occidit quam gladius.
(Die Gurgel hat schon mehr Leute umgebracht als das Schwert.)

Oder war es umgekehrt: Hat im entscheidenden Moment den Leuten, die es hätten verhindern können, die Wissenschaft der Rhetorik gefehlt? Lag es am Volk selbst, das zu leichtfertig und gutgläubig all den schauspielernden Bühnendarstellern auf den Leim ging, die mit großer Theatralik eine neue Zeit heraufbeschworen hatten (obwohl die einfachen Leute doch nahezu wöchentlich ins Theater gingen und an Schauspielerei hätten gewohnt sein müssen)?

Der griechische Begriff *rhêtorikê* bedeutet Redekunst. Der

Redelehrer **Quintilian** definierte ihn einst als „die Kunst, gut zu reden." Der Schriftsteller und Rhetorikprofessor **Walter Jens** verstand hierunter „die Kunst, gut zu reden und zu schreiben". Doch was bedeutet „gut"? Sprachlich gut? Inhaltlich gut? Muss man den Inhalt vom Auftritt trennen? Ist erst, wenn beides, nämlich Inhalt und Auftritt stimmen, jemand ein guter Redner? Oder ist es bereits ausreichend, nur einen bühnenreifen Auftritt hinzulegen, der vom Inhalt der eigenen Worte in schön ausformulierter Prosa ablenkt? Man denke sich nur einen cleveren Anwalt, der einen vor Gericht angeklagten Mörder mithilfe seiner Wortgewalt vor einer Verurteilung im Gefängnis bewahrt, indem er für ihn einen Freispruch erwirkt. Und was bedeutet überhaupt „Kunst"?

Quintilians Definition als „ars bene dicendi" könnte man auch so übersetzen: *Rhetorik ist ein Lehrsystem (=Kunst), wie sich etwas mit Worten gut (bene) vortragen lässt (dicendi).* Diese Definition schließt aber noch mehr ein: Jemand muss nicht nur sehr gut reden können, sondern er muss auch charakterlich gut sein. *Ein guter Mann, erfahren im Reden*, so hat es der alte Cato schon ein paar Jahrhunderte vor Quintilian gefordert.

Der Unterschied zwischen Rhetorik und Propaganda

Diese Definition schließt Volksaufwiegler als gute Redner aus. Propagatoren und Propagandisten, Demagogen und Populisten mögen technisch gute Redner sein und sich aus der gleichen Trickkiste wie gute Redner bedienen; doch ihre Argumente haben nur ein Ziel, nämlich einen bestimmten Sachverhalt durch schöne Worte mit Nebel zu umhüllen, während es das Bestreben eines guten politischen Redners ist, mit seinen sorgfältig gewählten Worten den Schleier in einer bestimmten Angelegenheit zu lösen und auf die Widersprüche seines Vorredners hinzuweisen. In der Rhetorik argumentiert man zwar oft stark vereinfacht, aber doch nachvollziehbar mit Zahlenmaterial, das nicht der puren Fantasie entsprungen ist. Der Propagandist hingegen verfälscht die Wahrheit dadurch, dass er völlig falsches Zahlenmaterial vorlegt und sich gleichzeitig Experten sucht, die öffentlich – natürlich gegen Bezahlung - eine unwahre Meinung für den Staatsapparat vertreten, d.h. die angeblichen Beweise sind schlicht und einfach frei erfunden, um das Publikum gefügig zu machen. Ein guter Redner hingegen verpackt zwar seine Beweise in schöne Formulierungen, er wäre aber niemals so töricht, einen Beweis einfach so zu erfinden, weil er weiß, dass der nächste Redner sofort das unsicher gebaute Fundament der Argumentation berühren würde und aus diesem Kartenhaus der Lügen die eine Karte herauszuziehen wüsste, die alles zum Einsturz brächte. Man erkennt einen schlechten Redner auch daran, dass er alles unternehmen wird, einen Nachredner mit aller Macht und Gewalt zu verhindern, der ihm mit Worten gefährlich werden könnte. In einem

Propagandastaat ist die Nachrede deshalb von vornherein ausgeschlossen und es wird festgesetzt, was die Wahrheit ist. In einer Demokratie steht nicht einfach fest, was die Wahrheit ist, und es muss durch die Kunst der Streitrede in einem langen Prozess ausgehandelt werden, was für eine Wahrheit am wahrscheinlichsten ist (und damit auch, welche gesetzlichen Maßnahmen die richtigen für eine bestimmte Situation sind).

Einem Anwalt hingegen, der nur seinen Job erledigt, indem er im Gerichtsprozess für einen Angeklagten spricht, was im hiesigen Paragraphendschungel ein Ding der Unmöglichkeit für jeden Normalsterblichen wäre, kann selbst, wenn er sich zum Verteidiger einer schlechten Sache macht, kein Vorwurf gemacht werden – das unterscheidet ihn vom Propagandisten. Denn der Anwalt spricht ja nicht für sich selbst, sondern leiht sein erfahrenes Wort dem Sprachlosen ohne Erfahrung. Deswegen gelten Anwälte, die Richter, Geschworene und Zeugen zu beeinflussen verstehen, als gute Redner – für sie gelten die moralischen Prinzipien nicht, zumal sie ja die Gegenrede in der Person des Staatsanwalts und Richters zulassen.

Die Rhetorik hat in ihrer Geschichte schon immer viel Kritik einstecken müssen. So schrieb Deutschlands berühmtester Philosoph Immanuel Kant:

Kritik an der Rhetorik: berechtigt?

Ich muß gestehen: daß ein schönes Gedicht mir immer ein reines Vergnügen gemacht hat (...) Beredtheit und Wohlredenheit (zusammen Rhetorik) gehören zur schönen Kunst; aber Rednerkunst (ars oratoria) ist, als Kunst, sich der Schwächen der Menschen zu seinen Absichten zu bedienen (diese mögen immer so gut gemeint, oder auch wirklich gut sein, als sie wollen), gar keiner Achtung würdig. Auch erhob sie sich nur, sowohl in Athen als in Rom, zur höchsten Stufe zu einer Zeit, da der Staat seinem Verderben zueilte ...
(aus: Immanuel Kant, „Kritik der Urteilskraft" / Fußnote 20)

Ein bisschen mehr Rhetorik hätte Kant sicherlich gut getan! Seine Gedanken sind oftmals weise und scharfsinnig, aber die sprachliche Umsetzung ist - zumindest nach heutigen Stilerfordernissen für Schrifttexte – alles andere als geglückt zu nennen. Seine bewusst antirhetorischen Formulierungen führen dazu, dass selbst ein Leser von hohem Wortschatz die Sätze nicht sofort versteht und ganze Abschnitte mehrfach durchlesen muss. Hier ein XXL-Satz von Immanuel Kant mit 156 Wörtern:

In der Tat finden wir auch, daß, je mehr eine kultivierte Vernunft sich mit der Absicht auf den Genuß des Lebens und der

Glückseligkeit abgibt, desto weiter der Mensch von der wahren Zufriedenheit abkomme, woraus bei vielen, und zwar den Versuchtesten im Gebrauche derselben, wenn sie nur aufrichtig genug sind, es zu gestehen, ein gewisser Grad von Misologie, d.i. Haß der Vernunft entspringt, weil sie nach dem Überschlage alles Vorteils, den sie, ich will nicht sagen von der Erfindung aller Künste des gemeinen Luxus, sondern so gar von den Wissenschaften (die ihnen am Ende auch ein Luxus des Verstandes zu sein scheinen) ziehen, dennoch finden, daß sie sich in der Tat nur mehr Mühseligkeit auf den Hals gezogen, als an Glückseligkeit gewonnen haben, und darüber endlich den gemeinern Schlag der Menschen, welcher der Leitung des bloßen Naturinstinkts näher ist, und der seiner Vernunft nicht viel Einfluß auf sein Tun und Lassen verstattet, eher beneiden, als geringschätzen.
(aus: Immanuel Kant, „Grundlegung zur Metaphysik der Sitten")

Auch ein kulturelles Problem: Während in unserem Nachbarland Frankreich ein Wissenschaftler wie ein Schriftsteller schreiben muss, um Anerkennung zu finden (z.B. Jean-Paul Sartre), tun ihre deutschen Kollegen an den Universitäten alles, um nicht verstanden zu werden, indem sie Satzungeheuer über eine halbe Seite mit Fremdwortanhäufungen ungeahnten Ausmaßes produzieren.
Bei aller Kritik an der Rhetorik sollte man auch die Übermacht der guten Redner nicht vergessen, die Hochzeiten und Geburtstage schöner und Beerdigungen erträglicher gemacht haben, die ihre Gedanken und Gefühle zu einer bestimmten Sache einer Mehrheit mitgeteilt haben, die der Allgemeinbildung nutzten, indem sie an der Universität oder in der Schule Referate hielten oder der Öffentlichkeit Vorträge schenkten.

Zugegeben: Die Rhetorik stellt zwar die sprachlichen Mittel zur Überredung bereit, diese stehen aber jedem anderen Sprecher genauso zur Verfügung. Denn auf jede sprachliche Verpackung gibt es eine Möglichkeit, wie das Gesagte des Vorredners wirkungsvoll entkräftet werden kann. Dafür ist ein bisschen Theorie und noch mehr Praxis nötig – und dieses Buch, das Sie hier in den Händen halten, soll den Weg aufzeigen, wie man aus der eigenen Sprachlosigkeit herausfindet, sodass die richtige Sache (Ihre Sache!) eine weitaus höhere Chance hat, von den Leuten angehört und angenommen zu werden.

Gebrauchshinweise für dieses Buch

Wollen Sie ein guter Redner und Verhandlungspartner werden? Prima! Dann können Sie vielleicht mit diesem Buch anfangen. Es ist eine gute Basis für all diejenigen, die noch nichts über Rhetorik wissen bzw. ihre Grundkenntnisse noch ausbauen möchten. Auch Studenten der Germanistik, Anglistik, Romanistik etc. können durch dieses Buch andere Bücher hinsichtlich der verwendeten Stilmittel im Roman fachgerecht analysieren und für ihre Hausarbeiten verwenden. Wer in der Schule Latein hat, kann durch eine genaue Figurenkenntnis die Reden von Cicero & Co. viel schneller übersetzen.

Das vorliegende Buch beinhaltet keine „schwarze Rhetorik" – ganz nebenbei: Es gibt auch gar keine magische „schwarze Rhetorik". Es gibt übrigens auch keine „verbotene Rhetorik". Diese beiden Begriffe sind Erfindungen des Buchmarkts und behandeln doch nur wieder die Dinge, die schon längst bekannt sind. Womit wir uns in diesem Buch befassen, ist die „offene Rhetorik". Es sind keine Geheimnisse, sondern eine Zusammenstellung altbewährter Techniken, die schon seit zweieinhalbtausend Jahren funktionieren und Sie in die Lage versetzen werden, in einer Rede und einer Diskussion zu bestehen. Auch wenn Ihre kommunikativen Ziele vielleicht kleiner sind – ein Referat in der Schule, eine Präsentation vor Kollegen, ein Vorstellungsgespräch bei einer Firma oder ein Meeting - die Wissenschaft der Rhetorik können Sie immer gebrauchen.

Ich muss Sie jedoch vorwarnen. Nach diesem Buches werden Sie die Welt mit anderen Augen sehen. Ihr Lieblingsschriftsteller wird Ihnen plötzlich wie ein Groschenromanschreiber vorkommen, die Polit-Talkshow im Fernsehen wird für Sie nicht mehr so interessant sein, Sie werden keinerlei Freude mehr an den deutschen und englischen Texten Ihrer Lieblingsbands haben und Sie werden den Werbebemühungen der Industrie auf Plakaten oder im Fernsehen nur ein müdes Lächeln entgegenbringen.

Noch schlimmer: Sie selbst werden plötzlich wie ein Redner reden und wie ein Schriftsteller schreiben können. Wenn Sie aber glauben, dass Sie dieses Buch innerhalb eines Tages durchlesen und sich die Wissenschaft der Rhetorik im Schnellverfahren aneignen können, muss ich Sie wiederum bitter enttäuschen. Kalkulieren Sie besser eine Zeitspanne von einem halben Jahr bis einem Jahr ein, aber dann können Sie es – und niemand kann Ihnen mehr die Butter vom Brot nehmen.

Wie lange haben Sie gebraucht, um Fahrrad fahren zu lernen? Höchstwahrscheinlich nur ein paar Stunden, dann konnten Sie es. Wie lange haben Sie aber gebraucht, um Fahrradfahren und Fußballspielen und Volleyballspielen und Tischtennisspielen und Eishockeyspielen und Rollschuhfahren und Diskuswerfen und Weitsprung und Schwimmen und Skifahren und Surfen auf Vereinsniveau zu lernen, werden Sie vermutlich antworten: *Naja, das hat nun schon ein bisschen länger als einen Tag gedauert.* Sie müssen sich die Rhetorik als allumfassenden Begriff für

kommunikative Angelegenheiten vorstellen. Diese Wissenschaft ist so umfangreich wie alle Sportarten zusammengerechnet.
Wir arbeiten in diesem Buch mit einer hohen Progression – es geht also schnell voran. Dennoch ist jeder Mensch unterschiedlich, einerseits von seinem Lernvermögen, andererseits von seiner Vorbildung. Nehmen Sie sich höchstens ein bis zwei Kapitel pro Tag vor. Denn Sie brauchen ja auch noch Zeit, um die Übungen und Tests hinter jedem Kapitel zu erledigen. Ja, ganz richtig gehört, Sie müssen ebenfalls in Aktion treten. Wie wollen Sie Fahrrad fahren erlernen, ohne sich selbst je auf einen Drahtesel gesetzt zu haben?

Dieses Buch hat eine Referenzfunktion und verweist auf viele andere Reden und Bücher. Vieles davon haben Sie wahrscheinlich ohnehin schon im Bücherschrank stehen. Ich habe mich bemüht, zu jeder Wortart, Satzart, rhetorischen Figur und Gesprächstaktik das beste Beispiel zu finden. Wenn die Rede oder der Textabschnitt noch nicht ins Deutsche übertragen war (oder die Übersetzung nicht gestimmt hat, wie z.B. bei „Tristram Shandy" von Laurence Sterne) habe ich die Übersetzungsarbeit selbst vorgenommen. Bei manchen Texten habe ich aus stilistischen Gründen ein paar Wörter hinzugestellt, um den Eindruck zu verstärken. In diesem Fall steht „leicht verändert" unter dem Zitat. Im Gegensatz zu vielen anderen Rhetorikbüchern begnüge ich mich nicht mit der bloßen Erwähnung bekannter Namen. Sie werden von jedem Redner bzw. Schriftsteller einen Eindruck gewinnen, der Sie dazu einlädt, noch mehr über diese Person zu erfahren.

Die Wissenschaft zur Rhetorik hat es bislang versäumt, die lateinischen und griechischen Begriffe abzuschaffen und durch allgemeinverständliche zu ersetzen. Es ist schon fast so, als hätte man noch eine alte lateinische Bibel ohne deutsche Luther-Übersetzung zur Hand. Teilweise gefällt man sich auch in dieser Unverständlichkeit, und wer nicht Latein oder Griechisch gelernt hat - dieser Eindruck wird vermittelt - , aus dem wird auch nie ein guter Redner werden.

Diese Ansicht ist falsch. Man kann auf sie auch verzichten. Manchmal sind die Sachen so banal, dass man sich wundert, wieso es bislang dafür keinen besseren deutschen Begriff gibt. In der Angewandten Rhetorik ist nämlich nicht entscheidend, ob ich den richtigen Fachbegriff lateinischen oder griechischen Ursprungs kenne, sondern ob eine bestimmte Technik zum passenden Zeitpunkt verwendet wird. Beispielsweise heißt bei mir eine Anapher „Satzanfangswiederholung" und eine Tautologie „unnötige Beiwortzufügung". Wir werden in diesem Buch jeden Fachbegriff ausführlich erklären, und der erste und wichtigste Fachbegriff, dem wir uns im folgenden Kapitel widmen, heißt: RHETORIK.

Quintilians Definition als „Lehrsystem, wie sich ein Sachverhalt gut mit Worten vortragen lässt", beinhaltet, dass es viele Möglichkeiten geben muss, wie man als Redner etwas vortragen kann: gute und schlechte, witzige und ernste, interessante und langweilige. Der Redner muss für sich eine passende Auswahl treffen, die genau auf seinen Inhalt und Vortragsstil abgestimmt ist. Der Begriff Lehrsystem beinhaltet, dass man durch Regeln, Beispiele und Nachahmung mit der Zeit erlernen kann, so vorzutragen, dass die Zuhörer staunend dem Vortrag lauschen. Redner haben es also mit dem Wort zu tun. Das Wort ist aber nicht isoliert, sondern steht in Kombination mit anderen Worten. Aus diesen Worten formen sich Sätze. Die Sätze werden aneinandergereiht, sodass dem Gesagten ein Sinn entnommen werden kann. Es entwickelt sich eine Botschaft. Je nach Präsentationsfähigkeit wird diese Botschaft vom Publikum entweder angenommen oder verworfen.

Rhetorik: nicht nur die Kunst der Rede

Nehmen wir an, es gibt da ein bestimmtes Industrieprodukt, von dem wir möglichst viel verkaufen wollen. Einmal steckt unser Produkt in einem braunen Pappkarton, dann in einer aufwendig gestalteten Hülle, die mehr Spaß macht anzuschauen als das eigentliche Produkt selbst. Das Produkt, mit dem es der Redner zu tun hat, sind Inhalte. Die Rhetorik ist die Kunst der hübschen Verpackung für Inhalte. Ihr Zeichenstift sind Worte. Keine zufälligen Worte, sondern wohlüberlegte Worte, die wie zufällig aussehen. Worte, die bestimmte Formen, Farben und Stimmungen kennen. Je geübter ein Redner darin ist, seine Inhalte klar gegliedert und mit Argumenten untermauert darzubieten, an sich selbst und seinem Vortragsstil zu feilen, desto eher wird er in der Lage sein, sein Publikum für diese Inhalte zu begeistern.

Wie der Begriff „Rhetorik" auch verstanden werden kann, dazu gibt es für an einem Einstieg ins Thema Interessierte unzählige wissenschaftliche Abhandlungen, auf die ich hier nicht eingehen will. Wir wollen den Begriff Rhetorik klassisch verstehen, also so, wie ihn nicht nur Cicero gekannt hat, sondern wie er in fast allen Sprachen verwendet wird.

Dies ist abzugrenzen vom **Forschungsgegenstand Rhetorik**, der sich schon längst nicht mehr auf die Kunst der Rede beschränkt, sondern auf alle Textsorten angewendet wird. Das Brockhaus-Lexikon definiert Rhetorik als „zusammenfassender Begriff für Theorie und Praxis menschlicher Beredsamkeit in allen öffentlichen und privaten Angelegenheiten, sei es in mündlicher, schriftlicher oder durch die technischen Medien (Radio, Film, Fernsehen) vermittelter Form." Die Wissenschaft **Allgemeine Rhetorik**, die an nur wenigen europäischen Universitäten gelehrt wird, versteht sich als „Erfahrungswissenschaft, die auf kontrollierter und empirisch nachweisbarer Beobachtung rhetorischer Sprechakte beruht, und später die Bildung von Hypothesen über die Systematik und Regeln rhetorischen Sprechens". **Angewandte Rhetorik,** die man an fast jeder Universität oder auch in Seminaren an der Volkshochschule durch sogenannte **Rhetoriktrainer** erlernen kann, versteht sich als „Sozialtechnologie, die zur Ausbildung, Übung und Vervollkommnung wirkungsorientierten Sprechens und Verhaltens (Körpersprache, Gesprächshaltung) benutzt wird, unter Berücksichtigung der Regeln, Anleitungen aus der Geschichte der Rhetorik".

Die wissenschaftliche Ausweitung des Begriffs „Rhetorik" auch auf den Text- und Medienbereich stellt ein Problem dar, weil dann sogleich weitere Wissenschaften ins Spiel kommen, z.B. **Semiotik, Textlinguistik, Kommunikationswissenschaften, Journalistik, Werbetextgestaltung.** Insgesamt gibt es rund sechzig (!) verschiedene Rhetorikbereiche, über die man Wissen erlangen kann. Die meisten Rhetorikbücher konzentrieren sich aus Nachfragegründen seitens der Leserschaft aber nur auf die ersten zwölf Bereiche:

- Körpersprache
- Vortragspraxis
- Fachvortrag und Präsentation
- Redenschreiben
- Freie Rede
- Gesprächsrhetorik
- Verhandlungsrhetorik
- Debattenrhetorik
- Politische und juristische Rede
- Briefrhetorik
- Festrhetorik
- Grundlagen rednerischen Auftretens

Folgende Rhetorikbereiche erscheinen fürs Fachpublikum als Publikationen in kleinerer Auflage:

a) GESCHICHTE

- Griechische Rhetorikgeschichte
- Sophistik
- Aristotelische Rhetoriktradition
- Hellenistische Schulen
- Römische Rhetorikgeschichte
- Kaiserzeitliche Bildungsrhetorik / Quintilian
- Byzantinische Rhetorik

- Christliche Rhetorik
- Spätantike Rhetorik
- Rhetorik in Mittelalter und Früher Neuzeit
- Rhetorik in Humanismus und Renaissance
- Barocke Literaturtheorie und Rhetorik
- Rhetorik in Aufklärung und 18. Jahrhundert
- Höfische Eloquenz
- Rhetoriktheorie und rednerische Praxis im 19. Jahrhundert
- Rhetorik des Vormärz und der Paulskirche
- Rhetorik der Weimarer Republik
- Propagandaforschung

b) RHETORIK UND TEXT

- Grundlagen der rhetorischen Textanalyse
- Fernsehrhetorik
- Radiorhetorik (einschließlich Hörspiele)
- Schreibweisen des Journalismus
- Rhetorik der Werbung
- Rhetorik der Literaturübersetzung
- Theater und Dramaturgie
- Stilistik und Sprachkritik
- Rhetorische Medientheorien
- Kommunikationswissenschaftliche Paradigmen der Rhetorik
- Semiotik
- Rhetorik und linguistische Pragmatik
- Rhetorik und Poetik
- Postmoderne Rhetorik
- Rhetorik und Ästhetik
- Theorie und Praxis der Hermeneutik
- New Rhetoric und neuere anglo-amerikanische Rhetoriktheorie
- Nouvelle Rhétorique und neuere französische Rhetoriktheorie

c) TEILBEREICHE KLASSISCHER RHETORIK

- Argumentationstheorie
- Rhetorische Affektenlehre
- Topikforschung / Statuslehre
- Rhetorische Systembildung
- Rhetorische Erziehungslehre
- Rhetorische Ethik

d) RHETORIK UND WEITERE WISSENSCHAFTEN

- Interkulturelle Rhetorik
- Rhetorik und Philosophie
- soziologische Rhetorik
- Philosophische Rhetorikrezeption und –kritik
- Rhetorische Anthropologie
- Rhetorische Erkenntnistheorie
- Ideologiekritik
- Cultural Studies und Rhetorical Criticism

Hier sollte man ernsthaft hinterfragen, was zuerst da war: Das Ei oder die Henne? Das gesprochene Wort oder das geschriebene? Aus Sicht der Forschung sind natürlich die oben aufgeführten Bereiche Gegenstand der Rhetorik. Beinahe alles, was einen Überzeugungstransfer beinhaltet, scheint Rhetorik zu sein. Es lässt sich trefflich darüber streiten, ob das Einkaufsgespräch beim Bäcker, das Schreiben einer SMS oder die Gestaltung einer Homepage fürs Internet nicht bereits auch eine Domäne der Rhetorik darstellt. In allen drei Beispielen verfolgt ein Sender ein bestimmtes kommunikatives Ziel. Wenn aber Persuasion das alleinige Kriterium für Rhetorik wäre, so gäbe es vermutlich auch eine Rhetorik der Singvögel: Wenn die Vogelmutter ihre Kleinen aus dem Nest lockt und dafür erst vielerlei Gesänge und all ihre Überredungskünste aufwenden muss, damit diese ihren ersten Flug wagen, handelt es sich hierbei nicht auch um Rhetorik?

Die stete Ausdehnung des Rhetorik-Universums nach dem Urknall hat aber die entscheidenden Nachteile, dass es -erstens - keine fixen Regeln mehr zu geben scheint, zweitens, dass bereits bestehende Regeln nicht mehr kritisch durchleuchtet werden oder dass drittens es derart viele Regeln gibt, dass sie kein Mensch beherrschen kann. Alles ist nun gestattet unter dem Label „Rhetorik", es gibt keine No-go-Areas! Während der Begriff „Champagner" für „Perlwein" gesetzlich geschützt ist und der Inhalt auch nur aus einer bestimmten Region in Frankreich stammen darf, benutzt man den Begriff Rhetorik für fast alles und nichts, ohne dass der Leser weiß, ob er es tatsächlich mit Rhetorik zu tun hat. Das betrifft vor allem populärwissenschaftliche Titel, die auf ganz kuriose Vereinnahmungen des Begriffs Rhetorik kommen.

Hier ein paar Beispiele aus deutschen, englischen und französischen Titeln:
Die Rhetorik der Liebe, die Rhetorik der Architektur, die Rhetorik des Luftkampfes, die Rhetorik der Leidenschaft, die Rhetorik des Unbewussten, die Rhetorik des Essens, die Rhetorik der

Träume, die Rhetorik des Tierlebens, die Rhetorik des Versagens, die Rhetorik des Risikos, die Rhetorik der Nacht, die Rhetorik der Hoffnung, die Rhetorik des Genusses, die Rhetorik des Körpers, die Rhetorik des Schweigens, die Rhetorik der Innovation, die Rhetorik der Jugend, die Rhetorik der Schuld, die Rhetorik des Fluchens, die Rhetorik der sozialen Kontrolle ...

Wir müssen wieder zurück zu den Anfängen der Rhetorik, d.h. zum mündlich geäußerten Wort, mit dem einer zu vielen spricht (=Rhetorik).

Erst wenn wir dieses unbearbeitete Feld mit seiner ganzen Theorie beherrschen, sollten wir ein weiteres aufmachen, bei dem einer mündlich zu einem anderen spricht (=Dialektik).

Haben wir diese zwei mündlichen Felder geschultert, können wir unser rhetorisches Wissen immer weiter ausdehnen. Es spricht nichts dagegen, sich auch mit Kommunikationsmodellen oder Semiotik oder Journalistik zu beschäftigen, es hat aber keinen Sinn, mit den letztgenannten anzufangen, um Rhetorik zu erlernen. Dann angelt man nämlich nur am Rande des Beckens, ohne in die Tiefe des Wassers zu gehen. Dann erlangt man zwar Kenntnisse darüber, was eine Glosse ist, aber nicht, wie man eine Paronomasie oder Hyperbel einsetzen kann, um eine Glosse zielführend zu schreiben.

Der Genuss der meisten wissenschaftlichen Fachbücher stellt den rhetorikunkundigen Leser vor große Probleme. Der Grund: Sie haben entweder einen nur beschreibenden oder einen geschichtlichen Ansatz. Von der eigentlichen Wissenschaft, wie nämlich Rhetorik funktioniert, fehlt eine Gesamtdarstellung. Auch ist die Länge der Texte zu einzelnen Themenbereichen schier uferlos, d.h. man kann zum Thema „Allegorie" gut und gerne dreißig klein bedruckte Seiten lesen, manchmal sogar ein ganzes Buch nur zum Thema „Metapher". Das Problem ist: Die angeführten Beispiele sind nur in lateinischer und griechischer Sprache, oftmals überhaupt nicht ins Deutsche übersetzt.
Auch sind die Beispiele entweder viel zu kurz (satzisoliert) oder viel zu lang (fremdsprachlicher Text ohne visuelle Hervorhebung). Wer sich nur einen ersten Überblick über alle Figuren und Tropen verschaffen will, wird hier schnell aufgeben. Es gibt zwar Regeln, aber kaum eigene Beispiele, wie es gemacht werden müsste, es gibt keinen Übungsteil, dafür viele historische Details. Wenn dann doch Regeln erwähnt werden, so sind sie für die deutsche Sprache nicht selten belanglos, weil sie dann nur für die griechische oder lateinische Sprache gelten. Statt mit den einfachen Dingen anzufangen, stürzt man sich sogleich auf die

Fachbücher zu Rhetorik: schwer verständlich

Stilistik mit all ihren Figuren. Ein rein historischer Ansatz hat auch den Nachteil, dass neuere Erkenntnisse aus anderen Wissenschaftsbereichen, wie z.B. der Sozialpsychologie, keinen Eingang in die Rhetorik finden, sie einfach ignoriert werden statt sie zu integrieren. Auch sollte erwähnt werden, dass eine rein geschichtlich orientierte Rhetorik nicht immer richtig ist. Die Gelehrten der Antike lagen bei manchen Punkten gewaltig daneben – ihre Vorstellung von der menschlichen Stimme ist schlichtweg falsch gewesen. Auch kann man ihre Anweisungen für den Bereich Körpersprache überhaupt nicht gebrauchen.

Rhetorikdefinition

Wir definieren Rhetorik nur mündlich als „ars bene dicendi", und gehen nicht auf weitere Textsorten und Medien ein (keine „ars bene scribendi" / „ars bene evulgendi" / „ars cinematographici" / „ars radiophonici" / „ars telehorasis" usw.).

WAS ALSO IST RHETORIK?

Rednerin vor Publikum

Rhetorik ist die Lehre, wie man eine beeindruckende Rede hält. Dies kann eine festliche Rede zum 70. Geburtstag sein, aber auch eine Lobrede zur feierlichen Eröffnung eines Einkaufszentrums; dies kann eine parteiliche Streitrede im Parlament sein, aber auch nur ein informatives Lehrgespräch mit Auszubildenden.

Hierfür ist eine <u>sprachliche wie auch eine organisatorische</u> Leistung nötig.

Die sprachliche Leistung ist die richtige Anwendung der Grammatik (Wort- und Satzlehre), die zielorientierte Abweichung eines grammatisch korrekten Ausdrucks, um mehr Wirkung zu entfalten (sogenannte „rhetorische Figuren"), die Begleiterscheinungen ohne Worte (Stimme, Körpersprache) und die angemessene Reaktion auf unvorhergesehene Ereignisse (z.B. Zurufe aus dem Publikum). Die hörbaren Worte in einer Rede nennt man „elocutio", die sichtbaren Bewegungen des Redners auf der Bühne „actio".

Die organisatorische Leistung ist die richtige Vorbereitung des Redners durch:
Informationssammlung (=inventio), Gliederung (=dispositio), Gedächtnislehre (=memoria).

Redner sind zumeist Leute, die öffentlich auftreten: Politiker und Wissenschaftler, Firmenangestellte und Gewerkschaftsmitglieder, Anwälte und Vorstandsmitglieder, Professoren und Studenten, Lehrer und Schüler. Ziele der Rhetorik sind Verständlichkeit über einen Sachverhalt, Überzeugung von einer Meinung, Steuerung der Massen.
Die Sophisten **Empedokles, Korax, Teisias, Prodikos, Gorgias,**

Hippias und **Protagoras** sind Vorreiter einer der ältesten Wissenschaften der Menschheit überhaupt: der Rhetorik.

Geschichtliche Anfänge der Rhetorik

Zu den ersten Lehrern politischer Beredsamkeit zählten diese „Lehrer der Weisheit", die ihre Schüler gegen Bezahlung darin unterwiesen, wie man zu sprechen hat, um Erfolg zu haben. Die Sophisten führten Untersuchungen über Grammatik und Syntax, Satzteile und Wortgebrauch, über Synonymik und Etymologie durch. Sie boten ihre Erkenntnisse den Griechen (und später auch den Römern) in der Form von Musterreden an, die in der noch neuen Staatsform Demokratie nützlich waren wie z.B. ein rhetorisches Training für Gerichtsprozesse, in denen man sich öffentlich im Falle der Anklage ohne wortmächtige Unterstützung eines Anwalts selbst zu verteidigen hatte. Denn durch das geheime Scherbengericht (Ostrakismos) konnte jeder Volksvertreter für zehn Jahre in die Verbannung geschickt werden, wenn er nach Meinung der sechstausendköpfigen Volksversammlung für den Staat zu gefährlich geworden war. Außerdem gab es zahlreiche Gerichtsprozesse um das Erbe der vertriebenen Tyrannen in Syrakus (466 v. Chr.) und um die plötzliche Landenteignung für Heimkehrer aus dem Krieg. Die Sophisten **Korax** und **Teisias** entwickelten ein System, wie man vor Gericht seine Rechtsansprüche am ehesten geltend machen konnte.

Sophisten lehrten die Neutralität der Sprache, abgekoppelt von Wahrheit und Werten innerhalb der Gesellschaft. Nach ihrer Auffassung sollte die Rhetorik eine sofortige, emotionale Zustimmung im Zuhörerkreis bewirken - sei es vor Gericht, sei es im Theater.

Die Sophisten lehrten neben Rhetorik auch die Dialektik, und verstanden darunter die Fertigkeit, jede beliebige Behauptung angemessen zu verteidigen. **Gorgias** aus **Leontini** sagt von sich selbstbewusst: „Ich kann auf jede Frage eine Antwort geben." Als Beispiele hierfür sind Gorgias' Reden „Lob der Helena" und „Verteidigung des Palamedes" anzusehen. Gorgias gilt als der Erfinder der **rhetorischen Figuren** und begeisterte das Publikum Athens mit seinem völlig neuen, periodisierten Stil.

In Griechenland lehren auch Frauen Rhetorik

Bei den Griechen sind es vor allem die beiden Philosophen **Platon** und **Aristoteles**, die sich in ihren Schriften mit der Rhetorik auseinandergesetzt haben, bei den Römern der „Staranwalt" **Cicero** und der Schulmeister **Quintilian** - zugleich Lehrer der Neffen des römischen Kaisers Domitian-, die Regeln für Rhetorik formuliert und es so zu Berühmtheit gebracht haben.

Querverweis: B58, D72

Aufstieg und Fall der Rhetorik

Die **Rhetorik** entstand um 500 vor Christus, nach der Beseitigung der Tyrannenherrschaft in Syrakus und Athen, als politische, wirtschaftliche und rechtliche Interessengegensätze öffentlich diskutiert wurden.

Landbesitzer, denen man ihr Grundstück weggenommen hatte, bekamen Gelegenheit, unter der neuen demokratischen Regierung ihre Beschwerden vorzubringen. Die Fähigkeit gut und überzeugend zu reden, war so wichtig, dass Redner die Hilfe von Redelehrern in Anspruch nahmen. Diese entwickelten Theorien, wie man eine erfolgreiche Rede gestalten und später auch halten sollte. Im Hellenismus war die Rhetorik eine Wissenschaft, die auch einem kleinen Kreis gebildeter Frauen offenstand. Aspasia, eine Hetäre mit großem Einfluss, war die spätere Frau des berühmten Redners und Staatsmannes Perikles (461 – 430 v. Chr. bestimmte er die Politik Griechenlands) und nicht nur als Gesellschafterin, sondern auch als Redelehrerin äußerst gefragt. Einer ihrer bekanntesten Schüler soll der Philosoph Sokrates gewesen sein.

SOKRATES: Oh Menexenos - dieses also ist die Rede der Milesierin Aspasia gewesen.
MENEXENOS: Beim Zeus, oh Sokrates, glücklich sei Aspasia, wenn sie als Frau eine solche Rede ausarbeiten kann.
SOKRATES: Wenn du es nicht glaubst, so komm doch mit mir, und du kannst sie alles selbst vortragen hören.
MENEXENOS: Ich bin schon oft mit Aspasia zusammen gewesen, oh Sokrates ... und ich weiß recht gut, was für eine Frau sie ist.
Text: Platon, „Menexenos"

Anfangs gab es drei Hauptfelder der Rhetorik: **Gerichtsreden, Beratungsreden und Festreden.**

Rom übernahm die gewonnenen Erkenntnisse der Griechen in Bezug auf Rhetorik. In seinem gesetzgebenden und rechtsprechenden System ließ sich die gebildete Schicht Unterricht in Rhetorik geben, um ihre eigenen Politiker, Richter und Anwälte für eine erfolgreiche Karriere auszubilden. In der Republik waren Frauen jedoch von Bildung und weiteren Aktivitäten ausgeschlossen (um drei Beispiele herauszugreifen: Frauen durften nicht allein aus dem Haus gehen; auf das Trinken von Wein stand für sie die Todesstrafe; sie konnten kein eigenes Vermögen erwerben). Ein weiterführender Schulunterricht war den Frauen untersagt. Junge Männer aus wohlhabendem Haus hatten als Knaben noch mit den Mädchen gemeinsam eine Grundschule, dann aber getrennt von den Mädchen eine weiterführende Grammatikschule besucht.

Anschließend ging es auf eine Rhetorikschule, oft verbunden mit einem längeren Auslandsaufenthalt in Griechenland, wo sie die Kunst des Redens bei einem bekannten Lehrer vervollkommnen konnten.

Was Cicero damals gelernt hat, läßt sich recht genau bestimmen. (...) Auf das Erlernen des Lesens und Schreibens folgte als zweite Stufe eine auf intensiver Dichterlektüre beruhende Einführung in Grammatik und Stil; dann pflegten mehrere Jahre Rhetorikunterricht, also Ausbildung in der Kunst der freien Rede, den krönenden Abschluss zu bilden, im allgemeinen nur bei Angehörigen der führenden Schicht.
(aus: Manfred Fuhrmann, „Cicero und die Republik")

Roms berühmteste Redner waren **Q. Hortensius Hortalus,** der mit singendem Tonfall und den Gesten eines Schauspielers aus dem Stegreif sprach, was ihn sehr reich machte (ein Vertreter der mit kunstvollen Figuren überladenen Stilrichtung des Asianismus), und **M. Tullius Cicero,** der es nur durch seine Redegewalt vom kleinen Verteidiger des Sextus Roscius bis ins höchste Amt Roms schaffte: das Konsulat (einer der zwei Vorsitzenden des römischen Senats). Ciceros Stilrichtung war der eher auf Klarheit bedachte Stil des Attizismus.

Römischer Senat

Der Wechsel der Staatsform von einer Demokratie zum kaiserlichen Prinzipat versetzte der Rhetorik einen ersten Dämpfer, der Niedergang des Weströmischen Reichs um 476 n. Chr. besiegelte das Schicksal der Rhetorik, die aus dem öffentlichen Leben immer mehr zurückgedrängt wurde (die undemokratischen Staatsformen der zersplitterten National- und Stadtstaaten, die Königreiche und Fürstentümer Europas tragen hier die Hauptschuld. Wer um sein Leben fürchten muss, wenn er sich kritisch zum Herrschaftssystem äußert, wird sich zweimal überlegen, ob er seine Zunge tatsächlich einsetzt. Die Kunst der Lobrede auf den Mächtigen, die Kunst verhüllter Bildersprache, um selbst nie direkt Stellung beziehen zu müssen, besteht zwar fort, aber nicht die Kunst freier Rede mit anschließender Gegenrede, in der das bessere Argument siegt.)

Im Mittelalter wurde Rhetorik zwar noch von **Theologen** erlernt, deren Stil, eine Predigt zu halten, dem der Römer ähnelte, aber der Inhalt dieser Reden war von der Kirchendoktrin abhängig. In den Klöstern Europas wurde zudem das rhetorische Erbe über viele Jahrhunderte verwahrt, u.a. die erhaltenen Bücher und Reden Ciceros.

Ab dem 16. Jahrhundert wurde Rhetorik dann auch für die Kunst des **Briefeschreibens** erlernt, um in der Ständegesellschaft keine Nachteile zu erleiden – wenn man z.B. an den König oder den Papst eine schriftliche Bitte richtete.

Durch den französischen Rhetoriklehrer **Petrus Ramus** war Rhetorik später nur noch eine Frage des guten Schreibstils und veränderte sich zu einer Sammlung von Redefiguren und Tropen. Rhetorik gewann aber durch diese drastische Kürzung den wenig schmeichelhaften Ruf, nur noch Wortschmuck ohne echte Substanz zu sein, in heutigen Redewendungen ausgedrückt: „Der labert viel, wenn der Tag lang ist", „leeres Gefasel", „Das ist doch nur Rhetorik!". Im 18. Jahrhundert wurde das Schulfach Rhetorik abgeschafft und ist bis heute dem Fach Deutsch untergeordnet. Schon fast 250 Jahre wird diese rein stilistische Form der Rhetorik (=elocutio) an unseren Gymnasien gelehrt, ohne sich groß zu verändern.

Petrus Ramus

Philosophische Erörterungen, inwieweit Sprache überhaupt die Wahrheit darstellen könne oder ob Sprache nicht einfach nur die Wahrheit verschleiere, wie es u.a. Descartes, Locke, Kuhn und Nietzsche machten, brachten die Wissenschaft der Rhetorik zumindest praktisch nicht mehr weiter.

Im Wintersemester 1872/73 gab es an der Universität Basel eine dreistündige Vorlesung über griechische und römische Rhetorik, allerdings fand diese wegen mangelnden Interesses vor lediglich zwei Studenten statt: **Friedrich Nietzsche** *und Louis Kelterborn. Dieser berichtet:* „... daß unser verehrter Professor ... uns sehr bald ersuchte, die ferneren Vorträge in seiner Wohnung anzuhören. So versammelte uns dieses Kolleg dreimal die Woche in seinem traulich-eleganten Heim in der Abendstunde, wo wir bei Lampenschein ihm zuhörten und die aus einem in weiches rotes Leder gebundenen Hefte diktierten Sätze niederschrieben. Auch hier hielt er im Vortrage oft inne, sei es um selbst nachzudenken, sei es um uns Zeit zu geben, das Gehörte einigermaßen innerlich zu verarbeiten. Auch hatte er die Liebenswürdigkeit, uns gelegentlich Bier – Culmbacher – als Erfrischung anzubieten, wobei er selbst solches aus einer silbernen Schale zu trinken pflegte. Aus dem Umfang des von mir nachgeschriebenen Manuskriptes – 84 enggeschriebene Quartseiten – mag man auf den reichen Inhalt dieses Kollegs schließen ... Konzentrierte sich des Professors Vortrag während jeder einzelnen Stunde ausschließlich auf das gerade behandelte Thema, so gab es vor oder nach derselben doch mitunter Gelegenheit, manch' ernstes oder heiteres Wort von ihm über alle möglichen Fragen zu vernehmen. Selbstverständlich versäumte ich dieses Kolleg auch nicht ein einziges Mal." (Text: Curt Paul Janz, „Friedrich Nietzsche")

Friedrich Nietzsche: Student der Rhetorik

Ebenso wenig hilfreich erscheinen die fleißigen Bemühungen der Strukturalisten und Poststrukturalisten im 20. Jahrhundert, die Redefiguren neu einzuteilen und auch auf andere Formen des sprachlichen Ausdrucks wie Filme, Fernsehen, Werbung auszuweiten. Kurzum: Die Wissenschaft Rhetorik bringt selbst keine neuen Figuren mehr hervor, sondern passt altbekannte Figuren neuen technischen Möglichkeiten (z.B. Bilder, Film) an.

Als Unterscheidungsmerkmal dieser sogenannten New Rhetoric dienen hier vor allem neu eingeführte Kategorien (z.B. Zeichenlehre, Intersubjektivität, Motive), und es wird viel mehr Gewicht auf das Gespräch unter vier Augen gelegt (z.B. Diskursteorie: Die Verbindung von Wörtern und ihr Einfluss auf den Menschen selbst; die Beziehung der Sprechenden zueinander; die Geschlechterrollen; die kulturelle Angehörigkeit und der Einfluss all dieser Variablen auf den Gesprächsverlauf.). Es bleibt jedoch festzuhalten, dass New Rhetoric, wenn sie sich auf Gespräche bezieht, eigentlich in einen ganz anderen Bereich gehört: Der Dialektik, die wir noch genauer kennenlernen werden. Ein weitaus zutreffenderer Begriff für „Neue Rhetorik" wäre deshalb „Neue Dialektik".

Die neueste Entwicklung in der Rhetorik hat mit den zwei einflussreichsten Erfindungen der Neuzeit zu tun: Internet und Handy. Die sogenannte E-Rhetorik (auch als „digitale Rhetorik" bekannt) ist nun ein aktuelles Forschungsfeld geworden. Nicht nur der Aufbau von Webseiten ist von Interesse, sondern auch die im digitalen Raum stattfindende Kommunikation, bei der Leute sich im Zweier- und Gruppengespräch austauschen (Chatroom / Facebook / WhatsApp). Tatsächlich gibt es aber auch noch den klassischen Redner, der jetzt als neugeborener Youtube-Star zu aktuellen weltpolitischen Themen Stellung bezieht (z.B. **LeFloid**) oder kommerzfördernd die Produkte namhafter Hersteller anpreist und gute Laune versprüht (z.B. **Sami Slimani**). Einziger Unterschied: Der Redner steht nicht mehr auf einer Rednerbühne, sondern sendet aus seinem Zimmer oder Keller. Zwar sind die Kameraaufnahmen recht professionell, aber Youtuber sind keine Berufssprecher. Das ist auch ihr Vorteil: Sie sprechen die Sprache der jungen Leute, und das wirkt verdammt authentisch.
Youtuber haben ein Publikum, das ein echter Redner kaum erreicht – bis zu zwei Millionen Fans folgen ihren Videos regelmäßig. Besonders junge Menschen, die sich von den klassischen Medien wie Zeitung, Radio, Fernsehen und Buch längst verabschiedet haben, schenken ihnen ihre Aufmerksamkeit.
Das ist ganz im Sinne von **Jon Sung-Gi**, dem neugewählten Präsidenten der „Globalen Gesellschaft für Rhetorik". Er möchte die „Rhetorik der Kommunikation" etablieren und vor allem mehr

Rhetorik heute und in der Zukunft

internationalen Wissensaustausch: Nicht nur eine europäisch geprägte Rhetorik, sondern auch Indien, Afrika, Asien (China, Japan, Korea) und der Mittlere Osten sollen ihre Kenntnisse über das Reden und Schreiben einbringen. **Bender und Wellberry** gehen sogar noch einen Schritt weiter: Ihr Konzept ist „Rhetoricality" (Rhetorizität). Diese Form der Rhetorik kennt weder Theorie noch Praxis und ist ohne kulturelles Gedächtnis, hat sich aber zu einer Grundbedingung menschlicher Existenz verselbstständigt und durchdringt nun alle Lebensbereiche.

Rhetorik und Grammatik

Ein Teilgebiet der Rhetorik, die sogenannte „elocutio", lässt sich als Lehre aller sprachlichen Möglichkeiten definieren, die grammatikalisch im Satz zur Verfügung stehen. Nicht selten vernachlässigt dabei ein Redner die grammatikalische Richtigkeit im Satzgefüge zugunsten einer wirkungsorientierten Ausdrucksästhetik: Rhythmusvorgabe in aufeinander folgenden Sätzen (z.B. einprägsame Wiederholungen von Sinnabschnitten / Veränderung des Sprechtempos / Einfügen von Pausen), besondere Klangeffekte von aufeinander folgenden Wörtern (z.B. Wiederholung des Anfangsbuchstabens), Übertragung in idyllische, aber auch absurde Bildfolgen (z.B. Metapher, Oxymoron). Auch aus sprecherökonomischer Sicht bietet sich die Rhetorik als das Verfahren an, den eigenen Redefluss nicht versiegen zu lassen und zu jedem x-beliebigen Thema Stellung beziehen zu können. Zum Beispiel blieb die Redezeit von Abraham Lincoln, dem 16. Präsidenten der Vereinigten Staaten von Amerika, selten unter drei Stunden. Schon Cato in Rom betrieb die Taktik der Ermüdungsrede („Filibuster" = Seeräuber, hier: Redezeiträuber), um eine wichtige Abstimmung im römischen Senat zu verhindern. Auch mehrere US-Senatoren redeten nicht selten bis zu 24 Stunden im Senat, teilweise mit so unglaublichen Tricks wie Pampers unter dem Nadelstreifenanzug oder einem vorherigen Saunagang, um während des Redens keine Toilette aufsuchen zu müssen. Im deutschen Bundestag ist der Endlosmonolog unmöglich, da hier die Redezeit auf fünfzehn Minuten beschränkt ist. Und das ist vielleicht ganz gut so, denn die amerikanischen Dauerquassler schweifen oftmals vom Thema ab und präsentieren statt politischer Rede nur zu gerne die Kuchenrezepte ihrer Oma oder gratulieren Hinz und Kunz zum Geburtstag. So aber soll Rhetorik nicht sein! Sie ist eine Wissenschaft, die zum gestellten Thema einen substanziell wertvollen Beitrag ermöglicht.

Ein guter Redner ist also ein geschulter Grammatiker, der oftmals die Regeln der Schulgrammatik bricht. Wenn man so will, verhalten sich Grammatik und Rhetorik wie zankende Geschwister, die sich gegenseitig ein Stofftier aus der Hand reißen: Die Grammatik sagt dies, die Rhetorik macht aber das, und beide wollen das

Stofftier wiederhaben. Das Stofftier wiederum stellt die menschliche Sprache dar, die entweder grammatikalisch richtig oder rhetorisch verändert sein kann.

Auch wenn ein Sprecher sich selbst nie mit Rhetorik befasst hat, vielleicht noch nicht einmal das Wort Rhetorik kennt, wird er immer in einer Mischform aus korrektem Ausdruck und einer besser klingenden Abweichung sprechen. Wir alle kennen den angetrunkenen Witzbold aus der Kneipe, der wirkungsvoll einen Gag nach dem andern zündet und alle Gäste zum Lachen bringt. Hat dieser Mann aber je ein Rhetorikbuch zur Hand gehabt? Natürlich nicht: er ist von Natur aus so wortgewandt, denken die Leute. Er ist halt ein lustiger Typ. Tatsächlich ist dieser Mann auf indirekte Weise zahlreichen rhetorischen Einflüssen ausgesetzt gewesen: Filme, Gedichte, Bücher, Fernsehreportagen und viele Gespräche mit anderen haben ihn dazu gebracht, die Regeln der Rhetorik zu verinnerlichen, ohne dass es ihm oder anderen bewusst ist. Was für ein Scherz ihm aber auch immer in den Sinn kommt, nie wird er den Rahmen der Rhetorik verlassen können. Er wird nie eine eigenständige Technik anwenden, sondern sich immer nur in einem eingegrenzten Feld von Möglichkeiten des sprachlichen Ausdrucks bewegen. Was ihn jedoch auszeichnet, ist die Geschwindigkeit: Sein sprachliches Reaktionsvermögen liegt um einiges höher als beim Durchschnittsmenschen.

Um noch einen Vergleich zu bemühen: Ein Hausarzt wird wohl kaum ist in der Lage sein, völlig neue Krankheiten beim Patienten auszumachen, sondern nur solche, die schon andere kranke Leute vor diesem Patienten gehabt haben – die Erkrankung ist also bereits in einem medizinischen Handbuch wie *Pschyrembel* verzeichnet. Alle Krankheiten zusammen ergeben die Möglichkeiten für eine Diagnose. So ist es auch mit der Sprachgestaltung: Jeder Sprecher kann sich nur der Möglichkeiten zur Darstellung eines Sachverhaltes bedienen, die es gibt. Was es nicht gibt, kann er nicht anwenden.

Wie oft hören unsere Schüler in der Aufsatzlehre: Keine gleichen Satzanfänge! Keine Wortwiederholungen! Keine unnötigen Adjektive! Keine zu kurzen Sätze! Keine unanständigen Wörter! Und was macht unser Redner? Offenbar das Gegenteil all dessen, was der Deutschlehrer als sprachlich schön empfindet.

Dabei sind die Regeln der Rhetorik universell, d.h. auf jede Landessprache übertragbar: Ob nun Deutsch oder Englisch, Französisch oder Chinesisch, Türkisch oder Dari - mit welchen Methoden ein Sachverhalt verschönert werden kann, ist unabhängig von Dialekt und Sprache. Allerdings funktioniert ein Großteil der

Figuren nur in der Rede – wenn Sie z.B. eine Anapher (Satzanfangswiederholung) in einen Literaturtext oder ein Gedicht einarbeiten, ändert sich die Wirkung. Schon in einer Hörfunkreportage kann eine Anapher störend wirkend. Auch in einer Diskussion ist sie nur selten zielführend und hemmt möglicherweise den Satzrhythmus.

Hier ein wirkungsarmes Beispiel aus einem Nachrichtenmagazin. Die Anapher überzeugt nicht, weil a) die Sätze viel zu kurz sind und b) der Satzanfang sich selbst im Weg steht. In der Rede kann so etwas klappen, im Schrifttext ist es jedoch auf diese Weise nicht akzeptabel.

<u>Nie zuvor</u> hat China das Ende des Zweiten Weltkrieges mit einer Militärparade gefeiert. <u>Nie zuvor</u> gab es in Peking eine derart gigantische Waffenschau. Es ist eine Demonstration der Macht.
(Text: Focus, „China feiert Ende mit riesiger Militärparade, 3.9.2015")

Eine falsch eingesetzte bzw. häufig wiederholte Figur ohne Nutzwert produziert Langeweile, sodass die Zuhörer oder Leser schnell „abschalten". Daher auch die Politikverdrossenheit vieler Bürger, die immer nur die gleichen leeren Worthülsen präsentiert bekommen.

Die moderne Kommunikationswissenschaft hat herausgefunden, dass 50 Prozent der Sprache in Sätzen eigentlich unnötig ist. Man könnte die Sätze also kürzen und in eine Art „Telegrammstil" verfallen.
Über Shannon und Weavers Kommunikationsmodell „Mathematical Theory of Communication" (1949) schreibt John Fiske (1990):

Redundancy is not merely useful in communication, it is absolutely vital. In theory, communication can take place without redundancy, but in practice the situations in which this is possible are so rare as to be non-existent. A degree of redundancy is essential to practical communication. The English Language is about 50 per cent redundant. This means we can delete about 50 per cent of the words and still have a usable language capable of transmitting understandable messages.
(Quelle: Fiske, John. Introduction to Communication Studies, London 1990)

Wer sich als Sprecher jedoch nur auf die reine Informationsbotschaft beschränkt, wird etwas Verblüffendes feststellen: Die Kommunikation kommt schnell zum Erliegen. Für eine erfolgreiche

Kommunikation zwischen Menschen sind Wiederholungen (z.B. durch Synonyme), Ergänzungen (z.B. durch Höflichkeitsfloskeln) und Zusatzinformationen (z.B. durch Adjektive) unabdingbar. Die Rhetorik versucht, das optimale Verhältnis zwischen prägnanter Kürze und Weitschweifigkeit herzustellen. Auf den ersten Blick erfüllt es vielleicht keinen Sinn, durch rhetorische Figuren absichtlich mehr zu sagen als nötig (Figuren der Zufügung) oder absichtlich viel weniger (Figuren des Weglassens).

Ein Trainer, der zu lange Sätze baut, kommt bei den Seminar-Teilnehmern nicht an; weil diese den Anfang des Bandwurmsatzes mit eingeschachtelten Nebensätzen bereits vergessen haben, wenn der Trainer den Satz beendet. Weil das Ultrakurzzeit-Gedächtnis mit seiner Kapazität von 10 bis 20 Sekunden Dauer überfordert ist!

Manchmal erscheint es also zweckmäßig, einen Sachverhalt mit sehr einfachen Worten stark gerafft zu präsentieren. Doch auch die Weitschweifigkeit kann durchaus nützlich sein:

Um den Mechanismus Ultrakurzzeit-Gedächtnis/Kurzzeit-Gedächtnis/Langzeit-Gedächtnis immer wieder in Gang bringen, empfiehlt es sich, ein und dieselbe Information im Verlaufe des Unterrichts mehrmals zu wiederholen. (Quelle: Birkenbihl, Michael. Train the Trainer, Landsberg/Lech 1990)

Rhetorik ist ein System, wie man den bestmöglichen Erfolg für eine bestimmte Redesituation erzielen kann. Es ist zwar keine Garantie dafür, dass sich der Erfolg tatsächlich einstellt, weil noch andere Faktoren eine Rolle spielen: persönliche Fitness während des Auftritts, Machtverteilungsverhältnisse (z.B. die Gefahr, durch eine andere Person unterbrochen zu werden), die Zusammensetzung des Publikums. Doch mit der Rhetorik lassen sich die 50 Prozent der Sprache, die neben der eigentlichen Informationsabsicht geäußert werden, am zuhörerfreundlichsten gestalten.

Teilgebiete der Rhetorik (z.B. rhetorische Figuren) können auch dazu benutzt werden, andere sprachliche Äußerungen, die zumeist in Textform abgefasst worden sind (z.B. Gedichte / Romane) auf ihre Leserwirkung hin zu untersuchen. Auch Werbungen, Zeitungen, Fernsehen und Film nutzen die Rhetorik, um ihr eigenes Produkt (z.B. einen Werbespot / Zeitungsüberschrift / Fernsehmoderation) besser zu machen. Unternehmen nutzen die Rhetorik im Bereich Public Relations (Öffentlichkeitsarbeit) oder bei Pressekonferenzen, wenn bei einem Fehlverhalten (z.B. Lebensmittelskandal) das eigene Image in Gefahr ist. In Gerichten ist die Rhetorik für die Anklage wie auch Verteidigung unerlässlich, weil ansonsten eine Niederlage droht.

Was ist noch Rhetorik? A3

Wie lernt man Rhetorik?
A4

Rhetorik lernt man durch die Theorie (Bücher, Seminare, das Studieren von Reden berühmter Persönlichkeiten) und die Praxis (echte Redesituationen).

Die Einheit von Theorie- und Praxisschulen ist ein Unterschied zu den antiken Rednerschulen. Zur Zeit des Hellenismus wurde dort zwar die *techne* vermittelt, aber es erfolgten keine Unterweisungen in der *exercitatio*. Die Philosophen vertraten die Ansicht, dass der Mensch von Natur aus die Veranlagung zur Rede hätte und verzichteten auf die Vermittlung rednerischer Praxis, was dazu führte, dass die Rhetorik, wie es der emeritierte Tübinger Rhetorikprofessor **Gert Ueding** einst formuliert hatte, zu einem *formalen, trockenen und technischen System erstarrt war*. Erst zur Zeit Ciceros setzte sich die Überzeugung durch, dass zur Theorie die Praxis kommen müsse. Im ältesten Rhetoriklehrbuch lateinischer Sprache heißt es:

„Theorie ohne ständige Sprechübungen sind von nur geringem Nutzen. Mit diesen Worten solltest du verstehen, dass die Lehrsätze zur Theorie, die hier behandelt werden, auch in die Praxis umgesetzt werden sollten."
(Quelle: anonymer Verfasser, „Rhetorik an Herennius", 80 v. Chr.)

Das System der Rhetorik ist aus der Praxis entstanden, denn das, was bei anderen Rednern zum Erfolg geführt hat, wurde aufgeschrieben, untersucht und schematisch eingeteilt, wie der Tübinger Rhetorikprofessor **Joachim Knape** feststellt.

Dabei kann festgehalten werden, dass sich in den letzten 2500 Jahren nur wenig verändert hat. Anders ausgedrückt: Es gibt zwar neue Gesten des Redners, aber inhaltlich nichts Neues. Durch technische Errungenschaften wie Lautsprecheranlage, Mikrofon und Computerbeamer hat sich die Voraussetzung für eine Redesituation gewandelt, der Aufbau einer Rede bleibt jedoch gleich.

Während Informationssammlung, Gliederung und Gedächtnislehre sehr schnell gelehrt werden können, weil die Thematik nicht so umfangreich ist, sind die Versprachlichung des Redetextes und die Außenwirkung des Redners Sachgebiete, die nicht an einem Seminarwochenende gelehrt werden können.

Ich will nicht, dass die jungen Leute denken, sie haben eine ausreichende Leistung erzielt, wenn sie diese Kunst nur von einem der kleinen Bücher über Rhetorik erlernt haben, wie sie üblicherweise ausgehändigt werden, und dann sich einbilden, sie wären sicher

Seminar mit Mikrofon und Laptop

vor den Regeln einer Theorie. Die Kunst des Sprechens hängt von großer Mühe ab, von ständigem Lernen, von verschiedenen Übungen, von wiederholten Versuchen, von größtmöglichem Scharfsinn und dem schnellsten Urteil.
(Quelle: Quintilian, „Institutio oratoria", 100 n. Chr)

Wer es richtig beherrschen möchte, aber kaum Vorkenntnisse aus der Schule mitbringt, braucht Monate – also eine viel zu lange Zeit für ein Rhetorikseminar, was ja auch eine Kostenfrage für die Unternehmen ist. Ein verantwortungsbewusster Rhetoriktrainer wird darauf hinarbeiten, dass der Teilnehmer eines Seminars über Rhetorik so angeleitet wird, dass er einen guten Überblick über alle fünf Teilgebiete der Rhetorik bekommt, ihm aber auch klargemacht wird: Den Rest der Wegstrecke musst du allein gehen. Es genügt nicht, dass du dich an einem Wochenende passiv berieseln lässt und dann den Vorgang ad acta legst; du musst Stimmübungen machen und Redetexte schreiben, Referate vor einem Publikum halten, die Inhalte und Techniken auswendig wissen.

Viele Rhetoriktrainer wenden einen eher fiesen Trick an: Sie kürzen den Stoff so, dass der Eindruck entsteht, es sei alles abgehandelt. Steht dann der Teilnehmer eines Rhetorikseminars vor dem Ernstfall, ist es häufig so, dass sich der Erfolg nicht einstellen will. Denn Rhetorik ist mehr als die persönliche Bühnendarstellung eines Redners und richtige Gliederung; Rhetorik ist ein hochkomplexes Spiel mit der Sprache, ein keineswegs starres System, das viele Möglichkeiten für die kunstgerechte Verpackung eines Inhalts bietet.

Es gibt mehrere eigenständige Bachelor-Programme (mit anschließendem Master) für Rhetorik, von denen ich ein paar auflisten möchte:

Studiengang Rhetorik in Europa

In *Deutschland* die Universität Tübingen (entspricht: „Allgemeine Rhetorik")
In *Dänemark* die Universitäten Kopenhagen und Aarhus (entspricht: „Allgemeine Rhetorik")
In *Schweden* die Universitäten Lund und Örebrö, beide bieten einen englischsprachigen Studiengang für Rhetorik an.
In *Norwegen* die Universitäten Oslo und Bergen (entspricht: „Allgemeine Rhetorik")
In *England* an der Royal Halloway (University of London) ein eigenes Master-Forschungsprogramm für Rhetorik, das zudem für das eigenständige Verfassen von Redetexten (Creative Writing) gedacht ist.
In Italien kann man an sehr vielen Universitäten bestimmte Formen der Rhetorik studieren.

Dazu sei noch erwähnt, dass man als Sprachstudent Seminare zu einzelnen Themen der Rhetorik in den Sprachabteilungen (u.a. Germanistik /Romanistik/ Anglistik) an fast allen europäischen Hochschulen belegen kann, z.B. an der Universität Nottingham im English Department.

Außerdem gibt es zahlreiche Master-Aufbaustudiengänge für Rhetorik, z.B. an der Hochschule für Musik und Darstellende Kunst in Stuttgart.

Generell gilt, dass zwar nicht die Seminare, aber die gehaltenen Vorlesungen einer Universität zum Thema Rhetorik auch der Allgemeinheit zugänglich sind, sprich: selbst ohne Abitur und Einschreibung darf ich kostenlos die Vorlesung besuchen und von meinem Informationsrecht Gebrauch machen.

Toastmaster & Speakers' Corner

Fast in jeder Stadt gibt es eine Art Rhetorikclub, man findet sie unter den Stichwörtern „Toastmasters" / „Debattierclub". Außerdem sei noch auf den Londoner Hyde Park verwiesen, wo jeder Passant seit 1872 an der „Speakers' Corner" seine große Rede vor Laufpublikum halten kann, solange er nur nicht die englische Königsfamilie beleidigt. Nicht immer sind die Redner an der Speakers' Corner unprominent: Karl Marx und George Orwell haben dort auch schon gesprochen. Leider gibt es dieses Rednereck kaum in anderen europäischen Städten. Bis auf Berlin – hier gibt es Veranstaltungen zur öffentlichen Aussprache.

Rhetorik in diesem Buch
A5

Antike Rhetorik (Griechenland, Rom, Mittelalter):

ist die Lehre der Rede.

Rhetorik des 21. Jahrhunderts:

I. ist eine philosophisch orientierte Argumentations- und Kommunikationstheorie
II. ist die Rhetorik der Massenmedien und der Werbung, die sogenannte New Rhetoric
III. ist eine linguistische und semiotisch orientierte Rhetorik
IV. ist ein Persönlichkeitstraining zur besseren Selbstdarstellung wie Verkaufs- und Manager-Training

(vgl. „Historisches Wörterbuch der Rhetorik". Band 1-10, Tübingen 1992)

Rhetorik in diesem Buch:

Dieses Buch soll zur Rede anleiten und stellt das Grundwissen über die wichtigsten Techniken aus der Antike und Gegenwart zusammen. Es ist keine Reflexion über Kommunikationsmodelle, da der Verfasser davon ausgeht, dass dies nicht Kernbereich der Rhetorik ist, sondern den Kommunikationswissenschaften und der Linguistik vorbehalten ist. In diesem Buch wird auch nicht auf Medienrhetorik (Werbung und Film) eingegangen, aber man kann diese nach der Lektüre entschlüsseln (z.B. bekannte Werbeslogans).

Ziel ist es, ein guter Redner bzw. Verhandlungspartner zu werden; die Modelle der Kommunikationswissenschaften (Sender – Empfänger – verschlüsselte Botschaft) können bereits durch die Grammatik (Aussagesatz mit Appellfunktion) und Ersetzungsfiguren (rhetorische Tropen) erklärt werden. In der tatsächlich stattfindenden Sprachebene stellen diese aber nur einen Bruchteil der Möglichkeiten dar, wie ein Satz verändert werden kann.

Auf die geschichtlichen Aspekte der Redekunst wird nicht eingegangen, weil es zu diesem Thema bereits sehr viele Gesamtdarstellungen gibt. Dafür lesen wir bekannte Ausschnitte von berühmten Reden im Original und lernen dadurch vor allem die Grammatik. Im Figurenteil werden wir das Sprachniveau anheben und uns an bekannten Textstellen der Literaturgeschichte orientieren.

Die Rhetoriklehrbücher antiker Autoren (z.B. Aristoteles, Cicero, Quintilian), aber auch die aus dem Mittelalter (z.B. Notker, Riederer, Erasmus von Rotterdam, Thomas Wilson) und auch neuere Lehrbücher wählten für ihre Darstellung den Fließtext, sodass man sich als Leser die Erkenntnisse selbst herauspicken muss – ein umständliches und langwieriges Verfahren. Ich möchte hingegen den Leser zur Selbstständigkeit in allen Bereichen der Rede und des Wechselgesprächs anleiten, die trainiert werden können. Deswegen ist dieses Buch in viele einzelne Lerneinheiten unterteilt, die Sie sich unabhängig voneinander aneignen können.

Jede Lerneinheit bekommt eine bestimmte Nummer zugewiesen. Damit sind Querverweise von Grammatik, Rhetorik und Dialektik möglich. Während sie in anderen Büchern umständlich im Register nach den Seitenzahlen suchen müssen, Ihnen dann aber bestimmte wichtige Eingangsinformationen fehlen, bekommen Sie hier den kompletten Artikel zu einem bestimmten Thema. Sie können in diesem Buch querbeet lesen, jeder Artikel führt sie zu einem neuen Thema. Oder sie lesen klassisch, von vorne nach hinten. Wie auch immer Sie sich entscheiden – beide Wege führen zum Ziel.

Dieses Buch erhebt keinen Anspruch auf Vollständigkeit, ist aber durch seine tabellarische Gestaltung eines der ausführlichsten Darstellungen zum Kernbereich der „Rhetorik". Für jemand, der noch gar nichts über Rhetorik weiß, ist es der ideale Einstieg, weil sich hiermit das Wissen zu anderen Rhetoriklehrbüchern erschließt, die viele Fachbegriffe und Fremdwörter lateinisch-griechischen Ursprungs aufweisen (wissenschaftliche Fachbücher mit Quellenangaben) oder zu sehr vereinfachen (populärwissenschaftliche Bücher ohne gesicherter Quellenangaben).

Beispiel wissenschaftliches Fachbuch:

Die Metapher als Mittel des ornatus muß sich nach den übrigen virtutes orientieren: sie darf nicht die perspicuitas verdunkeln, sie muss zum aptum passen, ja, sie muß auf das Grundanliegen des ornatus selbst (die Vermeidung des taedium) achten. Verdunkelnd und taedium-erregend ist besonders der übertrieben häufige Gebrauch der Metaphern, das aptum kann besonders durch zu niedrige Metaphern gefährdet werden. (Quint. 8.6 – 14 – 16 ut modicus autem atque opportunus eius...)
Quelle: Heinrich Lausberg, „Handbuch der literarischen Rhetorik"

Beispiel populärwissenschaftliches Buch:

Der erste Typ (...) ist vor allem an Fakten interessiert. Im HDI-Modell ist er der A-Typ. Ihm ist die Farbe blau zugeordnet. In einer Präsentation können sie den blauen Typen für sich gewinnen, indem Sie ihn durch Tatsachen überzeugen. Was Sie vorschlagen, muss logisch, technisch machbar und finanzierbar sein. Formulieren Sie präzise Aussagen!
Quelle: Wolfgang Rosenkranz, „Präsentieren mit Persönlichkeit"

Beispiel populärwissenschaftliches Buch:

<u>Die Anapher</u> wird von berühmten Rednern immer wieder benutzt, und man kann sie auch heute systematisch einsetzen. John F. Kennedy hat sie in seiner Rede vor der Berliner Mauer 1963 benutzt: <u>„Sie sollen nach Berlin kommen!"</u>, war der identische Satz, den er viermal innerhalb seiner Rede wiederholte.
Quelle: Matthias Pöhm, „Vergessen Sie alles über Rhetorik" (Erstausgabe, 2001)
Anzumerken ist: Leider haben wir es beim Satz „Let them come to Berlin!" mit einer Epipher (Endsatzwiederholung) zu tun. Da diese Epipher mehrfach wiederholt wird, ist es zugleich ein Refrain - doch keinesfalls eine Anapher, denn dann würde „Let them come to Berlin!" am Satzanfang stehen, was hier nicht der Fall ist.

Ein weiteres Manko von Büchern, die sich mit „Angewandter Rhetorik" beschäftigen, sind eher plump daherkommende Fachbegriffe wie „Ohröffner" / „Zwecksatz" / „Fünfsatz" und „Aida-Formel". Anstatt passendere Wörter wie *Einleitung, Redeziel, Argumentation* und *Gliederung* zu benutzen, schafft man sich zuerst einen eigenen Fachwortschatz und behauptet dann nicht selten in Seminaren: „Von der antiken Rhetorik können Sie ohnehin nichts mehr gebrauchen ..."

Mein Buch stellt einen Mittelweg dar: Seine Sprache soll nicht wissenschaftlich klingen, sein Inhalt nicht populärwissenschaftlich sein. Ein Fremdwörterlexikon ist zum Lesen der Texte nicht nötig. Ich werde mir allerdings auch erlauben, keine neu geschaffenen Fachbegriffe aus der „Angewandten Rhetorik" zu benutzen, weil diese das Verständnis eher erschweren.

An dieser Stelle etwas zu meinem Hintergrund: Ich habe das Fach „Allgemeine Rhetorik" an der Universität Tübingen studiert, die einzige in Deutschland, die früher einen eigenständigen Magister-Studiengang dafür angeboten hat (mittlerweile ist auch hier auf „Bachelor" und „Master" umgestellt). Auch in England habe ich Rhetorikseminare an der Universität besucht. Zu meinen Dozenten gehörten u.a. Gert Ueding („Grundriß der Rhetorik"), Joachim Knape („Was ist Rhetorik?" / „Allgemeine Rhetorik"), Clemens Ottmers („Rhetorik"), Franz H. Robling („Redner und Rhetorik") und Robert Cockcroft („Persuading People: An Introduction to Rhetoric").

Fast alle Rhetoriklehrbücher werden jedoch von Autoren geschrieben, die einen sachverwandten Studiengang belegt haben, z.B. Linguisten, Philosophen oder Kommunikationswissenschaftler. Eine Auswahl zu den Werdegängen:

„Herr M. blickt auf viele Jahre Verkaufs- und Präsentationspraxis zurück und ist auf die Fachgebiete Auftrittskompetenz und Kundenaquisition und –entwicklung spezialisiert; Herr P. ist Leiter des Arbeitsbereichs Sprecherziehung an der Universität G.; Herr K. ist Koordinator an einer berufsbildenden Schule und Autor von Fachbüchern und in der Lehrerfortbildung tätig; Herr S. vertritt den DGB in bildungspolitischen Gremien; Herr G. studierte Linguistik und arbeitet als Schriftsteller, Übersetzer und Herausgeber; Herr S ist Diplom-Kaufmann und Diplom-Politiloge und arbeitete als Projektleiter, Marketingreferent, Schulungsplaner, Human Resources Manager; die Autoren B., F. und H. sind Mitglieder im Bund deutscher Verkaufstrainer; Herr B. hat sich nach Jahren der Geschäftsführertätigkeit nun selbstständig gemacht; Herr K. ist Pädagoge mit dem Schwerpunkt betriebliche Weiterbildung";

Diplom-Kaufmann R. hat ein Studium der Wirtschafts- und Sozialwissenschaften und eine rhetorisch-pädagogische Ausbildung absolviert; Herr Dr. S. hat Germanistik, Philosophie und Romanistik in Zürich und Paris studiert."

Das macht die Bücher jener Verfasser inhaltlich nicht notwendigerweise falsch, führt jedoch oftmals dazu, dass eher unwichtige Dinge (z.B. Kommunikationsmodelle) ausführlich, dafür wichtige Dinge (z.B. die Argumentationstheorie und die Versprachlichung eines Redetextes) nur kurz abgehandelt werden. Auch handelt es sich hierbei oftmals um Etikettenschwindel: Zwar steht auf dem Sachbuch in überdimensionalen Buchstaben „Rhetorik" drauf, weil es sich dann besser verkauft. Es ist aber kaum oder gar keine Rhetorik darin. Hier wird alter Wein in neue Schläuche gegossen, – z.B. verspricht der Autor dem Leser eine „völlig neue Rhetorik", die klar Abstand zur antiken Rhetorik nimmt. Und was bietet er uns an? Eine Epipher und einen Parallelismus, die er „Bildersprache" nennt. Eine Anekdote, die er „persönlich erlebte Geschichte" nennt. Zusammen mit der Anapher ist dies auch schon seine ganze Abhandlung zum Thema „rhetorische Figuren". Er habe die teuersten Rhetorikseminare besucht, die es in der Schweiz und Deutschland gibt, schreibt der Autor. Wir merken die Gleichung: teuer = gut = richtig. Aber die Gleichung könnte leider auch lauten: teuer = unvollständig = falsch. Das ist ungefähr so, wie wenn Sie mit dem Auto stets in gleicher Geschwindigkeit ohne Rücksichtnahme auf Straßenverhältnisse und Kurven immer geradeaus fahren. Das kann eine Weile gutgehen, führt aber irgendwann zum Verkehrsunfall. Wenn Sie nämlich auf rhetorisch geschulte Leute treffen, die ein weitaus höheres Repertoire an Ausdrucksmöglichkeiten als Sie beherrschen, ziehen Sie immer den Kürzeren.

Definition – was ist Grammatik? A6

Grammatik (abgeleitet von „Gramma" – der Buchstabe) ist die Lehre von der korrekten Anwendung der Muttersprache. Grammatik (=„Buchstabenkunde") untersucht die verschiedenen Wortarten (Verb, Substantiv, Adjektiv ...) und Satzarten (Hauptsatz, Nebensatz und Unterformen) in Texten. Sie ist ein elementarer Baustein für Rhetorik wie auch Dialektik. Ein Redner muss z.B. in der Lage sein, in einer hohen Geschwindigkeit sprachliche Möglichkeiten der Grammatik, wie ein Sachverhalt ausgedrückt werden kann, auszuwählen und hierbei die bestmögliche Lösung zu finden, zur Not auch einen falsch begonnen Satz richtig zu Ende zu führen.

Grammatik in diesem Buch A7

Dieses Buch soll nur die Kenntnisse über Grammatik bereitstellen, die für eine wirkungsvolle Rede in allen Stilarten wie auch für die Wechselrede nötig sind. Es ist keine Zusammenstellung über

Rechtschreibregeln. Damit verfolgt dieses Buch einen revolutionären Ansatz – denn in Rhetoriklehrbüchern wird die Grammatik stillschweigend vorausgesetzt, während der Verfasser davon ausgeht, dass sehr vielen Menschen nur eine begrenzte Anzahl an sprachlichen Ausdrucksformen zur Verfügung steht. In diesem Buch werden die wichtigsten Regeln der deutschen Grammatik für das Verfassen eines Redetextes zusammengestellt. Dadurch werden Sie später in der Lage sein, Ihre Rede sprachlich ansprechend zu gestalten.

Der Verfasser dieses Buches hat große grammatikalische und didaktische Erfahrung, weil er auch „Deutsch als Fremdsprache", „Latein" und „Englisch" unterrichtet.

Definition: Was ist Dialektik? A8

Dialektik in seiner ursprünglichen Bedeutung war die „zweckfreie Unterhaltung zwischen zwei Personen". Später wurde daraus die „zweckgebundene Unterhaltung zwischen mehreren Personen, um die Richtigkeit einer Aussage zu überprüfen". Heutzutage versteht man darunter „die Kunst der Diskussion", des Streitgesprächs.

Dialektik ist die Lehre von der Wechselrede, dem Dialog. Sie beinhaltet die Fähigkeit, einen Kommunikationspartner richtig einzuschätzen und die eigenen sprachlichen Äußerungen so abzustimmen, dass ein bestimmtes Ziel erreicht wird, das entweder gemeinsam oder gegen den anderen gerichtet ist. Das Ziel ist zumeist ein Verhandlungsergebnis. Unternehmen nutzen die Dialektik, um die richtigen Bewerber für eine Stelle auszuwählen (Vorstellungsgespräch), aber auch um Mitarbeiter zu führen. Mitarbeiter nutzen die Dialektik, um hauseigene Produkte zu verkaufen oder in Verhandlungen mit Kooperationspartnern (z.B. Zulieferern) zu treten. Ziel der Dialektik ist die Steuerung des Gesprächspartners, jedoch nicht die Massenkommunikation.

Verhandlungsgespräch zwischen zwei Firmen

Aus dem Lateinunterricht stammt folgende Geschichte:

Karneades, der Leiter der Platonischen Akademie, der zur Richtung des Skeptizismus gehörte, war zu Gast in Rom und hielt am ersten Tag eine flammende Rede für die Gerechtigkeit, am folgenden Tag eine noch flammendere Rede gegen sie. Das machte er so überzeugend, dass die römische Jugend von seiner Argumentationskette begeistert war. Cato sah in ihm eine öffentliche Gefahr für die Jugend und ließ alle griechischen Philosophen aus Rom herauswerfen.

Dialektik in diesem Buch
A9

Antike Dialektik:

ist die Lehre der Begriffsdefinitionen und des Wechselgesprächs, um die Wahrscheinlichkeit für eine bestimmte Ansicht zu prüfen.

Dialektik des 21. Jahrhunderts:

I. ist eine philosophisch orientierte Argumentations- und Kommunikationstheorie
II. ist ein Persönlichkeitstraining zur besseren Selbstdarstellung, wie Verkaufs- und Manager-Training

(vgl. „Historisches Wörterbuch der Rhetorik". Band 1-10, Tübingen 1992)

Positives Ergebnis einer Verhandlung

Dialektik in diesem Buch

ist die Lehre, wie man faire Gespräche gestalten kann. Durch bestimmte Techniken ist man aber auch in der Lage, auf unfaire Verhaltensweisen des anderen zu reagieren (Schlagfertigkeit zu erlangen). In den meisten Büchern zur Dialektik wird mit auswendig gelernten Sprüchen gekontert, was nur wenig effektiv ist. Der Verfasser geht davon aus, dass durch Grammatik eine universale Möglichkeit gegeben ist, einen Angriff weich und überraschend abzufedern. Dafür ist jedoch auch eine genaue Kenntnis der rhetorischen Figuren nötig.

In der untenstehenden Tabelle finden Sie die klassische Einteilung, wie ein Redner vorzugehen hat. Ich habe in diesem Buch die Reihenfolge absichtlich geändert: Zuerst das Schwerste, die deutsche Sprache (elocutio); dann die folgenden: das Logischste, die Gliederung (dispositio); das Praktischste (actio); das Leichteste (inventio); das Zeitraubendste (memoria); das Interessanteste (Affektenlehre); schließlich das Wichtigste für den Berufsalltag (Dialektik).

Sammeln von Information
(inventio)   A10

Ungeordnete Stichwörter zu einem Thema entwerfen, die Masse zählt vor Qualität. Hierfür gibt es bestimmte Brainstorming-Techniken. Aber auch das Anlesen in Fachbüchern, das Markieren in den Texten, das Sammeln von Zitaten gehört hierzu.

Anordnung von Information
(dispositio)   A11

Die qualitativ besten Stichwörter werden in eine bestimmte Ordnung gebracht, sodass später ein Publikum überzeugt werden kann. Hierfür gibt es die Einteilung in pro- und contra, in starke und schwache Argumente. Auch die Einteilung der Rede (Einleitung, Hauptteil, Schluss) gehört hierzu. Hierfür muss man die wichtigsten Argumentationsarten kennen.

Aufschreiben der Rede
(elocutio)   A12

Die Stichwortargumentationen werden in rednerische Sätze gepresst, die möglichst einheitlich zu einer bestimmten Stilart gehören: hoch (viele Fremdwörter, lange Sätze, eher leblose Sprache, sehr komplizierter Satzbau, viele rhetorische Figuren / Bsp.: politische Rede / Lobrede auf einen verstorbenen Dichter) mittel (gelegentlich Fremdwörter, kurze Sätze, lebendige Sprache, kaum rhetorische Figuren / Bsp.: vorbereitetes Referat an der Universität / Wirtschaftsseminar) niedrig (keine Fremdwörter, kurze Sätze, bildliche Sprache, praktisch keine rhetorischen Figuren außerhalb der normalen Sprechweise / Bsp.: in der Grundschule / spontan gehaltene Rede).

<u>Dies ist der schwierigste und anspruchsvollste Teil der Rede:</u> Ein Redner sollte neben der normalen Grammatik (Wortarten, Satzarten) auch die rhetorischen Figuren mit einer bestimmten Wirkung auf sein Publikum kennen, die sich nicht nur auf einzelne Sätze, sondern auch auf ganze Redeabschnitte beziehen können. Um aber wirkungsvoll reden zu können, auch im niedrigen Sprachstil, muss wenigstens ein Grundwissen über Grammatik vorhanden sein. In fast allen Rhetorikseminaren wird auf die Grammatik überhaupt nicht eingegangen (Teil des Deutschunterrichts an der Schule) und nur ein paar wenige rhetorische Figuren (Metapher, Ironie) werden erklärt. Teilnehmer mit geringerer Vorbildung (die Nicht-Gymnasiasten) sind also klar im Nachteil zur gebildeten Schicht (Gymnasiasten, Uni-Absolventen, Führunsgkräfte), die aber auch grammatikalische Defizite haben kann.

Die fertig aufgeschriebene Rede wird so gut wie möglich auswendig gelernt (eher auswendig gesprochen), sodass der Redner später nur noch selten auf sein Blatt schauen muss. Hier muss mit der Uhr gearbeitet werden, damit die vorgegebene Redezeit nicht überschritten wird. Auch die Konzeption des Manuskripts gehört in diesen Bereich. Es gibt bestimmte Gedächtnistechniken und „Eselsbrücken" (die bei einer längeren Rede aber nur selten zum Erfolg führen). Wenn der Redner die Grammatik beherrscht, kann er sich sogar von seinem Blatt entfernen und spontan eigene Sätze bilden. Die meisten Rhetorikseminare erklären hier nur die Gestaltung des Manuskripts. **Einprägen der Rede (memoria) A13**

Der Redner führt seine Rede sowohl mit guter Betonung als auch dem gewinnenden Einsatz von Körpersprache vor einem Publikum vor. Die meisten Rhetorikseminare konzentrieren sich fast nur auf die actio (Vortrag vor Teilnehmern) und dispositio (Redearten, Anordnung der Information). Trainer werfen ihre Teilnehmer ins „kalte Wasser", sie müssen unvorbereitet, aber „zielwirksam" sprechen. <u>Wer die Grammatik hier nicht beherrscht, wird eher an seinem Blatt kleben, und bei einem Einwand aus dem Publikum (z.B. Professor, der seinen Studenten korrigiert) ausweichend und wenig überzeugend antworten können.</u> **Vortrag der Rede (actio) A14**

Schematische Darstellung der Arbeitsschritte: A15

I. Inventio	II. Dispositio	III. Elocutio	IV. Memoria	V. Actio / Pronunciatio
Stoffsammlung	Gliederung	Versprachlichung	Einprägen der Rede	Körpersprache, Stimme und technischer Ablauf

(Im Anhang auf Seite 709 finden Sie eine ausführliche Tabelle.)

Cicero: „*Quousque tandem abutere, Catilina, patientia nostra?*"
(*Wie lange, Catilina, willst du unsere Geduld verschwenden?*)

Römischer Senat: *Cicero gegen Catilina (Gemälde von Cesare Maccari, 1888)*

„Es ist dem römischen Senat gemeldet worden, dass es Menschen gibt, die eine neue Art von Fach unterrichten, man versammelt sich zu irgendeiner Entdeckung beim sprachlichen Spiel; sie haben für sich selbst den Titel ‚Lateinische Redelehrer' in Anspruch genommen. Dass dort junge Menschen den ganzen Tag untätig herumsitzen und ihre Schulen besuchen. Unsere Vorfahren bestimmten, was sie ihre eigenen Kinder lernen lassen wollten und welche Schulen sie besuchen sollten. Diese neuen Sachen, die an dem Brauch und der Sitte der Vorfahren vorbeigehen, gefallen uns nicht, noch erscheinen sie richtig. Warum haben sie diese Spiele, und warum pflegen sie dorthin zu kommen? Es scheint nötig zu sein, dass wir ihnen unsere Meinung zeigen, dass es uns nicht gefällt."

Sueton – de rhetoribus

„Fast alle gebrauchen ihr Stimmorgan nur auf diese eine Art, und wissen aber dennoch nicht, wie man damit umgeht, sie stoßen die Laute kraftvoll und mit Begeisterung über ihre Sprechgeschwindigkeit heraus und freuen sich an der zahlenmäßigen Überlegenheit ihrer Wörter. Ein Satz, den sie schon oft vernommen haben, täuscht sie: Durch das Reden würde man es dazu bringen, reden zu können. (…) Zweifelsohne trägt man bei diesen Übungen einen großen Nutzen davon, wenn man sehr häufig spontan zu anderen spricht, aber sinnvoller erscheint, die Zeit auch darauf zu verwenden, selbst besser und vor allem sorgfältiger zu sprechen.(…) Durch den Stift hat man schon den besten Redelehrer zur Hand, und das mit Recht: Die Stegreif – und Zufallsrede wird nämlich mühelos von einer Ausarbeitung übertrumpft, für die der Redner lange Zeit aufwenden musste: (…) eine sorgfältig ausgearbeitete schriftliche Darstellung. Hier liegt der Schlüssel zum Erfolg, der den guten Rednern die Begeisterungszurufe und die Bewunderung des Publikums entgegen bringt… auch wenn er sich energisch darin übt, nur frei aus dem Stegreif zu sprechen. Wenn jemand vom Schreiben zum Reden wechselt, bringt er auch die Gabe mit, dass seine Sätze nun – selbst wenn er nun aus dem Stegreif spricht – einem schriftlich ausgearbeiteten Redetext ähneln. Hat er bei seiner Rede ein Manuskript dabei, und er möchte von seiner vorgefertigten Fassung abweichen, folgt ihm der Rest der Rede wie von selbst."

Marcus Tullius Cicero

Text: Cicero , „de Oratore"

Häufig gehörte Meinungen, wie man rhetorisch schreibt: A16

In der Rede...
- gibt es mehr Hauptsätze
- gibt es nur Nebensätze, die nicht länger als vier Sekunden Redezeit beanspruchen
- gibt es kaum Substantive, dafür um so mehr Verben
- gibt es maximal 13 Wörter pro Satz
- gibt es nur kurze sinntragende Einheiten mit maximal sechs Wörtern
- gibt es eher kurze als lange Wörter (einsilbige statt mehrsilbige)

In der Rede...
- soll auf Sachen verwiesen werden, die dem Publikum schon bekannt sind
- soll man die Informationen nicht bündelweise darbieten, eher spärlich
- soll man Partizipien durch eigene Sätze auflösen
- soll man statt Schachtelsätzen nur kurze Sätze mit wenig Adjektiven machen
- soll man keine Gedankensprünge zwischen einzelnen Argumenten machen
- soll man den richtigen Ausdruck wählen (Fachbegriffe reduzieren)
- soll man das Personalpronomen „man" nie benutzen, stattdessen „ich" oder „wir"
- soll man moderne Wörter vermeiden
- soll man keine platten Redewendungen benutzen
- soll man Zitate, persönliche Geschichten und anschauliche Beispiele bringen

In der Rede...
- sollte man keine langen Wörter mit zu vielen Silben einsetzen
- sollte das Hauptanliegen der Beweisführung in den zweiten Teil des Satzes
- sollte das Bedeutsame bei gefühlsbetonten Sätzen nach vorn gezogen werden
- sollte man bereits durch die Zeichensetzung an Sprech- und Atempausen denken
- sollte man nur Sätze formulieren, die auch ausgesprochen werden können (keine „Zungenbrecher")
- sollte klangliche Wiederholung in aufeinander folgenden Worten vermieden werden
- sollte hastiges und monotones Sprechen vermieden werden
- sollte der stimmliche Ausdruck langsam forciert werden (erst leise, dann lauter, schließlich ungebändigt)

Für die Zuhörer...
- sollte man das Passiv vermeiden, eher im Aktiv formulieren
- sollten Zahlen aufgerundet und durch Schaubilder visualisiert werden
- sollte nicht doppelt verneint werden
- sollten nur Fremdwörter stehen, die dem Publikum geläufig sind
- sollte ein Abschnitt nicht zu viele Metaphern haben
- sollten Schlüsselbegriffe beständig wiederholt werden
- sollten sprachliche Alternativen (z.B. Synonyme) vermieden werden
- sollten keine kreuzenden Gegensatzpaare in einen Satz
- sollte man verbal schreiben
- sollte für jeden Gedankengang ein eigener Schritt erfolgen
- sollten Nebensätze nicht zu lang sein und immer logisch
- sollten Abkürzungen zu Fachbegriffen erklärt werden

Folgende Stilqualitäten waren für die Redner der Antike wichtig:
- sprachliche Deutlichkeit und Klarheit (latinitas)
- gedankliche Deutlichkeit und Klarheit (perspicuitas)
- treffende Einkleidung der Worte in schöne Worte, u.a. Wortfiguren, Tropen und Gedankenfiguren (ornatus)
- Worte müssen zur Sache und den äußeren Umständen der Redesituation passen (aptum)

Wir wollen im ersten Teil untersuchen, ob all diese Stilregeln heute noch zutreffen.

Schritt 1
Wortarten (elocutio)

Dieses Kapitel soll die deutsche Grammatik methodisch sinnvoll wiederholen, um später in der Lage zu sein, eigens verfasste Texte mit rhetorischen Figuren anzureichern. Sicher: Dem Teilnehmer eines Rhetorikseminars wurde die Grammatik bereits in der Schulzeit beigebracht. Hand aufs Herz: Wissen Sie noch, was ein Indefinitpronomen ist oder wie der Konjunktiv II von der dritten Person Singular zum Verb „tragen" lautet? Wer sich in der Grammatik ganz sicher fühlt und alle Wort- und Satzarten eindrucksvoll beherrscht, kann dieses Kapitel natürlich auch einfach auslassen und zu den rhetorischen Figuren springen. Allerdings wird er dann vielleicht wichtige grammatikalische Regeln zur erfolgreichen Rede nicht beherrschen, sodass der Erfolg seines Vortrags nicht gewährleistet ist.

Das hängt auch von den Zielen ab: Wer sich nur für eine einmalige kleine Präsentation vor der Gruppe rhetorisches Wissen erarbeiten will, braucht nicht die ganze Theorie. Wer allerdings die Rhetorik dazu nutzen will, sich von heute an viel besser auszudrücken und dadurch beruflich weiterzuentwickeln, sollte dieses Kapitel gründlich durcharbeiten.

Apropos: Sie haben die Möglichkeit, von der Grammatik zu den rhetorischen Figuren und dann zur Dialektik zu springen. Folgen Sie einfach den zahlreichen Querverweisen, die unter jeder Tabelle stehen. Wie Sie sich Ihr rhetorisches Wissen letzten Endes aneignen, bleibt Ihnen überlassen. Sie können das Buch wie andere Bücher von vorne nach hinten lesen – das ist nicht der schlechteste Weg – aber auch alles nur zu einem bestimmten Thema lernen, z.B. der Einsatz des Fragewortes in Grammatik, Rhetorik und Dialektik.

Wortarten	Beispiele
Fragewort　　A17	*Das Fragewort bietet eines der effektivsten Mittel, um in einer Stegreifrede bestehen zu können. Da es insgesamt 14 (!) Fragewörter gibt, die man gedanklich abarbeiten könnte, hat man hier ein Instrumentarium zur Hand, mit dem man minutenlang das Wort zu jedem Themenkomplex für sich ergreifen kann. Der Redner spricht dabei die Fragen nicht aus, sondern er antwortet zu jeder Frage mit ein oder zwei langsam ausgesprochenen Sätzen.*
Die ganze Affenbande brüllt: Wo ist die Kokosnuss? Wo ist die Kokosnuss? Wer hat die Kokosnuss geklaut?	Fragewörter: Wo (jetzt versammelt)? Warum (jetzt versammelt)? Wer (jetzt versammelt)? Wer (Hauptperson)? Woher ist diese Hauptperson und woher kenne ich sie? Wie kommt die Hauptperson hierher? Was (will die Hauptperson machen)? Warum (macht man das)? Woraus besteht der Vorteil, es zu machen? Wann macht man das? Wem nützt die Sache? Wessen Sache gelingt/misslingt? Wie oft macht man das im Leben? Wie sehr bereut man es später?

Fragenkatalog „Heirat"
Wo sind wir? Warum sind wir hier? Wer ist hier versammelt? Wer heiratet? Woher stammt die Braut/der Bräutigam? Wie haben sie sich kennengelernt? Was ist eine Heirat überhaupt? Warum heiratet man? Woraus ist eine gute Ehe gemacht? Wann heiratet man? Wem nützt die Heirat? Wessen Heirat ist glücklich/unglücklich? Wie oft heiratet man im Leben? Wie sehr bereut man die Entscheidung?

Frage 1: Wo sind wir? Warum sind wir hier?

Meine lieben Anwesenden, liebe Freunde, liebe Eltern, heute ist ein ganz besonderer Tag. Wir sind hier bei Schloss Solitude versammelt, um an einer Hochzeit teilzunehmen - der Hochzeit unseres Freundes, der Hochzeit unserer Freundin, der Hochzeit unseres Verwandten oder Kollegen.

Frage 2: Wer ist hier versammelt?

Nicht nur die Freunde sind hierher gekommen, liebes Brautpaar, sondern auch all eure Kollegen von der Arbeit, die flüchtigen Bekannten und engen Verwandten, ja sogar Leute, die wir noch nie zuvor gesehen haben. Ob diese Unbekannten überhaupt auf der Gästeliste stehen?

Frage 3: Wer heiratet?

Für diejenigen, die sich hier nur am grandiosen Buffet erfreuen und bislang noch überhaupt nicht wissen, wer hier heute heiratet: Es sind diese zwei jungen Menschen da vorne, ein gewisser Thomas und eine gewisse Nicole. Thomas, und Nicole, seid doch so lieb, steht doch mal bitte auf und ihr anderen – klatscht in die Hände!

Frage 4: Woher stammt das Brautpaar?

Thomas ist von einem fernen Land, genauer gesagt ist er jemand, der aus dem kalten Norden in den sonnigen Süden herüber kam. Denn er, ein Hamburger, verliebte sich eines Tages in ein wunderschönes schwäbisches Mädchen aus Stuttgart, das gerade im kalten Norden in einem Hotel übernachtete, in dem er geschäftlich zu tun hatte.

Frage 5: Wie haben sie sich kennengelernt?

Da sie kein Hamburg-Hochdeutsch sprach und er kein Stuttgart-Schwäbisch, war ihre Verständigung zwar zu Anfang reichlich kompliziert, doch unterhaltsam - und mit Händen und Füßen gelang es den zweien, ein paar gemeinsame Worte zu wechseln, nicht ahnend, in dem anderen bereits den Lebenspartner gefunden zu haben.

Frage 6: Was ist eine Heirat überhaupt?

Eine Heirat, ja eine Heirat!, ist eine der wunderbarsten Verbindungen, zumindest vor der Heirat. Zwei Menschen, die sich sehr gut kennen, die sich innig lieben, die sich heiße Liebe schwören, wollen heiraten. Eigentlich ein ganz alltäglicher Vorgang, so eine Heirat - und doch ist dies heutzutage eine Entscheidung, die sehr viel Mut abverlangt - bei den zweistelligen Scheidungsraten. Eine Heirat, ja eine Heirat!, sollte man nur riskieren, wenn man meint, den perfekten Partner gefunden zu haben.

Frage 7: Warum heiratet man?

Man heiratet heutzutage nicht nur aus Liebe, nicht nur aus Zuneigung, nicht nur aus Pflichtgefühl, sondern auch, weil man für alle anderen sichtbar dokumentieren möchte: Die da, der da gehört zu mir. Die da ist meine, der da ist meiner. Du, pass auf, komm ihm nicht zu nah! Du, ich kratz dir die Augen aus, geh sofort weg! Ich persönlich glaube, man heiratet vor allem, um der männlichen Konkurrenz die Chancen zu nehmen, die ganz große Liebe noch von jemand anderem ausgespannt zu bekommen.

Frage 8: Woraus ist eine gute Ehe gemacht?

Eine gute Ehe – wir haben hier ja lauter Experten versammelt!, besteht aus mehreren Dingen: Achtung und Respekt, Fleiß und Kraft, Witz und Humor. Nicht nur braucht man Kraft, um später eigene Kinder zu betreuen, sondern auch um Krisen durchzustehen, die – wir haben hier ja lauter Experten versammelt!, entweder jährlich oder monatlich oder täglich auftreten. Die Gründe für so eine Krise sind oftmals schwerwiegend: eine nicht zugeschraubte Zahnpastatube, ein schief aufgehängtes Bild, ein defektes Auto am Straßenrand, ein schnarchender Partner, ein verbranntes Abendessen, Lockenwickler im Haar.

Hinweis: Die Erwähnung des Frageworts selbst kann als rhetorische Frage vorkommen. In diesem Fall wird die Frage aber nicht beantwortet.

Weitere Gliederungsbeispiele, ohne Beantwortung, auf verschiedene Themen angewandt.

Fragenkatalog „Geburtstag"
Wo sind wir? Warum sind wir hier? Wer ist hier versammelt? Wer hat Geburtstag? Woher stammt das Geburtstagskind? Wie habe ich (=der Redner) das Geburtstagskind kennengelernt? Was ist ein Geburtstag überhaupt? Warum feiern die Menschen Geburtstag? Woraus ist eine gelungene Geburtstagsfeier gemacht? Wann hat man Geburtstag? Wem nützt der Geburtstag? Wessen Geburtstag ist glücklich/unglücklich? Wie oft hat man Geburtstag im Leben? Wie sehr bereut man die Entscheidung, eine Geburtstagsfeier zu geben?

Fragenkatalog „Beförderung"
Wo sind wir? Warum sind wir hier? Wer ist hier versammelt? Wer wird befördert? Woher stammt der Beförderte? Wie haben ich (=der Redner) den Beförderten kennengelernt? Was ist eine Beförderung? Warum wird der Mann/die Frau befördert? Woraus ist eine gute Arbeitskraft gemacht? Wann befördert man das Personal? Wem nützt die Beförderung? Wie oft wird man in seinem Berufsleben befördert? Wie sehr bereut man die Entscheidung, befördert worden zu sein?

Fragenkatalog „Eröffnung einer Firmenfiliale"
Wo sind wir? Warum sind wir hier? Wer ist hier versammelt? Wer soll die Filiale leiten? Woher stammt der neue Chef? Wie habe ich (=der Redner) diesen Chef kennengelernt? Was macht eine Filiale überhaupt? Warum haben die Firmen Filialen? Woraus besteht eine gute Filiale? Wann hat man als Firma Filialen? Wem nützt die Filiale? Wem sichert die Filiale Arbeitsplätze? Wessen Filiale läuft gut bei uns, wessen Filiale läuft nicht gut? Wie oft muss man für eine Filiale arbeiten? Wie viel Arbeit ist mit einer Filiale verknüpft?

Das Fragewort kann auch nur als „rhetorische Frage" im Redetext genannt werden, eine direkte Antwort seitens des Redners gibt es dann aber nicht, weil sich der Zuhörer die Antworten selbst erschließt.

Redebeispiele (Original):

„Europa hat eine Reihe grundsätzlicher Interessen, die uns kaum oder doch nur entfernt angehen. Daher ist es oft in Streitigkeiten verwickelt, deren Ursachen unseren Interessen fremd sind. Es wäre also unklug für uns, uns durch künstliche Bindungen in das Wechselspiel der europäischen Politik oder in die Kombinationen und Kollisionen seiner Freund- und Feindschaften zu verstricken. <u>Warum</u> sollten wir auf die Vorteile einer so einzigartigen Lage verzichten? <u>Warum</u> sollten wir unseren eigenen Grund für einen fremden verlassen? <u>Warum</u> sollten wir unseren Frieden und un-

sere Prosperität in die Netze von Europas Ehrgeiz, Rivalitäten, Interessen, Stimmungen und Launen verstricken, indem wir unser Geschick mit dem irgendeines Teils von Europa verbinden?"

Redner: George Washington, 17. September 1796

"Auch andere Umstände lassen unübersehbar erkennen, dass mit dem Prozess politische Ziele verfolgt werden. Warum war der Bundeskanzler, war Herr Kinkel, der frühere Geheimdienstchef, spätere Bundesminister und noch spätere Außenminister der BRD, so darauf aus, mich, koste es, was es wolle, nach Deutschland zurückzuholen und wieder nach Moabit, wo ich unter Hitler schon einmal war? Warum ließ mich der Bundeskanzler erst nach Moskau fliegen, um dann Moskau und Chile unter Druck zu setzen, mich entgegen jedem Völkerrecht auszuliefern? Warum mussten russische Ärzte die richtige Diagnose, die sie auf Anhieb gestellt hatten, verfälschen? Warum führt man mich und meine Genossen, denen es gesundheitlich nicht viel besser geht als mir, dem Volke vor, wie einst die römischen Cäsaren ihre gefangenen Gegner vorführten?"

George Washington

Redner: Erich Honecker (Verteidigungsrede im Prozess um die Toten an der innerdeutschen Grenze)

"Warum noch Literatur? Warum Romane und Erzählungen? Neulich bekam ich ein Buch, einen Novellenband ins Haus mit dem Titel: ‚Schluss mit dem Erzählen'. Die Gedichte, die man zu lesen bekommt, könnten oft auch ‚Schluss mit dem Dichten' heißen. Warum noch Theater, oder gar klassisches Theater? Warum noch Professoren, warum noch Parlamente, warum noch Kirchen, warum noch Friedhöfe, warum noch Kaufhäuser, warum noch Lehrer und Schüler, warum noch Rechtschreibung, und so weiter und so weiter. Warum noch Residuen der Schulen alten Typs; warum noch Geschichtsunterricht? Warum Geschichtsunterricht, und nicht Rechtsunterricht, Psychologieunterricht, Unterricht in Biochemie und Astrophysik? Warum übrigens Physikunterricht? Es sagte mir neulich jemand: Von der Physik in der Schule habe ich nicht das mindeste gehabt, ich habe sie später nie wieder gebraucht, ich habe keine Ahnung, wie ein Telefon funktioniert und brauche es für meine Zwecke auch gar nicht zu wissen, ich kann mit knapper Not eine Sicherung auswechseln, ohne zu ahnen, was da geschieht. (...) Die Schule, für unsere heutige Betrachtung die höhere Mittelschule, also das Gymnasium, hat dem Heranwachsenden Hilfe zu leisten für die Entwicklung seines Denkens, die Bildung seines Geistes."

Redetext: Golo Mann

Übung:

Sprechen Sie fünf Sätze zu einem bestimmten Thema. Die Sätze sollen mit unterschiedlichen W-Fragewörtern beginnen. Denken Sie sich auch eine Kurzantwort aus. Machen Sie sich Notizen für Ihre Varianten:

Wo? Woher? Warum? Wer? Wie ? Was? Woraus? Wann? Wem? Wessen? Wie oft? Wie sehr?

Beispiel: „Benzinpreis"
Wie lange sollen wir noch warten?
Der Benzinpreis steigt und steigt.
Warum tun unsere Politiker nichts?
Ich glaube, sie sitzen in Berlin und trinken Kaffee.
Und wer profititiert denn vom hohen Benzinpreis am meisten?
Das sind doch wohl die Scheichs.
Und wohin führt diese Entwicklung?
Wir müssen bald unsere Autos abgeben.
Und wann kommt endlich jemand?
Wir brauchen jemand, der unserer Wirtschaft hilft.

Themen:
„Schule" (faule Lehrer) „Universität" (keine neuen Bücher in der Bibliothek) „Streik" (Morgen wird gestreikt!) „Fußball" (Heimmannschaft in der Krise)

Übung:

Erstellen Sie mit Ihrem Partner einen W-Fragenkatalog zum Thema :
„Der Sportverein feiert sein 15-jähriges Bestehen"
„Weihnachtsfeier im Betrieb"
„Vorstellung eines neuen Mitarbeiters"
„Verlobungsfeier im Familienkreis"
„Klassentreffen 15 Jahre"
„Bestandener Führerschein"
„Begrüßung der neuen Auszubildenden"
„Empfang einer chinesischen Delegation im Betrieb"

Notieren Sie Ihre Antworten zu jeder W-Frage auf einen Zettel. Tragen Sie mit Ihrem Partner wechselweise die Antworten zu jeder Frage als „lockere" Kurzrede vor, möglichst ohne direkt vom Blatt abzulesen. (Da Sie ja eine Pause zwischen den Sätzen haben, wenn Ihr Partner gerade spricht, haben Sie mehr Zeit, sich Ihre Formulierung schon vorher einzuprägen.)

Abschlusstest
mehrere Antwortmöglichkeiten können richtig sein!

Was ist eine rhetorische Frage?

a) eine rhetorische Frage ist eine Frage, die der Redner direkt an sein Publikum stellt, und für die er sogleich eine Antwort erhalten will.
richtig / falsch
b) eine rhetorische Frage ist eine Frage, die der Redner ans Publikum stellt und für die er eigentlich auch keine Antwort will, weil die Beantwortung vom Publikum mit einer gedanklichen Ergänzung selbst vorgenommen werden kann
richtig / falsch
c) eine rhetorische Frage ist eine Frage, die der Redner immer nur an sich stellt
richtig / falsch
d) eine rhetorische Frage ist eine Frage, die der Redner mit lauter Stimme ins Publikum brüllt
richtig / falsch

Was kann man mit dem Fragewort in der Rhetorik leicht machen?

a) Man kann mit dem Fragewort andere Leute über ihre geheimen Wünsche ausfragen
richtig / falsch
b) Man kann mit dem Fragewort spontan anfangen aus dem Stegreif über ein Thema zu sprechen
richtig / falsch
c) Man kann mit dem Fragewort bevorzugt Sätze einleiten - das klingt dann schöner.
richtig /falsch
d) Man kann mit dem Fragewort die Seiten eines Themas von allen Seiten betrachten - eine Art „Brainstorming" – sodass die Vorbereitungszeit geringer ist.
richtig / falsch

Querverweis: A39 (Suggestivfragen) A50 (Fragesatz) A70 (Indirekter Fragesatz) B30 (rhetorische Frage) B49 (Publikumsentscheid) D7 (Fragekette) D16 (Die richtigen Fragen stellen: offen und geschlossen) D19 (Suggestivfragen) E12 (Geplante Wahlmöglichkeit) E62 (Fragefluss) F14 (Gegenfrage für Zeitgewinn) F20 (den Fragesteller angreifen) F48 (ständige Gegenfragen)

Artikel, bestimmt   A18

*Doch wenn's in den Taschen fein klingelt und rollt, da hält man das Schicksal gefangen, und Macht und Liebe verschafft dir das Gold und stillet das kühnste Verlangen
(Beethoven - „Fidelio")*

> **Grundwissen: der, die, das**
>
> *Der bestimmte Artikel steht vor Substantiven (Hauptwörtern). Er kann auch alleine stehen, wenn klar ist, um welchen Sachverhalt es geht.*

Die Frage, die uns heute interessiert:
Das darf doch wohl nicht wahr sein!

Der bestimmte Artikel wird vor allem am Satzanfang benutzt (Position 1 – vor dem Verb). Er bezieht sich auf Gattungen, einzelne Personen, Gruppen von Personen, Gegenständen.

Das Buch ist gut!
Das Flugzeug war die bahnbrechende Erfindung des 20. Jahrhunderts.

Der bestimmte Artikel wird hingegen nicht beim direkten Objekt benutzt. (Position 4 – hinter dem Verb) Ausnahme: Imperativ!

Ich lese gerade ~~das Buch~~. Besser: Ich lese gerade ein Buch.
Lies das Buch!

Der bestimmte Artikel wird häufig in adverbialen Verbindungen mit Präpositionen gebraucht:

in der Schule, in der Stadt, auf dem Tisch, unter dem Bett

Redebeispiel (Original):

„Da hat einer, ihr Mönche, nichts erfahren, ist ein gewöhnlicher Mensch, ohne Sinn für das Heilige, der heiligen Lehre unkundig, der heiligen Lehre unzugänglich, ohne Sinn für das Edle, der Lehre der Edlen unkundig, der Lehre der Edlen unzugänglich und nimmt die Erde als Erde, und hat er die Erde als Erde genommen, so denkt er Erde, denkt an die Erde, denkt über die Erde, denkt ›Mein ist die Erde‹ und freut sich der Erde: und warum? Weil er sie nicht kennt, sage ich. Er nimmt das Wasser als Wasser, und hat er das Wasser als Wasser genommen, so denkt er Wasser, denkt an das Wasser, denkt über das Wasser, denkt ›Mein ist das Wasser‹ und freut sich des Wassers: und warum? Weil er es nicht kennt, sage ich. Er nimmt das Feuer als Feuer, und hat er das Feuer als Feuer genommen, so denkt er Feuer, denkt an das Feuer, denkt über das Feuer, denkt ›Mein ist das Feuer‹ und freut sich des Feuers: und warum? Weil er es nicht kennt, sage ich. Er nimmt die Luft als Luft, und hat er die Luft als Luft genommen, so denkt er Luft,

denkt an <u>die Luft</u>, denkt über <u>die Luft</u>, denkt ›Mein ist <u>die Luft</u>‹ und freut sich der Luft: und warum? Weil er sie nicht kennt, sage ich. Er nimmt <u>die Natur</u> als Natur, und hat er <u>die Natur</u> als Natur genommen, so denkt er Natur, denkt an <u>die Natur</u>, denkt über <u>die Natur</u>, denkt ›Mein ist <u>die Natur</u>‹ und freut sich <u>der Natur</u>: und warum? Weil er sie nicht kennt, sage ich. Er nimmt <u>die Götter</u> als Götter, und hat er <u>die Götter</u> als Götter genommen, so denkt er Götter, denkt an <u>die Götter</u>, denkt über <u>die Götter</u>, denkt ›Mein sind <u>die Götter</u>‹ und freut sich <u>der Götter</u>: und warum? Weil er sie nicht kennt, sage ich. (...)
Wer aber, Mönche, als heiliger Mönch, als Wahnversieger, Endiger, gewirkten Werkes, lastentledigt, sein Ziel vollbracht, <u>die Daseinsfesseln</u> zerstört hat, in vollkommener Weisheit erlöst ist, auch dem gilt <u>die Erde</u> als Erde, und hat ihm <u>die Erde</u> als Erde gegolten, dann denkt er nicht Erde, denkt nicht an <u>die Erde</u>, denkt nicht über <u>die Erde</u>, denkt nicht ›Mein ist <u>die Erde</u>‹ und freut sich nicht <u>der Erde</u>: und warum nicht? Weil er gierversiegt gierlos ist. Wasser, Feuer, Luft, Natur und Götter, Einheit und Vielheit, <u>das All</u> gilt ihm als All, und hat ihm <u>das All</u> als All gegolten, dann denkt er nicht <u>das All</u>, denkt nicht an <u>das All</u>, denkt nicht über <u>das All</u>, denkt nicht ›Mein ist <u>das All</u>‹ und freut sich nicht <u>des Alls</u>: und warum nicht? Weil er gierversiegt gierlos ist."

In dieser Rede verwendet Buddha rhythmisch wiederholend immer die gleichen rhetorischen Figuren, die wir später noch kennenlernen werden:

Polyptoton, Epipher, rhetorische Frage mit sofortiger Beantwortung (=Refrain), Asyndeton, Litotes und direkte Publikumsansprache.
Dies ist zum einen eine sehr kraftsparende Redeweise, weil man nur immer neue Punkte hinzufügen muss, die man in den stets gleichen Satzbau einfügt, zum anderen liegt durch diese Wiederholung der Inhalt der Rede wie ein Hitparaden-Ohrwurm in den Köpfen der Zuhörer. Allerdings besteht auch die Gefahr der Monotonie - und wenn es sich nicht um eine Rede mit religiösen Inhalten handelt, sollte man tunlichst Abstand von einer solchen Vortragsweise nehmen.

Redner: Gotamos Buddhos (520 v. Chr.)

Anekdote:
Als Buddha einmal von einem Mann wegen seiner Lehren beschimpft wurde, stellte er eine Gegenfrage: „Sohn, wenn ein Mensch die Annahme eines ihm angebotenen Geschenks verweigert, wem gehört dann dieses Geschenk?" Der Mann antwortete: „Na dem, der es schenken wollte." „Mein Sohn, ich verweigere die Annahme deiner Beschimpfung und verlange von dir, dass du sie für dich behältst."

Querverweis: A82 (Polyptoton), A89 (Verdeutlichung), B3 (Chiasmus), A82 (Substantivierte Verben), A79 (Epipher), B30 (Rhetorische Frage), B14 (Litotes), B48 (Direkte Publikumsansprache), A88 (Refrain), A80 (Symploke), A75 (Reduplicatio), A76 (Klimax)

Übung:

Zeigen Sie auf verschiedene Gegenstände im Raum und geben Sie eine positive oder negative Meinung ab. Begründen Sie!

Beispiel:
Die Uhr ist schön, weil sie so schön bunt ist.
Das Bild an der Wand gefällt mir nicht, weil es so nichtssagend ist.

Welche Aussagen zum bestimmten Artikel (der, die, das) sind korrekt?

Abschlusstest
mehrere Antwortmöglichkeiten können vorkommen

Wo steht der bestimmte Artikel?

a) Der bestimmte Artikel steht vor einem Hauptwort im Satz
richtig / falsch
b) Der bestimmte Artikel steht nach einem Eigenschaftswort im Satz
richtig / falsch
c) Der bestimmte Artikel steht vor einem Eigenschaftswort im Satz
richtig / falsch
d) Der bestimmte Artikel kann auch ein Hauptwort ersetzen und alleine im Satz stehen, oft am Satzanfang
richtig / falsch

Welche Aussage ist richtig?

a) Der bestimmte Artikel steht nie alleine im Satz
richtig / falsch
b) Der bestimmte Artikel steht nie bei Plural (Mehrzahlformen)
richtig / falsch
c) Der bestimmte Artikel steht nie beim Singular (Einzahl) und Plural (Mehrzahl)
richtig / falsch

d) Der bestimmte Artikel steht sowohl bei Singular (Einzahl) als auch bei Plural (Mehrzahl)
richtig / falsch

Mit welchen deutschen Fällen steht der bestimmte Artikel?

a) Der bestimmte Artikel steht bei allen sechs deutschen Fällen, also Nominativ (Werfall), Genitiv (Wessenfall), Dativ (Wemfall), Akkusativ (Wenfall), Ablativ (Mit-wem?-Fall), Vokativ (Anredefall)
richtig / falsch
b) Der bestimmte Artikel steht bei allen fünf deutschen Fällen, also Nominativ (Werfall), Genitiv (Wessenfall), Dativ (Wemfall), Akkusativ (Wenfall), Ablativ (Mit-wem?-Fall)
richtig / falsch
c) Der bestimmte Artikel steht bei allen vier deutschen Fällen, also Nominativ (Werfall), Genitiv (Wessenfall), Dativ (Wemfall), Akkusativ (Wenfall)
richtig / falsch
d) Der bestimmte Artikel steht bei allen drei deutschen Fällen, also Nominativ (Werfall), Dativ (Wemfall) und Akkusativ (Wenfall)
richtig / falsch

Welche Aussage ist wahr?

a) Der bestimmte Artikel wird bei erstmaliger Nennung eines Gegenstandes (als Objekt des Satzes) nicht benutzt
richtig / falsch
b) Der bestimmte Artikel wird vor allem bei erstmaliger Nennung eines Gegenstandes (als Objekt des Satzes) benutzt
richtig / falsch

Mit welcher Wortart steht der bestimmte Artikel häufig?

a) Der bestimmte Artikel steht auch in Verbindung mit Adverbien
richtig /falsch
b) Der bestimmte Artikel steht auch in Verbindung mit Präpositionen
richtig / falsch
c) Der bestimmte Artikel steht auch in Verbindung mit Interjektionen
richtig / falsch

Artikel, unbestimmt
A19

O Himmel! Rettung! Welch ein Glück! O Freiheit! Freiheit, kehrst du zurück?
(Beethoven - „Fidelio")

> **Grundwissen: ein, eine, ein**
>
> *Der unbestimmte Artikel steht für Dinge, die zum ersten Mal in einem Text / einer Rede genannt werden.*

<u>Ein Mann</u> (1) kam zur Tür herein. <u>Der Mann</u> (2) stoppte kurz, sah sich um und ging dann aus dem Raum.

Der unbestimmte Artikel wird häufig für das direkte Objekt benutzt (hinter dem Verb!):

Ich lese <u>ein Buch</u>. Ich sehe <u>einen Film</u>.
Eine Frage, die mir heute sehr am Herzen liegt:

Redebeispiel (Original):

Vespasian

„*Ganz besonders gern machte Vespasian Witze über seine nicht eben sauberen Finanzoperationen... Die Abgesandten einer Stadt kündigten ihm einmal an, man habe beschlossen, ihm auf öffentliche Kosten für eine beträchtliche Geldsumme <u>eine</u> (1) Denkmalstatue zu setzen. Vespasian forderte sie auf, <u>die</u> (2) Statue sofort zu errichten, hielt die hohle Hand hin und sagte: ‚Der Grundstein ist gelegt.' Selbst nicht einmal die Furcht und die unmittelbare Nähe seines Todes hielten ihn davon ab, Witze zu machen... Beim ersten Anfall seiner tödlichen Krankheit rief er aus: ‚Oh weh, ich glaube, ich werde <u>ein Gott</u>!' Trotzdem besorgte er wie sonst seine Regierungsgeschäfte, ja er gab sogar, obwohl zu Bett liegend, den Gesandten Audienz. Aber plötzlich trat ein furchtbarer Durchfall ein, der eine völlige Abnahme seiner Kräfte zur Folge hatte. Mit den Worten: ‚Ein Imperator muss stehend sterben', versuchte Vespasian sich mit Anstrengung aufzurichten; und hierbei starb er unter den Händen der Leute, welche ihm aufhelfen wollten.*"

Redetext: Sueton (römischer Gesichtsschreiber), 79 n. Chr.

Übung:

Geben Sie Ihrer Gruppe mit kurzen Sätzen wertvolle Tipps. Schließen Sie dann mit einem schwungvollen, freundlichen Aufforderungssatz ab.

Beispiel:
„Neulich habe ich mal einen so richtig guten Film im Kino gesehen. In dem Film geht es um eine japanische Geisha. Seht den Film! Er lohnt sich wirklich!"

Themen: Kinofilm / Restaurant in der Stadt / Modegetränk / Ausflugsziel / CD / Lieblingsbuch).

Achten Sie dabei auf eine sprachlich korrekte und freundliche Aussprache, ermutigen Sie die Gruppe, Ihre Tipps anzunehmen!

Abschlusstest
nur eine Antwortmöglichkeit ist richtig

Wann steht der unbestimmte Artikel?

a) Der unbestimmte Artikel steht bei erstmaliger Erwähnung eines Gegenstandes.
richtig / falsch
b) Der unbestimmte Artikel steht bei zweitmaliger Erwähnung eines Gegenstandes.
richtig / falsch
c) Der unbestimmte Artikel steht weder bei erstmaliger noch bei zweitmaliger Erwähnung eines Gegenstandes - eigentlich nie.
richtig / falsch

Mehrzahl und Einzahl - was müssen Sie beim unbestimmten Artikel beachten?

a) Der unbestimmte Artikel steht nie bei Wörtern im Plural (Mehrzahl).
richtig / falsch
b) Der unbestimmte Artikel steht immer bei Wörtern im Plural
richtig / falsch
c) Der unbestimmte Artikel steht weder bei Wörtern im Singular noch im Plural
richtig / falsch

Verneinung - welche Aussage ist richtig?

a) Der unbestimmte Artikel wird mit „kein" verneint
richtig / falsch
b) Der unbestimmte Artikel wird mit „nicht" verneint
richtig / falsch
c) Der unbestimmte Artikel wird mit „nein" verneint
richtig / falsch

Wo steht der unbestimmte Artikel am häufigsten?

a) In der Satzmitte als Objekt
richtig / falsch
b) Am Satzanfang als Subjekt
richtig / falsch
c) Am Satzende in Verbindung mit einer Präposition
richtig / falsch

Querverweis: B12 (Emphase), A82 (Polyptoton), A89 (Verdeutlichung), B22 (Pronominatio), A75 (Reduplicatio), A76 (Klimax)

Demonstrativpronomen
A20

Und diese Biene, die ich meine, nennt sich Maja, kleine, freche, schlaue Biene Maja.
(Karel Gott)

**Grundwissen: dieser, diese, dieses / jener, jene, jenes
derjenige, diejenige, dasjenige /
derselbe, dieselbe, dasselbe**

Das Demonstrativpronomen ist bei wertenden Äußerungen dem direkten Artikel vorzuziehen (Position 1). Sparsam und nur bei Schlüsselstellen in der Rede einsetzen, denn die übertriebene Verwendung des Demonstrativpronomens kann lächerlich wirken. Bei hochemotionalen Aussagen ist aber die Wiederholung des Demonstrativpronomens eine geeignete Strategie, Aufmerksamkeit zu erreichen.

Die Zahl derjenigen, die vom Existenzminium leben müssen, nimmt zu.
Die Zahl derer, die vom ...
Natürlich sind die Steuerpläne schmerzhaft. Ich bin mir dessen voll bewusst.
Dieser Zwischenruf war unnötig! Das werden Sie gleich bemerken, wenn Sie mich ausreden lassen.

Oftmals verweist der Redner mit einem hinweisenden Fürwort auf bereits bekannte Dinge - und auf das, was gleich im Anschluss folgt.

Redebeispiel (Original):

„Wenn heute _dieses_ Volk von Berlin zu Hunderttausenden hier aufsteht, dann wissen wir, die ganze Welt sieht _dieses_ Berlin. (...) Wer _diese_ Stadt, wer _dieses_ Volk von Berlin preisgeben würde, der würde eine Welt preisgeben, noch mehr, er würde sich selber preisgeben, und er würde nicht nur _dieses_ Volk von Berlin preisgeben in den Westsektoren und im Ostsektor Berlins. (...)
Ihr Völker der Welt, ihr Völker in Amerika, in England, in Frankreich, in Italien! Schaut auf diese Stadt und erkennt, daß ihr _diese_ Stadt und _dieses_ Volk nicht preisgeben dürft und nicht preisgeben könnt! Es gibt nur eine Möglichkeit für uns alle: gemeinsam so lange zusammenzustehen, bis _dieser_ Kampf gewonnen, bis _dieser_ Kampf endlich durch den Sieg über die Feinde, durch den Sieg über die Macht der Finsternis besiegelt ist."

Redetext: Ernst Reuter, 9. September 1948

„1850 begann Jacob Grimm mit dem ersten Band von A bis Biermolke, drei Jahre später erschienen; _dies_ alles samt dem Vergnügen, anläßlich eines Sprachpreises dankbar unsere Sprache preisen zu dürfen -, sie könnten einen den Maßstab verlieren lassen!"

Redner: Rolf Hochhuth, 2001

„Sie sind ja längst entschlafen, _diese_ Väter, _dieser_ Paulus, _dieser_ Petrus, _dieser_ Johannes, _diese_ Apostel, _diese_ ersten Gemeinden, die den Christ des Herrn gesehen und die Engel von der Wiederkunft des Herrn haben zeugen hören! Achtzehnhundert Jahre sind hingegangen, und was hat sich ereignet, der Zukunft des Herrn vergleichbar? Was hat sich ereignet? Die Kirche steht, der Abfall in ihr nimmt immer zu, die Massen ergeben sich unverhohlen dem irdischen Getrieb, die Bosheit, welche Gottes Wort anfeindet, gewinnt immer mehr Ohren und Herzen für ihre Lehre: es fehlt nur, dass aus dem wogenden Meere der verderbten Völker der Mensch der Sünde, das Kind des Verderbens sich hebe und unter dem Zujauchzen von Stimmen ohne Zahl der alten Zeit des Christentums die Leichenrede halte und eine neue Zeit verkünde."

Redetext: Wilhelm Löbe (Predigt), 1845

„Niemand ist so begnadet, dass nicht an seinem Sterbebett ein paar Leute säßen, die seinen Tod begrüßten. Und wenn er auch klug und tüchtig war, schließlich findet sich doch einer, der bei sich sagt: ‚Endlich können wir einmal aufatmen von _diesem_ Schulmeister! Er war ja nicht schlimm gegen unsereinen, aber ich merkte doch,

Marc Aurel

dass er uns im stillen verachtete.' So also geht es selbst dem guten Menschen; an uns selber aber, wie viele andere Fehler lassen sich da finden, wegen derer gar mancher von uns befreit zu werden wünschte! Daran denke, wenn du stirbst; dann wirst du leichter scheiden (...) Mensch, du bist Bürger gewesen in <u>diesem</u> großen Staat: was macht es da aus, ob fünf Jahre oder hundert? Denn gemäß den Gesetzen zu leben ist für einen jeden gleich. Was ist da so schlimm, wenn dich aus dem Staat nicht ein Tyrann oder ein ungerechter Richter hinausweist, sondern die Allnatur, die dich einst hineingeführt hat?"

Redetext: Philosophenkaiser Marc Aurel, 180 n. Chr.

Formulierungen mit „jener" in Reden sind veraltet und dienen oftmals der negativen Abwertung. In Erzählungen zum Sachverhalt (z.B. Einleitung) kann man es im Präteritum verwenden:

<u>In jenen Tagen</u>, als es noch keinen Computer gab
<u>Zu jener Sache</u> gesellt sich aber noch ein anderes Problem.
<u>Jene Bemerkung</u> verbitte ich mir! (Distanzierung vom Redner bei Angriff)

Übung:

Halten Sie einen Gegenstand (z.B. Ihr Handy) in der einen Hand. *Dieses Handy ist ein Alleskönner!*
Zeigen Sie auf den Gegenstand und nennen Sie dem Publikum „gierig" die Vorzüge. Arbeiten Sie immer wieder einleitend in den Sätzen mit dem Demonstrativpronomen: *„Dieses Handy hier hat / dieses Handy hier kann ..."*

(z.B. leichtes Gewicht/ niedrige Monatskosten / mit Foto/ Video / Radio / Mp3-Player / Windows-Betriebssystem mit Word).

Zeigen Sie dann abschließend auf ein anderes Handy. Arbeiten Sie mit der Einleitung: *„Jenes Handy dort ..."*
Erwähnen Sie „enttäuscht" die Nachteile:

(viel zu schweres Gewicht / zu hohe Kosten / nur Prepaid-Funktion / kein Foto, kein Radio, kein Mp3-Player usw.)

Abschlusstest
mehrere Antwortmöglichkeiten können richtig sein

Welche der folgenden Aussagen ist richtig?

a) Die Demonstrativpronomen „dieser" und „jener" bedeuten im Prinzip das gleiche, eigentlich gibt es keinen Unterschied.
richtig / falsch

b) Das Demonstrativpronomen „dieser" klingt für ein Publikum viel schlechter, wenn man über einen Gegenstand spricht - deshalb ist hier unbedingt das Demonstrativpronomen „jener" vorzuziehen.
richtig / falsch

c) Das Demonstrativpronomen „dieser" klingt für ein Publikum viel besser, wenn man über etwas spricht - deshalb ist „jener" vorzuziehen.
richtig / falsch

d) Das Demonstrativpronomen „jener" hat eine eher aufwertende Bedeutung.
richtig / falsch

e) Das Demonstrativpronomen „dieser" hat eine eher abwertende Bedeutung.
richtig / falsch

f) Das Demonstrativpronomen „dieser" hat eine eher aufwertende Bedeutung.
richtig / falsch

g) Das Demonstrativpronomen „jener" hat eine eher abwertende Bedeutung.
richtig / falsch

h) Das Demonstrativpronomen „dieser da" hat eine abwertende Bedeutung.
richtig / falsch

i) Das Demonstativpronomen „jener da" hat eine aufwertende Bedeutung.
richtig / falsch

j) Weder das Demonstrativpronomen „jener da" noch „dieser da" haben eine aufwertende Bedeutung - beide sind abwertend.
richtig / falsch

k) Das Demonstrativpronomen „jener" ist veraltet und kommt im Deutschen überwiegend in Redewendungen vor.
richtig / falsch

l) Das Demonstrativpronomen „jener" ist sehr modern und kommt im Deutschen praktisch nicht in Redewendungen vor.
richtig / falsch

Querverweis: A80 (Symploke), A82 (Polyptoton)

Substantiv A21

Komm, Hoffnung, lass den letzten Stern der Müden nicht erbleichen! Erhelle mein Ziel, sei's noch so fern, die Liebe wird's erreichen. (Beethoven - „Fidelio")

Die Bezeichnung Substantiv bedeutet „selbstständiges Wort" im Satz. Weitere Begriffe für Substantiv sind: Namenwort (Nomen), Dingwort, Hauptwort. Der deutsche Wortschatz (ca. eine halbe Million Wörter) besteht zu fünfzig Prozent aus Substantiven.

Zum Vergleich: 250 000 Substantive stehen 125 000 Adjektiven und 100 000 Verben gegenüber. Alle weiteren Wortarten (wie Adverbien, Partikel, Pronomen) umfassen aber nur zehn Prozent des Wortschatzes, also 50 000 Wörter.

Das Substantiv ist das wichtigste Wort im Satz. Es steht an Position 1 (vor dem Verb), Position 3 (als indirektes Objekt), Position 4 (als direktes Objekt), Position 6 (als adverbiale Bestimmung der Zeit), Position 7 (adverbiale Bestimmung des Ortes). Bei längeren Sätzen können also mindestens fünf Substantive vorkommen.

Substantive sind zunächst alle Wörter, die mit dem äußeren Auge im Raum wahrgenommen werden können. Diese Konkreta bezeichnen berührbare Gegenstände, z.B. Tisch und Stuhl. Unter Abstrakta versteht man hingegen die Vorstellung, z.B. ein Gefühl (Liebe) oder ein Zustand (Frieden). Insbesondere Abstrakta bergen die Gefahr, dass nicht alle Zuhörer unter dem genannten Begriff das gleiche verstehen. Deswegen hat es Sinn, Abstrakta für alle zu erläutern: „Was ist Frieden? Was ist Liebe?" Ein Redner, der zu viele Abstrakta benutzt, begibt sich sonst in die Gefahr der Verdunkelung eines Sachverhalts.

Jedes Substantiv ist somit ein Bild. Aber nicht alle Zuhörer sehen das gleiche Bild. Das Wort „Personalcomputer" wird wohl noch von allen Zuhörern gleich verstanden, das Wort „Freiheit" weckt in allen Zuhörern unterschiedliche Bildfolgen: Demonstrationsfreiheit, Meinungsfreiheit, Berufsfreiheit, Reisefreiheit ...

Aufgeblähte Sätze wecken zu viele Assoziationen (Bildverknüpfungen). Sätze deswegen kürzen! Grundregel: Nur wenige Substantive pro Satz! Das Substantiv durch Personalpronomen ersetzen, wenn zu viele Substantive im Satz sind. Kanzleistil mit Präpositionen vermeiden, z.B „Nach allseits bekannter Maßgabe unserer Vorschriften ist es den Mitarbeitern dieser Firma strengstens untersagt, dass Passwörter von Kollegen ausspioniert werden" durch „Leider ist es bei uns verboten, wenn Mitarbeiter ihre Kollegen ausspionieren. Das wissen Sie doch genauso gut wie ich." ersetzen. Dieses Stilgebot ist jedoch immer situationsgebunden – es kann sein, dass auch eine längere Formulierung sinnvoll ist, z.B. bei Reden im hohen Sprachstil. Was für ein Referat oder eine Tadelrede die richtige sprachliche Umsetzung ist, kann bei einer großen Veranstaltung das falsche Mittel sein.

Beispiele für Fehler in der Rede:

a) Zu viele Substantive in einem Satz:

Diese <u>Stadt</u> wird, nehme ich an, vor allem in dieser <u>Akademie</u> überleben, die heute feiert, wenn sie fortfährt auf ihrem <u>Weg</u>, die <u>Stätte</u> zu werden, in der das <u>Gesellschaftliche</u> mit dem <u>Genialen</u>, das <u>Überlieferte</u> mit der <u>Originalität</u>, die <u>Auflockerung</u>, die <u>Fruchtbarkeit</u> und die <u>Eröffnung</u> sich mit der <u>Kritik</u> und der <u>Philologie</u> verbindet, wenn sie die <u>Dämonen</u> neben den <u>Engeln</u> duldet, um die <u>Güter</u> des <u>Abendlandes</u>, die <u>Güter</u> des <u>Mittelmeeres</u> und die <u>Güter</u> des <u>Nordens</u> in die neue atlantische <u>Universalität</u> zu überführen.

(Redner: Gottfried Benn/ Verleihung des Büchner-Preises 1951)

Hier sind 21 Substantive (bzw. substantivierte Verben/substantivierte Adjektive = Kanzleistil) in einen Satz gepresst, d.h. 21 Bilder müssen vom Publikum schwer verdaulich abgerufen werden. Subjekte, Objekte, Genitivattribute, substantivierte Verben und substantivierte Adjektive werden für einen Hörvorgang viel zu kompliziert verschachtelt.

b) Lateinische und angelsächsische Fremdwörter, die vom Publikum in jedem Satz ohne Erklärung vorausgesetzt werden:

Die <u>emotionale</u> Kraft, die im <u>Fin de siècle Pathos</u> steckt, ist nicht zu unterschätzen. Das Jahr 2000 könnte tatsächlich so etwas wie eine <u>kollektiv-planetare Katharsis</u> werden. Wie für alle großen <u>Imaginationen</u> gilt auch für die Jahrtausendwende, dass sie erstaunlich <u>real</u> werden kann. Es ist nicht schwer, aus dem <u>Repertoire</u> heutiger Protest- und <u>Pathosformen</u> die ersten groben <u>Konturen</u> des <u>optimistisch</u> gewendeten Jahrtausendwende-<u>Spektakels</u> zu <u>kompilieren</u>. Aus den diversen <u>Eschatologien</u>, die sich um die Jahrtausendwende als <u>Fixpunkt</u> ranken, wird sich in den nächsten Jahren auch eine <u>finale Euphorie herauskristallisieren</u>.

(Text: Matthias Horx, „Was ist Trendforschung?")

Anmerkung: Fremdwörter eignen sich hervorragend für Konter, wenn erkennbar ist, dass der Angreifer das Fremdwort höchstwahrscheinlich überhaupt nicht kennt.

Synonyme (insbesondere Metaphern) können eine Rede bereichern, aber falsche oder übertrieben eingesetzte Synonyme wirken gekünstelt. Die rhetorische Strategie ist also, lediglich ein einfaches Synonym zu jedem Schlüsselwort zu überlegen. Grundregel: Erst das reguläre Wort nennen, dann das Synonym!

<u>Der Ärger,</u> den wir in letzter Zeit hatten, hat sich in Luft aufgelöst, ja man könnte sogar sagen, <u>der Streit</u> der letzten Tage ist vergessen.

Das größte Problem der heutigen Zeit ist der Klimawandel, der durch die Abgase <u>der Industrie und Autos</u> verursacht wird. Unsere Forderung: <u>Diese High-Tech-Parks und Blechlawinen</u> müssen aus unserer Stadt verschwinden.

In Redetexten häufig zu finden sind Wortwiederholungsfiguren im Satzgefüge. Alle guten Dinge sind 2 bis 5, könnte man als Regel formulieren. Mehrere Substantive, mehrere Adjektive vor einem Substantiv, mehrere Verben, mehrere Adverbien der Art und Weise in einer Reihe bilden entweder eine Anhäufung (die rhetorische Figur „congeries") oder eine Anapher (gleicher Satzbeginn). Man beginnt mit einem allgemeinen Oberbegriff und erklärt diesen mit einer Anhäufung von weiteren Wörtern, die den gleichen oder einen ähnlichen Sachverhalt ausdrücken.

„Nach dem unübersehbar großen Heer der Toten erhebt sich ein Gebirge menschlichen <u>Leids,</u>
<u>Leid</u> um die Toten,
<u>Leid</u> durch Verwundung und Verkrüppelung,
<u>Leid</u> durch unmenschliche Zwangssterilisierung,
<u>Leid</u> in Bombennächten,
<u>Leid</u> durch Flucht und Vertreibung, durch Vergewaltigung und Plünderung, durch Zwangsarbeit, durch Unrecht und Folter, durch Hunger und Not,
<u>Leid</u> durch Angst vor Verhaftung und Tod,
<u>Leid</u> durch Verlust all dessen, woran man irrend geglaubt und wofür man gearbeitet hatte.
Heute erinnern wir uns dieses menschlichen <u>Leids</u> und gedenken seiner in Trauer.
Den vielleicht größten Teil dessen, was den Menschen aufgeladen war, haben die Frauen der Völker getragen.
Ihre <u>Leiden</u>, ihre Entsagung und ihre stille Kraft vergisst die Weltgeschichte nur zu leicht. Sie haben gebangt und gearbeitet, menschliches Leben getragen und beschützt. Sie haben getrauert um gefallene Väter und Söhne, Männer, Brüder und Freunde. Sie haben in den dunkelsten Jahren das Licht der Humanität vor dem Erlöschen bewahrt."

Redetext: Richard von Weizsäcker

Richard von Weizsäcker

„Ich sage Ihnen: die vollkommene Meisterung des Handwerks, (1) die souveräne Beherrschung des Wortes und der Stimme, (2) die gründliche musikalische, rhythmische, tänzerische, sportliche, ja sogar akrobatische und auch die gesangliche Ausbildung (3) wird in Zukunft vom Schauspieler verlangt werden. In allerjüngster Zeit hat sich auf dem großen Gebiet des Films eine elementare Umwälzung vollzogen, die noch nicht am Ende ist, aber das Bild zweifellos von seiner Stummheit erlösen wird. (...) Die Tür ist aufgetan für den Dichter, (1) für den Musiker (2), für den sprechenden Schauspieler (3). Ich rate Ihnen ernsthaft: nehmen Sie jede Gelegenheit wahr, sich sprachlich, gesanglich, körperlich, sportlich auszubilden. In Bereitschaft sein ist alles! Was Sie jetzt nicht erlernen, werden Sie später kaum mehr nachholen können. Aber damit ist Ihre, ist unsere Aufgabe keineswegs erschöpft: was dem Theater wie aller Kunst am meisten not tut, ist die Persönlichkeit."

Redetext: Max Reinhardt

Max Reinhardt

Übung:

Sprechen Sie mehrere Sätze, die nicht ein Subjekt haben, sondern vier bis fünf. Reihen Sie mit der Konjunktion „und"!
Folgende Kategorien stehen zur Verfügung:

schnell - langsam
(Autos und Flugzeuge und Motorräder und ICE-Züge sind schnell, aber Fahrräder und Straßenbahnen und Mofas und Segelflugzeuge und Bummelzüge sind sehr langsam).

heiß – kalt

gut – schlecht

nass – trocken

schön – hässlich

jung – alt

Erstellen Sie zunächst eine Mindmap zu einem x-beliebigen Thema (z.B. Sportarten, Musikstile, Literaturgattungen, Zeitungen, Magazine).

Sportart: Fußball, Hockey, Leichathletik, Handball, Schwimmen

Hauen Sie dann Ihren Zuhörern mehrmals die gleichen Substantive um die Ohren!
Bilden Sie „reihende Sätze" (und...und / einerseits...andererseits/ sowohl...als auch) mit möglichst wenig Verben.

„Ich komme nun zu den Ballspielen, zu nennen wäre der Fußball, das Handball, das Hockey. Mit dem Fußball, Handball, Hockey verhält es sich so: Es macht einfach Spaß. Doch sowohl Fußball als auch Handball und Hockey haben Nachteile: Das Verletzungsrisiko ist hoch."

Lernen Sie Ihre kleine Textpassage vorher auswendig (ca. zwei bis drei Minuten einprägen) und schauen Sie während Ihres Vortrags nur gelegentlich aufs Blatt.

Abschlusstest
mehrere Antwortmöglichkeiten sind richtig

Welche der folgenden Aussagen ist richtig?

a) Das Hauptwort ist eines der unwichtigsten Wörter im Satz.
richtig /falsch
b) Das Hauptwort ist das wichtigste Wort im Satz.
richtig / falsch
c) Das Hauptwort kommt im Satz nicht häufig vor.
richtig / falsch
d) Das Hauptwort kommt im Satz an mehreren Stellen vor.
richtig / falsch
e) Das Hauptwort steht nur vorne.
richtig / falsch
f) Das Hauptwort steht nur hinten.
richtig / falsch
g) Das Hauptwort kann vorne und hinten und in der Mitte des Satzes stehen.
richtig / falsch

Was gilt als sprachliche Sünde?

a) Wenn man in einen Satz viel zu wenig Fremdwörter einbaut - das Publikum könnte denken, man sei nicht gebildet.
richtig / falsch
b) Wenn man in einen Satz viel zu viele Fremdwörter setzt - das Publikum hat schließlich kein Fremdwortlexikon in der Hosentasche.
richtig / falsch
c) Wenn man viel zu einfache Wörter für komplizierte Dinge benutzt.
richtig / falsch
d) Wenn man viel zu komplizierte Wörter für einfache Dinge benutzt.
richtig / falsch
e) Wenn man nicht das richtige Fach-Fremdwort für einen bestimmten Vorgang benutzt, denn ein „gebildetes" Publikum (z.B. Universität) versteht die Wörter.
richtig / falsch
f) Wenn man vor einem „gebildeten" Publikum (z.B. Universität) das Fachwort nicht versucht, mit einer einfachen Wortverbindung zu umschreiben.
richtig / falsch
g) Wenn man zu viele Substantive in einen Satz setzt - mehr als vier oder fünf kann das Publikum nicht verarbeiten.
richtig / falsch
h) Wenn man zu wenig Substantive in einen Satz setzt - ein Bilderkino im Kopf ist doch etwas Tolles.
richtig /falsch

Was sind Substantive?

a) Substantive sind alle Wörter, die mit dem menschlichen Auge wahrgenommen werden können.
richtig / falsch
b) Substantive sind alle Wörter, die man überhaupt nicht sieht, aber fühlt.
richtig / falsch
c) Substantive sind alle Wörter, die man mit dem inneren Auge sehen kann und die sich äußerlich durch eine bestimmte Handlung ausdrücken (z.B. Hass, Liebe).
richtig / falsch
c) Substantive sind alle Wörter, die man als Mensch so machen kann.
richtig / falsch

Was ist Kanzleistil?

a) Zu viele Substantive oder Substantivierungen (von Adjektiven/Verben) im Satz
richtig / falsch
b) Zu wenig Substantive oder Substantivierungen (von Adjektiven / Verben) im Satz
richtig / falsch
c) Der Stil einer Anwaltskanzlei, fast wie ein Gesetzbuch geschrieben - sehr unverständlich
richtig / falsch
d) Der Stil des Bundeskanzlers bzw. der Bundeskanzlerin, also wie eine Rede vor der UN
richtig / falsch

Wie kann man ein Substantiv ersetzen?

a) Mit einem passenden Verb
richtig / falsch
b) Mit einem Personalpronomen
richtig / falsch
c) Mit einem Adjektiv
richtig / falsch
d) Mit einem Demonstrativpronomen
richtig / falsch
e) Mit einer Präposition
richtig / falsch

Ist es bei einer Rede sinnvoll, Substantive am Satzanfang mehrmals zu wiederholen?

a) Keinesfalls - das wäre ja wohl zu langweilig fürs Publikum!
richtig / falsch
b) An Schlüsselstellen der Rede empfiehlt sich diese Vorgehensweise - das kann eindringlicher klingen.
richtig / falsch
c) Nein, man sollte eher Synonyme (gleichbedeutende Wörter) verwenden - wie im Schulaufsatz.
richtig / falsch
d) Ja, aber bei eher unwichtigen Redeabschnitten kann man auch ein Synonym verwenden, aber nur, wenn man zuvor den Oberbegriff genannt hat.
richtig / falsch

Querverweis: A87 (Asyndeton/ Polysyndeton), B12 (Emphase), A82 (Polyptoton), A92 (Congeries), A98 (Hypallage), B11 (Stilbruch), B23 (Metapher), A75 (Reduplicatio), A76 (Klimax), B8 (Neologismus), B7 (Archaismus) A53 (Kompositum), B6 (Synonym), B10 (Fremdwort)

Genitivattribut   A22

Das Genitivattribut ist ein Substantiv im „Wessenfall" (oft auch „Wesfall" genannt). Alternativ kann auch die Präposition „von" mit einem Wemfall (Dativ) benützt werden. Sprachlich eleganter ist der Genitiv, aber für Leute mit einfachen Sprachkenntnissen im Publikum ist dieser nicht immer verständlich. Wichtig: Bei Eigennamen wie z.B. ‚Der Spiegel' (Magazin), ‚Das Rote Kreuz' wird kein ‚s' angehängt wird. Es heißt also: ‚Die Redakteure des Spiegel sind entrüstet'. Dagegen bei einem richtigen Spiegel: ‚Das Glas des Spiegels ist zerbrochen'. Gleichzeitig wirft diese Regel mit Eigennamen auch Probleme auf: Heißt es „Die Grenzen des Internet" oder „Die Grenzen des Internets"? / „Die Schwäche des Euro" oder „Die Schwäche des Euros"? Unklarheiten kann ein Zugriff auf die Homepage der Duden-Redaktion beseitigen (www.duden.de), wo man zu fast allen gängigen Wörtern auch die Deklination im Genitiv angezeigt bekommt. So gibt es für Euro zwei Möglichkeiten (des Euro, des Euros), für Internet jedoch nur eine (des Internets).

Im Zweifel sollte man recherchieren, wie gedruckte Texte in der Literatur das Problem lösen. Nehmen Sie dann das, was die Mehrheit der Schriftsteller für richtig hält.

Stiltipp: Nicht zu viele Genitivattribute direkt hintereinander folgen lassen! „Der Kollege des Freundes meiner großen Schwester gibt eine Beschreibung der Handlung der Personen dieses Buches" wäre keine ideale Lösung.

Oh, she's a little runaway. Daddy's girl learned fast all those things he couldn't say.
(Bon Jovi)

In des Lebens Frühlingstagen, ist das Glück von mir geflohen. Wahrheit wagt' ich kühn zusagen, und die Ketten sind mein Lohn.
(Beethoven - „Fidelio")

Redebeispiel (Original):

Die Gestalt <u>seines Leibes</u> ist von schönem Maß; von Wuchs ist er kleiner als die Längsten, doch ragt er schlank über die Mittelgroßen empor; das blonde Haupthaar ist oben an der Stirn ein wenig gekräuselt; die Ohren werden nur wenig von den herabfallenden Haaren bedeckt, da der Barbier um der Würde <u>des Reiches</u> willen die Haare an Haupt und Wangen durch fleißiges Schneiden kürzt. Die Augen sind scharf und durchdringend, die Nase zierlich, der Bart rötlich, die Lippen sind fein und werden nicht durch breite Mundwinkel erweitert. Sein ganzes Gesicht ist fröhlich und heiter. Die gleichmäßige Reihe <u>seiner Zähne</u> ist weiß

Barbarossa (Kaiser Friedrich I.)

wie Schnee. Die Haut ist an der Kehle und dem nicht dicken, aber kräftigen Hals milchweiß und manchmal von jugendlicher Röte übergossen, die bei ihm häufig nicht Zorn, sonder Zucht hervorruft. Die Schultern ragen ein wenig hervor; in den gedrungenen Weichen liegt Kraft; die Schenkel ruhen ansehnlich auf kraftstrotzenden Waden. Der Gang ist fest und gleichmäßig, die Stimme ist hell, die Körperhaltung männlich. Durch solche Gestalt des Leibes gewinnt er die höchste Würde und das größte Ansehen.

Redetext: Bischof Otto von Freising (über „Barbarossa", den Kaiser Friedrich I), 1160 n. Chr.

Beispiel aus der Lyrik:

*Fünf Jahre ebbt das träge Meer der Zeit,
Und langsam rann der feine Stundensand,
Seit du den Handschuh zogst von weißer Hand
Und ich mich fing in deiner Lieblichkeit.*

*Und dennoch: schau ich auf zum Sternenlicht,
So zeigt Erinnrung deiner Augen Glanz,
Und seh ich rosiger Rosen zarten Kranz,
Denkt meine Seele nur an dein Gesicht.*

*Kein Knospenschwellen kann mein Auge sehen,
Ohn' daß mein töricht Ohr sich neigt und lauscht,
Um deines Mundes Worte zu verstehen.*

*So wird in jedes Glück dies Deingedenken
– Wie tiefre Lust; die inniger berauscht –
Den süßen Stachel seiner Schmerzen senken.*

John Keats

Text: John Keats, „An eine Dame" (flüchtig gesehen in Vauxhall)

Übung:

Bilden Sie bekannte oder unbekannte Genitivattribute zu folgenden Wörtern:

Glück (des Tüchtigen)
Krieg
Lust
Nacht
Bank
Buch

Abschlusstest
(Mehrere Antwortmöglichkeiten können vorkommen)

In welchem Fall kommt das Genitivattribut immer nur vor?

a) Im Wemfall, also z.B. dem Mann/der Frau/dem Kind(e)
b) Im Wessenfall, also z.B. des Mannes / der Frau / des Kindes
c) Im Wenfall, also z.B. den Mann/ der Frau / das Kind
d) Im Werfall, also z.B der Mann/die Frau / das Kind

Wie kann man ein Genitivattribut noch sprachlich ausdrücken?

a) Mit der Präposition „mit" plus Akkusativ
b) Mit der Präposition „von" plus Dativ
c) Mit der Präposition „wegen" plus Nominativ
d) Mit der Präposition „um ... willen" plus Genitiv

Was gilt bei Eigennamen?

a) Ein „s" wird an das Wort angehängt.
b) Das „s" entfällt.

Wo findet man das Genitivattribut sehr häufig?

a) Bei Film- und Buchtiteln
b) Bei Personentiteln, z.B. Kaiseranrede
c) Bei der Anrede des Publikums

Querverweis: A82 (Polyptoton / aequiclinatum) A97 (Inversio), B23 (Metapher)

Wenn Sie die Einteilung der vier Fälle im Deutschen schon beherrschen, können Sie dieses Kapitel auch überspringen. Als Muttersprachler macht man es zwar automatisch richtig, weiß aber oft nicht warum, und schließt nicht selten die Präpositionen mit einem falschen Fall an. „Der Dativ ist dem Genitiv sein Tod" ist ein sehr bekannter Bestseller von Bastian Sick. Der Titel ist natürlich sprachlich falsch. Denn: „Der Nominativ ist dem Dativ sein Tod", so ist es schon eher richtig. Ganz richtig: Der Nominativ ist der Tod des Genitivs.
Merke: Jeder sprachliche Patzer fällt den Zuhörern negativ auf.

Exkurs: Die vier Fälle im Satz   **A23**

Werfall (Nominativ).
Nach ihm wird das Verb verändert, d.h. es besteht eine direkte Verbindung zum Verb des Satzes.

Beispiel 1: Der Mann läuft. *Wer läuft?* Der Mann.
Beispiel 2: Die Männer laufen. *Wer läuft?* Die Männer.

Grammatikalisch falsch: Der Mann laufe/laufst/laufen/lauft
                           Die Männer laufe/laufst/lauft

Das deutsche Verb wird also nach Singular (Einzahl) und Plural (Mehrzahl) und dem jeweiligen Personalpronomen (ich, du, er, sie, es, wir, ihr, sie) angepasst.

Anmerkung: Der Nominativ ist der häufigste Fall.

Wessenfall (Genitiv).
Ein Genitiv gibt den Besitzer an und steht i.d.R. hinter irgendeinem Substantiv, das wiederum im Nominativ, Dativ und Akkusativ steht.

Beispiel 1: Das Auto des Mannes. *Wessen Auto?* Des Mannes.
Beispiel 2: Das Auto der Männer. *Wessen Auto?* Der Männer.
Beispiel 3: Das Auto der Frau. *Wessen Auto?* Der Frau.
Beispiel 4: Das Auto der Frauen. *Wessen Auto?* Der Frauen.
Beispiel 5: Das Spielzeugauto des Kindes. *Wessen Auto?* Des Kindes.
Beispiel 6: Die Spielzeugautos der Kinder. *Wessen Auto?* Der Kinder.

Bei Namen kann man den Genitiv auch voranstellen: **Ralfs** Auto – das Auto von Ralf.

Sprachlich falsch: ~~Dem Mann sein Auto.~~
Sprachlich richtig: Das Auto von dem Mann.

Anmerkung: Der Genitiv ist sehr selten und macht in den meisten Sätzen nur einen Bruchteil aus.

Wemfall (Dativ).
Mit dem Dativ wird das indirekte Objekt des Satzes näher benannt. Er steht i.d.R. nach diesen Verben: schenken – geben – zuhören – vertrauen - helfen – senden.

Beispiel 1: Ich schenke dem Mann(e) ein neues Auto. *Wem schenke ich ein Auto?* Dem Mann.

Beispiel 2: Ich schenke den Männern ein neues Auto. *Wem schenke ich ein Auto?* Den Männern.
Beispiel 3: Ich schenke der Frau ein neues Auto. *Wem schenke ich ein Auto?* Der Frau.
Beispiel 4: Ich schenke den Frauen ein neues Auto. *Wem schenke ich ein Auto?* Den Frauen.
Beispiel 5: Ich schenke dem Kind(e) ein neues Auto. *Wem schenke ich ein Auto?* Dem Kind(e).
Beispiel 6: Ich schenke den Kindern ein neues Auto. *Wem schenke ich ein Auto?* Den Kindern.

Wir benutzen im Deutschen den Dativ auch für Präpositionen (Verhältniswörter/"Vorwörter"/Ortswörtchen) eines Substantivs.

Beispiel 1: *in + Dativ*
Ich bin in dem Kino. Ich bin in der Stadt.
Ich bin im Kino.

Grammatikalisch falsch auf die Frage „Wo bist du?": Ich bin in das Kino. Ich bin in die Stadt.

Beispiel 2: *aus + Dativ*
Ich komme aus dem Kino. Ich komme aus der Stadt.
Grammatikalisch falsch:
Ich komme aus das Kino. Ich komme aus die Stadt.

Beispiel 3: Ich spiele mit dem Tennisschläger.
Grammatikalisch falsch: Ich spiele mit der Tennisschläger.

Die folgenden Präpositionen verlangen im Deutschen also den Dativ:
mit – ab – an – auf – aus - in (auf die Frage „ Wo?") - nach – neben – über – von – zwischen.

Wenfall/Wasfall (Akkusativ).
Mit dem Akkusativ wird das direkte Objekt eines Satzes näher bestimmt.

Beispiel 1: Ich lese das Buch. *Was lese ich?* Das Buch.
Beispiel 2: Ich sehe den Film. *Was sehe ich?* Den Film.
Beispiel 3: Ich kaufe die Eintrittskarte. *Was kaufe ich?* Die Eintrittskarte.

Grammatikalisch falsch: Ich sehe der Film.

Beispiel 4: Ich sehe den Mann. *Wen sehe ich?* Den Mann.
Beispiel 5: Ich sehe die Frau. *Wen sehe ich?* Die Frau.
Beispiel 6: Ich sehe das Kind. *Wen sehe ich?* Das Kind.

Mit dem Akkusativ werden aber auch die meisten anderen deutschen Präpositionen angeschlossen:
ohne – für – gegen – durch – bis – ohne – um

Beispiel 1: Ohne den Schlüssel ging ich aus dem Haus.

Grammatikalisch falsch: Ohne der Schlüssel.

Beispiel 2: Ich gehe in die Stadt. *Wohin gehe ich?* In die Stadt.
Beispiel 3: Für den Mann war die Sache klar.

Singular:

Nominativ:	der Redner – die Rede – das Manuskript
Genitiv:	des Redners – der Rede – des Manuskripts
Dativ:	dem Redner – der Rede – dem Manuskript
Akkusativ:	den Redner – die Rede – das Manuskript

Plural:

Nominativ:	die Redner/die Reden / die Manuskripte
Genitiv:	der Redner / der Reden / der Manuskripte
Dativ:	den Rednern/ den Reden / den Manuskripten
Akkusativ:	die Redner/die Reden / die Manuskripte

1 *Wer-Fall* *(Subjekt/* *Nominativ)*	2 *Tunwort* *(Verb)*	3 *Wem-Fall* *(indirektes* *Objekt/* *Dativ)*	4 *Wen-Fall* *(direktes* *Objekt/* *Akkusativ)*
Der Redner	hält		den Vortrag.
Der Redner	gibt	dem Publikum	eine Erklärung.

Diese vier Fälle haben keine fixe Reihenfolge. Es gibt die Möglichkeit, sowohl Dativobjekt als auch Akkusativobjekt an den Anfang des Satzes zu stellen. Grundregel: Die wichtigste Information kommt an den Satzanfang. An Position 2 steht aber immer das Verb.

Der Redner gibt dem Publikum eine Erklärung.
Dem Publikum gibt der Redner eine Erklärung.
Eine Erklärung gibt der Redner dem Publikum.

Abschlusstest

Das Deutsche kennt verschiedene Satzbaupläne, die immer wieder Verwendung finden. Nehmen Sie bei dem folgenden Abschlussstest Farbstifte zur Hand

Satzbauplan 1:
Subjekt (im Nominativ) + Prädikat (Verb)

Der Redner liest. Die Mutter schläft. Das Kind singt. Der Vater arbeitet. Liest das Kind? Spielt der Bruder?

Markieren Sie den Nominativ rot, das Verb grün.

Satzbauplan 2:
Subjekt (im Nominativ) + Prädikat (Verb) + direktes Objekt (im Akkusativ)

Der Redner hält eine Rede. Ein Buch liest die Mutter. Das Kind singt ein Lied. Kaffee macht der Vater. Liest das Kind ein Buch? Spielt der Bruder ein Spiel?

Markieren Sie den Nominativ rot, das Verb grün und das direkte Objekt gelb.

Satzbauplan 3:
Subjekt (im Nominativ) + Prädikat (Verb) + indirektes Objekt (im Dativ) + direktes Objekt (im Akkusativ)

Der Redner schildert den Zuhörern die Sachlage. Ihrem Kind gibt die Mutter ein Bonbon. Ein Lied singt das Kind den Eltern vor. Der Vater macht der Mutter einen Kaffee. Liest das Kind den Eltern ein Gedicht vor? Nimmt der Bruder der Schwester den Fußball weg?

Markieren Sie den Nominativ rot, das Verb grün, das indirekte Objekt blau und das direkte Objekt gelb.

Satzbauplan 4:
Subjekt (im Nominativ) + Prädikat (Verb) + Präpositionalergänzung 1 (Dativ oder Akkusativ?) + Präpositionalergänzung 2 (Dativ oder Akkusativ?)

Der Redner freut sich über die Frage aus dem Publikum. Die Mutter geht mit dem Kind an der Hand. Das Kind geht über die Straße auf die andere Seite. Eine berunruhigende Dunkelheit kommt auf in der Stadt.

Markieren Sie den Nominativ rot, das Verb grün, die Präpositionalergänzung im Dativ blau, die Präpositionalergänzung im Akkusativ gelb.

Satzbauplan 5:
Subjekt (im Nominativ) + Prädikat (Hilfsverb) + Adjektivergänzung.

Der Redner ist langsam. Schwer ist die Liebe. Schön ist das Leben. Das Speiseeis ist zu kalt. Die Suppe ist zu heiß.

Markieren Sie den Nominativ rot, das Verb grün, die Adjektivergänzung braun.

Satzbauplan 6:
Subjekt (im Nominativ) + Prädikat (Verb) + Adverbialergänzung (+ direktes Akkusativobjekt).

Der Redner spricht langsam. Schnell geht die Frau. Er öffnet vorsichtig die Tür. Den Brief liest er zügig.

Markieren Sie den Nominativ rot, das Verb grün, die Adverbialergänzung orange, das direkte Akkusativobjekt gelb.

Satzbauplan 7:
Subjekt (im Nominativ) + Prädikat (Verb) + Reflexivpronomen (Akkusativ) + Präpositionalergänzung:

Der Redner erinnerte uns an sein Versprechen. Seine Rede hielt mich von der Arbeit ab. Der Redner wies uns auf die Gefahren der nächsten Tage und Wochen hin. Er informierte mich über die neuen Begebenheiten.

Markieren Sie den Nominativ rot, das Verb grün, das Reflexivpronomen lila und die Präpositionalergänzung schwarz.

Satzbauplan 8:
Subjekt (im Nominativ) + Prädikat (Verb) + Akkusativergänzung + Akkusativergänzung

Der Redner legte die Hände aufs Rednerpult. Er räumte seine Unterlagen in den Aktenkoffer. Der Redner hielt ein großes Plakat vor die erste Reihe der Zuschauer.

Markieren Sie den Nominativ rot, das Verb grün, die erste und zweite Akkusativergänzung gelb.

Querverweis: A82 (Polyptoton), A97 (Inversio), A85 (Paronomasie), A86 (Derivatio)

Verb   **A24**

Für das Wort „Verb" gibt es im Deutschen folgende Bezeichnungen: Tunwort, Tätigkeitswort und Zeitwort. Es fragt: „Wer macht was wie wann und wo?" Beispiel: „Vormittags kocht die Mutter fröhlich singend eine Suppe in ihrer Küche." Nicht alle Verben haben einen aktiven Handlungsträger, z.B. die Formulierung „es passiert", „es geschah" „es wird Frühling", „es regnet" bezieht sich nicht auf eine Person, sondern den Vorfall.

Die meisten Verben sind transitiv, d.h. sie beziehen sich auf ein direktes Objekt: „Ich kaufe mir ein neues Bett." Ein kleiner Teil der Verben ist jedoch intransitiv und hat kein direktes Objekt: „Ich schlafe." (nicht möglich: „Ich schlafe das Bett.") Intransitive Verben können kein Passiv bilden. Ebenfalls nicht möglich: „Ich werde geschlafen."

Das Verb ist das zweitwichtigste Wort im Satz. Grundregel: Das Verb ist in der Rede so früh wie möglich zu bringen, d.h. Position 2. Aufpassen bei Perfektsätzen mit „haben" (hier kommt das Verb erst ganz zum Schluss!). Die langen Perfektsätze eventuell durch Präteritum ersetzen.

Aufpassen auch bei Nebensätzen (auch hier kommt das Verb erst ganz hinten)! Manchmal eine andere Subjunktion wählen, z.B. „denn" statt "weil". Im Imperativ (Befehlsform) und im Fragesatz kommt das Verb immer an den Satzanfang (Position 1). Prüfen, ob die Rede nur auf diese zwei Formen angepasst werden kann. Im folgenden Beispiel sind nur die Verben auf Position 2 oder 3 in den Haupt- und Nebensätzen unterstrichen. Man sieht, dass die Mehrheit der Sätze die Verben ganz vorne hat – sicherlich kein Zufall, sondern rhetorische Strategie, um Eindringlichkeit beim Volk zu bewirken.

Proletarier! Brot oder Revolution! Das <u>sei</u> eure Losung, es ist eure letzte Hoffnung, das einzige, worauf ihr <u>bauen</u> könnt. Was <u>bleibt</u> euch denn anderes übrig? <u>Seid</u> ihr es nicht, die <u>säen</u> und <u>arbeiten</u> im Schweiße des Angesichts, damit andere, die nichts <u>tun</u>, <u>ernten</u> und <u>schwelgen</u>, während euch der Hunger die Knochen zerfetzt? Ihr <u>baut</u> Paläste, damit der Lotterbube darin seiner schweinischen Geilheit frönt, ihr <u>macht</u> Schlösser für seine Goldkisten, damit er sein Wuchergeld darin verschließen kann; ihr <u>macht</u> glänzende Bettgestelle und weiche Betten, damit eure Töchter seinem Hurengelüst darin zum Opfer fallen, alles für ihn, nichts für Euch als der Hunger und der Gerichtsdiener, der Euch aus Euren verfaulten Strohlagern wirft und Euch ins Schuldgefängnis wirft. Proletarier! <u>Schüttelt</u> Eure schmutzigen, aber ehrlichen Lumpen, damit sie <u>zittern</u>.

(Flugblatt aus Merseburg, 1848)

Auch bei dieser Textstelle fällt auf, wie konsequent Verben nach vorne in den Satz gezogen werden. Dadurch ist es dem Angesprochenen möglich, ohne größere Schwierigkeiten den Rest des Satzes zu verstehen. Wenn das Verb aber weiter hinten kommt, muss der Hörer erst abwarten, wie die Wörter davor zu verstehen sind – was auf die Dauer sehr anstrengend sein kann.

Beispiele aus der Literatur:

„Mein lieber Sohn", hatte der gascognische Edelmann gesagt, „dieses Pferd, vor dreizehn Jahren hier geboren, gehört seitdem zu unserer Familie. Daher <u>sollst</u> du es wie einen alten Diener ehren und es nie verkaufen. Im Übrigen <u>kann</u> ich dir nur fünfzehn Taler und einige gute Ratschläge mit auf den Weg geben, der dich zum Erfolg und Ruhm führen möge! <u>Halte</u> deinen Namen so unbefleckt, wie ihn deine Ahnen fünfhundert Jahre lang bewahrten. <u>Dulde</u> kein kränkendes Wort, es <u>sei</u> denn vom Kardinal oder vom König. <u>Sei</u> tapfer, denn du <u>bist</u> Gascogner und – ein D'Artagnan! Nur Mut <u>hilft</u> heute einem Edelmann, der sein Glück sucht. Ich <u>lehrte</u> dich, den Degen zu führen. <u>Weiche</u> keiner Gelegenheit dazu aus, umso mehr, als heute der Zweikampf untersagt ist und deshalb doppelten Mut erfordert. Als Beispiel <u>möchte</u> ich dir unseren ehemaligen Nachbarn, Herrn de Tréville, vor Augen stellen. Schon als Kind <u>scheute</u> er nicht einmal davor zurück, seinen Spielkameraden, unseren gnädigen König Ludwig, zu prügeln, und später <u>duellierte</u> er sich ohne Rücksicht auf Verbote und Arreststrafen. Und was ist er heute? Der Hauptmann der Musketiere, jener Ehrengarde Seiner Majestät, vor der sogar der Kardinal höchsten Respekt hat.

Alexandre Dumas

Angefangen hat er wie du, der Herr de Tréville. Sprich bei ihm vor, übergib ihm dieses Schreiben und folge seinem Rat!"

Text: Alexandre Dumas, „Die drei Musketiere"

Schon gewusst? Der Schriftsteller Marc Twain (Autor von: „Tom Sawyer"/„Huckleberry Finn") war einst in Heidelberg gewesen. Seine traumatischen Erlebnisse mit der deutschen Verbstellung flossen ins Reisebuch „A Tramp Abroad" ein. Ausnahmsweise wird der Textauszug im englischen Original vorgestellt:

„Also! Es freut mich dass dies so ist, denn es muss, in ein hauptsächlich degree, höflich sein, dass man auf ein occasion like this, sein Rede in die Sprache des Landes worin he boards, aussprechen soll. Dafür habe ich, aus reinische Verlegenheit, – no Vergangenheit, – no, I mean Höflichkeit, – aus reinische Höflichkeit habe ich resolved to tackle this business in the German language, um Gottes willen! Also! Sie müssen so freundlich sein, und verzeih mich die interlarding von ein oder zwei Englischer Worte, hie und da, denn ich finde dass die deutche is not a very copious language, and so when you've really got anything to say, you've got to draw on a language that can stand the strain. (…) An average sentence, in a German newspaper, is a sublime and impressive curiosity; it occupies a quarter of a column; it contains all the ten parts of speech – not in regular order, but mixed; it is built mainly of compound words constructed by the writer on the spot, and not to be found in any dictionary – six or seven words compacted into one, without joint or seam – that is, without hyphens; it treats of fourteen or fifteen different subjects, each enclosed in a parenthesis of its own, with here and there extra parentheses which re-enclose three or four of the minor parentheses, making pens within pens; finally, all the parentheses and re-parentheses are massed together between a couple of king-parentheses, one of which is placed in the first line of the majestic sentence and the other in the middle of the last line of it – after which comes the VERB, and you find out for the first time what the man has been talking about; and after the verb – merely by way of ornament, as far as I can make out, – the writer shovels in ›haben sind gewesen gehabt haben geworden sein,‹ or words to that effect, and the monument is finished. I suppose that this closing hurrah is in the nature of the flourish to a man's signature – not necessary, but pretty."

Text: Mark Twain, „A Tramp Abroad"

Mark Twain

Übung:

Bei der folgenden Übung müssen Sie nicht ganz bei der Wahrheit bleiben und dürfen frei erfinden. Hier zählt nur die Geschwindigkeit.

Was haben Sie letzte Woche gemacht? Erzählen Sie.

Am Montag habe ich Tennis gespielt, am Dienstag habe ich Fernsehen geschaut, am Mittwoch habe ich eingekauft...

Was werden Sie nächste Woche machen? Erzählen Sie.

Am Montag werde ich Tennis spielen, am Dienstag werde ich Fernsehen schauen, am Mittwoch werde ich einkaufen.

Was machen Sie heute? Erzählen Sie.

Heute schaue ich Fernsehen, heute gehe ich ins Theater, heute liege ich faul auf dem Bett.

Sie sind bei der Gewerkschaft und halten einen Kurzvortrag, in dem nur Fragesätze oder Aufforderungen vorkommen. Achten Sie darauf, das Verb möglichst weit vorn zu bringen. Nehmen Sie kurze Sätze mit maximal 8 Wörtern! Schreiben Sie diese Rede aufs Blatt und lesen Sie langsam und gut betont ab!

Thema: 37 Stunden-Woche / 7 Wochen Urlaub im Jahr / 8 Prozent Lohnerhöhung (die letzten drei Jahre waren Nullrunden). Reden Sie das Publikum mehrfach mit „Genossen", „Arbeiter", „Angestellte" an.

Seien Sie erregt und mit Leidenschaft bei der Sache. Ballen Sie mit der rechten Hand eine Faust oder drohen Sie mit dem Zeigefinger!

„Genossen! Wollt ihr die 37 Stunden Woche? Arbeiter! Wollt ihr 8 Prozent Lohnerhöhung? Angestellte! Klingen 7 Wochen Urlaub wie Musik in euren Ohren? Dann müsst Ihr folgendes tun: Beteiligt euch an unserem Warnstreik, der nächste Woche stattfindet. Meine lieben Genossen, Arbeiter und Angestellten! Haltet euch fern von der Arbeit! Macht euch einen lauten Tag! Besorgt Trillerpfeifen und malt Transparente. Die Unternehmensbosse sollen sehen, dass wir die stärkere Partei sind... (usw)."

Abschlusstest
mehrere Antwortmöglichkeiten sind richtig

Welche Grundregel muss ein Redner hinsichtlich der Tunwörter berücksichtigen?

a) Das Verb ist so spät wie möglich zu bringen, am besten ganz hinten im Satz.
b) Das Verb ist so früh wie möglich zu bringen
c) Es ist egal, wo das Verb steht - da gibt es keine Grundregel.
d) Ein Perfektsatz (ich habe gesagt..) eventuell durch Imperfekt ersetzen
e) Ein Perfektsatz (ich habe gesagt...) immer mit Perfekt belassen

Wo stehen die Verben in den folgenden Sätzen?

a) Befehlsform (Imperativ).
hinten / vorne
b) Fragesatz
hinten / vorne
c) Aussagesatz im Präsens, normale Wortstellung
eher hinten / eher vorne
d) Aussagesatz im Imperfekt, normale Wortstellung
eher hinten / eher vorne
e) Aussagesatz im Perfekt, normale Wortstellung
eher hinten / eher vorne

Worauf bezieht sich das Verb?
[KNG-Kongruenz = Kasus (Fall), Numerus (Einzahl/Mehrzahl), und Genus (Geschlecht) gleich]

a) Auf das Objekt des Satzes, zu dem es in KNG-Kongruenz steht
richtig /falsch
b) Auf das Subjekt des Satzes, zu dem es in KNG-Kongruenz steht
richtig /falsch
c) Auf die Präposition des Satzes, zu dem es in KNG-Kongruenz steht
richtig/falsch

Querverweis: A77 (Inclusio), A86 (Derivatio), B2 (Parallelismus), B3 (Chiasmus), B4 (Antithese), B5 (Antimetabole), C69 (Der Neid in der Rede)

Hilfsverb A25

You are the dancin queen, young and sweet, only seventeen.
(Abba)

Wie groß ist die Gefahr, wie schwach der Hoffnung Schein! Sie liebt mich, es ist klar, o namenlose Pein!
(Beethoven - „Fidelio")

> *Grundwissen:*
>
> *Hilfsverben sind „haben, sein, werden". Sie sind unentbehrlich zur Zeitenbildung. Während das Präteritum oftmals durch die Einfügung des Buchstabens „t" erfolgt (z.B. regnete), ist für andere Zeiten wie Perfekt, Plusquamperfekt, Futur immer ein Hilfsverb nötig (z.B. es hat geregnet, es wird regnen). Die Bewegungsverben bilden ihr Perfekt mit „sein" (z.B. Ich bin gegangen), alle anderen bilden ihr Perfekt mit „haben" (z.B. Ich habe gelesen).*
>
> *Das Hilfsverb „sein" kann man auch für Vergleiche mit einem Adjektiv oder Substantiv benutzen. Frage: Wie ist der Zustand einer Sache oder Person? „Bild"-Schlagzeile: „Wir sind Papst."(2005) „Ich bin glücklich, die Prüfung geschafft zu haben."*
>
> *Das Hilfsverb „haben" drückt ein Besitzverhältnis oder einen Zustand aus: „Ich habe ein nagelneues Handy." / „Ich habe einen Bärenhunger."*

„Wir sind **Virginia Tech.**

Wir <u>sind</u> heute traurig und wir <u>werden</u> für eine ganze Weile traurig <u>sein</u>.

Wir <u>werden</u> nicht weitergehen; wir umarmen uns jetzt in unserer Trauer.

Wir <u>sind</u> **Virginia Tech.**

Wir <u>sind</u> stark genug, um ohne Tränen zu vergießen aufrecht da zu stehen;

Wir <u>sind</u> stark genug, um uns niederzubeugen, um zu weinen.

Und wir <u>sind</u> traurig genug, um zu wissen, dass wir wieder lachen müssen.

Wir <u>sind</u> **Virginia Tech.**"

Text: Nikki Giovanni, „Trauerfeier für die Opfer des Amoklaufs an der Virginia Tech Universität" (17.4.2007)

„Millionen Werktätiger in Deutschland sind immer mehr ins grenzenlose Elend gedrückt worden und nahe an der Verzweiflung. Eure Lage ist aber nicht ausweglos! Ihr müsst, parteilose, sozialdemokratische und christliche Arbeiter, Schulter an Schulter, fest zusammenstehen! Getrennt seid ihr schwach; gemeinsam und geschlossen im Kampfe, unter der Führung der Kommunistischen Partei, seid ihr eine gewaltige Kraft."

(Aufruf der KPD zur Reichstagswahl, 1930)

In Verbindung mit einem Substantiv wählt man jedoch meistens „haben".

„Studiengebühren haben viele Nachteile."
„Sportautos haben einen zu hohen Benzinverbrauch."

Für eine einschmeichelnde Erzählung zu Beginn der Rede empfiehlt es sich, bei Hilfsverben das Präteritum einzusetzen:

Ich war vorher in eurer Schule und konnte mir alles anschauen. Ich muss sagen: Was ihr an Arbeitsgemeinschaften, Computerkursen und Fremdsprachen belegt, so viel Eifer hätte es in meiner Schulzeit nie gegeben! Ich hatte als Schüler nicht so viel Lust, Neues zu lernen.

Querverweis: B2 (Parallelismus), A78 (Anapher), A77 (Inclusio), B4 (Antithese)

Übung:

Sie sind in einem Vorstellungsgespräch und haben sich um eine Stelle als Verkäufer im Discounthandel beworben. Antworten Sie auf jede der Fragen so schnell wie möglich! Aber: Benutzen Sie am Anfang der Antwort nur „haben" oder „sein"!

Erzählen Sie mir über sich!
(Ich bin jemand, der gern mit Menschen zusammenarbeitet).
Wie würden Sie sich selbst beschreiben?
(Ich bin zuverlässig, kontaktfreudig und nett.)
Wie würde Sie ein Freund beschreiben?
(Ich habe da keine so genaue Vorstellung, aber wahrscheinlich würde er sagen, dass ich ein netter Kerl bin, der einen nicht im Stich lässt.)

Übung 1:
Was macht Ihnen bei Ihrer gegenwärtigen Arbeit am meisten Spaß? Wie arbeiten Sie unter Druck? Mit was für Leuten arbeiten Sie gern zusammen? Wie viel Verantwortung mögen Sie? Was ist Ihre größte Schwäche? Was waren Ihre Lieblingsfächer in der Schule? Warum haben Sie sich für diesen Job beworben?

Übung 2:
Was würde mir Ihr gegenwärtiger Arbeitgeber über Sie erzählen? Wie würden Ihre Kollegen Sie beschreiben? Was motiviert Sie am meisten? Was interessiert Sie an unserer Firma? Wie reagieren Sie auf Kritik? Welche Adjektive beschreiben Sie am besten? Erzählen Sie mir etwas über eine schwierige Situation, in der Sie die Initiative ergriffen haben! Wie haben Sie von dieser Stelle erfahren? Was wissen Sie über unsere Firma?

Übung 3:
Warum wollen Sie diese Arbeit? Haben Sie schon jemals im Einzelhandel gearbeitet? Warum meinen Sie, dass Sie für die Stelle der Richtige sind? Mit welcher Art von Kunden haben Sie schon gearbeitet? Wie reagieren Sie auf Kunden, deren Anforderungen Sie nicht erfüllen können? Was sind Ihre langfristigen Ziele? Wenn Sie 10 Jahre in die Zukunft blicken – wo wollen Sie beruflich stehen?

Übung 4:
Was war ihr größter Erfolg im Leben? Haben Sie noch zusätzliche Seminare gehabt, seitdem Sie die Schule verlassen haben? Welche Seminare neben der Arbeit haben Sie belegt, die Ihnen bei dieser Arbeit helfen könnten? Welche Art von Arbeit machen Sie am liebsten? Sind Sie bereit, Risiken einzugehen? Sind Sie bereit, überall hinzugehen, wo die Firma Sie brauchen könnte? Was würden Sie hinsichtlich unserer Probleme tun, wenn Sie der Vorstand unser Firma wären?

Übung 5:
Was sind Ihre Hobbys? Machen Sie noch soziale Tätigkeiten, z.B. im Verein? Was war ihr schlimmster Fehler im Leben? Was haben Sie aus diesem Fehler gelernt? Warum haben Sie eigentlich Ihren letzten Job verlassen? Wie sind Sie denn mit Ihrem früheren Chef zurechtgekommen? Können Sie eine Führungsposition bekleiden? Haben Sie schon einmal im Team zusammengearbeitet? Sind Sie mit Ihren Kollegen zurechtgekommen?

Übung 6:
Ziehen Sie es vor, alleine zu arbeiten? Wie gehen Sie mit Kollegen um, die nicht einer Meinung mit Ihnen sind? Halten Sie sich für einen Teamplayer? Was macht Sie wütend? Warum sollten wir Sie einstellen – wir haben viele andere Bewerber ...? Haben Sie Papiere, die es Ihnen ermöglichen, in Deutschland zu arbeiten? Haben Sie eine Arbeitserlaubnis? Rauchen Sie? Wie ist Ihr Gesundheitszustand? Wie oft haben Sie bei Ihrem letzten Job gefehlt, aufs Jahr gerechnet?

Übung 7:
Können Sie mir die Lücken in Ihrem Lebenslauf erklären? Was war die schlimmste Situation, der Sie sich in Ihrem letzten Job stellen mussten und wie haben Sie das bewältigt?
Haben Sie irgendwelche Einwände, Überstunden zu machen, wenn es erforderlich sein sollte? Zu wie viel Überstunden sind Sie bereit? Wie viel haben Sie in Ihrem alten Job verdient? An welches Gehalt haben Sie so gedacht?

Abschlusstest
mehrere Antwortmöglichkeiten sind denkbar

Wofür werden Hilfsverben vor allem gebraucht?

a) Zur Bildung der Zeiten im Aktiv
richtig / falsch
b) Zur Bildung der Zeiten im Aktiv und Passiv
richtig / falsch
c) Zur Bilung der Zeiten im Passiv
richtig / falsch

Was ist der Unterschied zwischen dem Hilfsverb „haben" und dem Hilfsverb „sein"?

a) Das Hilfsverb „haben" wird in der Vergangenheit und Zukunft für Verben der Bewegung (laufen, fahren) benutzt.
richtig / falsch
b) Das Hilfsverb „sein" wird in der Vergangenheit und in der Zukunft für Verben der Bewegung (laufen, fahren) benutzt.
richtig /falsch
c) Da gibt es keinen Unterschied.
richtig / falsch

Können Verben der Bewegung ein Passiv bilden?

a) Nein
richtig / falsch
b) Ja
richtig / falsch

Welche Wortarten können beim Hilfsverb „sein" stehen?

a) Personalpronomen plus Substantiv
richtig / falsch
b) Personalpronomen plus Adjektiv
richtig / falsch
c) Nur Personalpronomen
richtig / falsch
d) Nur Adjektiv
richtig / falsch
e) Nur Substantiv
richtig / falsch
f) Substantiv plus Substantiv
richtig / falsch
g) Adjektiv plus Adjektiv
richtig / falsch

Was ist sprachlich richtig?

a) Ich habe im Café gesessen.
richtig / falsch
b) Ich bin im Café gesessen.
richtig / falsch
c) Ich bin/habe im Café gesessen - diese beiden Sätze sind richtig. Das sind nur Dialektunterschiede zwischen Nord-und Süddeutschland.
richtig / falsch

Vollverb   **A26**

Als Vollverben bezeichnet man alle Verben, die eine aktive Tätigkeit beinhalten. Frage: Was tut der Mensch?

So leuchtet mir ein Farbenbogen, der hell auf dunklen Wolken ruht. Der blickt so still, so friedlich nieder, der spiegelt alte Zeiten wieder, und neu besänftigt wallt mein Blut. (Beethoven - „Fidelio")

„Reden wir oder handeln wir?"

Vollverben können in Aktiv und Passiv in die verschiedenen Zeitformen gesetzt werden. In einer Rede ist eine aktivische Formulierung dem Passiv vorzuziehen:

Der Mann <u>liest</u> das Buch in der Straßenbahn.
Das Buch <u>wird</u> vom Mann in der Straßenbahn <u>gelesen</u>.

Das Passiv bekommt jedoch dann den Vorzug, wenn das Subjekt als Handlungsträger nicht wichtig ist, sondern der Vorgang. Das findet sich insbesondere bei Sätzen mit dem unpersönlichen Personalpronomen „man".

„In Südeuropa wird viel gesungen, gelacht und getanzt" *klingt schöner als* „Man singt viel, lacht viel und tanzt viel in Südeuropa".

Zusammenfassung:

Präsens:
Ich sehe – ich werde gesehen

Präteritum (schriftliche Vergangenheit):
Ich sah – ich wurde gesehen

Perfekt (mündliche Vergangenheit):
Ich habe gesehen – ich bin gesehen worden

Plusquamperfekt (Vorvergangenheit):
Ich hatte gesehen – ich war gesehen worden

Futur (Zukunft):
Ich werde sehen – ich werde gesehen werden

Futur II (Vergangenheit in der Zukunft):
Ich werde gesehen haben – ich werde gesehen worden sein

Konditional I (Möglichkeitsform/"real":
Ich würde sehen – ich würde gesehen werden

Konditional II (Möglichkeitsform/"irreal"):
Ich hätte gesehen – ich wäre gesehen worden

Aristoteles sagt: Für eine Lob- und Tadelrede benutzt der Redner vorwiegend die Gegenwart (wie ist die Situation des zu Lobenden / Tadelnden jetzt?); für eine Gerichtsrede eher die Vergangenheit (was ist damals wirklich geschehen?); für eine zu- und abratende Rede die Zukunft (was wird wohl geschehen, wenn ...).

Allerdings ist die Einteilung der Zeiten nicht klar abtrennbar, da man ja in einer Lobrede auch die Vorkommnisse der Vergangenheit zu sprechen kommt (was hat Herr Meier alles für unser

Unternehmen getan?), in einer Gerichtsrede auch bezüglich der Zukunft wichtig ist (was wird wohl geschehen, wenn wir den Angeklagten nicht verurteilen?) und in einer Beratungsrede auch die jetzige Situation zählt (wie ist die Situation jetzt im Gegensatz zur Zukunft?)

Hauptproblem: Konjunktiv I und II
Hier eine kleine Wiederholung, wie man den Konjunktiv bildet.

- die Startform ist der Infinitiv (z.B. singen)
- man streicht vom Infinitiv das n
- im Imperfekt wird aus einem „a" ein „ä", aus einem „u" ein „ü", aus einem o ein „ö"
- für das Perfekt / Plusquamperfekt muss man lediglich den Konjunktiv von „haben" kennen

Im folgenden Beispiel gibt es Doppeldeutigkeiten, sehr häufig bei den Personen „ich, wir, sie". Grundsätzlich gilt, dass in der Sprache Eindeutigkeit herrschen muss. Also wird im diesen Fall entweder eine Ersatzform gewählt oder man wechselt in den Konjunktiv der nächsten Zeitstufe.

Grundregel: Wird die direkte Rede eines anderen oder von einem selbst indirekt wiedergegeben (er sagte ... ich sagte ...), so muss der Sprecher den Konjunktiv I benutzen, es sei denn, hier herrscht Deckungsgleichheit mit dem Indikativ Präsens. In diesem Fall (häufig bei den Personalpronomen ich, wir, sie) muss die nächste Zeitstufe, der Konjunktiv II benutzt werden.

Direkte Rede: „Ich singe in einer Band."

Ich erzählte den Leuten, ~~ich singe in einer Band.~~
Falsch!
Hier herrscht Deckungsgleichheit mit dem Indikativ Präsens.

Du erzähltest, du **singest** in einer Band.
Richtig!
Hier gibt es keine Deckungsgleichheit mit dem Indikativ Präsens.

Richtig:
Ich erzählte, ich **sänge** in einer Band.
Stilistisch unschön:
Ich erzählte, ich **würde** in einer Band **singen.**

Die meisten Deutschlehrer lassen jedoch die **Ersatzformen mit möge/würde** durchgehen.

Leider hat es sich in der deutschen Umgangssprache eingebürgert, dass man auf den Konjunktiv verzichtet. Das ist für eine Unterhaltung auf dem Schulhof kein Problem, aber für eine Rede im gehobenen Stil ein echtes Problem. Wer sich hier unsicher ist, sollte auf einen dass-Satz ausweichen. Hier darf nämlich der Indikativ (als Tatsache) stehen:

Richtig:
Ich erzählte, dass ich in einer Band singe.

Präsens Indikativ	Konjunktiv Präsens
Ich singe du singst er singt *wir singen* ihr singt *sie singen*	*Ich singe* du singest er singe *wir singen* ihr singet *sie singen* *Ersatzform:* *Ich möge singen* *Ich soll singen*
Imperfekt Indikativ	Konjunktiv Imperfekt
Ich sang du sangst er sang *wir sangen* ihr sangt *sie sangen*	*Ich sänge* du sängest er sänge *wir sängen* ihr sänget *sie sängen* *Ersatzform:* *Ich würde singen*
Perfekt Indikativ	Konjunktiv Perfekt
Ich habe gesungen du hast gesungen er hat gesungen *wir haben gesungen* ihr habt gesungen *sie haben gesungen*	*Ich habe gesungen* du habest gesungen er habe gesungen *wir haben gesungen* ihr habet gesungen *sie haben gesungen* *Ersatzform:* *Ich möge gesungen haben*

Plusquamperfekt Indikativ	Konjunktiv Plusquamperfekt
Ich hatte gesungen *du hattest gesungen* *er hatte gesungen* *wir hatten gesungen* *ihr hattet gesungen* *sie hatten gesungen*	*Ich hätte gesungen* *du hättest gesungen* *er hätte gesungen* *wir hätten gesungen* *ihr hättet gesungen* *sie hätten gesungen* *Ersatzform:* *Ich würde gesungen haben*

Beispiel:
Meine Frau sagte mir, sie wolle gleich kommen. Da ich sie immer noch nicht im Publikum entdecke, muss ich nun ohne sie anfangen. Das ist ja eine schöne Bescherung! Schließlich ist sie diejenige, die das Manuskript meiner Rede hat.

Redebeispiel Original:

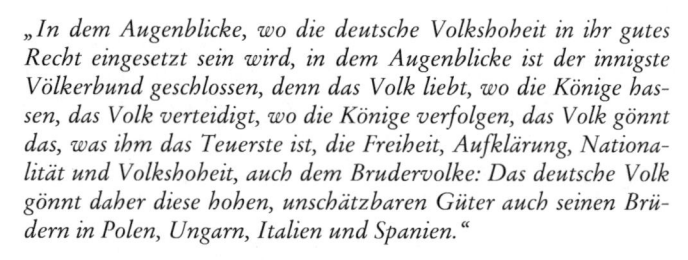

„*In dem Augenblicke, wo die deutsche Volkshoheit in ihr gutes Recht eingesetzt sein wird, in dem Augenblicke ist der innigste Völkerbund geschlossen, denn das Volk liebt, wo die Könige hassen, das Volk verteidigt, wo die Könige verfolgen, das Volk gönnt das, was ihm das Teuerste ist, die Freiheit, Aufklärung, Nationalität und Volkshoheit, auch dem Brudervolke: Das deutsche Volk gönnt daher diese hohen, unschätzbaren Güter auch seinen Brüdern in Polen, Ungarn, Italien und Spanien.*"

Johann Georg August Wirth

Redner: Wirth, 27. Mai 1832 (vor 30 000 Zuhörern auf dem Hambacher Schloss)
Querverweis: B2 (Parallelismus), A78 (Anapher), A91 (Alliteration), B4 (Antithese), B1 (Hyperbaton)

Übung:

Konjugieren Sie die folgenden Verben in Aktiv/Passiv in der Ich-Form:

„kaufen – laufen – saufen – raufen – schnaufen - taufen"

Präsens – Imperfekt – Perfekt – Plusquamperfekt – Futur I – Futur II – Konditional I – Konditional II

Es ist für Ihren Redeerfolg sehr wichtig, dass Sie alle Zeiten kennen.

Abschlusstest
mehrere Möglichkeiten können richtig sein

1) Welche der folgenden Kombinationsmöglichkeiten in einem Hauptsatz mit Nebensatz sind richtig?

a) Präsens und Imperfekt
richtig / falsch
b) Präsens und Perfekt
richtig / falsch
c) Präsens und Plusquamperfekt
richtig / falsch
d) Präsens und Futur I
richtig / falsch
e) Imperfekt und Perfekt
richtig / falsch
f) Imperfekt und Plusquamperfekt
richtig / falsch
g) Imperfekt und Futur I
richtig / falsch

2) Bitte ordnen Sie die lateinischen Ausdrücke (a - e) den deutschen Zeitbegriffen (o-s) durch Striche zu!

a) Präsens   o) Zukunft
b) Imperfekt   p) Vergangenheit II
c) Perfekt   q) Vergangenheit III
d) Plusquamperfekt   r) Gegenwart
e) Futur   s) Vergangenheit I

Anmerkungen zu
p) Vergangenheit II
   (vollendete Gegenwart - mündliche Vergangenheit)
q) Vergangenheit III (Vorvergangenheit)
s) Vergangenheit I (schriftliche Vergangenheit)

3) Schreiben Sie die Namen der Zeiten dahinter!

Ich habe getanzt. _____

Ich werde singen. _____

Du sagtest. _____

Er weint. _____

Ich hatte gekocht. _____

4) Wofür braucht man in der deutschen Sprache den Konjunktiv I (er komme) und den Konjunktiv II (er würde kommen/ er käme)?

a) Für die „Indirekte Rede"
richtig / falsch
b) Für die „Direkte Rede"
richtig / falsch
c) Für alle Befehlssätze
richtig / falsch
d) Für höfliche Befehlssätze
richtig / falsch
e) Für Wunschsätze
richtig / falsch
f) Für Fragesätze mit W-Wörtern
richtig / falsch
g) Wenn eine Sache nicht sicher ist
richtig / falsch
h) Wenn eine Sache sehr sicher ist
richtig / falsch

5) Steht hier der Konjunktiv I oder der Konjunktiv II?

a) Ich sagte, wir spielten Gitarre.
Konjunktiv I / Konjunktiv II
b) Ich sagte, ich spiele Gitarre
Konjunktiv I / Konjunktiv II
c) Sie sagten, sie würden Gitarre spielen
Konjunktiv I / Konjunktiv II
d) Er sagte, er habe Gitarre gespielt
Konjunktiv I / Konjunktiv II
e) Ich sagte, ich hätte Gitarre gespielt
Konjunktiv I / Konjunktiv II
f) Wir sagten, wir würden Gitarre gespielt haben
Konjunktiv I / Konjunktiv II

> *Modalverben beziehen sich auf ein weiteres Verb im Satz. Sie verändern (=modifizieren) die Bedeutung dieses Verbs, d.h. sie schwächen ab oder schränken ein. Ein Modalverb legt die Sichtweise des Sprechers dar: Fähigkeit, Erlaubnis, Pflicht, Wünsche. Es beschreibt auch das Beziehungsverhältnis zu anderen Leuten, z.B. Chef zu Angestellten, Mutter zu Kind.*
>
> *Beispiel: „Ich fahre Auto"*
>
> *Die Modalverben „können und dürfen" drücken eine Fähigkeit oder Erlaubnis aus („Ich <u>darf</u> Auto fahren, wenn ich 18 bin." „Ich <u>kann</u> Auto fahren, wenn ich 18 bin."), die Modalverben „möchten" und „wollen" einen Wunsch („Ich <u>will</u> Auto fahren, sobald ich 18 bin" „Ich möchte Auto fahren, wenn ich 18 bin.") das Modalverb müssen die Pflicht („Ich <u>muss</u> Auto fahren, wenn ich 18 bin. Das tun alle jungen Leute.") und das Modalverb „sollen" den Wunsch einer anderen Person („Ich <u>soll</u> Auto fahren, wenn ich 18 bin. Meine Eltern wollen das so.")*
>
> *Der geschickte Einsatz von Modalverben kann eine Rede wesentlich einprägsamer machen. Für die Vergangenheit sind sie eigentlich nur im Präteritum gebräuchlich. „Ich konnte/ ich musste/ ich durfte / ich wollte/ ich sollte". Falls doch das Perfekt benutzt wird, schließt man mit einem Infinitiv an: „Ich habe eine Rede halten müssen." Den <u>Konjunktiv</u> II der Modalverben „könnte/sollte/müsste/dürfte/wollte" kann man für Höflichkeitsfloskeln gebrauchen.*

Modalverb   **A27**

Musst du jetzt grade gehen, Lucille? Unsere Kinder sind krank und die Schulden so viel. Du hast geschworen, du bist die Frau, die das Leben mit mir teilen will. Musst du grade gehen, Lucille?
(Michael Holm)

Beispiele:

<u>Können</u> Sie sich vorstellen, was es heißt, als alleinerziehende Mutter drei Kinder zu betreuen? Können Sie sich das? Nein!

<u>Kann</u> mir irgendjemand verraten, wieso die Diäten der Politiker schon wieder erhöht werden müssen, wenn doch das reale Einkommen der kleinen Leute stagniert? Kann das jemand hier?

Wir <u>müssen</u> den Leuten ehrlich sagen, dass Opfer nötig sind, um den Aufschwung zu ermöglich.

Ihr <u>müsst</u> wenigstens versuchen, immer die bestmögliche Leistung zu erbringen (Rede für eine Schulversammlung).

Wir <u>dürfen</u> nicht vergessen, dass auch wir einmal kleine Kinder gewesen sind, die ihre Handlungen noch nicht einordnen konnten.

Dürfte ich einmal das Wort ergreifen?

Sollten wir nicht beim Thema Rente aufhören, uns allen gegenseitig etwas vorzumachen?

„Sollen" wird in der indirekten Rede bei Befehlen benutzt. Beispiel: „Sorgt fürs Alter vor! Denkt an die Umwelt! Bezahlt höhere Studiengebühren/ Zieht mehr Kinder groß!"

Die SPD sagt, wir sollen fürs Alter vorsorgen. Die CDU sagt, wir sollen mehr Kinder großziehen. Die Grünen sagen, wir sollen an die Umwelt denken. Die FDP sagt, wir sollen Studiengebühren bezahlen. Nur – wer, meine Herren Politiker, wer soll das wie bezahlen, wer außer Ihnen hat so viel Geld?

Wer wollte wohl bestreiten, dass das Autofahren nicht auch Risiken beinhaltet?

Wir wollen höhere Löhne bei niedriger Arbeitsbelastung. Wir wollen soziale Gerechtigkeit.

Redebeispiel (Original):

„Mein höchster Wunsch war es, meine Freunde, mich eurer Versammlung erfreuen zu können, und da ich ihn erfüllt sehe, spreche ich offen dem Herrscher der Welt meinen Dank aus, dass er mir zu allem andern auch noch dieses Glück zu erledigen gewährt hat, das jedes andere übersteigt; ich meine das Glück, euch alle hier versammelt zu finden und zu sehen, dass alle ein und dieselbe einträchtige Gesinnung haben. Nicht also soll ein neidischer Feind unser Glück trüben, nicht soll der Dämon, der Freund alles Schlechten, nachdem durch die Macht des erlösenden Gottes die Tyrannen, die gegen Gott ankämpfen, aus dem Weg geräumt sind, das göttliche Gesetz auf eine andere Weise bekriegen, indem er es mit Lästerungen überschüttet. Denn für schlimmer als jeder Krieg und jeder furchtbare Kampf gilt mir der innere Zwist der Kirche Gottes, und schmerzlicher scheint mir dies als Kämpfer nach außen. (...) Zögert also nicht, oh geliebte Diener Gottes und getreue Knechte des gemeinsamen Herrn und Erlösers von uns allen, die Veranlassung zu eurem Streit jetzt sogleich vorzubringen und die ganze Kette von Auseinandersetzungen durch Gesetze und Frieden zu lösen."

Kaiser Konstantin

Redetext: Römischer Kaiser Konstantin, 325 n. Chr. (im Streit zur Lehre des Theologen Arius, der die Wesensgleichheit von Christi mit Gott bestritt, und zur Lehre des Athanasius, der Christi mit Gott gleichsetzte).

Querverweis: B46 (Humilitas), B14 (Litotes), B2 (Parallelismus), B48 (Direkte Publikumsansprache), B23 (Metapher)

Übung:

Probieren Sie, 8 bis 10 Sätze nur mit dem Einsatz von Modalverben über ein Thema zu reden. Schimpfen Sie!

Beispiel: „Zimmer unordentlich – Mutter zu Sohn"

„Ich will nicht mehr länger deine Putzfrau sein! Musst du denn immer alles liegenlassen? Kannst du nicht einmal deine Sachen selbst aufräumen? Soll ich etwa immer dir hinterher räumen? Darf ich nicht auch einmal eine freie Minute haben? Willst du nicht auch einmal ein ordentliches Zimmer?"

Themen:
„Mitarbeiter zu spät – Chef zu Angestellter"
„Benzinpreis zu hoch – Kunde zu Tankwart"
„Musik zu laut – Mutter zu Tochter"
„Neuer CD-Player kaputt – Kunde zu Verkäufer"

Ich will, ich kann, ich darf nicht, ich soll, ich soll nicht usw.

Abschlusstest
mehrere Anworten sind möglich

1) Welche der folgenden Verben sind Modalverben? Bitte unterstreichen Sie in der Kette!

laufen - singen - sollen - springen - tanzen - dürfen - lesen - zelten können - nächtigen - überholen - wollen - haben - sein - untersagen - müssen - hören - essen - kontrollieren - symbolisieren telefonieren - klauen - fliegen - setzen - aufstehen

2) Was kann ein Redner mit Modalverben alles ausdrücken?

a) Vorwürfe und Schuldzuweisungen
richtig / falsch
b) Ermahnungen an andere Personen
richtig / falsch
c) Unhöfliche Bitten
richtig / falsch
d) Höfliche Bitten
richtig / falsch
e) Unhöfliche Aufforderungen
richtig / falsch
f) Höfliche Aufforderungen
richtig / falsch
g) um Erlaubnis fragen
richtig / falsch
h) eine Erlaubnis erteilen
richtig / falsch
i) Fachwissen zeigen
richtig / falsch
j) Unwissenheit zeigen
richtig / falsch
h) rhetorische Fragen
richtig / falsch

3) In welchen Zeiten sind Modalverben nur gebräuchlich?

a) Präsens und Imperfekt
richtig / falsch
b) Präsens und Perfekt
richtig / falsch
c) Präsens und Plusquamperfekt
richtig / falsch
d) Präsens und Futur
richtig / falsch

Substantivierte Verben
A28

Substantivierte Verben (mit dem Artikel „das") sind eine weitere Möglichkeit, das Verb im Satz möglichst weit nach vorne zu ziehen.

(Bei Zwischenrufen)

Das Reden überlassen wir der Opposition, das Handeln der Regierungskoalition.

Das Trinken unter Jugendlichen hat in einem beängstigenden Maße zugenommen.

Das Reisen in fremde Länder birgt auch viele Risiken, wenn man sich nicht zuerst über die politische Lage kundig gemacht macht hat.

*Der Mann hat's auf der Welt nicht leicht, das Kämpfen ist sein Zweck, und hat er endlich was erreicht, nimmt's eine Frau ihm weg.
(Comedian Harmonists)*

Redetext (Original):

„Behüt dich Gott Welt, denn dieweil man dir nachgehet, verzehret man die Zeit in Vergessenheit, die Jugend <u>mit Rennen, Laufen und Springen</u> über Zaun und Stiege, über Weg und Steg, über Berg und Tal, durch Wald und Wildnis, über See und Wasser, im Regen und Schnee, in Hitz und Kält, in Wind und Ungewitter; die Mannheit wird verzehret <u>mit Erzschneiden und -schmelzen, mit Steinhauen- und schneiden, Hacken und Zimmern, Pflanzen und Bauen,</u> in Gedanken <u>Dichten und Trachten, in Ratschläge ordnen, Sorgen und Klagen, in Kaufen und Verkaufen, Zanken, Hadern, Kriegen, Lügen und Betrügen.“

Redetext: Christoffel von Grimmelshausen (Simplicius), 1699

Christoffel von Grimmelshausen

Übung:

Denken Sie sich 5 bis 7 Verben aus. Substantivieren Sie die Verben und bilden Sie einfache Sätze, die Ihre persönliche Meinung wiedergeben! Begründen Sie mit „weil".

Beispiel: Das Autofahren auf deutschen Autobahnen ist eine Katastrophe, weil jeder nur an sich denkt. Aber auch das Einkaufen im Supermarkt macht nicht viel Freude, weil die meisten Produkte immer teurer werden. Und das Ausgehen abends ist auch nicht so prickelnd – was hat diese Stadt kulturell schon zu bieten? Das Anbetteln von Jugendlichen wird immer rabiater – früher wollten Sie eine Mark, heute zwei Euro. Das Schreien der Nachbarn wird immer schlimmer, weil sich die zwei Ehepartner scheiden lassen.

Abschlusstest

Warum sollte ein Redner auch substantivierte Verben benutzen?

a) Er sollte gar keine substantivierte Verben benutzen, denn das ist Kanzleistil und damit unverständlich.
richtig / falsch
b) Er sollte viele substantivierte Verben im Redetext benutzen, denn Verben sind doch viel einprägsamer.
richtig / falsch
c) So hat er die Möglichkeit zu variieren ein weiteres Verb nach vorne in den Satz zu ziehen.
richtig / falsch
d) So hat er die Möglichkeit zu variieren und ein weiteres Verb nach hinten in den Satz zu ziehen.
richtig / falsch

Querverweis: A97 (Inversio), A92 (Congeries), A85 (Paronomasie), A91 (Alliteration), A83 (Hendiadyoin), A87 (Asyndeton)

Partizip Präsens   A29
(nd-Endung)

Liebend ist es mir gelungen, dich aus Ketten zu befreien, liebend sei es hoch besungen, Florestan ist wieder mein!
(Beethoven - „Fidelio")

Verb: (erläutern)
Partizip der Gegenwart: (erläuternd = während er erläutert)

Sind zwei Verben im Satz, so hat man die Möglichkeit ein Partizip Präsens zu verwenden, das allerdings in übertriebener Verwendung „gestelzt" klingt.

Präsens:
Ich rede gerade und erkläre gleichzeitig. Somit erkläre ich redend. Während ich also rede, erkläre ich gleichzeitig.

Imperfekt:
Ich redete gerade und erklärte gleichzeitig. Somit erklärte ich redend. Während ich redete, erklärte ich.

Beispiele:

„Ihnen den Sachverhalt näher erläuternd, will ich gerne auf ihre Frage zurückkommen."

„Auf dieses Problem aufbauend, kann man mit Fug und Recht behaupten, dass ..."
„Die Zeitung lesend, stieß ich auf diese interessante Meldung:"
„Wohlwissend, dass man die Bürger für dumm verkauft, hat die Partei dennoch ..."

Das Partizip kann auch substantiviert verwendet werden:

Beispiele:
„Die Liebenden in dieser Geschichte sind ..."
„Die Tanzenden und Singenden und Lachenden auf dieser Hochzeitsfeier sind ein Labsal in meinem Auge."

Redebeispiel Original:

„Erst ist es ein dumpfes, murmelndes, dann ein immer stärker anschwellendes Brausen und zuletzt ein zehntausendfach widerhallender Jubelruf, der die Lüfte durchdringt. In ihrer Freude werfen die Soldaten ihre Mützen und Helme in die Luft. Schon dämmert der Abend; es ist gegen halb sieben Uhr, als der preußische Parlamentär zurückkommt, unmittelbar hinter ihm General Reille, General-Adjudant des Kaisers Napoleon. Er bringt den weltbekannten Brief des Kaisers Napoleon, durch welchen dieser seinen Degen dem Könige von Preußen übergibt."

Text: Hermann Müller-Bohn, 1870

Querverweis: A91 (Alliteration), B2 (Homoioteleuton), A97 (Inversio), A76 (Klimax), B17 (Symbol)

Übung:

Denken Sie sich fünf Temporalsätze (*Zeitsätze) mit der Subjunktion „während" aus. Reihen Sie die Sätze mit der Konjunktion „und". Bilden Sie dann Fragesätze!

Während ich singe, koche ich eine Suppe.
Während ich schlafe, schnarche ich.
Während ich mich unterhalte, rede ich.
Während ich Auto fahre, telefoniere ich.

Singend koche ich und schlafend schnarche ich und mich unterhaltend putze ich und telefonierend fahre ich Auto.

Kochen Sie singend? Schlafen Sie schnarchend? Putzen Sie sich mit anderen unterhaltend? Fahren Sie telefonierend Auto?

Abschlusstest
mehrere Lösungen möglich

In welchen Zeiten sind Partizipien der Gegenwart gebräuchlich?

a) In allen Zeiten
richtig / falsch
b) Nur im Präsens und Perfekt
richtig / falsch
c) Nur im Präsens und Imperfekt
richtig / falsch
d) Nur im Präsens und Plusquamperfekt
richtig / falsch

Wie verändert sich ein Verb, wenn man es in ein Partizip Präsens umwandelt?

a) Es verändert sich nie.
richtig / falsch
b) Ein „t" wird angehängt.
richtig / falsch
c) Ein „nd" wird angehängt.
richtig / falsch
d) Die Vorsilbe „ge" kommt ans Verb.
richtig / falsch

Was ist der Vorteil, ein Partizip Präsens zu benutzen?

a) Da gibt es keinen Vorteil, das klingt in den Ohren der Leute nur schrecklich.
richtig / falsch
b) Das schafft Abwechslung, solange man es nicht übertreibt.
richtig / falsch
c) Das wirkt gebildet, weil es nicht alle Leute bilden können.
richtig / falsch
d) So kann man einen Temporalsatz mit „als/während" verkürzen.
richtig / falsch

Partizip Perfekt   **A30**
(Vorsilbe „ge-")

Das Partizip der Vergangenheit ist in Perfekt Aktiv, Plusquamperfekt Aktiv, Futur II sowie allen Passivzeiten gebräuchlich. (siehe „Verben" / „gesehen"). Zusätzlich kann man es als Adjektiv verwenden:

Das gesungene Lied war schön.
Der gehaltene Vortrag war beeindruckend.
Das hingeschluderte Referat war kein Erfolg.
Die verlorene Schrift wurde wiedergefunden.
Der zurückgelegte Weg für Reformen war steinig, hat aber letztendlich zum Erfolg geführt.

Für eine besonders dramatische Textpassage kann man das Partizip Perfekt auch substantivieren:

„Die Verschütteten in diesem Erdbeben, die Eingeschlossenen, die Gefährdeten schrien um Hilfe, als die Naturkatastrophe über sie hereinbrach, und nur mit letzter Mühe konnte eine humanitäre Katastrophe abgewendet werden."

„Die Zukurzgekommenen, die Entrechteten, die um ihren Besitz Gebrachten haben sich in dieser Partei zusammengeschlossen, um gegen die Reformpolitik der Bundesregierung Stellung zu beziehen."

Redebeispiel (Original):

„Von Herzen trauern wir über die Schande der allgemeinen Kirche, unserer Mutter, die unser Herr Jesus Christus im Zeugnis seiner Passion seinen Jüngern im Zeichen der glorreichen Jungfrau anvertraut hatte. Aber auf der anderen Seite weisen wir es weit von uns, dass uns von einem solchen Menschen, den wir billigerweise als unseren Richter nicht anerkennen können, überhaupt ein Unrecht geschehen könne. Wie er sich als unser Hauptfeind, nicht als unser Richter durch Wort und Tat entlarvt hat, so hat er auch öffentlich alle Empörer und alle Reichsfeinde begünstigt. Wir erklären ihn für unwürdig, weiterhin Stellvertreter Christi, Nachfolger des Petrus und Hüter der gläubigen Seelen, zu sein, nicht weil wir die päpstliche Würde verachten, sondern wegen der Mangelhaftigkeit seiner Person. (...) Beweinet, geliebte Fürsten, nicht allein uns, sondern die Kirche, denn ihr Haupt schläft, deren Fürst in ihrer Mitte wie ein Löwe brüllt, deren Prophet rast, deren Mann untreu ist und deren Priester unrecht handelt."

Redetext: Kaiser Friedrich II (zum Kirchenbann gegen ihn durch Papst Gregor XI), 1239 n. Chr.

Wer ein solches Weib errungen, stimm in unsern Jubel ein. Nie wird es zu hoch besungen, Retterin des Gatten sein.
(Beethoven - „Fidelio")

Could you be loved and be loved? Don't let them fool you or even try to school you. Oh, no!
(Bob Marley)

Kaiser Friedrich II.

Abschlusstest
mehrere Lösungen möglich

1) Wofür kann man ein Partizip Perfekt alles verwenden?

a) Für die „Indirekte Rede"
richtig / falsch
b) Für die Zeitenbildung mit dem Hilfsverb „sein"
richtig / falsch
c) Für die Zeitenbildung mit dem Hilfsverb „haben"
richtig / falsch
d) Für das Passiv in allen Zeiten
richtig / falsch
e) Als Adjektiv vor einem Substantiv
richtig / falsch
g) Als Substantiversatz, wenn man weiß, wer gemeint ist
richtig / falsch

2) Bilden Sie das Partizip Perfekt von den folgenden Verben. Formulieren Sie anschließend die Regel!

a) laufen - _____

b) singen - _____

c) bezahlen _____

d) ermahnen _____

f) telefonieren _____

g) kochen _____

i) wiederholen _____

Regel: Das Partizip Perfekt wird immer mit der Vorsilbe __ gebildet und endet auf ___.
Ausnahmen: Verben mit der Vorsilbe _____ und Verben, die ein _____ enthalten, werden nicht mit der Vorsilbe _____ gebildet.

Querverweis: B10 (Fremdwort), A72 (Apposition), A92 (Congeries), B2 (Parallelismus), A75 (Reduplicatio), B4 (Antithese)

Adjektiv – Positiv A31

Adjektive (groß/klein/dick/dünn/klug/dämlich usw.) beziehen sich auf Substantive und werden in der deutschen Sprache vorangestellt:

*Lisa, Lisa, sad Lisa, Lisa.
(Cat Stevens)*

*Und spür ich nicht linde,
sanft-säuselnde Luft?
Und ist nicht mein Grab
mir erhellet? Ich seh, wie
ein Engel im rosigen Duft
sich tröstend zur Seite mir
stellet.
(Beethoven - „Fidelio")*

„Der große Wurf ist es nicht, was uns da aus Berlin entgegenschallt ..."
„Das Bündnis der großen Koalition ist ein Zweckbündnis und wird nicht über die nächste Wahlperiode halten..."

Eine bekannte Forderung für eine gelungene Rede lautet: „Sei sparsam mit Adjektiven! Benutze nur Hauptsätze!" Korrekter wäre es jedoch, keine falschen und schiefen und unverständlichen Adjektive zu benutzen, denn Adjektive, geschickt eingesetzt, können den Redefluss bereichern. In der Rede sehr beliebt ist auch das doppelte Adjektiv (vielleicht weil man hier schon keine Kommafehler machen kann).

Beispiel:

*„Bin weder Fräulein, weder schön,
Kann ungeleitet nach Hause gehn." (Faust I)*

Goethe

Drittens aber, meine sehr verehrten Damen und Herren, war diese Form auch eine schlichte Notwendigkeit im charakteristischen Sinne der momentanen dramatischen Situation. Der E-Laut hat in unserer geliebten deutschen Sprache etwas Ablehnendes und Feindseliges an sich, wie schon die Worte „Ekel", „Weh" und „Pest" deutlichst bezeugen. Die dramatische Stimmung der so liebenswerten vorläufigen Sprödigkeit Gretchens konnte daher gar nicht entsprechender herbeigeführt werden als wieder durch die Form „weder-weder", die den fast gehässig ablehnenden E-Laut viermal nachdrücklichst wiederholt.

(Redner: Hanns von Gumppenberg, 1928)

Hanns von Gumppenberg

Wir fordern eine andere Politik: reale, kostendeckende Preise, entsprechend reale Planung, reale, den jetzigen Stand des Lebensniveaus garantierende Einkünfte für die Arbeiter, Handwerker, Angestellten. Die hohen Einkommen müssen festgefroren und teilweise gesenkt werden.

(Manifest der ersten DDR-Opposition, 1977)

Der Positiv wird auch für Vergleichssätze mit der Konstruktion „so...wie" / „wie" benutzt:

„Sie war in ihrer Jugend so schön wie ein Diamant, später immer noch so bezaubernd wie ein Juwel, in ihren letzten Lebensjahren so klug, wie ein altes Schmuckstück nur sein kann."

„Ihre Aussage ist so nutzlos wie eine falsch geschriebene Bedienungsanleitung."

Abschlusstest
mehrere Lösungen möglich

Was ist in einer Rede mit Adjektiven problemlos möglich, schafft aber schriftlich große Schwierigkeiten?
a) Man kann mehrere Adjektive vor ein Substantiv setzen.
richtig / falsch
b) Man braucht nicht mehr auf die Groß- und Kleinschreibung eines Adjektivs achten.
richtig / falsch
c) Die Kasus-Angleichung mit einer Endung entfällt mündlich.
richtig / falsch

Sind Adjektive in einer Rede sinnvoll?

a) Natürlich nicht, denn Adjektive sind doch nur unnötiger Ballast im Satzgefüge! Schlichte Hauptsätze ohne Schmuck, das ist das wahre Ziel des Redners!
richtig / falsch
b) Natürlich, denn passende Adjektive können eine Rede bereichern.
richtig / falsch

Was versteht man unter einem Positiv?

a) Ein Adjektiv in der höchsten Vergleichsstufe
richtig / falsch
b) Ein Adjektiv in seiner Grundform
richtig / falsch
c) Ein Adjektiv in der ersten Vergleichsstufe
richtig / falsch

Querverweis: B12 (Emphase), B13 (Epitheton ornans), B14 (Litotes), A98 (Hypallage), B11 (Stilbruch), B36 (Ironie)

Adjektiv – Komparativ
A32

> Hat ein Redner kein aktuelles Zahlenmaterial zu einem Vorgang verfügbar, so kann er sich der Redewendung „immer mehr" / „immer weniger" bedienen. Leider sind diese Formulierungen in den Nachrichten so oft zu hören, dass man sie nur sparsam einsetzen sollte, denn eigentlich ist es „schlechter journalistischer Stil", weil einfach etwas unbewiesen in den Raum gestellt wird. Besser wäre es, wenn der Redner mit dieser Redewendung zwar einleitet, dann aber noch mit Zahlenbelegen nachlegt. In einer Gruppendiskussion sollte man noch vorsichtiger sein, da ein Gegner scheinheilig sagen kann: „Das ist seltsam. Mir liegt ganz anderes Zahlenmaterial vor. Immer mehr, sagten Sie? Nein, da irren Sie sich. Immer weniger ..."

Die eingefleischten Kenner wissen, dass die Männer im Osten besser küssen, dass die Mädchen im Osten schöner sind, weiß heutzutage jedes Kind. (Niemann)

Immer mehr Leute sind Nichtraucher.
Immer weniger Leute heiraten.
Immer mehr Kinder sind computersüchtig.
Immer weniger Leute sind bereit, ehrenamtliche Tätigkeiten auszuüben.

Es gibt immer mehr Waldsterben.

> *Der Komparativ (schöner/ klüger/ intelligenter/besser/mehr) in Verbindung mit den Satzkonstruktionen „als" / „je...desto" für Vergleichssätze:*

„Je jünger, desto schlimmer."
„Je jünger die Leute sind, desto schlimmer verhalten sie sich."
„Je mehr sich die große Koalition in Widersprüche verzettelt, desto klarer wird für den Bürger, dass ..."

„Eine hohle Luftblase ist besser als nichts, denkt sich die Regierung, und verschreibt uns eine Mogelpackung, die bei genauerem Hinsehen das Unvermögen der verantwortlichen Politiker zeigt."

„Seht hin, ihr Werktätigen Deutschlands, in die Sowjetunion: Dort herrscht keine Industrie- und Agrarkrise des Kapitalismus. Dort ist nicht kapitalistischer Niedergang, sondern sozialistischer Aufstieg der Produktion. Dort ist steigender Reallohn der Arbeiter um 72 Prozent im Rahmen des Fünfjahresplanes, Siebenstundentag, Fünftagewoche, Beseitigung der Erwerbslosigkeit, ständige Verbesserung der Sozialpolitik, wachsender Wohlstand *der werktätigen Bauern durch die Kollektivierung der Landwirtschaft und allgemeiner kultureller Aufschwung der werktätigen Bevölkerung."*

(KPD-Aufruf zur Reichstagswahl, 1930)

Abschlusstest
mehrere Lösungen möglich

Welcher der folgenden Sätze hat ein Adjektiv in der ersten Vergleichsstufe (Komparativ)?
Bitte markieren Sie!

a) Paul ist so groß wie Kai.
b) Paul ist größer als Kai.
c) Je größer Paul ist, desto kleiner wirkt Kai.
d) Paul ist ziemlich groß.
e) Es gibt nichts Schöneres, als am Strand zu liegen und dort den Wellen zuzuschauen.

Querverweis: B12 (Emphase), B13 (Epitheton ornans), B14 (Litotes), B15 (Hyperbel)

**Adjektiv - Superlativ
(höchste Steigerungsform)
A33**

Freeze! I'm Ma Baker – put your hands in the air, gimme all your money! This is the story of Ma Baker, the meanest cat from old Chicago town.
(Boney M.)

Für Propagandazwecke missbraucht wurde und wird der Superlativ, den man heutzutage nur sparsam einsetzen sollte. Ein Superlativ ist oftmals plump, ein viel zu dick aufgetragenes Lob zum Zweck der Anbiederung. Superlativ deshalb in der Rede streichen und besser mit einem Elativ (Gradadverb + Positiv) wiedergeben. „Sehr fleißig, äußerst tüchtig, ziemlich mutig" ist besser als „am fleißigsten, am tüchtigsten und am mutigsten." Auch die Verbindung „nichts + Komparativ + als" ist ein versteckter Superlativ, also Vorsicht. Dennoch täte man dem Superlativ Unrecht, ihn in der Rede pauschal zu verurteilen und überhaupt nie einzusetzen. Der Superlativ eignet sich nämlich für die private Lobrede, z.B. bei einer Hochzeits- oder Geburtstagsfeier.

„Seht hier, das Brautpaar! Sind sie nicht das schönste, netteste und zauberhafteste Brautpaar, das wir je gesehen haben? Ist Thomas nicht der reichste, fleißigste, schönste und po ... – lasst es uns nicht verneinen! – possierlichste Mann, den sich eine Frau nur wünschen kann? Und Nicole, wird sie ihm nicht die leckersten und erlesensten Gerichte kochen, ihm die entzückendsten Kinder schenken, ihm aber auch die schönsten und meisten Schuhpaare aller Frauen in den Schrank stellen? Es gibt wohl nichts Schöneres als ein so verliebtes Paar, wünschen wir, dass deren Liebe bis ins hohe Alter hält. An diesem schönsten Tag eures Lebens also, liebes Brautpaar, heißt es von unserer Seite Glück für die gemeinsame Zukunft zu wünschen. Sie leben hoch! Dreimal hoch!"

Redebeispiel Original:

„Wir haben eine Prüfung der allerschwersten Art vor uns. Wir haben viele, viele lange Jahre des Kampfes vor uns. Sie werden fragen: Was ist unsere Politik? Ich erwidere: Unsere Politik ist, Krieg zu führen, zu Wasser, zu Lande und zur Luft, mit all unserer Macht und mit aller Kraft, die Gott uns verleihen kann; Krieg zu führen gegen eine ungeheuerliche Tyrannei, die in dem finsteren, trübseligen Katalog des menschlichen Verbrechens unübertroffen bleibt. Das ist unsere Politik."

(Winston Churchill, 1940)

*„Vor zweitausend Jahren war der stolzeste Satz, den ein Mensch sagen konnte, der: Ich bin ein Bürger Roms! Heute ist der stolzeste Satz, den jemand in der freien Welt sagen kann: ‚Ich bin ein Berliner!' Wenn es in der Welt Menschen geben sollte, die nicht verstehen oder die nicht zu verstehen vorgeben, worum es heute in der Auseinandersetzung zwischen der freien Welt und dem Kommunismus geht, dann können wir ihnen nur sagen, sie sollen nach Berlin kommen. Es gibt Leute, die sagen, dem Kommunismus gehöre die Zukunft. Sie sollen nach Berlin kommen! (...)
Die Mauer ist die abscheulichste und stärkste Demonstration für das Versagen des kommunistischen Systems. Die ganze Welt sieht dieses Eingeständnis des Versagens. (...) Durch die Mauer werden Familien getrennt, der Mann von der Frau, der Bruder von der Schwester, Menschen werden mit Gewalt auseinandergehalten, die zusammen leben wollen. (...)"*

(John F. Kennedy, 1961)

„Gott hat uns in eine Situation gesetzt, in welcher wir durch unsere Nachbarn gehindert werden, irgendwie in Trägheit oder Versumpfung zu geraten. Er hat uns die kriegerischste und unruhigste Nation, die Franzosen, an die Seite gesetzt, und er hat in Russland kriegerische Neigungen groß werden lassen, die in früheren Jahrhunderten nicht in dem Maße vorhanden waren."

(Otto von Bismarck, 1888)

Abschlusstest
mehrere Lösungen möglich

Welcher der folgenden Sätze hat ein Adjektiv in der höchsten Vergleichsstufe (Superlativ)?
Bitte markieren Sie! Es gelten auch die Ersatzformen für einen Superlativ (Elativ).

a) Paul ist am größten.
b) Kai ist am kleinsten.
c) Paul ist ziemlich groß.
d) Paul ist furchtbar klein.
e) Paul ist viel größer als Kai.

Warum sollte man mit Superlativen in einer Rede vorsichtig sein?

a) Viele Superlative haben den Effekt eines unehrlichen Lobs.
richtig / falsch
b) Weil Superlative von vielen Rednern einfach dazu benutzt wurden, die Volksmassen aufzuhetzen. Diese Vorgehensweise gilt heute als verpönt.
richtig / falsch
c) Superlative entsprechen oft nicht der Wahrheit.
richtig / falsch.

Bei welcher Redeform kann man einen Superlativ bedenkenlos einsetzen? Bitte markieren Sie!

a) Politische Rede - Angriff auf den Gegner
b) Lobrede auf eine Person
c) Einschmeichelnde Einleitung des Redners (insinuatio / captatio benevolentiae)
d) Trauerrede

Querverweis: B12 (Emphase), B13 (Epitheton ornans), B14 (Litotes), A90 (Bekräftigung), A79 (Epipher), B15 (Hyperbel), B2 (Parallelismus), C65 (Die Scham und Schamlosigkeit in der Rede), C61 (Die Furcht in der Rede)

> *Substantivierte Adjektive sind für dramatische Textpassagen geeignet:*

**Substantivertes Adjektiv
A34**

„Das Grauenhafte, Schreckliche, Fürchterliche, was wir im Krieg erleben mussten, wird sich hoffentlich niemals mehr wiederholen."

Auch nach den Indefinitpronomen „etwas/nichts/viel/manches" wird das Adjektiv substantiviert:

„Die heutige Angelegenheit ist etwas Unangenehmes für mich wie auch die Personalabteilung: Ich muss Ihnen leider mitteilen, dass wir insolvent sind."
„Es gibt zwar nicht viel Neues, was ich Ihnen heute verkünden könnte..." (Pressekonferenz)

„Es gibt nichts Schöneres als ein Urlaub auf Mallorca und nichts Schlimmeres als ein Urlaub auf Mallorca auf dem sogenannten Ballermann 6, wenn sich Horden deutscher Bierbauch-Touristen gegenseitig die Klinke geben."

Querverweis: A87 (Asyndeton), B40 (Praeparatio)

Abschlusstest

Substantivieren Sie die folgenden Adjektive in den nachstehenden Sätzen. Gehen Sie nach folgendem Muster vor:

Marilyn Monroe war eine schöne Frau. Marilyn Monroe hatte schönes Haar.

Das Schöne an Marilyn Monroe war ihr Haar.

Der neue James Bond Film ist gut. Die Spannung gefällt den meisten Leuten.

_____ am neuen James Bond Film ist _____

Das Essen hier schmeckt scheußlich. Die ganzen Speisen sind versalzen.

_____ an diesem Essen hier sind _____.

Adverb der Art und Weise   A35

Throughout his life's the same, he's battled constantly. This fight he cannot win. A tired man they see no langer cares. The old man then prepares to die regretfully. That old man here is me. Yeah. (Metallica)

Wenn man von Adverbien im Satz spricht, so meint man in der Regel das Adverb der Art und Weise. Es fragt: Wie ist der Vorgang gewesen? War jemand schnell, langsam, langweilig oder interessant?
In der deutschen Sprache entspricht das Adverb der Art und Weise der Grundform des Adjektivs (dem sogenannten Positiv). Für die Rede eignet sich diese Wortart besonders für eine Erzählung (Narratio), um einen bestimmten Vorgang dem Hörer nahe vor Augen zu führen. Was fühlte der Mensch, als er in der Situation war? Wie wirkte er auf andere?

Beispiel: „Seine Rede wirkte auf mich <u>unkonzentriert</u>. Er blätterte <u>lustlos</u> das Manuskript, schaute <u>gelangweilt</u> ins Publikum und gähnte <u>desinteressiert</u>, wie er uns den Sachverhalt <u>mühsam</u> und <u>mit schleppender</u> Stimme erläuterte. Während er eine Büroklammer <u>ganz langsam</u> in der rechten und linken Hand zerbog, war sein Kopf nach unten gerichtet."

Redebeispiel (Original):

„*Traurig ist immer, wenn eine Familie ihr Obdach verliert, ihre Habe von den Flammen muss verzehren sehn, wenn sie nur noch besitzt, was sie am Leibe tragen, und von fremder Leute Güte Bedarf und Nahrung erwarten muss. Aber es erträgt sich noch immer, wenn alle <u>unversehrt</u> das brennende Gebäude verlassen. (...) Aber so <u>glücklich</u> ging es hier nicht. Ihr alle habt das verzweifelnde Geschrei der unglücklichen Mutter gehört, wie sie <u>ihrer selbst nicht mächtig</u> um das Feuer lief und beständig nach einem verlornen Kinde rief. Sie achtete alles nicht, klagte nicht um Hab und Gut, jammerte nicht über eigene Schmerzen. Aber das Kind in den Flammen zerriss ihr Mutterherz, ihre Töne drangen durch Mark und Bein. Wer konnte sie <u>ungerührt</u> hören, wer musste nicht mit ihr jammern? (...) <u>Besinnungslos</u> lag das Kind bei der Türe, winselte und wimmerte, konnte der Rettung aber nicht mehr entgegeneilen. (...) Du, oh Kind, bist nun allen irdischen Jammer los; aber in Schmerzen liegt deine Mutter, noch ist ungewiss, ob der himmlische Vater sie nicht durch den Tod auch davon nehmen und mit dir vereinen will in der ewigen Freude. (...) Oh Mutter, du hast viel getan, hast dich für das Kind aufgeopfert, hast dasselbe lieber gehabt als dich selbst. Gott im Himmel hatte seine väterliche Freude an dir, wird dich segnen hier und dort. <u>Mit Bewunderung</u> sahen auf dich die Menschen alle, dein Jammer war auch ihr Jammer. (...) Oh reich an Liebe ist einer Mutter Herz, <u>sorglos</u> kann das Kind schlafen in der Mutter Schoß, sie ist sein Engel auf Erden, behütet und beschützt es Tag und Nacht.*"

Jeremias Gotthelf

Redetext: Jeremias Gotthelf, 1840

Abschlusstest

Füllen Sie den nachfolgenden Text mit eigenen Adverbien auf. Denken Sie hierbei an Lösungsmöglichkeiten wie „Interesse, Langeweile, keine Kosten, sehr gut" usw. Diese können oftmals mit nur einem einzigen Adverb ausgedrückt werden, sodass die Sätze schöner klingen.

Begleiten Sie uns _____ auf einem Rundgang durch Eckernförde. Wir beginnen _____ an der Stadthalle. Holen Sie sich das monatlich erscheinende Veranstaltungsprogramm, welches wir _____ (= 0 Euro) herausgeben. Wer seinen Urlaub _____ gestalten möchte, findet am Eckernförder Haupt- und Südstrand viele Möglichkeiten: Beach-Volleyball, Surfen, Tauchen, Segeln ... In den Sommermonaten gibt es im Musikpavillon Konzerte. Viele verschiedene Musikgruppen aus der Region spielen _____ zu Ihrer Unterhaltung.

Querverweis: B43 (fictio audientis), B30 (Rhetorische Frage), A83 (Hendiadyoin), A77 (Inclusio)

Gradadverbien verstärken die im Volksmund als „Wie-Wörter" bezeichneten Adjektive (ein Eigenschaftswort vor einem Substantiv) und Adverbien der Art und Weise (ein Eigenschaftswort, das den Vorgang zu einem Verb genauer erläutert).

Gradadverb   A36

Mir ist so überaus wunderbar, es engt mir das Herz ein; er liebt mich, es ist wirklich klar, ich werde ziemlich glücklich sein!
(Beethoven - „Fidelio" / abgeändert)

Es mag zunächst trivial klingen, aber mit dem geschickten Einsatz von Gradadverbien kann der Redner feinste Nuancen setzen. Dies ist insbesondere dann wichtig, wenn es auf eine hundertprozentig genaue Formulierung ankommt, wie z.B. eine Rede zum Atomwaffensperrvertrag. Ein guter Redner wird daher niemals nur das gleiche Gradadverb benutzen (sehr ... sehr ... sehr), sondern die Variation suchen. Dabei muss man gar nicht selbst hunderte von verschiedenen Gradadverbien beherrschen; es reicht, sich selbst ein verwertbares Set aus 20 gängigen Gradadverbien zu schaffen, die dann vor Adjektiven und Adverbien stehen können, aber nicht zwingend müssen, denn auch hier gilt: Weniger (an Gradadverb) kann manchmal auch mehr sein. Für Schockeffekte kann man Gradadverbien auch als Volladjektive einsetzten, z.B. bei „Das ist eine ziemliche Heuchelei, was Sie da betreiben ..."

Vergleiche:
Wasser – kalt; sehr kalt; ziemlich kalt; schrecklich kalt (-); furchtbar kalt (-); angenehm kalt (+); unangenehm kalt (-); erfrischend kalt (+); wirklich kalt; äußerst kalt; etwas kalt; (viel) zu kalt; recht kalt; absolut kalt; total kalt; echt kalt, voll kalt, nur ein wenig kalt, kaum spürbar kalt; ganz kalt

Redebeispiel (Original):

*„Darum, liebe Kommilitonen, nehmen Sie den wohlgemeinten Rat, das Lernen als Ihre erste und wichtigste Aufgabe zu betreiben, mit allen seinen Konsequenzen in vollem Bewusstsein und mit heiligem Ernste auf. So selbstverständlich dieser Rat erscheinen mag, so lehrt doch die Erfahrung, dass er <u>nicht oft und nicht eindringlich genug</u> **wiederholt** werden kann. Er gilt <u>nicht allein</u> für die späteren Semester, <u>sondern ganz besonders</u> für die ersten. Je schwieriger und umfangreicher die Fachwissenschaft ist, deren Studium sich der eintretende Student erwählt, um so früher muss das methodische Lernen beginnen, denn die Lehren der späteren Semester werden nun verständlich auf Grund der Lehren früherer. Die Verführung, zunächst die akademische Freiheit im Nichtlernen zu genießen, ist für die jungen Studierenden **gewiss** <u>recht</u> **groß**. Wer aus dem Zwange des Gymnasiums in die goldige Freiheit der Universität hinübertritt, dem ist es eine Wohltat, die Glieder zu strecken und sich ohne Rücksicht auf spätere Dinge zu bewegen. Das kennen wir alle und wir sind es gewöhnt, gegenüber dieser Art des Gebrauches der akademischen Freiheit ‚akademische Nachsicht' zu üben. Aber diese Nachsicht muss ihre Grenzen haben. Denn in Wirklichkeit ist das nicht die akademische Freiheit, wie wir sie auffassen und wie sie der Staat auffassen muss. ‚Akademische Freiheit' bedeutet nicht ‚Freiheit im Nichtstun', nicht ‚Freiheit im Vergnügen' oder in der ‚Befriedigung der Leidenschaften', sondern ‚Lernfreiheit'. Diese ist die wahre akademische Freiheit; um sie zu üben, wird den Studierenden die Universität geöffnet."*

Rudolf Virchow

Redetext: Rudolf Virchow

In den Personalabteilungen deutscher Firmen haben Grad- und Häufigkeitsadverb die traurige Funktion, gute Mitarbeiter von weniger guten in der Zeugnisformulierung abzugrenzen. Ein berufliches Zeugnis hat wohlwollend zu sein, heißt es vom Gesetzgeber, aber tatsächlich sind sehr viele Zeugnisformulierungen alles andere als „nett". Wenn auch sehr viele Firmen offiziell verneinen, dass es einen Zeugniscode oder dergleichen gibt, stellt sich das Problem der Fairness: In kleineren Firmen dürfen gute Mitarbeiter ihr Zeugnis schon mal selbst formulieren („Machen Sie mal, Herr Meyer"), in größeren Firmen entscheiden Leute, die die

Mitarbeiter überhaupt nicht persönlich kennen, die Personaler, über die zukünftige Karriere der jungen Fachkraft. Hier wäre der Gesetzgeber gefordert, ein einheitliches Bewertungssystem von 1 – 6 zu schaffen, d.h. jeder Mitarbeiter müsste zum Text eine Note bekommen. Denn in anderen Ländern (England, USA, Frankreich) ist es zwar üblich, Referenzen zu schreiben, aber sie enthalten keine gehässigen Formulierungen. Vom sprachlichen Stil her sind diese Floskeln ein Verstoß gegen das rhetorische Stilgebot der sprachlichen Deutlichkeit (latinitas), da Wörter nicht für das stehen, was der Leser zu lesen glaubt.

Die eigentliche semantische Bedeutung des Wortes wird verkehrt und ad absurdum geführt. Solange aber die Allgemeinheit hierzulande akzeptiert, dass die Sprache in Arbeitszeugnissen zweckentfremdet wird, solange es den Firmen gestattet wird, sich untereinander geheime Informationen zuzuschanzen mit dem wenig überzeugenden Hinweis, man müsse sich ja vor schlechten Mitarbeitern schützen, wird es in Deutschland eine zweiteilig verlaufende Karriere geben: Die eine endet in der beruflichen Sackgasse, wenn nicht sogar Arbeitslosigkeit, die andere in der Vorstandsetage. Um es mit Cicero zu sagen: „Was für Zeiten! Was für Sitten!" (O tempora, o mores!)

Ein praktisches Beispiel:

A) Herr Otto arbeitete mit absoluter Diskretion, äußerst pflichtbewusst und *stets* zuverlässig.
B) Herr Otto arbeitete *stets* effizient, routiniert und sehr zielstrebig.
C) Herr Otto arbeitete sehr zügig und gründlich.
D) Der Arbeitsstil von Herrn Otto war *stets* sehr zweckmäßig.
E) Herr Otto arbeitete sehr ordentlich, zügig und konzentriert.
F) Herr Otto arbeitete auch bei sehr komplizierten Fällen und unter Zeitdruck sehr zuverlässig.
G) Herr Otto arbeitete zügig und gründlich.
H) Herr Otto arbeitete effizient und routiniert.
I) Der Arbeitsstil von Herrn Otto war *stets* zweckmäßig.
J) Voll zufrieden waren wir mit der Arbeitsweise von Herrn Otto.
K) Herr Otto arbeitete gewissenhaft und sehr selbstständig.
L) Herr Otto arbeitete sorgfältig, ausreichend und rationell.
M) Herr Otto war *stets* um eine sorgfältige Arbeitsweise bemüht.
N) Im Allgemeinen arbeitete Herr Otto rationell und sorgfältig.
O) Im Allgemeinen arbeitete Herr Otto gründlich und zügig.

Bewertung (in Schulnoten): A) 1 B) 1 C) 2 D) 2 E) 2 F) 2 G) 3 H) 3 I) 3 J) 3 K) 3 L) 4 M) 5 N) O) 5

Übung:

Zeichen Sie zwei Kreise. In den linken Kreis schreiben Sie das Wort „Wasser", in den rechten Kreis das Wort „schwimmen". Zeichnen Sie möglichst viele Äste aus diesem Kreis und schreiben Sie dann ans Ende, wie Wasser sein kann: kalt, warm, heiß, schön, angenehm, flüssig, weich, hart. Dann überlegen Sie, wie man „schwimmen" kann: schnell, langsam, geübt, ungeschickt, vorsichtig, riskant. Dann schreiben Sie erste Sätze:

Ich schwamm langsam im schönen Wasser des Meeres.

Verstärken Sie nun mit den Gradadverbien, aber überfrachten Sie den Satz nicht:

Entweder:
Ich schwamm ganz langsam im schönen Wasser des Meeres.
Ich schwamm ziemlich langsam im schönen Wasser des Meeres.

Oder:
Ich schwamm langsam im wirklich schönen Wasser des Meeres.

Abschlusstest

Ergänzen Sie den nachfolgenden Text mit Gradadverbien:

Das Ostseebad Eckernförde ist ein _____ idealer Strandort für Radurlauber. Die Streckenlänge der Rundwege variiert zwischen 20 und 60 km und bietet Einblicke in die _____ abwechslunsreiche und _____ hügelige Landschaft. Der _____ herrliche Rundblick vom Aschberg lohnt die _____ leichte Anstrengung. Mieten Sie sich bei uns ein Fahrrad und erkunden Sie die Umgebung auf einem _____ ausgeschilderten Radwegenetz.
Oder lassen Sie sich durch unsere Bustouren veranschaulichen, wie _____ interessant und wie _____ es bei uns rund um Eckernförde ist.

Querverweis: B48 (Direkte Publikumsansprache), B23 (Metapher), B14 (Litotes), A86 (Derivatio), B15 (Hyperbel), B16 (Ironie), A16 (Schreibregeln für Rhetorik)

> *Ortsadverbien (=ein Wort, z.B. „dort") oder adverbiale Bestimmungen des Ortes (mehrere Wörter, z.B. „in der Stadt") sind Antworten auf die Frage „ Wo? Woher? Wohin?".*

Ortsadverb **A37**

Kalkutta liegt am Ganges, Paris liegt an der Seine, doch das ich so verliebt bin, das liegt an Madeleine. Am schönen Rhein liegt Basel, und Kario liegt am Nil, doch ich träum von Madeleine, an der liegt mir viel.
(Vico Torriani)

Ortsadverbien eignen sich insbesondere für Vergleiche mit anderen Staatengemeinschaften, wo alles viel besser oder schlechter ist. Bei der Verwendung von Ortsadverbien ist eine Visualisierung durch den Redner möglich, z.B. ein Fingerzeig auf eine Landkarte. Merke jedoch: Ortsadverbien wecken vor unterschiedlichem Publikum andere Reaktionen. Man prüfe deshalb, wie die Einstellung des Publikums sein könnte, z.B. zu den USA (= „verlässlicher Freund" / „Kriegstreiber") und stelle dann die Inhalte der Rede darauf ab. Generell gilt, dass jede der anwesenden Personen eine andere Beziehung zu einem Wort hat. Wer in den USA auf Urlaub war und dort nur Positives erlebt hat, in dem weckt dieser Begriff die Emotion „Traumland". Wer die USA jedoch nur als Feind des Heimatlandes empfindet, und das auch nie persönlich, sondern nur aus zweiter Hand durch Erzählungen und Medienberichte, für den ist die USA „Schreckensherrschaft". Man kann es daher nie allen im Publikum recht machen, sondern der Redner muss durch die Sache überzeugen.

Deshalb empfiehlt es sich, die eigenen Argumente mit statistischem Datenmaterial anzureichern. Denn man kann gegen ein bestimmtes Land voreingenommen sein wie man will, nackte Zahlen können jedoch auch den Borniertesten unter den Zuhörern zum Schweigen bringen.

<u>In Schweden</u> ist die soziale Absicherung viel besser als <u>in Deutschland</u>, denn <u>hierzulande</u> fällt man schnell durchs soziale Netz, sobald man kein Bankkonto oder keine Wohnung mehr hat.

<u>In Deutschlands Schulen</u> fehlen Lehrer, und dadurch fallen immer mehr Stunden aus. Wenn wir jedoch <u>nach Finnland</u> schauen, so fällt auf, dass die individuelle Förderung des Einzelnen hier oberste Priorität genießt.

Redebeispiel (Original):

„Als in jenen Tagen der <u>für Mainz</u> gewählte Bischof behufs seiner Bestätigung <u>nach Rom</u> reisen wollte, gab der genannte Graf Rudolf dem neu Erwählten auf sein schriftliches Ansuchen das Geleite <u>von Straßburg bis zu den Alpen</u> und geleitete ihn nach glücklich erlangter Bestätigung wieder <u>nach Hause</u>. Als ihm der Erzbischof Dank sagte, gelobte er, nicht eher zu ruhen, als bis er ihm einen so großen Dienst vergolten haben würde. Derselbe Erzbischof berief,

nachdem er mit Glück und gutem Erfolg seine Stellung behauptet hatte, die Fürsten zur Erwählung eines Königs <u>nach der Stadt Frankfurt.</u> (...) Der Mainzer rühmte den Mut und die Klugheit des Gafen Rudolf <u>von Habsburg</u>, und da viele mächtige Fürsten genannt waren, sagte er, Klugheit und Tapferkeit gingen über Macht und Reichtum, und stimmte für Rudolf. Er brachte auch den Erzbischof <u>von Köln und den von Trier</u> dazu. Der Herzog <u>von Bayern</u> aber, der seine edle Gemahlin, eine Tochter des Herzogs <u>von Brabant</u> und einer holländischen Mutter, wegen des ungerechten Verdachts des Ehebruchs hatte enthaupten lassen, Vater des nachmaligen Fürsten Ludwig IV., nahm den Burggrafen <u>von Nürnberg</u>, welcher zugegen war, einen Neffen Rudolfs, beiseite und sagte zu ihm: ‚Welche Sicherheit habe ich, wenn Rudolf erwählt wird, vor seiner Verfolgung? Hat er eine Tochter, die er mir zur Gemahlin geben würde?' Als nun jener versicherte, dass Rudolf sechs Töchter hätte, und dafür, dass ihm eine von diesen würde gegeben werden, mit Einsetzung aller seiner Besitzungen sich verbürgte, stimmte der Herzog dem Mainzer bei. Da dies der Herzog <u>von Sachsen</u> und der Markgraf <u>von Brandenburg</u> hörten, welche auch beide keine Frauen hatten, stimmten sie gleichfalls bei, nachdem ihnen Sicherheit gegeben war, dass sie Töchter Rudolfs zu Gemahlinnen erhalten würden. Und so wurde er nach diesem Ausgleich der verschiedenen Interessen erwählt."

Redetext: ein zeitgenössischer Chronist zu Rudolf von Habsburg, der zum deutschen König gewählt wurde, 30. September 1273 n.Chr.

Übung:

Vergleichen Sie die Kriminalität in den USA (z.B. „Detroit") mit Deutschland (z.B. „Stuttgart").
Was könnten die Ursachen für die unterschiedlichen Ergebnisse sein? Wie wirken sich Computerspiele und das Recht auf Waffenbesitz auf die Kriminalität aus?
Recherchieren Sie im Internet und untermauern Sie Ihre Ergebnisse durch Zahlen!

Vergleichen Sie das deutsche Bildungssystem mit Finnland.
Warum schneiden Schüler in Deutschland bei der Pisa-Studie schlechter ab?
Recherchieren sie im Internet (z.B. die Homepage der OECD!)

Abschlusstest

Ergänzen Sie den nachfolgenden Text mit passenden Ortsadverbien. Die Präpositionen der Ortsadverbien sind hierbei schon vorgegeben. Ergänzen Sie:

Seegarten; Kirchplatz, Hafen (2X) ; Langebrückenstraße; Rathausmarkt; Nicolaistraße; Ochsenkopf; Eckernförde; Eckernförder Altstadt.

Unser Rundgang ist noch nicht zu Ende – wir gehen jetzt durch _____ zum _____ .
Die Innenstadt von _____ ist überwiegend den Fußgängern vorbehalten, das macht den Aufenthalt so angenehm.
Über _____ erreichen wir den Hafen. In _____ mit Ihren kleinen Straßen und Gassen fühlt man sich in vergangene Zeiten zurückversetzt. Am _____ gibt es natürlich Fischer, die sorgen täglich für frischen Fisch. Auf _____ findet jeden Mittwoch und Samstag der Wochenmarkt statt. Durch einen Torbogen erreichen wir die Nicolai-Kirche.
Hier auf _____ findet auch der alljährliche Weihnachtsmarkt mit vielen kleinen Hütten und festlicher Beleuchtung statt. Wir sind mächtig stolz auf unsere Promenade, die am _____ beginnt und im _____ endet.

Querverweis: C5 („aptum"), B4 (Antithese), B28 (Exemplum), B54 (Basis-Argumentation), B7 (Archaismus), A86 (Derivatio), B50 (Sentenz), B95 (Erzählung)

Zeitadverbien (ein Wort, z.B. „heute") oder adverbiale Bestimmungen der Zeit (mehrere Wörter, z.B. „am gestrigen Tage") sind Antworten auf die Frage „wann"?

Zeitadverb   A38

Man verwendet Zeitadverbien für zwei Redeeinschübe: die Anekdote, eine lehrreiche oder amüsante Geschichte aus der Vergangenheit des Redners (bei einer Lobrede etwas Kurzweiliges aus der Vergangenheit desjenigen, der gelobt werden soll); ein Zukunftsaublick (Prognose), die Frage des Redners, wie lange die Bürger noch auf die Lösung des Problems warten müssten (mit schockierendem Ausmalen etwaiger Konsequenzen!). Wieder bieten sich Zeitadverbien auch für Vergleichssätze an, d.h. entweder war hierzulande vor 20 Jahren alles viel besser oder schlechter.

Today is gonna be the day that they're gonna throw it back to you. By now you should've somehow realized what you gotta do.
(Oasis)

Unternehmen wir eine kleine Zeitreise in die Vergangenheit: <u>Vor 500 Jahren</u> konnten in Deutschland nur der Klerus und ein paar Gelehrte lesen, doch seit Einführung der Schulpflicht <u>im 19. Jahrhundert</u> gibt es eine fast flächendeckende Belesenheit unter den Bürgern. Und heute? Man sollte meinen, dass in einer Zeit, in der vor allem technische Kommunikationsformen dominieren (Chat, e-Mail, Handy-SMS), das Lesen kein Problem mehr sei. Doch weit gefehlt: In Deutschland gibt es <u>derzeit</u> 4 Millionen Analphabeten, meine Damen und Herren, und dieser Zustand ist beschämend für eine so reiche Industrienation wie die unsrige. Wenn wir nun in <u>die Zukunft</u> schauen und sehen, dass unsere Wirtschaftskraft entscheidend von der Bildung unserer Bürger abhängt, müssen wir alles versuchen, auch die Abgehängten unseres Bildungssystems wieder ins Boot zu holen. Bildung darf kein Luxus für ein paar wenige sein! Weg mit der frühen Selektierung nach vier Grundschuljahren! Frühförderung im Kindergarten!

Redebeispiel (Original):

„Vor siebenundachtzig Jahren schufen unsere Väter auf diesem Kontinent eine neue Nation, geboren in Freiheit und geweiht der Idee, dass alle Menschen gleich erschaffen seien. Heute sind wir in einen großen Bürgerkrieg verwickelt, der die Probe liefern soll, ob diese Nation oder ob irgendeine, in dem gleichen Sinn verstandene Nation ein langes Leben haben kann. (....) Die Welt wird sich wenig kümmern und bald vergessen, was wir hier reden; immer aber wird sie sich dessen erinnern, was diese Helden hier getan haben. Aber unsere, der Lebenden, Aufgabe ist es, dem unvollendeten Werk uns zu weihen, das die Männer, die hier gekämpft, so edelmütig gefördert haben. Uns ist die Aufgabe verblieben, das große Werk zu vollenden. Möge das Beispiel der auf dem Felde der Ehre Gefallenen uns begeistern zu gesteigerter Hingebung an die Sache, für die sie das letzte, für die sie alles gegeben haben! Lasst uns hier den Schwur leisten: Diese Toten sollen nicht umsonst gestorben sein! Möge unsere Nation mit Gottes Hilfe in Freiheit neu auferstehen, möge unsere Regierung des Volkes, durch das Volk und für das Volk, nicht von der Erde verschwinden!"

Abraham Lincoln

Redner: Abraham Lincoln, 1863

Übung:
Überlegen Sie sich ein paar Sachen, die Kinder früher gern getan, gesagt oder gespielt haben, aber heute nicht mehr.
Was könnten die Gründe dafür sein?
Wohin wird wohl die gegenwärtige Entwicklung führen, wenn Sie die nächsten 30 Jahre überblicken?
Entwickeln Sie Thesen!

Abschlusstest

Zeitadverbien antworten auf die Frage:

wo
richtig / falsch
wann
richtig / falsch
wie lange
richtig / falsch
woher
richtig / falsch

Finden Sie möglichst viele gleichbedeutende Wörter für
früher _____
heutzutage _____
zukünftig _____

Für welche Redeformen braucht man Zeitadverbien der Vergangenheit?

Prognose, was geschehen wird
richtig / falsch
Erzählung, was passiert ist
richtig / falsch
Feststellung, wie es gerade ist
richtig / falsch

Querverweis: C91 (Ironie), D17 (Anekdote), B70 (Angstargument) B15 (Hyperbel), B4 (Antithese), A77 (Inclusio), B23 (Metapher), A78 (Anapher), A82 (Polyptoton), A56 (Wunschsatz) A89 (Verdeutlichung)

Häufigkeitsadverbien sind Wörter, die eine Antwort auf die Frage „wie oft?" geben. Dazu gehören in der Grundbedeutung: manchmal, oft, selten, nie, immer. Häufigkeitsadverbien eignen sich zur Verallgemeinerung einer Behauptung. Wenn dem Redner kein Zahlenmaterial zur Verfügung steht, kann er sich auch mit der in den Medien beliebten Redefloskel „immer mehr/immer wieder" behelfen. Die graduelle Abstufung wird der eigenen Sache angeglichen, d.h. abgerundet („nie") oder aufgerundet („immer").

Häufigkeitsadverb A39

*Ba-Ba-Banküberfall,
Ba-Ba-Banküberfall,
das Böse ist immer und überall.
(EAV)*

Sie reden zwar <u>immer</u>, dass sie etwas tun wollen, meine Damen und Herren hier im Bundestag, aber sie handeln <u>nie</u>. Wenn wir die Armut wirksam bekämpfen wollen, so brauchen wir einen flächendeckenden Mindestlohn.

<u>Manchmal</u> kommen mir die Herren Arbeitgeber so vor, als hätten sie gar nie die Absicht, uns auch nur einen Deut entgegenzukommen. Wenn es der Wirtschaft schlecht geht, so heißt es: Wir sollen uns mit Lohnforderungen zurückhalten, um das Wachstum zu ermöglichen. Haben wir dann endlich mühsam einen Aufschwung erreicht, so heißt es wiederum: Wir sollen uns mit Lohnforderungen zurückhalten, um das Wachstum nicht zu gefährden. Mit anderen Worten, meine lieben Genossen von der Gewerkschaft, wir Arbeitnehmer sollen <u>nie</u> eine Lohnerhöhung bekommen. Egal ob es der Wirtschaft gut oder schlecht geht – der Arbeitnehmer bekommt <u>nie und nimmer</u> etwas in die Lohntüte! Das kann aber nicht die Politik einer freien Marktwirtschaft sein. Denn wenn wir gleichzeitig in die Vorstandsetagen der großen Konzerne schauen, so fällt auf, dass dort <u>immer</u> ein überproportionaler Lohnzuwachs festzustellen ist – egal ob es mit unserer Wirtschaft bergab oder bergauf geht, die Herren Vorstände bekommen 10 Prozent mehr pro Jahr. Ich nenne so etwas *Drücken vor der sozialen Verantwortung*, wenn nicht sogar Heuchelei. Und dass unsere Politiker fleißig ihre eigenen Diäten zu erhöhen wissen, ergänzt das trübe Bild. Für die Elite alles, für die Masse nichts!

Suggestivfragen (Unterstellungen) in Verbindung mit Häufigkeitsadverbien sind unter Anklägern/ Verteidigern vor Gericht ein beliebtes Mittel, den Befragten aus der Reserve zu locken. „Wie oft trinken Sie Alkohol? Wie oft rauchen Sie? Wie oft schlagen Sie ihre eigene Frau und Kinder?" wird umgewandelt in: „Sie sagten vorher, Sie trinken nur sehr wenig Alkohol. In Worten ausgedrückt: Trinken sie manchmal, selten, nie oder immer, wenn Sie auf die vergangene Woche zurückblicken?"
„Nun, äh, ich trinke vier bis acht Bier pro Woche, das kommt darauf an, ob ich mit Freunden unterwegs bin."
„Vier bis acht Bier? Das ist ja eine gehörige Menge Alkohol. Sie sagten vorher, sie trinken nur sehr wenig. Von Ihrem Standpunkt aus ist es vielleicht wenig. Aus meiner Sicht sehr viel."

„Schlagen Sie Ihre Frau eigentlich immer noch?"
„Nein."
„Das heißt, sie haben Sie zuvor geschlagen."
„Nein."
„Doch, das haben Sie mit Ihrem ersten Nein gerade öffentlich gesagt."

Synonyme von „manchmal": ab und zu / bisweilen / dann und wann / hin und wieder / gelegentlich / mitunter

Synonyme von „oft": häufig / mehrfach / etlichemal / oftmalig / vielfach / wiederholt / x-fach

Synonyme von „selten": sporadisch / vereinzelt / fast nie / alle Jubeljahre / kaum

Synonyme von „nie": niemals / auf keinen Fall / beileibe nicht / bestimmt nicht / nie und nimmer / sicher nicht

Synonyme von „immer": allezeit / andauernd / anhaltend / ewig / immerfort / jedesmal / ständig / fortdauernd

Übung:

Verallgemeinern Sie die folgenden Behauptungen durch Häufigkeitsadverbien:

Schüler trinken mehr Alkohol / Schüler rauchen weniger / Lehrer sind überfordert / Gewalt auf der Straße / Computerspiele machen gewalttätig / Große Autos verpesten die Stadtluft / Autos sind schädlich für das Klima / Rauchverbot schadet den Gastronomen

Abschlusstest

Häufigkeitsadverbien antworten auf die Frage:

wie sehr
richtig / falsch
wann
richtig / falsch
wie lange
richtig / falsch
weshalb
richtig / falsch
wie oft
richtig/ falsch
wo
richtig / falsch

Häufigkeitsadverbien eignen sich hervorragend für

rhetorische Fragen
richtig/ falsch
Unterstellungen
richtig / falsch
Zitate
richtig / falsch

Unterstreichen Sie im folgenden Text zunächst alle Häufigkeitsadverbien, ersetzen Sie dann die unterstrichenen Wörter durch die Wörter „manchchmal", „oft", „selten", „nie", „immer":

Gelegentlich ging er zur Predigt des Pfarrers, doch häufig blieb er ihr fern. Alle Jubeljahre feierte er Weihnachten, wenngleich seine Frau immerfort davon sprach, dass es nicht gut sei, wenn er sich an diesem wichtigen Tage kaum in der Gemeinde blicken ließ. Hin und wieder probierte er sich im Bibelstudium, doch nie und nimmer schaffte er es, ein Kapitel abzuschließen. Es war jedesmal eine Sache des Glaubens, und weil er nicht mehr glauben konnte, befand er sich in einem fortdauernden Gewissenskonflikt.

Querverweis: C88 (Unterstellungen) E9 (Datenflut), E10 (Desinformation)

Adverbien – Reihenfolge im Aussagesatz
A40

Häufig muss ein Redner nicht nur ein einzelnes Adverb, sondern mehrere Adverbien (bzw. adverbiale Bestimmungen) im Satz unterbringen. Wenn auch das Deutsche relativ frei ist in seiner Wortstellung, gibt es ein Grundschema, das man beachten sollte:

Subjekt	Verb	Adverb der Zeit	Adverb des Grundes	Adverb der Art und Weise (+Gradadverb!)	Adverb des Ortes
Wer?		Wann?	Warum?	Wie?	Wo?
Herr Müller	kam	1957	aus Eigeninteresse	äußerst motiviert	in die Firma.

Natürlich ist es auch möglich, ein anderes Adverb an den Satzanfang zu stellen. Das für den Redner wichtigste und eindringlichste Wort der gesamten Satzaussage steht vorne. Dabei ist jedoch zu beachten, dass die Reihenfolge der anderen Adverbien eingehalten wird:

Richtig:
1957 kam Herr Müller aus Eigeninteresse äußerst motiviert in diese Firma.

Falsche Wortreihenfolge:
~~1957 kam Herr Müller in unsere Firma äußerst motiviert aus Eigeninteresse.~~

Wenn man zu viele Adverbien im Satz hat, wirkt er leicht mit Informationen überfrachtet. Hier besteht die Möglichkeit, für jedes Adverb einen eigenen kleinen Satz mit Subjekt und Verb zu erstellen, was den Hörgang für das Publikum wesentlich erleichtern kann:
Es war das Jahr 1957, als Herr Müller den Weg in diese Firma fand; er war äußerst motiviert, weil er ein hohes Eigeninteresse hatte.

Querverweis: A97 (Inversio), A60 (Kausalsatz), A61 (Temporalsatz), A62 (Adversativsatz)

Abschlusstest

Bringen Sie den die folgenden Sätze in die richtige Reihenfolge! Schreiben Sie die Antworten auf ein Blatt Papier. Versuchen Sie anschließend, die einzelnen Adverbien (bzw. adverbiale Bestimmungen) mit einem eigenständigen Satz (Subjekt plus Verb) aufzulösen.

- Ewald Müller / geboren / ist / in Stuttgart / am 10. 3. 1952
- Er / vor seiner Heirat mit Berta / machte / eine Lehre als Versicherungskaufmann / bei der Allianz Lebensversicherungs-AG.
- Die Müllers / nach England / zogen / aus beruflichen Gründen / 1997.
- Berta / wegen eines anderen Mannes / Ewald / nach 15 Jahren Ehe / verließ.
- Ewald / in Köln / als leitender Angestellter / ab 2002 / in der Firmendirekt-Versicherungsabteilung.
- Er / zusammen mit einem Freund / gründete / kurz darauf / ein Maklerbüro.
- Ewald / mit seiner zweiten Frau Inge / in einem Reihenhäuschen / heute / lebt

Modal-Adverbien A41

Eine Rede ist keine Schreibe, so lautet einer der gutgemeinten, häufigen Ratschläge an Rhetorikschüler. Doch wie schafft man es, besonders natürlich zu klingen? Eine mögliche Lösung hierfür ist der bewusste Einsatz von Abtönungspartikeln, den sogenannten Modal-Adverbien bzw. Modalpartikeln. Grammatikalisch gehören sowohl Modal-Adverbien als auch Modalpartikel zur Gruppe der Adverbien – wer z.B. in der Schulzeit Englisch, Französisch oder Latein lernen durfte, weiß, dass es in den Fremdsprachen kein modal adverb oder modal particle gibt. Das Deutsche geht hier also einen grammatikalischen Sonderweg, indem es die Adverbien (=unveränderliche, undeklinierbare Zusatzwörter im Satz) in noch weitere Klassen aufteilt. Dies kann für den Profi-Rhetoriker (wenn es so etwas überhaupt gibt) jedoch insofern nützlich sein, dass er damit einen Sachverhalt in eine ganz bestimmte Richtung lenken kann. Wenn er jemand angreift (eine Sache, Person), so tut er dies schärfer, zynischer, brutaler als der nicht rhetorisch geschulte Mitstreiter.

| **Wahrscheinlichkeit** | bestimmt
sicherlich
freilich
gewiss
zweifelsohne
fraglos
vielleicht

wahrscheinlich
möglicherweise
vermutlich
womöglich
gegebenenfalls

(...und ihre Synonyme) | Für zukünftige Ereignisse:

Die Regierung wird <u>bestimmt</u> die Steuern erhöhen.
<u>Freilich</u> müssen wir bedenken, dass die Regierung die Steuern erhöhen könnte.

Für Vermutungen:

Es ist nicht sehr <u>wahrscheinlich,</u> dass sich in dieser Wahlperiode noch eine Wendung zum Besseren ergibt. <u>Womöglich</u> hat es damit zu tun, dass persönliche Eitelkeit im Kabinett eine echte Politik verhindert. |

Bewertung	glücklicherweise bedauerlicherweise unglücklicherweise erfreulicherweise zum Glück hoffentlich leider gottlob Gott sei Dank dem Himmel sei dank zu meinem Bedauern es ist jammerschade (... und ihre Synonyme)	<u>Glücklicherweise</u> hat die Opposition einen Untersuchungsausschuss einleiten können. Die Opposition hat – <u>dem Himmel sei Dank!</u> – einen Untersuchungsausschuss zur Finanzaffäre durchsetzen können. Es ist <u>jammerschade,</u> dass die betreffenden Minister nicht von sich aus zur Klärung der Vorwürfe beigetragen haben. <u>Zu meinem Bedauern</u> muss so der Steuerzahler in die Pflicht genommen werden, denn schon allein die Flugreisen der betroffenen Minister kosten mehrere hunderttausend Euro.
Annahme	anscheinend höchstwahrscheinlich offenbar wie es scheint scheinbar angeblich wirklich natürlich	<u>Wie es scheint,</u> hat der eine oder andere Minister bereits Erinnerungslücken, wer wem wann Geld gegeben hat. <u>Wirklich?</u> Die Affäre hat ja gerade mal vor sechs Monaten stattgefunden. <u>Natürlich</u> hat man als Minister einen vollen Terminkalender – wer jedoch nur körperlich anwesend seinen Job macht, hat in der Politik nichts verloren.

Modal-Partikel A42

Erstaunen	aber / jedoch	Du bist <u>aber</u> komisch angezogen, Liebling / Der Kaffee ist <u>aber</u> stark! Im Interview: Das ist <u>jedoch</u> eine komische/seltsame/unnötige Frage...
Überraschung Ungeduld Wissen	ja	Du bist <u>ja</u> schon da? Da bist du <u>ja</u>! Ich weiß <u>ja</u>, du hast keine große Lust, zum Geburtstag meiner Eltern mitzukommen. Aber tu es bitte mir zuliebe.
Erinnerung / Ratschlag / Ungeduld	Doch (+ etwa / wohl)	Ich hatte Ihnen <u>doch</u> gesagt, dass wir heute keine Kunden mehr annehmen können. Du bist <u>doch</u> wohl nicht <u>etwa</u> böse? Nimm <u>doch</u> eine Tablette, wenn du Kopfschmerzen hast. Das ist <u>doch wohl</u> der Gipfel der Unverschämtheit. Jetzt antworten Sie <u>doch</u> endlich! Wir haben nicht ewig Zeit!

Ungeduld / Erraten	mal	Komm <u>mal</u> her! Überleg doch <u>mal</u>, warum ich das jetzt gesagt haben könnte! Rate <u>mal</u>, wen ich in der Stadt getroffen habe!
Annahme	wohl	Die Regierung wird <u>wohl</u> noch in dieser Wahlperiode den Hartz-4-Satz kürzen, wenn wir nichts unternehmen. Du bist wohl jetzt ziemlich sauer auf mich, Liebling?
Interesse / Nachhaken / Vorwurf / Abwertung	denn / etwa	<u>In der Rede:</u> Sollen wir Bürger <u>etwa</u> immer mehr zahlen, aber immer weniger Leistung empfangen? Wo sind <u>denn</u> nun in dieser Finanzkrise die wahren Retter des Staates, wenn ihre Kontrollmechanismen bisher auf ganzer Linie versagt haben? <u>Freundliche Betonung = Interesse:</u> Wie alt bist du <u>denn</u>? Wo sind Sie <u>denn</u> geboren?

			Unfreundliche Betonung = Abwertung: *(häufig in Vorstellungsgesprächen zu finden)* Was sind Sie <u>denn</u> von Beruf? (= kann nichts Qualifiziertes sein) Was haben Sie <u>denn</u> bisher so gemacht? Was haben Sie <u>denn</u> studiert? Was gibt's <u>denn</u>? (bei einem Anruf) Unfreundliche Betonung = Vorwurf: „Könnten Sie mir nochmals diese Mathematikaufgabe erklären?" „Ist <u>denn</u> das so schwer zu verstehen?" „Darf ich mal dein Handy benutzen?" „Hast du <u>denn</u> kein eigenes Handy?" „Entschuldigung für die Verspätung." „Haben Sie <u>denn</u> keine Uhr?"
Themawechsel / Ausnahme	eigentlich / im Grunde		In der Rede: Sehr geehrter Herr Minister! Haben Sie <u>eigentlich</u> eine Ahnung, wie teuer die Lebenshaltungskosten für den einfachen Bürger geworden sind?

Wie heißen Sie eigentlich?

Eigentlich habe ich keine große Lust, ins Kino zu gehen.
Eigentlich will ich auf diese Frage nicht antworten, da sie nichts mit der Sache zu tun hat. Aber weil Sie so ein lieber Kerl sind, tu ich Ihnen den Gefallen. Nein, unsere Regierung wird in den nächsten Tagen nicht ...

Tipp: Wird Ihnen eine geschlossene Frage gestellt, auf die Sie mit „ja" oder „nein" antworten müssen, können Sie, um Zeit zu gewinnen, den Satz mit „eigentlich" beginnen und mit „andererseits" vollenden. Doch Vorsicht: Wer es zu häufig anwendet, gilt schnell als Laberkopp, Quatschkopp, Sabbeltante.

„Haben Sie denn das nicht verstanden?"
„Im Grunde habe ich es schon verstanden. Andererseits, wenn man es so betrachtet, auch wiederum nicht, weil mir noch ein paar Details fehlen. Also, wie ...?

Unabänderliche Tatsache	eben / halt	Es ist halt so, dass es Leute gibt, die oben und unten stehen. Wenn Sie behaupten, dass dies nicht gerecht ist, frage ich sie – würden Sie Gleiches einfordern, wenn Sie ganz oben stünden? Es gibt eben nie eine vollkommene Gerechtigkeit, nur eine relative.

<u>Abwehr von Angriffen:</u>

Wird uns eine Frage gestellt, die mit einem Partikel verknüpft ist, kann man sich als Retourkutsche entrüstet auf das Zusatzwort stürzen und den Gegner damit auflaufen lassen. Dies kann durch Wiederholung, Spiegelung oder Verdrehung geschehen. Das hat für Sie auch noch einen zweiten Vorteil: Sie sind am Zug und können jetzt das Gespräch lenken. „Wer fragt, führt", heißt eine bekannte Regel. „Wer geschickt antwortet, siegt", eine unbekannte.

Angriff	Abwehr
Beispiel: *Die Regierung wird <u>bestimmt</u> die Steuern erhöhen.*	<u>Bestimmt</u> nicht, das ist jetzt wieder nur so eine Unterstellung von Ihnen.
Es ist nicht sehr <u>wahrscheinlich</u>, dass sich in dieser Wahlperiode noch eine Wendung zum Besseren ergibt.	Die <u>Wahrscheinlichkeitsrechnung</u> ihrer Partei ist in ungefähr so aussagekräftig wie die Mathematikarbeit eines Erstklässlers, der die Grundrechenarten noch nicht beherrscht.
<u>Glücklicherweise</u> hat die Opposition einen Untersuchungsausschuss einleiten können.	Der <u>unglücklicherweise</u> überhaupt nichts bringt und nur Kosten verursacht.
Du bist <u>aber</u> komisch angezogen, Liebling!	<u>Aber</u> dafür gesund und kräftig.
Die Regierung wird <u>wohl</u> noch in dieser Wahlperiode den Hartz-4-Satz kürzen.	Wir haben das allgemeine Wohl sehr <u>wohl</u> im Blick, verehrter Herr Kollege!

Du bist ja schon da? *Ich hatte Ihnen doch gesagt, dass wir heute keine Kunden mehr annehmen können.* *Überleg doch mal, warum ich das jetzt gesagt haben könnte.* *Was sind Sie denn von Beruf?* *„Haben Sie denn keine Uhr?"* *Haben Sie eigentlich eine Ahnung, wie teuer die Lebenshaltungskosten für den einfachen Bürger geworden sind?* *Eigentlich habe ich keine große Lust, ins Kino zu gehen.* *Es gibt eben nie eine vollkommene Gerechtigkeit, nur eine relative.*	Ja, das sieht man doch. Doch dieser Kunde ist wichtig. Einmal, zweimal, dreimal – keine Ahnung, du wirst es mir sicherlich gleich verraten. Den schönsten: Ich bin ... „Dennoch sollten Sie jetzt nicht eingeschnappt sein." „Eigentlich ja, weil ich früher selbst bei Discountern eingekauft habe und nicht in einem Luftschloss lebe." Du hattest es mir eigentlich versprochen. Eben darum müssen wir versuchen, uns der vollkommenen soweit wie möglich anzunähern.

Querverweis: D77 (Abwertung des Gegners), D78 (dem Gegner etwas unterstellen), B30 (Rhetorische Frage) D15 (Kontakt zum Gesprächspartner herstellen), D16 (Die richtigen Fragen stellen)

Übung 1:

Nehmen Sie fünf bis acht Fragesätze. Verändern Sie die Wirkung durch den Einsatz von Modal-Adverbien und Modal-Partikeln. Antworten Sie auf Fragen aber nie direkt, sondern indirekt, sodass Sie mehr Informationen anbieten.

Beispiel: Wo sind Sie geboren? Ich bin in Stuttgart geboren.
Wo sind Sie denn geboren? Ich bin ja in Stuttgart geboren, deshalb....
Wo sind Sie eigentlich geboren? Im Grunde bin ich ein echter Schwabe, weil ich in Stuttgart geboren bin.

Übung 2:

Versuchen Sie, den Gegner mit Modalpartikeln anzugreifen, ohne selbst angreifbar zu sein. Überlegen Sie sich Situationen aus Ihrem eigenen Berufsalltag.

Übung 3:

Kontern Sie Vorwürfe des Gegners, indem Sie auf den Modalpartikeln herumreiten.

Abschlusstest

Welche der folgenden Wörter gehören zu den Modal-Adverbien?

a) aber	richtig / falsch
b) eigentlich	richtig / falsch
c) eben	richtig / falsch
d) dem Himmel sei dank	richtig / falsch
e) zweifelsohne	richtig / falsch
f) denn	richtig / falsch
g) bestimmt	richtig / falsch
h) womöglich	richtig / falsch
i) gegebenenfalls	richtig / falsch
j) vermutlich	richtig / falsch
k) glücklicherweise	richtig / falsch
l) im Grunde	richtig / falsch
m) denn	richtig / falsch
n) etwa	richtig / falsch
o) hoffentlich	richtig / falsch
p) wohl	richtig / falsch
q) doch	richtig / falsch
r) ja	richtig / falsch
s) wirklich	richtig / falsch
t) natürlich	richtig / falsch
u) wie es scheint	richtig / falsch
v) angeblich	richtig / falsch
w) offenbar	richtig / falsch
x) bedauerlicherweise	richtig / falsch

> *Welche Funktion erfüllen Modaladverbien und Modalpartikel?*
>
> a) Sie haben keine Funktion, machen die Sätze nur unnötig länger.
> **richtig / falsch**
> b) Angriffe klingen schärfer und zynischer.
> **richtig / falsch**
> c) Die Sätze klingen schriftlicher, weniger nach gesprochener Sprache.
> **richtig / falsch**
> d) Man kann so anderen leichter etwas unterstellen.
> **richtig / falsch**
> e) Man kann andere Leute mit der passenden Betonung leichter abwerten.
> **richtig / falsch**

Präpositionen stehen als „Vorwörtchen" vor Substantiven. Sie sind häufig bei adverbialen Bestimmungen der Zeit und des Ortes zu finden: In der Stadt (Ort), am gestrigen Tage (Zeit). Für den Redner ist eine grammatikalische Korrektheit wichtig, und im Zweifelsfall sollte man lieber vorher im Duden nachschauen, wie die Präposition angeschlossen wird. Für eine Rede empfiehlt es sich, die Präpositionen eher verschmelzen zu lassen (z.B. am/ beim / im / vom / zum / zur / ins / ans), also nicht: „an dem Bahnhof", sondern „am Bahnhof". Das klingt frischer, lebendiger und moderner. Wenn bei Präpositionen zwei Fälle möglich sind (z.B. Genitiv / Dativ), so benutzt man im Mündlichen eher den Dativ.

Wo bist du?
In der Stadt, am Bahnhof, unterm Dach eines Kaufhauses, zwischen den Säulen, über der Stadt
Merke:
Als Antwort auf die Frage „Wo?" haben die Ortspräpositionen stets den Dativ (=Wemfall) bei sich.

Wohin gehst du?
In die Stadt, unter das Dach eines Kaufhauses, zwischen die Säulen, über die Stadt.
Merke:
Als Antwort auf die Frage „Wohin?" haben die Ortspräpositionen fast immer den Akkusativ (Wenfall/Wasfall) bei sich. Ausnahme: zu + Dativ (zum Bahnhof)

Präposition   **A43**

In Ruhe stiller Häuslichkeit erwach ich jeden Morgen, wir grüßen uns mit Zärtlichkeit, der Fleiß verscheucht die Sorgen. Und ist die Arbeit abgetan, dann schleicht die holde Nacht heran, dann ruhen wir von Beschwerden.
(Beethoven - „Fidelio")

Move them on, head them up, head them up, move them on, move them on, head them up, Rawhide. Cut them out, ride them in, ride them in, cut them out, cut them out, ride them in. Rawhide.
(Blues Brothers)

Dativ statt Genitiv:

Während des Spiels / <u>während</u> dem Spiel
laut des ärztlichen Befunds / <u>laut dem</u> ärztlichen Befund
längs des Ufers / <u>längs</u> dem Ufer
trotz des Regens / <u>trotz</u> dem Regen

<u>In der Stadt</u> ist die Kriminalitätsrate schockierend hoch, meine Damen und Herren. <u>Am Bahnhof</u> sind die Schleuserbanden <u>aus den osteuropäischen Staaten</u> zugange, die den Frauen sogleich die Pässe abnehmen und sie <u>mit Bussen in die Hinterzimmer von ländlich gelegenen Kneipen</u> karren, wo sie dann nicht wie versprochen als Putzfrau oder Au-Pair arbeiten, sondern sich als Animierdamen verdingen müssen. So platzt schnell der Traum von einem sorgenfreien Leben <u>in Deutschland</u> und wird <u>zum Albtraum</u> <u>mit entsprechender Gewalt und brutaler Ausbeutung.</u>

Redebeispiel (Original):

„Je mehr die Differenzen, die sich in Amerika <u>zwischen</u> dem König <u>von</u> Großbritannien und dem Allerchristlichsten König erhohen haben und deren Folgen immer kritischer werden, <u>für</u> die allgemeine Ruhe Europas Anlass zu Befürchtungen geben, haben Seine Majestät der König <u>von</u> Großbritannien, Kurfürst <u>von</u> Braunschweig-Lüneburg, und Seine Majestät der König <u>von</u> Preußen, Kurfürst <u>von</u> Brandenburg, voller Aufmerksamkeit <u>für</u> eine so wichtige Angelegenheit und beide beseelt <u>von</u> dem Wunsche, den allgemeinen Frieden Europas und besonders Deutschlands zu erhalten, sich entschlossen, <u>über</u> die Maßnahmen, die am wirksamsten zu einem so wünschenswerten Ziel beitragen könnten, eine Vereinbarung zu treffen. <u>Zu</u> diesem Zweck... sind sie <u>über</u> folgenden Artikel übereingekommen: <u>Zwischen</u> den genannten erhabenen Königen soll aufrichtiger Friede und gegenseitige Freundschaft bestehen, <u>ungeachtet</u> der Wirren, die sich in Europa infolge der oben erwähnten Differenzen erheben könnten. Demzufolge wird keine der vertragsschließenden Parteien das Gebiet der anderen direkt oder indirekt angreifen oder verletzen; vielmehr werden sie, jede von ihrer Seite, alle Anstrengungen machen, um ihre beiderseitigen Verbündeten daran zu hindern irgend etwas <u>gegen</u> das genannte Gebiet auf irgendeine Art zu unternehmen."

Friedrich der Große

Text: Konvention von Westminster (zwischen dem englischen König und Preußens Friedrich dem Großen), 16. Januar 1756

Übung:

In der folgenden Übung finden Sie häufige und seltene Präpositionen. Häufige Präpositionen benutzen alle Menschen in der Alltagssprache, seltene Präpositionen kommen fast nur in der gebildeten Schicht (Universität, Fachhochschule, Gymnasium, Zeitungsleser) vor. Denken Sie sich zu jeder Präposition einen kurzen Satz aus und tragen Sie ihn laut vor, um ihn auf sprachliche Richtigkeit zu testen. Es ist für Ihren Redeerfolg sehr wichtig, dass Sie alle Präpositionen beherrschen.

Beispiel:
Ich bin in der Schule. Ich gehe in die Schule.

Häufige Präpositionen:
an – auf – aus – außer – bei – bis - durch – für – gegen – gegenüber – hinter – in – mit – nach – neben – ohne – seit – über – um – unter – von – vor – während – wegen - zu – zwischen

Seltene Präpositionen:
ab – abseits – abzüglich – angesichts – anhand – anlässlich – anstatt – anstelle – aufgrund – außerhalb – bezüglich – binnen – dank – diesseits – einschließlich – entgegen – entlang – entsprechend – gegenüber – gemäß – halber – hinsichtlich – infolge – inklusive - inmitten – innerhalb – jenseits – kraft – längs – laut – mangels – mittels – oberhalb – trotz – um...willen – ungeachtet – unterhalb – wider – zeit – zufolge – zuliebe – zugunsten – zuzüglich

Abschlusstest
mehrere Antworten können möglich sein!

Welchen Fall können die folgenden Präpositionen einnehmen? Denken Sie an die Fragen „Wo bist du?", „Wohin gehst du?" und „Woher kommst du?"! „Wo liegt der Ball"? „Wohin legst du den Ball"?
Unterstreichen Sie die richtige Antwort!

- an	**Genitiv / Dativ / Akkusativ**
- auf	**Genitiv / Dativ / Akkusativ**
- aus	**Genitiv / Dativ / Akkusativ**
- außer	**Genitiv / Dativ / Akkusativ**
- bei	**Genitiv / Dativ / Akkusativ**
- bis	**Genitiv / Dativ / Akkusativ**

- durch	**Genitiv / Dativ / Akkusativ**
- für	**Genitiv / Dativ / Akkusativ**
- gegen	**Genitiv / Dativ / Akkusativ**
- gegenüber	**Genitiv / Dativ / Akkusativ**
- hinter	**Genitiv / Dativ / Akkusativ**
- in	**Genitiv / Dativ / Akkusativ**
- mit	**Genitiv / Dativ / Akkusativ**
- nach	**Genitiv / Dativ / Akkusativ**
- neben	**Genitiv / Dativ / Akkusativ**
- ohne	**Genitiv / Dativ / Akkusativ**
- seit	**Genitiv / Dativ / Akkusativ**
- über	**Genitiv / Dativ / Akkusativ**
- um	**Genitiv / Dativ / Akkusativ**
- unter	**Genitiv / Dativ / Akkusativ**
- von	**Genitiv / Dativ / Akkusativ**
- vor	**Genitiv / Dativ / Akkusativ**
- während	**Genitiv / Dativ / Akkusativ**
- wegen	**Genitiv / Dativ / Akkusativ**
- zu	**Genitiv / Dativ / Akkusativ**
- zwischen	**Genitiv / Dativ / Akkusativ**
- ab	**Genitiv / Dativ / Akkusativ**
- abseits	**Genitiv / Dativ / Akkusativ**
- abzüglich	**Genitiv / Dativ / Akkusativ**
- angesichts	**Genitiv / Dativ / Akkusativ**
- anhand	**Genitiv / Dativ / Akkusativ**
- anläßlich	**Genitiv / Dativ / Akkusativ**
- anstatt	**Genitiv / Dativ / Akkusativ**
- anstelle	**Genitiv / Dativ / Akkusativ**
- aufgrund	**Genitiv / Dativ / Akkusativ**
- außerhalb	**Genitiv / Dativ / Akkusativ**
- bezüglich	**Genitiv / Dativ / Akkusativ**
- binnen	**Genitiv / Dativ / Akkusativ**
- dank	**Genitiv / Dativ / Akkusativ**
- diesseits	**Genitiv / Dativ / Akkusativ**
- einschließlich	**Genitiv / Dativ / Akkusativ**
- entgegen	**Genitiv / Dativ / Akkusativ**
- entlang	**Genitiv / Dativ / Akkusativ**
- entsprechend	**Genitiv / Dativ / Akkusativ**
- gegenüber	**Genitiv / Dativ / Akkusativ**
- gemäß	**Genitiv / Dativ / Akkusativ**
- halber	**Genitiv / Dativ / Akkusativ**
- hinsichtlich	**Genitiv / Dativ / Akkusativ**
- infolge	**Genitiv / Dativ / Akkusativ**
- inklusive	**Genitiv / Dativ / Akkusativ**
- inmitten	**Genitiv / Dativ / Akkusativ**
- innerhalb	**Genitiv / Dativ / Akkusativ**

- jenseits	**Genitiv / Dativ / Akkusativ**
- kraft	**Genitiv / Dativ / Akkusativ**
- längs	**Genitiv / Dativ / Akkusativ**
- laut	**Genitiv / Dativ / Akkusativ**
- mangels	**Genitiv / Dativ / Akkusativ**
- mittels	**Genitiv / Dativ / Akkusativ**
- oberhalb	**Genitiv / Dativ / Akkusativ**
- trotz	**Genitiv / Dativ / Akkusativ**
- um...willen	**Genitiv / Dativ / Akkusativ**
- ungeachtet	**Genitiv / Dativ / Akkusativ**
- unterhalb	**Genitiv / Dativ / Akkusativ**
- wider	**Genitiv / Dativ / Akkusativ**
- zeit	**Genitiv / Dativ / Akkusativ**
- zufolge	**Genitiv / Dativ / Akkusativ**
- zuliebe	**Genitiv / Dativ / Akkusativ**
- zugunsten	**Genitiv / Dativ / Akkusativ**
- zuzüglich	**Genitiv / Dativ / Akkusativ**

Querverweis: B1 (Hyperbaton), B4 (Antithese), B5 (Antimetabole), A98 (Hypallage), A84 (Diaphora), B2 (Parallelismus), B3 (Chiasmus), A49 (Numerale)

Personalpronomen
A44

Die Personalpronomen „ich, du, er, sie, es, man, Sie" beziehen sich auf eine Person, während die Personalpronomen „wir, ihr, sie, Sie" sich auf mehrere Personen beziehen. Grundregel ist, dass vor der Verwendung eines „er/sie/es/sie" (Mehrzahl)-Personalpronomens die Person oder Sache genannt werden muss. Um Spannung zu erzeugen, kann man aber auch zunächst nur das Personalpronomen nennen, ohne die Sache oder Person direkt anzusprechen. Dies empfiehlt sich z.B. bei Lobreden als Einstieg.

I want to know what love is, I want you to show me
(Foreigner)

Er kam als Vorstand in unsere Abteilung, als es unserer Firma sehr schlecht ging. Da er sich immer wieder im Investmentbanking engagierte, war es ihm möglich, den Aktienkurs unserer Firma in ungeahnte Höhen zu treiben. Sie wissen natürlich, von wem ich rede: Es ist unser lieber Herr Müller.

Ich folg ‚dem innern Triebe, ich wanke nicht, mich stärkt die Pflicht! Der treuen Gattenliebe! O du, für den ich alles trug.
(Beethoven - „Fidelio")

Da aber in einer Rede das Publikum häufig noch durch ganz andere Sachen abgelenkt wird (z.B. schlechte Akustik im Raum, Störgeräusche), d.h. die Gedanken der Zuhörer oftmals kurz abschweifen, sollte der Redner mit Personalpronomen in der dritten Person Singular oder Plural nur sparsam umgehen. Besser ist es, die Sache oder den Gegenstand mehrfach zu wiederholen, um Eindringlichkeit zu bewirken.

Die Kriminalität in unserer Stadt ist eines der dringlichsten Probleme, die wir derzeit haben. Die Kriminalität ist das Ergebnis einer Politik, die immer mehr Menschen an die unteren Einkommenszonen treibt, Menschen, die glauben, nichts mehr zu verlieren zu haben. Wer die Kriminalität und ihre Auswirkungen nicht ernst nimmt, begeht einen großen Fehler.

Je nach Sachlage kann ein Redner in der „Ich"- oder „Wir-"Form reden. „Ich" ist geeignet für persönliche Erlebnisse, um beim Publikum Emotionen der Zustimmung auszulösen. „Wir" ist gut für Ermahnungen, um alle der Zuhörer zur Zustimmung zu bringen.

Wir sollten aufhören, uns etwas vorzumachen. In unserem Wirtschaftssystem wird es immer ein unten und oben geben, Chefs und Untergebene, Lehrer und Schüler, Mütter und Kinder. Es ist illusorisch, wenn wir nun töricht fordern, dass allgemeine Gleichheit für alle herrschen soll. Tatsächlich ist es so: Wer sich von uns anstrengt, wird am Ende mit einer Spitzenposition belohnt. Wer von uns faul ist, landet auf dem Hintertreppchen einer Plattenbausiedlung. Wir sind nicht ehrlich, wenn wir jungen Menschen einreden - wie das in den Privatsendern der Fernsehanstalten propagiert wird - sie könnten viel durch Nichtstun erreichen. Wohlstand schaffen wir, indem wir unsere Zeit sinnvoll einteilen, z.B. in Bildung und Arbeit, und dabei ein bestimmtes Ziel verfolgen. Zugegeben: Wir könnten ja in dieser Zeit auch anderes tun, z.B. Lotto spielen oder in Spielstätten rumhängen. Aber nach fünf Jahren Zwischenbilanz werden wir feststellen: Wenn wir Lotto spielen, beträgt unser Reingewinn 0 Euro. Wenn wir in Bildung und Arbeit investieren, mehrere tausend Euro.

Redebeispiel (Orginal):

„Wir liegen mitten in Europa. Wir haben mindestens drei Angriffsfronten. Frankreich hat nur seine östliche Grenze, Russland nur seine westliche Grenze, auf der es angegriffen werden kann. Wir sind außerdem der Gefahr der Koalition nach der ganzen Entwicklung der Weltgeschichte, nach unserer geographischen Lage...im Vergleich mit anderen mehr ausgesetzt als irgendein anderes Volk. Gott hat uns in eine Situation gesetzt, in welcher wir durch unsere Nachbarn gehindert werden, irgendwie in Trägheit oder Versumpfung zu geraten. Er hat uns die kriegerischste und unruhigste Nation, die Franzosen, an die Seite gesetzt, und er hat in Russland kriegerische Neigungen groß werden lassen, die in früheren Jahrhunderten nicht in dem Maße vorhanden waren. (...) Wir Deutsche fürchten Gott, aber sonst nichts auf der Welt."

Otto von Bismarck

Redner: Otto von Bismarck, Februar 1888

Beispiel aus der Literatur:

Diebe! Diebe! Räuber, Mörder! Gerechtigkeit! O gerechter Himmel, ich bin verloren, ich bin ein geschlagner Mann, ich bin ermordet; sie haben mir den Hals umgedreht; sie haben mir mein Geld gestohlen. Wer kann's gewesen sein? Wo ist er? Wo hat er sich versteckt? Wo finde ich ihn? Wo laufe ich hin, wohin nicht? Ist er da, ist er dort? – Wer ist's? Halt! Zu sich selbst, indem er sich an dem Arm packt. Gib mir mein Geld wieder, Spitzbube! – Ach! ich bin es selbst. Mir schwindelt, ich weiß nicht, wo ich bin, wer ich bin und was ich tue. Ach, mein liebes Geld, mein liebes Geld, mein einziger Freund! Dich haben sie mir genommen, du bist mir entführt, und mit dir habe ich meinen Stab, meinen Trost, meine Freude verloren; es ist aus mit mir, und ich habe nichts mehr auf dieser Welt zu tun. Ohne dich kann ich nicht leben; ich bin hin, ich kann nicht mehr; ich sterbe, ich bin tot, ich bin begraben. Will mich denn niemand wieder aufwecken und mir mein liebes Geld wiedergeben oder mir sagen, wer's genommen hat? Horch! Was sagt ihr? Ach, es ist nichts. – Wer's auch gewesen ist, er muß mit großer Schlauheit die Zeit abgepaßt haben; er hat just den Augenblick benutzt, wo ich mit dem Halunken, meinem Sohn, sprach. Jetzt nur schnell fort: ich will die Gerichte holen; das ganze Haus soll mir auf die Folter, Mägde, Bedienten, Sohn, Tochter, ich selber! – Was für ein Haufen Leute da unten zusammensteht! Da ist keiner, der mir nicht verdächtig vorkommt, jeder sieht mir aus wie ein Dieb. He!

Text: Molière, „Der Geizige"

Molière

Übung:

Fangen Sie mit den folgenden Begriffen eine Rede an und ersetzen Sie in den Folgesätzen diese durch Personalpronomen:

Meine Tante... / mein Vater / meine Enkelkinder / mein Lehrer / mein Hobby / mein Urlaub / mein Goldhamster

Abschlusstest

Welches der folgenden Reihen sind Personalpronomen? Unterstreichen Sie!

a) mein, dein, sein, unser, euer, ihr
richtig/falsch

b) mir, dir, ihm, uns, euch, ihnen
richtig / falsch

c) ich, du, er, sie, es, wir, ihr, sie
richtig / falsch

d) mich, dich, sich, sich, sich, uns, euch, sie
richtig/falsch

e) mich, dich, ihn, sie, es, uns, euch, sie
richtig / falsch

Wie kann der Redner Spannung erzeugen?

a) Indem der Redner zunächst nur das Personalpronomen nennt, später dann den richtigen Namen
richtig/falsch
b) Indem der Redner zunächst nur den richtigen Namen nennt, später das Personalpronomen
richtig/falsch
c) Indem der Redner kein Personalpronomen verwendet
richtig/falsch

Was sollte der Redner bei schlechter Akkustik im Raum machen?

a) Viele Personalpronomen benutzen, damit sich die Zuhörer nicht langweilen
b) Kaum Personalpronomen benutzen und die Begriffe ständig wiederholen
c) „Ruhe" schreien und mit dem Fuß energisch auf den Boden stampfen

Welches Personalpronomen ist für Ermahnungen an das Publikum geeignet?

Bitte eintragen: _____

Welches Personalpronomen ist für eine Erzählung mit persönlicher Note (narratio), die zum Redegegenstand hinführt, geignet?

Bitte eintragen: _____

Querverweis: D64 (Persönliche Begründung mit Ich-Botschaft), D22 (auf die Sachebene kommen), F88 (Pluralis auctoris / maiestatis / modestiae)

Einige Verben in der deutschen Sprache erfordern ein Reflexivpronomen (rückbezügliches Fürwort), das fast immer im Akkusativ steht, wenn kein Objekt folgt:

Ich ärgere mich; du ärgerst dich; er ärgert sich; sie ärgert sich; man ärgert sich; wir ärgern uns; ihr ärgert euch; sie ärgern sich

Ich schminke mich (Akkusativ). Ich schminke mir die Augenbrauen. (Dativ).
Ich ziehe mich an (Akkusativ). Ich ziehe mir den Mantel an.

Bekannte Verben mit Reflexivpronomen:
Ich ärgere mich, ich entschuldige mich, ich beeile mich, ich dusche mich, ich erinnere mich, ich freue mich, ich fühle mich, ich gewöhne mich, ich informiere mich, ich interessiere mich, ich kämme mich, ich konzentriere mich, ich langweile mich, ich lege mich, ich rasiere mich, ich schminke mich, ich setze mich, ich treffe mich, ich bereite mich vor, ich wasche mich.

Ein Redner kann mit einem Reflexivpronomen die Eindringlichkeit verstärken. Das Reflexivpronomen wird dann extra betont, d.h. beim Reflexivpronomen kann man eine kleine Pause machen. Das Reflexivpronomen wird in der englischen Sprache wesentlich häufiger eingesetzt als bei uns.

Ich ärgere mich, wenn die Benzinpreise steigen. Ärgert ihr euch auch? Ja, wir müssen uns darüber ärgern. Vielleicht sollten wir uns daran gewöhnen, dass das Benzin 1,60 Euro kostet. Vielleicht sollten wir uns aber auch darauf vorbereiten, dass es noch schlimmer werden wird und das Benzin die 2-Euro-Marke überschreitet.

Redebeispiel (Original):

William Pitt:
„Ich erhebe mich, meine Herren, um Ihnen meine Gedanken über dies äußerst ernste und schwerwiegende Thema darzulegen. Es hat sich mir als eine Last auf die Seele gelegt, die durch nichts, fürchte ich, beseitigt werden kann, die mich jedoch dazu drängt, mir durch eine offene und rückhaltlose Darstellung meiner Ansichten Erleichterung zu schaffen. (...) Ich liebe und achte die englischen Truppen. Ich kenne ihren Wert und ihre Tapferkeit. (...) Sie können, ich wage es auszusprechen, Sie können Amerika nicht erobern! (...) Sie mögen jeden Beistand, den Sie kaufen oder bor-

Reflexivpronomen A45

*Er sterbe! Doch soll er erst wissen, wer ihm sein stolzes Herz zerfleischt. Der Rache Dunkel sei zerrissen! Sieh her! Du hast mich nicht getäuscht!
(Beethoven - „Fidelio")*

gen können, noch verdoppeln oder vergrößern; Sie mögen handeln und tauschen mit jedem kleinen, erbärmlichen deutschen Fürsten, der seine Leibeigenen verkauft und sie in die Schlachthäuser eines fremden Fürsten schickt, alle ihre Bemühungen bleiben vergeben und unwirksam – umso mehr, als Sie <u>sich</u> auf diese Söldnerhilfe verlassen, denn es fordert Ihre Feinde zu unüberwindlichen Ressentiments heraus, wenn man sie mit söldnerischem Raub- und Plünderungsgeist überrennt und sie und ihren Besitz der Raublust söldnerischer Grausamkeit ausliefert (...)"
Zwischenrede von Lord Sutton.
William Pitts Reaktion:
„Ich bin erstaunt! Empört! Zu hören, dass man <u>sich</u> zu solchen Grundsätzen bekennt, dass man <u>sich</u> in diesem Hause, in diesem Land zu Ihnen bekennt, zu Grundsätzen, die in gleicher Weise verfassungswidrig, unmenschlich und unchristlich sind! (...) Ich fühle <u>mich</u> gedrängt von jeglicher Pflicht. Meine Herren! Als Mitglieder dieses Hauses, als Menschen, als christliche Menschen sind wir genötigt, dagegen zu protestieren, dass derartige Ansichten vor dem Thron geäußert werden und das Ohr Seiner Majestät entweihen. (...) Ich fordere die Kirche auf, jene verehrungswürdigen Männer des Evangeliums, die frommen Prediger unseres Glaubens – ich beschwöre sie, <u>sich</u> an diesem heiligen Werk zu beteiligen und die Religion ihres Gottes zu verteidigen. (...) Spanien bewaffnete <u>sich</u> mit Bluthunden, um die armseligen Eingeborenen Amerikas auszurotten, und wir selbst vervollkommnen noch das unmenschliche Beispiel spanischer Grausamkeit. Wir lassen die wilden Höllenhunde gegen unsere eigenen Brüder und Landsleute in Amerika los, welche die gleiche Sprache, die gleichen Gesetze, Freiheiten und die gleiche Religion haben wie wir, die uns teuer sind durch jegliche Bindung, die Menschlichkeit rechtfertigen sollte."

Redetext: William Pitt, Earl of Chatham (1777)

Querverweis: A71 (Infinitivsatz), A56 (Wunschsatz), A79 (Epipher), A91 (Alliteration), B28 (Exemplum), B48 (Publikumsansprache), B47 (Tua Res Agitur), A50 (Interjektion), B2 (Parallelismus)

Übung:

Halten Sie eine Rede, in der möglichst viele Reflexivpronomen vorkommen!

Abschlusstest

Welche der folgenden Verben brauchen zwingend ein Reflexivprononomen? Bitte ankreuzen!

Ich ärgere _____
Ich trinke _____
ich entschuldige _____
Ich esse _____
ich beeile _____
ich fahre _____
ich dusche _____
ich glaube _____
ich erinnere _____
ich freue _____
ich lache _____
ich fühle _____
ich gewöhne _____
ich sehe _____
ich informiere _____
ich lese _____
ich interessiere _____
ich kämme _____
ich schreibe _____
ich konzentriere _____
ich tippe _____
ich langweile _____
ich lege _____
ich mache _____
ich rasiere _____
ich schminke _____
ich bin _____
ich zeichne _____
ich setze _____
ich treffe _____
ich bereite _____
ich wasche _____

Wann steht das Reflexivpronomen im Dativ?

a) Wenn kein direktes Objekt mehr folgt
richtig / falsch
b) Wenn noch ein direktes Objekt folgt
richtig / falsch
c) Es steht nie im Dativ, nur im Akkusativ
richtig / falsch

> *Was kann man mit einem Reflexivpronomen im Satz erreichen?*
>
> a) Das Reflexivpronomen hat keinen bestimmten Zweck
> **richtig / falsch**
> b) Eine verstärkte, eindringliche, rhythmische Betonung
> **richtig / falsch**
> c) Mehr Informationsgehalt im Satzgefüge
> **richtig / falsch**

Possessivpronomen
A46

Deine Spuren im Sand, die ich gestern noch fand, hat die Flut mitgenommen, was gehört nun noch mir? Deine Liebe, sie schwand, wie die Spuren im Sand, was ist mir nur geblieben, nur die Sehnsucht nach dir. (Howard Carpendale)

Possessivpronomen sind Wörter, die auf die Frage „Wessen?" / „Wem sein...?" (umgangssprachlich) antworten. Die besitzanzeigenden Fürworter mein (ich) /dein (du) /sein (er) /ihr (sie) /sein (es) /unser (wir) /euer (ihr) /ihr (sie) können auch alleine stehen, wenn der Gegenstand klar ist, über den hier geredet wird: meines / deines/ seines/ ihres /seines/ unseres/ eures / ihres.
Durch die systematische Verwendung eines Possessivpronomens wird ein Vertrauensverhältnis zum Zuhörer aufgebaut.

Mein Sohn, er wird heute 18 Jahre, und hat sich nun seinen Wunschtraum erfüllen können: Sein erstes eigenes Auto! Denn dein Führerschein, mein lieber Sohn, hat dich ziemliche Mühe gekostet, wie oft und lange sah ich dich in deiner Freizeit lernen, wie aufgeregt du bei deiner Führerscheinprüfung gewesen bist! Aber - erging es uns nicht allen so, hatten wir nicht auch bei unserer Führerscheinprüfung Angst vor den Prüfern gehabt? Die Angst im Straßenverkehr ist kein guter Ratgeber, doch der Respekt gegenüber den anderen Verkehrsteilnehmern gebührt, dass du dich überwiegend an unsere Geschwindigkeitsvorgaben hältst. Wie oft liest man in der Zeitung, dass junge Leute noch nach der Disko alkoholisiert nach Hause gefahren sind, ein Risiko, dass sie später vielleicht sogar mit ihrem Leben bezahlen. Darum merke dir, auch wenn ich selbst schon über 30 Jahre unfallfrei im Autoverkehr fahre, betrachte ich mich selbst auch nicht als guten Fahrer, denn auch ich lerne täglich in meinem Auto dazu. Autofahren ist nämlich ein Vorgang, den man nicht innerhalb von 40 Übungsstunden mit der Fahrschule lernt, sondern tagtäglich auf der Straße.

Redebeispiel (Original):

Die Gestalt seines Leibes ist von schönem Maß; von Wuchs ist er kleiner als die Längsten, doch ragt er schlank über die Mittelgroßen empor; das blonde Haupthaar ist oben an der Stirn ein wenig gekräuselt; die Ohren werden nur wenig von den herabfallenden Haaren bedeckt, da der Barbier um der Würde des Reiches willen die Haare an Haupt und Wangen durch fleißiges Schneiden kürzt.

Die Augen sind scharf und durchdringend, die Nase zierlich, der Bart rötlich, die Lippen sind fein und werden nicht durch breite Mundwinkel erweitert. <u>Sein</u> ganzes Gesicht ist fröhlich und heiter. Die gleichmäßige Reihe <u>seiner</u> Zähne ist weiß wie Schnee. Die Haut ist an der Kehle und dem nicht dicken, aber kräftigen Hals milchweiß und manchmal von jugendlicher Röte übergossen, die bei ihm häufig nicht Zorn, sonder Zucht hervorruft. Die Schultern ragen ein wenig hervor; in den gedrungenen Weichen liegt Kraft; die Schenkel ruhen ansehnlich auf kraftstrotzenden Waden. Der Gang ist fest und gleichmäßig, die Stimme ist hell, die Körperhaltung männlich. Durch solche Gestalt des Leibes gewinnt er die höchste Würde und das größte Ansehen.

Redetext: Bischof Otto von Freising (über „Barbarossa", den Kaiser Friedrich I), 1160 n. Chr.

Querverweis: A55 (Fragesatz), A97 (Inversio), A77 (Inclusio), A78 (Anapher), B2 (Parallelismus), B3 (Chiasmus), A98 (Hypallage), B49 (Publikumsentscheid), B1 (Hyperbaton), C10 (Mustergliederung für verschiedene Redeanlässe), D32 (Sympathieträger Lob nach Aronson), E82 (Kritik und Lob einsetzen nach Hamilton), E90 (dickes Lob), C39 (Loci a persona: Lobwürdiges finden), A12 (Definition: Elocutio), A38 (Zeitadverb), A44 (Personalpronomen), B90 (Betrachtung), B91 (Bericht) C36 (Keynotes)

Die Relativpronomen „der/die/das" und „welcher/welche/welches" kommen in Relativsätzen vor. Dies sind Sätze, die ergänzende Informationen zu einem Subjekt (Position 1) oder Objekt (Position 4) im Satz haben. Für Relativsätze gibt es die Regel, dass die Sprechzeit des eingeschobenen Nebensatzes nicht länger als 4 Sekunden betragen sollte. Ein Publikum kann einen Relativsatz mühelos verdauen, doch Vorsicht ist bei langen Schachtelsätzen geboten. In diesem Fall ist eine Segmentierung vorzunehmen, d.h. mehrere kürzere Sätze, um keine Verständnisschwierigkeiten zu verursachen.

Herr Huber, <u>welcher unserer Firma seit 20 Jahren angehört,</u> ist ein begeisterter Tennisspieler.

Sie kennen alle kennen diesen Film, <u>der ein echter Kassenknüller auf den Leinwänden gewesen ist.</u>

Unschöne Doppelungen sind zu vermeiden (als Notlösung das erste „der" durch „welcher" ersetzen!):

Relativpronomen
A47

Pizarro, den du stürzen wolltest, Pizarro, den du fürchten solltest, steht nun als Rächer hier! (Beethoven - „Fidelio")

Das ist der Teddybär, _der der_ kleinen Nicole gehört.

„Man vermeide störenden Gleichklang: der-der; die-die; das-das und Ähnliches. (…) Um störenden Gleichklang zu vermeiden, darf – vor allem in gedanklichen Texten – gelegentlich das schwerfällig welcher, -e, es stehen." (Quelle: Kopf, L: Das farbige Deutschbuch. Stuttgart 1971 / *dieses Buch war die Schulgrammatik an den Gymnasien Baden-Württembergs)

Hier ein weiteres Beispiel für eine unschöne Doppelung:

Sokrates: Diesen Sätzen zufolge gibt es also in den Seelen der Menschen unwahre Lustgefühle, und zwar die, die die wahren bis zum Lächerlichen nachbilden, und ebensolche Gefühle der Unlust.
Protarchos: Deren gibt es.
(Text: Platon, „Philebos")

Auch Arthur Schopenhauer bemerkte ironisch zu dieser Stilsünde: „_Die, die die, die die_ Buchstaben zählen, für dumme Tröpfe halten, möchten nicht ganz unrecht haben."

Redebeispiel (Original):

„Die meisten Fürsten glauben, dass Gott ausdrücklich und aus besonderer Aufmerksamkeit für ihre Größe, ihr Glück und ihren Stolz diese Menge Menschen geschaffen hat, _deren_ Wohl ihnen anvertraut ist, und dass ihre Untertanen nur dazu bestimmt sind, die Werkzeuge und Diener ihrer ungeordneten Leidenschaften zu sein...Daher diese ungeordnete Liebe für den falschen Ruhm, daher jenes brennende Verlangen, alles zu erobern, daher die Unerschwinglichkeit der Auflagen, _mit denen_ das Volk belastet wird, daher die Trägheit der Fürsten, ihr Hochmut, ihre Ungerechtigkeit, ihre Unmenschlichkeit, ihre Tyrannei und alle jene die menschliche Natur erniedrigenden Laster. Wenn sich die Fürsten von solchen irrigen Ansichten befreiten und auf den Zweck ihrer Einsetzung zurückkommen wollten, so würden sie sehen, dass dieses Amt, _auf das_ sie stolz sind, dass ihre Ehrhebung lediglich das Werk der Völker ist; dass diese Tausende von Menschen, _welche_ ihnen anvertraut sind, sich keineswegs zu Sklaven eines einzigen Menschen gemacht haben, um denselben schrecklicher und mächtiger zu machen; sondern dass sie sich aus ihrer Mitte denjenigen gewählt haben, _den_ sie für den Gerechtesten hielten, sie zu regieren, für den Besten, ihnen als Vater zu dienen, für den Menschlichsten, um Anteil zu nehmen an ihren Unglücksfällen und diese zu lindern, für den Stärksten, um sie gegen ihre Feinde zu verteidigen, für den Weisesten, um sie nicht in unrechter Stunde in zerstörende und verderbliche Kriege zu verwickeln, kurz, für den zur Vertretung des ganzen Staatskörper geeignetesten Mann, _an welchem_ die souveräne Gewalt den Gesetzen und der Gerech-

Friedrich der Große

tigkeit zur Stütze und nicht als Mittel, ungestrafte Verbrechen zu begehen und Tyrannei ausüben zu dürfen, dienen könne."

Text: Friedrich II., der Große, 1738 („Betrachtung über den Zustand des europäischen Staatskörpers")

> **Übung:**
>
> **Beginnen Sie eine Rede, die immer wieder von Relativsätzen unterbrochen wird:**
>
> Beispiel:
> Die Stadt, in der ich lebe, ist Stuttgart, wo man gern trinkt und lacht und singt. Mein Beruf, der sehr schön ist, ist der eines Feinmechanikers, was manchmal ganz schön anstrengend ist, doch die Mühe, die man sich geben muss, lohnt den Aufwand, der enorm ist.
>
> **Querverweis:** A74 (Geminatio), A66 (Relativsatz), A75 (Reduplicatio), B2 (Parallelismus), A72 (Apposition), A52 (Subjunktion), A33 (Superlativ), A64 (Finalsatz), A65 (Konditionalsatz), A91 (Alliteration)

Indefinitpronomen A48

Indefinitpronomen (=unbestimmte Fürwörter) sind Wörter, die sich auf eine unbekannte Sachen oder auf unbekannte Leute beziehen: jemand, niemand, etwas, nichts, alle, jeder, keiner.
Die Verwendung eines Indefinitpronomens hat den Vorteil, dass man bei einem Angriff keine klaren Belege liefern muss. Die Gefahr für den Redner ist jedoch, dass man schnell polemisch, wenn nicht sogar demagogisch werden kann. Wenn dem Publikum klar ist, wer etwas gesagt hat, so bekommt ein Indefinitpronomen manchmal ironischen Charakter.

I traveled the world and the seven seas. Everybody is looking for something.
Some of them want to use you, some of them want to get used by you.
(Eurythmics)

<u>Gewisse</u> Leute behaupten...
Ich kenne <u>niemand(en)</u>, der ...
<u>Keiner</u> hier in diesem Saal wird wohl ernsthaft behaupten ...
Da hat wohl <u>irgendjemand irgendetwas</u> zu laut ausgeplaudert ...
Jeder hat <u>irgendeinen</u> schwachen Punkt ...
In diesem Vorwurf steckt <u>nichts als</u> die Lüge selbst.

Redebeispiel (Original):

„<u>All</u> denen, zu denen diese Vorschläge gelangen mögen, die darin Einblick nehmen oder davon hören, entbieten der Schatzmeister, der Rat und die Kompanier der Unternehmer und Pflanzer der

Stadt London für die erste Kolonie in Virginia ihren Gruß. Wisset, dass wir, der genannte Schatzmeister, der Rat und die Kompanie, den gegenwärtigen Zustand der besagten Kolonie von Virginia sorgsam bedacht haben und bestrebt sind, dort mit Gottes Hilfe eine solche Form der Regierung einzurichten, die für das Volk den größten Nutzen und das größe Wohl mit sich bringen möge, und durch die die besagte Kolonie, soweit überhaupt möglich, vor <u>jedweder</u> Ungerechtigkeit, <u>allen</u> Missständen und <u>jeder</u> Form der Unterdrückung bewahrt und beschützt werde..."

Verordnung für Virginia, 24. Juli 1621

Übung:

Halten Sie einen kurzen Vortrag. Beginnen Sie Ihre Sätze mit diesen Wörtern:

jemand, niemand, etwas, nichts, alle, jeder, keiner.

Querverweis: B30 (Rhetorische Frage), A44 (Personalpronomen),), C88 (Unterstellungen nach Cicero), C90 (Bilderwartungen verdrehen nach Cicero), F56 (Publikum miteinbeziehen), B65 (Mitleidargument), B74 (unbeweisbares Argument), A33 (Superlativ)

Numerale   A49

One, two, three o' clock, four o' clock rock. Five, six, seven o' clock, eight o' clock rock. Nine, ten, eleven o' clock, twelve o' clock rock. We gonna rock around the clock tonight.
(Bill Haley)

Numerale sind Zahlwörter, also zunächst die Grundzahlen (1,2,3 usw.) und Ordnungszahlen (das Erste, das Zweite, das Dritte). Man kann Zahlen aufsplitten (ein Drittel, die Hälfte, Dreiviertel, ein Hundertstel). Argumente werden in Einteilungszahlen wiedergegeben (erstens, zweitens, drittens). Wiederholungszahlen sind Zahlen, die (einmal, zweimal, dreimal oder niemals) eine Sache geschehen lassen. Auch Jahreszahlen gehören hierzu: Zweitausendacht (2008), Neunzehnhunderteinundsiebzig (1971).

Ein Redner sollte sich darum bemühen, sein statistisches Zahlenmaterial möglichst anschaulich zu präsentieren (also den Tageslichtprojektor „kurz" einschalten und Säulendiagramme, Kreisdiagramme, Tabellen etc. verwenden). Die punktgenaue Zahl mit drei Stellen nach dem Komma interessiert das Publikum ohnehin nicht. Wichtig ist, die Zahl in einen Bezug zu einer realen Größe zu setzen. Die abgebrannte Fläche Regenwald ist so groß wie zwanzig Fußballfelder, die geklaute Menge Uran war so groß wie ein Kaffeelöffel. Darüber hinaus sollte der Redner in der Lage sein, sein Zahlenmaterial realistisch einschätzen zu können, d.h.

die Zahlen kritisch zu hinterfragen (mit dem Vorjahr oder anderen Staaten vergleichen). 452 Tote durch Passivrauchen pro Jahr in Deutschland – ist das eine hohe oder niedrige Zahl zum Vorjahr bzw. zu den USA?

Redebeispiel (Original):

„O Welt behüt dich Gott, denn in deinem Haus führet man weder ein heilig Leben, noch einen gleichmäßigen Tod; der eine stirbt in der Wiegen, der andere in der Jugend auf dem Bett, _der dritte_ am Strick, _der vierte_ am Schwert, _der fünfte_ auf dem Rad, _der sechste_ auf dem Scheiterhaufen, _der siebente_ im Weinglas, _der achte_ in einem Wasserfluss, _der neunte_ erstickt im Fresshafen, _der zehnte_ erwürgt am Gift, _der elfte_ stirbt jähling, _der zwölfte_ in der Schlacht, _der dreizehnte_ durch Zauberei, und _der vierzehnte_ ertränkt seine arme Seel im Tintenfass."

Redetext: Christoffel von Grimmelshausen (Simplicissimus), 1699

Christoffel von Grimmelshausen

„Die Kaufleute und Händler der Stadt Boston haben die klägliche Lage des Handels in Erwägung gezogen und die vielen Schwierigkeiten, unter denen er augenblicklich leidet infolge des Mangels an Geld, der täglich größer wird wegen der Notwendigkeit, die Raten zu bezahlen, um unsere Schulden in Großbritannien abzutragen, durch die hohen Summen, die durch die Zollbeamten als Abgaben für die importierten Waren erhoben werden, um die Schulden zu bezahlen, welche die Regierung im letzen Kriege gemacht hat (...) _Erstens:_ Wir werden andere Ware, als wir für diesen Herbst bereits bestellt haben, weder nach Großbritannien ausführen, noch von dort einführen, sei es auf eigene Rechnung oder im Auftrag. _Zweitens:_ Wir werden vom _1. Januar 1769 bis zum 1. Januar 1770_ weder irgendwelche Güter oder Handelswaren ausführen noch einführen, sei es auf eigene Rechnung, im Auftrage oder auf andere Weise, außer Salz, Kohle, Angeln und Schnüre, Hanf... _Drittens:_ Wir werden vom _1. Januar 1769 bis zum 1. Januar 1770_ weder von irgendeinem Agenten noch auf andere Weise irgendwelche Güter, die aus Großbritannien eingeführt worden sind, erwerben. _Viertens:_ Wir werden vom _Januar 1769 bis zum Januar 1770_ weder auf eigene Rechnung noch im Auftrag irgendwelchen Tee, Glas, Papier oder andere Güter, die gemeinhin aus Großbritannien eingeführt werden, einführen, oder diese Güter von jemandem, der sie vielleicht in einer anderen Kolonie in Amerika einführt, erwerben. _Fünftens:_ Wir werden _nach dem 1. Januar 1769_ in dieser Kolonie weder Tee, Papier, Glas noch Farben einführen, bis das Gesetz, das Zölle auf solche Waren legt, zurückgezogen ist."

Redner: Bostoner Kaufleute (amerikanische Kolonisten), 1768

„Unsere Familien und Gemeinschaften sind stärker. *35 Millionen Amerikaner* haben das Familienauszeitgesetz in Anspruch genommen. *Acht Millionen* sind von der Sozialhilfe runter. Verbrechen ist auf einem *25-Jahres-Tiefstand*. Über *10 Millionen Amerikaner* haben mehr College-Hilfen bekommen, und mehr Leute als je zuvor gehen gerade aufs College. Unsere Schulen sind besser. Höhere Standards, größere Verantwortlichkeit und größere Investitionen haben höhere Testergebnisse gebracht, und höhere Schulabschlusszahlen. *Mehr als drei Millionen Kinder* haben jetzt eine Krankenversicherung, und *mehr als sieben Millionen Amerikaner* sind der Armut entrissen worden. Die Einkommen steigen quer durchs Land. Unsere Luft und Wasser werden sauberer. Unser Essen und Trinkwasser sind sicherer. Und mehr von unserem kostbaren Land ist erhalten geblieben, in den kontinentalen USA, als zu jeder Zeit *in den 100 Jahren zuvor.* Amerika ist eine Kraft für Frieden und Wohlstand in jeder Ecke der Welt gewesen. Ich bin sehr dankbar, die Zügel der Führerschaft einem neuen Präsidenten zu überreichen, mit einem Amerika in einer solch starken Position, um die Herausforderungen der Zukunft angehen zu können."

Redetext: William Jefferson Clinton, 18. Januar 2001

Übung:

Halten Sie einen zahlenintensiven Vortrag über ein technisches, geologisches oder wirtschaftswissenschaftliches Thema nach Wahl. Versuchen Sie aber, streitbar zu sein und anhand Ihrer Zahlen zu beweisen, dass das Rad eigentlich viereckig ist, der Nordpol eigentlich am Südpol liegt, der Zinseszins eine versteckte Steuer ist.

Querverweis: A58 (Vergleichssatz), E9 (Datenflut), E10 (Desinformation), B28 (Exemplum), B64 (neuer Faktor zur Ergebnisänderung), E49 (falsche Rückschlüsse ziehen), A37 (Ortsadverb), F56 (Zahlenmaterial hinterfragen)

Interjektion A50

Sie ritten um die Wette mit dem Steppenwind, tausend Mann. Ha Hu ha! Und einer ritt voran, dem folgten alle blind, Dschingis Khan. Ha Hu ha!
(Dschingis Khan)

Interjektionen sind Wörter, die das unmittelbare Gefühl in einer bestimmten Situation widerspiegeln, so z.B. Ekel beim Anblick von Erbrochenem, Abscheu bei einem Verbrechen, Ärger bei einer Nachlässigkeit gegenüber dem allgemeinen Verhaltenskodex. Zumeist sind Interjektionen von einem Ausrufezeichen gefolgt, in der Rede wird hierbei die Stimme mitfühlend bis spöttisch, und macht anschließend eine wirkungsvolle Pause von mehreren Sekunden. Hier ist auch schauspielerisches Können gefragt, d.h. Gestik und Mimik muss zur Interjektion passen, sonst verpufft die Wirkung.

Redebeispiel (Original):

„Der Bundestag war ein sehr junges Parlament, und viele seiner Mitglieder bemühten sich, überall in der Exekutive etwas zu tun, wo sie nicht verloren hatten. Die Bundesregierung mußte nach unserer Überzeugung strikt darauf achten, dass Exekutive und Legislative getrennt blieb", schreibt Konrad Adenauer in seinen Lebenserinnerungen. *„Während namentlich die KPD und SPD in scharfer Weise meine Politik ablehnten, liefen mehrere Telegramme ein von den Belegschaften der betroffenen Werke, die von der Demontageliste gestrichen waren ..."*

BUNDESTAGSPROTOKOLL

Bundeskanzler Adenauer: *„Nun kann ich doch nicht umhin, Ihnen, meine Damen und Herren, Mitteilung von einer Depesche zu machen, die ich soeben bekommen habe. Sie werden aus dieser Depesche ersehen, daß es, <u>Gott sei Dank</u>, auch in Deutschland noch große und einflußreiche Organisationen gibt, die anders denken als die Vertreter der Opposition. (...) In dem soeben veröffentlichten deutsch-alliierten Protokoll sei ein ernsthaftes Bemühen der Alliierten zu erkennen, den deutschen Bedürfnissen entgegen zu kommen, hieß es in einer ersten Stellungnahme des Deutschen Gewerkschaftsbundes."*
Regierungsparteien: <u>*„Hört, hört."*</u>
SPD-Zuruf: <u>*„Wer sagt das?"*</u>
Abgeordneter Dr. Schumacher: <u>*„Na und?"*</u>
Bundeskanzler Adenauer: *„Eine Reihe von Problemen bleibe jedoch nach wie vor bestehen. Es würde deshalb die vornehmste Aufgabe aller berufenen Stellen sein müssen, den arbeitenden Menschen, die weiterhin durch die Demontage bedroht seien, die Sorge um ihre Existenz zu nehmen."*
Zuruf von links: <u>*„Sehr richtig!"*</u>
Abgeordneter Schumacher: <u>*„Na und?"*</u>
Bundeskanzler Adenauer: *<u>„Einen Augenblick!</u> Es fragt sich, ob Sie gleich auch noch ‚Sehr richtig!' sagen. Die Hauptsache kommt nämlich."*
(Heiterkeit)
„ ‚Obwohl das deutsch-alliierte Abkommen nicht in allen Teilen befriedige, sei nach Ansicht der Gewerkschaften eine Mitarbeit der Bundesregierung in der internationalen Ruhrbehörde richtig.'"
Lebhafte Beifallsbekundung rechts und in der Mitte.
Abgeordneter Dr. Schumacher: <u>*„Das ist doch nicht richtig!"*</u>
Bundeskanzler Adenauer: *„Ich werde Ihnen den Satz nochmals vorlesen."*
Abgeordneter Dr. Schumacher: *„Wer hat das unterzeichnet?"*
Bundeskanzler Adenauer: *„Obwohl das deutsch-alliierte Abkom-*

Konrad Adenauer

Kurt Schumacher

men (...)" Wiederholung des Telegramms.
Abgeordneter Dr. Schumacher: „Wer hat das unterzeichnet?"
Zuruf links: „Gezeichnet ‚Adenauer!' "
Heiterkeit bei SPD und KPD.
Abgeordneter Dr. Schumacher: „Ein Telegramm in indirekter Rede! Morgen bekommen Sie die Antwort!"
Abgeordneter Dr. Wuermeling: „Die Diktatur der SPD über die Gewerkschaften."
Weitere Zurufe. Unruhe. Glocke des Präsidenten.
Bundeskanzler Adenauer: „Dieses Telegramm ist eine Meldung der United Press aus Düsseldorf."
Lachen links. Zurufe links: „Aha! Bestellt! Von Adenauer!"
Abgeordneter Dr. Schumacher: „In indirekter Rede!"
Unruhe. Glocke des Präsidenten.
Bundeskanzler Adenauer: „Ich weiß nicht, warum man sich da so ereifert."
Unruhe. Glocke des Präsidenten.
Bundeskanzler Adenauer: „Ich habe Ihnen ein Telegramm der United Press vorgelesen."
Abgeordneter Dr. Schumacher: „Sie haben doch gesagt, Sie hätten ein Telegramm der Gewerkschaften bekommen!"
Bundeskanzler Adenauer: „Ich habe das Telegramm wörtlich vorgelesen, Herr Dr. Schumacher."
SPD-Zuruf: „Das ist kein Telegramm, das ist eine Agenturmeldung!"
Weitere Zurufe. Unruhe. Glocke des Präsidenten.
Präsident Dr. Köhler: „Herr Abgeordneter Dr. Schumacher, darf ich einmal folgendes feststellen: Nach meiner Erinnerung hat der Herr Bundeskanzler gesagt, er hätte folgendes Telegramm bekommen."
Abgeordneter Dr. Schumacher: „Sehr richtig!"
Präsident Dr. Köhler: „Von wem, hat er nicht gesagt."
Abgeordneter Dr. Schumacher: „Morgen lese ich Ihnen das Telegramm im Wortlaut vor."
Weitere Zurufe. Unruhe. Glocke des Präsidenten.
Präsident Dr. Köhler: „Ich bitte, den Herrn Bundeskanzler weitersprechen zu lassen."
Bundeskanzler Adenauer: „Meine Damen und Herren! Ich stelle nochmals fest, daß dieses Telegramm von der United Press allgemein verbreitet worden ist."
Abgeordneter Dr. Schumacher: „Na und?"
Weiterer Zuruf: „Es sind schon viele Fälschungen verbreitet worden!"
Bundeskanzler Adenauer: „Ich möchte den Herrn Kollegen Schumacher bitten, sich nicht an mich zu wenden, sondern an Herrn Dr. Böckler."
Abgeordneter Dr. Schumacher: „Nein, diese Meldung der United

Press ist objektiv und subjektiv unwahr!"
Lachen und Widerspruch bei Regierungsparteien.
Abgeordneter Dr. Wuermeling: „*Woher wissen Sie das? Bevormunden Sie die Gewerkschaften?"*
Abgeordneter Strauß: „*Da sieht man die wahre Gesinnung."*
Unruhe. Glocke des Präsidenten.

Etwas später. In Adenauers Richtung fielen die Worte: „*Sind Sie noch ein Deutscher?" „Sprechen Sie als deutscher Kanzler?"*
Dr. Schumacher spöttelt: „*Der Bundeskanzler der Alliierten."*.
Es kommt zu einem heftigen Schlagabtausch im Parlament.

Präsident: „*Es sind wiederholte Versuche gemacht worden, den Herrn Abgeordneten Dr. Schumacher zur Zurücknahme dieser dem Herrn Bundeskanzler zugefügten schweren Beleidigung zu bewegen."*
CDU-Zurufe: „*Und uns!"*
Abgeordneter Frau Dr. Weber: „*Uns allen!"*
Präsident: „*Und damit – das füge ich hinzu – dem Hause, dem Bundestag und damit der deutschen Bundesrepublik."*
CDU-Zuruf: „*Sehr richtig!"*
Präsident: „*Denn der Herr Bundeskanzler ist eine Staatsfigur; davon müssen wir ausgehen."*
Lachen bei der KPD.
Abgeordneter Rische: „*Machen Sie es doch nicht so dramatisch."*
Präsident: „*Wie ich das mache, Herr Abgeordneter, ist meine Angelegenheit. Ich verbitte mir in der Beziehung ein Korrigieren ein für allemal!"*
Beifall und Händeklatschen in der Mitte und rechts.
Abgeordneter Renner: „*Man kann es auch übertreiben."*

Redetext: Konrad Adenauer und weitere Oppositionspolitiker in der Bundestagssitzung vom 24. November 1949. (Diese Sitzung dauerte bis vier Uhr morgens, weil die Echtheit der Meldung immer wieder angezweifelt wurde und endete schließlich mit dem präsidial verfügten Ausschluss des Abgeordneten Dr. Schumacher für die nächsten zwanzig Sitzungstage.)

Protest:
(zuerst mit der Faust/flachen Hand auf den Tisch schlagen, dann die Interjektion sagen)
-Unverschämtheit!
-Also wirklich!
-Also bitte!
-Heiliger Bimbam!
-Das ist nun wirklich erbärmlich.
-Ja, vielen Dank!

Anerkennung:
(kann auch ins Gegenteil verkehrt werden mit einer „ironischen" Betonung)
(Daumen nach oben strecken)
-Super!
-Aha!
-Bravo!
-Hört, hört!
-Gut gemacht!

Freude:
(Lachen nicht vergessen)
-Ach, du meine Güte!
-Menschenskind!
-Ach, du lieber Himmel.
-Klasse!
-Prima!

Ärger:
(auch als „Killerphrasen" geeignet) (erschüttert den Kopf schütteln)
-Quatsch!
-Unsinn!
-Schmarrn!
-Blödsinn!
-So ein Mist!
-Nie im Leben!
-Das kannst du deiner Großmutter erzählen!

Ekel:
(Gesicht verziehen)
-Igitt!
-Bäh!
-Pfui!
-Mensch!
-Puuh!

Ablehnung:
(die Arme verschränken)
-Ausgeschlossen!
-Auf keinen Fall!
-Ganz bestimmt nicht!

Gleichgültigkeit:
(die Augenbrauen hochziehen)
-Na und?
-Das ist mir schnurzegal!
-Was geht mich das an?

Befehle:
(mit dem Zeigefinger drohen)
-Halt die Luft an!
-Halt den Mund!
-Raus!
-Verschwinde!
-Drück dich anständig aus!
-Pass auf!
-Reg dich ab!

Ermunterung:
(auf die Schulter klopfen)
-Nichts passiert!
-Na, versuch's noch einmal!
-Wird schon!

Höflichkeit:
(mit dem Kopf nicken)
-Gern geschehen!
-Entschuldigung!
-Verzeihung!
-Es tut mir leid!
-Vielen Dank

Begrüßungsformeln:
(Hand geben)
-Hallo!
-Guten Tag!
-Grüß Gott!
-Guten Abend!
-Gute Nacht!
-Auf Wiedersehen!
-Und tschüß!

Mitgefühl:
(laut seufzen)
-Oh je!
-Ach, du meine Güte!
-Du lieber Himmel!

Übung:

Schreiben Sie einen Sachtext und reichern Sie ihn zu bestimmten Begriffen mit möglichst vielen Interjektionen an, sodass der eher trockene Inhalt durch lustige Aussprüche garniert ist.

Querverweis: B13 (epitheton ornans), D73 (Killerphrase)

Konjunktion A51

I'm a cowboy, on a steel horse I ride. I'm wanted dead or alive. Wanted dead or alive.
(Bon Jovi)

Was gehst du, schöne Nachbarin. Im Garten so allein? Und wenn du Haus und Felder pflegst, will ich dein Diener sein.
(Goethe)

Martin Luther

Die Konjunktionen „und / oder / sowie / nicht nur, sondern auch / sowohl als auch / entweder-oder / teils – teils / erstens – zweitens / weder -noch" verbinden gleichartige Wörter miteinander:

Ich tanze <u>und</u> singe. Ich mag Queen <u>und</u> die Scorpions. Es ist heiß <u>und</u> stickig.

Tanzt du <u>oder</u> singst du lieber? Magst du lieber Queen <u>oder</u> die Scorpions?

Ich tanze <u>nicht nur, sondern</u> singe auch. Ich mag <u>nicht nur</u> Queen, <u>sondern auch</u> die Scorpions. Es ist <u>nicht nur</u> heiß hier drin, <u>sondern auch</u> stickig.

<u>Entweder</u> wir tanzen jetzt <u>oder</u> wir singen. <u>Entweder</u> wir hören jetzt Queen <u>oder</u> die Scorpions. <u>Entweder</u> wir machen jetzt das Fenster zu <u>oder</u> wir verschmachten.

<u>Sowohl</u> Tanzen <u>als auch</u> Singen wäre okay. <u>Sowohl</u> Queen <u>als auch</u> die Scorpions sind okay.

Redebeispiel (Original):

„Weil denn Ew. Kaiserliche Majestät, Kur- und Fürstliche Gnaden eine schlichte, einfältige, richtige Antwort begehren, so will ich die geben, so <u>weder</u> Hörner <u>oder</u> Zähne haben soll, nämlich also: Es sei denn, dass ich mit Zeugnissen der Heiligen Schrift <u>oder</u> mit öffentlichen klaren <u>und</u> hellen Gründen <u>und</u> Ursachen überwunden <u>und</u> überwiesen werde – denn ich glaube <u>weder</u> dem Papst <u>noch</u> den Konzilien alleine nicht, weil es am Tage <u>und</u> offenbar ist, dass sie sich oft geirrt haben <u>und</u> sich selbst widerwärtig gewesen sind – und ich also mit den Sprüchen, die von mir angezogen <u>und</u> eingeführt sind, überzeugt <u>und</u> mein Gewissen in Gottes Wort gefangen sei, so kann <u>und</u> will ich nichts widerrufen, weil <u>weder</u> sicher <u>noch</u> geraten ist, etwas wider das Gewissen zu tun. Hier stehe ich, ich kann nicht anders. Gott helfe mir! Amen.

Redetext: Luther (vor dem Wormser Reichstag), 1521

Übung:

Denken Sie sich Sätze mit zwei Verben, zwei Substantiven und zwei Adjektiven aus. Schreiben Sie die Sätze mit möglichst vielen verschiedenen Konjunktionen.

Querverweis: A87 (Asyndeton / Polysyndeton),   A95 (Zeugma)

Subjunktionen sind i.d.R. Nebensatzeinleitungswörter, können aber auch kurze Hauptsätze einleiten. Sehr häufig findet man in Reden einen 3er-Subjunktions-Schritt, d.h. 3 Sätze hintereinander beginnen mit der gleichen Wortfolge. Die rhetorische Figur der „Anapher" ist eine rhetorische Strategie, um Eindringlichkeit zu bewirken. Es sei jedoch davor gewarnt, dass eine stete Anhäufung von immer neuen Anaphern sehr künstlich wirkt.

Subjunktion   A52

Die Hoffnung schon erfüllt die Brust, mit unaussprechlich süßer Lust; wie glücklich will ich werden!
(Beethoven -"Fidelio")

Temporal (zeitlich): als, während, wenn, sobald, bevor, nachdem
(Wann ist es geschehen?)
Kausal (begründend): da, weil, denn; also, folglich, denn
(Warum ist es geschehen?)
Modal (Art und Weise): wie, indem
(Wie ist es geschehen?)
Adversativ (Gegensatz): Obwohl, auch wenn, allerdings, jedoch, indessen
(Warum ist es nicht geschehen?)
Konditionalsatz (Bedingung): Wenn, falls
(Wie könnte es geschehen?)
Konsekutivsatz (Folge): sodass, so ..., dass
(Warum ist es geschehen?)
Finalsatz Zweck / Absicht): damit; um ... zu
(Wozu geschieht es? Was ist der Zweck?)

Redebeispiel (Original:)

König Wilhelm:
„*Dem deutschen Volk gebe ich Meinen Entschluss durch eine heute von Mir erlassene Proklamation kund, zu derer Verlesung ich Meinen Kanzler auffordere.*"
Graf von Bismarck:
„*An das Deutsche Volk! Wir Wilhelm, von Gottes Gnaden König von Preußen, <u>nachdem</u> die Deutschen Fürsten und Freien Städte den einmütigen Ruf an Uns gerichtet haben, mit Herstellung des Deutschen Reiches die seit mehr denn sechzig Jahren ruhende Deutsche Kaiserwürde zu erneuern und zu übernehmen, und <u>nachdem</u> in der Verfassung des Deutschen Bundes die entsprechenden Bestimmungen vorgesehen sind, bekunden hiermit, dass Wir es als eine Pflicht gegen das gemeinsame Vaterland betrachtet haben, diesem Rufe der verbündeten Deutschen Fürsten und Städte Folge zu leisten und die Deutsche Kaiserwürde anzunehmen.*"
Großherzog von Baden:
„*Seine Kaiserliche Majestät, Kaiser Wilhelm, lebe hoch! hoch! hoch!*"

Kaiserproklamation in Versailles, 18. Januar 1871

Kaiser Wilhelm I.

Im folgenden Beispiel gibt es eine Wortwiederholung der Subjunktion „seit", eine Wortwiederholung des Adverbs „Immer wieder" und eine Wortwiederholung der Subjekt-Prädikat-Stellung „Sie fraßen". Man sieht also: Wenn ein geübter Redner Dinge in seinem Redetext wiederholt, so versucht er abwechslungsreich immer neue Wortarten zu wiederholen.

„Meine Damen und Herren, <u>seit</u> Bücher geschrieben werden, werden Bücher verbrannt. <u>Seit</u> es die Erstgeburt gibt, gibt es, als Antwort, den Hass. Und weil Geist, Glauben und Kunst nicht verkauft werden können, nicht für ein Linsengericht und um keinen Preis, wird Esau zum Kain, und Jakob stirbt als Abel. Der Neid, der keinen Weg sieht, begibt sich auf den einzigen Ausweg: ins Verbrechen. (...) <u>Seit</u> Bücher geschrieben werden, werden Bücher verbrannt. Dieser abscheuliche Satz hat die Gültigkeit und Unzerreißbarkeit eines Axioms. Er galt zur Zeit der römischen Soldatenkaiser und unter Kubilai Khan, bei Cromwell und für die Konquistadoren, für Savonarola, Calvin und Jacob Stuart, für die Jesuiten, die Dominikaner und die Puritaner, für China und Rom, für Frankreich, Spanien, England, Irland und Deutschland, für Petersburg, Boston und Oklahoma City. <u>Immer wieder</u> hatten die Flammen ihren züngelnden Wolfshunger, und <u>immer wieder</u> war ihnen das Beste gerade gut genug. <u>Sie fraßen</u> die Werke von Ovid und Properz, von Dante, Boccaccio, Marlowe, Erasmus, Luther, Pascal, Defoe, Swift, Voltaire und Rousseau. <u>Manchmal fraßen</u> sie den Autor oder den Drucker als Dreingabe."

Redner: Erich Kästner

Übung:

Nehmen Sie einen x-beliebigen Aussagesatz (z.B. „Ich mag Bio-Äpfel ...") und ergänzen Sie ihn durch alle Möglichkeiten eines Nebensatzes (temporal, kausal, modal ...).

Querverweis: A78 (Anapher), A99 (Hysteron proteron), B54 (Basis-Argumentation)

Komposita　　A53
8,9,10, na was gab's denn da zu seh'n? Es war der Itsy-Bitsy-Teeny-Weeny-Honolulu-Strand-Bikini (Rainer Bertram)

Komposita sind aus zwei oder drei Einzelstücken zusammengesetzte Wörter, die häufig nicht im Lexikon stehen: „Sommer(1) schluss(2) verkauf(3)", „Computer(1) analphabet (2)" „Berufs(1) unfähigkeits(2)zusatz(3) versicherung (4)".

Die Alltagssprache der meisten Menschen besteht aus nur wenigen tausend Wörtern. Ein Gebildeter hingegen benutzt in Gesprächen mehrere zehntausend Wörter (aktiver Wortschatz) und versteht noch sehr viel mehr (passiver Wortschatz: vielleicht 80 000 Wörter). Die Wörter, die jedoch nicht zu seinem Fachgebiet gehören und mit denen er bislang keinerlei Lebenserfahrung hat, versteht auch ein Gebildeter nicht. Die meisten zweisprachigen Wörterbücher haben 120 000 verschiedene Wörter. Zieht man jedoch noch die speziellen Berufsfachwörter hinzu, die nicht in Lexika nachgeschlagen werden können, so kommt man schnell auf mehrere Millionen Wörter.
Anders ausgedrückt: Kein Mensch versteht alle Wörter der deutschen Sprache. Neologismen (Neubildungen), Dialektwörter, veraltete Wörter aus der altdeutschen und mitteldeutschen Zeit, Fachbereichswörter aus Wirtschaft und Technik, lateinische und englische Fremdwörter, aber auch Komposita machen ihm zu schaffen.

Die deutsche Sprache bietet durch Präfixe (z.B. „interdisziplinär", „x-beliebig", „megaschnell", „mikrofaserleicht") und Suffixe („Computer-ABC", „Computeranalphabet") die Möglichkeit, sehr viel schöner klingende Adjektive und Substantive zu produzieren. Der Komponierfreude des Sprechenden sind eigentlich keine Grenzen gesetzt, da neben den gängigen Vor- und Nachsilben auch eigene Wortzusammensetzungen entstehen können.
So wird ein Kompositum wie „Sommerschlussverkauf", „Unterschenkelfraktur", „Erfahrungsschatz", „Tiefdruckgebiet" oder „Lernprozess" wohl kaum Verständnisschwierigkeiten im Zuhörerkreis hervorrufen; wenn jedoch solche Wörter wie „Energiekonsens", „handlungsorientiert", „adressaten-orientiert", „technisch-medial", „Interventionspräsenz", „Gutenberg-Galaxis", „körperformativ" und „Primärtext" fallen, sollte man die Wörter zumindest erklären, damit auch Laien die Chance haben einen geistigen Anteil in der Sachfrage zu schöpfen.

Das bedeutet für den Redenden: Er sollte seinen Text auf schwer verständliche Komposita, Dialektwörter, Neologismen und Fremdwörter prüfen, da höchstwahrscheinlich nicht nur Fachleute oder Einheimische im Publikum sitzen. Immer wieder gibt es Untersuchungen, dass die Fernsehzuschauer selbst die „Tagesschau" nicht verstehen.

Redebeispiel (Original):

„Philosophie war kein Brotstudium, schon eher das Studium entschlossener Hungerleider, die gerade darum recht anspruchsvoll waren. Ihnen stand der Sinn keineswegs nach Welt- oder Lebens-

weisheit, und wem an der Lösung aller Rätsel gelegen war, dem stand eine reichliche Auswahl in den Angeboten der Weltanschauungen und Weltanschauungsparteien zur Verfügung; um da zu wählen, bedurfte es keines Philosophiestudiums. Was sie nun aber wollten, das wussten sie auch nicht. Die Universität bot ihnen gemeinhin entweder die Schulen – die Neu-Kantianer, die Neu-Hegelianer, die Neo-Platoniker usw. - oder die alte Schuldisziplin, in der Philosophie, säuberlich in Fächer aufgeteilt als Erkenntnistheorie, Ästhetik, Ethik, Logo und dergleichen, nicht so sehr vermittelt als durch bodenlose Langeweile erledigt wurde."

Redetext: Hannah Arendt, 1979

Querverweis: B8 (Neologismus), B15 (Hyperbel)

Hannah Arendt

Übung:

Nehmen Sie ein Wörterbuch und blättern Sie wahllos darin herum. Von jeder Seite nehmen sie maximal ein Wort, bis Sie ca. 50 Substantive haben. Auf die gleiche Weise verfahren sie auch mit Adjektiven. Versuchen Sie anschließend die Substantive möglichst sinnvoll als Kompositum zu verbinden (z.B. Erkenntnishorizont), später die Adjektive (technisch-medial).

Schritt 1: Satzarten: (elocutio)

*Die meisten Hauptsatzarten in einer Rede sind Aussagesätze,
z. B. für Tatsachen, Vergleiche und Meinungen*

Doch eine Rede nur mit langen Hauptsätzen ist stilistisch unschön (Kanzleistil) und eintönig. Der Mix macht es: Jeder Redner benutzt automatisch auch Nebensätze, wenn er komplizierte Zusammenhänge verdeutlicht. Was geschah bevor, was war nach einem Ereignis? Im Gegensatz zu den Wortarten ist das zur Verfügung stehende Satz-Repertoire eigentlich ziemlich dünn, denn wir schreiben und reden in einem ziemlich eingeschränkten und vorhersehbaren Rahmen. Doch durch einen abwechslungsreichen Wortschatz, die Umstellung der Satzglieder von der normalen Reihenfolge, die richtige Betonung und Satzgeschwindigkeit, schlagfertige Bemerkungen, schauspielerisches Können kann man diesen Nachteil wieder wettmachen.

Hauptsatzarten

Beispiel für einen Aussagesatz:
Es gibt immer noch viel zu viele Tierversuche.

Redebeispiel (Original):

(* Unterstrichen sind nur die Aussagesätze).

"<u>Alle Macht</u> dieser vergänglichen Welt <u>stammt aus einer einzigen, ganz reinen Quelle</u>. Da mancherlei Bäche eben diesem Urgrund entspringen, <u>kommt es jedoch vor, dass sie bald trüb, bald klar sind</u>, während der Hauptquell stets rein bleibt. Soweit menschliches Vermögen wagen darf, Schöpfer und Geschöpf miteinander zu vergleichen, <u>können wir Gott</u>, dem unsterblichen König, <u>die irdischen Könige gegenüberstellen</u>. Geschrieben steht: ‚Alle Macht stammt von Gott.' Wenn nun dieser allmächtige König der Könige, Urheber und Anfang aller Ehren, über der Erde Fürsten die Gnade seiner Würde strömen lässt, so <u>ist sie nach dem Wesen ihres Urquells rein und sauber</u>. Fällt sie aber auf Menschen, die solche Würde unwürdig tragen und mit Hochmut, Neid, Begierden, Habsucht, Zorn, Ungeduld und Härte besudeln, dann <u>trinken sie sich und allen ihren Untergebenen den gefährlichen Trank des Unrechts zu</u>, wenn sie sich nicht durch die Buße reinigen. (...) <u>Mit dir und deinetwegen rede ich</u>, Herr König! <u>Der Herr, der dich erwählt hat zum König über sein Volk, wollte dich prüfen. Er sucht jeden heim</u>, den er annimmt. <u>Er hat gnädig gezüchtigt</u>, den er auf-

Aussagesatz A54
(Meinungssatz)

Sie liebt ihn, es ist klar, ja
Mädchen, er wird dein!
Ein gutes junges Paar, sie
werden glücklich sein!
(Beethoven - „Fidelio")

nehmen wollte. *Es gefiel ihm zu erniedrigen, den zu erhöhen er vornahm. So hat Gott seinen Knecht Abraham versucht und nach der Versuchung erhöht. So ließ er seinen Knecht David den Zorn des Königs Saul, Verfolgung, Unrecht, Wüstenverstecke, Flucht und Elend dulden, bevor er ihn zum ruhmreichsten König über Israel erhob. Nicht ohne Absicht hat dich Gott geprüft, die zukünftige Frucht hat er an dir zur Reife gebracht. Du hast Unrecht erduldet (12), damit du jetzt derer zu erbarmen verstehst, die Unrecht leiden. Zur höchsten Würde bist du aufgestiegen, ein Stellvertreter Christi bist du. Wer ihm nicht nachfolgt, ist kein wahrer Herrscher. Auf diesem Königsthron musst du an die vergänglichen Ehren denken. Auf Erden zu herrschen ist ein großes Glück, im Himmel zu triumphieren jedoch das höchste. Verlangt Gott viel von dir, so wünscht er vor allem: Gib dem Lande, das immer zu dir aufschaut, Recht und Frieden."*

Konrad II.

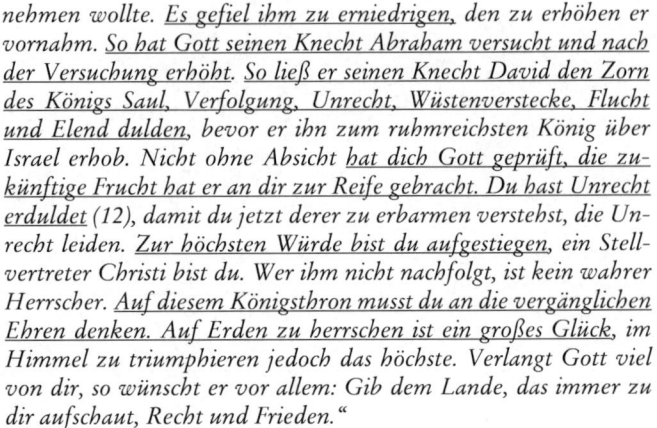

Redetext: Erzbischof von Mainz (zur Krönung von Konrad II. zum deutschen König), 1024 n. Chr.

Schon gewusst? Aussagesätze lassen sich auch indirekt einsetzen, um eine bestimmte Botschaft zu vermitteln. Für eine Rede sind diese versteckten Appelle jedoch weniger nützlich, während sie bei der Dialektik eine beliebte Methode zur Kritik sind. Oftmals wählt man auch eine solche Vermeidungsstrategie, um die Beziehung zum Gesprächspartner nicht auf Dauer zu beeinträchtigen.

„Es ist sehr heiß hier!"
-> Machen Sie doch endlich das Fenster auf!
„Die Ampel ist grün!"
-> Fahr gefälligst schneller, du Trottel!
„Da ist ja eine Fliege in meiner Suppe, Herr Ober!"
-> Ihr Lokal kocht schlecht – und eine neue Suppe hätte ich auch gerne!
„Dein Kleid ist sehr gewagt, meine Liebe."
-> Eine nicht mehr ganz junge Frau sollte sich besser nicht in einen Minirock zwängen – erst recht nicht, wenn sie mit mir verheiratet ist.

Beispiel aus der Literatur:

„Ich gebe überhaupt nichts durch die Blume zu verstehen", sagte Peggotty.
„Du tust es doch, Peggotty," entgegnete meine Mutter. „Du tust nie etwas anderes. Außer deine Arbeit. Du sprichst immer durch die Blume. Du schwelgst darin. Und wenn du von Mr. Murdstones guten Absichten sprichst –"
„Von denen hab ich noch nie gesprochen", unterbrach Peggotty.
„Nein, Peggotty", erwiderte meine Mutter. „Aber du spielst auf sie an. Das ist doch, was ich sage. Das ist das Allerschlimmste an

Charles Dickens

dir. Du willst durch die Blume sprechen. Ich habe dir eben gesagt, daß ich dich durchschaue, und du siehst, es ist so."

Text: Charles Dickens, „Die Lebensgeschichte, Abenteuer, Erfahrungen und Beobachtungen David Copperfields des Jüngeren"

> **Übung:**
>
> **Bilden Sie möglichst viele Aussagesätze zum Thema „Politik", „Wirtschaft", „Kultur."**
>
> **Beispiel:**
> *Politiker sind für die Bürger da.*
> *Die Politik ist oft gegen die Bürger gerichtet.*
> *Politik ist heutzutage, möglichst wenig Politik zu machen*
>
> Querverweis: A97 (Inversio), B2 (Parallelismus), B3 (Chiasmus), B34 (Repetitio sententiae), A88 (Refrain), B35 (Subnexio), B50 (Sentenz), D72 (Verhandlungsrhetorik nach destruktiver Methode)

Sollten wir nicht lieber alle Tierversuche stoppen?

Fragesatz — A55

„Wo war im Altertume, oder wo ist zu unseren Zeiten das Reich, das an absichtsvoller Weisheit des inneren Baues, an richtiger Ordnung oder fester Verbindung der Teile dem unsrigen vorstünde? Oder vielmehr: Wo ist das Reich, das, als System mit System, mit dem unsrigen könnte verglichen werden? - Wenn je ein Staat war, der einen tief durchdachten, überall verbundenen, auf die höchste durch ihn nur mögliche Wirkung berechneten Plan hatte: so ist's der unsrige. Wenn je ein Staat war, in welchem Würde und Majestät des Throns so innig mit der aufmerksamsten Sorge für die Untertanen zusammenhing (...) so ist's der unsrige."

Abscheulicher! Wo eilst du hin? Was hast du vor in wildem Grimme? Des Mitleids Ruf, der Menschen Stimme, rührt nichts deinen Tigersinn! (Beethoven - „Fidelio")

Redetext: Johann Jakob Engel („Lobrede auf den König"), 24. Januar 1781

Querverweis: A70 (Indirekter Fragesatz), B30 (Rhetorische Frage), B49 (Publikumsentscheid), D7 (Fragekette), D16 (Die richtigen Fragen stellen: offen und geschlossen), D19 (Suggestivfragen), E12 (Geplante Wahlmöglichkeit), E62 (Fragefluss), F14 (Gegenfrage für Zeitgewinn), F20 (den Fragesteller angreifen), F48 (ständige Gegenfragen), A77 (Inclusio), A78 (Ana-

Johann Jakob Engel

pher), A79 (Epipher), A80 (Symploke), A33 (Superlativ), A65 (Konditionalsatz), D32 (Sympathieträger Lob nach Aronson), E82 (Kritik und Lob einsetzen nach Hamilton), E90 (dickes Lob), C39 (Loci a persona: Lobwürdiges finden), F88 (Aphärese)

Übung 1:
(für mehrere Personen)

Ein Teilnehmer des Seminars bekommt ein Kärtchen auf den Rücken geheftet. Auf diesem steht der Name eines bekannten Getränks (z.B. Cola) oder einer bekannten Speise (Spaghetti). Der Teilnehmer mit dem Kärtchen muss durch gezieltes Fragen herausbekommen, was die Lösung ist, z.B. „Handelt es sich um Gemüse oder um Fleisch oder um Teigwaren?" Alternativ kann man auch den Namen eines bekannten Politikers oder Promis aufschreiben. Nach dem Spiel ist zu überlegen, ob es eine bestimmte Fragestrategie gibt.

Übung 2:
(für mehrere Personen)

Die Teilnehmer bekommen 20 Karten. Auf 8 Karten steht „g-Frage" (geschlossene Frage ohne W-Fragewort, die nur mit „ja" oder „nein" beantwortet werden kann, z.B. „Bist du aufgeregt?"), auf 12 Karten steht eine o-Frage mit einem bestimmten Fragewort, das eine offene Frage einleitet („Wie" / „Warum" / „Was" - diese Fragen können nicht nur mit „ja" oder „nein" beantwortet werden).
Man denkt sich wieder einen Begriff zu einem Thema oder einen berühmten Menschen aus, den die anderen erraten müssen. Die Fragenden dürfen jedoch nur das Fragewort benutzen, das auf ihrer Karte steht.

Abschlusstest

Bitte unterstreichen Sie die richtige Antwort!

Durch eine o-Frage (mit W-Fragewort) bekommt der Fragesteller:

a) nur eine knappe Antwort
richtig / falsch
b) eine ausführliche Antwort
richtig / falsch

c) viel Information
richtig / falsch
d) die Information, die er gezielt braucht
richtig /falsch
e) die Information, die er nicht unbedingt braucht
richtig /falsch

Durch eine g-Frage (ohne W-Fragewort) kann der Antwortende

a) alles sagen, was ihm zur Sache einfällt
richtig /falsch
b) gibt der Anwortende möglicherweise zu viel von sich preis, mehr als er eigentlich möchte
richtig /falsch
c) hat der Antwortende einen nur geringen Handlungsspielraum
richtig /falsch
d) legt sich der Antwortende frühzeitig auf Entscheidungen fest
richtig /falsch
e) einen klaren Antwortrahmen, den er einhalten muss, sodass er in eine bestimmte Ecke gestellt werden kann
richtig /falsch

Wenn doch die Politiker nur die Tierversuche stoppen würden!
Mögen Tierversuche gestoppt werden!

Redebeispiel (Original):

„*Empfange dieses Schwert, mit dem du alle Feinde Christi austreiben sollst. Lass dich durch diesen Mantel ermahnen, im Eifer für den Glauben und den Himmel zu glühen und auszuharren im Schutze des Friedens bis an dein Ende. Lass dich durch diese Insignien mahnen, deine Untertanen in väterlicher Zucht zu halten; reiche vor allem den Dienern Gottes und den Witwen und Waisen deine Hand voll Mitleid. <u>Niemals möge auf deinem Haupte das Öl des Erbarmens vertrocknen, auf dass du in diesem und im ewigen Leben mögest gekrönt werden mit unvergänglichem Lohne.</u>*"

Redetext: Widukind (Rede von Erzbischof Hildibert zur Krönung von König Otto I.), 936 n. Chr.

Wunschsatz   A56

I wish I could just make you turn around, turn around and see me cry.
(Phil Collins)

O wär ich schon mit dir vereint, und dürfte Mann mich nennen! Ein Mädchen darf ja, was es meint, zur Hälfte nur bekennen.
(Beethoven - „Fidelio")

> **Übung:**
>
> Stellen Sie sich eine ideale Welt vor, in der Sie gern leben würden. Was müsste es hier alles geben, damit Sie glücklich wären?
>
> *Stichworte: kein Krieg, keine Verschmutzung, keine Krankheiten...*
>
> Leiten Sie nun diese Stichworte mit Wunschsätzen ein, die z.B. mit „Wenn doch..." / „Möge..." / „Würde doch...") beginnen.
>
> **Querverweis:** B43 (Fictio Audientis), F88 (Kollektiver Traum), B2 (Parallelismus), B36 (Ironie), D85 (Übertriebener Ausdruck von Gefühlen), A35 (Adverb der Art und Weise), B17 (Metonymie), A65 (Konditionalsatz), B23 (Genitiv-Metapher)

Befehlssatz   A57

Please give me one more night, give me one more night. One more night cos I can't wait forever.
(Phil Collins)

*Rocco: Halt ein! Halt ein!
Florestan: O Gott!
Pizarro: Er soll bestraft sein!
Leonore: Töt' erst sein Weib!
Pizarro: Sein Weib?
Rocco: Sein Weib?
Florestan: Mein Weib?
Leonore: Ja, sieh hier Leonore!*
(Beethoven, „Fidelio")

Stoppt endlich die Tierversuche!

Redebeispiel Original:

„Lieber und getreuer Khevenhüller! Hier hast Du eine von der ganzen Welt verlassene Königin vor Augen mit ihrem männlichen Erben: Was vermeinst du, will aus diesem Kinde werden? <u>Sieh</u>, Deine gnädigste Frau entbietet sich Dir als einem treuen Minister; mit diesem auch ihre ganze Macht, Gewalt und alles, was unser Reich vermag und enthält. <u>Handle</u>, o Held und getreuer Vasall, wie Du es vor Gott und der Welt zu verantworten Dich getrautest. <u>Nimm</u> die Gerechtigkeit als einen Schild; <u>tue</u>, was Du recht zu sein glaubst; <u>folge</u> Deinem in Gott ruhenden Lehrmeister in den unsterblichen Eugenischen Taten und <u>sei versichert</u>, dass Du und Deiner Familie zu jetziger und zu ewigen Zeiten von unserer Majestät alle Gnaden, Gunst und Dank, vor der Welt aber einen Ruhm erlangst."

Österreichs Kaiserin Maria Theresia, Januar 1742 (Brief an Feldmarschall Graf Khevenhüller)

Querverweis: A24 (Verb), B2 (Parallelismus), B43 (Fictio Audientis), D74 (Dominanzsignale), D75 (Rollenanweisungen), E27 (Drohung), E16 (Symptomverschreibung), E40 (Bedrohung), E41 (Provokation)

Übung:

Schreiben Sie möglichst viele Sachen auf, die Sie an Ihrer eigenen Stadt / an Ihrem eigenem Land persönlich stören.

Stichwort: Müll / Steuerlast / Arbeitsbelastung / Kriegsbeteiligung.

Formulieren Sie anschließend möglichst viele Befehlssätze.

Positiv:
Tierversuche sind so unnötig wie ein Kropf. (Volksmund – Zitatenschatz)
Tierversuche sind so veraltet wie ein Schallplattenspieler.

Komparativ:
Tierversuche sind schlimmer als Meuchelmord.

Redebeispiel (Original):

„Man urteilt: sie können nicht mehr Güter produzieren, <u>sie sind wie eine alte Maschine</u>, die nicht mehr läuft, <u>sie sind wie ein altes Pferd</u>, das unheilbar lahm geworden ist, <u>sie sind wie eine Kuh</u>, die nicht mehr Milch gibt. Was tut man mit solch alter Maschine? Sie wird verschrottet. Was tut man mit einem lahmen Pferd, mit solch einem unproduktiven Stück Vieh? Nein, ich will den Vergleich nicht zu Ende führen-, so furchtbar seine Berechtigung ist und seine Leuchtkraft."

Redetext: Clemens August Graf von Galen (in einer internen Rede des katholischen Ordens zum Euthanasieprogramm der Nazis), 1941

„Darum sage ich euch: Sorget nicht um euer Leben, was ihr essen und trinken werdet. Ist nicht das Leben <u>mehr als die Speise</u> und der Leib <u>mehr als die Kleidung</u>? Sehet die Vögel unter dem Himmel an: sie säen nicht, sie ernten nicht, sie sammeln nicht in die Scheunen; und euer himmlischer Vater nährt sie doch. Seid ihr denn nicht <u>viel mehr als sie</u>? Wer ist unter euch, der seines Lebens Länge eine Spanne zusetzen kann, ob er gleich darum sorget? Und warum sorget ihr für die Kleidung? Schaut die Lilien auf dem Felde, wie sie wachsen; sie arbeiten nicht, sie spinnen sie nicht. Ich sage euch, dass auch Salomo in aller seiner Herrlichkeit nicht be-

Vergleichssatz A58
(Aussagesatz)

Santa Maria, Insel, die aus Träumen geboren, ich habe meine Sinne verloren, in dem Fieber, das wie Feuer brennt.
(Roland Kaiser)

kleidet gewesen ist wie derselbe eine. So denn Gott das Gras auf dem Felde also kleidet, das doch heute steht und morgen in den Ofen geworfen wird: sollte er das nicht viel mehr euch tun, oh ihr Kleingläubigen? Darum sollt ihr nicht sorgen und sagen: Was werden wir essen? Was werden wir trinken? Womit werden wir uns kleiden? Nach solchem allen trachten die Heiden."

Redetext: Jesus (Bergpredigt), 30 n.Chr.

Jesus von Nazareth

Übung 1:

Der Seminarleiter ruft den Teilnehmern den Beginn eines Satzes zu. Die Teilnehmer müssen aus der Situation heraus den Satz beenden. Die Übung kann man auch so spielen, dass wer zuerst schreit, das Wort erteilt bekommt. An der Tafel macht man dann Striche.

Seminarleiter: *„Er lief so schnell wie.."*
Teilnehmer: *„ein Reh, das vom Bär gejagt wird."*

Er sang so schön wie...
Sie schminkte sich wie...
Sie heulte wie...
Er schneuzte in sein Taschentuch wie...
Er lachte so laut wie...

Querverweis: B23 (Metapher), B24 (Katachrese), B25 (Allegorie), B28 (Exemplum), B15 (Hyperbel), A31 (Adjektiv Positiv), A32 (Adjektiv – Komparativ), A33 (Superlativ), B50 (Sentenz), B54 (Basis-Argumentation), B93 (Beschreibung) B94 (Schilderung), B95 (Erzählung), C94 (Ähnlichkeiten suchen nach Cicero), E67 (Beispiele entkräften nach Schopenhauer), E77 (gegnerische Beweise anzweifeln nach Schopenhauer), B2 (Parallelismus), B30 (Rhetorische Frage), B4 (Antithese), A97 (Inversio), E72 (Gegenargument in ein schlechtes Licht stellen), D64 (Persönliche Begründung mit Ich-Botschaft), B37 (Praeteritio), B39 (Anticipatio)

„dass-Satz" **A59** (erweiterter Meinungssatz)	*Ich finde / ich glaube / ich meine; man sollte Tierversuche verbieten. dass Tierversuche verboten werden sollten.* *es ist bekannt / es ist schädlich / es ist beunruhigend, dass man Tierversuche nicht verboten hat.*

Redebeispiel Original:

„Es ist allen bekannt und, wie wir glauben, niemandem von euch verborgen, dass die göttliche Gnade, durch deren Willen die zum Untergang hintreibenden Jahrhunderte erneuert werden, uns ein großes Gnaden- und Segensgeschenk gegeben hat, indem sie uns drei Söhne schenkte. Sie festigt durch sie einmal nach unserem Willen unsere Hoffnung gegenüber dem Reich, und so soll es euch nach unserem Willen bekannt sein, dass wir diese drei von Gottes Gnaden unsere Söhne zu unseren Lebzeiten als Mitbesitzer des uns von Gott gegebenen Reiches ansehen wollen und dass wir darum beten, sie nach unserem Hinscheiden aus dieser Sterblichkeit als Erben unseres von Gott bewahrten und auch in Zukunft geschützen Imperiums und Regnums zurücklassen zu können, wenn die göttliche Majestät es will. Wir wollen aber nicht den Staat in Verwirrung und Unordnung hinterlassen, nicht eine Auseinandersetzung in Zank und Streit um das ganze Reich, sondern wir haben veranlasst, dass, indem wir den Körper des ganzen Reiches in drei Teile zerlegen, genau gekennzeichnet und schriftlich fixiert werde, welchen Teil ein jeder von ihnen regieren und schützen soll."

Redetext: Karl der Große (zur Aufteilung des Frankenreichs), 806 n. Chr.

Wie kommt's, dass du so traurig bist? Da alles froh erscheint? Man sieht dir's an den Augen an: Gewiss, du hast geweint.
(Goethe)

Karl der Große

Übung:

An was glauben Sie persönlich? (z.B. Gott, Horoskop, Außerirdische). Formulieren Sie: „Ich glaube, dass..." und lassen Sie noch eine kausale Begründung mit „weil" folgen.

Querverweis: B54 (Basis-Argumentation), B55 (Plusminus-Argumentation), B56 (scheinbares Zugeständnis mit Contra-Widerlegung), B57 (Pro-Contra-Argumentation mit Ablenkungsmanöver), D19 (Eigene Meinung zurückhalten), D6 (Blitzschnelle Änderung der eigenen Meinung nach Cicero), F3 (Sachverhalt verdrehen), F24 (Annahmen als Tatsachen)

Nebensatzarten

Kausalsatz   **A60**
(Begründungssatz)

Weil du mich liebst, ist der Tag wieder Leben für mich. Weil du mich brauchst, ist die Nacht wieder Liebe für mich.
(Roland Kaiser)

Tierversuche müssen gestoppt werden, weil die meisten der Untersuchungsergebnisse ohnehin bekannt sind.

Redebeispiel (Original):

„Ob du nun ein Christ, Muslim oder Nationalist bist, wir haben alle das gleiche Problem. Sie hängen dich nicht, <u>weil du ein Baptist bist</u>, sie hängen dich, <u>weil du schwarz bist</u>. Sie greifen mich nicht an, <u>weil ich ein Moslem bin</u>, sie greifen mich an, <u>weil ich schwarz bin</u>. Sie greifen uns alle aus dem gleichen Grund an. Alle von uns ergreifen die Hölle vom gleichen Feind. Wir stecken alle im gleichen Sack. Im gleichen Boot. Wir erleiden politische Unterdrückung. Wirtschaftliche Ausbeutung. Und soziale Erniedrigung. Alle von ihnen vom gleichen Feind. Die Regierung hat uns im Stich gelassen. Das könnt ihr nicht verleugnen. Zu jeder Zeit, in der du im 20. Jahrhundert lebst, und du herumläufst und „We shall overcome" singst, hat uns die Regierung im Stich gelassen. Das ist der Teil von dem, was bei euch falsch ist. Ihr singt viel zu viel. Heute ist es Zeit das Singen aufzuhören und einen Schwinger zu setzen (*"swinging"). Du kannst dir die Freiheit nicht ersingen. Aber du kannst dich dadurch zu etwas Freiheit aufschwingen. Cassius Clay (= Muhammad Ali*) kann singen. Aber das Singen half ihm nicht, der Schwergewichtsmeister auf der Welt zu werden. Aber einen Schwinger zu setzen, half ihm der Schwergewichtsmeister auf der Welt zu werden. (...) Wenn wir auf die anderen Teile der Erde, in der wir leben, sehen, finden wir, dass schwarze, braune, rote und gelbe Leute in Afrika und Asien ihre Unabhängigkeit bekommen. Sie bekommen sie nicht, indem sie „We shall overcome" singen. (...) Und wenn ich spreche, spreche ich nicht als Demokrat oder als Republikaner noch als Amerikaner. Ich spreche als Opfer der sogenannten Demokratie Amerikas. Ihr und ich haben nie die Demokratie gesehen; alles, was wir gesehen haben, ist Heuchelei. Wenn wir unsere Augen heute öffnen und in Amerika umherschauen, sehen wir Amerika nicht durch die Augen von jemand, der das Opfer des Amerikanismus gewesen ist. Wir sehen keinen ‚amerikanischen Traum.' Wir haben nur den ‚amerikanischen Albtraum' erfahren."

Malcolm X

Redetext: Malcolm X, 14. April 1964

„ (...) nun doch nicht gerade geeignet ist, eine Rede von Johannes Müller an die Schweizer, oder von Gentz für das europäische Gleichgewicht oder irgendeinen anderen Wortredner der Völker *nach Würden anzuhören. Nicht etwa <u>weil die Kenntnisse</u>, die wissenschaftlichen Vorbereitungen <u>fehlen</u>, die zum Verständnis dieser Redner gehören, sondern <u>weil das Ohr</u> an großartige Wendungen der Rede <u>nicht gewöhnt ist</u>, <u>weil von den</u> breitgetretenen, zerbröckelten <u>Tönen</u> des gemeinen Lebens, worin kein Gesetz herrscht, als das der Not, kein Takt, als der der Faulheit, eigentlich <u>kein Übergang stattfindet</u> zu dem harmonischen Ganzen, was ein überlegener Geist mit Freiheit und rhythmisch angeordnet hat. (...) Aber <u>weil die Kunst</u> des Handelns und so auch des Sprechens <u>sichtbar ist</u>, <u>weil die Wirkung von ihr auszugehen scheint</u>, <u>weil sie ganzen Massen</u> von Menschen und Kräften <u>angenehme Gewalt anzutun scheint</u>; dagegen die Kunst des Leidens und des Hörens weniger in die Augen springt – so ergibt es sich, dass zuletzt in jeder gegebenen Gesellschaft viel mehr Personen reden als hören wollen, während die Natur das ganz Entgegengesetzte zu wollen scheint, indem sie angeordnet hat, dass zwar viele hören können was einer spricht, unmöglich aber einer hören kann, was viele zu gleicher Zeit reden."*

Redetext: Adam Müller

Übung:

Sie lesen bestimmte Aussagesätze oder Thesen, die Sie möglichst zügig begründen müssen, auch wenn sie vielleicht nicht mit Ihrer wahren Meinung übereinstimmt.

Beispiel:
Alle Hausfrauen sind faul...
(weil sie den ganzen Tag Zeit haben)
Alle Männer sind fleißig...
(weil sie die Kohle in der Fabrik heranschaffen müssen)
Kein Tier ist böse...
(weil erst der Mensch das Tier böse macht).

Querverweis: B54 (Basis-Argumentation), B55 (Plusminus-Argumentation), B56 (scheinbares Zugeständnis mit Contra-Widerlegung), B57 (Pro-Contra-Argumentation mit Ablenkungsmanöver)

<u>Als</u> die ersten Tierversuche unternommen wurden, gab es noch keine Proteste.	**Temporalsatz** **A61** (Zeitsatz)

And I can tell you my love for you will still be strong after the boys of summer have gone.
(Don Henley)

Als der Knabe nach der Schule, das Pennal in Händen, ging und mit stumpfer Federspule Lettern an zu kritzeln fing.
(Goethe)

Redebeispiel (Original):

„Es handelt sich hier ja nicht um Maschinen, es handelt sich hier nicht um Pferd und Kuh, deren einzige Bestimmung ist, dem Menschen zu dienen, für den Menschen Güter zu produzieren. Man mag sie zerschlagen, man mag sie schlachten, <u>sobald sie diese Bestimmung nicht mehr erfüllen</u>. Nein, hier handelt es sich um Menschen, unsere Mitmenschen, unsere Brüder und Schwestern. Arme Menschen, kranke Menschen, unproduktive Menschen meinetwegen! Aber haben sie damit das Recht auf Leben verwirkt? Hast du, habe ich nur <u>solange zu leben, solange wir produktiv sind, solange wir von anderen als produktiv anerkannt werden?</u> Wenn man den Grundsatz aufstellt, dass man den ‚unproduktiven' Mitmenschen töten darf, dann wehe uns allen, wenn wir alt und altersschwach werden!"

Redetext: Clemens August Graf von Galen (im katholischen Orden zum Euthanasieprogramm der Nazis), 1941

„Wir können nicht zufrieden sein, <u>solange</u> der Schwarze (*orig. „negro") das Opfer des unaussprechlichen Horrors der Polizeibrutalität ist. Wie können nicht zufrieden sein, <u>solange</u> unsere Körper, schwer von der Müdigkeit einer Reise, keine Übernachtung in den Motels der Highway-Autobahnen und den Hotels der Städte erhalten können. Wir können nicht zufrieden sein, <u>solange</u> die grundlegende Mobilität des Schwarzen von einem kleineren Ghetto in ein größeres führt. Wir können nicht zufrieden sein, <u>solange</u> unsere Kinder um ihre Selbstbestimmung und ihre Würde gebracht werden durch Schilder, die sagen: ‚nur für Weiße'. Wir können nicht zufrieden sein, <u>solange</u> der Schwarze am Mississippi nicht wählen kann und ein Schwarzer in New York glaubt, dass er nichts hat, was er wählen könnte. Nein, wir sind nicht zufrieden, und wir werden nicht zufrieden sein, <u>bis</u> die Gerechtigkeit herunterstürzt wie Wasser und Vorurteilslosigkeit wie ein mächtiger Strom."

Martin Luther King

Redetext: Martin Luther King, 28. August 1963

Übung:

Erzählen Sie eine zusammenhängende Geschichte (in der Zeitstufe „Präteritum"), in der möglichst mit den folgenden Wörtern am Satzanfang begonnen wird:

> *als, während, wenn, sobald, bevor, nachdem*
>
> Mögliche Themen: Autopanne auf der Autobahn, Urlaubschaos am Flughafen, Begegnung mit einem ungewöhnlichen Tier ...
>
> **Querverweis: A78 (Anapher), A99 (Hysteron proteron), B2 (Parallelismus)**

<u>Obwohl</u> immer mehr Menschen gegen Tierversuche demonstrieren, hat sich bis jetzt nur wenig getan.	**Adversativsatz A62** (Gegensatz-Satz)

Redebeispiel (Original):

„*Ein klassisches Beispiel dafür, wie die Motivanalytiker in unserem tieferen sexuellen Verlangen Verkaufsmöglichkeiten aufspüren, war eine Untersuchung, die Dr. Dichter in den Anfangszeiten der Motivforschung durchführte. Sie ist als ‚Geliebte contra Ehefrau' bekannt geworden. Man erbat von Dr. Dichter eine Erklärung für eine den Autohändlern unerklärliche Tatsache. <u>Obgleich die meisten Männer Limousinen und nur selten Kabrioletts kauften,</u> übten offensichtlich die Kabrioletts eine stärkere Anziehungskraft auf sie aus. Die Händler hatten herausgefunden, dass sie mehr Männer in die Ausstellungsräume lockten, wenn sie Kabrioletts ins Fenster stellten. Nachdem Dr. Dichter den Sachverhalt erkundet hatte, kam er zu der Schlussfolgerung, dass Männer das Kabriolett als eine symbolische mögliche Geliebte ansehen. Kabrioletts rufen in ihnen den Traum von Jugend, Romantik und Abenteuer hervor, genauso wie sie wohl von einer Geliebten träumen mögen. Der Mann weiß, dass er seinen Wunsch nach einer Geliebten nicht befriedigen wird, <u>aber es ist angenehm, davon zu träumen</u>. Dieses Wunschträumen zieht den Mann in den Auto-Verkaufsraum. Einmal dort, wählt er schließlich eine viertürige Limousine, genauso wie er einst ein schlichtes Mädchen geheiratet hat, von dem er wußte, dass es eine gute Ehefrau und Mutter werden würde. ‚Symbolisch ausgedrückt, heiratet er die Limousine', erklärte ein Vertreter Dr. Dichters. ‚Die Limousine ist zweckmäßig, praktisch, solide und sicher'.*"

Redetext: Vance Packard, 1957

Trotzdem sind wir (wir sind ja so schön!) viel zu bescheiden (Junge, sind mir schön). Trotzdem kann uns immer noch nicht jeder leiden (mir sind ja so schön!) (Niemann)

> **Übung:**
>
> *Bei meinen Recherchen zu diesem Buch fiel mir auf, dass Adversativsätze in Reden so gut wie nicht vorkommen. Es war wirklich schwierig, überhaupt dieses eine Beispiel zu finden. Grund: Man hat den Leuten eingebleut, dass sie möglichst positiv formulieren sollen. Dabei eignet sich ein Adversativsatz doch für ein „positives" Zugeständnis an den rhetorischen Gegner, dessen Argument man aufgreift und dann in eine andere Richtung laufen lässt.*
>
> **Arbeiten Sie mit folgenden Wörtern:** *Obwohl, auch wenn, allerdings, jedoch, indessen, selbst wenn*
>
> Beispiel: Auch wenn Herr Müller sagt, dass die meisten Ausländer aus Deutschland verschwinden sollen, bin ich dennoch der Ansicht, dass ...
>
> Auch wenn wir aufs Auto verzichten würden, die Umwelt hätte ...
>
> Obwohl immer mehr Kinder in Armut leben, tun unsere Politiker so, als ...
>
> Querverweis: B39 (Anticipatio), E42 (Ja, aber-Taktik), E72 (Gegenargument in ein schlechtes Licht stellen), F9 (Hinweis auf veränderte Lage), F10 (Umdeutung von Äußerungen), F11 (Bagatellisierung)

Konsekutivsatz A63
(Folgesatz)

Ha! Soll ich vor einem Weibe beben? So opfr' ich beide meinem Grimm! Geteilt hast du mit ihm das Leben, sodass du nun den Tod teilst mit ihm!
(Beethoven - „Fidelio"/ abgeändert)

Immer mehr Menschen demonstrierten gegen Tierversuche, <u>sodass</u> die Politiker zum Handeln gezwungen waren.
Er war <u>so</u> außer sich vor Zorn, <u>dass</u> er die Journalisten anschrie.

Redebeispiel Original:

„Das Ende des Lebens - und den Beginn des Überlebens.
Gott gab Euch Herrschaft über die Tiere, die Wälder und den roten Mann, aus einem besonderen Grund - doch dieser Grund ist uns ein Rätsel. Vielleicht könnten wir es verstehen, wenn wir wüssten, wovon der weiße Mann träumt - welche Hoffnungen er seinen Kindern an langen Winterabenden schildert - und welche Visionen er in ihre Vorstellungen brennt, <u>so dass sie sich nach einem Morgen sehnen.</u> Aber wir sind Wilde - die Träume des weißen Mannes sind uns verborgen.
Und weil sie uns verborgen sind, werden wir unsere eigenen Wege

gehen. Denn vor allem schätzen wir das Recht eines jeden Menschen, so zu leben, wie er selbst es wünscht - gleich wie verschieden von seinen Brüdern er ist.
Das ist nicht viel, was uns verbindet.

Redetext: Häuptling Seattle, 1855

Indianerhäuptling Seattle

> **Übung:**
>
> **Denken Sie sich bestimmte Verben mit einer Folge aus:**
>
> Beispiel: kochen (heiß – verbrennen); schwimmen (kalt – ertrinken); Autofahren (neblig – Unfall haben).
>
> Der Kochtopf war so heiß, dass er sich verbrannte. /
> Der Kochtopf war heiß, sodass er sich verbrannte.
> Das Wasser war so kalt, dass er irgendwann nicht mehr schwimmen konnte und ertrank. Das Wasser war kalt, sodass er irgendwann nicht mehr schwimmen konnte und ertrank.
> Die Autobahn war so neblig, dass er einen Autounfall hatte. /
> Die Autobahn war neblig, sodass er einen Autounfall hatte.
>
> **Querverweis:** A58 (Vergleichssatz), B23 (Metapher), B16 (Ironie), E88 (Folgen übertreiben nach Hamilton), F12 (Übertreibung von Folgen), B95 (Erzählung)

Wir sollten demonstrieren, <u>damit</u> die Politiker endlich etwas machen.

Redebeispiel (Original):

Heiliger, ewiger, unsterblicher Gott, wir stehen hier im Gedenken an unsere gefallenen Kameraden. Sie waren Menschen wie wir, mit Sehnsüchten und Hoffnungen, mit Ängsten und Sorgen, mit Liebe und Zärtlichkeit, Ehemänner und Väter, Söhne und Brüder, Freunde und Mitmenschen. <u>Ihre Namen sind hier aufgeschrieben, damit sie nicht vergessen werden</u>. Aber noch wichtiger als die Namen auf den Platten ist, dass sie bei Dir eingeschrieben sind und in Dir leben dürfen. Darum bitten wir jetzt für sie alle, wo und wie auch immer der Tod sie fand. Lass sie geborgen sein in Deiner ewigen Liebe und vollende an ihnen alles, was der frühe Tod unvollendet und unvollkommen ließ an ihrem Leben.
Wir gedenken aber hier auch all derer, die um sie weinten und trauerten, denen sie durch einen grausamen Befehl entrissen wur-

Finalsatz   **A64**
(Zwecksatz / Absichtssatz)

I just called to say I love you. I just called to say how much I care.
(Stevie Wonder)

den und die sie auch heute noch vermissen. Lass sie Trost finden und ersetze Du, was durch den Tod der Gefallenen bei ihnen ausgefallen sein mag.
Nicht vergessen wollen wir bei diesen Bitten aber auch diejenigen, die die Opfer ihrer Kämpfe wurden, diejenigen, die gegen sie gekämpft haben und die genauso gehofft haben, das Gute und Richtige zu tun und alle, die sonstwie Opfer der See wurden, einzeln durch Unfälle oder in großen, ja unvorstellbar großen Zahlen durch Schiffs- und Flutkatastrophen.
Ihrer aller gedenken wir nun in einem Augenblick der Stille und des Gebets.

Redetext: Pfarrer Alfons Kordecki (zur Gedenkfeier am 13. Juni 1998, 60 Jahre U-Boot-Ehrenmal Kiel-Möltenort)

* In Möltenort stehen die Namen der 35 000 toten Soldaten der Marine, die im Ersten und Zweiten Weltkrieg den Tod fanden, auf steinernen Platten. 739 U-Boote wurden versenkt.

Übung:

Denken Sie sich wieder bestimmte Verben mit einer Folge aus:

Beispiel: kochen (heiß – verbrennen); schwimmen (voller Magen – ertrinken); Autofahren (neblig – Unfall haben).

Formulieren Sie nun Warnungen:

Sei vorsichtig mit dem heißen Kochtopf, damit du dich nicht verbrennst.
Schwimm nicht mit vollem Magen, damit du nicht ertrinkst.
Fahr nicht so schnell bei diesem Nebel, damit du keinen Unfall hast.

Querverweis: B43 (Fictio Audientis), A87 (Polysyndeton), A57 (Befehlssatz), A90 (Bekräftigung), A34 (Substantiviertes Adjektiv)

<u>Wenn</u> die Politiker Tierversuche stoppen, <u>werden</u> keine neuen Medikamente entwickelt.
<u>Wenn</u> die Politiker alle Tierversuche <u>stoppten</u> (=stoppen würden), würden keine neuen Medikamente entwickelt.
<u>Wenn</u> damals die Politiker die Tierversuche <u>gestoppt hätten</u>, so <u>wären</u> keine neuen Medikamente entwickelt <u>worden</u>.

Konditionalsatz A65
(Bedingungssatz)

*When I can't sleep through the lonely night, I turn to you like a flower leaning toward the sun.
(Melanie C)*

Redebeispiel (Original):

„Ob eine Frau vor Männern nicht hervortreten und unter Zögernden nicht Wagemut beweisen dürfe, das zu entscheiden, denke ich, erlaubt der gegenwärtige Augenblick ganz und gar nicht. Denn <u>wenn man</u> in die äußerste Gefahr geraten ist, <u>dann gibt</u> es nichts Besseres als so gut wie möglich wieder auf die Füße stehen zu kommen. Ich jedenfalls glaube, dass die Flucht, <u>wenn jemals, dann jetzt</u> – auch wenn sie Rettung bringen sollte – ungeeignet ist. <u>Denn für</u> jeden Menschen, der das Licht der Welt erblickt, ist es unvermeidlich, nicht auch zu sterben, und für einen, der Kaiser gewesen ist, ist es schier unerträglich, als Flüchtling in der Welt zu leben. Möchte ich nie ohne diesen Purpur sein, und möchte ich niemals den Tag erleben, an dem die Begegnenden mich nicht mehr ‚Herrin' nennen."

Redetext: Kaisergattin Theodora, 532 n. Chr. (zum „Nika-Aufstand" in Konstantinopel (Byzanz).

Kaiserin Theodora

„Doch wähnen die Sterblichen, die Götter würden geboren und hätten Gewand und Stimme und Gestalt wie sie.
Doch <u>wenn die Ochsen und Rosse und Löwen Hände hätten oder malen könnten mit ihren Händen und Werke bilden wie die Menschen</u>, so würden die Rosse roßähnliche, die Ochsen ochsenähnliche Göttergestalten malen und solche Körper bilden, wie jede Art gerade selbst das Aussehen hätte.
Die Äthiopen behaupten, ihre Götte seien schwarz und stumpfnasig, die Thraker, blauäugig und rothaarig."

Redetext: Xenophanes aus Kolophon: Fragmente

Übung:

Setzen Sie die folgenden Sätze in alle drei Möglichkeitsformen:

Wenn ich heute Zeit habe, werde ich in die Disko gehen.
Wenn du diesen Hund streichelst, wird er beißen.
Wenn du brav bist, bekommst du eine Belohnung.

> Drehen Sie zur Abwechslung auch die Sätze um: „Ich werde in die Disko gehen, wenn ich heute Zeit habe."
>
> Querverweis: B15 (Hyperbel), A58 (Vergleichssatz), A83 (Hendiadyoin), A86 (Derivatio), B28 (Exemplum), A87 (Asyndeton / Polysyndeton)

Relativsatz   A66
(Erläuterungssätze)

You are the one that I want (you are the one I want), ooh, ooh ohh, honey.
(Olivia Newton-John & John Travolta)

Papst Urban II.

Die Tierversuche, die in den letzten Jahren unternommen wurden, waren nötig / unnötig.

Redebeispiel (Original):

„Wer einen Eifer hat für das Gesetz Gottes, *der schließe sich uns an*. Wir wollen unseren Brüdern helfen. Ziehet aus, und der Herr wird mit euch sein. Wendet die Waffen, *mit denen ihr in sträflicher Weise Bruderblut vergießt*, gegen die Feinde des christlichen Namens und Glaubens. (...) Wir aber erlassen durch die Barmherzigkeit Gottes und gestützt auf die heiligen Apostel Petrus und Paulus allen gläubigen Christen, *die gegen die Heiden die Waffen nehmen und sich der Last dieses Pilgerzugs unterziehen*, alle die Strafen, *welche die Kirche für ihre Sünden verhängt hat*. Und wenn dort einer in wahrer Buße fällt, so darf er fest glauben, dass ihm Vergebung seiner Sünden und die Frucht ewigen Lebens zuteil werden wird. Mit brennendem Eifer und heiliger Wut sollt ihr für die Sache Gottes streiten und nicht eher ruhen noch rasten, als bis das himmlische Jerusalem befreit ist."

Redetext: Papst Urban II., 27. November 1095 (Aufruf zum Kreuzzug)

> **Übung:**
>
> Nehmen Sie einen Zeitungstext und unterstreichen Sie alle Substantive. Denken Sie sich dann zu jedem Substantiv einen Relativsatz aus, der mit „der-die-das-dessen-deren-dem-den" beginnt.
>
> Querverweis: A47 (Relativpronomen), A57 (Befehlssatz), A31 (Adjektiv Positiv), B26 (Personifikation), B23 (Genitiv-Metapher), C54 (Der Zorn nach Aristoteles), C55 (Der Zorn in der Rede), C58 (Freundschaft und Feindschaft nach Aristoteles), C59 (Freundschaft und Feindschaft in der Rede) D32 (Sympathieträger Lob nach Aronson), E82 (Kritik und Lob einsetzen nach Hamilton), E90 (dickes Lob), E92 (Ruhm)

Der Bundeskanzler sagt – ich zitiere- :"Tierversuche sind nötig!" **Direkte Rede   A67**

Redebeispiel „Original":

„Es hielt sich aber zu der Zeit der Erzbischof auf einem Hof seines Sprengels namens Winkel auf, wo er arme Leute, die von verschiedenen Orten kamen, aufnahm und täglich mehr als 300 speiste, die abgerechnet, welche beständig bei ihm aßen. Es kam auch eine fast verhungerte Frau mit einem kleinen Kinde zu ihm und wollte von ihm wiederbelebt werden, doch ehe sie die Türschwelle überschritt, stürzte sie vor allzu großer Schwäche zusammen und hauchte den Geist aus. Und als der Knabe die Brust der toten Mutter, als wenn sie noch lebte, aus dem Kleid zog und zu saugen versuchte, brachte er viele, die es mit ansahen, dahin zu seufzen und zu weinen. In diesen Tagen zog auch einer vom Grabfelde mit seinem Weibe und seinem kleinen Sohn nach Thüringen, um das Elend seiner Not zu lindern, und unterwegs im Wald sagte er zu seinem Weib: ‚Wäre es nicht besser, diesen Knaben zu töten und sein Fleisch zu essen, als dass wir alle umkommen?'"
(Fortsetzung: siehe indirekte Rede)

Kriminal Tango in der Taverne. Dunkle Gestalten und rotes Licht. Und sie tanzten einen Tango, Jacky Brown und Baby Miller. Und er sagt ihr leise: „Baby, wenn ich austrink, machst du dicht."
Hazy-Osterwald-Sextett

Redetext: Annales Fuldenses, 850 n. Chr. (zur Hungersnot in den Rhein-Gebieten)

Querverweis: B30 (Rhetorische Frage), C66 (Das Mitleid nach Aristoteles), C67 (Das Mitleid in der Rede), B9 (Euphemismus), A32 (Adjektiv – Komparativ), B68 (Moralisches Argument)

Übung:

Nehmen Sie sich den Text von einem Theaterstück nach Wahl (z.B. Shakespeares „Romeo und Julia" / „Othello" / „Hamlet" / Schillers „Räuber", Goethes „Egmont"). Suchen Sie Schlüsselpassagen, die sie mündlich wiedergeben. Interpretieren Sie, welche Emotionen im Publikum ausgelöst werden. Achten Sie hierbei auf direkte Rede:

Da nahm Romeo Julia an der Hand und fragte sie: „Darf ich dich küssen?" Julia sagte: „Ja, Geliebter!" Für mich ist diese Stelle deshalb interessant, weil ...

Der Bundeskanzler sagt, dass Tierversuche nötig sind. **Indirekte Rede   A68**
Der Bundeskanzler sagt, Tierversuche seien nötig.

She says she loves you and you know that can't be bad.
(Beatles)

„*Als sie aber widersprach, er solle kein solches Verbrechen begehen,* riss er endlich, weil der Hunger drängte, gewaltsam den Sohn aus den Armen der Mutter, und er hätte seinen Willen in die Tat umgesetzt, wäre ihm nicht Gott in seiner Erbarmnis zuvorgekommen. Denn da sah er in der Ferne zwei Wölfe über einer Hirschkuh stehen und ihr Fleisch zerreißen; und sogleich lief er, vom Sohn ablassend, zu der toten Hirschkuh, trieb die Wölfe weg, nahm von dem angefressenen Fleisch und kehrte mit dem unversehrten Sohn zu der Frau zurück."

Redetext: Annales Fuldenses, 850 n. Chr. (zur Hungersnot in den Rhein-Gebieten)

Querverweis: B26 (Personifikation), A29 (Partizip Präsens), A26 (Konjunktiv), A60 (Kausalsatz), A61 (Temporalsatz), A65 (Konditionalsatz), C6 (Tipps für den Schluss), C7 (Spannungsgefälle in der Gliederung), B95 (Erzählung), F38 (nur seine Interessen sehen)

Übung:

Nehmen Sie sich den Text von einem Theaterstück nach Wahl (z.B. Shakespeares „Romeo und Julia" / „Othello" / „Hamlet" / Schillers „Räuber", Goethes „Egmont"). Suchen Sie Schlüsselpassagen, die sie mündlich wiedergeben. Interpretieren Sie, welche Emotionen im Publikum ausgelöst werden. Achten Sie hierbei auf indirekte Rede! Die Verben sollten den Inhalt nur oberflächlich zusammenfassen, keine 1-zu-1-Übertragung.

Beispiel: Da nahm Romeo Julia an der Hand und fragte sie, ob er sie küssen dürfe. Julia antwortete dem Geliebten, sie gestatte es ihm. Für mich zeigt diese Stelle, dass...

Konjunktionalsatz A69

Sprecht leise, haltet euch zurück! Ob wir belauscht werden mit Ohr und Blick, das wissen wir nicht.
(Beethoven - „Fidelio" / abgeändert)

Ob wir Erfolg haben werden, hängt von verschiedenen Faktoren ab.

„*Das ist ja das wunderbare und viele Menschen so abschreckende Thema der Bibel, dass das einzig sichtbare Zeichen Gottes in der Welt das Kreuz ist. Christus wird nicht friedlich von der Erde zum Himmel entrückt, sondern er muss ans Kreuz. Und eben dort, wo das Kreuz steht, ist die Auferstehung nah. Eben dort, wo alle an Gott irre werden, wo alle an Gottes Macht verzweifeln, da ist Gott ganz, da ist Christus lebendig nahe. Wo es auf des Messers Schnei-*

de steht, <u>ob man abtrünnig wird oder treu bleibt</u>, dort ist Gott, ist Christus ganz."

Redetext: Dietrich Bonhoeffer

> **Übung:**
>
> **Ergänzen Sie die folgenden Sätze sinnvoll:**
>
> Ob man gut ist oder schlecht ...
> Ob man klug ist oder dumm ...
> Ob man reich ist oder arm ...
> Ob man fleißig ist oder faul ...
> Ob man beliebt ist oder unbeliebt ...
>
> **Querverweis:** B17 (Symbol), A80 (Symploke), B9 (Aischrologie), B23 (verblasste Metapher), B11 (Paradox), A91 (Alliteration), A77 (Inclusio)

Ich weiß nicht, <u>woher</u> Ihre Informationen über Tierversuche stammen, aber ich weiß, dass sie falsch sind.
Zeigen wir den Politikern, <u>wie</u> es richtig geht.

Indirekter Fragesatz mit W-Wort   A70

Redebeispiel Original:

Ach so! Sie wollen also wirklich von mir erfahren, <u>warum ich Sie heute hasse!</u> Das zu begreifen, wird Ihnen sicherlich schwerer fallen als mir, schließlich sind Sie, so kommt es mir zumindest vor, das allerschönste Beispiel weiblicher Begriffsstutzigkeit, das man nur auflesen kann.
Gemeinsam hatten wir einen langen Tag, der mir viel zu schnell vorüberging, verbracht. Versprochen hatten wir uns fest, immer nur gleiche, gemeinsame Gedanken zu teilen, sodass unsere zwei Seelen von nun an nur eine einzige wäre – ein Traum, eigentlich nicht außergewöhnlich, ausgenommen vielleicht der Umstand, zwar von allen Menschen gern geträumt, aber von niemandem je in die Tat umgesetzt worden zu sein.
Sie waren des Abends ein bisschen schlaftrunken und beabsichtigten, an der Ecke eines neuen Boulevards mit mir ein neu errichtetes Café aufzusuchen, wo der Bauschutt noch zu sehen war und die Herrlichkeit noch unfertig war. Das Café selbst: fein herausgeputzt. Der Glanz eines verheißungsvollen Neubeginns wurde

Er spricht von Tod und Wunde! Nun fort auf uns're Runde! Es ist mir bewusst geworden, wie wichtig es sein muss, den Mörder selbst zu morden!
(Beethoven - „Fidelio" / abgeändert)

durch das warme Licht transportiert, welches, so gut es eben ging, die strahlend weißen Wände beleuchtete, die Flächen der Spiegel, die vergoldeten Leisten und Giebel, die molligen und edlen Marmorstatuen, die von Hunden gezogen wurden, sie selbst dem Falken auf ihrer Faust zulächelnd, Meerjungfrauen und Göttinnen mit Früchten, Blätterteiggebäcken und Wildbret auf dem Kopf (...) das ganze Geschehen und die ganze Mythologie schien wie gemacht für den Dienst der Schlemmerei.

Direkt vor unserem Angesicht befand sich mitten auf der Fahrbahn ein braver Mann, vielleicht vierzig Jahre alt; sein Gesicht wirkte müde, sein Bart war bereits grau; ein kleiner Junge umfasste seine eine Hand, und auf dem anderen Arm trug er ein kleines Ding, welches zum Laufen viel zu schwach war. Offenbar übte der Mann die Pflichten eines Dienstmädchens aus und ging mit seinen Kindern nur an die frische Abendluft. Alle trugen nur ärmlichste Lumpen. Ein seltsamer Ernst ummalte diese drei Gesichter, und ihre sechs Augen fixierten mit der gleichen Begeisterung das neue Café. (...)

Die Augen des Vaters riefen: Ist das wunderbar! Ist das wunderbar! Ich könnte fast den Eindruck gewinnen, alles Gold der armen Welt befindet sich an diesen Wänden! Die Augen des Jungen riefen: Ist das herrlich! Ist das herrlich! Aber es scheint ein Platz zu sein, wo nur Leute Zugang erhalten, die anders als wir sind. - Die Augen des jüngsten Knaben hingegen schienen verzaubert von einer einfachen, tiefen und stummen Freude.

Chansonschreiber behaupten, solch eine Freude mache die eigene Seele gut und erwecke Mitleid. Für diesen einen Abend war ich mit dem Chanson eins, jedenfalls was meine Person betraf. Mich rührte diese Familie sehr, die praktisch nur aus Augen bestand, und es war mir auch ein bisschen peinlich, weil unsere Gläser und Karaffen viel größer waren als unser Durst. Ich richtete meinen Blick direkt zu dem Ihrigen, meine Teure, um meine eigenen Gedanken darin zu finden; ich sank geradezu in Ihre wunderschönen und weichen warmen Augen, in diese grünen, manchmal launischen und vom Lichte des Nachtmonds beschienenen Augen, da riefen Sie zu mir: „Ich kann diese Leute einfach nicht mehr länger ertragen, die ihre Augen aufreißen wie die Scheunentore! Könnten Sie nicht den Geschäftsführer des Cafés bitten, sie schnnellstmöglich von uns fortzuschaffen?"

Charles Baudelaire

Text: Charles Baudelaire, „Les yeux des pauvres", 1862 / Begründer des „französischen Symbolismus"

(*leicht verändert)

194

> **Übung:**
>
> Bilden Sie möglichst viele Sätze, die mit dem Verb „wissen" eingeleitet werden. Dies kann z.B. nützlich sein, wenn Sie in einer Verteidigungsstelle auf Zeit spielen wollen, um sich eine passende Antwort zurechtzulegen.
>
> Ich weiß nicht, warum Sie ...
> Ich weiß nicht, woher ...
> Ich weiß nicht, wieso ...
> Ich weiß nicht, wie ...
> Ich weiß nicht, weshalb ...
>
> Querverweis: B33 (Licentia), B15 (Hyperbel), E64 (Zynismus nach Schopenhauer), C66 (Das Mitleid nach Aristoteles), C67 (Das Mitleid in der Rede)

Tierversuche zu stoppen, ist unser Ziel.
Es ist unser erklärtes Ziel, alle Tierversuche zu stoppen.

Redebeispiel (Original):

„*Da tat sich mit der Ermordung Meines Freundes, des Erzherzogs Franz Ferdinand, ein Abgrund auf. Mein hoher Verbündeter, der Kaiser und König Franz Josef, war gezwungen zu den Waffen zu greifen, um die Sicherheit seines Reiches gegen gefährliche Umtriebe aus dem Nachbarstaat zu verteidigen. (...) Uns treibt nicht Eroberungslust, uns beseelt der unbeugsame Wille, den Platz zu bewahren, auf den Gott uns gestellt hat, für uns und alle kommenden Geschlechter. Aus den Schriftstücken, die Ihnen zugegangen sind, werden Sie ersehen, wie meine Regierung und vor allem Mein Kanzler bis zum letzten Augenblick bemüht waren, das Äußerste abzuwenden. In aufgedrungener Notwehr mit reinem Gewissen und reiner Hand ergreifen wir das Schwert. An die Völker und Stämme des Deutschen Reiches ergeht Mein Ruf, mit gesamter Kraft, in brüderlichem Zusammenstehen mit unseren Bundesgenossen zu verteidigen, was wir in friedlicher Arbeit geschaffen haben. Nach dem Beispiel unserer Väter fest und getreu, ernst und ritterlich, demütig vor Gott und kampfesfroh vor dem Feind, so vertrauen wir der ewigen Allmacht, die unsere Abwehr stärken und zu gutem Ende lenken wolle!*"

Redetext: Kaiser Wilhelm II. (Mobilmachung), 1914

Infinitivsatz   A71

Besonders ist er drauf bedacht, durch Ordnung wieder einzubringen, was Unordnung so schlimm gemacht, und heißt mich meinen Willen zwingen.
(Goethe)

Kaiser Wilhelm II.

Übung:

Bilden Sie möglichst viele Infinitivsätze, die mit den folgenden Wörtern eingeleitet werden (und kein „dass" enthalten!):

Mein Ziel ist es ...
(die Menschen zu lehren, wie man Sprache lernen kann)
Mein Wunsch ist es ...
Mein Anliegen ist es ...
Mein Wille ist es ...
Meine Absicht ist es ...

Querverweis: D76 (auf Sachzwänge berufen), D80 (Verantwortungszuweisung), A31 (Adjektiv Positiv), A46 (Possessivpronomen), A87 (Polysyndeton), A91 (Alliteration), B17 (Metonymie), B23 (Metapher), B26 (Personifikation), B47 (Tua Res Agitur), C54 (Der Zorn nach Aristoteles), C55 (Der Zorn in der Rede)

Apposition A72
(verkürzte Relativsatz-Beifügung)

Das Glück dient wie ein Knecht für Sold, es ist ein schönes Ding, das Gold, es ist ein schönes Ding, das Gold.
(Beethoven - „Fidelio")

Diese Tierversuche, in den letzten Jahren unternommen, waren unnötig.

Redebeispiel Original:

Wenn wir unser Land verkaufen, so müsst Ihr Euch daran erinnern und Eure Kinder lehren: die Flüsse sind unsere Brüder - und Eure -, und Ihr müsst von nun an den Flüssen Eure Güte geben, so wie jedem anderen Bruder auch.
Der rote Mann zog sich immer zurück vor dem eindringenden weißen Mann - so wie der Frühnebel in den Bergen vor der Morgensonne weicht. Aber die Asche unserer Väter ist heilig, ihre Gräber sind geweihter Boden, und so sind diese Hügel, diese Bäume, dieser Teil der Erde uns geweiht. Wir wissen, dass der weiße Mann unsere Art nicht versteht. Ein Teil des Landes ist ihm gleich jedem anderen, denn er ist ein Fremder, der kommt in der Nacht und nimmt von der Erde, was immer er braucht. Die Erde ist sein Bruder nicht, sondern Feind, und wenn er sie erobert hat, schreitet er weiter. Er lässt die Gräber seiner Väter zurück - und kümmert sich nicht. Er stiehlt die Erde von seinen Kindern - und kümmert sich nicht. Seiner Väter Gräber und seiner Kinder Geburtsrecht sind vergessen. Er behandelt seine Mutter, die Erde, und seinen Bruder, den Himmel, wie Dinge zum Kaufen und Plündern, zum Verkaufen wie Schafe oder glänzende Perlen. Sein Hunger wird

*die Erde verschlingen und nichts zurücklassen als eine Wüste.
Ich weiß nicht - unsere Art ist anders als die Eure. Der Anblick
Eurer Städte schmerzt die Augen des roten Mannes. Vielleicht,
weil der rote Mann ein Wilder ist und nicht versteht.*

Redetext: Häuptling Seattle, 1855

Übung:

Nehmen Sie einen Zeitungs- oder Literaturtext und unterstreichen Sie alle Substantive oder Personalpronomen. Ergänzen Sie dann diese durch eine Apposition im gleichen Kasus.

Beispiel aus der Tagespresse:
Man musste Franz Müntefering, *diesen routinierten Parteisoldaten und Bierzelteinpeitscher,* ins Boot holen, der die Agenda 2010 zu verteidigen weiß (...) Kurt Becks Selbstbewusstsein und sein Stolz auf das in den Regierungsjahren Erreichte waren Begriffe, die man mit ihm, *diesem eigentlich so erfolgreichen Landespolitiker,* in Verbindung brachte.

Querverweis: A20 (Demonstrativpronomen), A47 (Relativpronomen), A58 (Vergleichssatz), A66 (Relativsatz), A79 (Epipher), A97 (Inversio), B16 (Ironie), B17 (Metonymie), B26 (Personifikation), B23 (Metapher), B39 (Anticipatio), D17 (Selbstenthüllung), D31 (Sympathiekiller Kritik nach Aronson), D81 (Vorwürfe), F12 (Übertreibung von Folgen)

Schritt 1: Rhetorische Figuren (elocutio)

Marcus Tullius Cicero

„Der bestmögliche Redner wird von den Wort- und Satzverzierungen so reichhaltig Gebrauch machen, dass jedes Wort, das von ihm geäußert wird, angebracht erscheint und wichtig ist.
Sehr häufig verwendet er Metaphern, weil diese nicht zuletzt durch ihr ähnliches Abbild die Gedanken leiten und führen (…) schon durch ihre Schnelligkeit erfreuen sie die Gedanken der Zuhörerschaft. Aber auch andere Figuren, die aus der Position der einzelnen Wörter im Satz entstehen, können eine Rede zum Glänzen bringen. (…) Wenn der Redner Wörter verdoppelt oder die Wörter mehrfach im Satzgefüge auftauchen oder die Wörter leicht verändert oder wenn der Satzanfang gleich ist oder das Satzende gleich ist oder der Satzanfang und das Satzende gleich ist; oder wenn das gleiche Wort mehrfach wiederholt wird oder wenn ein gleiches Wort in einem anderen Sinn verwendet wird oder wenn Wörter denselben Kasus oder die gleiche Endsilbe haben; oder wenn der Satz sich auf einen vorhergehenden bezieht oder wenn man auf Bindewörter verzichtet und so manches in unverbundener Folge aufzählt; oder wenn man Sachen auslässt, und den Grund dafür nennt, oder wenn man sich verbessert und dadurch selbst kritisiert; oder wenn man einen bewundernden Ausruf tätigt oder in Wehgeschrei ausbricht oder wenn das gleiche Wort in einem neuen Fall auftaucht. (…) Rhetorik bedeutet praktisch nur, dass man all seinen Gedanken – oder fast allen – auf irgendeine Art und Weise einen sprachlichen Geniestreich versetzt."

Cicero - „Orator"

Rhetorische Figur
A73

Eine rhetorische Figur ist die „kunstreiche" Neuschöpfung eines sprachlichen Ausdrucks, der dann durch diese Nachbearbeitung (Feinschliff) von der Ursprungsfassung in den Ausprägungsgraden „schwach bis stark" abweichen kann. Dies kann entweder nur auf ein bestimmtes Wort, manchmal auch auf die Wortstellung des ganzen Satzes bezogen sein. Anders ausgedrückt: Ein normaler Satz (z.B. Tierversuche sollen verboten werden) wird wie bei einer mathematischen Gleichung immer wieder verändert, um einen gewünschten Effekt zu erzielen. So lässt sich ein Wort addieren, subtrahieren, austauschen oder der ganze Satz umstellen. Dieses operative Verfahren ist jedoch eher für schriftliche Rhetorik (z.B. Texte fürs Kabarett, politische Rhetorik, Gedichte, Literatur) bedeutsam, wenn es auf jedes einzelne Wort ankommt. In einer spontanen Redesituation (z.B. Dialog) macht man zwar manche rhetorische Figur automatisch (Ironie), aber man hat kaum die Zeit, die komplizierteren Figuren (z.B. Symploke) bewusst anzuwenden. Aber auch hier gilt: Übung macht den Meister.

Man unterteilt rhetorische Figuren

a) durch Zufügung neuer Satzelemente (+) *(Einzelwort oder Satz)*
b) durch Auslassung einzelner Satzelemente (-) *(Einzelwort oder Satz)*
c) durch Umstellung der Satzglieder (<-->) *(Einzelwort oder Satz)*
d) durch Austausch von Einzelwörtern (x2 für x1) *(Einzelwort)*
e) Manipulationsfiguren *(ganzer Textabschnitt)*
f) Figuren der Aufmerksamkeit und Sympathie *(ganzer Textabschnitt)*
g) Figuren der Argumentation und Logik *(ganzer Textabschnitt)*

Anmerkungen:
Gruppe d wird in der Fachsprache nicht als Figur, sondern als „Tropus" (griechisch von trépein: „wenden" / „die Richtung ändern") bezeichnet. Im Gegensatz zu den Figuren der Gruppen a bis c wird hier nicht in die Anordnung der Wörter im Satzbau (Syntax) eingegriffen, sondern ein bestimmtes Wort aus dem Satz wird für ein anderes ersetzt. Hier kommen auch Kommunikationsmodelle ins Spiel. Der Sprecher ersetzt sein ursprüngliches Wort mit einem Sprachbild. Zuhörer müssen erkennen, wofür dieses Sprachbild steht, sie müssen dekodieren. Durch diese Übertragung ist nun eine zusätzliche Denkleistung vom Publikum nötig, die vor allem folgende Frage klären muss – wie hat der Redner denn das nun eigentlich wirklich gemeint? Tropen beinhalten ein gewisses Risiko, weil Zuhörergruppen keinen einheitlichen Wortschatz haben. Der Belesene hat mit Tropen kein Problem, der unbelesene Zuhörer – sofern es aus seiner eigenen Lebenswirklichkeit fällt – hingegen schon. Erinnern Sie sich noch an Ihren Deutschaufsatz in der Schule? Immer wenn Sie am Rand des korrigierten Blattes einen Ausdrucksfehler vom Lehrer kassiert haben, haben Sie höchstwahrscheinlich einen „tropus" benutzt.

Wir verwenden jedoch bei den Beispielen zu dieser Tropengruppe weiterhin den Begriff „rhetorische Figur".

Gruppe e und f wird normalerweise unter dem Oberbegriff „Gedankenfigur" zusammengefasst. Lausbergs Einteilung als Gedankenfigur hat jedoch keinen Sinn, da hier nicht der Zweck erkennbar ist, wofür diese Figur steht. Die Gedankenfiguren in die Kategorien a bis d zu gruppieren, wie es z.B. die Strukturalisten taten, ist ebenfalls wenig hilfreich. Sie sind isolierte Phänomene, die zwei eigene Gruppen zum Zwecke der Manipulation und Aufmerksamkeitssteigerung darstellen.

Gruppe g ist normalerweise das Fachgebiet der Philosophie (Wahrheitsfindung durch Logik). Allerdings sollte gerade ein Redner in der Lage sein, nicht nur sprachlich, sondern auch argumentativ zu bestechen. Argumente stellen inhaltliche Figuren dar, die entweder „echt" oder „unecht" sein können. Sie gehören zum Teil der Redeplanung „dispositio".

Eine völlige Neueinteilung aller rhetorischen Figuren in die Kategorien „Bild" / „Gegenteil" / „Verdoppelung" / „Verkürzung" und „Umstellung" finden Sie im Anhang dieses Buches. Dort finden Sie auch eine Übertragung aller rhetorischen Figuren in die deutsche Sprache. Eine „Anapher" heißt dort „Satzanfangswiederholung", eine Alliteration „Anfangsbuchstabenwiederholung" usw.

Übrigens: Weder Cicero noch Demosthenes kannten die heutige Aufteilung der rhetorischen Figuren, die erst Heinrich Lausberg im 20. Jahrhundert vorgenommen hat. Sie können also auch gut reden, ohne dass Sie genau wissen, wo die Figur in der Tabelle zu finden ist, wenn Sie nur die Figur selbst beherrschen.

Jede Figur wird Ihnen nun wie folgt erklärt:

- Sie erfahren den lateinischen oder griechischen Ausdruck
- die deutsche Übersetzung
- die Sprachformel, wie sich die Veränderung mathematisch darstellen lässt
- ein bekannter Text, der diese Figur beinhaltet, oftmals ein Lied oder Gedicht
- die Veränderung eines bestimmten Satzes nach dieser Figur
- eine kurze Erklärung zur Anwendung dieser Figur
- Textbeispiele mit Markierung für diese Figur
- Unterformen und Spezialfälle für diese Figur
- ein Merksatz, den Sie sich einprägen sollten
- eine Übungsaufgabe

Anmerkung zu den Sprachformeln:
Die Sprachformeln zu jeder Figur dienen als Beispiel für eine Verwendungsmöglichkeit und stellen nicht die Summe aller Möglichkeiten dar, wie die Figur in die Satzgestaltung eingebracht werden

kann. Das mathematische Feld der Kombinatorik gibt Antwort auf dieses Problem, z.B. „Wie viele Möglichkeiten gibt es, vier Buchstaben anzuordnen?" Von den vier Elementen a, b, c und d gibt es 24 Variationen: $V^3{}_4 = 4 \cdot 3 \cdot 2 = 24$

abc -> abd -> acb -> acd -> adb -> adc -> bac -> bad -> bca -> bcd -> bda -> bdc -> cab -> cad -> cba -> cbd -> cda -> cdb -> dab -> dac -> dba -> dbc -> dca -> dcb

siehe auch: *Dr. sc. S. Gottwald (Hrsg), „Handbuch der Mathematik", Leipzig 1986*

Je nach Figur bezeichnen wir hier mit den Buchstaben a,b,c,d... Satzglieder (z.B. Subjekt, Prädikat, Objekt) oder Wortarten (z.B. Substantiv, Verb, Adjektiv).

Ausblick:
Unter Zuhilfenahme der Mathematik ließen sich auch völlig neue rhetorische Figuren erschaffen, die in keinem Rhetorikbuch verzeichnet sind. Hauptproblem scheint zu sein, dass man bislang nur von der Sprache ausging, aber nicht von den mathematischen Möglichkeiten der Elementenpaarung. Wir wollen uns in diesem Buch damit begnügen, die bekannten Figuren kennenzulernen.

+ Zufügungsfiguren

Tierversuche sollten sofort, sofort verboten werden!
Wir sind gegen Tierversuche, Tierversuche, Tierversuche!

„Kuckuck, kuckuck" Hermann Puttenham wollte einst dieser Figur in der englischen Sprache den Namen Kuckucksruf – frei nach der Schweizer Kuckucksuhr – geben. Man versteht unter einer Ge-

Wiederholung eines einzelnen Wortes/einer Wortgruppe in einem Satz A74
(Geminatio / conduplicatio / Epizeuxis)

> Sprachformel:
> a + a + bcd
> oder
> abc + d + d

Mein Vater, mein Vater und siehst du nicht dort Erlkönigs Tochter am düsteren Ort? - Mein Sohn, mein Sohn, ich seh es genau: Es scheinen die alten Weiden so grau. (Goethe)

Blue, blue, blue Johnny blue, alle singen deine Lieder, blue, blue, blue Johnny Blue, und die ganze Welt hört zu (Lena Valeitis)

Wilhelm Raabe

minatio die unmittelbare Wiederholung eines Wortes bzw. einer Wortgruppe. Die meisten Redner stellen die Geminatio direkt an den Satzanfang, weitere Möglichkeiten sind in der Mitte oder am Ende.

Beispiel: „Jauchzet, jauchzet, jauchzet dem Herrn alle Welt"

Die Geminatio (lateinisch: „Verdoppelung") nicht zu häufig anwenden! Wenn der Redner sie nicht richtig betont, glaubt man an einen Versprecher.

Ausspracheregel:

Die Geminatio sollte in einem festen, beharrlichen und gleichen Tonfall - und mit nicht zu langsamer Geschwindigkeit - ausgesprochen werden. (J.M. Meyfart, „Teutsche Rhetorik und Redekunst")

Zur Sicherheit kann man das Wort oder die Wortgruppe auch dreimal bringen – dann vermutet das Publikum eine Strategie. Diese Figur verwendet man für mehr Eindringlichkeit, wenn das Publikum mitgerissen werden soll. Wirkung: Wörter werden in ihrer Aussage gesteigert, aber auch Klagen über eine Sache sind möglich: „Oh weh, oh weh, ich Armer!"

Tipp: *Das Gradadverb (z.B. sehr, sehr zufrieden) und das Adverb der Zeit (z.B. heute, heute) sind für eine 2er-Doppelung vorzuziehen, das Substantiv für eine 3er-Doppelung (und dabei mit Leidenschaft vorgetragen: Zorn, Jammer, Hass soll der Redner im Publikum auslösen).*

Beispiel aus der Literatur:

Er wird sie in Wien verkaufen; es ist mir alles, alles klar, und es gibt kein Mittel, ihn in seinem Willen zu hindern, als das Geld. Das Geld. Das Geld! Fräulein Adelaide sitzt auch noch wach auf dem Bette.

Text: Wilhelm Raabe, „Der Schüdderump"

Sonderformen:

Wenn das wiederholte Wort nicht direkt folgt, so handelt es sich um eine „separatio" (diakope). Siehe hierzu auch die Stilfiguren „Inclusio", „Verdeutlichung" und „Bekräftigung":

Separatio:
London ist sehr schön, wirklich schön.
Du bist klug, wirklich klug, aber vielleicht nicht klug genug.
Keiner, aber auch keiner hat das Recht, Sie zu beleidigen.

Verdeutlichung:
London ist eine Stadt, eine sehr schöne Stadt.

Bekräftigung:
London ist schön - ja wirklich! Meine Damen und Herren! - sehr schön.

Merke:
Eine Geminatio, eine Geminatio ist die Wiederholung des gleichen Begriffs.

Querverweis: A21 (Substantiv), A36 (Gradadverb), A38 (Zeitadverb), A50 (Interjektion), A75 (Reduplicatio), A77 (Inclusio), A89 (Verdeutlichung), A90 (Bekräftigung)

Übung:

Machen Sie aus folgender Forderung eine Geminatio:

„Esst weniger Süßigkeiten, Leute, denn sie machen dick und sind schädlich für die Zähne."

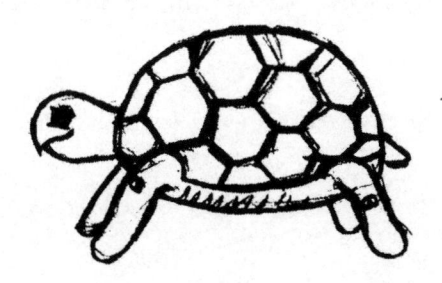

Auch ich bin gegen Tierversuche.

Wir sind gegen Tierversuche! Tierversuche sollten verboten werden!
Wir sind gegen weitere Tierversuche und Quälerei! Tierversuche und Quälerei gehören verboten!

Wiederholung eines einzelnen Wortes (oder Wortpaares) in zwei aufeinanderfolgenden Sätzen. A75
(Reduplicatio/Anadiplose)

> **Sprachformel:**
> abc + cde + efg + ghi...

Ha! Soll ich vor einem Weibe bangen? Weibe, du hat geteilt mit ihm das Leben, so nun teile den Tod mit ihm. (Beethoven - „Fidelio"/ abgeändert)

Das wiederholte Wort (oder Wortpaar „X und Y") wird direkt an den Satzanfang gestellt und bewirkt Eindringlichkeit. Mit einem Wortpaar bekommen die Sätze einen schönen Rhythmus. Diese Figur verwendet man, wenn das Publikum mitgerissen werden soll.

Wirkung: Verleiht einer Aussage Nachdruck.

Dieses Auto ist ein Geschenk der <u>Technik. Technik</u> bedeutet für uns Ausdauer, Zuverlässigkeit, Moderne.

Die Reduplicatio dient auch zur klangliche Verstärkung anderer rhetorischer Figuren, sie ist eine „Kombinationsfigur".

Ciceros berühmter Ausspruch gegen Catilina: „Hic tamen vivit. Vivit? Immo vero etiam in senatum venit."
(„Obgleich dieser Mann lebt. Lebt? Ja, er kommt sogar in den Senat."
„Doch dieser Mann - er lebt. Er lebt? Ja, er wagt es sogar, in den Senat zu kommen!")

Nimmt man ein Sprichwort oder eine Redewendung, so kann man diese erfolgreich weiterspinnen, um den Sinn des eigenen Anliegens zu verdeutlichen. Einprägsamer für die Zuhörer ist es allerdings, das Substantiv am Satzanfang des zweiten Satzes durch ein sinnpassendes Verb zu ersetzten.

Bismarck sagte: „Setzen wir Deutschland in den <u>Sattel. Reiten</u> wird es schon können."

Dieser Satz ging um die Welt. Hätte Bismarck eine Reduplicatio mit genauer Wortwiederholung benutzt, wäre ein langweiligerer Satz herausgekommen:

„Setzen wir Deutschland in den Sattel. Der Sattel wird ihm schon passen."

In den folgenden Beispielen werden bekannte Sprichwörter mit einem zweiten Satz weitergeführt, wobei sich ein passendes Verb auf das letzte Wort des ersten Satzes bezieht.

Ohne Fleiß <u>kein Preis. Bezahlen</u> muss man ihn allerdings mit viel Zeit und echtem Schweiß.

Der Wein löst <u>die Zunge. Bewegt</u> sie sich zu schnell, droht schnell Streit – auch unter guten Freunden.

Alles mit Liebe, nichts mit Gewalt. Kämpfen tut man nur im Kriege, doch in Friedenszeiten wird die Freundschaft schnell kalt.

Liebe duldet keinen Zwang. Angekettet ist sie der Anfang vom Untergang.

Die Rede ist der Dolmetscher der Gedanken. Denkt man jedoch nicht genau nach, hat man schnell einen Übersetzungsfehler, der sich nicht mehr korrigieren lässt.

Ernste Rede ist kein Spaß. Freuen Sie sich also mit mir auf den prähistorischen Vortrag von Professor Klingenberg, der seine ganz eigene Art hat, die Evolutionsgeschichte des Menschen zu erklären.

Auf Liebe und Wetter ist kein Verlass. Verlasst daher dieses Land, denn es liebt euch nicht und ist wie ein nasskalter Regenguss zu euch.

Eine lose Rede schläft in dummen Ohren. Hören Sie? Die Menge jubelt nicht, niemand applaudiert oder hat etwas von Ihrem Vortrag verstanden.

Natürlich lässt sich auch auf das Verb des ersten Satzes mit einem Substantiv am Anfang des zweiten Satzes antworten:

Es ist Adams Rhetorik, die Schuld auf andere zu schieben. Der Stoß in meine Richtung geht daher postwendend zurück an Sie, lieber Parteifreund.

Die Logik ist von der Rhetorik überwältigt und besiegt worden. Der Sieg der Sprache kommt in diesem Fall einem Verlust der Urteilskraft gleich.

Bei Reden und Tafelgerichten sind die einfachen und ungewürzten die besten. Das Beste an Ihrem Vortrag war die Nennung des Themas, denn zu viel Salz und Pfeffer haben den Sinnzusammenhang zu einem Sprachbrei verdorben.

Iss in der Oase und faste in der Wüste. Unangenehm heiß und schwül ist daher Ihre Forderung nach Studiengebühren: Die Studenten sollen in der Wüste der Universität nur staubigen Sand essen und später in der Oase der Wirtschaft fasten, wenn sie noch zusätzlich das Bafög zurückzahlen müssen. Kann sich jemand heutzutage noch ein Studium leisten, der nicht über wohlhabende Eltern verfügt? Die Verfügung von Studiengebühren sollte schleunigst vom Tisch, wenn Sie nicht alles durcheinander bringen wollen. Lasst Hauptschüler, die genug Geld haben, studieren, und lasst Gymnasiasten, die kein Geld haben, eine Maurerlehre machen. So sieht doch Ihre Politik aus!

Beispiel aus der Literatur:

Darum ist der Geist einsam, weil ihn nur ein einziges belebt, das ist die Liebe. Die Liebe ist das All. Der Geist ist einsam, weil die Liebe alles allein ist. Die Liebe ist nur für den, der ganz in ihr ist. Liebe und Geist schauen sich einander an, denn sie sind in sich allein und können nur sich sehen.

Bettina von Arnim

Text: Bettina von Arnim, „Goethes Briefwechsel mit einem Kinde"

Bei der Wiederholung kann auch eine Bedeutungsveränderung eintreten:

Beispiel aus der Literatur:

KÖNIG.
   Etwas Wahres
   Find ich in diesen Worten.
MARQUIS.
   Aber schade!
   Da Sie den Menschen aus des Schöpfers Hand
   In Ihrer Hände Werk verwandelten
   Und dieser neugegoßnen Kreatur
   Zum Gott sich gaben – da versahen Sie's
   In etwas nur: Sie blieben selbst noch Mensch –
   Mensch aus des Schöpfers Hand. Sie fuhren fort,
   Als Sterblicher zu leiden, zu begehren;
   Sie brauchen Mitgefühl – und einem Gott
   Kann man nur opfern – zittern – zu ihm beten!
   Bereuenswerter Tausch! Unselige
   Verdrehung der Natur! – Da Sie den Menschen
   Zu Ihrem Saitenspiel herunterstürzten,
   Wer teilt mit Ihnen Harmonie?
KÖNIG.
   (Bei Gott,
   Er greift in meine Seele!)

Friedrich Schiller

Text: Friedrich Schiller, „Don Karlos"

Spezialfall: Buchstaben-Reduplicatio

der Sportstuden**t** **t**urnt in der Halle
der Sportle**r** **r**ennt noch eine weitere Stunde
der Politike**r** **r**uft noc**h** **h**eut**e** **e**rfolgreich nach ...

Merke: Auch eine Reduplicatio widerholt ein Wort. Das Wort kommt dann an den Satzanfang des nächsten Satzes.

Übung:

Machen Sie aus dem folgendem Satz eine Reduplicatio:

Milch ist gut für den Menschen.

Querverweis: A21 (Substantiv), A24 (Verb), A74 (Geminatio), A76 (Klimax), A87 (Asyndeton), B26 (Personifikation), C22 (Sprechmelodie: Debattenton)

Die Klimax („Treppe" / „Leiter" / „Aufstieg") ist eine Steigerungsfigur. Es gibt sie in verschiedenen Ausprägungen:

a) Wortwiederholung im unmittelbaren Kontakt, d.h. mit einer fortschreitenden Reduplicatio:

Beispiel: Wir müssen zu <u>den Politikern</u> gehen, <u>die Politiker</u> müssen <u>ein Gesetz</u> machen, <u>das Gesetz</u> muss Tierversuche verbieten!

b) Reihung sachlich zusammengehöriger Begriffe ohne echte Steigerung (congeries)

Beispiel: Jegliche weiteren Tierversuche sind <u>zu untersagen, abzulehnen, zu verbieten</u>!

c) Reihung sich überbietender Begriffe zum Zwecke der Steigerung,

Beispiele: Tierversuche sind <u>unnötig, unerträglich, unverantwortlich</u>!

Gegenteil: Antiklimax („Herabstufung")

Es war sicherlich <u>ein großer Geist,</u> der all diese Dinge sagte, <u>ein energischer Mann</u>, um nicht zu sagen: <u>eine skrupellose Type.</u>

Reihung von Wörtern
A76
(Klimax / Gradatio)

Sprachformel:
$a+b_1 + b_2+b_3$ ($b_{1/2/3}$= synonyme Wörter)
oder
abc + cde + efg (mit zunehmender Intensität)

Bei der Wiederholung gleichbedeutender Wörter für eine Klimax gilt: Sparsam einsetzen, denn wenn das Publikum keine Absicht vermutet, sondern Unvermögen des Redners, das richtige Wort zu wählen, ist die beabsichtigte Wirkung dahin.

Quintilians Rat lautet auch: Die Klimax nur sparsam einsetzen, weil sie sehr gekünstelt wirkt. Thomas Wilson, Autor von „The Arte of Rhetorique", fügt hinzu: Die Klimax ja nicht mit zu vielen Stufen einsetzen, gewöhnlich in nicht mehr als drei oder auch vier Stufen.

Textstelle Original:

„Wir rühmen uns auch der Bedrängnisse, weil wir wissen, <u>dass Bedrängnis Geduld bringt, Geduld aber Bewährung, Bewährung aber Hoffnung, Hoffnung aber lässt nicht zuschanden werden;</u> denn die Liebe Gottes ist ausgegossen in unsere Herzen durch den heiligen Geist, der uns gegeben ist." (Paulus, Römerbrief 5.3)

Paulus

Sonderfall: scalae (treppenhafte Steigerung)
Hier wird der Ausdruck immer stärker, z.B. drei Partizipien hintereinander: „Verlacht, verspottet, verbannt"

Beispiel aus der Literatur:

„Oh, ich weiß doch, was du durchmachst. Nein, es ist wahr, niemals ging es noch so schnell zu, außer etwa ein Gefecht zwischen zwei Widdern und Cäsars Prahlerei von „Ich kam, sah und siegte". <u>Denn dein Bruder und meine Schwester hatten sich kaum getroffen, da sahen sie sich an; kaum dass sie sich angesehen hatten, liebten sie sich; kaum dass sie sich geliebt hatten, seufzten sie vor Sehnsucht; kaum dass sie vor Sehnsucht geseufzt hatten, fragten sie den anderen nach dem Grund; kaum dass sie den Grund gewusst hatten, suchten sie nach dem Allheilmittel; und in diesen Stufen haben sie sich nun eine Treppe zur Ehe gemacht,</u> die sie zügellos und ungehemmt zu erklimmen gedenken, oder sie werden sich zügellos und ungehemmt vor ihrer Ehe betragen. Sie sind im eigentlichen Zorn der Liebe, und sie werden zusammen sein. Knüppel und Schlagstöcke können sie nicht trennen."

William Shakespeare

Text: William Shakespeare, „As you like it"

Merke: *Auch die Klimax wiederholt <u>ein Wort, dieses Wort</u> kommt an den Anfang des nächsten <u>Teilabschnitts, der Teilabschnitt</u> wird an Intensität gesteigert.*

> **Übung:**
>
> Machen Sie aus dem folgendem Satz eine Reihung:
> „Er muss damit aufhören".
>
> Machen Sie aus folgendem Satz eine Klimax:
> „Sport – Fußball – Hass"
>
> Querverweise: A34 (Substantiviertes Adjektiv), A75 (Reduplicatio), A87 (Asyndeton), A92 (congeries), A95 (Zeugma), B2 (Parallelismus), B16 (Ironie)

Die Umrandung eines Satzes oder Wortes A77 (Inclusio)

Die Politiker! Sie behaupten tatsächlich immer noch, dass Tierversuche nötig sind. Die Politiker!

Die Umrandung eines Aussagesatzes kann bei richtiger Betonung ironisch bis sarkastisch wirken. Wichtig ist, dass die vordere und hintere Umrandung vom Sprecher verschieden betont werden (laut - leise / heiter – verächtlich). Wenn das erste Wort ein Verb ist, so kann man die Inclusio auch in einem einzigen Satz unterbringen.

> Sprachformel:
> a + bcd + a

Arbeiten sollt ihr, anpacken, heben und arbeiten!

Trinken sollt ihr, die Krüge hoch, euch zuprosten und trinken!

Schreiben sollt ihr, den Stift in die Hand und euren Block aufschlagen und schreiben!

Sonderform: Separatio (Trennung)

Zwischen zwei identische Wörter wird ein weiteres Wort als Einschnitt gesetzt.

Beispiel: „Führe, handle, führe!"

Umrandung innerhalb eines Wortes:

Vorstandsvorsitzender

„Mein Name ist Bond, James Bond."

Michelle, ma belle, these are the words that go together well, my Michelle. (Beatles)

*Das Wandern ist des Müllers Lust,
Das Wandern!
Das muß ein schlechter Müller sein,
Dem niemals fiel das Wandern ein,
Das Wandern.*

Wilhelm Müller, „Die schöne Müllerin" (1816)

Beispiele aus der Literatur:

Vinicius warf einen forschenden Blick auf den Griechen und fragte: „Was hast du heute getan?"
„Was ich begonnen habe. <u>Habe</u> ich dir nicht schon gesagt, Herr, daß ich ein Gelübde für deine Genesung getan <u>habe</u>?"
„Weiter nichts?"

Text: Henryk Sienkiewicz, „Quo Vadis?"

Jetzt kam durch das offene Fenster ein Sonnenstrahl so lustig hereingeschossen und es war geradezu, als rief er: <u>„Komm heraus, Heidi, komm heraus!"</u> Da konnte es nicht mehr drinnen bleiben, es rannte hinaus. Da lag der funkelnde Sonnenschein um die ganze Hütte herum und auf allen Bergen glänzte er und weit, weit das Tal hinunter, und der Boden dort am Abhang sah so goldig und trocken aus, es mußte ein wenig darauf niedersitzen und umherschauen. Dann kam ihm auf einmal in den Sinn, daß das Dreibeinstühlchen noch mitten in der Hütte stand und der Tisch noch nicht geputzt war vom Morgenessen. Nun sprang es schnell auf und lief in die Hütte zurück.

Text: Johanna Spyri, „Heidi kann brauchen, was es gelernt hat"

<u>Ach</u>, alles flieht, <u>ach,</u> alles schied, was ich gedacht.

Text: Paul-Marie Verlaine, „Lieder für Sie"

Merke: <u>Die Inclusio</u>: Bei ihr kommt das Wort vor einem Satz erneut nach dem Satz. <u>Die Inclusio</u>!

Übung:

Machen Sie aus dem folgendem Satz eine Inclusio:

„Lange ist nichts geschehen, meine Herren!"

Querverweis: A44 (Personalpronomen), A48 (Indefinitpronomen), A74 (Geminatio), A57 (Befehlssatz), A91 (Alliteration), B26 (Personifikation)

Henryk Sienkiewicz

Johanna Spyri

Paul Verlaine

Die Politiker behaupten tatsächlich immer noch, dass Tierversuche nötig sind. *Die Politiker behaupten* auch, dass wir ohne Tierversuche nicht leben können.

Wiederholung des gleichen Wortes oder Wortpaares am Satzanfang A78
(Anapher / Repetitio / Iteratio)

Die Anapher (griechisch: „Wiederaufnahme") ist eine der häufigsten rhetorischen Figuren und bewirkt Eindringlichkeit. Die Anapher tritt oft zusammen mit einem Parallelismus auf. Normalerweise werden Wortgruppen in der Anzahl 3 – 5 wiederholt, dann handelt es sich um eine „Repetitio". Wird aber nur ein einzelnes Wort wiederholt, haben wir es mit einer „Iteratio" zu tun. Man findet die Satzanfangswiederholung vor allem in politischen Reden und Trauerreden. Durch die Einfachheit der Satzstellung hat der Redner Zeit, sich den Hinterteil des nächsten Satz auszudenken. Allgemein hat sich der 3er-Schritt durchgesetzt, d. h. maximal dreimal das gleiche Wort/Wortpaar am Satzanfang.
Die Anapher dient der Verstärkung einer Aussage. Sie verlangsamt eine Rede, sie rhythmisiert sie gleichzeitig. Historisch kommt die Anapher vor allem in magischen Beschwörungsformeln des Mittelalters vor, man denke nur an Geister- und Zaubersprüche.

Sprachformel:
a + bcd + a + efg + a + hij + a + klm...
(a= sich wiederholender Satzanfang)

Es geht um mehr als um flüchtige Stunden, es geht um mehr, als wir beide gedacht.
(Howard Carpendale)

Beispiel aus der Literatur:

FAUST
  Die ihr, gehüllt in furchtbar dunklen Schleier,
  Die Seele mir umwallt, gehorchet, Geister,
  Dem ersten, festen Willen, der euch ruft.
BÖSER GEIST.
  Dem ersten, festen Willen wird gehorchet.
  Du Sohn des Staubes, ihm entschwungen kühn
  Und ähnlich uns, sprich dein Begehren aus.
GUTER GEIST.
  Faust! Faust!

Text: Adelbert von Chamisso, „Faust" (1803)

Auch im christlichen Gottesdienst wird sie ihres poetischen Wohlklangs, Rhythmus und Musikalität wegen gern eingesetzt.

Adelbert von Chamisso

Veni, pater pauperum,
Veni, dator munerum,
Veni, lumen cordium.

(Komm, Vater der Armen,
Komm, Geber der Gaben,
Komm, Licht der Herzen.)

Text: Veni Sancte Spiritus (Messgesang zu Pfingsten)

Man unterscheidet:

1. Ganzversanapher
2. Halbversanapher
3. Gehäufte Cäsuranapher
4. Versunabhängige Anapher

Beispiel für 1)

per me si va ne la citta dolente,
per me si va ne l'etterno dolore,
per me si va tra la perduta gente

(Durch mich der Weg in die leidende Stadt
Durch mich der Weg zu ewigem Schmerz
Durch mich der Weg, der inmitten der Verlorenen verläuft)
Text: Dante Alighieri, „Inferno 3.1"

Dante Alighieri

Beispiel für 2)

Hic gelidi fontes, hic mollia prata,
Lycori, hic nemus; hic consumerer tecum
aevo ipso.

(Hier sind kalte Bäche, hier sind weiche Wiesen,
o, Lycoris, hier ist ein weidereiches Gehölz; hier
könnte ich das Leben selbst mit dir verbringen.)
Text: Vergil, „Ecl. 10.42"

Beispiel für 3)

sic oculos, sic ille manus, sic ora ferebat;

(so beschaffene Augen, so beschaffene Hände, ein so
beschaffenes Gesicht hatte jener)
Text: Vergil, Aeneis 3.490

Beispiel zu 4)

<u>The</u> *other snarled into a savage laugh; and the next moment, with extraordinary quickness, he had unlocked the door and disappeared into the house.*
<u>The</u> *lawyer stood awhile when Mr Hyde had left him, the picture of disquietude. Then he began slowly to mount the street, pausing every step or two and putting his hand to his brow like a man in mental perplexity.* <u>The</u> *problem he was thus debating as he walked was one of a class that is rarely solved.*

Robert Louis Stevenson

Text: Robert Louis Stevenson, „Strange Case of Dr. Jekyll and Mr. Hyde"

Beispiel aus der Lyrik:

<u>Wo bist du, Bild, das vor mir stand,</u>
Als ich im Garten träumte,
Den Rosmarin ins Haar mir wand,
Der um mein Lager keimte;
<u>Wo bist du, Bild, das vor mir stand,</u>
Mir in die Seele blickte,
Und eine warme Mädchenhand
An meine Wange drückte?

Nun such' ich dich, mit Harm erfüllt,
<u>Bald</u> bey des Dorfes Linden,
<u>Bald</u> in der Stadt, geliebtes Bild,
Und kan dich nirgends finden.
Nach jedem Fenster blick' ich hin,
Wo nur ein Schleyer wehet,
Und habe dich, o Lieblingin,
Noch nirgends ausgespähet.

Text: Ludwig Christoph Heinrich Hölty, „Das Traumbild"

Ludwig Christoph Heinrich Hölty

Eine Warnung sei jedoch für die Anapher gegeben: **Rhetorische Figuren können nur wirken, wenn das Publikum sie nicht durchschaut,** also nicht weiß, was geschieht. Diese Figur ist leider derart häufig in Reden und Interviews zu finden, dass der eigentliche Effekt (in der Gunst der Zuhörer zu steigen) schnell verpufft, wenn sie zu plump formuliert ist.

Merke: Die Stilfigur der Anapher hat den gleichen Satzanfang in aufeinander folgenden Sätzen. Sie ist deshalb sehr einprägsam und findet sich häufig in politischen Reden.

Querverweis: A79 (Epipher), B2 (Parallelismus), A80 (complexio) A52 (Subjunktion)

Übung:

Machen Sie aus dem folgenden Satz eine Anapher:

„Solange wir nicht mehr Arbeitslose in Lohn und Brot bringen, wird es mit unserem Land nicht bergauf gehen."

Wiederholung des gleichen Wortes oder Wortpaares am Satzende
A79
(Epipher)

Sprachformel:
abc + dec + efc
(c= sich wiederholendes Satzende)

Mich sträubt sich schon das Haar, der Vater willigt ein. Mir wird so sonderbar, mir fällt kein Mittel ein!
(Beethoven - „Fidelio")

Henryk Sinkiewicz

Die Politiker behaupten tatsächlich immer noch, dass Tierversuche nötig sind. In diesem Publikum gibt es sicherlich noch weitere Leute, die glauben, dass Tierversuche nötig sind.

Die Epipher (ausgeprochen: Epifer) ist im Gegensatz zur Anapher sprachlich eleganter und bewirkt ebenfalls Eindringlichkeit. Es erfordert aber eine große Übung, den Satz mit dem gleichen Wort zu beenden, weil man hier praktisch keine Zeit hat, sich den nächsten Sinnabschnitt vorher zu überlegen. Merke jedoch: Im Gedicht oder Liedtext gilt die gleiche Beendigung eines Satzes als stilistisch unschön.

Handy schön und neu. Die Welt schön und neu.

Eine längst vergessene, von mir verdrängte Erinnerung kommt wieder, wie ein schwüles Sommergewitter, das über diese Stadt heraufzieht und schluchzend die Tropfen damaliger Ereignisse trostspendend auf meine Haut rieseln lässt, kommt sie wieder.

Beispiel aus der Literatur:

Der Cäsar betrank sich immer mehr; Männer waren betrunken, Frauen waren betrunken. Marcus Vinicius war es nicht weniger als andere, und zudem erwachte in ihm neben der Begierde Streitsucht, was jedesmal geschah, wenn er sein Maß überschritten hatte.

Text: Henryk Sinkiewicz, „Quo Vadis?"

Merke: Die Stilfigur der Ephipher endet auf das gleiche Wort und ist spontan schwer zu bilden. Die meisten rhetorischen Figuren sind spontan schwer zu bilden.

Querverweis: A78 (Anapher), A80 (complexio), B2 (Parallelismus)

Übung:

Machen Sie aus dem folgendem Satz eine Epipher:

„Solange wir nicht mehr Arbeitslose in Lohn und Brot bringen, wird es mit unserem Land nicht bergauf gehen."

Diese rhetorische Figur (Anapher und Epipher zugleich) ist sprachlich äußerst anspruchsvoll. Der Anfang und das Ende der direkt aufeinander folgenden Sätze sind gleich, aber in der Mitte kommt Neues hinzu.

Das Beste aus der <u>Natur</u>, das Beste für die <u>Natur</u>.

Der Verstorbene war ein Muster an <u>Güte</u>; <u>der Verstorbene</u> gewann sich Freunde durch <u>Güte</u>; <u>der Verstorbene</u> lebte nach den Maximen der <u>Güte</u>.

Und <u>wer</u> hat dies <u>gesagt</u>? Und <u>wer</u> hat diese Lüge <u>gesagt</u>? Und <u>wer</u> hat diese Unwahrheit <u>gesagt</u>?

Es ist das älteste Rhetorikbuch in lateinischer Sprache: die römische Rhetorikschrift „Ad Herrenium", die noch bis vor wenigen Jahrhunderten Cicero zugerechnet wurde, aber höchstwahrscheinlich doch von einem anderen, anonymen Verfasser stammt. Hier gibt es folgendes Beispiel für eine Symploke:

<u>Wen</u> der Senat <u>verurteilt hat</u>, <u>wen</u> das Volk <u>verurteilt hat</u>, <u>wen</u> die Meinung aller <u>verurteilt hat</u>, den möchtet ihr durch euer Votum freisprechen?

Die Complexio gelingt besser, wenn man die sich wiederholenden Elemente in drei Sätze aufteilt. Man hat also zunächst zwei Sätze mit einer Anapher und schließt im dritten Satz mit einer Anapher (A) und einer Epipher (E) ab, sodass die Objekte der ersten zwei Sätze wiederholt werden können.

<u>Das Wesen des Staates</u> (A) ist nicht die <u>Regierung</u>. <u>Das Wesen des Staates</u> (A) ist nicht <u>die Opposition</u>. <u>Das Wesen des Staates</u> (A) ist <u>die Regierung</u> und <u>die Opposition</u>. (E)

Text: Kurt Schumacher, 1950

Beispiel aus der Literatur:

Wenn man einen Mann nicht davon überzeugen kann, daß es ‚ehrenvoll' ist, sich an die Maschine <u>zu ketten</u>, dann hat man keine andere Wahl, als ihm Angst davor zu machen, sich nicht an die Maschine <u>zu ketten</u>. <u>Man kann</u> dies tun, indem man ihn die Mißbilligung seiner Freunde fürchten läßt. <u>Man kann ihn</u> damit beschämen, daß er eine Drohne im Volkskörper ist. <u>Man kann ihm</u> <u>drohen</u>, daß er verhungert, wenn er nicht für die Maschine arbeitet. <u>Man kann ihm</u> mit Gefängnis <u>drohen</u>. Oder, in der höchsten Potenz, <u>kann man ihm</u> mit der Todesstrafe <u>drohen</u>.

Text: James Jones, „Verdammt in alle Ewigkeit"

Wiederholung des gleichen Wortes oder Wortpaares am Satzanfang und Satzende A80
(complexio / Symploke)

Sprachformel:
a + bcd + e / a + fgh + e / a + ijk + e
(a= sich wiederholender Satzanfang; e = sich wiederholendes Satzende)

O Gott! O welch ein Augenblick! O unaussprechlich süßes Glück! O Gott, o Augenblick, o süßes Glück.
(Beethoven - „Fidelio" / abgeändert)

Kurt Schumacher

Merke: <u>Die Complexio</u>! Dies ist eine Kombinationsfigur. <u>Die Complexio</u>! Man kombiniert Sätze. <u>Die Symploke</u>! So wird sie auch genannt. <u>Symploke</u>! Ob nun <u>Complexio</u>, ob nun <u>Symploke</u>, wichtig ist die Wiederholung der zwei Begriffe am Satzende.

Querverweis: A78 (Anapher), A79 (Epipher), B2 (Parallelismus)

Übung:

Verändern Sie die bekannte Weihnachtsansprache von Knecht Ruprecht:

„Tief vom Walde, da komm ich her, ich muss euch sagen, es weihnachtet sehr…"
(Sollte er Ihnen nicht präsent sein, laden Sie sich den gesamten Text aus dem Internet.)

Fügen Sie mit einer complexio die Begriffe „Ihr braven Kinder" / „Ihr Eltern" ein!

Wiederholung eines Teilsatzes mit umgekehrter Reihenfolge A81 (reversio/Epanode)

Sprachformel:
abc + cba

An diesen Tierversuchen <u>ist etwas faul, faul ist doch etwas</u> an diesen Tierversuchen!

Diese rhetorische Figur ähnelt einem Chiasmus, wobei hier jedoch möglichst exakt gespiegelt wird:

Ihr seid <u>dumm, dumm</u> seid ihr!

Nicht alle vorkommenden Elemente müssen 1:1 gespiegelt werden, sondern mehr dem Sinn nach:

Da stimmt doch etwas nicht, <u>habe ich mir gedacht, ich habe mir gedacht</u>, da ist doch was im Busche!

Alle für <u>einen, einer</u> für alle. (Alexandre Dumas, „Die drei Musketiere")

„Was zu arg <u>ist, ist</u> zu arg" (Ludwig Börne: „Briefe aus Paris")

Beispiel aus der Literatur:

„Ich will um ihn schicken", sprach die Baronin in beruhigendem Tone. „Regen Sie sich nicht so auf, Papa. Was <u>geschehen ist, ist ge-</u>

schehen, weil es mußte, weil es anders nicht möglich war."
Zu ihrer Mutter sagte sie leise: „Verlieren Sie nicht den Mut, Mama, ich komme gleich wieder", und eilte, einen besorgten Blick auf die Eltern werfend, hinweg.

Text: Marie von Ebner-Eschenbach, „Bozena"

> **Übung:**
>
> **Machen Sie aus folgenden Sprichwörtern eine Reversio:**
>
> In Reben steckt das Leben.
>
> Kluge Frauen lieben dumme Männer.
>
> Ein jeder singt sein Lied.
>
> **Querverweis:** B3 (Chiasmus), A74 (Geminatio), A75 (Reduplicatio)

Marie von Ebner-Eschenbach

Wiederholung eines Wortes mit Kasusveränderung**A82**
(Polyptoton)

Die Politik dieser Politik scheint wohl zu sein, Tierversuche grundsätzlich zu erlauben.

Der Tierversuch eines Tierversuchs wäre, fürs nächste Jahr überhaupt keine Tierversuche mehr zu erlauben und anschließend zu sehen, ob wir in irgendeiner Form einen wirtschaftlichen Nachteil erlitten haben.

Das Buch der Bücher (= Bibel).

Bei diesem Kaffee schmeckt der Kaffee irgendwie ganz anders.

Mit diesem Auto fährt Ihr Auto sicher.

Mit dieser Versicherung haben Sie garantiert eine Versicherung.

In dieser Stadt tobt das pulsierende Nachtleben einer Stadt.

Für das Polyptoton (griechisch: „Vielgebeugtes") ist eine zusätzliche Denkleistung vom Publikum nötig. Gelingt eher bei einem gebildeten Publikum, das die Doppeldeutigkeit / den Wortwitz versteht. Durch die Wiederholung des Begriffs kann sich das Publikum diesen besser merken, ein Polyptoton ist also ein idealer

Sprachformel:
$a + a_1 + bc$
oder
$a + bc + a_1$
(a_1 = neuer Kasus)

siehe auch Seite 84 (Exkurs – Die vier Fälle im Satzgefüge)

Wenn sich (das) Nichts mit (dem) Nichts verbindet, ist und bleibt die Summe klein, wer bei (dem) Tisch nur Liebe findet, wird nach (dem) Tische hungrig sein. (Beethoven - Fidelio)

Werbeslogan. Es ist oft wirksamer, die Kasusveränderung durch den Anschluss mit einer Präposition (bei, in, an...) im Dativ und einer zusätzlichen Veränderung des Possessivpronomens herbeizuführen, weil der einfache Anschluss mit einem Genitivattribut sprachlich eher aufgesetzt wirkt (birgt die Gefahr des „Manierismus" = Figurenüberfrachtung im Satz).

Weitere Beispiele:

lupus est <u>homo homini</u> – „<u>der Mensch</u> ist <u>des Menschen</u> Wolf" (Plautus)
<u>Gleiches mit Gleichem</u> vergelten

Man kann das wiederholte Wort auch in den gleichen Kasus setzen und auf den Artikel vor dem Substantiv verzichten. Dann weist das Polyptoton die gleichen Merkmale wie eine Inclusio (A77) auf:

„Ich rede mit dir <u>von</u> (einem) <u>Mann zu</u> (einem) <u>Mann</u>"
„Ich rede mit dir <u>von</u> (einer) <u>Frau zu</u> (einer) <u>Frau</u>"
„Es ist ein <u>Kopf-an-Kopf</u>-Rennen"

Sonderform: aequiclinatum (Kasusgleichheit)
Hier werden Wörter mit dem gleichen Kasus hintereinander gesetzt.
Die Geschichte <u>des Lebens, des Sterbens, des Friedens</u> begann...

Beispiel aus der Literatur:

„ *(...) der eidgenössische Festwein ist der Gesundbrunnen, der ihr Herz erfrischt; das sommerliche Bundesleben ist die Luft, die ihre alten Nerven stärkt, der Wellenschlag eines frohen Volkes ist das Seebad, welches ihre steifen Glieder wieder lebendig macht. Ihr werdet ihre weißen Köpfe alsobald untertauchen sehen in dieses Bad! So gebt uns nun, liebe Eidgenossen, den Ehrentrunk! Es lebe die Freundschaft im Vaterlande! Es lebe die Freundschaft in der Freiheit!"*
„Sie lebe hoch! Bravo!" schallte es in die Runde, und der Empfangsredner erwiderte die Ansprache und begrüßte die eigentümliche und sprechende Erscheinung der Alten. „Ja", schloß er, „mögen unsere Feste nie etwas Schlechteres werden als eine Sittenschule für die Jungen, der Lohn eines reinen öffentlichen Gewissens und erfüllter Bürgertreue und ein Verjüngungsbad für die Alten! Mögen sie eine Feier bleiben unverbrüchlicher und lebendiger Freundschaft im Lande <u>von Gau zu Gau und von Mann zu Mann</u>! Euer, wie ihr ihn nennt, namen- und statutenloser Verein, ehrwürdige Männer, lebe hoch!"

Gottfried Keller

Text: Gottfried Keller, „Züricher Novellen"

Beispiel aus der Lyrik:

Wunderlichstes <u>Buch der Bücher</u>
Ist das <u>Buch</u> der Liebe;
Aufmerksam hab ich's gelesen:
Wenig Blätter Freuden,
Ganze Hefte Leiden;
Einen Abschnitt macht die Trennung.
Wiedersehn! ein klein Kapitel,
Fragmentarisch. Bände Kummers
Mit Erklärungen verlängert,
Endlos, ohne Maß.

Text: Johann Wolfgang von Goethe, „Lesebuch"

Johann Wolfgang von Goethe

Merke: Das Polyptoton wiederholt das Wort eines Wortes zuvor in dem (neuen) Wort mit einem anderen Fall (Genitiv/Dativ/Akkusativ).

Querverweis: A22 (Genitivattribut) A23 (Exkurs – Die 4 Fälle im Satzgefüge), A77 (Inclusio), A86 (Derivatio)

Übung:

Machen Sie aus dem folgendem Satz ein Polyptoton:

„Die Gier nach Geld bringt großes Unglück auf die Welt".

<u>Und Politiker und Staatsmänner und Abgeordnete und Parlamentarier</u> sollten sich endlich zu einem Gesetz gegen Tierversuche durchringen.

Die hohe Politik sollte nicht länger <u>zögern oder unentschlossen sein oder aufschieben oder keine Entscheidungen treffen</u>.

Die Stilfigur der Synonymia („Bedeutungsähnlichkeit") kombiniert Begriffe, die nur einen kleinen Unterschied haben. Im folgenden Beispiel unterscheiden sich die Verben hinsichtlich der Laufgeschwindigkeit. Die Wörter „spazieren" und „sprinten" wären nicht kombinierbar, weil es hier einen viel zu großen Unterschied gibt, „spazieren" und „gehen" würden jedoch passen.

bummeln - spazieren - gehen - wandern - laufen – rennen – hetzen – flitzen - sprinten

Wiederholung von gleichbedeutenden Wörtern   A83
(synonymia)

Sprachformel:
$a_1 + a_2 + a_3 + a_4 + bcd$
oder
$abc + d_1 + d_2 + d_3 + d_4$
($a_{1,2,3,4}$; $d_{1,2,3,4}$ = bedeutungsgleiches Wort)

Doch toben auch wie Meereswogen, dir in der Seele Zorn und Wut, so leuchtet mir ein Farbenbogen, der hell auf dunklen Wolken ruht.
(Beethoven - „Fidelio")

Normalerweise steht die Synonymia nur mit einer 2er-Aufzählung von fast bedeutungsgleichen Wörtern, das sogenannte Hendiadyoin (griechisch: „eines mit der Hilfe von zweien"), was wiederum ein verkürztes Polysyndeton darstellt.

Beispiele aus der Literatur:

Er ist <u>Feuer und Flamme</u> für diese Reise, fürchtet sich aber zugleich davor beim Gedanken an den spottlustigen Geist der Griechen.
(Henryk Sienkiewicz, „Quo Vadis")

…oder dass ich die Wahrheit sofort <u>klipp und klar</u> in den Händen halte, wenn mir Effi ihr Herz ausgeschüttet hat?
(Theodor Fontane, „Effi Briest")

Damals aber schien es mir <u>recht und billig</u>.
(Ludwig Thoma, „Andreas Vöst")

Wenn wir während derselben ohne <u>Weg und Steg</u> und oft ohne Futter umherliefen…
(Karl Immermann, „Münchhausen")

Ich kann des Lebens banggeschäftige Rauschen,
Dies laute <u>Tun und Treiben</u> nicht verstehen
(Georg Herwegh, „Gedicht eines Lebendigen")

Die Wahl der richtigen Konjunktion ist bei der Synonymia wichtig. Einprägsamer, wenn man mehrmals die gleiche Konjunktion (und…und….und….und) wiederholt und nicht auf variierende Konjunktionen wie „entweder-oder" /nicht nur, sondern auch / sowohl als auch" zurückgreift.

Aber auch die Konstruktion einer Epipher, Anapher und Geminatio ist für die Synonymia möglich:

Beispiel aus der Literatur:

MAX.
　So muß ich dich <u>verlassen</u>, von dir <u>scheiden</u>!
THEKLA.
　Wie du dir selbst getreu bleibst, bist dus mir.
　Uns trennt das Schicksal, unsre Herzen bleiben einig.
　Ein blutger Haß entzweit auf ewge Tage
　Die Häuser Friedland, Piccolomini,
　Doch wir gehören nicht zu unserm Hause.
　– <u>Fort! Eile! Eile</u>, deine gute Sache
　Von unsrer unglückseligen zu trennen.

Auf unserm Haupte liegt der Fluch des Himmels,
Es ist dem Untergang geweiht. Auch mich
Wird meines Vaters Schuld mit ins Verderben
Hinabziehn. Traure nicht um mich, mein Schicksal
Wird bald entschieden sein. –

Text: Friedrich Schiller, „Wallenstein"

Merke: Die Stilfigur der Synonymia versucht bedeutungsgleiche Wörter mit Konjunktionen <u>zu reihen und anzuordnen und miteinander zu kombinieren.</u>

Friedrich Schiller

Übung:

Machen Sie aus dem folgendem Satz eine synonymia:

„Wieder ein glorreicher Einfall!"

Querverweis: A51 (Konjunktion), A78 (Anapher), A79 (Epipher), A87 (Polysyndeton), B2 (Parallelismus) A74 (Geminatio), Synonym (B6)

Die Diaphora macht sich die Doppeldeutigkeit von Wörtern zunutze. Da die meisten Wörter mehrere Bedeutungen haben, ist die Konstruktion einer Diaphora mit einem Universal-Lexikon einfach zu bilden. Es ist jedoch hierbei wichtig, einen sinnvollen gedanklichen Bezug zu haben.

Wiederholung des gleichen Wortes in einer anderen Bedeutung
A84
(diaphora / distinctio)

Sprachlich sehr anspruchsvoll und mit viel Risiko in einer Rede verbunden. Für literarische Experimente wie auch für Werbeslogans und Gedichte durchaus interessant.

Mit diesem Laufschuh sind sie <u>schneller schneller</u>.

Die Bedeutung einer Diaphora erschließt sich durch den Kontext:

„The only thing we have to <u>fear</u> is <u>fear</u> itself"
„Das Einzige, wovor wir <u>Angst</u> haben müssen, ist die <u>Angst</u> selbst."
(Franklin Roosevelt, 1933, Antrittsrede)

Erst <u>vertrat</u> er sich die Beine, dann <u>vertrat</u> er sich den Fuß.

Sprachformel:
$a + a_1 + bc$
oder
$a + bc + a_1$
(a_1 = neue Bedeutung von a)

Mir ist so wunderbar, es engt das Herz mir ein; er liebt mich, es ist klar, ich werde glücklich sein. Rocco, du Herz, mir wird so wunderbar, mir fällt kein Mittel gegen dich ein.
(Beethoven - „Fidelio" / abgeändert)

Die Steuer in diesem Land gehört grundsätzlich neu ausgerichtet, sodass die Einkommensschwachen ihren Lebensunterhalt bestreiten können. Doch wer hat das Steuer in der Hand?

Der Krach in dieser Familie wurde jählings unterbrochen – denn Krach von der Straße, ausgelöst durch eine gewaltige Menschenansammlung, eine riesige Demonstration, drang zu ihnen in die Wohnung.

Weil er aus der Firma flog, flog er als erstes in den wohlverdienten Sommerurlaub.

Der Ausgang dieser Unterredung mit dem neuen Chef war völlig offen; er lief zum Ausgang, tippelte durch die Glastür und warf einen letzten Blick zurück.

Der Auslöser für seinen Streit mit Alice war eher trivial gewesen: er hatte auf den Auslöser seines Fotoapparats gedrückt und sie mit Lockenwicklern und Gesichtsmaske fotografiert.

Die Abgabe der Stimmen bei dieser Wahl steht in keinem Verhältnis zur Abgabe der Steuern.

Beispiel aus der Literatur:

Bei diesen Worten rief eine ferne Stimme: »Es ist nicht wahr!« »Wenn du sprichst, muß ich wohl schweigen«, sagte Faust. Anton aber führte eine unsichtbare Hand des Schreckens aus dem Zimmer, vor welchem er den Wirt und die Wirtin in heftigem Streite antraf. »Was willst du hier«, sagte sie, »du hast mich hier belauschen wollen, nicht wahr, du Simpel?« »Es ist nicht wahr, es ist nicht wahr«, rief er mit derselben Stimme, die Faust eben so mächtig zum Schweigen gebracht hatte. »Es ist nicht wahr«, hallte es in Antons Seele wider, »alles nicht wahr, die Stimme des Hohnes hat mich erschreckt und die Stimme des Zauberers belogen; Rappolt ist mein Vater, Oswald lebt, meine Frau lebt, und statt aller Särge will ich von der ersten Freudennacht nach der Wiederkehr träumen.«

Achim von Arnim

Text: Achim von Arnim, „Die Kronenwächter"

Sonderfall:
Die Distinctio (lateinisch: „Unterscheidung") ist eine Figur der Beschönigung (= Euphemismus). Von zwei erwähnten Begriffen dienst das günstigere Wort zum Schmeicheln bzw. Beschwichtigen einer Person.

„weise anstatt klug, tapfer anstatt unverschämt, sparsam in der Haushaltsführung anstatt geizig, streng statt boshaft..."
(Rutilius Lupus)

„Ein Gottesfürchtiger dient seinem Schöpfer nicht nur mit dem Munde; sondern auch mit dem Herzen; nicht nur etwa äußerlich, sondern auch innerlich; nicht nur eine Zeitlang, sondern die ganze Lebenszeit; und ist bei seinem Dienste Gottes der allerglückseligste."
(D. Peucer)

„Wir haben demnach (...) ein Weib vor unsern Stuhl fordern lassen, mit Namen Rebekka, die Tochter des Isaak von York – ein Weib, berüchtigt wegen Zaubereien und Teufelswerk, wodurch sie das Blut in Aufruhr gebracht und das Hirn verwirrt <u>nicht eines Bauern, sondern eines Ritters – nicht eines weltlichen Ritters, sondern eines Templers – nicht eines einfachen Ordensgliedes, sondern eines Präceptors</u>, also eines der ersten an Rang und Würde. Unser Bruder Brian de Bois-Guilbert ist uns selbst und allen, die unsere Worte jetzt vernehmen, bekannt als ein treuer und eifriger Streiter des Kreuzes..."

Text: Sir Walter Scott, „Ivanhoe"

Sir Walter Scott

Sonderfall: Syllepse (ein Wort wird in verschiedenen Bedeutungen gebraucht)

Beispiel: „Wir müssen uns jetzt alle <u>zusammenreißen</u> oder wir werden alle einzeln <u>zerrissen</u>."

Merke: Die Diaphora wiederholt ein Wort, wobei das wiederholte Wort in einem neuen Sinn gebraucht wird. Der Schrei des Redners und der Schrei der Massen gegen die Ungerechtigkeit sind zwei verschiedene Dinge.

Querverweis: A32 (Adjektiv – Komparativ), A74 (Geminatio), A76 (Klimax), A77 (Inclusio), A85 (Paronomasie)

Übung:

Machen Sie aus dem folgendem Satz eine distinctio:

„Die Probleme im Zusammenhang mit dem Endlager Asse sind seit langem bekannt."

Wiederholung zweier Wörter mit ähnlicher Aussprache A85
(Paronomasie)

Sie nennen es <u>Versuch</u>, ich nenne es <u>verrucht</u>!

Die Paronomasie (griechisch: „Wortspiel") ist ein heiteres Sprachspiel, das mit und ohne Reim auftreten kann. Wichtig ist, dass der Stamm des zweiten Wortes eine Klangähnlichkeit zum ersten aufweist, sodass sich ein ganz neuer Sinn ergibt. Deshalb empfehlen sich Wörter mit gleicher oder nur geringfügig abgewandelter Vorsilbe („ver..." / „ent" / „er..."). Für ironische Zuspitzung geeignet. Die Funktion von Wortspielen ist, die Zuhörer aufzuheitern und zu entspannen. Insbesondere bei längeren Reden ist es als Redner empfehlenswert, etwas zum Schmunzeln dabei zu haben. Für eine Festrede sogar ein Muss.

> Sprachformel:
> $a\ b\ c_1 + d\ e\ c_2$
> oder
> $a\ b\ c_1 + c_2\ d\ e$
> ($c_{1,2}$ = Wörter mit ähnlicher Aussprache, doch unterschiedlicher Bedeutung)

Wir wollen ihn nicht <u>vernehmen</u>, doch <u>vornehmen</u> können wir ihn uns.
„Gegen all diese Not kenne ich kein <u>Pflaster</u> - außer vielleicht das <u>Steinpflaster</u>."
„Nimm die <u>Minen</u> und gib mir die <u>Minnen</u>."
„Nicht alle <u>Träume</u> sind <u>Schäume</u>."
„<u>Abendrede</u> und <u>Morgenrede</u> sind so unterschiedlich wie <u>Abendröte</u> und <u>Morgenröte</u>."
„Wer große Füße hat, <u>versteht</u> eben mehr als andere."
„Du bist mir so <u>lieb</u>, wie dem Müller der <u>Dieb</u>."
„Das sind <u>Sagen</u>, die schneiden kein <u>Holz</u>."

Whenever, wherever, we'll learn to be together. I'll be there and you'll be near and that's the deal, my Dear.
(Shakira)

Sprachspiele eignen sich auch für schlagfertige Antworten und lassen sich auf folgende Weise bilden:

Falsche Wort – und Bildassoziation:
„Sie verstehen wohl nur Bahnhof?" „Interpretiere ich Ihre Aussage richtig, dass Sie auf den Zug aufspringen wollen?"

Austausch von Buchstaben oder Ergänzung von Buchstaben:
„Haben Sie sich getäuscht?"
„Nein, aber ich bin einfach nur enttäuscht über das Verhandlungsergebnis."

Austausch von Wortbestandteilen bei zusammengesetzten Wörtern (Komposita):
„Ich bin der Vereinspräsident."
„Eher der Weinpräsident, wenn ich mir diesen Tisch anschaue."

Austausch von ganzen Wörtern, die in einem Sinnzusammenhang stehen:
„Ich habe die Nase gestrichen voll."
„Stimmt, ich sehe gar keine Punkte auf Ihrer Nase."

Wortspiel durch Übertragung auf einen neuen Begriff:
„Sie glauben wohl, mit dieser Bemerkung ein Traummann zu sein? Sie sind ein Trauma, Mann! Für jede Frau!"

Wortspiel durch Interpretation:
„Juchu! Ich habe die Prüfung auch geschafft!"
„Schade nur, dass du nichts selbst geschafft hast und bei mir abschreiben musstest."

Wortspiel mit vorzeitiger Satzergänzung: (ins Wort fallen)
„Und deshalb glaube ich..."
„...dass wir eine Gehaltserhöhung verdienen."

„Was Hänschen nicht lernt..."
„...muss Gretel ihm beibringen."

Wortspiel mit Austausch der Wortfolge:
„Sie halten sich wohl für außerordentlich klug?"
„Jede kluge Äußerung verdient gehört zu werden."

Wortspiel mit der Verfremdung eines Zitats:
„Was sich liebt, das neckt sich."
„Und was sich nicht liebt, erschreckt sich."

Wortspiel durch Doppeldeutigkeiten:
„Um höher zu kommen, geht so mancher hoch ins Schlafzimmer des Chefs."

Wortspiel durch Spiegelung:
„Dummkopf"
„Ja, das sind Sie. Ich hätte das allerdings für mich behalten."

„Du bist hässlich."
„Dann haben wir ja wenigstens etwas gemeinsam."

„Typisch Frau."
„Klug erkannt. Und das sogar als Mann."

Beispiele aus der Literatur:

„*Drollige Gesandte das, die der Herr Erzherzog uns da schickt, um uns Frau Margarethen anzumelden!*"
„*Eure Eminenz*", entgegnete der Abt, „*verschwenden ihre Aufmerksamkeit an diese flamländischen Rüsselthiere. Margaritas ante porcos.*"
„*Sprecht lieber porcos ante Margaritam*", antwortete der Cardinal lächelnd.

Text: Victor Hugo, „Der Glöckner von Notre Dame"

Victor Hugo

Fedor Michajlovic
Dostoevskij

„*Zum Fürsten wollen Sie nicht; mit Lebedjew haben Sie sich verzankt; Geld haben Sie nicht, und ich habe nie welches; da sitzen wir nun jetzt auf dem Trockenen, mitten auf der Straße.*"
„*Man sitzt angenehmer im Trockenen als auf dem Trockenen*", murmelte der General. „*Mit diesem Wortspiel habe ich Begeisterung erregt… in einer Offiziersgesellschaft…im Jahre vierundvierzig…Im Jahre tausend…achthundert…vierundvierzig, ja….! Ich entsinne mich nicht…Oh, erinnere mich nicht daran, erinnere mich nicht daran! Wo ist meine Jugend, meine Frische! Wie jemand ausrief – Wer hat das doch ausgerufen, Kolja?*"
„*Das kommt bei Gogol in den 'Toten Seelen' vor…*"

Text: Fedor Michajlovic Dostoevskij, „Der Idiot"

Merke: Bei der Paronomasie wird ein Wort aus dem ersten Satz klanglich gespiegelt und wiederholt, sodass man den Eindruck gewinnt, man hätte das Wort aus dem ersten Satz geholt, obwohl es sich um ein neues Wort handelt.

Querverweis: B24 (Katachrese), B50 (Sentenz), C84 (Paronomasie nach Cicero), C85 (Sentenzen nach Cicero), C86 (sich dumm stellen nach Cicero), C87 (Ironie nach Cicero), C88 (Unterstellungen nach Cicero), C89 (Ironie als Konter für Witze nach Cicero), C90 (Bilderwartungen verdrehen nach Cicero), D89 (Sprüche)

Übung:

Machen Sie aus dem folgendem Satz eine Paronomasie:

„Dafür bekommen sie vom Staat 150 Euro für einen neuen Kühlschrank zurück!"

Wiederholung zweier oder dreier Wörter vom gleichen Wortstamm
A86
(derivatio / Figura etymologica)

Den versuchten Versuch versuchen umzudrehen, damit die Tiere nicht länger leiden müssen.

Bei dieser Figur ist wichtig, dass es sich um unterschiedliche Wortarten handelt (Adjektiv - Substantiv – Verb – Adverb). Diese Figur ist schon sehr künstlich, und kann nicht spontan aus der Rede entwickelt werden. Vorsicht! Entweder Adjektiv oder Adverb benutzen, beides zusammen geht nämlich nicht:

„Ein lesender Leser liest lesend viele Bücher" geht nicht. Dafür jedoch „Ein lesender Leser liest Bücher" / „Ein Leser liest lesend seine Bücher."
„Ich möchte nur mein Leben leben."
„Die schönste Schönheit hier im Raum ist..."

Beispiele aus der Literatur:

FAUST.
Ja, was man so erkennen heißt!
Wer darf das Kind beim rechten Namen nennen?

Text: Goethe, „Faust"

AL-HAFI
Und sagt: er wolle matt nun einmal sein;
Er wolle! Heißt das spielen?
NATHAN
Schwerlich wohl;
Heißt mit dem Spiele spielen.

Text: Gotthold Ephraim Lessing, „Nathan der Weise"

Es war auf der Au von Kupisko, wo das sich zugetragen;
Dort hab ich – unerhört ist's, seitdem nur Jäger jagen –
Mit einer einfachen Füchsin sechs Stück Hasen erlegt.
Fürst Radziwill musste vom Pferd, so tief war er bewegt.

Text: Adam Mickiewicz, „Pan Tadeusz oder Die letzte Fehde in Litauen"

Merke: Bei der Derivatio werden die gleichen Stämme zur Gleichheit von nicht gleichen Wortarten benutzt.

Querverweis: A33 (Adjektiv- Superlativ), A77 (Inclusio), A82 (Polyptoton), A84 (Diaphora)

Sprachformel:
$abc_1 + c_2 + c_3 + c_4 + def$
c_1 bis c_4: unterschiedliche Wortarten des gleichen Wortstammes, z.B.:
c_1 = Adjektiv
c_2 = Verb
c_3 = Substantiv
c_4 = Partizip Präsens

Hässlich, ich bin so hässlich, so grässlich hässlich, ich bin der Hass. Hassen, ganz hässlich hassen, ich kann's nicht lassen, ich bin der Hass.
(DÖF)

Gotthold Ephraim Lessing

Adam Mickiewicz

Übung:

Machen Sie aus dem folgendem Satz eine derivatio:

„Die Zunahme an schweren Unwettern ist der Grund, dass die Deutschen sich heutzutage so arg vor Naturkatastrophen fürchten."

Wiederholung mehrerer Wörter in einem Bedeutungszusammenhang
A87
(Asyndeton / Polysyndeton)

Sprachformel:

Asyndeton:
a, b, c (Verzicht auf die Konjunktion „„und")

a_1, a_2, a_3 (Verzicht auf Konjunktion „und" + bedeutungsgleiche Wörter

Polysyndeton:
a und b, c und d, e und f
(Einfügen der Konjunktion „und")

Singen, kochen, tanzen, lachen, glücklich machen. Das war Babicka. Pferde stehlen, Äpfel schälen und erzählen. Das war Babicka. (Karel Gott)

Hermann Hesse

Die Tiere sitzen allesamt zitternd, bibbernd, frierend, aber auch geschockt, verängstigt, gezeichnet in ihren Viehwaggons und warten auf den Abtransport ins Versuchslabor.

Das Asyndeton (griechisch: „Unverbundenes") hat bei Aufzählungen keine Bindewörter, hierfür bieten sich vor allem endungsgleiche Wörter an (Infinitive, Partizipien). Maximal sechs gleiche Wörter hintereinanderschalten. Wichtig ist, dass die Wörter eine zusammenhängende Story erzählen, eine Bilderkette im Publikum bewirken.

Für die rhetorische Figur eines Polysyndeton (griechisch: „vielfach Verbundenes") werden mehrere Wörter mit Bindewörtern aneinander gereiht. Sie finden das Polysyndeton unter der Rubrik „Zufügungsfiguren".

Da sitzen also diese Tiere in ihren Viehwaggons, sie sind geschockt und gezeichnet, zitternd und bibbernd, müde und erschöpft von der langen Reise, ehe man sie ins Versuchslabor abtransportieren lässt.

Die meisten Redner benutzen beim Polysyndetons aber nur einen 2er-Schritt, d.h. maximal zwei Adjektive kommen hintereinander und werden lediglich mit der Konjunktion „und" verbunden. Das ist besonders häufig in politischen Reden zu finden. Wer möchte, kann auch reimende Wörter verwenden – dann verliert aber die Rede ihre Natürlichkeit.

Beispiel aus der Literatur:

„ Und je starrer die Welt auf Krieg und Heldentum, auf Ehre und andre alte Ideale eingestellt schien, je ferner und unwahrscheinlicher jede Stimme scheinbarer Menschlichkeit klang, dies war alles nur Oberfläche, ebenso wie die Frage nach den äußeren und politischen Zielen des Krieges nur Oberfläche blieb. In der Tiefe war etwas im Werden. Etwas wie eine neue Menschlichkeit. Denn viele konnte ich sehen, und mancher von ihnen starb an meiner Seite – denen war gefühlvoll die Einsicht geworden, daß Hass und Wut, Totschlagen und Vernichten nicht an die Objekte geknüpft waren. Nein, die Objekte, ebenso wie die Ziele, waren ganz zufällig. Die Urgefühle, auch die wildesten, galten nicht dem Feinde, ihr blutiges Werk war nur die Ausstrahlung des Innern, der in sich zerspaltenen Seele, welche rasen und töten, vernichten und sterben wollte, um neu geboren werden zu können. Es kämpfte sich ein Riesenvogel aus dem Ei, und das Ei war die Welt, und die Welt musste in Trümmer gehen."

Text: Hermann Hesse, „Demian. Die Geschichte von Emil Sinclairs Jugend."

Spezialfälle:

Asyndeton adversativum (gegensätzliches Aufzählen). Hier werden die asyndetischen Wortgruppen mit einem Gegensatz gepaart.
Beispiel: <u>Raketen, Überschallflugzeuge, Kampfjets</u> werden vermutlich schneller an ihrem Ziel sein als <u>Helikopter, Panzer, Bodentruppen.</u>

Asyndeton consecutivum (folgerndes Aufzählen). Hier zeigt die asyndetische Wortgruppe eine Folge auf, die eintreten könnte.
Beispiel: <u>Steuergerechtigkeit, Rentenerhöhung, Wohlstand</u> - wer's denen glaubt, wird selig.

Asyndeton enumerativum (unzählbares Aufzählen). Hier beschreibt die ansyndetische Wortgruppe die Vielzahl oder Gesamtheit der erwähnten Menge.
Beispiel: Wenn <u>Fahrradfahrer, Bodybuilder, Marathonläufer, wenn Väter, Mütter, Jugendliche</u> versuchen, an verbotene Dopingmittel zu kommen, um im Sport, bei der Arbeit oder in der Schule erfolgreicher zu sein, scheint da nicht die Gesellschaft als Ganzes versagt zu haben?

Asyndeton explicativum (erklärende Aufzählung). Hier wird die asyndetische Wortgruppe für eine Begründung oder zum Verständnis eines Zusammenhangs genommen.
Beispiel: <u>Autoabgase, Industrieschornsteine, Flugzeugkerosin</u> sind äußerst klimaschädliche Hinterlassenschaften, die an den jüngsten Naturkatastrophen eine Mitschuld tragen.

Asyndeton summativum (resultierendes Aufzählen). Hier ist die asyndetische Wortgruppe zugleich die Zusammenfassung der Aussage.
Beispiel: Kann irgendein anderes Tier <u>treuer, beschützender, freudespendender</u> sein als ein Hund?

Tipp: Sie können in der asyndetischen Wortgruppe auch die Silbenanzahl der verbundenen Wörter erhöhen (hier: 2 Silben / 4 Silben / 5 Silben).

Beispiel aus der Literatur:

Ich stand auf und schälte mich aus meinem Mantel und nahm ein paar Taschentücher heraus und wischte über mein Gesicht und Nacken und die Rückseite meiner Handgelenke. St. Louis im August hatte nichts zu bieten an diesem Ort. Ich setze mich, und ich fühlte automatisch nach einer Zigarette und stoppte dann. Der alte

Mann erfasste meine Armbewegung und lächelte schwach. „Sie dürfen rauchen, Sir. Ich mag den Geruch von Tabak." Ich zündete die Zigarette an und blies eine Lunge voll in seine Richtung, und er schnüffelte dran wie ein Terrier vor einem Rattenloch. Das schwache Lächeln zog an den schattigen Ecken seines Mundes.

Text: Raymond Chandler, "The Big Sleep"

Merke: Bei einem Asyndeton werden bedeutungsähnliche Wörter ohne eine Konjunktion <u>wiederholt, nochmals gesagt, repetiert, aufgenommen.</u>
Bei einem Polysyndeton werden bedeutungsähnliche Wörter mit einer Konjunktion <u>wiederholt und nochmals gesagt und repetiert und aufgenommen.</u>

Querverweis: A21 (Substantiv), A24 (Verb) A29 (Partizip Präsens), A30 (Partizip Perfekt), A51 (Konjunktion), A83 (Synonymia), A95 (Zeugma) A94 (Asyndeton als Auslassungsfigur), B4 (Antithese), B30 (Rhetorische Frage), E88 (Folgen übertreiben), F35 (Endlos-Monologe)

Übung:

Machen Sie aus dem folgendem Satz ein Asyndeton:

„An dieser Stelle muss ich euch ein Geheimnis anvertrauen: Die Schildbürger waren nicht so dumm, sondern sie stellten sich nur so dumm." (Die Schildbürger)

Wiederholung eines bestimmten Satzes oder Wortes immer am Ende eines Bedeutungsabschnittes   A88
(Refrain)

Sprachformel:
a + b c d + a + e f g + a + h i j + a ...
(a = Refrain)

So fleißige Politiker! Sie reden viel und halten wenig, insbesondere wenn es um Steuern geht. *So fleißige Politiker!* Sie stecken sich Diäten ein, fahren mit ihren Kampfjets ins Ausland – natürlich auf unsere Kosten - und regieren. *So fleißige Politiker!* Sie wollen es allen recht machen, nur dem braven Bürger nicht. *So überaus fleißige Politiker!* Ich könnte noch so viel über sie sagen, aber ich habe ein weitaus dringenderes Thema: Die Tierversuche.

Diese Figur ähnelt einer Umrandung (Inclusio). Unterschied: Ein bestimmter Satz wird nicht nur einmal, sondern vier oder fünfmal wiederholt. Um Monotonie weitgehend auszuschalten, sollten längere Gedankenabschnitte folgen, also mindestens vier oder fünf Sätze, ehe der Refrain kommt. Der zu wiederholende Abschnitt wird häufig für Ironie benutzt (das Gegenteil dessen sagen, was man eigentlich denkt). Klassisches Beispiel hierfür ist die Rede des Antonius gegen Brutus direkt nach der Ermordung Cäsars.

Beispiel aus der Literatur:

ANTONIUS
    Mitbürger! Freunde! Römer! Hört mich an!
    Begraben will ich Cäsarn, nicht ihn preisen.
    Was Menschen Übles tun, das überlebt sie,
    Das Gute wird mit ihnen oft begraben.
    So sei es auch mit Cäsarn! Der edle Brutus
    Hat euch gesagt, daß er voll Herrschsucht war;
    Und war er das, so wars ein schwer Vergehen,
    Und schwer hat Cäsar auch dafür gebüßt.
    Hier, mit des Brutus Willen und der andern
    - Denn Brutus ist ein ehrenwerter Mann,
    Das sind sie alle, alle ehrenwert -,
    Komm ich, bei Cäsars Leichenzug zu reden.
    Er war mein Freund, war mir gerecht und treu;
    Doch Brutus sagt, daß er voll Herrschsucht war,
    Und Brutus ist ein ehrenwerter Mann.
    Er brachte viel Gefangne heim nach Rom,
    Wofür das Lösegeld den Schatz gefüllt.
    Sah das der Herrschsucht wohl am Cäsar gleich?
    Wenn Arme zu ihm schrien, so weinte Cäsar;
    Die Herrschsucht sollt aus härterm Stoff bestehn.
    Doch Brutus sagt, daß er voll Herrschsucht war,
    Und Brutus ist ein ehrenwerter Mann.

Text: William Shakespeare, „Julius Cäsar"

Sonderfall: recapitulatio (Zusammenfassung)
Das bereits Erzählte wird in den Hauptpunkten mehrfach zusammengefasst bzw. wiederholt.

Sonderfall: resumptio
Ein Begriff oder Gedanke wird nur ein einziges Mal wiederholt.

Merke: Bei einem Refrain werden aufeinanderfolgende Sätze immer mit der gleichen Wortfolge abgeschlossen. Ist doch kinderleicht! Man muss sich allerdings Mühe geben, einen äußerst knackigen und einprägsamen Refrain zu schaffen. Ist doch kinderleicht! Und wenn die Leute begierig darauf warten, dass die Wiederholung kommt, hat man als Redner gewonnen. Ist doch kinderleicht!

Met my love, by the gas yard wall, dreamed a dream by the old canal. Kissed my girl by the factory wall. Dirty old town, dirty old town.

Heard a siren from the dock, saw a train cut the night on fire. Smelled the breeze on the smokey wind. Dirty old Town, Dirty old town.
(Pogues)

William Shakespeare

Querverweis: A74 (Geminatio), A77 (Inclusio), A79 (Epipher), B16 (Ironie im Satz), B36 (Ironie im Abschnitt), B37 (Praeteritio), B48 (Direkte Publikumsansprache), B63 (Evidentia), C3 (Überleitung zu neuen Argumenten), C6 (Tipps für den Schluss), C21 (Sprechtempo), C22 (Sprechmelodie), C23 (Artikulation), C87 (Ironie nach Cicero), C97 (Anspielung nach Cicero), C99 (Versteckte Ironie nach Cicero), D82 (böse Ironie), D98 (Ironische Betroffenheit), E71 (unwissende Ironie nach Schopenhauer), E84 (Ironie und Ernsthaftigkeit einsetzen nach Hamilton)

Übung:

Binden Sie in folgenden Abschnitt einen Refrain nach Wahl ein:

„Da die Männer nicht daheim waren, mussten, statt ihrer, die Frauen pflügen, säen und ernten. Die Frauen mussten die Pferde beschlagen und das Vieh schlachten. Die Frauen mussten die Kinder unterrichten, die Steuern einkassieren, die Ernte verkaufen, den Marktplatz pflastern, die Zähne ziehen, das Korn mahlen, die Schuhe besohlen, die Semmeln backen, die Bäume fällen, die Predigten halten, die Scheunen ausbessern, die Diebe einsperren, die Glocken läuten, die Bretter hobeln, den Wein keltern, die Brunnen graben, die Wiesen mähen, die Dächer decken und abends im Wirtshaus ‚Zum Roten Ochsen' sitzen. Das war zuviel!" (Die Schildbürger)

Verdeutlichung A89

Ein Freund, ein guter Freund, das ist Schönste was es gibt auf der Welt...
(Die 3 von der Tankstelle)

Wir kommen – wir kommen augenblicklich.
(Beethoven - „Fidelio")

Die Tierversuche, die <u>überaus grausamen Tierversuche</u>, sollten verboten werden.

Sparsam eingesetzt, wirkt diese Figur sehr natürlich, weil man als Mensch zuerst das Objekt identifiziert, dann erst seine Beschaffenheit. Der absichtliche Versuch des Redners, irgendeinen Begriff mit passenden Adjektiven noch zu präzisieren, wird vom Publikum nicht durchschaut.

Beispiele aus der Literatur:

...denn wer hätte es wohl dem gefeierten Redner Quintus Aurelius Symmachus zugetraut, daß er zu den Predigten des Siricius gegangen sei, um die Kunst der Rede zu erlernen. Und doch verhielt es sich so, der blendende Rhetor war bewundernder Schüler des Mannes geworden, der in ungekünstelter, unverschnörkelter Rede nur sein <u>Herz, ein liebeatmendes Herz</u>, seinen Hörern offenbarte.

Um diese sieghafte Gewalt, die Siricius über seine Anhänger besaß, beneidete ihn Symmachus. <u>Er, der gefeierte Rhetor</u>, schmeichelte den Ohren seiner Zuhörer mit wohlgesetzten Worten, ließ alle Klangschönheiten der Dichtkunst altrömischer Meister erstehen, alle Gedanken griechischer Philosophen flocht er in seine Reden und – der Erfolg...schmeichelnder Beifall.

Text: Hellmuth Quast-Peregrin, „Der letzte Gladiator"

Sprachformel:
$a_1 + a_{21} + bc$
(a_{21} = Spezifierung von a_1; Zufügung einer weiteren Wortart und Wiederholung des alten Begriffes)

„Aber es war das Schicksal, dem sie alle einen Augenblick in das unverhüllte Gesicht schauten. Junge Männer kamen aus Kasernen, stiegen in Bahnzüge, und auf vielen Gesichtern sah ich <u>ein Zeichen</u> – nicht das unsre – <u>ein schönes und würdevolles Zeichen</u>, das Liebe und Tod bedeutete. Auch ich wurde von Menschen umarmt, die ich nie gesehen hatte, und ich verstand es und erwiderte es gerne. Es war ein Rausch, in dem sie es taten, kein Schicksalswille, aber der Rausch war heilig, er rührte daher, daß sie alle diesen kurzen, aufrüttelnden Blick in die Augen des Schicksals getan hatten. Es war schon beinahe Winter, als ich ins Feld kam."

No sleep. No sleep until I'm done with finding the answer. Won't stop. Won't stop before I find the cure for this cancer. (The Rasmus)

Text: Hermann Hesse, „Demian. Die Geschichte von Emil Sinclairs Jugend."

Merke: Bei einer Verdeutlichung, einer <u>hinzugefügten</u> Verdeutlichung, versucht der Redner ein vorangegangenes Wort näher zu erklären oder zu werten.

Querverweis: A21 (Substantiv), A31 (Adjektiv Positiv), A74 (Geminatio), A77 (Inclusio), A90 (Bekräftigung)

Hermann Hesse

Übung:

Machen Sie aus folgendem Satz eine Verdeutlichung:

Der Graf von Anhalt war nicht der einzige deutsche Fürst, der Eulenspiegel mit dem Galgen bedrohte.

Das Verbot von Tierversuchen, <u>ja! Ein Verbot von Tierversuchen!</u>, ist das, was wir durchsetzen müssen.

Bekräftigung   A90

Bei dieser Art von Figur wird durch ein kraftvolles „Ja"/ „Jawoll"/"Nein" ein kleiner Nebensatz eingeschoben. Wird besonders bei heiklen Stellen in der Rede eingesetzt, wenn mit

Sprachformel:
ab + (ab)$_1$ + c
(ab$_1$ = neuer Satz mit Bezug auf ab)

Sie liebt ihn, es ist klar, ja Mädchen!, er wird dein! Ein gutes, junges Paar, sie werden glücklich sein!
(Beethoven - „Fidelio")

Georg Engel

Peter Altenberg

großem Widerspruch im Publikum zu rechnen ist. Wirkt sehr autoritär und selbstsicher, nicht aber unbedingt sympathisch.

Beispiel aus der Literatur:

Schon wurden die bunt geschirrten Rosse unter den Stämmen sichtbar. So blieb Pater Franziskus nur noch Zeit, die Kinder beiseite zu schieben und den wesenlos Gaffenden gutmütig zuzuflüstern: „Schaut auf die Vordersten. <u>Ja, die beiden.</u> Das sind die Gesandten der Königin. Der Drost Reichshofmeister Henning von Putbos. Und der Hauptmann Konrad von Moltke. Gar stolze und mächtige Herren."
Mit weit aufgerissenen Augen verfolgte Klaus Bekera nun das sich entwickelnde farbige Bild. Er merkte nicht einmal, wie er dabei krampfhaft die Hand seiner kleinen Gefährtin ergriffen hatte. So übergewaltig, so betörend wirkte auf ihn der goldige Glanz des Großen.

Text: Georg Engel, „Klaus Störtebeker"

Er: „Liebes, Herziges, Du bist ja ganz aus dem Häuschen. Du liebst Paquerette!"
Sie: <u>„Jawohl ich liebe sie.</u> Bist du eifersüchtig?"
Er: „Beinahe---."

Text: Peter Altenberg, „Wie ich es sehe"

Merke: Bei einer Bekräfigung – <u>ganz richtig! eine Bekräfigung!</u> - wird ein vorangegangenes Wort gefühlsmäßig verteidigt.

Querverweis: A77 (Inclusio), A89 (Verdeutlichung), B47 (Tua Res Agitur), C5 (Zuschauerreaktionen: genus turpe), C24 (Lautstärke), C27 (Blickkontakt zum Publikum), C62 (Der Mut nach Aristoteles), C63 (Der Mut in der Rede), D74 (Dominanzsignale), E41(Provokation), F28 (Aggressivität)

Übung:

Machen Sie aus folgendem Satz eine Bekräfigung:

„Es gab Freibier. Es wurden Reden gehalten. Und die Hebamme, die das Steckkissen mitsamt dem Baby von Kneitlingen nach Ambleben getragen und hier über das Taufbecken gehalten hatte, hatte den größten Durst und trank am meisten."
(Till Eulenspiegel)

Ein totales Tierversuchsverbot dieser teuren, treuen Lebewesen ist unsere Forderung.

Die Alliteration hat den gleichen oder einen sehr ähnlichen Anlaut bei nachfolgenden Wörtern, die auch zwei oder drei Wörter dazwischen haben können. Doch Vorsicht: Sie ist künstlich, wenn es ein viel besseres Wort mit einem anderen Anfangsbuchstaben gegeben hätte. Durch ihre Häufigkeit wirkt sie langweilig und hat keine nachhaltigen Effekte im Publikum. Für die politische Rede und den Dialog mit Vorsicht zu genießen, allenfalls im Gedicht und Kabarett passend. Gilt als eine der beliebtesten rhetorischen Figuren unter Deutschlehrern, wird aber unheimlich überschätzt in ihrer Wirkung.

Was bewirkt aber eine Alliteration?
Sätze lassen sich leichter einprägen, sie dient vorwiegend ästhetischen Zwecken.

Tipp: Setzen Sie die Alliteration lieber als Kombinationsfigur ein, z.B. mit einem Oxymoron oder mit einer Metapher.

„Du bist mir ja mal ein richtig fleißiger Faulpelz, weißt du das?"
„Du bist ein sensationeller Superman im Faulsein!"

Übrigens: Die meisten Autoren benutzen für die Alliteration Konsonanten. Der Buchstabe G bietet die Möglichkeit, schier endlose Sätze zu bauen:

Genie Gero ging glücklich ganz gern gegen Gebäude.

So paradox es für heutige Ohren vielleicht klingt: Cicero, Quntilian, Platon, Aristoteles kannten kein Wort „Alliteration". Die Anfangsbuchstabenwiederholung in aufeinanderfolgenden Wörtern kam erst mit dem italienischen Dichter G. Pontano im 14. Jahrhundert in Mode, der die Figur erkannte und ihr den Namen „Alliteratio" gab. Zwar taucht die Alliteration schon in berühmten griechischen bzw. lateinischen Reden und Zitaten auf (man denke nur an Cäsars Siegesschreiben an den Senat: „Veni, vidi, vici"), von den damaligen Rhetoriktheoretikern wurde sie aber als Stilfehler eingestuft. Der unbekannte Autor der „Rhetorik an Herennius" (80 v. Chr.) bringt folgende Alliteration als Negativbeispiel: „O Tite, tute, Tati, tibi tanta, tyranne, tulisti." Der exzessive Gebrauch der Anfangsbuchstabenwiederholung solle unbedingt vermieden werden.

Hucbald von Saint-Amand ließ sich von solchen Forderungen hinsichtlich des Stils nicht beeindrucken. Berühmt ist er für sein

Gleicher Anlaut eines Wortes im Satz   A91
(Alliteration)

Sprachformel:
$a + b + b_1 + b_2 + b_3 + c + d$
($b_{1,2,3}$ = verschiedene Wörter mit dem gleichen Anfangsbuchstaben)

*Und ich sag heeee ab in den Süden, der Sonne hinterher, ey jo was geht. Sommer, Sonne, Sonnenschein, Sommer, Sonne Sonnenschein.
(Buddy vs. DJ the Wave)*

Gedicht über die Kahlköpfigkeit der Mönche, die ihr Leben nicht äußeren Dingen, sondern Jesus weihen. Alle Wörter beginnen mit dem Buchstaben C.

Beispiel aus der Musik:

Carmina clarisonae calvis cantate Camenae.
Cum crescit capitis cervicis calva corona.
Consortem cleri consignat confore calvum.
Capturum claram Christo cedente coronam.
Ceu crines capitis convellens crimina cordis
Corde creatorem conspectat, corpore caelum.
Coelicolas cives cupiens contingere cultu
Crimina cum curis contemnat cuncta caducis
Coeli conscensum, concentu coelicolarum
Concupiens cupide collaudat cuncta creantem.

Text: Hucbald von Saint-Amand, 880 n. Chr.

Alliteration: Spezialfälle

k + qu	**K**aum **qu**almte ich 10 Zigaretten, schon...
Zahlen + Wörter	**30 D**ummköpfe, Film in **3-D**
f + v	Ein **F**reund **v**erdient es nicht, dass er...
c + z	**C**äsar **z**erbrach 100 kostbare Gefäße.
c + K	**C**ooler **K**oalabär

benachbarte Plosivlaute: (mit den Lippen gesprochen)

p + b (+w + v)	**P**aul **B**äumlich **b**eging einen **b**ösen **P**atzer. **W**iederholt **v**erlangte **W**erner, wieso er **v**ordergründig...

Zischlaute:

sch + ch	**Sch**öne **Ch**ose.

scharf gesprochene Laute:

ss + ß	Fa**ss** mit Ru**ß**

Beispiel aus der Literatur:

„Meine Tochter, ist dir's auch zuwider, <u>daß</u> ich den Herrn <u>Damis</u> auf eine <u>Tasse Tee</u> zu mir gebeten habe? <u>Du</u> merkst <u>doch</u> wohl seine Absicht? Geht dir's auch nahe? <u>Du</u> gutes Kind, <u>du dauerst</u> mich. Freilich bist du älter als deine Schwester und solltest <u>also auch eher einen</u> Mann kriegen. Aber ..."

Text: Christian Fürchtegott Gellert, „Die zärtlichen Schwestern"

Merke: Eine <u>allgemeine, aalglatte, allumfassende, absurde</u> Alliteration beginnt immer mit dem gleichen Anfangsbuchstaben.

Christian Fürchtegott Gellert

Querverweis: A74 (Geminatio), A75 (Reduplicatio), A76 (Klimax), A82 (Polyptoton), A85 (Paronomasie), A86 (Derivatio), B11 (Stilbruch), B23 (Metapher), C21 (Sprechtempo), C22 (Sprechmelodie), C23 (Artikulation), D18 (Sprachbeherrschung)

Übung:

Machen Sie aus folgendem Satz eine Alliteration:

„Hier droht der Wolf, und dort der Hund." (Horaz)

Einer der wirkungsvollsten Kunstgriffe in der Rhetorik für eine Verstärkung der eigenen Botschaft ist die congeries (lateinisch: „Anhäufung" / „eine Menge auf einem Platz zusammengetragener und ohne Ordnung übereinander geworfener Dinge"), in der eine Informationsaussage entweder von vielen erklärenden Beispielen oder von weiteren einzelnen Begriffen gefolgt wird. Dies kann bei ausufernder Länge sehr theatralisch wirken (zu viel Pathos) und hat dann auf das Publikum eher komische als nützliche Effekte, wenn man es übertreibt.

Wenn ich nur an <u>Tierversuche denke, die Tiere im Käfig, die Tiere wehrlos und schutzlos, die Tiere gequält mit Elekroschockern und schlechtem Essen, die Tiere langsam dahinsiechend in ihrem eigenen Kot,</u> um dem homo sapiens zu dienen, dem Menschen also, der untereinander Krieg führt seit jeher allen Zeiten, <u>der das Klima auf diesem Planeten immer schlimmer macht, weil er auf das Auto und die Industrie nicht verzichten will, der die Tiere versklavt hat in riesigen Eierfabriken und Zoos, der den Lebens-</u>

Häufung von Informationsaussagen   A92 (congeries)

Sprachformel:
$a + b + b_1 + b_2 + b_3 + c + d$
($b_{1,2,3}$ = Aufzählung von Beispielen für einen gleichen Begriff)

raum all dieser Tiere zerstört hat und seinen eigenen immer weiter vergrößert, so entwickelt sich in mir ein gewisses Gefühl der Schuld und Scham. Schuld: weil ich ein Mensch bin. Scham: weil ich nichts dagegen getan habe.

Hier ein Beispiel, wie auch nur einzelne Begriffe in eine schier endlose Kette gelegt werden können, die Figur ist dann mit dem Asyndeton verwandt.

Beispiel aus der Literatur:

Ich fragte Sadek: „Kennst du den ganzen Namen deines Freundes Halef?"
„Ja."
„Wie heißt er?"
„Er heißt Hadschi Halef Omar."
„Das ist nicht genug. Er lautet <u>Hadschi Halef Omar Ben Hadschi Abul Abbas Ibn Hadschi Dawuhd al Gossarah.</u> Du hörst also, daß er zu einer frommen, verdienstvollen Familie gehört, deren Glieder alle Hadschi waren, obgleich…"
„Sihdi", unterbrach mich Halef und wehrte erschrocken ab, „sprich nicht von den Verdiensten deines Dieners! Du weißt, daß ich dir stets gehorchen werde."
„Ich hoffe es, Halef. Du sollst nicht von dir und mir sprechen. Frage lieber deinen Freund Sadek, wo sich sein Sohn befindet, von dem du mir erzählt hast!"

Karl May

Text: Karl May, „Durch die Wüste"

Den Rekord für eine congeries ist wohl dieses Beispiel hier von Agrippa von Nettesheim, der annähernd 60 Begriffe in einem Satz aufzählt.

Redebeispiel Original:

Aber lass es sein, dass auch etliche Gute unter den Menschenkindern gefunden würden, so haben sie doch ihre Wissenschaft nirgends anders her als von ihren Erfindern und Besitzern erborgt. Nun bedenke doch, wenn die Wissenschaften auf einen bösen Menschen fallen, so tut er Schaden, und machen ihn noch viel ärger als zum Exempel: <u>auf einen verirrten Sprachenlehrer oder Grammaticum, auf einen fabelhaften Poeten, auf einen verlorenen Historienschreiber, auf einen schmeichelnden Oratorem oder Redner, auf einen prahlenden Gedächtniskünstler, auf einen zänkischen Dialecticum oder Vernunftmeister, auf einen verführerischen Sophistam oder Verwirrungslehrer, auf einen waschhaften Lullisten, oder der von allen Sachen was herzuschwätzen weiss,</u>

auf einen verzauberten Arithmeticum oder Rechenmeister, auf einen geilen Musicum, auf einen unzüchtigen Tänzer, auf einen ruhmredigen Feldmesser, auf einen irrigen Weltbeschreiber, auf einen schädlichen Baumeister, auf einen räuberischen Schiffmann, auf einen betrüglichen Kalenderschreiber, auf einen schelmischen Wahrsager, auf einen leichtfertigen Kabbalisten, oder auf einen durch verblümte Art und mit sonderbaren Geheimnissen untreuen Ausleger der Wörter, auf einen träumenden Naturkündiger, auf einen abenteuerlichen Metaphysicum oder Erforscher übernatürlicher Dinge, auf einen bäurischen oder unhöflichen Ethicum oder Sittenlehrer, auf einen falschen Politicum oder Weltmann, auf einen tyrannischen Fürsten, auf eine unterdrückende Obrigkeit, auf einen aufrührerischen Untertan, auf einen schismatischen Priester, auf einen abergläubigen Mönch, auf einen verschwenderischen Haushalter, auf einen falschschwörigen Kaufmann, auf einen geizigen und diebischen Schösser, auf einen faulen Ackermann, auf einen viehdiebischen Hirten, auf einen lästernden Fischer, auf einen mausenden Jäger, auf einen räuberischen Soldaten, auf einen scharfen Exactoren oder Mahner, auf einen tötenden Medicum, auf einen vergiftenden Apotheker, auf einen verschwenderischen Koch, auf einen betrügerischen Goldmacher, auf einen listigen Rechtsgelehrten, auf einen vertrackten und leichtfertigen Zungendrescher, auf einen unwahrhaften Postträger, auf einen ums Geld feilen Richter oder auf einen ketzerischen und verführerischen Pfaffen. Nichts aber ist unseliger als eine von Gottlosigkeit herrührende Kunst und Wissenschaft. Denn je grösser der Künstler, je ärger der Schalk.

Redetext: Agrippa von Nettesheim, „Ungewißheit und Eitelkeit aller Künste und Wissenschaften"

Agrippa von Nettesheim

Merke: Bei einer Congeries werden Nachrichten, Auskünfte, Informationen, Hinweise, Erzählungen, Erklärungen, Bekanntmachungen, Belehrungen zu einer Sache gegeben, oftmals in Form von lang ausgemalten Beispielen – gegen das Sprichwort: In der Kürze liegt die Würze.

Querverweis: A43 (Präposition), A87 (Asyndeton / Polysyndeton), A94 (Asyndeton), A95 (Zeugma), B28 (Exemplum), B83 (Wiederholungs-Argument), E9 (Datenflut), E10 (Desinformation)

Übung:

Machen Sie aus folgendem Satz eine congeries:

„Im Kampf um die Macht in der Berliner CDU herrscht Chaos."

- Auslassungsfiguren

Auslassung eines nicht sinntragenden Wortes im Satz   A93
(ellipse/omissio/defectio)

Ideal im TV lässt mich völlig kalt und die ganze Szene hängt mir aus dem Hals. Da bleib ich kühl: kein Gefühl.
(Ideal)

Sprachformel:
a + b + c + e
(d= Konjunktion / Verb / Subjekt)

Friedrich Schiller

Unser Ziel: Tierversuche stoppen!

Die Ellipse (griechisch: „Auslassung") ist einer der häufigsten Figuren - vor allem in der Werbung und bei Zeitungsüberschriften zu finden. Dieser Telegrammstil verzichtet auf unnötige Verben oder Konjunktionen (also rausstreichen!). Häufig mit einem Doppelpunkt oder Gedankenstrich. Da das Publikum die Lücken selbst gedanklich ergänzen muss (in diesem Beispiel heißt das Original: Unser Ziel ist es, Tierversuche zu stoppen), muss hierbei langsam gesprochen und eine eindeutige Pause eingelegt werden. Die Ellipse funktioniert auch bei einem längeren Satz. Man findet diese Figur vor allem in der Sport- und Armeesprache:

- „Kompanie: stillgestanden!"
- „Achtung: präsentiert das Gewehr!"
- „Rechts um, links um"
- „Im Gleichschritt: marsch!"
- „Hacke!" (bin hinter dir, spiel den Ball zurück)
- „Torwart!" (alle anderen Verteidigungsspieler sollen sich vom Ball fernhalten)

Je geübter eine Fußballmannschaft solche Kurzkommandos interpretiert, desto erfolgreicher wird sie spielen.

Man kann aber auch Wörter verkürzen:

Auto statt „Automobil"
Deo statt „Deodorant"
Öko statt „Ökologe"

Beispiel:

„Viele kleine, sehr hübsche, unbewohnte Inseln säumten die Seereise. Und dann ein großer Punkt: Gotland!"

Beispiel aus der Literatur:

MOOR.
Verflucht seist du, daß du mich dran erinnerst! Verflucht ich, daß ich es sagte! Aber es war nur im Dampfe des Weins, und mein Herz hörte nicht, was meine Zunge prahlte.

Text: Friedrich Schiller, „Die Räuber"

Die Verkürzung eines Temporalsatzes durch die Einsparung des Hilfsverb „haben" im Plusquamperfekt ist ein weiterer Weg, wie eine Ellipse erreicht werden kann:

Beispiel aus der Literatur:

Indeß hatte der unruhige Prior von Jorvaulx den Prinzen leise erinnert, daß der Sieger nun auch, <u>nachdem er seine Tapferkeit an den Tag gelegt,</u> seinen Geschmack darin zeigen müsse, daß er unter den Schönheiten, welche die Gallerien zierten, eine Dame wählte, die den Thron der Königin der Liebe und Schönheit einnehmen und den Preis des Turniers am folgenden Tage ertheilen könnte.

Text: Sir Walter Scott, „Ivanhoe"

*Erweckte früh mit schwirrend leisem Flügelschlag
Mich eine Mücke, wann ich deiner Leiden mehr
Sah, denn die Zeit begreifen konnte, die ich schlief.
<u>Nachdem ich alles das mit ungebeugtem Sinn
Ertragen,</u> nun begrüß ich dich des Hauses Hort,
Ein allerrettend Ankertau, des hohen Dachs
Grundfester Pfeiler, eines Vaters einzig Kind.*

Text: Aischylos, „Die Orestie"

Auch bruchstückartige Sätze, die in schneller Folge hintereinander kommen, eignen sich zur Konstruktion einer Ellipse:

Beispiel aus der Literatur:

„Mein Name ist Haitang. Ich bin die Tochter dieser ehrwürdigen Dame, Frau Tschang geheißen. Ich bin sechzehn Jahre alt. <u>Sechzehn Jahre jung.</u> Ich habe viel erlitten. Ich werde noch mehr erleiden. <u>Viel Schmerz. Ein wenig Glück.</u> Rote Abendwolken nach einem düsteren Gewittertag. <u>Es ist das Leben.</u>"

Text: Klabund, „Der Kreidekreis"

Merke: Die Stilfigur der Ellipse: unwichtige Wörter auslassen!

Querverweis: A93 (Ellipse), B8 (Neologismus), D4 (Abkürzungsneologismus nach Cicero) E39 (Stummschaltung), F88 (Apokope / Aphärese / Synkope)

> **Übung:**
>
> **Machen Sie aus folgendem Satz eine Ellipse!**
>
> „Mein erste Reise nach Russland unternahm ich mitten ihm tiefsten Winter. (...) Als ich aufwachte, schien die Sonne." (Münchhausen)

Verzicht auf Konjunktionen in Aufzählungen
A94
(Asyndeton)

Der blickt so still, so friedlich nieder, der spiegelt alte Zeiten wieder, und neu besänftigt wallt mein Blut.
(Beethoven - „Fidelio")

Sprachformel:
abc – Konj + c_1 –
Konj. + c_2 - Konj + c_3
- Konj + def
oder
abc + c_1 + Konj + c_2 \
+ c_3 + Konj + c_4 \ + c_5
+ Konj + c_6
(\ = keine Bedeutung
+ = plus \ - = minus \
Konj = Konjunktion \
$c_{1/2/3/4/5/6}$ = synonyme oder in einem Zusammenhang stehende Wörter)

Die Tiere sitzen allesamt <u>zitternd, bibbernd, frierend</u>, aber auch <u>geschockt, verängstigt, gezeichnet</u> in ihren Viehwaggons und warten auf den Abtransport ins Versuchslabor.

Das Asyndeton ist sowohl eine rhetorische Figur der Zufügung (mehr Adjektive als eigentlich nötig) als auch eine Figur der Auslassung (keine Konjunktionen). Hierfür bieten sich vor allem die Partizipien an, da sie die gleichen Endungen „nd" /"t" aufweisen. Maximal sechs gleiche Wörter (Adjektive/Adverbien) hintereinanderschalten. Wichtig ist, dass die Wörter eine zusammenhängende Story erzählen, eine Bilderkette im Publikum bewirken. Wenn es mehr als drei Begriffe zur Aufzählung gibt, bietet sich ein 2er-Schritt mit der Konjunktion „und" an, wie im folgenden Beispiel:

Redetext Original:

„Ich habe über ein Drittel der amerikanischen Geschichte durchlebt. Ich habe <u>Krieg und Weltwirtschaftskrise, Frieden und Wohlstand</u> gesehen. Ich habe den großen Geist des amerikanischen Volkes gesehen, der Industrien erbaut und so die Welt verändert."

Redner: US-Präsident Ronald Reagan

Merke: Bei einem Asyndeton werden bedeutungsähnliche Wörter ohne eine Konjunktion <u>wiederholt, nochmals gesagt, repetiert, aufgenommen</u>.

Querverweis: A29 (Partizip Präsens), A30 (Partizip Perfekt), A87 (Asyndeton als Zufügungsfigur)

> **Übung:**
>
> **Machen Sie aus folgendem Satz ein Asyndeton:**
>
> „Eines Abends kletterte ich, steif und müde, von meinem braven Gaul herunter und band ihn, damit er nicht fortliefe, an einer Baumspitze fest, die aus dem Schnee herausschaute." (Münchhausen)

Ich bin gegen Tierversuche, Atomtransporte und außerdem Schulferien.

Bei dieser rhetorischen Figur wird das Subjekt (oftmals ein Personalpronomen) nicht extra wiederholt, sondern man macht die normale grammatikalische Aufzählung [oft bei Akkusativobjekten oder mit Verben: „Er kam, sah, und siegte" (Cäsar)]. Dies ist in der Alltagssprache gang und gäbe. Rhetorisch wird es eigentlich erst, wenn man Wörter hintereinander stellt, die in ihrer Bedeutung nicht zueinander passen. Dann kann man einen „komischen" Effekt erzielen – ist aber eher fürs Kabarett geeignet und hat in einer ernsthaften Rede nichts zu suchen.

Schon als ganz kleines Kind las ich Pinnocchio, Jim Knopf, Fix und Foxi, Nils Holgersson, Isnogud, Asterix, Spiderman, Superman, Tarzan, das Phantom, Donald Duck, Elliot das Schmunzelmonster und Franz Kafkas „Prozess".

Man kann auch nur einzelner Begriffe in asyndetischer Form aneinander reihen, wobei das letzte Wort unpassend ist:

Beispiel: *„Dame, König, As, Spion."* (Buchtitel von John le Carré; das lezte Wort bei den Spielkarten hätte „Bube" heißen müssen)

Von einer Klimax (Steigerung) spricht man, wenn man die angereihten Worte langsam steigert:

„Ich sehe Brüder und Schwestern und Freunde und einige Feinde." (Malcolm X)

Antiklimax (fortschreitende Herabstufung). Anordnung von qualitativ unterschiedlichen Wörtern in der Reihenfolge groß nach gering.

Beispiel:
Zur Siegesfeier fanden sich Vereinspräsident, Aufsichtsrat, Trainer, Spieler, Mannschaftsarzt, Platzwart, Balljungen und viele Fans ein.

Das Zeugma kommt gelegentlich auch mit einem absichtlichen Satzfehler vor, der das Verständnis erschwert, aber zum Nachdenken anregt:

Beispiel aus der Literatur:

„Ich reite oft aus und schnappe etwas Luft; - obwohl manchmal, zu meiner Schande, muss ich's gesteh'n, unternehme ich irgendwie längere Reisen als ein weiser Mann insgesamt gutheißen würde. – Aber die Wahrheit ist - , Ich bin kein weiser Mann. – und ne-

---

Die Einheit „Subjekt-Verb" auf mehrere Akkusativobjektive beziehen　　A95
(Zeugma)

Deine Treu' erhielt mein Leben und mein Bestreben, wahre Liebe fürchtet nicht.
(Beethoven - „Fidelio" / abgeändert)

Sprachformel:
a + b + c... + α
α = passt inhaltlich nicht zu den anderen Aufzählungspunkten

Laurence Sterne

benbei, <u>bin ich ein Sterblicher</u> mit so wenig Bedeutung für diese Welt, dass es keine Rolle spielt, was ich tu'; also mache ich deswegen auch kein Aufhebens. Auch stört's meine Ruhe nicht, wenn ich solch große Lords und bedeutende Persönlichkeiten sehe, wie sie hier folgen; solche, z.B. , wie mein Lord A, B, C, D, E, F, G, H, I, K, L, M, N, O, P, Q, und so weiter, alle in einer Reihe, auf ihren verschiedenen Pferden sitzend."

Text: Laurence Sterne, „Tristram Shandy"

(Eigentlich müsste es heißen: Ich bin kein weiser, sondern ein unwissender Mann/ Ich bin nicht weise, sondern unwissend/ Ich bin kein weiser Mann. Ich bin unwissend.)

Merke: Das Zeugma benötigt in einer Aufzählung ein erstes passendes Akkusativobjekt, ein zweites passendes Akkusativobjekt und dann ein drittes, absolut unpassendes Akkusativobjekt - aber nur ein Verb.

Übung:

Verbinden Sie diesen Abschnitt durch ein Zeugma!

„Plötzlich hörte ich's laut wiehern. Und zwar hoch über mir! Ich blickte hoch. Ich sah das arme Tier am Wetterhahn des Kirchturms hängen."

Querverweis: A51 (Konjunktion), Klimax (A76), Antiklimax (A76), Katachrese (B24)

Satzstörung   A96
(Anakoluth)

Sprachformel:
a + b + x + c
(x = neuer Satz bzw. neuer Gedankenabschnitt = „Exkurs")

Es ist unser erklärtes Ziel, alle Tierversuche – <u>aber vielleicht sollte ich erstmal erklären, was wir unter Tierversuche verstehen</u> – (zu stoppen).

Um den Eindruck von Spontanität zu erwecken, gibt es eine rhetorische Figur mit dem Namen „Anakoluth" (griechisch: „fehlende Fortsetzung").

Beispiel:

„Wenn mit dieser deiner so glänzenden Stellung nicht solche Herzensgüte verbunden wäre, als du für deine ·Person, ich sage, für deine Person, besitztest – <u>ich weiß, was ich sage</u>."
(Cicero)

Hierbei handelt es sich um eine Satzstörung, die besonders in erklärenden Darstellungen vorkommt und zumeist mit einem Gedankenstrich im Satz abgetrennt wird. Da es im normalen Sprechvorgang ständig zu solchen Satzstörungen kommt, handelt es sich um eine rhetorische Figur, die als besonders authentisch wahrgenommen wird: Wenn man so will: ein absichtlicher Versprecher, der einen sonst eher trockenen Satz auflockern kann.

Beispiel aus der Literatur:

In der Abteilung von - aber es ist wohl besser, nicht die Abteilung zu erwähnen. Es gibt nichts Empfindlicheres als Abteilungen, Regimenter, Gerichte, und, mit einem Wort, jeder Zweig des Staatswesens. Jeder einzelne, der ihnen heutzutage angehört, denkt, dass in seiner Person die ganze Gesellschaft beleidigt wird.

Text: Nikolai Wassiljewitsch Gogol, „Der Mantel"

Sonderfall: Aposiopese („Verstummen")

Bei dieser Figur wird das entscheidende Wort nicht ausgesprochen - um die Spannung zu steigern und emotionale Betroffenheit zu demonstrieren.

Beispiel: *„Du willst also sagen, ich hätte deinen Geldbeutel...das ist doch wohl nicht dein Ernst?! Was hätte ich denn davon deinen Geldbeutel zu... willst du mich etwa einen dreisten... nennen? Nein, das kann ich nicht glauben, dass du mir das zutraust."*

Querverweis: F41

Sonderfall: Paraprosdokian
(die Beendigung eines Satzes mit Überraschungseffekt)

Beispiel: *„Schulze lief immer zur Topform auf, wenn es in den Umfragen gut für ihn lief. Der Vorsitzende der Partei, Meyer, hatte sich nicht umsonst auf ihn als Spitzenkandidaten verständigt. Dann, eines Tages beim Wahlkampf – trat Zorro persönlich auf die Bühne und ließ seine Peitsche knallen."*

Merke: *Das Anakoluth ist in der Rhetorik – aber vielleicht sollte ich erst einmal erklären, was Rhetorik ist, denn unter Rhetorik verstehen alle etwas anderes... - jedenfalls: das Anakoluth ist eine kunstreiche Satzstörung.*

Querverweis: A95 (Zeugma), B11 (Stilbruch), B23 (Adynaton), B31 (Correctio), B37 (Praeteritio), B44 (Reticentia), D6

Abscheulicher! Wo eilst du hin? Was hast du vo... Doch toben auch wie Meereswogen, dir in der Selle Zorn und Wut, so leuchtet mir ein Farbenbogen, der hell auf dunklen Wolken ruht.
(Beethoven – Fidelio / abgeändert)

Nikolai Wassiljewitsch Gogol

(Blitzschnelle Änderung der eigenen Meinung nach Cicero), E39 (Stummschaltung), E65 (Diskussionsunterbrechung nach Schopenhauer), F21 (Themawechsel), F33 (Unterbrechungen), F41 (Stummschaltung)

> **Übung:**
>
> **Machen Sie aus folgendem Abschnitt ein Anakoluth!**
>
> Wenn es gestern ein Wort gab, das die guten Vorsätze der Sozialdemokraten vom Sonntag charakterisierte, dann war es Geschlossenheit. Gleichgültig, ob Parteilinke, Seeheimer oder Netzwerker, aus allen Clubs und Clübchen dieser nischenreichen Partei erklang es trotzig: Unterhaken.

Umstellungsfiguren (<-->)

Abwandlung von der normalen Wortstellung im Aussagesatz A97 (Inversio)

Sprachformel:
b + a + c
oder
c + a + b
oder
c + b + a

Es ist Samstag Abend und die Dinge stehen schlecht, ich bin auf der Suche nach dem weiblichen Geschlecht. Am Wochenende hat man in der Großstadt seine Not: zu viel Jäger sind der Hasen Tod. (E.A.V.)

<u>Der Tierversuche Befürworter</u> *sind vor allem Politiker.*

Die Inversio (lateinisch: „Umkehrung") zieht oftmals ein Genitivattribut vor das Subjekt. Dies klingt sprachlich sehr elegant, aber auch manchmal unmodern (vor jüngeren Zuhörern vermeiden). Eine Umstellung macht eher in Gedichten Sinn, wenn z.B. kein passender Endreim gefunden wird. Auch kann man in einem Perfekt-Satz das Verb an den Satzanfang stellen, um es extra zu betonen.

„Ich habe euch gestern 50 Euro geliehen."

<u>Geliehen</u> habe ich euch gestern 50 Euro.

Weitere Abwandlungen:
<u>Gestern</u> habe ich euch 50 Euro geliehen.
<u>50 Euro</u> habe ich euch geliehen.
<u>Euch</u> habe ich 50 Euro geliehen.

Das wichtigste Wort des Satzes kommt an den Satzanfang! Die Inversio darf jedoch nicht so ungewöhnlich sein, dass das Publikum einen Grammatikfehler vermutet. Man kann z.B. auch einfach das Adjektiv hinter das Substantiv stellen, wie es in den romanischen Sprachen der Fall ist:

Hänschen klein ging allein, in die weite Welt hinein.

Beispiel aus der Literatur:

BERTA.
Sieh, teurer Freund, warum ich trauerte,
Als ich dies höchste Lebensglück dich selbst
Zerstören sah – Weh mir! Wie stünds um mich,
Wenn ich dem stolzen Ritter müßte folgen,
Dem Landbedrücker auf sein finstres Schloß!
– Hier ist kein Schloß. Mich scheiden keine Mauern
Von einem Volk, das ich beglücken kann!

Normale Wortfolge: Als ich sah, wie dieses höchste Lebensglück dich selbst zerstörte / Wenn ich dem stolzen Ritter folgen müsste

Text: Friedrich Schiller, „Wilhelm Tell"

Friedrich Schiller

Sonderfall: Prolepsis
(Das Verb kommt an die vorderste Position im Satzgefüge)

Beispiel: „Betrachtet die Frechheit, die in ihm wohnte. Gesiegt habe er nur aufgrund seiner sehr persönlichen Beziehung zu XY."

Merke: Eine Wortfolge ungewöhnlich findet man bei der Stilfigur der Inversio.

Querverweis: A22 (Genitivattribut), A23 (Exkurs: Die vier Fälle im Satz), A24 (Verb), A31 (Adjektiv Positiv), A40 (Adverbien – Reihenfolge im Satz), A43 (Präposition), A82 (Polyptoton), A85 (Paronomasie)

Übung:

Machen Sie aus folgendem Abschnitt eine Inversio:

„Tagsüber hielt ich mich im Freien auf. Zum Glück war, trotz des Novembers, in Liliput Sommer. Manchmal spazierte ich, mit der Kette am Bein, im Kreis um den Tempel herum."
(Gullivers Reisen)

Vor dem Zusammenbruch des Kapitalmarkts verdienten Londons Banker in der kürzesten Zeit das meiste Geld, viele wurden noch vor ihrem 30. Geburtstag Multimillionäre: Ihre Frauen waren groß und exklusiv, ihre Häuser schlank und blond.

Vertauschen eines gängigen Adjektivs in Bezug auf ein Substantiv   A98
(Hypallage / Enallage)

> Sprachformel:
> $(d_1 + a) + b + c + (a_1 + d)$
> Erklärung:
> (a_1 = Adjektiv zu a /
> d_1 = Adjektiv zu d)

Die Walton-Street in London macht nun ein exklusives Nickerchen, in der gähnenden Oxford-Street herrscht Leere, und in der Savile Row erzählt uns ein schwacher Schneider mit Lächeln, er mache das, was er bei der letzen Rezession auch getan habe: Er ruft bei seinen Kunden an und fragt, ob man nicht die neuen Stoffe probieren wolle?

Die Hypallage/Enallage (griechisch: „Vertauschung") wirkt eher bei volkstypischen Redewendungen mit bestimmten Adjektiven (z.B. gähnende Leere) und soll Ungewöhnlichkeit bewirken. Vorsicht! Da das weniger gebildete Publikum die Ironie oft nicht versteht, maximal in einem einzigen Abschnitt der Rede ausprobieren. Hohes Risiko, wenig Gewinn! Nur bei Adjektiven verwenden, die zweifelsfrei zugeordnet werden können, z.B. weibliche Eigenschaften auf männliche Substantive und umgekehrt. Bewirkt auch lustige Effekte, also wieder etwas fürs Kabarett:

Das blaue Lachen ihrer Augen? Das blonde Streicheln ihrer Haare?
Das rote Küssen ihres Mundes?

Ein kühles Glas Bier trinken
(*eigentlich müsste es heißen: ein Glas kühles Bier trinken/ ein Glas kühlen Biers trinken*).

Sie trank einen weichen Zitronentee auf ihrem brühwarmen Sofa.

Eine Hypallage erreichen wir auch durch die Vertauschung einzelner Elemente im Satz, wie Verben und präpositionale Anschlüsse.

A

Lüg mir die Wahrheit und sage nicht (Hypallage)
Sag mir die Wahrheit und lüge nicht! (Original)

B

Reden ist Gold, Schweigen ist Silber. (Hypallage)
Reden ist Silber, Schweigen ist Gold. (Original)

C

Drei Dinge sind nicht drei Pfennige wert: ein Freier ohne Pferd, ein Reiter ohne Schwert, und ein Soldat ohne Bart (Hypallage)
Drei Dinge sind nicht drei Pfennige wert: ein Freier ohne Bart, ein Reiter ohne Pferd und ein Soldat ohne Schwert. (Original)

D

Drei Dinge sind nicht viel nütz: ein Bügermeister <u>ohne Hitz</u>, ein Schweinespieß <u>ohne Witz</u>, ein Ofen <u>ohne Spitz</u> (Hypallage).
Drei Dinge sind nicht viel nütz: ein Bürgermeister ohne Witz, ein Schweinespieß ohne Spitz und ein Ofen ohne Hitz'. (Original)

Personenen-Hypallage: (Abwandlung)

Vier Dinge sind schlecht vorstellbar:
eine SPD <u>ohne Konrad Adenauer</u>, eine CDU <u>ohne Willy Brandt</u>, eine Grüne Partei <u>ohne Hans-Dietrich Genscher</u>, eine FDP <u>ohne Jutta Ditfurth</u>.

Beispiel aus der Literatur:

„Ja, schrecklich ungerecht von dir. Ich unterscheide sehr zwischen den Menschen. <u>Ich wähle meine Freunde nach ihrem guten Aussehen, meine Bekannten nach ihrem guten Charakter und meine Feinde nach ihrem guten Verstand.</u> Man kann nicht vorsichtig genug in der Auswahl seiner Feinde sein. Ich habe keinen einzigen erlangt, der dumm ist. Es sind alles Leute von einer gewissen geistigen Stärke, und daher schätzen sie mich alle. Ist das sehr eitel von mir? Ich glaube, es ist ein bißchen eitel."
„Ich glaube auch, Harry. Aber nach deiner Einteilung kann ich bloß ein Bekannter von dir sein."

Text: Oscar Wilde, „Das Bildnis des Dorian Gray"

Oscar Wilde

Merke: Eine Hypallage vertauscht ein gängige Kombination von Adjektiv/Substantiv:
<u>Der rote Zorn stand in seinem * Gesicht, der * Mund spiegelte das aufgerissene Entsetzen...</u>
(das Adjektiv gehört eigentlich an die markierte Stelle)

Querverweis: A21 (Substantiv), A31 (Adjektiv Positiv), A43 (Präposition), A24 (Verb)

Übung:

Machen Sie aus dem folgenden Abschnitt eine Hypallage!

‚Das Gesicht des kleinen Kaisers, unter dem blitzenden Goldhelm mit dem bunten Federbusch, wurde von Fuhrwerk zu Fuhrwerk trauriger und trauriger. Eines Tages kamen ihm sogar die Tränen. Als ich ihn nach dem Grund fragte, sagte er: „Lieber Doktor Gulliver, du frisst zuviel, und du trinkst zuviel. Wenn das noch lange so weitergeht, wird in meinem Reich eine Hungersnot ausbrechen!' (Gullivers Reisen)

Vertausch der zeitlichen Chronologie A99
(Hysteron proteron)

Sprachformel:
a + b + c + d = Normalstellung
d + a + b + c = a-chronische Stellung
oder:
a + d + b + c = a-chronische Stellung

I, I just died in your arms tonight, it must've been something you said.
(Cutting Crew)

Ihr Mann ist tot und läßt Sie grüßen.
(Goethe, Faust I)

Johann Wolfgang von Goethe

Das Hysteron proteron (griechisch: „Das Spätere früher") spielt mit der zeitlichen Reihenfolge, oftmals um die wichtigere Information an den Anfang stellen zu können.

Die Popgruppe Spliff singt im NDW-Song „Déjà Vu":

„*Ein toter Vogel kommt vorbei und stirbt.*"

Weitere Beispiele:

Der Überfahrene ging über die Ampel.
Die in tausend Stücke zersprungene Flasche fiel runter.
Der nicht mehr Hungrige aß sich satt.
Nachdem er den Reifen mühsam ausgewechselt hatte, blieb plötzlich sein Wagen aufgrund einer Reifenpanne stehen.

Nicht selten wurde in gelehrten Kreisen Stimmen laut, dem Hysteron proteron die Berechtigung als rhetorische Figur abzuerkennen. „Was fängt man mit diesem Hysteron proteron nur an?"

Gehört eigentlich zur Stilfigur des „Paradox". In Temporalsätzen mit zeitlicher Abfolge anzuwenden. Diese Figur taugt im Satzgefüge nur fürs Kabarett, deshalb besser nicht in der ernsten Rede verwenden.

Beispiel aus der Literatur:

MEPHISTOPHELES.
  Ich wollt', ich hätt' eine frohere Mär!
  Ich hoffe, Sie läßt mich's drum nicht büßen:
  Ihr Mann ist tot und läßt Sie grüßen.
MARTHE.
  Ist tot? das treue Herz! O weh!
  Mein Mann ist tot! Ach, ich vergeh'!
MARGARETE.
  Ach! liebe Frau, verzweifelt nicht!
MEPHISTOPHELES.
  So hört die traurige Geschicht'!

Text: Johann Wolfgang von Goethe, „Faust. Eine Tragödie"

Mit einem Hysteron Proteron lässt sich auch das zeitliche Verhältnis über den Ausgang der Geschichte umdrehen. Damit ist diese Figur das Gegenteil der Sustentatio, mit der man den Ausgang der Geschichte soweit wie möglich hinausdehnt, um Spannung zu erzeugen. Das Hysteron proteron kann so auch in ernstere Texte eingeflochten werden, denn das Voranziehen des Schlusses ist wie ein wachrüttelnder Paukenschlag für die Zuschauer.

Beispiel aus der Literatur:

„*Acht Jahre lebte er in Kopenhagen an dem Hofe des Königs von Dänemark, Christian des Vierten, als Hoflaborant; denn dieser Fürst war den geheimen Künsten sehr zugetan. Nach dem Tode desselben zog er an manchen norddeutschen Höfen herum. Er war immer unstet und von seinem Gewissen gepeinigt, und wenn er Nüsse sah und von Nüssen hörte, fiel er oft plötzlich in die heftigste Trauer. So kam er endlich zu Ihnen, und als er hier den unglücklichen Vers hörte, floh er nach Basel. Dort lebte er, bis die Nüsse wieder reiften; da ward seine Unruhe unaufhaltsam; seine Zeit war abgelaufen: er reiste ab nach Lyon und lieferte sich selbst den Gerichten aus. Er hatte vor drei Wochen ein rührendes Gespräch mit mir, er war gut wie ein Kind, er bat mich um Vergebung – ach, ich hatte ihm längst vergeben. Er sagte mir, ich solle nach seiner schimpflichen Todesstrafe Frankreich verlassen und nach Kolmar reisen, dort sei der Bürgermeister ein sehr redlicher Mann. <u>Zwei Tage hierauf ward er unter unzähligem Volkszulauf, bei der Kapelle, wo der Mord geschehen, enthauptet.</u> Er kniete nieder in dem Kreise, brach drei Nüsse desselbigen Baums, welcher meinem Bruder die Todesnuß getragen hatte, teilte sie alle drei mit mir und umarmte mich nochmals zärtlich; dann brachte man mich in die Kapelle, wo ich betend an den Altar niedersank. Er aber sprach draußen: ‚Unica nux prodest, altera nocet, tertia mors est', <u>und bei diesem letzten Worte machte der Schwertstreich seinem elende Leben ein Ende.</u> – Dieses ist meine Geschichte, Herr Bürgermeister.*"

Text: Clemens Brentano, „Die drei Nüsse"

Clemens Brentano

Merke:
<u>Das ist ein Hysteron proteron:</u>
Bevor man Rhetorik lernt, hält man eine große Rede. Nachdem man die große Rede dann erfolgreich gehalten hat, lernt man mühevoll Rhetorik.
<u>Das ist kein Hysteron proteron:</u>
Bevor man eine große Rede hält, lernt man Rhetorik. Nachdem man mühevoll Rhetorik gelernt hat, hält man erfolgreich eine große Rede.
(*vgl. auch „Paradox"*)

Querverweis: A52 (Subjunktion), A95 (Zeugma), B11 (Stilbruch), B28 (Sustentatio)

> **Übung:**
>
> **Machen Sie aus dem folgenden Abschnitt ein Hysteron proteron!**
>
> „Schließlich wurde auch Eulenspiegels Mutter aufmerksam. Sie kletterte, so schnell es ging, zum Boden hinauf, schaute aus dem Fenster und schlug die Hände über dem Kopf zusammen. Ihr Herr Sohn stand, mitten über dem Fluss, auf ihrer Wäscheleine und machte Kunststückchen! Kurz entschlossen nahm sie das Kartoffelschälmesser und schnitt die Leine durch. Und Till fiel sozusagen aus allen Wolken. Er fiel aus den Wolken kerzengerade in den Fluss."
> (Till Eulenspiegel)

**Sperrung von zusammengehörigen Wortgruppen B1
(Hyperbaton)**

„*Angstvoll drückten ans Herz Mütter ihre erschrockenen Kinder.*"
(Quintilian)

Das Hyperbaton (griechisch: „Übersteigen eines Satzteils") sperrt zuammengehörige Wortgruppen (oftmals Subjekt – Verb) und schiebt dafür einen anderen Teil ein, dies auch aus rhythmischen Gründen. In der lateinischen Sprache findet man es oft nach Präpositionen, die eigentlich von zwei Wörtern im Ablativ gefolgt werden müssten, aber ein Folgewort wird vorgezogen.

> Sprachformel:
> a + b + c + d + e=
> Normalstellung
>
> a + e + b + d + c =
> Hyperbaton

Aestate summa, quo tempore ceteri praetores obire provinciam et concursare aut etiam in magno praedonum periculo ipsi navigare consueverunt, eo tempore Verres ad luxuriem libidinesque suas domo sua regia contentus non fuit.

Text: Cicero, „Verres"

*Das Glück wie ein Knecht für Sold dient, es ein schönes Ding ist, das Gold
(Beethoven - „Fidelio" / abgeändert)*

Im Hochsommer, in dieser Zeit pflegten die übrigen Prätoren die Provinz zu besuchen oder umherzureisen oder auch unter großer - in Bezug auf die Seeräuber – Gefahr mit dem Schiff zu fahren, in dieser Zeit war Verres in seinem königlichen Haus nicht zufrieden hinsichtlich seiner Genusssucht und Begierden.

Original: Das Glück dient wie ein Knecht für Sold, es ist ein schönes Ding, das Gold.

Für europäische Sprachen ergibt sich hier ein Problem, weil die Wortfolge (Subjekt – Verb- Objekt - Wörter zu Präposition) relativ fest vorgegeben ist. Zwischen zusammengehörigem Adjektiv und Substantiv lässt sich aber auch ein kleiner Nebensatz schalten, wie in dem obigen Verres-Beispiel in der Übersetzung. Das ist insbesondere zur Spannungssteigerung ein geeignetes Mittel.

Diese Figur verlangt großes Sprachgefühl, denn wenn schlecht ausgeführt, – insbesondere bei falscher Betonung – wird das Publikum eher an „Migrantendeutsch" erinnert. Hohes Risiko! Für lustige Effekte und zur dramatischen Spannungssteigerung jedoch denkbar.

Beispiel aus der Literatur:

> Ach, Nereïdensohn! – <u>Sie ist mir nicht</u>
> <u>Die Kunst vergönnt, die sanftere, der Frauen!</u>
> Nicht bei dem Fest, wie deines Landes Töchter,
> Wenn zu wetteifernd frohen Übungen
> Die ganze Jugendpracht zusammenströmt,
> Darf ich mir den Geliebten ausersehn;
> Nicht mit dem Strauß, so oder so gestellt,
> Und dem verschämten Blick, ihn zu mir locken.

Text: Heinrich von Kleist, „Penthesilea"

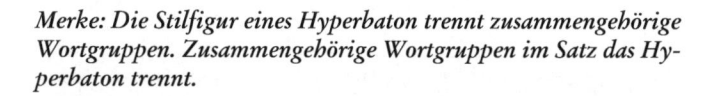

Heinrich von Kleist

Merke: Die Stilfigur eines Hyperbaton trennt zusammengehörige Wortgruppen. Zusammengehörige Wortgruppen im Satz das Hyperbaton trennt.

Übung:

Machen Sie aus folgendem Satz ein Hyperbaton!

„Als Till Eulenspiegel das Seil betrat und langsam darauf balancierte, sperrten die Kinder und Nachbarn Mund und Nase auf."

Querverweis: A43 (Präposition), A23 (Exkurs: Die vier Fälle im Satz), A40 (Adverbien – Reihenfolge im Satz)

<u>*Sind diese Tierversuche etwa* nötig? *Sind diese Tierversuche etwa irgendeiner Sache dienlich?*</u>

Bei dieser rhetorischen Figur werden Sätze mit der gleichen inneren Wortfolge hintereinander gestellt.

<u>„*Weshalb ich komme, wer ich bin, wen ich beschuldige, wem ich nütze, was ich verlange,* werdet ihr bald erfahren."</u>
Text: anonymer Verfasser, „Rhetorik an Herennius"

Gleiche Anordnung nachfolgender Sätze oder von den Akkusativobjekten im Satz

B2

(Parallelismus)

Sprachformel:
abc + abc + abc

Leonore:
Ach! Du bist gerettet!
Großer Gott!
Florestan:
Ach! Ich bin gerettet!
Großer Gott!
(Beethoven -"Fidelio")

Does she walk? Does she talk? Does she come complete? My homeroom, homeroom angel always pulled me from my seat.
(J. Geils Band)

Man unterscheidet:

a) Parallelismus der Worte:
Sie versuchte ihren Kuchen süß, locker und köstlich zu backen.

b) Parallelismus der sinntragenden Satzbestandteile:
Ein Lied zu singen oder ein Gedicht zu schreiben ist angenehm.
Das Singen eines Liedes oder das Schreiben eines Gedichts ist angenehm.

c) Parallelismus der Sätze:
Brot ist nicht teuer; Reis ist billig; Fleisch ist überflüssig und Gemüse ist am besten.

Dabei kann es sich um Haupt- wie auch Nebensätze handeln. Im Gegensatz zur Anapher haben die Sätze aber stets die gleiche Wortreihenfolge (z.B. Subjekt-Verb-Objekt). Der Parallelismus ist eine der häufigsten Figuren, aber bei übertriebener Verwendung gibt es die Gefahr der Monotonie. Besonders für Argumentationsreihen nützlich, wenn man alle Vor- und Nachteile aufzählt. Ist der Parallelismus von der Silbenanzahl und der Länge der Satzglieder gleich, so spricht man von einem Isokolon. Ein Parison liegt vor, wenn nur eine ungefähre Gleichheit besteht. Der folgende 3er-Schritt heißt „Trikolon":

Tierversuche bewirken einen hohen Gewinn für die Wirtschaft, ein breites Entsetzen in der Bevölkerung, einen nicht abzusehenden Schaden für die Tierwelt.

Ein Parallelismus kommt mit einer Konjunktion (und, oder...) viel besser zur Entfaltung, wenn die einzelnen Satzelemente eine kohärente (=zusammenhängende) Story erzählen:

Die Frau drehte sich um und sah den Mann. Er fing ihren Blick auf und sah das Kind. Es lächelte und sah zur Mutter hoch.

Später:
Sie aßen Würstchen oder Schnitzel. Sie tranken Cola oder Bier. Sie erzählten einander Klatsch oder Neuigkeiten.

Für lustige Effekte kann man auch eine Abwandlung des Parallelismus (ein sogenanntes „homoioteleuton") einsetzen, und mit einer reimenden Endung aufhören. Hierbei ist aber nicht zwingend eine direkte parallele Anordnung von Subjekt-Verb-Objekt nötig, sondern nur der Endreim bedeutsam. Das findet sich häufig in Sprichwörtern:

Wie gewonnen, so zerronnen.
Die Freude, die man übertreibt, verwandelt sich in Traurigkeit.

Eine weitere Abwandlung sieht die gleiche Beugung mehrerer Verben (Konjugation) oder Substantive (Deklination) hintereinander vor:

Du redest, trinkst, isst und singst, als ob du einen Grill in der Magengrube hättest.
Redet, trinkt, esst und singt, meine Brüder.
Dem Manne, Weibe, Kinde ging es nach dem Abendmahle nun besser.

Sonderfall: com-par (im Verhältnis zueinander gleich)

Bei dieser Figur werden die Satzglieder silbengleich hintereinander gelegt, d.h. entweder zweisilbige, dreisilbige oder viersilbige Wörter.

Beispiele aus der Literatur:

ALPENJÄGER
   Es donnern die Höhen, es zittert der Steg,
   Nicht grauet dem Schützen auf schwindlichtem Weg,
      Er schreitet verwegen
      Auf Feldern von Eis,
      Da pranget kein Frühling,
      Da grünet kein Reis;
   Und unter den Füßen ein neblichtes Meer,
   Erkennt er die Städte der Menschen nicht mehr,
      Durch den Riß nur der Wolken
      Erblickt er die Welt,
      Tief unter den Wassern
      Das grünende Feld.

Text: Friedrich Schiller, „Wilhelm Tell"

Friedrich Schiller

Ich lachte laut auf. Mochten sie hundert Boten senden, sie würden mich nicht finden; mochten sie tausend Briefe hinter mir herschicken, sie würden mich nicht erreichen. Der elektrische Funke selbst würde mich nicht einholen.

Text: Paul Keller, „Waldwinter"

Merke: Ist die Stilfigur eines Parallelismus schwer zu lernen? Sind nicht alle rhetorischen Figuren schwer zu lernen?

Paul Keller

> **Übung:**
>
> **Führen Sie folgenden Satz durch weitere Sätze mit einem „Parallelismus" fort!**
>
> „Und vor lauter Essen und Trinken vergaßen der Graf und die anderen, ihrem Turmbläser Essen hinaufzuschicken."
>
> **Querverweis:** A76 (Klimax), A78 (Anapher), A79 (Epipher), A80 (Complexio), A81 (Epanode), B3 (Chiasmus)

Die Kreuzung von Wortpaaren (Chiasmus) B3

Sprachformel:
ab + bc
oder
ab + ba
oder
ab + ~bc
(~b = Gegenteil von b)

Move them on, head them up, head them up, move them on, move them on, head them up, Rawhide. Cut them out, ride them in, ride them in, cut them out, cut them out, ride them in. Rawhide.
(Blues Brothers)

Diese Rede ist zu lang,

und zu lang erscheint mir der heutige Abend.

Diese Stimme ist wunderschön,

und noch wunderschöner ist der heutige Abend.

Diese Party ist grandios,

und grandios ist auch dein Outfit.

Der einfache Chiasmus (griechisch: „Gestalt des Buchstabens X") besteht aus einer Kreuzstellung zweier gleicher Adjektive (eventuell eines davon mit Komparativ) mit zwei unterschiedlichen Substantiven. Der Chiasmus kann aber auch mit einer Antithese verknüpft werden, wie das berühmte lateinische Sprichwort zeigt:

*Ars **longa**, vita **brevis***
ars artis, f: Kunst, Kunstfertigkeit, Fertigkeit, Geschicklichkeit, Handwerk, Eigenschaft (Pl. Eigenschaften) - **longus a um:** lang, lang dauernd, ausgedehnt, weit - **vita -ae, f:** Leben **brevis:** kurz

Die Kunst lang, das Leben kurz.

Die Kunst ist lang,

und kurz ist unser Leben.

Zum Chiasmus wird dieses Sprichwort jedoch nur durch die allgemein anerkannte deutsche Übersetzung. Im lateinischen Original handelt es sich um einen Parallelismus – der Chiasmus ist nämlich nichts weiter als ein vertauschter Parallelismus. Der zweite Teil des Parallelismus wird einfach umgedreht – schon ist mein Chiasmus fertig!

Die Arbeit schwer, die Freude kurz.

Unsere Arbeit war sehr schwer gewesen,

nur kurz *die Freude.*

Noch wirkungsvoller gelingt der Chiasmus, wenn man ihn mit zwei Adjektiven pro Substantiv kombiniert:

Die Jugend stark, das Alter schwach, die Jugend dumm, das Alter weise.

„*Die Jugend* ist stark und dumm,

schwach und weise *das Alter.*"

Das hat doch schon fast Sprichwortqualität! Dennoch gilt ein Chiasmus als eher gekünstelte Figur, die in Reden nur vereinzelt auftaucht, weil der gedankliche Bogen, den das Publikum spannen muss, um den Sinn des Chiasmus zu verstehen, die sprachlich Ungebildeteren überfordert. Deshalb der Tipp: nur bei ganz einfachen Begriffen benutzen.

Man spricht von einer Epanode, wenn der Chiasmus Wort für Wort gespiegelt wird (siehe auch Zufügungsfiguren):

Alle für einen, einer für alle. (Alexandre Dumas, „Die drei Musketiere")

Beispiel aus der Literatur:

Ihr klagt, nicht jeder über sich, nein, es klagt der Mann über das Weib. Das Weib über den Mann. Der Mann klagt, das Weib sei nicht mehr des Hauses Mutter, nicht mehr seine sichtbare Vorsehung, nicht mehr dessen Amme, von der die gesunde Speise kömmt für Leib und Seele allen, die im Hause wohnen.

Text: Jeremias Gotthelf, „Geld und Geist"

Jeremias Gotthelf

Oscar Wilde

„*Sie tun ganz recht daran, es so zu machen,*" *sprach er leise.*
„*Nichts kann die Seele heilen als die Sinne, gerade wie nichts die Sinne heilen kann als die Seele.*" *Der Jüngling fuhr zusammen und trat zurück. (...)*
„*Ja*", *fuhr Lord Henry fort,* „*das ist eins der großen Geheimnisse des Lebens: die Seele mittelst der Sinne, und die Sinne mittelst der Seele zu heilen. Sie sind ein prächtiges Menschenkind! Sie wissen mehr, als Sie denken, gerade wie Sie weniger wissen, als Ihnen zu wissen nottut.*"

Text: Oscar Wilde, „Das Bildnis des Dorian Gray"

Merke:
Der Chiasmus ist elegant, und plump die Anapher.
Der Chiasmus ist elegant und ungewöhnlich, plump und langweilig die Anapher.

Querverweis: A78 (Anapher), A79 (Epipher), A80 (Complexio), A81 (Epanode), B2 (Parallelismus)

Übung:

Probieren Sie den folgenden Satz mit einem einfachen und doppelten Kreuzreim zu beenden.

Musik ist mächtig, _____

Musik ist mächtig und mitreißend, _____

Gegenüberstellung zweier Wortgruppen (Antithese) B4

Sprachformel:
$(a + b) = (a_1 + b_1)$
Erklärung:
$(a_1/b_1$ = Vergleich des ersten Wortes mit einer bestimmter Sache)

Tierversuche und Quälerei verhalten sich wie Krieg und Verlust der Menschlichkeit.

Die Antithese (griechisch: „Gegenüberstellung zweier gegensätzlicher Begriffe") ist eine der wirkungsvollsten rhetorischen Figuren, ein Liebling der politischen Rede. Ein einfacher Vergleichssatz wird dazu benutzt, einem Wortpaar (ja, es ist selten nur ein Wort) zwei entgegengesetzte Begriffe gegenüber zu stellen. Trick: Die bestimmten oder unbestimmten Artikel vor den Wörtern ganz weglassen, dann ergibt sich ein schwungvoller Rhythmus. Hier aber unbedingt Vorsicht walten lassen vor schiefen Vergleichen:

„*Politiker und Steuern* sind wie *Liebe und Lüge.*"

Dies wäre ein etwas schiefer Vergleich. Zwar lügt man auch in der Liebe, aber der Zusammenhang ist etwas weit hergeholt und überzeugt nicht. Deshalb gilt: Ernste Dinge stets mit ernsten Dingen paaren, heitere Dinge mit heiteren Dingen.

„*Untertanenstaat und freies Wort* verhalten sich zueinander wie *Feuer und Wasser*, denn wo Gewalt herrscht, braucht der Rhetor sich keine Mühe zu machen, die Hörer mit kunstreicher Suade auf seine Seite zu bringen: er kann es einfacher haben: der Säbel ersetzt das *Argument und den Beweis.*"

Text: Walter Jens

Man kann auch Nebensätze als Antithese kombinieren:

„*Wünsche dir Cäsars Leben, um als Sklave zu leben, oder Cäsars Tod, um frei zu leben.*"

Text: Shakespeare, „Julius Cäsar"

Werden diese Wörter nur ein bisschen anders kombiniert, haben wir es mit einer Antimetabole zu tun, eine Figur, die wir als nächstes kennenlernen werden.

„*Nicht um als Sklave zu leben, wünsche ich Cäsars Tod, sondern um frei zu leben.*"

Dieses Beispiel stellt zugleich eine comparatio dar.

Sonderfall: comparatio (Begleichung)

Begriff aus der Gerichtsrhetorik: Wird ein abscheuliches Verbrechen wie Mord mit einer vermeintlich edlen Handlung verglichen, weswegen das Verbrechen überhaupt begangen wurde (z.B. die Ehre der Familie wiederherstellen), so spricht man von einer comparatio.

Man kann die Gegensätze einer Antithese auch mit einer einzigen Aussage wiedergeben:

Sprichwort: „*klein, aber oho*" (= kleiner Mann von großer Klugheit)

Doch toben auch wie das Meer und die Wogen, dir in der Seele Zorn und Wut.
(Beethoven - „Fidelio" / abgeändert)

Sit fur, sit sacrilegus, sit flagitiorum omnium vitiorumque princeps; at est bonus imperator.

„Sei er auch ein Dieb, sei er auch ein Tempelschänder, sei er auch der Anführer aller Bosheiten und Laster; er ist jedoch ein guter Feldherr."

Text: Hortensius als Verteidiger des von Cicero angeklagten Verres

That's one small step for a man, one giant leap for mankind.

Das ist ein kleiner Schritt für einen Menschen, ein riesiger Sprung für die Menschheit. (Neil Armstrong bei der Mondlandung 1969)

Beispiel aus der Literatur:

HAMLET
   To be, or not to be, that is the question:

HAMLET.
   Sein oder Nichtsein, das ist hier die Frage:
   Ob's edler im Gemüt, die Pfeil' und Schleudern
   Des wütenden Geschicks erdulden, oder,
   Sich waffnend gegen eine See von Plagen,
   Durch Widerstand sie enden. Sterben – schlafen –
   Nichts weiter!

William Shakespeare

Text: William Shakespeare, „The Tragedy of Hamlet, Prince of Denmark"

Merke:
Antithese und Sätze sind wie die große Liebe und Herzklopfen.

Querverweis: A64 (Finalsatz), A58 (Vergleichssatz), B17 (Metonymie), B23 (Metapher), B5 (Antimetabole)

Übung:

Verbinden Sie die folgenden Wörter mit einer Antithese. Denken Sie sich zu jedem Begriff ein zweites Wort aus, welches das Gefühl beschreiben könnte, wie der Gegenstand tatsächlich auf die Leute wirkt. Schließen Sie dann mit einem Vergleichssatz ab.

> Waffen – Kindersoldaten
> Computergewaltspiele – Jugendliche
> Zigaretten – Konsum
> Alkohol – Gesundheit
> Naturschutz – Auto

Antimetabole B5

Eine Abwandlung der Antithese ist die rhetorische Figur der Antimetabole, bei der zwei Finalsätze durch unterschiedliche Verbaussagen möglichst kunstvoll mit einer passenden Konjunktion des Gegensatzes verbunden werden. Das berühmteste Beispiel der lateinischen Sprache ist:

Sprachformel:
a + b + ~ b + a

*Edo **ut** vivam, non vivo **ut** edam.*
edere, edo, edi, esum: essen, fressen - **ut:** dass, damit, um zu, so dass (Sj. b. Konj.; fin./konsek.) -
vivere, vivo, vixi, victurus: leben - non: nicht (Adv.)

Lösung:
Ich esse, um zu leben, ich lebe nicht, um zu essen.
Ich esse, damit ich lebe, ich lebe nicht, damit ich esse.
Nicht um zu essen lebe ich, sondern um zu leben.

Die Konstruktion einer Antimetabole ist einfach:

BEISPIEL 1:
Schritt 1: ein Satz mit um...zu und zwei Verben
Ich schalte den Fernseher ein, um mich nicht zu langweilen, ich schalte den Fernseher nicht ein, um mich zu langweilen.

Schritt 2: Verknüpfung mit nicht um..., sondern um
Nicht um mich zu langweilen schalte ich den Fernseher ein, sondern um mich nicht zu langweilen.

Schritt 1: ein Satz mit um...zu und zwei Verben
Ich schalte das Radio ein, um Musik zu hören, ich schalte das Radio nicht ein, um Werbung und Moderatorenstimmen zu hören.

Schritt 2: Verknüpfung mit nicht um..., sondern um
Nicht um Werbung und Moderatorenstimmen zu hören, schalte ich das Radio ein, sondern um Musik zu hören.

In Ruhe stiller Häuslichkeit, erwach ich jeden Morgen, damit wir uns grüßen, ich erwache jedoch nicht, dass wir uns nicht grüßen.
(Beethoven – Fidelio / abgeändert)

Gustav Freytag

Beispiel aus der Literatur:

„*Durch eine sehr geringe Majorität der Stimmen hat unsere Stadt beschlossen, die politischen Ansichten des jüngern Freundes in den Kammern geltend zu machen, aber von allen Parteien werden heut, wie verlautet, Adressen und Deputationen vorbereitet, nicht, um den Sieger im Wahlkampf zu feiern, sondern um seinem Gegner, seinem edlen Freunde, die allgemeine Achtung und Verehrung auszudrücken, deren nie ein Mann würdiger war als er.*"

Text: Gustav Freytag, „Die Journalisten"

Merke:
Nicht um Werbung zu analysieren lerne ich eine Antimetabole, sondern um besser zu reden.

Querverweis: A51 (Konjunktion), A64 (Finalsatz), A58 (Vergleichssatz), B4 (Antithese), B14 (Litotes)

Übung:

Versuchen Sie aus folgenden Begriffen eine Antimetabole zu konstruieren:

lernen – dem Lehrer gefallen – für mich
Sport treiben – für den Arzt – meine Gesundheit
arbeiten – Geld verdienen – Freude
kochen – in der Küche stehen – essen

Austausch von Einzelwörtern (x2 für x1)

Anmerkung: Bei Einzelwörteraustausch spricht man auch von „rhetorischen Tropen". Ein schlichtes, einfaches, schnell ausgedachtes Wort (verbum proprium) wird durch ein genaueres, treffenderes, schöneres Wort ersetzt, um eine andere Wirkung zu erzielen.

Gleichbedeutendes Wort (Synonym) B6

Ein Wort in der Rede (Substantiv, Verb, Adjektiv) wird durch ein gleichbedeutendes weiteres Wort ersetzt:

„*Handy*" *für Mobiltelefon* (Substantiv)
„*laufen*" *für rennen* (Verb)
„*hübsch*" *für schön* (Adjektiv)

Das ist eine der häufigsten Formen der Texterstellung. Nachdem die Rohfassung eines Textes fertig ist, wird mit einem Synonymwörterbuch (z.B. Duden oder A.M. Textor) oder unter Zuhilfenahme des Computers (z.B. Textverarbeitungsprogramm: Wort markieren – rechte Maustaste - Synonyme) der Redetext auf Hochglanz poliert. Wichtig ist, dass der zu sprechende Text in die Ohren und Herzen geht und sofort verstanden wird.

Sprachformel:
a´ + b + c
(a´ = Synonym von a)

Beispiel aus der Literatur:

Er besaß ein riesiges Gut in U. Man fuhr drei Stunden lang mit der Bahn hin, <u>dann noch eine Stunde mit dem Wagen, respektive eine Viertelstunde mit dem Automobil,</u> falls die Straßen fest und sicher waren, was selten oder nie sich ereignete. Die Straßen waren gleichsam angelegt wie Sümpfe vor der Festung Königgrätz. Das Gut war sehr ergiebig, aber keineswegs für den Naturfreund.

Doch toben auch wie Meereswogen, dir in der Seele Zorn und Wut, so leuchtet mir ein Farbenbogen, der hell auf dunklen Wolken ruht.
(Beethoven - „Fidelio")

Text: Peter Altenberg, „Märchen des Lebens"

Merke:
Das Synonym einer „rhetorischen Figur" ist „Stilmittel" oder „Stilfigur" oder „Redeschmuck"

Peter Altenberg

Übung:

Finden Sie – ohne ein Wörterbuch oder Computerprogramm zu bemühen – mindestens zwei Synonyme für die folgenden Begriffe:

Kavalier - _____ - _____

Schule - _____ - _____

Deutschland - _____ - _____

super (Adj.) - _____ - _____

kochen (Verb) - _____ - _____

Vergleichen Sie anschließend mit einem Synonymwörterbuch, welche Möglichkeiten es noch gegeben hätte.

Querverweis: Synonymia (A83), B10 (Fremdwort), B7 (Archaismus), B11 (Stilbruch), B18 – B 21 (Synekdoche), B17 (Metonymie)

Veralteter Ausdruck (Archaismus) B7

Sprachformel:
a´ + b + c
(a´ = aus der Mode gekomener Ausdruck von a)

Ein Wort in der Rede (Substantiv, Verb, Adjektiv) wird durch ein veraltetes Wort ersetzt (oft Altdeutsch / Mitteldeutsch oder Bibeldeutsch):

„*Automobil*" *für Auto* (Substantiv)
„*Weib*" *für Ehefrau* (Substantiv)
„*Leib*" *für Körper* (Substantiv)
„*sich nähren*" *für essen* (Verb)
„*schmökern*" *für lesen* (Verb)
„*reizend*" *für schön* (Adjektiv)
„*Niederkunft*" *für Entbindung* (bei einer Schwangerschaft)

Tipp: Nur sparsam einsetzen, sonst hat das Publikum das Gefühl, der Redner sei nicht auf der Höhe der Zeit angelangt. Vor Jugendlichen nicht zu viele altertümliche Ausdrücke (z.B. „schmökern" für lesen) benutzen. Im folgenden Beispiel wird der Ausdruck „Nanu?" / „Na, so etwas...?" ersetzt.

Es gibt fünfzigtausend Weiber, die haben einwandfreie Leiber, doch ich sag no, no no no no.
(Michie Krause)

Beispiel aus der Lyrik:

*Pantoffeln, – Schlafrock, – alles recht!
Sie horcht aufs neu; doch hört sie schlecht,
Es schwirrt ihr vor den Ohren.
„Wie? hat's geklingelt? <u>ei der Daus</u>,
Zum zweiten Male! schnell hinaus!"
Da tritt der Pfarrer schon ins Haus,
Ganz blau und steif gefroren.*

*Die Jungfrau blickt ein wenig quer,
Begütigend der Pfarrer her,
Wie's recht in diesem Orden.
Dann hustet er. „Nicht Mond noch Stern!
Der lahme Friedrich hört doch gern
Ein christlich Wort am Tag des Herrn,
Es ist mir spät geworden!"*

Text: Annette von Droste-Hülshoff, „Des alten Pfarrers Woche"

Annette von Droste-Hülshoff

*Merke:
Ein Archaismus verwendet möglichst <u>antiquarische und betagte</u> Wörter, die kein anderer mehr benutzt, also viel älter sind.*

> **Übung:**
>
> Finden Sie jeweils zwei ältere Ausdrücke für die folgenden Begriffe:
>
> klagen - _____ - _____
>
> Computer - _____ - _____
>
> Situation - _____ - _____
>
> Küste - _____ - _____
>
> **Querverweis:** Synonymia (A83), B10 (Fremdwort), B6(Synonym), B11 (Stilbruch), B18 – B21 (Synekdoche), B17 (Metonymie)

Ein Wort in der Rede (Substantiv, Verb, Adjektiv) wird durch ein neumodisches Wort ersetzt.

Neumodischer Ausdruck (Neologismus) B8

„chillen" für *entspannen* (Verb)
„ein paar Tanten einsammeln" für *„Mädchen kennenlernen"* (Redewendung)
„übelst gemein" für *„sehr gemein"* (Gradadverb)
„Energiekonsens" für *„Energiekompromiss"* (Komposita)

> **Sprachformel:**
> a´ + b + c
> (a´ = sehr moderner Ausdruck von a)

Dabei kann es sich um einen allgemein neuen Ausdruck handeln, der gerade in Mode gekommen ist (z.B. Jugendsprache: „jemanden anmachen" für ansprechen). Oder der Redner entwirft eigenständig ein neues Wort, das es bislang noch nicht gab und nicht im Lexikon zu finden ist. Siehe auch Wortarten, Komposita, A53

<u>Auch die Propaganda greift in Krisenzeiten gern auf Neologismen zurück:</u>

„antifaschistischer Schutzwall" für *Berliner Mauer*

Tipp: Auch wenn man vor jungen Leuten eine Rede hält, sollte man die gebräuchlichen Ausdrücke verwenden; denn die meisten Jugendlichen wollen auch gar nicht, dass man sich ihnen sprachlich annähert, und verteidigen ihre eigene Sprache wie einen Besitz. Wer sich hier bewusst anbiedert, läuft eher Gefahr nicht das Redeziel zu erreichen. Hüten Sie sich also vor Begriffen wie:

Florestan und Chor:
Wer ein solches Weib errungen, stimm in unseren Jubel ein. Nie wird es zu hoch besungen, Retterin des Gatten zu sein.
Chor:
Preist mit hoher Freude Glut Leonorens edlen Mut!
Florestan und Chor:
Wer eine solche Karrierefrau erungen, stimm in unser Partygeschrei ein.

„Discopumper" für Bodybuilder
„Das rockt!" für super
„shippen" für eine Beziehung haben
„flittern" für flirten (via Twitter)
„Bazongklamotten" für geschmacklose Mode
„jokig" für lustig
„stylish" für schön
„verchecken" für verkaufen
„volltexten" für quasseln

Sonderform: fictio

Hier wird ein Verb nach einem Namen oder nach einem Naturlaut (oft von Tieren) gebildet:

Beispiele für Personenverben:

„Sie mozarteln heute besonders gut auf Ihrem Klavier!"
„Sie beateln ja heute aber auf der Gitarre!"
„Sie paganiern ja mit der Geige, alle Achtung!"
„Sie schiffern ja wie ein echtes Fotomodell auf diesem Urlaubsbild"
„Sie astairn ja mit diesem Steptanz!"

Beispiele für Tierverben:

„Sie reden einen ziemlichen Unsinn heute" wird zu: *„Sie blöken einen Haufen Mist, wissen Sie das eigentlich?"*

„Sie reden sehr viel" wird zu: *„Sie schnattern pausenlos und nichts kommt 'bei raus."*

„Sie sind sehr langsam" wird zu: *„Sie krebsen ja immer noch auf der Stelle, während wir schon viel weiter sind als Sie."*

„Sie sind sehr neugierig" wird zu: *„Sie spechten unverfroren in unsere Unterlagen, aber wir sollen nicht in Ihre schauen dürfen."*

„Reden Sie mal langsamer" wird zu: *„Drosseln Sie doch bitte das Tempo, Monsieur."*

„Sie sammeln viel Geld und reden sich arm" wird zu: *„Sie hamstern sich hier dreist Vermögenswerte an, während wir auf Futtersuche gehen müssen."*

Beispiel aus der Literatur:

Hier ein Auszug aus dem kompliziertesten und wohl zugleich auch unlesbarsten Roman der Literaturgeschichte. Die Fachwelt ist sich einig: die zahlreichen Neologismen, gebildet aus alttestamentlichen Bibelerzählungen, historischen Anekdoten und Motiven der Weltliteratur sowie ausgefallener Rechtschreibung für bekannte Wörter machen diesen Roman unübersetzbar. Jedenfalls gibt es bislang noch keine anerkannte Übertragung in die deutsche Sprache.
Der letzte Ausdruck in diesem Text „Bygmaster Finnegan" bezieht sich z.B. auf ein Theaterstück von Henrik Ibsen.

Sir Tristram, <u>violer d'amores</u>, fr'over the short sea, had passencore rearrived from North Armorica on this side the scraggy <u>isthmus</u> of Europe Minor to wielderfight his penisolate war: nor had topsawyer's rocks by the stream Oconee exaggerated themselse to Laurens County's gorgios while they went doublin their mumper all the time. (...)
The fall (<u>bababadalgharaghtakamminarronnkonnbronntonnerronntuonnthunntrovarrhounawnskawntoohoohoordenenthurnuk!</u>) of a once wallstrait oldparr is retaled early in bed and later on life down through all christian minstrelsy. The great fall of the off wall entailed at such short notice the pftjschute of Finnegan, erse solid man, that the humptyhillhead of humself promptly sends an unquiring one well to the west in quest of his <u>tumptytumtoes:</u> and their <u>upturnpikepointandplace</u> is at the knock out in the park where oranges have been laid to rust upon the green since devlinsfirst loved livvy. (...)But was <u>iz</u>? <u>Iseut</u>? Ere were sewers? The oaks of ald now they lie in peat yet elms leap where askes lay. <u>Phall</u> if you but will, rise you must: and none so soon either shall the pharce for the nunce come to a setdown secular phoenish. <u>Bygmester Finnegan...</u>

Text: James Joyce, „Finnegans Wake"

James Joyce

Merke:
Ein Neologismus verwendet hippe, angesagte und progressive Wörter, die noch kein anderer so richtig gecheckt hat und die oftmals zur Jugendsprache gehören.

Querverweis: A36 (Gradadverb), A53 (Komposita), B22 (Pronominatio), B11 (Stilbruch), B23 (Metapher), B24 (Katachrese)

> **Übung:**
>
> **Finden Sie möglichst neuartige Wörter für die folgenden Begriffe:**
>
> auf eine Party gehen - _____ - _____
>
> anbetteln - _____ - _____
>
> jemanden ansprechen - _____ - _____
>
> eine Zigarette rauchen - _____ - _____
>
> einen Diebstahl begehen - _____ - _____

Umschreibung eines Wortes (Periphrase) B9

Sprachformel:
$a_1 + b + c$
(a_1 = Definition von a)

I got my first real six string. Bought it at the ‚ 'Five and Dime'. Played it till my fingers bled. Was the summer of '69.
(Bryan Adams)

Ein Wort wird nicht direkt benannt, sondern mit einem eigenen Satz umschrieben. Dies wird besonders bei äußerst heiklen Angelegenheiten als Abwehrtaktik benutzt. Wenn ein Wort oder eine Situation absichtlich verharmlost wird, so spricht man von einem Euphemismus (griechisch: „beschönigende Redeweise").

„*Das Austesten von lebensnotwendigen Medikamenten an Tieren*" *für Tierversuch*
„*Die sozialverträgliche Ersparnis einiger weniger in der Belegschaft*" *für Rationalisierung*
„*Der lebensnotwendige Griff ins fremde Portemonnaie*" *für Diebstahl*
„*Du hast's wohl von dir selbst gehört*" *für Lügner*
„*Kaltenbrunner Wein trinken*" *für Wasser*

Für eine Periphrase genügen oftmals die Definitionen in einem Universal-Lexikon. Häufig kommen Euphemismen zu Tabuthemen (Tod, Sexualität, Krankheit) auch mit einem Einzelwörteraustausch zustande:

„*Ableben*" *für sterben*
„*Miteinander schlafen*" *für Geschlechtsverkehr haben*
„*Die Scham*" *für Scheide*

Das lateinische Fremdwort ist ebenfalls ein Euphemismus, das für Tabubereiche eingesetzt wird. Dies ist besonders in der Gerichtsrede bedeutsam, wenn in neutralen Worten ein peinlicher Vorfall geschildert werden soll.

„Penis" für Glied
„Vagina" für Scheide
„Koitus haben" für miteinander schlafen

Das Gegenteil des Euphemismus ist die Aischrologie (Schimpfwortrede), die etwas drastischer und schonungsloser darstellt. Diese wird vor allem von den weniger gebildeten Schichten als Gassenjargon benutzt. Für Schockeffekte kann man die Aischrologie gezielt einsetzen, sollte aber bedenken, dass sich viele ältere Menschen an der absichtlich abwertenden Sprache stören werden.

„Abkratzen" für sterben
„Pimmel" für Glied
„Fotze" für Scheide
„Ficken" für miteinander schlafen

Die etwas mildere Form der Aischrologie kann ironische Effekte erzielen:

„Streber" für einen fleißigen Schüler
„Kronenmonteur" für einen Zahnarzt
„Spießer" für einen konservativ denkenden Bürger

Beispiele aus der Literatur:
Hier wird das Wort „miserabler Schüler" durch einen langen Satz umschrieben:

„Das hängt alles von den Umständen ab", entgegnete Mr. Dombey, „auf jeden Fall, Mrs Pipchin, mein Sohn ist sechs Jahre alt, und es gibt keine Zweifel, so meine Befürchtung, <u>dass er in seiner Schulleistung hinter vielen Kindern seines Alters liegt - oder seiner Jugend,</u>" sagte Mr. Dombey (...) „<u>Seiner Jugend ist ein treffenderer Ausdruck.</u> Nun, Mrs. Pipchin, anstatt jedoch hinter seinen Altersgenossen zu sein, sollte mein Sohn vor ihnen sein; weit vor ihnen."

Text: Charles Dickens, „Dealings with the Firm of Dombey and Son"

Charles Dickens

Und da er nun anscheinend in das Definieren, eine seiner Lieblingsbeschäftigungen, hineingeraten war, stellte er auf einmal unerwarteterweise noch eine andere Definition auf.
„Wissen Sie, Rapp", fragte er, „was <u>die Kriegskunst</u> ist? <u>Die Kunst, in einem bestimmten Augenblick stärker zu sein als der Feind,</u> weiter nichts."
Rapp gab keine Antwort.
„Morgen werden wir mit Kutusow zu tun haben", sagte Napoleon.
„Nun, wir wollen sehen. Erinnern Sie sich noch: er kommandierte

in Braunau eine Armee, setzte sich aber in drei Wochen nicht ein einziges Mal aufs Pferd, um die Befestigungen zu besichtigen. Nun, wir wollen sehen!"

Text: Lev Nikolaevic Tolstoj, „Krieg und Frieden"

Merke:
Eine Periphrase ist immer dann angebracht, wenn „das Risiko eines verbalen Angriffs seitens des Gegners zu einem wunden Punkt unserer eigenen Meinungsäußerung" gegeben ist, kurzum: Gefahr.

Lev Nikolaevic Tolstoj

Querverweis: B6 (Synonym), B10 (Fremdwort), B11 (Stilbruch), B14 (Litotes), B17 (Metonymie), B18– B21 (Synekdoche), B23 (Metapher), B28 (Exemplum), B33 (Licentia), C92 (Umschreiben der Geschichte nach Cicero), E57 (Problem neu definieren), F3 (Sachverhalt verdrehen), F10 (Umdeutung von Äußerungen), F11 (Bagatellisierung)

Übung:

Umschreiben Sie die folgenden Begriffe, jedoch ohne in einem Lexikon nachzuschlagen:

Literatur _____

Mord _____

Betrug _____

Arbeitslosigkeit _____

Sozialhilfe _____

die Arbeitslosigkeit steigt _____

die Sozialhilfeempfänger steigen _____

die Rente wird nicht erhöht _____

es werden keine neuen Lehrer eingestellt _____

wir befinden uns im Kriegszustand _____

wir haben im Krieg große Verluste erlitten _____

der Gegner ist uns überlegen_____

wir befinden uns in einer Rezession _____

Schon im Jahr 1624 forderte Martin Opitz in seinem „Buch von der Deutschen Poeterey" angemessene deutsche Ausdrücke für lateinische Wörter. Sein Kampf gegen lateinische Wörter sah vor:

„*Verfasser*" *statt Autor*
„*Briefwechsel*" *statt Korrespondenz*
„*Sinngedicht*" *für Epigramm*

Goethe machte sich über den Sprachforscher Joachim Heinrich Campe lustig, der das gleiche Ansinnen wie der Dichter Martin Opitz hatte.
Sein Kampf gegen französische Wörter sah vor:

„*Fallbeil*" *für Guillotine*
„*Stelldichein*" *für Rendezvous*
„*Bittsteller*" *für Supplikanten*

Bildung eine Fremdworts durch:

fremdartige Vor- und Nachsilben (z.B. „Rhe"-(to)-„rik")
fremdartige Aussprache (z.B. „Team")
fremdartiges Schriftbild zur Aussprache (z.B. „Pteranodon")
seltener Gebrauch (z.B. „paginieren")

Nahrungsmittel und Kleidungsstücke, Krankheiten und Heilungsmittel, Pflanzen und Tiere, Waffen und Spielgeräte sind oft über die halbe und über die ganze Erde gewandert. Diese Wanderungen bilden den Untergrund für die Wanderungen von Worten. (...) Heute kommt wohl jedes Jahr einigemal ein neues bisher unbekanntes Ding mit dem neuen Namen in unsern Bereich, um zu bleiben oder um wieder zu verschwinden, und wenn es bleibt, bald nur als technischer Ausdruck eines bestimmten Arbeitsgebiets, bald als ein neues Wort der Gemeinsprache. Früher waren solche Entdeckungen und Erfindungen natürlich seltener; aber Pataten, Gummi, Kaffee, Tee *sind fast Teile einer Universalsprache geworden. (...) aber darüber soll nicht vergessen werden, daß unzählige brauchbare Begriffe erst durch die Übersetzung vertraut geworden sind, daß jedes Volk bei dem andern tief verschuldet ist. Auch für Deutschlands Verhältnis zu andern Ländern, namentlich zu Rom und Frankreich, gilt das schon erwähnte Wort, das der Römer auf Griechenland geprägt hat: capta ferum victorem cepit.*

Text: Fritz Mauthner: „Wörterbuch der Philosophie. Neue Beiträge zu einer Kritik der Sprache"

Fremdwörter unterteilt man in zwei Klassen: direkt übernommene Wörter der Fremdsprache („z.B. „Brunch") und Lehn-

Fremdwort   **B10**

Sprachformel:
$a_1 + b + c$
(a_1 = eher seltenes Fremdwort von a)

Er war ein Superstar, er war so populär. Er war so exaltiert, because er hatte Flair. Er war ein Virtuose, war ein Rock-Idol und alles rief: Hey, come and rock me, Amadeus.
(Falco)

wörter (Ableitungen des Fremdworts, z.B. „Schule" für schola, „Wein" für vinum, „Mauer" für murus). Die meisten Fremdwörter sind uns schon so in Fleisch und Blut übergegangen, dass wir sie gar nicht mehr als Fremdwort wahrnehmen.

Griechische Wörter sind:
„Gymnastik"
„Rhetorik"
„Ironie"

Lateinische Wörter sind:
„Umstand" (= von circumstantia)
„Volk" (von „vulgus")
„Doktor" (von „doctor")
„Matte" (von „matta"
„Fenster" (von „fenestra")

Türkische Wörter sind:
„Kaviar"
„Joghurt"

Arabische Wörter sind:
„Razzia"
„Sofa"
„Zucker"
„Sirup"
„Elixier"
„Zenit"

Italienische Wörter sind:
„Piano"
„Violine"
„Fata Morgana"

Französische Wörter sind:
„Kantine"
„Soße / Sauce"
„Meister"
„Appetit"
„Audienz"
„unterbrechen"

Englische Wörter sind:
„Training"
„Kutter"
„Gentleman"
„Pullover"

„Streik"
Altamerikanische Wörter (vor der Kolonisierung) sind:
„Tabak"
„Tomate"
„Schokolade"

Afrikanische Wörter sind:
„Schimpanse"
„Zebra"

Japanische Wörter sind:
„Bonze"
„Harakiri"

Australische Wörter sind:
„Känguru"

Die folgenden Wörter sind gängige Fremdwörter oder alte „Neologismen" (Wortneuschöpfungen), die als solches nicht mehr auffallen, weil sie praktisch jedem geläufig sind.

Neuere Wörter aus der Welt des Sports sind:
„4er-Kette"
„Libero"
„Sport"
„Live-Übertragung"
„Profi"
„Motivation"

Neuere Wörter aus der Welt der Technik sind:
„Flugzeug"
„Telefon"
„Waldsterben"
„Computer"
„Hardware"

Neuere Wörter aus der Politik sind:
„Kommunismus"
„Sozialismus"
„Anarchismus"
„Kapitalismus"
„Rettungsschirm"
„totaler Krieg"
„Eiserner Vorhang"
„Dritte Welt"

Strenggenommen ist das Wort „Handy" kein Fremdwort, sondern ein cleverer Marketinggag des deutschen Erfindungsgeistes. Denn das Wort Handy existierte in der englischen Sprache überhaupt nicht, stattdessen wird „mobile phone" gesagt. Da aber immer mehr Europäer darauf zurückgreifen, ist das Wort „Handy" mittlerweile auch in England üblich.

Richtige Fremdwörter, für die es kein deutsches Pendant gibt, findet man vor allem in der Fachsprache der Wirtschaft und Technik, die sogenannten Anglizismen. Für die Rede sollte man hier stets prüfen, ob es nicht doch einen umschreibenden Ausdruck gibt:

„Der Dax"
„Der Dow-Jones"
„Der Nikei"
„New Economy"
„Business class"
„Economy class"

Das Hauptproblem liegt darin, dass sehr viele Leute überhaupt gar keinen so hohen Wortschatz haben, weil sie z.B. keine Tageszeitung lesen. Sie sind im Prinzip „Fremdwort-Analphabeten". In diesem Fall erschließen sich die Leute das Wort buchstäblich „falsch" oder fragen den Banknachbarn. Das kann in einer Rede eher störende Unruhe denn Überzeugung bewirken. Wer viele Fremdwörter zu nichtssagenden Phrasen benutzt, wird leicht für einen überheblichen Snob gehalten, der seine Bildung nur vorgaukelt.

Folgenden Stiltipp für die Verwendung eines Fremdworts sollte man beachten:

Fragwürdig wird der Gebrauch von Fremdwörtern jedoch immer da, wo diese zur Überredung oder Manipulation, z.B. in der Sprache der Politik oder der Werbung, mehr oder weniger bewusst verwendet werden oder wo sie ohne besondere stilistische, syntaktische oder inhaltliche Funktion, lediglich als intellektueller Schmuck, zur Imagepflege, aus Bildungsdünkel oder Prahlerei benutzt werden, wo also außersprachliche Gründe den Gebrauch bestimmen. (Quelle: Duden, „Das Fremdwörterbuch", 1982)

Beispiele aus der Literatur:

„Vier Jahre stellen sie mir schon nach. Ihre Beharrlichkeit hat mich in den Untergrund getrieben...mich gezwungen, im Fegefeuer zu leben...unter der Erde zu arbeiten wie ein <u>chthonisches</u> Monster. Ich bin der Schatten."
Text: Dan Brown, „Inferno"
(chthonisch = unterirdisch)

„*Soziale Angst ist die ungeheuerste Einzelquelle von Macht, die überhaupt existiert. Jetzt, wo die Maschine den komplementären positiven Kodex zerstört hat, ist sie überhaupt die einzige Quelle. Trotzdem wird sie vergeudet, indem man sie auf so idiotische Trivialitäten anwendet, wie zum Beispiel die Keuschheit vor der Ehe, die sowieso niemand mehr ernst nimmt. Es ist das gleiche, als riefe man die Feuerwehr, um einen Fetzen brennenden Papiers zu löschen."*

Text: James Jones, „Verdammt in alle Ewigkeit"

Tipp: In einer Rede nur gängige Fremdwörter benutzen, die dem Sachverhalt angemessen sind und auch von jedem verstanden werden. Vorsicht bei lateinischen und angelsächsischen Fremdwörtern – nicht jeder hatte das Glück, einen fremdsprachlichen Unterricht auf einem Gymnasium zu genießen.

Merke:
Das Fremdwort selbst stammt von einer ganz anderen Region, Provinz, Terrain, Kontinent.

Übung:

Finden Sie möglichst ungewöhnliche Fremdwörter für die folgenden Begriffe. Nehmen Sie nicht nur ein Fremdwortlexikon, sondern zusätzlich auch ein Latein-, Englisch- und Französischlexikon zu Hilfe.

jemanden für seine Zwecke benutzen - _____

einen Plan schmieden - _____

eine Einigung erzielen - _____

Arbeitslosigkeit - _____

Wirtschaftslage - _____

Bedrohung - _____

schön - _____

lästig - _____

kontrolliert - _____

nehmen - _____

Querverweis: A21 (Beispiele für Fehler in der Rede), B6 (Synonym), B9 (Periphrase), D18 (Sprachbeherrschung), E76 (hochgestochenen Wortschatz einsetzen nach Schopenhauer), F42 (Fremdwörtersalat), F88 (philosophisch: lateinische Fremdwort-Überfrachtung), F88 (Anglizismen-Überfrachtung)

Stilbruch B11

Sprachformel:
a´ + b
(a´ = sprachlich verlottertes Adjektiv zu a)
oder
~ a + b
(~ a = gegenteiliges Adjektiv)
oder
0 + b
(0 = Null ist ein völlig unnötiges Beiwort)

Nä, wat wor dat dann fröher en superjeile Zick, mit Träne in d'r Auge loor ich manchmol zurück... (Brings)

Ich will zehn nackte Friseusen, zehn nackte Friseusen, zehn nackte Friseusen mit richtig feuchten Haaren. (Mickie Krause)

Lass uns schmutzig Liebe machen, alle diese wilden Sachen, die man nur aus Filmen kennt, die man nie beim Namen nennt. (Die Schröders)

Wird ein möglichst banales, schlüpfriges, ungebührliches Wort mit einem abgehobenen, hochgestochenen, exotischen Fremdwort gepaart, oder wird ein möglichst unpassender Vergleich gewählt, so ergibt sich ein sogenannter Stilbruch, da eines nicht zum anderen passt:

„kapitalistische Scheiße" / „geile Scheiße"
„Du bist so süß wie ein Brötchen."

Das kann manchmal komische Effekte haben! Wenn zudem ein eigentlich gegenteiliges Adjektiv zu einem Substantiv gezogen wird, so spricht man von der rhetorischen Figur eines Oxymorons (griechisch: „scharf und widersinnig"):

„trauriger Zirkusclown" (Pierrot)
„kleiner Riese"
„großer Zwerg"
„heißes Eis"
„kalter Kaffee"
„lauwarmes Bier"
„siegreicher Verlust"
„weinen vor Freude"
„offen-eingegrenzt"
„lachen vor Traurigkeit"
„sterbenslustig"

Beispiel aus der Literatur:

Dem alten Stilling heiterten sich seine grossen hellen Augen auf; er stund da wie ein <u>kleiner Riese</u> (denn er war ein langer ansehnlicher Mann) schüttelte sein weißgraues Haupt, lächelte und sprach: Was ist Ehrgeitz? Herr Pastor!
Stollbein sprang auf und rief: Schon wieder eine Frage, ich bin euch nicht schuldig zu antworten, sonder ihr mir. Gebt Acht in der Predigt, da werdet ihr hören was Ehrgeitz ist.

Text:
Johann Heinrich Jung-Stilling, „Heinrich Stillings Jugend" (1777)

Hierzu gehört auch die Figur des Paradoxes, das einen inneren Widerspruch enthält und oft in der Werbung oder Klamauk-Filmen anzutreffen ist:

„Sie zahlen 0 Euro!" (Werbung der Commerzbank für ein Girokonto, gilt aber nur für einen monatlichen Geldeingang ab 1250 Euro)
„Handy für 0 Euro!" (nur gültig für ein Vertragshandy)
„Sparen Sie sich satt!" (Werbung von McDonald's für Hamburger)
„Das ganze Land im Sparzustand! <u>3 Monate</u> kostenlos Internet + Telefon. <u>Im Juli</u>. Kabel BW. Einfach clever." (Werbung von Kabel BW – hat der Juli etwa 3 Monate?)
„Ein toter Vogel kommt vorbei und stirbt." (Textzeile der Gruppe „Spliff")
„Sterben Sie fröhlich bis zum Tode!"
„Leben sie fröhlich, bis Sie geboren sind!"
„Mir nach – ich folge euch."
„Ich verspreche nichts – und das halte ich auch."
„Die erste Nacht am Galgen ist immer die schlimmste."
„Wer früher stirbt, ist länger tot."
„Ich suche keine Arbeit, sondern eine Stelle." (Vorstellungsgespräch)
„Ihre Aussage ist richtig und doch falsch."
„Das war so schlecht, dass es schon wieder gut war."
„Kunst ist eben, Kunst wegzulassen." (In der Galerie vor einem modernen Künstler) Lat. „Ars est celare artem."
„Der Fisch ertrank qualvoll im Wasser."
„Im Stau stehen ist eigentlich scheiße, es sei denn, man ist <u>nicht</u> ganz vorne."
„Wozu rasen? 230 km/h genügen."
„Hallo, du Arsch!"
„Na, wie war's heute in der Schule?" (Frage an die arbeitenden Eltern)
„Heiraten macht genau eine Woche glücklich, nicht zu heiraten ein ganzes Leben."
„Hochzeitstag, Unglückstag und Todestag haben oft das gleiche Datum."
„Ich habe nur zwei Bier getrunken und bin so was von hackedicht."
„Die Wirklichkeit ist nicht wirklich. Wirklich!"
„Ich sehe schwarz und freue mich auf die Zukunft."
„Du bist dumm wie die Sünde, aber auch schlau wie ein Professor."
„Du triffst nicht mal das Wasser, wenn du aus dem Boot fällst."

„Du triffst nicht mal die Erde, wenn du mit dem Flugzeug abstürzt."
„Ich zeig dir gleich, wo der Frosch die Locken hat."
„Wenn Sie verstehen, was ich nicht verstehe."
„Klappe zu, Affe tot." (Gesprächsthema beenden)
„Ihr dickes Lob geht mir runter wie ein ein startendes Flugzeug."
„Wer im Glashaus sitzt, ist unsichtbar."
„Was für ein Pech, dass ich heute so viel Glück habe."

Die Machart eines Paradoxes ist denkbar einfach: Zwei gegenteilige Begriffe (Glück – Pech) werden miteinander so kombiniert, dass eine widersprüchliche Aussage entsteht, indem z.B. ein Naturgesetz gebrochen wird. Ein Redner muss bei einem Paradox sicherstellen, dass das Publikum nicht an einen Versprecher glaubt – also ruhig hier Mimik und Gestik einsetzen und leicht mit dem einen Auge „zwinkern".

Auch Tautologien sind eine Form des Stilbruchs, die man wegen ihrer überflüssigen Wiederholung (Redundanz) vermeiden sollte – oder der Komik wegen einfügen. Die folgenden Adjektive haben alle keinen Informationswert und können daher weggelassen werden.

„schwarze Cola"
„nasser Regen"
„grüne Birne"
„weißer Schimmel"
„orangefarbener Orangensaft"
„grüne Wiese"
„brauner Baum"
„durchsichtiges Wasser"
„großer Riese"
„kleiner Zwerg"
„fliegendes Flugzeug"

Beispiel aus der Literatur:

„Er kommt zum Frühjahr", sagte Anton und sah prüfend auf den Vater.
Der Alte schüttelte wieder den Kopf: „Zum Frühjahr wird er nicht kommen, zu mir nicht; es ist möglich, daß mein <u>kleiner Zwerg</u> dann herkommt, aber zu seinem Vater nicht mehr."

Gustav Freytag

Text: Gustav Freytag, „Soll und Haben"

Merke:
Ein <u>beschissener Stilbruch</u> ist es, Wörter aus der Fäkalsprache in der öffentlichen Rede zu verwenden.
Während ein <u>männlicher Mann</u> zur Stilfigur einer Tautologie gehört, ist der <u>zickenhafte Mann</u> ein Oxymoron.
Das folgende klingt selbstbewusst, ist aber ein Paradox:
„Wozu Rhetorik lernen? Ich kann doch auch so besser als jeder andere reden."

Querverweis:
A21 (Substantiv), A31 (Adjektiv Positiv), A74 (Geminatio), A98 (Hypallage), B16 (Ironie), B96 (Stilarten), C96 (Verzerrung nach Cicero), C98 (Paradox nach Cicero), D9 (Komisches und Lächerliches nach Fülleborn), D10 (Der Witz nach Fülleborn), D11 (Komik nach Fülleborn) E49 (falsche Rückschlüsse ziehen), E84 (falsche Argumentationskette des Gegners ausgiebig widerlegen), F5 (Verwirrung stiften), F47 (Ungereimtheiten in unserer Argumentation)

Übung:

Bilden Sie möglichst viele Stilbrüche, die mit der rhetorischen Figur eines Paradoxes, einer Tautologie, eines Oymorons gebildet werden:

Milch-_____ - _____

Auto- _____ - _____

schnarchen- _____ - _____

Massenarbeitslosigkeit - _____ - _____

Luft- _____ - _____

Koffer - _____ - _____

Zugreise - _____ - _____

dicker Mensch - _____ - _____

gertenschlank - _____ - _____

Versager- _____ - _____

Geizkragen - _____ - _____

Substantiv ohne Adjektiv (Emphase) **B12**

Sprachformel:
0 + b + c
(0 = Null ist der Verzicht auf ein wertendes Adjektiv, weil sich der Sinn aus der Betonung des Sprechers ergibt)

Bei der Emphase (griechisch: „Hervorhebung") wird das Adjektiv (z.B. „wütender Mann", „verschwenderische Frau", „böses Kind") einfach weggestrichen und nur mit dem Substantiv benannt - in der Hoffnung, dass sich die Leute durch ihre eigenen Vorurteile darin bestärkt fühlen. Der gedankliche Trick besteht also darin, dass das Publikum selbstständig einen tieferen Sinn ergänzen muss. Tipp: Nur sparsam einsetzen, weil das Publikum sonst versucht, normale Sätze zu entschlüsseln.

Das ist ein Bier! Prosit, möge es uns nutzen. (Bier ersetzt hier „gutes Bier")

Na, das ist aber ein Bier! Lauwarm, abgestanden und schlecht eingeschenkt. (Bier ersetzt hier „schlechtes Bier")

Was willst du machen? Er ist eben ein Mann (es war zwar falsch, sich wegen einer abfälligen Bemerkung zu seiner Freundin mit einem anderen Mann zu prügeln, aber dies entsprach seiner männlichen Rolle als Jäger und Beschützer).

Was willst du machen? Sie ist eben eine Frau (es war zwar falsch mit angezogener Handbremse einfach loszufahren, entspricht aber ihrem Wissen zu Technik).

Was willst du machen? Er ist doch noch ein Kind (es war zwar falsch die Fensterscheibe einzuwerfen, entsprach aber seinem kindlichen Spieltrieb).

Was willst du machen? Er ist eben der Chef (es war zwar falsch vom Chef gewesen, die Sekretärin einfach anzuschnauzen, nur weil der Kaffee zu schwach geraten war, aber die meisten Chefs verhalten sich ähnlich).

Wir sind auch nur Menschen (es ist zwar irgendwie falsch, den schädlichen Lastern wie Akohol und Zigaretten nachzugeben oder uns bei der Arbeit in einer Zahlenkolonne zu verrechnen, während Freund Computer dies mühelos geschafft hätte – aber ein gewisses Fehlverhalten weist uns auch als Menschen aus).

Beispiel aus der Literatur:

Der Kopf der jungen Dame ging nach oben.
„Es kann eigentlich nur eine passende Antwort auf Ihre Aussage geben, Mr. Clayton", sagte sie eisig, „und ich bedaure, dass ich kein Mann bin, dass ich das erledigen könnte." Sie drehte sich um und verschwand in der Holzhütte.

Clayton war Engländer, also verschwand das amerikanische Mädchen aus seinem Blickfeld noch ehe er schlussfolgern konnte, welche Antwort ein Mann gemacht haben würde.
(...)
„Du solltest ins Bett gehen."
Aber bevor er das tat, rief er sanft nach Jane auf der anderen Seite der provisorischen Segeltuchaufteilung, denn er hatte den Wunsch, sich zu entschuldigen, aber er hätte genauso gut die Sphinx ansprechen können. Dann schrieb er auf ein Stück Papier und schob es unter der Aufteilung des Raumes hindurch.

Jane sah die kleine Notiz und ignorierte sie, denn sie war sehr verärgert und verletzt und gedemütigt, aber - <u>sie war eine Frau</u>, und so hob sie sie schließlich hoch und las sie.

Text: Edgar Rice Burroughs, „Tarzan of the Apes"

Edgar Rice Burroughs

Merke:
Die Emphase verzichtet auf ein Adjektiv, <u>sie ist eben eine Emphase</u>, das darf sie sich schon erlauben.

Übung:

Schreiben Sie zehn Adjektive und Substantive auf, die mit dem Thema „Büro" zu tun haben:

Beispiel: ständig plappernde Sekretärin; wütender Chef; nicht funktionierender Computer; vollgestopfter Papierkorb; schlechtes Kantinenessen; defekter Brötchenautomat; fauler Azubi; zudringlich-grapschender Kollege; unordentlicher Schreibtisch des Kollegen.

Streichen Sie anschließend das Adjektiv und versuchen Sie entweder durch die Betonung des Sprechers oder einen zusätzlichen Nachsatz ungefähr den gleichen Sinn zu erhalten, sodass vom Hörer eine Denkleistung erforderlich ist. Wenn der Hörer irritiert schaut, so ergänzen Sie mit der Klammer.

Beispiel: Das ist halt unsere Sekretärin! (Ständig das Ohr am Handy).
Er ist eben der Chef! (Er hat alles erreicht im Leben, nur keine gute Laune.)
Das sind eben Computer! (Man tippt und tippt und nichts funktioniert.)
Das ist schon ein Papierkorb, was? (Die Putzfrau muss ihn irgendwie vergessen haben.)

> *Das ist eben ein Kantinenessen! (Schmeckts Ihnen etwa auch so gut wie mir, Herr Kollege?)*
> *Er ist eben der Azubi! (Der wird bestimmt mal Vorstand in unserem Laden, wenn er die Probezeit je überstehen sollte.)*
> *Vorsicht, da ist er ja, der Kollege! (Zwinkern Sie ihm jetzt bloß nicht zu, sonst wird er ermuntert.)*
> *Das ist ein Schreibisch! (Die Zeitung, Butterbrot, Orangensaft – nur keine Unterlagen.)*
>
> **Querverweis:** A31 – 33 (Adjektiv: Positiv, Komparativ, Superlativ), A50 (Interjektion), A54 (Aussagesatz), A89 (Verdeutlichung), A90 (Bekräftigung) C21 (Sprechtempo), C22 (Sprechmelodie), C23 (Artikulation), C24 (Lautstärke)

Adjektiv vor Substantiv (epitheton ornans) B13

Sprachformel:

(-a) + b

(-a) = Adjektiv, auf das man eher hätte verzichten können

I'm a 21st century digital boy, I don't know how to live, but I've got a lot of toys, my daddy is a lazy middle class intellectual, my mommy's on valium, she's so ineffectual. (Bad Religion)

Oh schreckliches Verbrechen! Oh niederträchtige Begierde! Oh heilige Götter!

Welch grüne Wiesen! Welch blauer Himmel! Welch klare Luft!

Oh, du grüner Junge! Was hast du nun schon wieder angestellt?

Oh, alter Greis! Wann wirst du endlich klug werden?

Bei dieser rhetorischen Figur wird zu einem Substantiv nach einem passenden Adjektiv gesucht, um eine Verstärkung zu erreichen. Dieses Adjektiv ist entweder irgendwie überflüssig (Pleonasmus), den Sinn verändernd („grüner Junge") oder störend („junger Junge", „schwarze Nacht" - Redundanz). Häufig in Verbindung mit einer Interjektion zu finden. Was in einem Aussagesatz doch eher banal klingt („Ein Verbrechen ist schrecklich") kann mit einer Interjektion mitreißend wirken und viel Empörung im Publikum auslösen:

Was für ein schreckliches Verbrechen! Was für eine schlimme Begierde! Was für ein niederträchtiges Verhalten!

Wenn das Adjektiv sinngemäß passt, so spricht man von einer Paraphrase (Hinzufügung):

„*großes Auto*"

Bei einem eher unangebrachten Adjektiv handelt es sich um ein epitheton ornans:

„*fahrendes Auto*"

Beispiel aus der Literatur:

MISS PRISM Cecily, Cecily! Sicherlich ist doch solch eine utilitaristische Beschäftigung wie Blumengießen doch eher Moultons Pflicht als deine? Besonders zu einem Zeitpunkt, wo dich intellektuelle Freuden erwarten! Deine Deutschgrammatik liegt auf dem Tisch. Öffne sie auf Seite fünfzehn. Wir werden die gestrige Lektion wiederholen.
CECILY. Oh! Ich wünschte, Sie würden statt meiner Moulton die Deutschstunde erteilen. Moulton!
MOULTON *sieht hinter einer Hecke hervor, mit einem breiten Grinsen auf dem Gesicht.* Nun, Miss Cecily?
CECILY. Würden Sie nicht gern Deutsch lernen, Moulton? Deutsch ist die Sprache, die von den Leuten gesprochen wird, die in Deutschland leben.
MOULTON *schüttelt seinen Kopf.* Ich hab's nicht so mit den ausländischen Sprachen, Miss.
Keine Beleidigung Ihrerseits, Ma'am. *Verschwindet hinter der Hecke. (...)*
CECILY *nimmt die Bücher auf und wirft sie auf den Tisch. Schreckliche Wirtschaft und Politik! Schreckliche Geografie! Schreckliche, schreckliche deutsche Sprache!*

Text: Oscar Wilde, „The Importance of Being Earnest"

Oscar Wilde

Merke:
Welch treffendes Adjektiv! Welch heiliges Beiwort! Welch machtvolles Epitheton ornans!
Oh, treffendes Adjektiv! Oh, heiliges Beiwort! Oh, machtvolles Epitheton ornans!

Übung:

Versuchen Sie drei einfache und klare Sachverhalte zu formulieren.

Steuern sind ungerecht; Politiker lügen; Bürger zahlen sehr viel.

Oh regierende Politiker! Welch zu zahlende Steuern! Ist der geschröpfte Bürger euch nur so wenig wert?

Querverweis: A31 – 33 (Adjektiv: Positiv, Komparativ, Superlativ), A50 (Interjektion), A54 (Aussagesatz), B2 (Parallelismus), B11 (Stilbruch), B16 (Ironie), D85 (Übertriebener Ausdruck von Gefühlen), E18 (Betroffenheit simulieren)

Gegenteiliges Adjektiv mit „nicht" / Substantiv mit „kein" (Litotes) B14

Sprachformel:
(-a) V (~a) + b
(-a) = Verneinung mit nicht oder kein und zugleich Gegenteil von a
V = oder

Du bist keine Weltstadt, auf deiner Königsallee, finden keine Modenschaun statt, hier wo das Herz noch zählt, nicht das große Geld
(Herbert Grönemeyer)

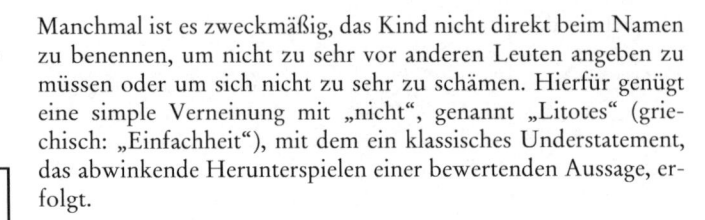

Manchmal ist es zweckmäßig, das Kind nicht direkt beim Namen zu benennen, um nicht zu sehr vor anderen Leuten angeben zu müssen oder um sich nicht zu sehr zu schämen. Hierfür genügt eine simple Verneinung mit „nicht", genannt „Litotes" (griechisch: „Einfachheit"), mit dem ein klassisches Understatement, das abwinkende Herunterspielen einer bewertenden Aussage, erfolgt.

„*Dieser Porsche war nicht gerade billig.*" (zeigt den Stolz, dass der Porsche teuer und gut ist.)
„*Dieses Möbelstück von Ikea war nicht wirklich teuer.*" (zeigt den Stolz, dass das Möbelstück billig und gut ist.)

Der Effekt kann auch ironischer Natur sein:
„*Dieses Glas ist zwar von Aldi, es war aber nicht gerade billig, also pass auf, dass du es nicht zerbrichst.*"

Beispiele:
groß – nicht klein
klein – nicht groß
teuer – nicht billig
billig – nicht teuer
sauer – nicht süß
süß – nicht sauer
schlecht – nicht gut
gut – nicht schlecht
klug – nicht dumm
dumm – nicht klug
beeindruckt – nicht unbeeindruckt
unbeeindruckt – nicht beindruckt

Redebeispiel Original:

„Der Dichter ist der Tröster der Menschheit; er ist es, wenn der Himmel selbst ihn bevollmächtigt, wenn ihm Gott sein Siegel auf die Stirne gedrückt und <u>wenn er nicht</u> um schnöden Botenlohn die himmlische Botschaft bringt. So war Jean Paul. <u>Er sang nicht</u> in den Palästen der Großen, <u>er scherzte nicht</u> mit seiner Leier an den Tischen der Reichen. Er war der Dichter der Niedergeborenen, er war der Sänger der Armen, und wo Betrübte weinten, da vernahm man die süße Glocke seiner Harfe. (...) Jean Paul war <u>kein Schmeichler</u> der Menge, <u>kein Diener</u> der Gewohnheit. Durch enge, verwachsene Pfade suchte er das verschmähte Dörfchen auf. Er zählte im Volke die Menschen, in den Städten die Dächer und unter jedem Dache jedes Herz."

Jean Paul

Redetext: Ludwig Börne, 14.11.1825

Beispiel aus der Literatur:

STRÖBEL. Lassen Sie die Ausreden!
HAUTEVILLE. Es gibt Herren, die man nicht ins Fremdenbuch schreibt, wenn sie inkognito reisen.
STRÖBEL *(eindringlich)* Hochstetter, ich habe den Eindruck, daß Sie <u>nicht gerade dumm</u> sind. Und ich glaube, daß Sie auf Ihre – Gäste... *(auf das Tagebuch zeigend)* gerne Rücksicht nehmen. Wenn Sie mir den Namen nicht sagen, lade ich die ganze Gesellschaft vor.

Text: Ludwig Thoma, „Moral"

Ludwig Thoma

Merke:
Die Rhetorik ist <u>nicht</u> leicht, teilweise sehr kompliziert. Aber ein Litotes ist <u>nicht</u> kompliziert, denn statt dem eigentlichen Wort wird nur mit dem Gegenteil verneint.

Querverweis:
A31 (Adjektiv Positiv), A32 (Adjektiv Komparativ), A33 (Superlativ), A84 (Diaphora), B4 (Antithese), B15 (Hyperbel), B16 (Ironie), B46 (Humilitas), D30 (Sympathieträger Kritik nach Aronson), D31 (Sympathiekiller Kritik nach Aronson), D64 (Persönliche Begründung mit Ich-Botschaft), F29 (Ausweichen)

Übung:

Übung: Schwächen Sie die folgenden Begriffe ab, indem Sie die Stilfigur „Litotes" benutzen!

Es war <u>böse</u>, was ich getan habe.

Es war <u>dumm</u>, was ich getan habe.

Es war <u>rücksichtlos</u>, was ich getan habe.

Es war <u>spannend</u>, was ich im Kino gesehen habe.

Der Abend mit dir war <u>langweilig</u> gewesen.

Dein Kuchen <u>schmeckt</u> mir <u>nicht</u>.

Du bist eine <u>schlechte</u> Köchin.

Du bist ziemlich <u>angeberisch</u>.

Übertreibung einer Sache (Hyperbel)   B15

Sprachformel:
$a_1 + b + c$
(a_1 = drastische Zuspitzung von a)

Weiß der Geier oder weiß er nicht. Ganz egal, ich liebe dich! Du kannst alles von mir haben, doch es läuft nichts ohne mich.
(Wolfgang Petry)

Das ist das erste vernünftige Wort, was ich von Ihnen heute höre! (bei einer Verhandlung)
Du hast ein Herz aus Stein! (bei einer abgeschlagenen Bitte)
Du singst wie Micky Maus!
Er ist so arm wie Donald Duck!
Das ist die Bankrotterklärung der Bundesrepublik (bei der Vorstellung des Bundeshaushalts)
Sie sind ja dümmer als ein Affe!
Das Beispiel des griechischen Philosophen Aristoteles:
Dein Gesicht sieht ja aus wie ein Korb voller Maulbeeren! (z.B. bei einem Gesicht mit Mückenstichen)

Auch die Präfixe „extra-ultra-super" gehören zur Hyperbel:

Extraweiche Haut (Rasierwerbung)
Ultraschnell (Autowerbung).
Superleicht (Fahrradwerbung)

Die Hyperbel (griechisch: „Übertreibung") ist eine Abwandlungsform der Ironie – man sagt etwas drastisch, meint es aber nicht so. In der politischen Rede ist der Vergleich dann gefährlich, wenn er schief ist und nicht passt (ernst zu heiter – heiter zu ernst). Da er auch eine beleidigende Funktion hat, muss ein Redner, der zu ausgiebig von einer Hyperbel Gebrauch macht, mit einer heftigen Gegenwehr des Nachredners rechnen. Oftmals mit Vergleichssätzen, teilweise im Komparativ.

Ein möglicher Konter auf eine Hyperbel ist die Redeformel „Lieber...als" (Komparativ) oder „Wenn, dann.. (Bedingungssatz)

„*Du hast ein Herz aus Stein!*"
Antwort (wie aus der Pistole geschossen):
„*Lieber ein Herz aus Stein als ein Gehirn aus Stein!*"
„*Wenn man ein Herz aus Stein hat, dann hat man schon ein Denkmal für die Ewigkeit geschaffen.*"

„*Du singst wie Micky Maus!*"
Antwort:
„<u>Lieber</u> *wie Micky Maus singen* <u>als</u> *völlig humorlos aufgewachsen sein.*"
„*Wenn man wie Micky Maus singt,* <u>dann</u> *singt man immer noch besser als jeder Musikkritiker.*"

„*Das ist die Bankrotterklärung der Bundesrepublik!*"
Antwort:
„<u>Lieber</u> *jetzt schon die Bankrotterklärung der Bundesrepublik unterzeichnen,* <u>als</u> *wenn Sie an der Macht sind!*"

„*Wenn* Sie unseren Haushalt als Bankrotterklärung bezeichnen, *dann* empfehle ich Ihnen nochmals die Grundschule – da dürfen Sie keinen Taschenrechner benutzen und müssen mitdenken."

„*Das ist das erste vernünftige Wort, was ich von Ihnen heute höre!*"
Antwort:
„*Lieber nur ein vernünftiges Wort als überhaupt kein vernünftiges Wort – wie bei Ihnen ausnahmslos der Fall.*"
„*Wenn ich von Ihnen das Wort ‚vernünftig' höre, dann muss ich immer an Ihre Unvernunft denken.*"

Der rhetorische Trick besteht darin, gar nicht die Aussage des Angriffs abzustreiten, sondern den Angriff weich aufzunehmen und mit einem Komparativ oder Bedingungssatz einen gedanklichen Bezug zum Angreifer zu schaffen. Das kann etwas ganz Einfaches sein, und nimmt dem Angreifer den Wind aus den Segeln.

Auswendig gelernte Sprüche, die einem in der jeweiligen Situation ohnehin nicht einfallen, haben meistens nur einen schwachen Effekt, da der Angreifer mit einer solchen Taktik rechnet. Je länger man überlegen muss, desto schwächer wird die eigene Position. Der Konter muss also grammatikalisch über die verschiedene Satzarten erfolgen, die fest im eigenen Gehirn verankert sind. Diese sind dann adaptiv auf alle möglichen Angriffe verwertbar.

Beispiel aus der Literatur:

„*Gefällt es dir nicht?*" rief Hallward endlich, dem das Schweigen des Jünglings, dessen Bedeutung er nicht verstand, ein Stachel war.
„*Natürlich gefällt es ihm*", sagte Lord Henry. „*Wem sollte es nicht gefallen! Es gehört zum Größten in der modernen Kunst. Ich gebe dir dafür, was du verlangst. Ich muß es haben!*"
„*Es ist nicht mein Eigentum, Harry.*"
„*Wessen denn?*"
„*Dorians natürlich*", antwortete der Maler.
„*Da ist er glücklich zu preisen.*"
„*Wie traurig ist das!*" sagte Dorian Gray leise und wandte die Augen nicht von seinem eigenen Bildnis. „*Wie traurig ist das! Ich werde alt und gräßlich und widerwärtig werden, aber dieses Bild wird immer jung bleiben. Es wird nie älter sein als dieser Junitag heute ... Wenn es nur umgekehrt wäre! Wenn ich immer jung bleiben könnte und dafür das Bild immer älter würde! Dafür – dafür – dafür gäbe ich alles! Ja, es gibt nichts in der ganzen Welt, was ich nicht dafür gäbe! Ich gäbe meine Seele dafür!*"
„*Du wärst mit einer solchen Abmachung schwerlich einverstanden, Basil*", rief Lord Henry lachend. „*Dein Bild würde bald schlimm aussehen.*"

Text: Oscar Wilde, „Das Bildnis des Dorian Gray"

Oscar Wilde

Merke:
Die Hyperbel ist die <u>schönste, wirkungsvollste, beste, wertvollste und häufigste</u> rhetorische Figur. Und manchmal übertreibt sie etwas.

Übung:

Versuchen Sie, die folgenden Sätze durch eine Verstärkung oder Abschwächung in eine Richtung zu übertreiben. Bedenken Sie dabei, dass der Hörer über die jeweilige Situation im Bilde sein muss, da es sich hier oftmals um Zweideutigkeiten handelt.

Beispiel: *Die Party ist langweilig.* --> Die Party hier ist in etwa so interessant wie ein Kaffeekränzchen mit Tante Luise. (Übertreibung) / Die Party ist irgendwie nicht so lebhaft. (Untertreibung)

Alkohol ist gefährlich --> Akohol im Keller ist schlimmer als eine Atombombe im Keller. (Übertreibung) /Alkohol ist halt gut fürs Herz. (Untertreibung)

Du bist beleidigt wegen mir --> Du machst ja ein Gesicht wie drei Tage Regenwetter. (Übertreibung) / Deine Kommunkation ist irgendwie sehr einsilbig heute. (Untertreibung)

Du bist ziemlich intelligent --> Du bist ja ein richtiger Schulstreber! (Übertreibung) / Du bist ja fast so klug wie ich. (Untertreibung)

Er ist sehr reich --> Der Geldspeicher von Dagobert Duck ist sein Zuhause. (Übertreibung) / Er lebt bescheiden und fährt nur einen kleinen Rolls-Royce. (Untertreibung)

Er ist sehr arm --> Er kratzt Tapetenkleister von der Wand und schmiert sie sich als Butter aufs Brot.(Übertreibung) / Wenn er könnte, würde er mit uns in den Sommerurlaub, aber ich glaube, er hat ein Jobangebot für die Ferien. (Untertreibung)

Übergewicht kann gefährlich sein --> / Ja nicht berühren! Sonst platzt das Objekt in wenigen Sekunden (Übertreibung) / Immer dieser Schlankheitswahn – zum Glück achte ich auf eine gesunde Ernährung mit ausreichender Kalorienzufuhr – im Gegensatz zu meinem Arzt, der macht das nicht. (Untertreibung)

Querverweis:
A31 (Adjektiv Positiv), A32 (Adjektiv – Komparativ), A33 (Superlativ), A65 (Konditionalsatz) A53 (Komposita), A58 (Vergleichssatz), B14 (Litotes), B15 (Hyperbel), B16 (Ironie),), C60 (Die Furcht nach Aristoteles), C61 (Die Furcht in der Rede), C64 (Die Scham und Schamlosigkeit nach Aristoteles), C65 (Die Scham und Schamlosigkeit in der Rede), D9 (Komisches und Lächerliches nach Fülleborn), D10 (Der Witz nach Fülleborn), D11 (Komik nach Fülleborn), D73 (Killerphrasen), D87 (Negativworte), D88 (Zwischenrufe), D89 (Sprüche), E3 (direkter Angriff / indirekter Angriff), E22 (Katastrophenszenario vorstellen), E41 (Provokation), E50.3 (Forderungshyperbel), E66 (Reizen des Gegners nach Schopenhauer), E68 (schwache Stelle suchen nach Schopenhauer), E81 (Vorwürfe übertreiben nach Hamilton), E83 (persönlich werden nach Hamilton), F26 (Extremposition einnehmen)

Die Rhetorik kennt tadelnde und lobende Ironie. Die Abgrenzung zur Hyperbel ist, dass es sich nicht um eine Zuspitzung, sondern um das Gegenteil dessen handelt, was eigentlich gemeint ist. Oftmals in Redewendungen zu finden:

„*Das ist ja eine schöne Bescherung!*" (wenn etwas kaputt gegangen ist)
„*Sie sind ganz schön klug.*" (bei einer sehr dummen Bemerkung)
„*Sie sind ja wohl Experte in Liebesdingen.*" (bei einer sehr flapsigen Bemerkung)
„*Alter Gauner, wie geht's?*" (natürlich ist der andere kein Gauner, sondern ein guter Freund)
„*Du bist ja ein schöner Freund!*" (der andere ist eine treulose Tomate, der einen einfach im Stich gelassen hat, als man ihn brauchte)
„*Erzähl das deinem Friseur!*" (Warum erzählst du mir das? Hau ab!)
„*Ruhe, oder ich lasse den Saal räumen!*" (jetzt aber still sein!)
„*Kommen Sie herein! Hier werden Sie genauso beschissen wie nebenan!*" (an der Losbude)
„*Die Weisheit läuft mir nach, aber ich bin schneller.*" (manchmal begreife ich auch nicht alles)
„*Schöne Zähne hast du – gibt's die auch gerade?*" (du siehst komisch aus)

absichtliche Sinnverfälschung (Ironie)   B16

Sprachformel:
$a_1 + b + c$
(a_1 = der Sprecher meint das Gegenteil von a, wobei positive Begriffe negativ und negative Begriffe positiv wirken)

Sexbomb, sexbomb, you're my sexbomb, you can give it to me when I need to come along.

Ironie ist auch, einen Gesprächspartner absichtlich falsch zu verstehen und das Wort doppeldeutig aufzugreifen. Sehr viele Verben in der deutschen Sprache sind doppeldeutig, z.B. „kommen" und „schalten".

„Kommst du nicht?"
„Nein, ich komme nie ohne Frau."

„Weinst du etwa?"
„Unsinn, ich habe gerade Zwiebeln geschnitten."

„Einen Gang zuschalten, bitte." (schneller machen)
„Tut mir leid, ich habe mein Auto in der Tiefgarage vergessen."

„Sitz!"
„Miau."

Im Fall eines Angriffs ist also die Abwehrtaktik, das Verb absichtlich auf einen anderen Bereich auszudehnen.

Die Abart des weit verbreiteten „Mobbings" in Schule und Firma ist eine bedenkliche Form der Ironie. Hierbei wird versucht, in peinlichen Situationen (z.B. Heiserkeit bei einer Präsentation) die Peinlichkeit durch einen Seitenhieb noch zu verstärken („Was ist 'n mit dir los? Frosch im Hals?) und so vor der Gruppe lächerlich zu machen. Bedenklich: „Wir mögen die, die andere kritisieren, solange sie nicht uns kritisieren", sagt ein Axiom von Elliot Aronson, dem Begründer der Sozialpsychologie. Deswegen muss ein Redner immer damit rechnen, dass ein Clown im Publikum sitzt, der ihm übel mitspielt. Diesen kann man mit der Formel „Das ist Ihr Problem" entwaffnen.

„Was ist denn mit dir los? Ein Frosch im Hals?"
„Du findest also, dass ich einen Frosch im Hals habe. Das ist dein Problem."

Ironie ist auch, frühere Bemerkungen des Gesprächspartners aufzugreifen und gegen ihn zu wenden:

Sie hatten selbst gesagt, Herr Abgeordneter, dass mit Ihrer Partei eigentlich keine Steuererhöhung drin ist. Und was macht Ihre Partei, nachdem Sie die Wahl gewonnen hat? Sie erhöht die Steuern, so als hätte es Ihre Äußerung nie gegeben. Ich nenne das ehrlich, aufrichtig und glaubwürdig – nur weiter so!

Bei einer Rede hat man mit Ironie nur dann Erfolg, wenn das Publikum den Zusammenhang kennt – also eher auf bekannte

Persönlichkeiten, die gerade irgendeinen Skandal durchmachen, ausweiten. Eine ironische Bemerkung über Lateinlehrer Müller, der in der Öffentlichkeit unbekannt ist, wirkt nicht. Es ist bei Ironie zweckmäßig eher über Gruppen (Ja,ja, die Lehrer) als über Einzelpersonen zu sprechen. Leichter gelingt der Einstieg über ein Autoritätszitat, das dann mit einer kleinen Geschichte weiter verfolgt wird:

Wie schon schon Schiller sagte: „Es ist der Geist, der sich den Körper baut." Schauen Sie sich doch all die Rambos und Popeyes an, die für 5 Euro die Stunde an der Diskotür stehen und sagen: „Du nicht." <u>Da steckt doch ein hoher Geist dahinter</u>, ein belesener Feingeist, der <u>das freie Wort</u>, die Rede- und Meinungsfreiheit, <u>über alles schätzt, der die anderen Grundrechte</u>, z.B. das Recht auf körperliche Unversehrtheit, <u>besonders achtet</u>. „Du nicht!" Das hat schon eine tiefe Aussage, eine semantische Bedeutung, <u>die einen überdurchschnittlichen Schulabschluss erfordert</u>, jahrelanges Pauken im Frontalunterricht nur für diesen einen Satz, ein Satz mit Subjekt und ohne Verb, eine rhetorische Meisterleistung, eine Ellipse und Litotes in einem: „Du nicht."

Redebeispiel Original:

Illic dies aestivos praetor populi Romani, custos defensorque provinciae, sic vixit, ut muliebria cottidie convivia essent.

Wie er es in sommerlichen Zeiten gewohnt gewesen war, befahl er, dass die Feldherrenzelte am Strand aufgestellt werden, von Mitwissern abgeschirmt an einem lieblichen, entfernten Ort. Dort lebte die sommerlichen Tage hindurch der Prätor des römischen Volkes, <u>der Wächter und Verteidiger der Provinzen</u>, so, dass es täglich Gelage mit Frauen gab. Unter diesen Frauen gab es eine gewisse Nice, von außerordentlicher Schönheit, die Frau des Syrakusaners Cleomenes. Ihr Ehemann liebte diese Frau hier, er vermochte jedoch nichts gegenüber der Wollust dieses Gegenspielers, noch wagte er es, und er wurde gleichzeitig von diesem mit vielen Geschenken und Vergünstigungen überwältigt.

Text: Cicero, „Verres"

Marcus Tullius Cicero

Beispiel aus der Literatur:

„Ich wünschte mir, du würdest Englisch sprechen", sagte das Mädchen plötzlich.
Tarzan schüttelte seinen Kopf, und ein Ausdruck wehmütiger und herzergreifender Sehnsucht verdunkelte seine zuvor lachenden Augen.

Edgar Rice Burroughs

Dann versuchte Jane mit ihm auf Französisch zu sprechen, und dann auf Deutsch, aber sie musste über ihren eigenen unbeholfenen Versuch mit der letzten Sprache lachen.
„Wie auch immer", sagte sie zu ihm auf Englisch. „<u>Du verstehst mein Deutsch in etwa genauso gut</u> wie sie es damals bei mir taten, als ich in Berlin war."

Text: Edgar Rice Burroughs, „Tarzan of the Apes"

Merke:
Die Ironie ist ganz schön wirkungslos und tut dem Gegner auch kein bisschen weh. Denn sie sagt immer das Gegenteil von dem, was sie wirklich meint.

Querverweis: A31 (Adjektiv Positiv), B12 (Emphase), B14 (Litotes), B23 (Metapher), B18 – B21 (Synekdoche), B36 (Ironie im Textabschnitt), C87 (Ironie nach Cicero), C89 (Ironie als Konter für Witze nach Cicero), C99 (Versteckte Ironie nach Cicero), D98 (Ironische Betroffenheit), E71 (unwissende Ironie nach Schopenhauer), E84 (Ironie und Ernsthaftigkeit einsetzen nach Hamilton)

Übung:

Versuchen Sie durch Ironie folgende Sachverhalte zu verdeutlichen:

Männer sind die besseren Autofahrer. (Frauen können einfach alles besser – bis sie im Auto sitzen.)
Deine Frisur ist in Unordnung. (Dir hat wohl der Wind etwas zu sanft ins Gesicht geblasen, was?)
Das Wetter ist schlecht mit Minusgraden. (Ein super Wetter heute! Schnell ab ins Freibad!)
Du hast schlechte Laune. (He, du bist so gut gelaunt. Woran liegt's?)

Metonymie („Umbenennung") B17

Sprachformel:
$a_1 + b + c$ (a_1 = Name von Person, Firma, Rohstoff, Ort, Symbol)

Bei der Metonymie (griechisch: „Umbenennung") besteht eine enge Beziehung zum Wort, das ersetzt wird. Der Name einer Person (Erfinder, Künstler) oder Firma (Hersteller), der Rohstoff, der Ort oder auch ein Symbol ersetzen das eigentliche Wort.

<u>Der Hersteller (Person oder Firma) ersetzt das eigentliche Wort:</u>

Eine <u>Gibson</u> spielen (Erfinder der Halbacoustic-Gitarre).

Nimm doch ein Tempo! (Tempo ersetzt "Taschentuch")

Schau doch mal im Duden nach! (Der Duden ersetzt "Rechtschreibwörterbuch")

Es regnet, und ich habe keinen Hugendubel (Hugendubel ersetzt "Regenschirm").

Ich kauf' mir jetzt 'ne Levis (Levis ersetzt "Jeanshose")

Nimm doch OO! ("OO" ersetzt Toilettenreiniger)

Der Name des Künstlers steht anstelle des Werks:

Die Leute sollten mehr Schiller lesen. (Der Künstler wird statt dem Werk genannt.)

Hören wir Beethoven! (Der Künstler wird statt dem Werk genannt.)

Das ist die neue Scorpions (Scorpions ersetzt "CD von Scorpions")

Ich lese den neuen Grass (Grass ersetzt "Roman von Günter Grass")

Der Rohstoff ersetzt das Wort:

Im Gehölz schlief er mehrere Nächte. (Der Rohstoff wird statt dem genaueren Begriff – hier ein Wald – genannt.)

Der Gangster brachte Feuer und Schwefel aus seiner geladenen Waffe. (Der Rohstoff wird statt dem Erzeugnis – hier Patronen – genannt.)

Das Quecksilber stieg unaufhörlich in diesem Sommer. (Der Rohstoff ist ein Teil des Produkts – hier Temperaturmesser.)

Wir verließen endlich den grauen Beton. (Das Baumaterial der Häuser ersetzt hier "Großstadt".)

Eine Zeitepoche oder Orte ersetzen die Menschen:

Der Ministerpräsident verhandelt mit Berlin.

Das 20. Jahrhundert schaffte Armut und Krieg, aber auch Aufschwung und Hoffnung.

Das Mittelalter fand keine Antwort auf die Pest.
Rom wollte damals zur Weltherrschaft aufsteigen.

Das Gefäß steht für den Inhalt:

Treffen wir uns auf ein Gläschen! (Gläschen ersetzt „Alkohol"/ „Bier"/„Wein".)

Iss doch noch einen Teller! (Teller ersetzt „Mahlzeit".)

Der Ort steht für die Personen:

Ganz Stuttgart feiert ausgelassen (der Ort wird statt den Bewohnern genannt).

Die Halle bebte (der Ort wird statt den Zuhörern genannt).

Ein Symbol ersetzt das Gemeinte:

Das Kreuz konnte sich in der ganzen Welt ausbreiten (Kreuz ersetzt „christlicher Glaube").

Unser Schwert ist unerbittlich (Schwert ersetzt „Militärmacht").

Die Waffen werden entscheiden (Waffe ersetzt „Krieg").

Die Waffen sollen der Toga nachgeben (Toga ersetzt „Diplomatie")

Ein Körperteil ersetzt eine Eigenschaft:

Er bewies Köpfchen (ein Körperteil wird mit einer Eigenschaft verknüpft, hier „sehr klug").

Sie fasste sich ein Herz (ein Körperteil wird mit einer Eigenschaft verknüpft, hier „mutig").

Mit Metonymie kann man eine Rede auflockern, wenn es sich um einen allgemein anerkannten Begriff handelt, der jedem geläufig ist. Eine Anhäufung von Metonymie sollte man allerdings vermeiden – denn wer pausenlos Markenartikel aufzählt, landet schnell auf den Spuren der „Popliteratur". Reicht zwar für 'ne Kurzgeschichte, aber nicht für einen neuen Tolstoj.

Beispiel aus der Literatur:

„Ich denke, ich verstehe dich", antwortete er leise. „Ich sollte dich nicht drängen, denn ich würde dich lieber glücklich sehen als selbst glücklich zu sein. Ich verstehe jetzt, dass du nicht glücklich sein könntest mit – einem Affen."
Da lag nur die schwache Schattierung von Bitterkeit in seiner Stimme.
„Nicht", protestierte sie. „Sag das nicht. Du verstehst das nicht wirklich."
Aber bevor sie weitersprechen konnte, brachte sie eine plötzliche Straßenbiegung direkt ins Zentrum eines kleinen Hamlet. Vor ihnen stand Claytons Auto, umgeben von den Leuten, die er aus dem Landhaus in Wisconsin gerettet hatte.

Text: Edgar Rice Burroughs, „Tarzan of the Apes"

Edgar Rice Burroughs

Merke:
Sie trank die <u>Flasche</u> *aus, das* <u>Zelt</u> *bebte.* <u>München</u> *stand kopf! Es war ein* <u>Löwenbräu</u> *- und außerdem: Metonymie.*

Übung:

Sehen Sie gedanklich Ihre eigene Wohnung vor sich.
Welche Bücher stehen bei Ihnen im Regal? Welche alkoholischen und nicht-alkoholischen Getränke haben Sie? Was für technische Geräte? Wie sieht es im Kleiderschrank aus? Was ist mit Bad und Toilette? Welche Lebensmittel sind im Kühlschrank? Nachdem Sie eine erste Liste mit Objekten (Sachbücher, Literatur, Fernseher, Handy, Telefon, Jeans, T-Shirt, Turnschuhe, Handcreme, Taschentücher, Desinfektionsmittel) zusammengestellt haben, geht es an die eigentliche Arbeit: Sie versuchen den Gegenstand durch einen Markennamen zu ersetzen. „Blaupunkt" für Fernseher, „Samsung" für Handy, „Diesel" für Jeans, „Adidas" für Turnschuhe, „Nivea" für Handcreme, „Tempo" für Taschentuch.

Schreiben Sie dann einen Dialog zwischen einem Ehepaar. „Schatz, wo ist denn meine Diesel?" „Deine Diesel liegt auf dem Bett." „Schatz, wo ist eigentlich der Simmel hingekommen?" „Dein *Es muss nicht immer Kaviar sein* liegt auf der Kommode." „Schatz, aber wo ist denn mein Samsung?" „Dein Samsung ist in der Jacke." „Schatz, wieso wackelt eigentlich das Bild bei diesem Blaupunkt?" „Dieser Blaupunkt ist halt schon etwas älter." „Schatz, wo ist eigentlich meine Nivea?" „Deine Nivea ist doch in der Küche."

> Natürlich ist eine solche Kommunikationssituation auf Dauer sehr anstrengend. Aber wenn wir sie beherrschen, können wir auch bei anderen Begriffen überlegen, ob es nicht eine bestimmte bekannte Marke gibt, die von der Allgemeinheit so verstanden wird, dass der neue Satz ein Bild in der Vorstellungswelt des Zuhörers entstehen lässt, welches ihn an eine bestimmte Qualität erinnert.
>
> **Querverweis: A21 (Substantiv), B18 – B 21 (Synekdoche), B23 (Metapher), B25 (Allegorie)**

Die Ersetzung eines speziellen Unterbegriffs durch einen allgemeinen Oberbegriff (Synekdoche / Intellectio – speziell wird zu „allgemein")
B18

Sprachformel:
A + b + c

A = Oberbegriff von a, wobei a dem Sprecher nicht wirkungsvoll genug erscheint

Florestan:
Ein Mörder steht vor mir.
Pizarro: Noch einmal ruf ich dir, was du getan, zurück. Nur noch ein Augenblick und dieser Dolch -
Leonore: Zurück!
(Beethoven - „Fidelio")

Im Gegensatz zur Periphrase und Metonymie weist die Synekdoche (griechisch: „Mitverstehen") immer eine direkte Beziehung zum Ursprungswort auf, unterscheidet sich jedoch durch ihre Bezeichnungsgenauigkeit, die je nach Sprecherabsicht – nämlich einen Sachverhalt möglichst beschönigend oder negativ darzustellen - entweder sehr stark oder schwach sein kann. In längeren Redetexten ist die Synekdoche ein sprachliches Mittel, Langeweile durch Wortwiederholungen zu vermeiden.

In der Sprache der Naturvölker hat es nur wenige Gattungsnamen gegeben. Die Aborigines kannten zwar einzelne Wörter für Hundeschwanz und Kuhschwanz, aber keinen Oberbegriff „Schwanz". Die Tasmanier hatten Wörter für verschiedene Bäume, aber keinen Oberbegriff „Baum". Auch die Schocktau-Indianer hatten zwar für eine rote Eiche und eine schwarze Eiche ein eigenes Wort, aber kein Wort für den Oberbegriff „Eiche" bzw. „Baum". Viele Indianerstämme hatten keine Wörter für Farben. Es fehlten Wörter für abstrakte Begriffe wie Töne, Angst, Bewusstsein, Anzahl usw. Dabei sind die Sprachen der Naturvölker keinesfalls primitiv, sondern fast so vielfältig und wortreich wie unsere eigenen. Bevor aber ein Eigenname zum Gattungsnamen erhoben wird, vergeht eine äußerst lange Zeitspanne von zigtausend Jahren. Das Denken unserer eigenen Vorfahren war zunächst auf einzelne Gegenstände beschränkt, die im Blickfeld lagen. Ohne den Gattungsbegriff konnte man jedoch nur auf den einzelnen Gegenstand verweisen; erst als es Oberbegriffe gab, die auf alle Gegenstände verwiesen (wie Haus, Mensch, Licht), und diese bestimmten Gesetzmäßigkeiten folgten, war die Menschheit in der Lage, sich technologisch und intellektuell weiterzuentwickeln.

Er hat ein ultraschnelles Fahrzeug. (Unterbegriff: Auto)

Er hat lukrative Einnahmen. (Unterbegriff: Geld)

Er ging in ein Nachtlokal. (Unterbegriff: Diskothek)

Es war Mord! (Unterbegriff: Totschlag) / von dem Ankläger geäußert, denn Mord klingt schrecklicher als Totschlag.

Er ist ein Dieb! (Unterbegriff: Taschendieb) / von dem Ankläger geäußert, denn Dieb klingt schrecklicher als Taschendieb.

Er ist ein Betrüger! (Unterbegriff: Lügner) / von dem Ankläger geäußert, denn Betrüger klingt schlimmer als Lügner.

Diese Form der Synekdoche ist selten, weil man üblicherweise in der Rohfassung eher Redetexte mit Oberbegriffen schreibt. Das Publikum mag jedoch Bilder im Kopf haben, und je präziser die Ausdrücke sind, solange sie noch alltäglich erscheinen, desto genauer taucht das Bild vor dem eigenen Auge auf.

Lässt man die Endsilbe des dazugehörigen Adjektivs weg (=Apokope), entsteht ein Neologismus aus alten Wörtern:

positives Adjektiv + Substantiv (Synekdoche)

guter Mensch – gut(er) Mensch - Gutmensch

Achtung: Hier wird der eigentlich positiv besetzte Begriff „gut" prompt ins Negative verkehrt. Gut steht hier für „schlecht" und „naiv". Dieses Wort gehört zwar zum Feuilletonstil seriöser Tageszeitungen und Nachrichtenmagazine. Durch seine semantische Unschärfe verstößt der Begriff „Gutmensch" aber gegen die rhetorische Stillehre der sprachlichen Klarheit („latinitas"). Es handelt sich um einen groben sprachlichen Ausdrucksfehler („Barbarismus").

Beispiel aus der Literatur:

LOTTCHEN. *Ich will Ihnen den Brief lesen. Er besteht, wie Sie sehen, nur aus zwo Zeilen.* (Sie liest.) *»Mamsell, trauen Sie Ihrem Liebhaber, dem Herr Siegmund, nicht. Er ist ein Betrüger. N.N.«*
SIEGMUND. *Was? Ich ein Betrüger?*
LOTTCHEN. (Sie nimmt ihn bei der Hand) *Ich weiß, daß Sie groß genug sind, dieses hassenswürdige Wort mit Gelassenheit anzuhören. Es ist ein Lobspruch für Sie. Ich verlange einen solchen Betrüger, als Sie sind, mein Freund.*

Text: Christian Fürchtegott Gellert, „Die zärtlichen Schwestern"

Christian Fürchtegott Gellert

Merke:
Rhetorische Figur ist eine Synekdoche für den Begriff „Synekdoche" (speziell wird zu allgemein) - denn dies ist allgemeiner als Synekdoche.

> **Übung:**
>
> **Suchen Sie zu den unterstrichenen Begriffen die passenden Oberbegriffe. Schreiben Sie anschließend die Sätze so, dass sie interessanter klingen. Sie dürfen auch neue Verben benutzen!**
>
> Beispiel: *„Wir sitzen am Strand."* (alt)
> *„Juchu, wir sind endlich im Urlaub!"* (neu) – Strand wird durch Urlaub ersetzt!
>
> „Diese Banane schmeckt gut."
> „Dieser Tatort ist langweilig."
> „Gib mal die Fernbedienung."
> „Zeig mal deinen neuen Volvo."
> „Zeig mal deinen neuen Porsche."
> „Ich esse keine Schokolade."
> „Ich esse keine Pommes frites."
>
> **Querverweis:** A21 (Substantiv), B6 (Synonym), B10 (Fremdwort), B17 (Metonymie), B19 – B21 (Synekdoche), B23 (Metapher), B27 (Detaillierung), B28 (Exemplum), C45 (Mind-Map), E54 (Verhandlungsgegenstand ausdehnen)

Die Ersetzung eines allgmeinen Oberbegriffs durch einen speziellen Unterbegriff (Synekdoche / Intellectio – allgemein wird zu „speziell")
B19

Sprachformel:
$a_{11} + b + c$

(a_{11} = Unterbegriff von a_1)

Leonore: *Durchbohren musst du erst diese Brust! Der Tod sei dir geschworen für diese Mörderlust!*
(Beethoven - „Fidelio")

Das ist ja mal ein cooles Cabrio! (Oberbegriff: Auto)

Der Cashflow bei dieser Firma ist negativ. (Oberbegriff: „Ausgaben" – aber keine Einnahmen)

Das ist ein schöner und vor allem sehr sicherer Ratensparplan. (Oberbegriff: Bankprodukt)

Er ist ein *Muttermörder*! (Oberbegriff: Mörder) / vom Ankläger geäußert, denn Muttermörder klingt schrecklicher als Mörder.

Es war *Totschlag*! (Oberbegriff: Mord) / vom Verteidiger geäußert, denn Totschlag klingt harmloser als Mord.

Bloß ein Kratzer! (Oberbegriff: Wunde)

Das ist ein abgekartetes Spiel! (Oberbegriff: Intrige)

Er glotzt mal wieder in die Röhre! (Oberbegriff: Fernseher)

Vaterunser:
Unser tägliches Brot gib uns heute! (Oberbegriff: Nahrung)

Wenn man die Endsilbe eines dazugehörigen Adjektivs weglässt (=Apokope) und mit einem Substantiv (Synekdoche) kombiniert, so entsteht ein neues Wort mit abwertender Bedeutung. Dies unabhängig davon, ob es sich zuvor um ein negatives oder positives Adjektiv gehandelt hat.

Negatives Adjektiv + Substantiv (Synekdoche)

blöder Mann – blöd(er) Mann - Blödmann
biederer Mann – bieder(er) Mann – Biedermann

Mann steht hier für den Oberbergriff „Mensch".

Positives Adjektiv + Substantiv (Synekdoche)

schlauer Berger – schlau(er) Berger – Schlauberger
schlauer Meier – schlau(er) Meier – Schlaumeier
kluger Redner – klug(er) Redner – Klugredner

Berger/Meier stehen für den Oberbegriff „Mensch".

Positives Adjektiv + negatives Substantiv (Synekdoche)

kluger Schwätzer – klug(er) Schwätzer - Klugschwätzer

Diese Form der Synekdoche (allgemein zu speziell) lässt sich auch zur Entkräftung gegnerischer Beispiele nutzen. Wenn ein Vorredner sagt: „Alle Säugetiere leben an Land" kann man diesen Satz durch die Ausnahme umstoßen: „Wale und Delfine sind aber auch Säugetiere, halten unter Wasser die Luft an und atmen wie wir durch Lungen – sie leben aber nicht an Land."

Beispiel aus der Literatur:

„Hast du das aus dir?"
„Ich könnt es wohl auch aus mir haben. Aber ich hab es von Niemeyer..."
„Von Niemeyer! O du himmlischer Vater, ist das ein Pastor. Nein, solche gibt es hier nicht. Aber wie kam denn der dazu? Das ist ja, als ob es irgendein Don Juan oder Herzensbrecher gesprochen hätte."
„Ja, wer weiß", lachte Effi. „...Aber kommt da nicht Crampas? Und vom Strand her. Er wird doch nicht gebadet haben? Am 27. September..."
„Er macht öfter solche Sachen. Reine Renommisterei."

Text: Theodor Fontane, „Effi Briest"

Theodor Fontane

Diese rhetorische Figur (*tropus) ist für genaue Schilderungen, wie sich etwas zugetragen hat, zweckmäßig. Denn etwas zu verallgemeinern ist langweiliger als etwas präzise zu benennen. Allerdings ist eine Verallgemeinerung oder Spezialisierung für Verteidigungszwecke sinnvoll, um eine Umdefinition des Vorwurfs – nicht zuletzt auch im juristischen Sinn - zu erreichen.

Merke:
Synekdoche ist ein Unterbegriff von dem allgemeineren Begriff rhetorische Figur – allgemein wird zu speziell.

Querverweis: A21 (Substantiv), B6 (Synonym), B10 (Fremdwort), B12 (Emphase), B17 (Metonymie), B18 / B20 / B21 (Synekdoche), B23 (Metapher), B27 (Detaillierung), B28 (Exemplum), C45 (Mind-Map), E67 (Beispiele entkräften nach Schopenhauer)

Übung:

Suchen Sie zu den unterstrichenen Begriffen die passenden Unterbegriffe. Schreiben Sie anschließend die Sätze so, dass sie interessanter klingen. Sie dürfen auch neue Verben benutzen!

Beispiel: „Gib nicht so viel Geld aus!" (alt)
„Gib nicht immer so viel Münzen und Scheine aus, das können wir uns wirklich nicht leisten!" (neu) – Münzen und Scheine ersetzen Geld.

„Die vielen Leute hier sind mir unangenehm."
„Dieser Politiker ist ein rechthaberischer Mensch."
„Wenn ich Politiker schon reden höre!"
„Das Nachtleben in London ist manchmal fantastisch."
„Ich besuche oft klassische Konzerte."
„Ich besuche oft Rockkonzerte."
„Mir ist übel."

Die Ersetzung eines allgemeinen Oberbegriffs durch einen Teilbegriff (Synekdoche / Intellectio – allgemein wird zu einem „Teil des Ganzen") B20

Er ist eine Hand, die wir gut gebrauchen können. (Für „Helfer" - die Hand ist ein Teil des menschlichen Helfers und wird aufs Ganze bezogen.)

Sie lebt auf der Straße. (Für „draußen" / wohnsitzlos – die Straße ist ein Teil von draußen.)

„Solange du unter meinem Dach wohnst, machst du gefälligst, was ich sage." (Dach steht für Wohnung / Haus.)

Geile Akkorde bei diesem Konzert! (Oberbegriff: Musik – der Akkord ist ein Teil der Musik.)

Diese Ersetzungsfigur klingt manchmal unbeholfen, als wüsste man nicht, wie der richtige Oberbegriff lauten würde. Es gilt daher stets abzuwägen, was sprachlich eleganter ist – „pars pro toto" (der Teil des Ganzen) oder das Ganze.

Sprachformel:

δa + b + c
(δa = visueller Teilbegriff von aΣ)

Professor Georg Gustav Fülleborn gibt in seinem Buch „Rhetorik – ein Leitfaden beym Unterricht in obern Klassen" (1805) folgende Beispiele:

a) klein für groß / groß für klein: <u>ganz Europa</u> bewundert ihn
b) Gattung für Art: <u>der Sterbliche</u> (für Mensch)
c) Individuum für Gattung: <u>Auguste und Mäcene</u> für „Könner der Gelehrsamkeit"
d) Singular für Plural: <u>die Eiche</u> grünt (für Bäume)
e) bestimmte Zahl statt einer unbestimmten:
<u>tausend Sternenheere</u> loben

Wenn man die Endsilbe eines dazugehörigen Adjektivs weglässt (=Apokope) und mit einem Substantiv (Synekdoche: pars pro toto) kombiniert, so entsteht ein neues Wort mit abwertender Bedeutung. Dies unabhängig davon, ob es sich zuvor um ein negatives oder positives Adjektiv gehandelt hat.

Negatives Adjektiv + Substantiv (Synekdoche)

dummer Kopf – dumm(er) Kopf – Dummkopf

Beispiel aus der Literatur:

„Marcello?" rief der Kardinal erstaunt, „das kann ich Euch nimmermehr glauben."
„Ich habe ihn ganz in der Hand", sagte Peretti; „seht, Verehrter, er ist schon seit lange ein Verbannter, ein Bandit; aber, <u>ein kluger Kopf</u>, wie er ist, weiß er sich doch oft in die Stadt zu schleichen, und dann beherberge ich ihn bei mir, dort in dem kleinen Gartenhause. Da haben wir schon vielerlei miteinander verabredet, und wenn Ihr ihn gut bezahlt, so läßt er das Leben für uns."
„Freund!" rief Farnese, „hütet Euch vor diesem verwegenen Menschen! In welchem Lichte würdet Ihr erscheinen, wenn ihn die Häscher in Eurem Hause aufheben sollten!"

Text: Ludwig Tieck, „Vittoria Accorombona"

Ludwig Tieck

Merke:
Die Synekdoche ist ein Sprachschmuck, den wir gut verwenden können – Sprachschmuck ist allgemeiner als Synekdoche und rhetorische Figur.

> **Übung:**
>
> Suchen Sie zu den folgenden Begriffen einen Teilbegriff, der den allgemeinen Begriff ersetzt! Gehen Sie dabei – wenn möglich – immer vom menschlichen Körper aus! Nehmen Sie ein Körperteil, das stellvertretend für die anderen Begriffe steht! Sie dürfen die Sätze auch umstellen und neue Verben benutzen.
>
> Er ist ein <u>Experte</u> für Computer.
> Er ist ein <u>Sportsmann</u>.
> Er ist <u>gut im Reden</u>.
> Er wird <u>schnell zornig</u>.
> Er ist sehr <u>modern gekleidet</u>.
>
> **Querverweis:** A21 (Substantiv), B6 (Synonym), B10 (Fremdwort), B17 (Metonymie), B18 / B19 / B 21 (Synekdoche), B23 (Metapher), B82 (Diffamierung durch Ausklammerung), C45 (Mind-Map), E21 (Spaltungstechnik), F43 (nur Teilprobleme diskutieren wollen)

Die Ersetzung eines Teilbegriffs durch einen allgemeinen Oberbegriff (Synekdoche / Intellectio – Teil des Ganzen wird zu „allgemein")   **B21**

Sprachformel:
$\sum a + b + c$

$\sum a$ = verallgemeinernder Oberbegriff von a
a = Unterbegriff der Summe

„<u>Das Gesetz</u> naht!" (Für „Polizist" - der Polizist ist ein Teil des Gesetzes.)

„*<u>Die vierte Gewalt</u> im Staate stattet uns heute einen kleinen Besuch ab!*" (Für „Journalist" – der Journalist gilt wegen seiner Kontrollfunktion hinter Legislative, Exekutive und Judikative als eigene Macht im Staatsgefüge.)

In der Kanalisation leben viele <u>Nagetiere</u> (Für „Ratten" – die Ratten sind Teil der Nagetiere.)

Diese rhetorische Figur begegnet uns in der Alltagssprache sehr häufig. Wenn man den Fachbegriff nicht kennt, so weicht man automatisch auf den allgemeinen Oberbegriff aus. In einer Rede ist deshalb zu prüfen, ob man „verallgemeinern" muss, damit alle den Inhalt des Gesagten verstehen. („totus pro parte")

Merke:
Die Synekdoche naht! (Für „rhetorische Figur" - denn die Synekdoche ist Teil der rhetorischen Figur.)

Querverweis: A21 (Substantiv), B6 (Synonym), B10 (Fremdwort), B17 (Metonymie), B18– B20 (Synekdoche), B23 (Metapher), B28 (Exemplum), C45 (Mind-Map)

Der Ritter von der traurigen Gestalt (für Don Quijote)
Casanova / Don Juan (für Frauenheld)
Kaiser (für Franz Beckenbauer)

Ein neuer Goethe! (für „Schreibgenie")
Ein neuer Mozart! (für „Musikgenie")
Ein neuer Einstein! (für „Mathematikgenie")

Die Ersetzung eines Wortes durch einen charakteristischen Gattungsnamen (Antonomasie / pronominatio) B22

Beispiel aus der Literatur:

„Was jedoch das allerschlimmste ist, meine Herren", fügte ein anderer hinzu, „ich muss Kuragin vor Ihnen anklagen: jener arme Kerl sitzt in der Patsche, und dieser <u>Don Juan</u> hier macht sich das zunutze; so ein entsetzlicher Mensch!"
Fürst Ippolit lag auf einem bequemen Lehnstuhl und streckte die Beine über die Seitenlehne.
„Das könnte wohl zutreffen", sagte er.
„Oh, Sie <u>Don Juan</u>, Sie Schlange", riefen mehrere Herren.

Text: Lev Nikolaevic Tolstoj, „Krieg und Frieden"

Sprachformel:
$a_1 + b + c$
(a_1 = Vergleich mit einer prominenten Persönlichkeit für „a"; oder Verleihung eines Adelstitels; oder Bezugnahme auf eine literarische Figur / Filmfigur)

Bei dieser rhetorischen Figur (*tropus) wird ein allgemeiner Begriff mit einer speziellen historischen Figur verknüpft. Der Trick gelingt, wenn man eine allgemein anerkannte Person findet, auf die der Vergleich in etwa passen könnte. Man kann auch den umgekehrten Weg gehen und einer bekannten Person (z.B. Franz Beckenbauer) einen Oberbegriff (hier „Kaiser") geben.

Merke:
Bei einer Pronominatio bekommt jemand einen bestimmten Titel, z.B. wenn dieser ein guter Redner ist: „<u>Was für ein Cicero!</u>"

Lev Nikolaevic Tolstoj

Querverweis: A21 (Substantiv), B19 (Synekdoche), C94 (Ähnlichkeiten suchen nach Cicero), D32 (Sympathieträger Lob nach Aronson), E20 (Schmeichelei und Vorzugsbehandlung) E70 (Autoritäten und Vorurteile gebrauchen nach Schopenhauer), E82 (Kritik und Lob einsetzen nach Hamilton), E90 (dickes Lob), E91 (Autoritätsbeweis), F22 (Umarmung des Gegners)

Der bildhafte Vergleichssatz ohne „wie" (Metapher)   B23

Alkohol ist dein Sanitäter in der Not, Alkohol ist dein Fallschirm und dein Rettungsboot, Alkohol ist das Drahtseil, auf dem du stehst
(Herbert Grönemeyer)

Sprachformel:
$a_1 + b + c$ (a_1 = visueller Begriff ohne direkten Bezug)

Eine Metapher (das Wort kommt aus dem Griechischen und bedeutet „Übertragung") ist ein bildhafter Ausdruck. Bei dieser rhetorischen Figur (*tropus – aus trépein= wenden) besteht kein enger Zusammenhang zwischen dem neuen Begriff und dem zu ersetzenden Wort. Wenn die Metapher bereits in die Alltagssprache eingegangen ist, so spricht man von einer „verblassten Metapher". Oftmals treten Metaphern mit Begriffen aus der Natur und Technik auf.

Herr Meyer ist ein *Fuchs* (Beziehung: Tier / für „Herr Meyer ist ein sehr schlauer Mensch.")
Wir stehen am *Fuß des Berges* (Beziehung: Körperteil mit Genitivattribut / für „wir stehen am Berg ziemlich weit unten.")
Der Benzinpreis *steigt* (Beziehung: Verb / für „der Benzinpreis kostet mehr.")

Die Metapher ist ein fremdartiger Ausdruck, der geistvoll klingt, wenn man ihn z.B. beim Tadeln oder Loben einsetzt, der jedoch oftmals bei falscher Übertragung (ernst für heiter – heiter für ernst) ein schiefes Bild ergibt. Eine einfache Metapher entsteht aus einem Vergleichssatz im Positiv (siehe Satzarten, A58) : „Er ist so mutig wie ein Löwe"·/ „Er ist so rot wie eine Tomate" / „Er ist so weiß wie ein Gespenst". Als Metapher im Redetext eingesetzt, wird nur noch der bildhafte Ausdruck benutzt, ohne dass ein direkter Vergleich mit einem Objekt erfolgt. Dadurch ist der Hörer gezwungen, den Vergleich selbst im Kopf vorzunehmen.

Ein Gespenst kam zur Tür der Schiffskabine herein und sagte: „Ich glaube, ich bin seekrank." Ich gab meiner Frau eine Tablette, sodass es bald besser wurde.

Eine Tomate saß vor mir. „Was ist mit dir los?" fragte ich irritiert. „Ich habe zu lange in der Sonne gesessen", sagte meine Frau.

Diese Form der Metapher findet sich vor allem bei amerikanischen Kriminalautoren wie Raymond Chandler oder Dashiell Hammett.

Nach antiker Auffassung gibt es vier Produktionsmöglichkeiten für eine Metapher:

Unbelebt wird zu belebt:
„Die See schlief" (siehe auch Personifikation)

Belebt wird zu unbelebt:
„Haudegen" (für Draufgänger)
Belebt wird zu belebt:
„Schäfchen" (für Gemeinde)
Unbelebt wird zu unbelebt:
„Staatsapparat" (für staatliche Organe in Zusammenarbeit)

Beispiele für „verblasste Metaphern":

Viele Metaphern sind eine Kombination aus belebten und unbelebten Dingen. Beispiel: Ein Esel lebt, Gold lebt nicht. Diese belebten Dinge verkörpern Eigenschaften, z.B. bequem, klug und schnell.

Drahtesel für „Fahrrad" (Beziehung: Stoff-Tier)
Goldesel für „gewinnbringende Firma" (Beziehung: Stoff-Tier)
Tastenhengst für Pianist (Beziehung: Technik-Tier)
Pfennigfuchser für „geiziger Mensch" (Beziehung: Einheit-Tier)
Hundsgemeinheit für „eine sehr große Gemeinheit" (Beziehung: Tier-Substantiv)
König der Tiere für „Löwe" (Beziehung: Titel – Oberbegriff)

Metaphern können aber auch nur aus unbelebten Dingen bestehen, wie diese Beispiele zeigen:

Blechmühle für „schlechtes Auto" (Beziehung: Stoff-Technik)
Goldstück für „netter Mitarbeiter"(Beziehung: Stoff-Einheit)
Blutzoll für „Rache" (Beziehung: Stoff-Substantiv)
Der Zahn der Zeit nagt an mir - für „eine lange Zeitspanne ist vergangen" (Metapher und Personifikation! Beziehung: Körper – Oberbegriff)
Lebensabend genießen für „im Rentenalter sein" (Beziehung: Substantiv-Substantiv)
Die ganze Welt ist *eine Bühne* (Beziehung: normales Substantiv: Die Welt ist natürlich real, aber manchmal kann man sie nicht ernst nehmen.)

Eine weitere Form der Metapher beschreibt eine Tätigkeit:

Halsabschneider für „Betrüger" (Beziehung: Körper-Tätigkeit)
Sprücheklopfer für „langredender Mensch" (Beziehung: Substantiv-Verb)
blutiger Anfänger für „Mensch ohne viel Erfahrung" (Beziehung: Stoff – Art)
Nervensäge für „ständig quasselnder Mensch" (Beziehung: Körper – Technik)
himmelschreiendes Unrecht für „ein großes Unrecht" (Beziehung: Natur-Partizip-Substantiv)

George Orwell

Beispiel aus der Literatur:

Er dachte an den Teleschirm mit seinem immer offenen Ohr. Sie konnten einen Tag und Nacht bespitzeln, aber wenn man <u>den Kopf behielt</u>, konnte man sie überlisten. Bei all ihrer Gerissenheit hatten sie doch nie das Problem gelöst, wie man herausfand, was ein anderer dachte. (...) Sie konnten bis ins letzte Detail alles offenlegen, was man je getan, gesagt oder gedacht hatte; doch das Innerste eines Menschen, dessen Regungen sogar für einen selbst geheimnisvoll waren, blieb uneinnehmbar.

Text: George Orwell, „1984"

Ein zusammengesetztes Wort mit einer bestimmten Tierart/ Stoffart/ Natur/Technik /Einheit (siehe Wortarten, Komposita, A53) genügt, um eine Metapher zu erstellen. Auch Genitivattribute (siehe Wortarten, A22) und Adjektive (siehe Wortarten, A31) eignen sich.
Der Phantasie sind keine Grenzen gesetzt:

Neue Metaphern lassen sich zeitsparend aus den Themenkomplexen „Sport", „menschlicher Körper", „Religion" und „Gesundheitswesen" in Kombination mit einem Genitivattribut erstellen.

Allerdings muss die Warnung erteilt werden, dass man als Redeanfänger eher verblasste Metaphern einsetzen sollte, die bereits in der Alltagssprache durch Redewendungen aufgetreten sind und nicht auf eine x-beliebige Eigenkreation ohne erkennbaren Zusammenhang zurückgreift.
Der Grund: Eine neue Metapher klingt schief in den Ohren und verlangt sehr viel Denkarbeit.

Metaphern können auch in einer Einwortverbindung auftreten, wenn ein Wort fürs andere steht, um das unmittelbare Empfinden in der jeweiligen Situation besser auszudrücken. Außerdem sollte man berücksichtigen, dass eine zu bildlich angereicherte Sprache zu jugendlich klingt (und einen eher unterdurchschnittlichen Bildungsstand verrät). Insbesondere bei Sprichwörtern können Metaphern zwar auch schlagfertig wirken, werden sie jedoch in der falschen Situation (oder im falschen Publikum, z.B. bei alten Leuten) benutzt, so erntet man keinen Applaus, sondern ratloses Kopfschütteln.
„Ein Weiser kann eher eine Flamme in seinem Mund unterdrücken, als gute Sprüche für sich behalten", schreibt Cicero in „De Oratore" und bezieht sich auf ein Zitat des Ennius. Wer immer nur den Klassenclown mit auswendig gelernten Sprüchen spielt, kann sich vielleicht durchsetzen - aber Sympathien gehen ihm verloren.

Das Leben ist *kein Tanzcafé* für „das Leben ist manchmal hart" (Beziehung: normales Substantiv)
Ich bin *eine Dame, Sie Arschloch*! (Beziehung: Einwortsubstantiv – Einwortsubstantiv)
Eintritt heute nur für *große Jungs*! (Beziehung: Adjektiv / große Jungs steht für „Männer ab 18")
Er ist der *Hahn im Korb*! (Beziehung: Tier – Ort / für „ein Mann ist allein unter Frauen")
Die *Arschkarte* ziehen (Beziehung: Körper – Spiel / für „Pech haben")
Reisende soll man nicht aufhalten (Beziehung: Personengruppe – Verb / für : „dann hau doch ab!")
Chef, dein *Pferdestall* steht offen (Beziehung: Tierplatz / für „der Reißverschluss deiner Hose ist offen")
Aus dir mach ich *Rührei*! (Beziehung: Essen für „ich schlage dich gleich, wenn du nicht abhaust")
Das ist nicht das *Gelbe vom Ei*! (Beziehung: Farbe-Essen / für „das ist nicht so toll")
Ist doch *Jacke wie Hose* (Beziehung: Kleidung – Kleidung / für „eigentlich egal")
Dümmer als *die Polizei erlaubt* (Beziehung: Substantiv – Verb / für „du bist sehr dumm")
Bleib mir *von der Wäsche* (Beziehung: Kleidung – Verb / für „fasse mich nicht an")
Das kannst du dir *in die Haare schmieren* (Beziehung: Körper – Verb für „das erlaube ich nicht")
Dein Bad ist *erste Sahne* (Beziehung: Numerale – Essen / für „das ist super")
Das geht *runter wie Öl* (Beziehung: Stoff – Verb / für „das Lob schmeichelt mir")
Ich glaub, mich *tritt ein Pferd* (Beziehung: Tier – Verb / für „das gibt es doch nicht")
Was macht *die Kunst*? (Beziehung: Substantiv – Verb / für „wie geht es dir so?")
Auf, satteln wir *die Pferde*! (Beziehung: Tier – Verb / für „los, gehen wir")
Diese Bemerkung war wohl ein *Griff ins Klo*! (Beziehung: Wohnung - Verb)
Guten *Rutsch*! (Beziehung: Adjektiv – substantiviertes Verb / für: „Ich wünsche dir ein schönes neues Jahr")
Der Kunde ist bei uns *König*. (Beziehung: Tier / für: „Der Kunde hat recht, auch wenn er nicht recht hat")
Auf alten Pferden lernt man das Reiten (Beziehung: Adjektiv – Substantiv – Verb / für „ältere Frauen sind sexuell erfahren")
Das Runde muss ins *Eckige* (Beziehung: Adjektiv – Adjektiv / für: „Der Ball muss ins Tor")

Sport ist *Mord* (Beziehung: Substantiv / für: „Sport ist ziemlich anstrengend")
Der Film und die Dialoge waren *sehr platt* (Beziehung: Adjektiv / für „Film und Dialoge waren langweilig und vorhersehbar")
Er ist vom *Schicksal gezeichnet* (Beziehung: Substantiv – Verb / für: „Er hat bisher immer nur Pech gehabt" / siehe auch Personifikation)
Ein *blindes Huhn* findet eben auch mal *ein Korn* (Beziehung: Adjektiv – Tier – Verb – Substantiv / für „war Zufall, aber verdient")
Hau weg *den Dreck* (Beziehung: Verb – Substantiv / für „trinken wir das Glas Alkohol auf Ex")
Alles *in Butter* bei mir. (Beziehung: Indefinitpronomen – Essen)
Autofahrer sind die *Melkkühe der Nation* (Beziehung: Tier mit Genitivattribut / für „Autofahrer müssen zahlen und werden ausgenutzt")
Welch *Glanz* in meiner *Hütte*! (Beziehung: substantiviertes Adjektiv – Wohnung / für: „welch unerwarteter Besuch!")
Hände weg, dagegen bin ich *allergisch* (Beziehung: Adjektiv / für „ich mag es nicht, wenn du mich anfasst")
Tut mir leid, das kriege ich echt *nicht gebacken* (Beziehung: Verb vom Essen / für „das kapiere ich nicht")
Da ist der *Storch vorbeigekommen* (Beziehung: Tier – Verb / für „die kriegen Kinder")
Ich werde gleich *zum Elch* (Beziehung: Tier – Verb / für „ich bin gleich wütend")
Alles für *den Arsch* (Beziehung: Indefinitpronomen – Körper / für „die ganze Arbeit war umsonst")
Willst du mir etwa *einen Bären aufbinden*? (Beziehung: Tier – Verb / für „Lügst du mich frech an?")
Guck mal, der da drüben *lacht sich 'nen Ast ab*. (Beziehung: Natur – Verb)

Im folgenden Beispiel sind die Metaphern bereits in feste Wortverbindungen eingegangen, d.h. die Sätze haben hier einen eindeutigen Bezug. Der Hörer versteht den Inhalt dieser Sätze sofort, aber es klingt sprachlich nicht elegant. Mancher Politiker macht aber genau diesen Fehler, möglichst viele Metaphern für das Gesagte anzubringen, in der Hoffnung, die Bürger würden ihn dann leichter verstehen: Steueroase, Florida-Rolf, Freiflugmeilen, Beamtenbonus und der breitgetretene Ausdruck „die anderen müssen ihre Hausaufgaben machen" lassen grüßen. Das folgende Negativbeispiel einer Metaphern-Anhäufung ist nicht zur Nachahmung empfohlen:

„Wenn Sie sich im Fast-Food-Restaurant <u>den Bauch vollschlagen</u>, könnte man <u>Augen machen</u>, wenn man mal die Inhaltsstoffe der Currywurst oder der Pommes genauer <u>unter die Lupe nähme</u>.

Dann müsste <u>mancher Farbe bekennen</u> und <u>klein beigeben</u> und zugeben, dass es kein <u>Geistesblitz</u> ist, hier zu essen, und den Diätplan noch weiter auf <u>die lange Bank zu schieben</u>."

> *Es sei also nochmals erwähnt: Die Metapher ist nur sehr sparsam an Schlüsselstellen der Rede einzusetzen. Es muss dem Hörer möglich sein, den Vergleich, auf den sich die Metapher bezieht, gedanklich nachzuvollziehen. Sicherlich findet man für fast jedes Wort im Text eine Metapher oder eine bildhafte Redewendung. Aber muss ich das überhaupt? Eine auffällige Häufung bewirkt aber einen Bildersalat im Kopf des Zuhörers und schneller als man denkt – ist er eingeschlafen.*

Die Metapher steht oftmals in Verbindung mit einem Genitivattribut, wobei letzteres ein realer Begriff ist. Die Metapher davor gibt Größe und Intensität an, wie der angeschlossene Begriff zu verstehen ist.

Das Auto ist <u>der Motor der Wirtschaftleistung</u> unseres Landes.

Das Internet ist <u>der Riese des technologischen Fortschritts.</u>

Beispiele aus der Literatur:

Hier, Leonharde, sagte der eine der Reiter, indem er mich <u>diesem Engel der Finsternis</u> vorstellte, bringen wir Euch einen jungen Burschen. Und dann wandte er sich zu mir: Mein Freund, keine Angst! man wird dir nichts antun. Wir brauchten gerade einen Burschen, der unsrer Köchin helfen soll; daß wir dich fanden, ist ein Glück für dich. Die Sonne freilich wirst du nicht wiedersehn; dafür aber sollst du gut zu essen und ein gutes Feuer haben.

Text: Alain-René Lesage, „Die Geschichte des Gil Blas von Santillana"

Alain-René Lesage

Dieser aber, dessen jeder guten Lehre unzugängliches Herz Iphigeniens Schönheit mit dem <u>Pfeil der Liebe</u> durchdrungen hatte, schritt von einem guten Vorsatz immer weiter zu neuen und erregte binnen kurzem das Erstaunen seines Vaters, aller seiner Verwandten und überhaupt eines jeden, der ihn gekannt hatte.

Text: Giovanni Boccaccio, „Das Dekameron"

Giovanni Boccaccio

Mit welcher Bitternis sah er sein ganzes Ruhm- und Poesiegebäude Stück um Stück zusammensinken! Und man denke nur, daß dieses Volk auf dem Punkte gewesen war, sich gegen den Herrn

Palastvogt zu empören, rein aus Ungeduld, sein Werk zu vernehmen! Jetzt, da man es hatte, kümmerte man sich nicht darum. War das dieselbe Vorstellung, welche unter so einmüthigem Beifalle begonnen hatte? Beständige <u>Ebbe und Flut der Volksgunst</u>! Man denke sich, daß die Diener des Vogts beinahe gehangen worden wären! Was hätte er nicht dafür gegeben, um noch in dieser Wonnestunde zu sein!

Text: Victor Hugo, „Der Glöckner von Notre Dame"

Victor Hugo

Endlich entschloß sich der Arzt, ihm geradezu einen Schlaftrunk in sein Getränk zu mischen. Albano erlaubt' es. Schoppe bekam ihn; glühte und phantasierte einige Minuten lang, endlich stieg <u>der Nebel des Schlafs</u> und überdeckte bald den Kranken.

Text: Jean Paul, „Titan"

Jean Paul

Sonderform: Adynaton

<u>Eher geht ein Kamel durch ein Nadelöhr</u>, als dass ein Reicher in das Reich Gottes gelangt.
(Jesus / Markus 10.25 ; Lukas 18.25)

Ein Weiser <u>kann eher eine Flamme in seinem Mund unterdrücken</u>, als gute Sprüche für sich behalten. (Ennius)

Das Adynaton ist eine Mischform aus Metapher (Bild), Hyperbel (Großübertreibung) und Vergleich. Es soll die Umöglichkeit einer Sache ausdrücken.

Wir haben es beim Adynaton mit einem schiefen Größenverhältnis zu tun, wobei oftmals ein unbelebtes Objekt mit einem belebten Objekt in Beziehung gesetzt wird. Diese Art der Wortverknüpfung kennen wir auch schon von der Metapher, z.B. Drahtesel für Fahrrad, Tastenhengst für Klavierspieler.

Beispiel aus der Literatur:

*Eher wird der <u>Fluß sich kehren,</u>
Als daß nicht dein mein Herz sei immerdar!*

Text: Ludovico Ariosto, „Der rasende Roland"

Ludovico Ariosto

Eher kann meine Katze Klavier spielen, als dass du pünktlich kommst.
Eher passt ein Elefant durch eine Steckdose, als dass du deine Hausaufgaben freiwillig erledigst.
Eher werden die Färöer-Inseln Fußballweltmeister, als dass du mal dein Zimmer aufräumst.

Merke:
Die Metapher ist der Notarzt unter den rhetorischen Figuren. Wenn auch sonst nichts klappen will, mit ihr klappt es bestimmt.
Eher gewinnt ein Analphabet den Literaturnobelpreis, als dass Sie das Adynaton in Unterhaltungen anwenden.

Querverweis:
A21 (Substantiv), A22 (Genitivattribut), A31 (Adjektiv Positiv), A32 (Adjektiv – Komparativ), A58 (Vergleichssatz) A53 (Komposita), B8 (Neologismus), B11 (Stilbruch), B15 (Hyperbel), B22 (Pronominatio), B24 (Katachrese), B26 (Personifikation), C90 (Bilderwartungen verdrehen nach Cicero), C95 (Hässlichkeitsübertragung nach Cicero), C96 (Verzerrung nach Cicero), D9 (Komisches und Lächerliches nach Fülleborn)

Übung 1:

Metapher:

Nehmen Sie ein Bildwörterbuch und suchen Sie gezielt nach Begriffen aus einem anderen Sachgebiet, die sich zum Thema „Wirtschaft" kombinieren lassen.

Besonders der menschliche Körper, das Gesundheitswesen, der Sport und die Religion eignen sich hierfür.
Überlegen Sie, auf welche Gruppe oder Institution Ihre Metapher passen könnte.

Beispiel:

Blutkreislauf der Wirtschaft: Europäische Zentralbank
Rückgrat der Wirtschaft: Autoindustrie
Feuerwache der Wirtschaft: Politik
Schachspiel der Wirtschaft: Gewerkschaften in Verhandlungen mit Arbeitgebern
Windsurfing der Wirtschaft: Aktienkurs
Fallschirm der Wirtschaft: Subventionen der öffentlichen Hand
Fechtwaffe der Wirtschaft: Geld und Rabatt
Speerwurf ins Herz der Wirtschaft: kein Wirtschaftswachstum
Entfesselungskünstler der Wirtschaft: Experten
Kirche der Wirtschaft: Börse
Die chirurgische Abteilung der Wirtschaft: Fachausschuss

Übung 2:

Der Seminarleiter liest bildhafte Redewendungen vor, die Teilnehmer sollen diese jedoch bewusst falsch verstehen und mit einem weiteren bildhaften Ausdruck beantworten (als ob sie das Sprichwort noch nie gehört hätten).

Beispiel:

Das Kind fällt in den Brunnen.
„Hoffentlich hat es sich nicht verletzt!"

Tut mir leid, das kriege ich echt nicht gebacken.
„Ja, ja, Kuchen und Brezeln sind schon schwer".

Einen Gang zuschalten, bitte.
„Die Kupplung ist aber defekt."

Übung 3:

Machen Sie aus folgenden Sätzen ein ADYNATON:

Eher habe ich einen 6er im Lotto, als dass...
Eher geht morgen die Welt unter, als dass...
Eher schwimmt ein Entenküken von hier über den Atlantik nach Amerika, als dass...
Eher heiratet der Papst, als dass...

Finden Sie weitere Beispiele! (10 Sätze!)

Der Bildersprung – (Katachrese)   B24

Heute ist ein guter Tag zum Sterben. So hat das Leben keinen Sinn. Die Götter wollen mir den Spaß verderben, man gönnt mir keinen Lustgewinn. (J.B.O)

Eine Katachrese (griechisch: „missbräuchliche Verwendung") hat hauptsächlich zwei Anwendungsfelder: bildhafte Sprache (Metaphern) oder Wortneuschöpfungen (Neologismen).

In ihrer einfachsten Form wird ein falsches Verb mit der Metapher verbunden – diese sprachliche Vorgehensweise ähnelt dem Oxymoron (z.B. „armer Millionär"), wenn ein unpassendes Adjektiv vor das Substantiv kommt.

Beispiel:

„Ich darf für dich die Suppe auslöffeln." (verblasste Metapher = Probleme beheben)

Katachrese: *Und ich darf jetzt für dich die Suppe auskehren.*

„Ich bin so gespannt wie ein Bogen, diese Nachricht zu hören." (verblasste Metapher)

Katachrese: *Ich bin so gespannt wie ein Stacheldraht...*

> **Sprachformel:**
> $a_1 + b_1 + c$
> (a_1 = visueller Begriff ohne direkten Bezug;
> b_1 = falsches Verb zu a_1)

Eine Katachrese ist aber auch eine endlose Überfrachtung von Metaphern im Text, die den Zuhörer in einer ernsten Rede nur verwirren oder in einer satirischen zum Lachen bringen.

Der Zahn der Zeit, der schon manche Träne getrocknet hat, wird auch über diese Wunde Gras wachsen lassen. (Wilbert)

Original: *Das schlägt dem Fass die Krone aus!*
Abwandlung: *Das schlägt dem Fass die Krone ins Gesicht!*

Original: *Noch ist nicht aller Tage Abend.*
Abwandlung: *Noch ist nicht aller Tage Sonnabend.*

Original: *Hasch mich, ich bin der Frühling.*
Abwandlung: *Hasch mich, ich bin der Herbst.*

Original: *Freut euch des Lebens.*
Abwandlung: *Freut euch des Ablebens.*

Original: *Ist mir schnurz.*
Abwandlung: *Ist mir furz.*

Original: *Das ist ja großartig.*
Abwandlung: *Das ist ja kloßartig.*

Mit einer Katachrese kann man einen Angriff auskontern, wenn die normale Redewendung viel zu banal ist, als dass sie irgendeine nachhaltige Wirkung erzielen könnte. Die Gefahr ist jedoch, dass der Zuhörerkreis das Originalsprichwort überhaupt nicht kennt. Auch lassen sich mit einer Katachrese zwei Sprichwörter in eines verknüpfen:

Original 1: *Ich glaub, mich tritt ein Pferd.*
Original 2: *Er ist der Hahn im Korb*
Abwandlung: *Ich glaub, mich tritt ein Hahn im Korb.*

Original 1: *Alles <u>für den Arsch</u>*
Original 2: *Die Bemerkung war <u>ein Griff ins Klo</u>.*
Abwandlung: *Diese Bemerkung war <u>für den Arsch</u>.*

Original 1: *Ich kann nicht <u>aus meiner Haut heraus</u>.*
Original 2: *Ich kann nicht <u>über meinen Schatten springen</u>.*
Abwandlung: *Ich kann nicht <u>aus meinem Schatten heraus</u>.*

Die Katachrese ist zur Bildung von Wortneuschöpfungen geeignet, wenn es für einen ausländischen Begriff zu einem neuen Produkt (z.B. „Hardware" des Computers) noch kein eigenes deutsches Wort gibt. Insbesondere bei Fremdwörtern sehen aber viele Leute hier gar keine Veranlassung, den amerikanischen Begriff einzudeutschen, weil sich das Wort „Hardware" über eine kleine Gemeinde (Computerfans in den Anfängen) auf eine große Gemeinde (alle Internetnutzer heute) übertrug und auch eine Art Bildung in Sachen Computer vorgaukelt. Hätte aber die kleine Gemeinde schon zu Anfang einen ganz anderen Begriff benutzt, so würden wir heute statt „Hardware" diesen gebrauchen, vielleicht „Externausstattung" oder „Berührware". Es kommt also darauf an, wer zuerst den Begriff in den Mund nimmt und wie er sich dann über Geschäfte zu Kunden ausbreitet. Denn ist ein Wort erst einmal im Umlauf, so gibt es kein Zurück mehr. Natürlich ist es auch eine Verkaufsstrategie, den ungewöhnlich klingenden Begriff aus dem Ausland beizubehalten, weil er ja schon auf das neue Produkt hinweist.

Hardware = Hardware ist ein Computer ohne Software, d.h. alles was man äußerlich anfassen kann

Sind wir konsequent, so müsste der Begriff „Hardware" im Deutschen lauten:

Berührware (weil man es ja anfassen kann)
Externausstattung (weil es man es nur von außen anfassen kann)

Ein bekanntes Beispiel ist das Fremdwort „Portemonnaie", das wortwörtlich übersetzt bedeutet: „Trag das Geld"

Merke:
Wie es viele Erfindungen gibt, die eigentlich keiner braucht, gibt es auch viele Namen für Erfindungen, die eigentlich keiner braucht, weil es doch das englische Fremdwort gibt. Eine Katachrese für das höchst erfolgreiche Wort „Walkman" hätte „Ohrstöpselmann" sein können.

Übung:

Bilden Sie mit einer Katachrese eigene deutsche Begriffe für anglo-amerikanische Fremdwörter:

Software
Touchpad
Laptop
Radio
Manager
Eventmanager
Aktienindex

Bilden Sie mit einer Katachrese eine Abwandlung der folgenden Sprichwörter:

Original 1: Das ist der Storch vorbeigekommen
(Beziehung: Tier – Verb / für „die kriegen Kinder")
Original 2: Ich werde gleich zum Elch
(Beziehung: Tier – Verb / für „ich bin gleich wütend")
Abwandlung: _____

Querverweis: A21 (Substantiv), A53 (Komposita), A85 (Paronomasie), B8 (Neologismus), B11 (Stilbruch), B23 (Metapher), B50 (Sentenz), D89 (Sprüche)

Werden mehrere Sätze hintereinander mit bedeutungsschweren Metaphern (oftmals aus der Natur) angereichert und ist kein direkter Sinn erkennbar, sondern nur Symbole für etwas, so spricht die Fachwelt oftmals von „hoher Literatur", die Rhetorik jedoch von einer Allegorie. Eigentlich sollte sich jeder Redner hüten, auch nur in die Nähe einer Allegorie zu kommen, da jeder einzelne Satz neu übersetzt werden muss. Wenn der Redner eine Allegorie verwendet, sollte er vorher das Publikum mit der Thematik vertraut machen, damit kein Missverständnis entsteht. Man spricht hierbei auch von mehreren angereihten Gleichnissen, die jedoch nur selten bei erster Lesart entziffert werden können – im Gegensatz zu den Reden des Jesu von Nazareth, dessen Gleichnisse auch immer einen klaren Bezug zur Thematik hatten. Der Redner greift nämlich nur dann bevorzugt auf Allegorien zurück, wenn es um die Redefreiheit in seinem Land schlecht bestellt ist, wenn der Redner um seinen eigenen Kopf fürchten muss, etwas auszusprechen, was

Das Bilder-Rätsel (die Allegorie)   B25

Sprachformel:
$a_1 + b_1 + c_1$ ($a_1/b_1/c_1$ = als Rätsel getarnte, visuelle Sätze ohne direkten Bezug)

gegen die Obrigkeit einer Diktatur oder Monarchie gerichtet ist. Auch Franz Kafka machte in seinen Werken von Allegorien Gebrauch. „*Vor dem Gesetz steht ein Türhüter. Zu diesem Türhüter kommt ein Mann vom Lande und bittet um Eintritt in das Gesetz. Aber der Türhüter sagt, daß er ihm jetzt den Eintritt nicht gewähren könne. Der Mann überlegt und fragt dann, ob er also später werde eintreten dürfen. ‚Es ist möglich‘, sagt der Türhüter, ‚jetzt aber nicht.‘*"

Eines der berühmtesten Nachkriegsgedichte, die „Todesfuge" des deutschsprachigen Lyrikers Paul Celan, ist ebenfalls eine Allegorie auf den Holocaust: „*Schwarze Milch der Frühe wir trinken dich nachts wir trinken dich morgens und mittags wir trinken dich abends wir trinken und trinken.*"

Wie aber bilden wir eine Allegorie?

Eine einfache Argumentationsreihe wird pro Satz mit einem Symbol versehen:

1) Zigarettenrauchen ist tödlich,
2) denn Zigaretten enthalten Teer und Nikotin
3) Nikotin verursacht Lungenkrebs
4) der Marlboro Mann aus der Werbung ist an Lungenkrebs gestorben
5) Deshalb sollte man Zigarettenrauchen verbieten.

1) Einen glühenden Todesstreifen um meinen Hals gelegt,
2) geteerte Straßen, auf denen ich jahrelang orientierungslos entlangwandere
3) angekommen in einem Krankenhaus mit röchelnden Toten, in der Station für hoffnungslose Fälle
4) Dieser einst schöne Cowboy aus der Werbung, Mr. Simmers, liegt in meinem Zimmer. Ich lächle ihm schwach zu, doch milchiger Schaum ist vor seinem Mund. Ich kenn' den Grund - sein und mein Lagerfeuer sind schon so lange erloschen
5) Mr. Simmers ist nun tot. Ich bin der nächste, denke: ‚Diese überaus günstigen Todesstreifen sind weiterhin bei uns erlaubt - in jedem Supermarkt, Zeitungskiosk und Tankstelle sind sie erhältlich. Wären Mr. Simmers und ich wohl heute hier gewesen, wenn wir sie nicht hätten kaufen können?'

Bei der Allegorie wird also nicht nur ein Wort, sondern gleich der ganze Satz ausgetauscht. Man hat auch die Möglichkeit, allegorische Elemente in die normale Rede zu integrieren, dann handelt es sich um eine „gemischte Allegorie" (permixta apertis allegoria):

„Wer sich freiwillig einen glühenden Todesstreifen um den Hals legt, braucht sich nicht zu wundern, wenn er später in einer Station für hoffnungslose Fälle landet. Meine Damen, meine Herren, wir sind hier versammelt, um vor den Gefahren des Rauchens zu warnen. Wie viele von Ihnen rauchen? Wie viele von Ihnen gehen orientierungslos auf geteerten Straßen? Ich will Ihnen von Mr. Simmers erzählen. Mr. Simmers war dieser hübsche Cowboy aus der Werbung, der sich seine Zigarette am Lagerfeuer anzündete und gemütlich seinen Kaffee trank. Mr. Simmers ist nun tot. Ich kenne den Grund: Sein Lagerfeuer erlosch, weil er 35 Jahre starker Kettenraucher war. Er starb deswegen in einem Krankenhaus mit röchelnden Toten, weil er die Gefahren ignorierte, die sein Arbeitgeber ihm aussetzte. Meine Damen, meine Herren, wie lange wollen wir noch diesen Todesstreifen in der Bundesrepublik zulassen? Ist es nicht langsam Zeit, endlich etwas gegen diese Gefahr einer geteerten Straße zu tun und Pflastersteine zu legen, endlich einmal hart durchzugreifen? Ich kenne natürlich die Argumente, die gegen ein völliges Verbot sprechen. Die Prohibition in Amerika, die in den 20er Jahren ausgesprochen wurde, hatte mafiöse Umtriebe durch den Schwarzhandel begünstigt. Wir müssen deshalb bei der Jugend ansetzen, wo das Rauchen ein viel zu positives Image hat. Unser Ziel ist in 20 Jahren eine völlig rauchfreie Bundesrepublik zu erreichen..."

Beispiel aus der Literatur:

Der Sommer dehnt sich träg in farblos starrem Kleid,
Als säh ein Fürst dem Urteil zu, das er verhängte,
Im Himmel, der das Land mit weisser Glut versengte,
Und gähnt. Tief ruht der Mensch in schwerer Mattigkeit.

Die müde Lerche sang nicht mehr zur Morgenzeit,
Kein Wölkchen ringst, kein Hauch, der uns mit Kühlung tränkte
Und den Azur verhüllt, der bleiern schwer sich senkte,
Wo tiefes Schweigen ruht in Unbeweglichkeit.

Text: Paul-Marie Verlaine, „Allegorie"

Paul-Marie Verlaine

Wenn das Geschriebene praktisch nicht entzifferbar ist, sondern eine Art Geheimcode ist, spricht man von einem Chiffre. Bekanntester Vertreter dieser Art zu schreiben ist der Endzeitpoet Nostradamus, dessen Vierzeiler sich im Original reimen, in der deutschen Übersetzung jedoch nicht.

Beispiel aus der Literatur:

Auant long temps le tout sera rangé, (a)
Nous esperons vn siecle bien senestre, (b)
L'estat des masques & des seuls bien changé. (a)
Peu trouueront qu'à son rang veuille estre. (b)

(Nachdem lange Zeit alles geordnet sein wird,
wird uns eine sehr finstere Epoche erwarten,
Der Staat der Masken und der Alleinstehenden, sehr verändert. Wenige werden finden, was ihrem Rang angemessen wäre.)

L'Aigle poussee en tout de pauillons, (a)
Par autres oyseaux d'entour sera chassee: (b)
Quand bruit des cymbres tube & sonnaillons (a)
Rendont le sens de la dame insensee. (b)

(Der aufgestellte Adler umfliegt/umgibt die Zelte/Pavillons.
Von anderen Vögeln umringt, wird er verjagt.
Wenn Glockenklang, Trompeten und Läuten, die unverständige Dame zur Vernunft bringen wird.)

Nostradamus

Text: Nostradamus, „2"

*Der griechische Philosoph Aristoteles sagte übrigens in seiner Schrift „Rhetorik" zu Vorhersagen dieser Art: Die Kunst sei es nicht, eine wahre Vorhersage zu treffen, sondern eine wahre Vorhersage zu einem bestimmten Zeitpunkt zu treffen. Daran scheiterten aber praktisch alle Wahrsager.

Merke:
<u>Fragezeichen, die sich auftun,</u>
<u>fernab der normalen Ausdrucksweise</u>
<u>birgt sie auf der Straße des Lebens ein letztes Geheimnis,</u>
das eigentlich nur der Redner lösen kann.
Die Allegorie: schwer zu verstehen, geheimnisvoll, abgehoben und sehr gebildet klingend.

Querverweis: A21 (Substantiv), A58 (Vergleichssatz), B23 (Metapher), B28 (Exemplum)

> **Übung:**
>
> **Bilden Sie eine Allegorie zu den folgenden Sätzen:**
>
> 1) Ich steige auf einen Berg.
> 2) Die Aussicht ist herrlich.
> 3) Ich bin relax und entspannt.
> 4) Ich gehe den Berg herunter.
> 5) Der Lärm der Stadt erschrickt mich.
>
> **Versuchen Sie sich auch an einer gemischten Allegorie – integrieren Sie Ihre Ergebnisse in den Redetext.**

- *Wie jauchzten die Würstchen im sprudelnden Fett. Sie freuten sich, dass sie schon bald gegessen wurden.*
- *Wie schnaufte die alte Lokomotive, als es den Berg hoch ging. Sie wusste, dass sie es niemals schaffen würde.*
- *Wie verzweifelt schrie mein kaputter Wagen um Hilfe, doch niemand war zu sehen.*

Einen ironischen Effekt erzielt man, wenn man bei einem unbelebten Objekt so tut, als wäre es quicklebendig und hätte eine eigene Seele. Dies geschieht ganz einfach über Verben, die ansonsten nur auf Menschen bezogen sind (z.B. sich schminken, sich freuen...) Oftmals bei technischen Gegenständen (Auto, Computer, Flugzeug) oder in der Natur (Baum, Fluss). Wichtig ist auch noch der Folgesatz, sodass eine kleine Story erzählt wird.

Auch lebhafte Adjektive vor Substantiven können Eindringlichkeit bewirken: „verfluchtes Gold"; „tückischer Marmor"; „stürmendes Herz"

Eine Personifikation ist auch, ein Wort für einen nicht sichtbaren Gegenstand zu erfinden und ihm daraufhin einen bestimmten Charakter zu verleihen:

Das Wort „Gott" wird in unserem Kulturkreis als eine „allwissende, übernatürliche, unsichtbare Kraft" beschrieben. Dem Wort Gott wird ein bestimmter Charakter zugeschrieben: „Gerechtigkeit", „Unfehlbarkeit", „Macht". Es werden Gesetze aufgestellt, die von den Menschen befolgt werden müssen, andernfalls bestraft man sie hart (Unglück, Krankheit, Tod). Bilder der großen Künstler zeigen Gott als einen alten, weisen Mann mit Rauschebart. Das Wort „Gott" ist auch gleichbedeutend mit „Schicksal", „Natur" und „das Gute".

Einen leblosen Gegenstand lebendig machen oder frei erfinden (Personifikation)
B26

Sprachformel:
$(a_{1/2} + a) + b + c$
(a_1 = menschlich-lebendiges Verb zu a, wobei a ein lebloser Gegenstand ist
a_2 = bildhaftes Wort mit eigenem Charakter für einen unsichtbaren Gegenstand erfinden)

Langeweile besäuft sich meilenweilt, ich zähl die Ringe an deiner Hand (Selig)

Auch der „Teufel" ist die Personifikation für einen nicht sichtbaren Gegenstand. Sein Charakter ist „Ungerechtigkeit", „Fehlbarkeit" und „keine Allmacht". Er hat in unserem Kulturkreis die Funktion des „Verführers", der die Menschen dazu auffordert, die Gesetze Gottes zu brechen. Bilder der großen Künstler zeigen den Teufel als ein Zwitterwesen aus Mensch und Ziegenbock. Das Wort „Teufel" ist gleichbedeutend mit „Unglück", „gegen die Natur gerichtet" und „das Böse".

Weitere Beispiele für Personifikationen nicht sichtbarer Gegenstände sind:

„Der Klapperstorch" - ein bildhafter Ersatz für Aufklärungsunterricht

„Gevatter Tod" - er soll das menschliche Leben mit der Sense beenden

„Der Weihnachtsmann" - ein bildhafter Ersatz für den Kauf eines Geschenks

„Die Seele" - mit diesem Wort wird die Behauptung aufgestellt, dass das menschliche Leben nach dem Tod weitergeht

„Die Reinkarnation" - mit diesem Wort wird die Behauptung aufgestellt, dass das menschliche Leben auf Erden mit einer neuen Geburt weitergeht

„Das Jenseits" - mit diesem Wort wird die Behauptung aufgestellt, dass es einen Ort gibt, wo die menschliche Seele anschließend weiterlebt

„Der Himmel" - gleichbedeutend mit „Jenseits".

„Die Hexe" - sie als Dienerin des Teufels verführt die Menschen zum Bösen

„Der Osterhase" - ein bildhafter Ersatz für das Verstecken von bunt bemalten Eiern

„Der Computervirus" - ein bildhafter Ersatz für das Angriffsprogramm eines anderen Users

„Mutter Natur" - sie soll den Menschen erschaffen haben

„Das Vaterland" - bildhafter Ersatz für das Geburtsland

„Die Muttersprache" - bildhafter Ersatz für die Landessprache

„Die Politik" - mit diesem Wort wird ein bestimmtes Ziel verfolgt

„Die Kirche" - mit diesem Wort ist eigentlich die Leitung der christlichen Glaubensgemeinschaft gemeint

„Das Gespenst" - mit diesem Wort wird die Behauptung aufgestellt, dass die Seele eines toten Menschen auf Erden herumwandert und sich an den noch lebenden Unholden rächt

„Das Unbewusste" -mit diesem Wort wird die Behauptung aufgestellt, dass Menschen unbewusst ganz andere Ziele verfolgen

„Das Über-Ich" - mit diesem Wort wird die Behauptung aufgestellt, dass man über eine Handlung Scham empfindet

Wörter mit einer Personifikation werden vor allem für Religionsgemeinschaften (Gott; Neptun, Jupiter, Odin, Zeus), den Aberglauben (Hexen, Gespenster), Märchen (Gevatter Tod), Institutionen (Kirche/Politik), wissenschaftliche Begriffe (Über-Ich), politisch fragwürdige Vorhaben („Vaterland") und für die eigenen Kinder („Klapperstorch" / „Weihnachtsmann" / „Osterhase) benutzt, weil ein anderes Wort langwierige Diskussionen auslösen würde, die man unbedingt vermeiden will. „Es gibt Gott. Basta!" sagt die Kirche. „Es gibt den Klapperstorch! Basta!" sagen die Eltern. „Es gibt das Vaterland mit seinen Pflichten. Basta!" sagen Politiker.

Wer ein Wort für einen nicht sichtbaren Gegenstand erfindet, schafft auch die Existenzgrundlage für ihn. Mit bestimmten Charaktereigenschaften ausgestattet, gräbt sich das Wort in das Gedächtnis ein und findet den Weg in die Alltagssprache. Wenn auch die moderne Wissenschaft die Existenz von nicht sichtbaren Wörtern wie „Gott" oder „Teufel" ablehnt, arbeitet sie manchmal mit ebenfalls erfundenen Begriffen: „Über-Ich, Es und das Unbewusste", die miteinander im Wettstreit liegen und sich gegenseitig bekämpfen, sind zunächst auch nur eine Personifikation, die der Religion nicht unähnlich ist – entweder man glaubt daran, oder man betrachtet es einfach als nicht wissenschaftlichen Humbug.

Vergleichen wir nochmals die Machart einer Personifikation:

Es handelt sich zunächst um einen bildhaften Ausdruck (= Metapher), wobei das Bild zunächst keinen logisch-erkennbaren Zusammenhang mit einem bestimmtes Wort hat. Dieser Metapher wird anschließend ein bestimmter Charakterzug zugeschrieben, als ob sie mit uns lebendig am Tisch säße und wir mit ihr ein Gespräch anfangen könnten.

Wenn ein Politiker sagt: „Das Vaterland fordert euch auf, in den heldenhaften Kampf hinauszugehen, eure Pflicht zu tun und bis zum letzten Atemhauch zu kämpfen" will er eigentlich sagen: „Ich fordere euch auf, für meine egoistischen Kriegsziele zu sterben."

Sprachtechnisch lässt sich sagen: So wie Kinder bildhafte Märchenfiguren lieben, die für sie ein Trost sind, lieben die meisten erwachsenen Menschen religiöse Figuren, die ihnen dabei helfen, ihre Alltagsprobleme, den Tod und auch das Unglück zu verstehen. Dabei sind die Wege höchst unterschiedlich: Monotheistische Gottheiten (eine Kraft) gegen pluralistische Gottheiten (wie z.B. Jupiter – der Göttervater, Eros – Gott der Liebe, Eris – Göttin der Zwietracht, Neptun – Gott des Meeres) gegen die Lehre von Menschen, die tatsächlich auf Erden gelebt haben (z.B. Buddha,

Jesus und Mohammed) gegen Naturreligionen, die in jedem sichtbaren und fühlbaren Gegenstand (z.B. Stein/Baum/Wind) einen eigenen Gott vermuten. Eines ist jedoch allen Religionen gemeinsam: Es fehlt der überzeugende Beweis.

Redebeispiel Original:

Dir, junges Deutschland, widme ich diese Reden, nicht dem alten. Ein jeder Schriftsteller sollte nur gleich von vorn herein erklären, welchem Deutschland er sein Buch bestimmt und in wessen Hände er dasselbe zu sehen wünscht. (...)

Dir, junges Deutschland, widme ich diese Reden, flüchtige Ergüsse wechselnder Aufregung, aber alle aus der Sehnsucht des Gemüths nach einem besseren und schöneren Volksleben entsprungen. Ich hielt sie als Vorlesungen auf einer norddeutschen Akademie, hoffe aber, sie werden den Geruch der vier Fakultäten nicht mit sich bringen, der bekanntlich nicht der frischeste ist. (...)

Dir, junges Deutschland, widme ich diese Reden, (...) welches letztere mich umgab und die Muße war, die mich zweimal in der Woche begeisterte. Ja, begeisternd ist der Anblick aufstrebender Jünglinge, aber Zorn und Unmuth mischt sich in die Begeisterung, wenn man sie als Züchtlinge gelehrter Werkanstalten vor sich sieht.

Text: Ludolf Wienbarg, „Ästhetische Feldzüge"

Hinweis: Am 10.12.1835 zensierte der deutsche Bundestag in Frankfurt alle Autoren des „Jungen Deutschland". Nicht nur Ludolf Wienbarg, sondern auch Heinrich Heine, Karl Gutzkow, Heinrich Laube und Theodor Mund wurden verboten. Heinrich Heine ging ins Exil, die anderen konnten keine weiteren Bücher mehr herausbringen.

In dem Zensurbeschluss heißt es:

„Sämtliche deutschen Regierungen übernehmen die Verpflichtung, gegen die Verfasser, Verleger, Drucker und Verbreiter der Schriften aus der unter der Bezeichnung ‚das junge Deutschland' (...) die Straf- und Polizei-Gesetze ihres Landes, Vorschriften, nach ihrer vollen Strenge in Anwendung zu bringen, auch die Verbreitung dieser Schriften (...) mit allen gesetzlich zu Gebot stehenden Mitteln zu verhindern."

Beispiel aus der Literatur:

Endlich ertönte das dritte Glockenzeichen, <u>die Lokomotive pfiff und schnaufte</u>, die Ketten zwischen den Wagen zogen sich unter Gerassel straff, und der Ehemann in Annas Abteil bekreuzigte sich. ‚Es wäre interessant, ihn zu fragen, was er sich eigentlich da-

bei denkt', dachte Anna und warf ihm einen zornigen Blick zu. Dann blickte sie an der Dame vorüber durch das Fenster nach den Menschen, die Abreisende das Geleite gegeben hatten und nun, auf dem Bahnsteig stehend, rückwärts zu gleiten schienen. Taktmäßig an den Fugen der Schienen anstoßend, rollte der Wagen, in dem Anna saß, am Bahnsteig vorüber, an einer Steinwand, an der Signalscheibe und an anderen Wagen; nun rollten die Räder glatter und sanfter mit leisem Klang auf den Schienen dahin; das Fenster erglänzte im hellen Schein der Abendsonne, und <u>ein leiser Wind spielte mit dem Vorhang</u>. Anna vergaß ganz ihre Nachbarn im Abteil, und indem sie begierig die frische Luft einsog, überließ sie sich dem leisen Schaukeln, das durch die Fahrt hervorgerufen wurde, wieder ihren Gedanken.

Lev Nikolaevic Tolstoj

Text: Lev Nikolaevic Tolstoj, „Anna Karenina"

<u>Sonderform: Verdinglichung</u>

Während bei der Personifikation eine Sache sprachlich wie ein Lebewesen dargestellt wird, ist es bei einer Verdinglichung umgekehrt: Das Lebewesen wird zur Sache.

„Der Mann fiel betrunken vom Tisch und zersprang klirrend in tausend Stücke."
„Der Bär stand fest einzementiert hoch und gefährlich vor mir."

Merke:
Die Stilfigur einer Personifikation wird schnell <u>zornig</u>, wenn man sie nicht beherrscht.

Übung:

Versetzen Sie sich in die folgenden technischen Gegenstände bzw. Sachen der Natur und beschreiben Sie als Ich-Erzähler, was Ihre Funktion ist, was Sie gern tun, und wie Sie irgendwann einmal enden.

Handy – Fernseher – Buch – Baum – Katze – Meer.

Beispiel: *„Hallo, ich bin ein Handy. Mein Besitzer nimmt mich überall hin mit. Dabei treffe ich viele Leute, da er mich immer sehr stolz anderen zeigt. Mit mir kann man telefonieren, chatten, im Internet surfen oder auch nur ein Spiel spielen. Manchmal werde ich böse, z.B. wenn ich lieblos in der Ecke liege, von meinem Besitzer gegen die Wand geschmissen werde, nur weil ich nicht einwandfrei funktioniert habe, oder wenn mich andere*

> Leute abschätzig als „unmodern" brandmarken. Sicher, schon ist ein neues Modell auf dem Markt , und mein Friedhof ist der Elektronikschrottplatz, wo man mich kunstgerecht recycelt."
>
> **Querverweis:** A31 (Adjektiv Positiv), A72 (Apposition), A78 (Anapher), B48 (Direkte Publikumsansprache), B23 (Metapher), B28 (Exemplum), B13 (Epitheton ornans), F88 (Verdinglichung)

Beispielaufzählung für einzelne Wörter (Detaillierung)   B27

Nicht immer erscheint es zweckmäßig, ein bestimmtes Wort für die Rede zu gebrauchen. Menschen mit unterschiedlicher Vorbildung verstehen unter dem Begriff „Freiheit", „Gerechtigkeit", „Einigkeit" und „Recht" etwas Grundverschiedenes. Bei einer stark gefühlsbetonten Rede, die direkt in die Herzen der Zuhörerschaft dringen soll, gibt es die Technik einer Beispielaufzählung, in der statt des Oberbegriffes ein ganzes Bündel von Beispielen dargeboten wird. Wir kennen eine sachverwandte Technik bereits von der Synekdoche. Der Unterschied liegt jedoch darin, dass hier nicht ein Unterbegriff für den Oberbegriff, sonder mehrere Unterbeispiele für den Oberbegriff erfolgen. Die Beispielaufzählung benützt man vor allem in erzählender Rede, wenn eine bestimmte Situation beurteilt wird.

Im folgenden Beispiel wird das Wort „Betrüger" ersetzt:

> *„Nachdem er seine Schulden bei mehreren Gläubigern nicht zurückzahlen konnte, verschaffte er sich unter einem fadenscheinigen Vorwand Zutritt zur Wohnung vieler unbescholtener Bürger, wo er diese, eine Umfrage vortäuschend, nur um eine Unterschrift bat.*
> *Die Unterschriften später auf andere Schriftstücke kopiert, gelang es ihm Bestellungen auf Namen zu machen, die es tatsächlich gab, doch die Lieferadresse nicht identisch mit der Wohnadresse war. Weil er so großen Erfolg hatte, und Angst hatte, dass ihm die Polizei doch noch auf die Schliche kommt, machte er weiter und begann zuerst älteren Menschen hinterherzulaufen, dann die Geheimzahlen seiner Opfer auszuspionieren; schließlich klaute er in einem günstigen Augenblick die Kreditkarte der meist älteren Kunden und konnte so deren Girokonten in aller Seelenruhe leerräumen. Wir haben hier keinen normalen Kleinbetrüger vor uns, Herr Richter, nein, dieser hier ist ein raffinierter Trickbetrüger, der keine Skrupel kennt sich selbst zu bereichern, wenn er der Allgemeinheit Schaden zufügt."*

Hier wird das Wort „alle" ersetzt:

„Viele Menschen, die unter uns weilen und müde und geschafft von der Arbeit nach Hause kommen, Fabrikarbeiter, die endlose Stunden am Band stehen, Bankangestellte, die den ganzen Tag Überweisungsscheine eintippen müssen, Medienschaffende, die das Wort Freizeit ohnehin nicht kennen, Beamte, die den ganzen Tag mit unfreundlichen Menschen zu tun haben, sollen auf einmal drei Stunden mehr pro Woche arbeiten, ohne dass ihr Gehalt angehoben wird. Ist das wirklich die Wirtschaftspolitik eines Ludwig Erhard? Ist das heutzutage noch die soziale Marktwirtschaft? Die Schwachen in diesem Land zu stützen? Die Starken in die Pflicht zu nehmen? Füreinander einstehen? Ich habe das Gefühl, dass sich hier die Einstellung eines ganzen Bevölkerungsteils ändern muss."

Querverweis: A87 (Asyndeton / Polysyndeton), A92 (Congeries), B2 (Parallelismus), B19 (Synekdoche), B48 (Distributio), C45 (Mind-Map)

Das Beispiel ist ein Teil der rhetorischen Argumentationstheorie, die in einem eigenen Kapitel abgehandelt wird. Es gibt Beispiele, die in sich schlüssig sind, weil ein klarer Bezug zur Thematik besteht, aber auch solche, die einen erkennbaren Zusammenhang vermissen lassen.

Das Beispiel in der Rede (exemplum)   B28

1) alltägliches Beispiel (Ein Beispiel für dieses Thema ist...)
2) Negativbeispiel (Ein negatives Beispiel für dieses Thema ist...)
3) hypothetisches Beispiel („Gesetzt den Fall, man würde bei diesem Thema nun annehmen, dass...")

zu 1) Ein Teilbegriff steht für die Gruppe als Ganzes (siehe Austauschfiguren „Synekdoche", B20). Ein gleicher oder sehr ähnlicher Begriff wird als Vorlage oder Präzedenzfall benutzt (siehe auch Austauschfiguren, „Synonyme", B6)

alltägliches Beispiel, oft aus der Praxis:

Ich will Ihnen die Notwendigkeit einer Gesundheitsreform am Beispiel der jungen Krankenhausärzte demonstrieren.

Ein Beispiel für harte Alkoholgetränke ist Wodka, der aus Kartoffeln gewonnen wird.

Ein Beispiel für klassische Musik ist Beethoven, der mit seiner Oper „Fidelio" ein Meisterwerk geschaffen hat.

Um einen Computer fachgerecht zu bedienen, muss man ein z.B. ein Passwort eingeben und mit der Maus arbeiten können.

zu 2) Ein negatives Beispiel wird als Warnung oder Abschreckung benutzt, um den Widerstand im Publikum zu brechen. Häufig sind das Länder- oder Geschichtsbeispiele. Die Glaubwürdigkeit eines historischen Beispiels ist groß, weil es auch ein Autoritätsverweis auf eine historische Person (oder eine Person der Zeitgeschichte) ist, die vom Publikum entweder geliebt oder gehasst wird.

Ich will Ihnen am Beispiel der USA deutlich machen, dass Waffenbesitz eine höhere Gewaltbereitschaft in der Bevölkerung nach sich zieht. In den Staaten der USA, wo Waffenbesitz erlaubt ist, gibt es wesentlich mehr Mordfälle als in den amerikanischen Bundesstaaten, wo dies nicht der Fall ist.

Aus der Geschichte lernen wir, dass Diktaturen oftmals durch einen Putsch des Militärs entstehen, der selten auf das Konto eines Einzelgängers, sondern durch die genaue Zusammenarbeit hunderter, wenn nicht gar tausender Leute entsteht. Beim Umsturz der Weimarer Republik waren ca. 50 000 Menschen beteiligt, die alle Schaltstellen sofort mit ihren Leuten besetzten.

zu 3) Ein Bedingungssatz wird dazu benutzt, ein Ergebnis ganz im Sinne des Redners herzuleiten.

Hypothetisches Beispiel:
Wenn man den Waffenbesitz in der Bundesrepublik erlauben würde, hätten wir innerhalb kürzester Zeit eine gewaltige Erhöhung der Mordrate zu beklagen. Jugendliche würden sich auf den Straßen Schießereien liefern, Männer würden in Kneipen zur Pistole greifen und Verkehrsteilnehmer würden sich mit der Waffe bedrohen, nur um einen freien Parkplatz für ihr Auto zu erhalten. Eine Verrohung der Sitten wäre die unausweichliche Folge, der Verlust jeder Menschlichkeit, der Tod als Strafe für kleinste Kränkungen.

Hypothetische Beispiele sind auch Gleichnisse oder Fabeln, die für ein eher ungebildetes Publikum gedacht sind. Es ist hierbei aber wichtig, von wem die Fabel stammt, und wie bekannt der Dichter ist: Lessing (der Fuchs und der Rabe) ist wirksamer als die Fabel eines Dichters ohne Bekanntheitsgrad.

Aristoteles sieht vor allem zwei Möglichkeiten zur Darstellung eines Beispiels: <u>das Gleichnis (=Parabel) und die Fabel.</u>

Ein Gleichnis ist das sokratische Beispiel (z.B. „Ihre Parteiführung verhält sich so, als wenn Sie den Kapitän des Schiffes durch Losentscheid bestimmt hätten und nicht durch den Erwerb eines Schiffsführerscheins").

BEISPIEL FÜR EIN GLEICHNIS

Redebeispiel Original:

„Nehmen wir einen Bogen Papier zur Hand und zeichnen wir einen Kreis darauf. Dieser Kreis soll das Zifferblatt unserer Weltenuhr werden. Sie hat nicht nur 12, sondern 24 Ziffern. Wir können also 24 Stunden darauf ablesen. Wenn wir jetzt die Zeit auf dem Zifferblatt eintragen, die das Leben gebraucht hat, um nach den ersten Einzellern die Würmer auftauchen zu lassen - natürlich gilt das maßstäblich - , dann müssen wir 10 Stunden abstreichen. Es ist also 10 Uhr auf unserem Lebens-Zeitmesser. Der Weg des Lebens von den Würmern über die Trilobiten bis zu der Entstehung der ersten Fische dauerte weitere fünf Stunden. Der Zeiger steht also auf 15 Uhr. Entwicklung und Blütezeit der Reptilien beanspruchten noch einmal fünf Stunden. Unsere Uhr zeigt auf die zwanzigste Stunde. Drei Stunden, bis 23 Uhr, währte die Epoche der Saurier. Und seit einer Stunde, seit ganzen 60 Minuten, gibt es die Säugetiere auf Erden. Der Kreislauf ist vollendet, der Zeiger steht auf 24 Uhr: wir sind in der Gegenwart.
Und der Mensch? Den gibt es erst seit 34 Sekunden! Pflanzliche und tierische Entwicklung über 24 Stunden - menschliche Entwicklung seit 34 Sekunden - jetzt haben wir wohl den Maßstab der Zeit, den wir suchten."

Redetext: A.F. Marfeld, „Das Weltall und wir"

Die Fabel ist eine kurze Geschichte, in der Tiere menschliche Eigenschaften nachahmen. Die Handlung dieser Tiergeschichte bezieht sich zumeist auf die Wirklichkeit, dabei kann es sich auch um reale Personen der Zeitgeschichte handeln. Insbesondere menschliche Schwächen wie Zorn, Hochmut und Eitelkeit sind beliebte Themen von Fabeln. Am Schluss steht ein Lehrsatz, der zum Nachdenken anregen soll (Moral), z.B. „Darum denke nach, bevor du handelst", „Was dir heute nützt, kann dir morgen schaden" oder „Man soll dem Mitmenschen nicht zu sehr vertrauen". (z.B. die Fabel von Stesichoros: „Ein Pferd saß allein auf einer Wiese; ein Hirsch zerstörte die Weide; das Pferd wollte Rache nehmen und fragte den Menschen, ob er mit ihm zusammen den Hirsch bestrafen wolle; der Mensch gab zur Bedingung, dass er dem Pferd einen Zügel anlegen und auf das Pferd steigen dürfe; seither dient das Pferd dem Menschen." Die Fabel wird mit der Bedeutungserklärung abgeschlossen: „Seht euch also vor, Bürger, dass ihr nicht an euren Feinden Rache nehmt, indem ihr das Schicksal des Pferdes erleidet; denn die Zügel habt ihr schon, weil ihr Phalaris zum Heerführer gewählt habt. Falls ihr ihm aber auch noch eine Leibwache gebt, werdet ihr in der Zukunft seine Knechte sein."

Ein sehr bekannter Roman im Doppelgesicht der Fabel und des Gleichnisses ist „Animal Farm" von George Orwell aus dem Jahr 1946. Sein berühmtes Zitat „Alle Tiere sind gleich, aber manche Tiere sind gleicher als andere" (Original: All animals are equal, but some animals are more equal than others) bezieht sich auf die historischen Ereignisse vom Umsturz des russischen Zarenreichs hin zum Kommunismus, in dem eine neu geschaffene Machtelite über das Leben der anderen befiehlt. Der Zar ist der Bauer, der von allen Tieren gemeinsam vom Hof vertrieben wird, und die Schweine sind die neue Machtelite, die über alle anderen Tiere befiehlt. Dass der Roman in der Sowjetunion nicht so gut ankam, lässt sich schon daran ablesen, dass er noch bis 1989 zur zensierten Literatur zählte.

Beispiel aus der Literatur:

Jahre vergingen. Jahreszeiten gingen ein und aus, das kurze Leben der Tiere verflüchtigte sich. Dann kam die Zeit, in der sich niemand mehr an die alten Tage noch vor der Revolution erinnern konnte, mit Ausnahme von Clover, Benjamin, dem Raben Moses und einer Anzahl von Schweinen. Muriel war tot; Bluebell, Jessie und Pincher waren tot. Jones war auch tot - er war in einem Heim in einem anderen Landesteil gestorben. Snowball war vergessen. Boxer war vergessen, außer bei den wenigen, die ihn gekannt hatten.

George Orwell

Es gab nun viel mehr Lebewesen auf dem Bauernhof, obwohl der Anstieg nicht so groß ausgefallen war, wie man zu früheren Zeiten noch erwartet hatte. Viele Tiere waren geboren worden, für welche die Revolution nur noch eine trübe Erinnerung war, weiter verbreitet von Mund zu Mund, und andere waren gekauft worden, die noch nie ein solches Wort vor ihrer Ankunft je gehört hatten. Die Farm besaß nun außer Clover noch drei weitere Pferde. Sie waren feine hochaufgeschossene Wildtiere, willige Arbeiter und gute Kameraden, aber sehr dumm. Keiner von ihnen war in der Lage, das Alphabet über den Buchstaben B hinaus zu lernen. Sie akzeptierten alles, was man ihnen über die Revolution und die Prinzipien des Animalismus erzählte, besonders von Clover, für den sie fast einen kindlichen Respekt empfanden; aber es war höchst fraglich, ob sie viel davon verstanden.

Text: George Orwell, „Animal Farm"

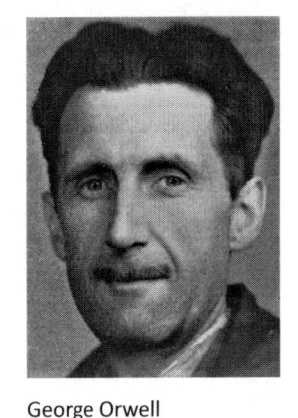

Sonderfall: Sustentatio (Verzögerung)

Hierunter versteht man das gedehnte Hinhalten der Zuhörer, die gebannt auf die Auflösung warten, sich aber weiterhin gedulden müssen, weil noch viele Fakten fehlen. Der Redner lässt sich hier bewusst Zeit, viel Zeit. Er benennt Gegenstände nie direkt, sondern umschreibt sie mit einer Periphrase. Der Zuhörer will die Lösung wissen, und drängt auf die direkte Benennung. So entsteht Spannung. Und die Lösung kommt – vielleicht.

Beispiel aus der Literatur:

Nach dem Essen, als der Wein seine Wirkung tat, wurde man keck. Man wagte Georg Henschke anzusprechen, zu fragen, zu bitten. „Georgi", staunte zärtlich seine Mutter, „Du kannst nun fliegen!" „Wollen Sie uns nicht einmal etwas vorfliegen?", fragte schüchtern die kleine Marie. „O", lachte Georg Henschke, „das geht nicht so ohne weiteres. <u>Da gehört ein Apparat dazu!</u>" „Er hat ihn sicher in der Tasche", grinste verschmitzt der Hirt, „<u>er will uns nur auf die Folter spannen.</u>" „Ein Apparat, das ist so etwas zum Aufziehen?" fragte seine jüngste Schwester Anna. Denn sie dachte daran, dass er ihr einmal aus Berlin einen Elefanten aus Blech mitgebracht hatte. (...) „Nein", sagte Georg Henschke, „<u>ich habe den Apparat nicht bei mir, denn er gehört dem Staat.</u>" „So,so", meinte der Hirt mit seinem weißhaarigen Kopf, „der Staat. Das ist auch so eine neue Erfindung."
„<u>Ganz recht</u>", lachte Georg Henschke.

Text: Klabund, „Der Marketenderwagen"

Klabund

Querverweis: A37 (Ortsadverb), A58 (Vergleichssatz) A65 (Konditionalsatz), A99 (Hysteron proteron), B9 (Periphrase), B54 (Basis-Argumentation), B53 (Allgemeine Regeln für richtiges Argumentieren), B73 (Fantasieargument), C9 (Bekannte Gliederungsformen in der Rhetorik), C91 (Anekdote nach Cicero), C92 (Fabel nach Cicero), C93 (Umschreiben der Geschichte nach Cicero), E70 (Autoritäten und Vorurteile gebrauchen nach Schopenhauer), E91 (Autoritätsbeweis), F25 (Hinweis auf schlechtere Verhältnisse anderswo)

Übung:

Der Seminarleiter ruft den Teilnehmern den Beginn eines Satzes zu. Die Teilnehmer müssen aus der Situation heraus den Satz beenden. Die Übung kann man auch so spielen, dass wer zuerst von den Teilnehmern schreit, das Wort erteilt bekommt. An der Tafel macht man dann Striche. Hier wird aber immer mit z.B. ergänzt.

Seminarleiter: „Sei lieb zu deinen Kindern"
Teilnehmer: „z.B. lobe sie öfters."

Tu was fürs Weltklima...z.B...
Ich setzte mich für Abrüstung ein... z.B....
Lauft nie nachts allein durch diesen Stadtteil...z.B....
Trinkt nicht so viel Alkohol...z.B...
Kauft mehr Aktien...z.B...

EINFÜHRUNGSTEXT
„Manipulationsfiguren"

Beispiel aus der Literatur:

Dayton Stoddart hat mit der literarischen Figur des Horace Vendig die Verkörperung eines Menschen geschaffen, der sein Umfeld so zu manipulieren weiß, dass er gesellschaftlich aufsteigt. Sein Vater Frank Vendig gibt Horace den Rat:

1) *...aber wenn die Lehrerin sagt, sie will es auf ihre Art geschrieben haben, ist sie der Boss. Mach sie fröhlich. Wenn die Leute dich mögen, lassen sie dich durch. <u>Also geh hoch zu Miss Wilson</u> oder wie auch immer der Name dieser alten Schachtel ist und <u>sag, dass es dir leid tut;</u> das willst du nicht? Oh ja, das wirst du tun... du wirst hochgehen und lächeln und sagen, dass du dich geirrt hast. Und wenn du genug lächelst, <u>und ihr das Gefühl gibst, dass sie wichtig ist,</u> denn das ist, was die Leute mögen, sich wichtig fühlen, und je mehr sie Ameisen sind, desto mehr fühlen sich sie sich wichtig, besonders Schullehrer (...) und sie wird aus deiner Hand fressen.*

Später gelingt es Horace Vendig, in die besseren Kreise vorzustoßen, wo er sich vorsichtig bewegt:

2) *Konventionell in seiner Sprache wie auch durch seinen Anzug, vermied er es, Anstoß zu erregen, und seinem Bauchgefühl nach – weniger aus Klugheit - befolgte er Balzacs weisen Ratschlag: „Du hast noch lange genug Zeit, witzig zu sein, wenn du erst ein Erzbischof bist." Aber er merkte, dass diese betuchten Leute nicht wirklich eine Meinung hören wollten, wenn sie von ihrer abwich. Sie wollten ein Echo. <u>Also gab er ihnen Echos ihrer eigenen Einstellung</u> (manchmal erinnerte er sich mit Wehmut an die verbale Unabhängigkeit seines eigenen Vaters), und wurde schon bald als junger Mann angesehen, der nicht nur intelligent, sondern auch zuverlässig mit festen Ansichten war.*

Text: Dayton Stoddart, „Prelude to Night"

Manipulationsfiguren
B29

Die folgenden Figuren betreffen nicht einzelne Wörter oder einzelne Sätze, sondern beziehen sich auf ganze Textabschnitte, wo eine bestimmte Taktik verfolgt wird, um ein selbst gestecktes Ziel zu erreichen. Das ist nicht immer ehrlich, nicht immer anständig – aber manchmal unumgänglich. Wenn Sie nämlich für die richtige Sache eintreten, aber das Publikum nicht empfängnisbereit für logische Argumente ist. Der Redner wird hier zum Manipulator, der lenkt oder beeinflusst, ohne dass es dem Publikum bewusst ist. Diese Figuren überlisten das logische Denken und brechen den kommunikativen Widerstand.

Darf ein Redner aber manipulieren? Haben denn Cicero - und später auch Quintilian - nicht auch eine bestimmte moralische Forderung an alle Redner gestellt:

Die Beredsamkeit...ist die Kraft, mit der man im Besitz entsprechender Kenntnisse, Gedanken und Erwägungen so formulieren kann, dass man im Stande ist, die Hörer in jede Richtung, zu der man neigt, zu treiben. <u>Je größer diese Kraft ist, umso mehr gilt es, sie mit Rechtschaffenheit und höchster Klugheit zu verbinden.</u> Wenn wir die Macht der Rede Leuten zur Verfügung stellen, die diese Eigenschaften nicht besitzen, so machen wir sie nicht zu Rednern, sondern geben Unbeherrschten gewissermaßen Waffen in die Hand.

Text: Cicero, „De Oratore"

Lehren uns denn nicht die Tragödien der Geschichte, dass ein Großteil der Redner sich über diese Grundforderung von Cicero – intelligent über eine Sache zu reden, sich später moralisch nichts vorwerfen müssen – einfach hinweggesetzt hat?

Wir müssen daher zwischen guter und schlechter Manipulation unterscheiden. Gute Manipulation manipuliert zum Nutzen des anderen, z.B. ein Fußballtrainer vor dem entscheidenden Spiel (Sepp Herbergers Trick), der alle seine Spieler einzeln zu sich holt und jedem die gleiche Botschaft verkündet: „Beim nächsten Spiel kommt es auf dich an – du bist mein bester Mann. Aber sag das ja nicht den anderen, dass ich so viele Stücke auf dich halte." Schlechte Manipulation manipuliert zum Schaden des anderen, z.B. ein Straßenbetrüger, der auf das Mitleid der vorbeieilenden Passanten hofft: „Hätten Sie mir nicht 50 Euro? Ich habe meinen Geldbeutel verloren und muss heute ganz dringend nach München."

In der Rhetorik muss die richtige Sache durch eine öffentliche Wortauseinandersetzung erstritten werden, z.B. „Soll das neue

Einkaufszentrum gebaut werden oder nicht?" Manipulationsfiguren sind also insbesondere in der Streitrede nützlich, wenn das Publikum drauf und dran ist, auf einen Wortcharmeur hereinzufallen, der Ihr Vorredner gewesen ist.

Merken Sie sich: Erst in Verbindung mit Scheinargumenten werden Manipulationsfiguren zur gefährlichen Waffe der Propaganda und verstoßen gegen Quintilians Forderung eines „guten Mannes" (vir bonus) als Redner. Wenn Sie aber in Ihrem Text Manipulationsfiguren einsetzen wollen, inhaltlich eine solide Beweiskette aufstellen, sind auch diese Figuren zulässig.

Außerdem ist eine genaue Kenntnis von Manipulationstechniken ein Antiserum, um selbst kein Opfer der Manipulationsversuche anderer zu werden - die Emotion und die Sache selbst sind immer strikt zu trennen.

Durch eine Umstellung der Satzglieder kann der Redner einen Fragesatz konstruieren. Doch Frage ist nicht gleich Frage – es gibt die verschiedensten Möglichkeiten, eine Frage in seinen Redetext zu integrieren. Bislang gingen wir immer davon aus, dass es nur eine Form der rhetorischen Frage gibt, die auch keiner Beantwortung bedarf.

Frage   **B30**

Sein Pyjama liegt in meinem Bett, sein Kamm in meiner Bürste steckt. Was soll das? Was soll das? (Herbert Grönemeyer)

Man unterteilt:

1) die ungeduldige Frage
2) die nachdrückliche Frage
3) die Befehlsfrage
4) die Frage an sich selbst
5) die Frage an sich selbst mit Beantwortung
6) die zweifelnde Frage
7) die moralische Frage
8) die zeitgewinnende Frage
9) die ausrufende Frage

Zu 1) Der Redner ist unzufrieden mit den Ergebnissen und fordert Handlung seitens der Zuhörerschaft. Dies geschieht vor allem durch den geschickten Einsatz von Modalverben (siehe Wortarten, A27) oder Sätzen im Konjunktiv II (siehe Wortarten, A26).

Die ungeduldige Frage:
Wie lange noch wollen wir warten, bis sich auch die hohe Politik dazu durchringt, dass eine Geschwindigkeitsbegrenzung auf Autobahnen sinnvoll ist?

Muss man immer erst warten, bis die Zahlen der Unfallopfer noch weiter ansteigen?
Wäre es nicht besser, wenn sich die Parteien endlich zu einem neuen Gesetz durchringen könnten?

Zu 2) Der Redner möchte auf irgendeine bestimmte Tatsache hinweisen, die auch im scheinbaren Widerspruch zu etwas stehen kann.

Die nachdrückliche Frage:
Ist es richtig, dass immer mehr Teenager ungewollt schwanger werden, so als hätte es nie einen Aufklärungsunterricht in der Schule gegeben? Sollten wir nicht besser die verstaubten Lehrpläne entrümpeln und mehr auf die praktischen Bedürfnisse der Schüler ausrichten?

Zu 3) Der Redner droht indirekt mit Konsequenzen, falls seinen Forderungen nicht Folge geleistet wird. Dies geschieht oftmals durch Gruppendruck, in dem die Zuhörer gegeneinander polarisiert werden:

Die Befehlsfrage:
Wer von Ihnen wird wohl ernsthaft bestreiten, dass eine 40-Stunden-Woche für unsere Firma wesentlich profitabler ist als die bisherige Regelung mit 37 Stunden? Was sollen wir denn machen, wenn die Konkurrenz nun mit einer 40 Stunden-Woche arbeitet, wir aber weiterhin mit 37 Stunden? Die meisten von Ihnen haben doch Familie, und Sie wissen, was das bedeuten kann, wenn wir von der Konkurrenz abgehängt werden.

Zu 4) Der Redner stellt eine Frage an sich selbst, die keiner weiteren Erklärung bedarf.

Die Frage an sich selbst:
„Aber was rede ich hier noch lange herum? Ich sehe, es gibt immer noch ein paar Uneinsichtige, die mit dem Kopf schütteln. Vor wem rede ich überhaupt? Die Fakten sind doch folgendermaßen: Eine 40-Stunden-Woche hat für unsere Firma den Vorteil, dass..."

Zu 5) Der Redner stellt mehrere Fragen hintereinander, die von ihm überraschend knapp beantwortet werden – diese Technik steht oft mit einem Parallelismus (siehe Wortfiguren, B2).

Die Frage an sich selbst mit Beantwortung:
„Wissen Sie, was es bedeutet, wenn wir weiterhin die 37 Stunden-Woche haben? Unsere Firma geht innerhalb eines Jahres pleite! Haben Sie überhaupt eine leise Vorstellung davon, was

5 Prozent Umsatzeinbuße ausmachen kann? Sie haben keine Gewinnspanne mehr, sondern gehen bankrott! Wollen Sie wirklich weiterhin 37 Stunden arbeiten? Dann gehen Sie doch zur Konkurrenz! Die nimmt eine solch arbeitsverweigernde Kraft wie Sie nur zu gern!"

Sonderform: Hypophora

Der Redner stellt eine Fragekette auf, deren Glieder alle nur mit einem kräftigen „Nein" beantwortet werden können.

„Ich frage deshalb von welcher Quelle der Angeklagte so reich wurde? Wurde ihm eine beträchtliche Erbschaft zuteil? Aber die Güter seines Vaters waren zuvor verkauft worden. Kam irgendein Vermächtnis an ihn? Ganz im Gegenteil, er war von seiner ganzen Verwandtschaft enterbt worden. Hat er irgendeine Belohnung für eine bürgerliche Handlung erhalten? Nicht nur, dass das nicht der Fall war, sondern jüngst hat er selbst eine enorme Summe beim Wetten verloren. Deshalb, wie Sie alle sehen können, kann er nicht durch diese Mittel reich geworden sein, entweder er hat jetzt eine Goldmine bei sich zu Hause oder er hat sich all seine Geldwerte über eine verbotene Quelle angeeignet."

Text: anonymer Verfasser, „Rhetorik an Herennius" (80 v. Chr.)

Auf die Frage „Was sollte getan werden?" kommt bei der Hypophora sogleich die Antwort „Was wurde nicht getan?"

„Und als Sie in der Regierungsverantwortung standen, haben Sie da (wie jetzt von Ihnen scheinheilig gefordert) ernsthaft an eine Erhöhung des Kindergelds gedacht? Nein, ganz im Gegenteil, Sie haben stattdessen das Kindergeld sogar noch gekürzt! Und kam bei Ihnen der Ausbau der Kindertagesstätten so voran, wie es heute bei der aktuellen Regierung der Fall ist? Nein, wie hätte es das auch sollen, wenn Sie stattdessen langwierige Genehmigungsverfahren vorschrieben, die wir wieder zurücknehmen mussten? Und hatten Sie die Gehälter der Beschäftigen in Kitas um auch nur einen Prozentpunkt angehoben? Nein, sie wurden einfach auf unbestimmte Zeit eingefroren, sodass unser Land von einer riesigen Streikwelle bedroht wurde!"

Zu 6) Der Redner ist scheinbar unschlüssig, wie mit der Situation umzugehen ist. Er wirkt hilflos, bescheiden und in sich gekehrt – tatsächlich will er aber einen bestimmten Zweck erreichen.

Die zweifelnde Frage:
„Nun meine Herren vom Betriebsrat, bislang war mir nicht be-

wusst, wie hart Sie eine Verlängerung der Wochenarbeitszeit treffen würde. Ich habe Ihre Argumente gehört, und bin nun auch etwas unschlüssig, wie mit der Situation zu verfahren ist. <u>Soll ich die Produktion gleich ins Ausland verlagern? Soll ich die Wochenarbeitszeit nur um eine Stunde erhöhen und abwarten?</u> Sie sehen, ich brauche noch etwas Zeit, um eine Entscheidung zu treffen.

Zu 7) Der Redner zwingt den Zuhörer, gedanklich in seine Rolle zu schlüpfen und ihm die Entscheidungslast abzunehmen. Er verweist auf die Gerechtigkeit ihm gegenüber und bringt seine Enttäuschung zum Ausdruck. Dadurch erreicht er auch bei unbequemen Entscheidungen eine moralische Rechtfertigung.

<u>Die moralische Frage:</u>
„*Was würden Sie denn an meiner Stelle tun? Ist es gerecht, wenn Sie sich einer aktiven Mitarbeit im Unternehmen einfach verweigern und hier die 40-Stunden-Woche pauschal ablehnen?* Sie haben in unserem Betrieb doch so viele soziale Vergünstigen: ein eigener Kinderhort, ein eigenes Urlaubsheim nur für Mitarbeiter, ein warmes Kantinenessen und sogar ein hoher Zuschuss zur Firmenrente. <u>Und da sind Sie nicht bereit, mir nur einen kleinen Schritt entgegenzukommen?</u> Ich bin von Ihnen tief enttäuscht. <u>Wissen Sie eigentlich, wie viele Stunden ich pro Woche hier arbeite, damit unser Unternehmen vorankommt?</u> Ich habe die doppelte Arbeitszeit von Ihnen, es sind 70 Stunden."

Zu 8) Der Redner versucht Zeit zu gewinnen, um noch ein paar weitere Argumente für oder gegen die Sache einzustreuen. Die Zuhörer werden durch diese Abschweifung hingehalten, der eigentliche Kern der Sache nur am Rande gestreift:

<u>Die zeitgewinnende Frage:</u>
„*Vor 20 Jahren standen wir doch vor einer ganz ähnlichen Situation. Auch da standen ein paar Herren vom Betriebsrat vor mir und sagten: Das geht nicht, das ist unsozial, das ist ungerecht.* <u>Ich frage Sie: Als wir es dann doch durchgesetzt hatten, ging es der Firma da schlechter oder besser?</u> Wir hatten sofort eine Umsatzsteigerung von 10 Prozent, im Folgejahr sogar 15 Prozent erzielt, die meisten Abteilungen kooperierten willig, sie wollten den Erfolg. <u>Was war also das Ergebnis dieser Maßnahme?</u> Auf Ihren Einwand, dass es heutzutage nicht so leicht sei, Familie und Beruf unter einen Hut zu bringen, weil beide Ehepartner arbeiten, komme ich später zurück. <u>Wie verlief denn unsere Entwicklung seit dieser Entscheidung?</u> Wir müssen..."

Sonderform: digressio
(das Weggehen von der Sache, der Exkurs)

Hierunter versteht man das kunstreiche Abschweifen in der Rede (höchste Form: spontan auf eine Zwischenfrage mit einer persönlich erlebten Geschichte reagieren können), eine unterhaltende Episode zum Besten geben, dies kann aufmerksamkeitsfördernd sein. Insbesondere im Lehrgespräch einzusetzen.

Sonderform: remeatio (das Zurückkommen auf die Sache)

Ein Abschweifen in der Rede sollte nicht zu lang sein, bei einem längeren Vortrag eine Zeitspanne von ein bis drei Minuten. Die Kunst des Redners liegt darin, ein Publikum, das vielleicht noch viel länger der Abschweifung zuhören würde, auf den wesentlich weniger unterhaltsamen Redegegenstand zurückzuführen.

Zu 9) Bei der ausrufenden Frage wird eine Interjektion (siehe Wortarten, A50) zu einer Frage umgestellt. Oftmals mit einer zusätzlich einleitenden Interjektion gepaart. Hierbei wird der Redner deutlich lauter und zeigt seine scheinbare Entrüstung.

Die ausrufende Frage:
Mein Gott! Wann setzt sich bei Ihnen endlich die Überzeugung durch, dass eine Wochenarbeitszeitverlängerung doch Sinn machen könnte?! Herrje, es ist aber auch wirklich zum Heulen, die Situation ist so vertrackt! Wieso sind Sie nicht schon eher auf mich zugekommen, wenn Sie sagen, die Arbeitsbelastung sei zu hoch und es hätte sich zu viel Druck aufgebaut?! Was heißt überhaupt zu hoch?! Ich sehe hier lauter schwatzende und lachende und singende Mitarbeiter, die auf einmal überarbeitet und müde und erschöpft sein wollen. Da muss ich doch wohl lachen?!

Redebeispiel Original:

Quid ad haec Hortensius dicet? Falsum crimen esse? Hoc numquam dicet. Non magnam pecuniam hac ratione captam? Ne id quidem dicet. Non iniuriam factam Siculis? Qui poterit dicere? Quid igitur dicet? Etiam alios fecisse. Quid est hoc?

Was wird Hortensius zu dieser Sache sagen? Dass es ein falsches Verbrechen ist? Das wird er niemals sagen. Dass nicht viel Geld mit dieser Methode erbeutet worden ist? Das wird er gewiss nicht sagen. Dass kein Unrecht bei den Sikulern geschehen ist? Wie wird er das sagen können? Was wird er folglich sagen? Dass es auch andere gemacht haben. Was ist diese Sache?

Redetext: Cicero, „Verres"

Marcus Tullius Cicero

Beispiel aus der Literatur:

Eine charmante Einleitung zum Leben eines Einsiedlers! Vierwöchige Quälerei, Wälzen und Krankheit! Oh, diese ungeschützten Winde und der bittere Nordhimmel und die unpassierbaren Straßen und diese sich mit allem Zeit lassenden Landchirurgen! Und, oh, dieser Mangel an menschlichen Gesichtsausdrücken, und, schlimmer als das, die schreckliche Andeutung von Kenneth, dass ich nicht vor Frühling erwarten sollte aus dem Haus gehen zu können!

Mr. Heathcliff hat mich soeben mit einem Besuch geehrt. Ungefähr vor sieben Tagen schickte er mir eine Haarspange – die letzte der Saison. Schuft! Er ist nicht ganz schuldlos an meiner Krankheit; und dass ich die größte Lust hätte ihm das zu sagen. Aber leider! <u>Wie könnte ich einen Mann beleidigen, der so nachsichtig war, für eine gute Stunde an meinem Bett zu sitzen, und mit mir über ein paar andere Themen zu sprechen als Pillen, Schlucke, Blasen und Blutegel?</u>

Emily Jane Brontë

Text: Emily Jane Brontë, „Wuthering Heights"

Querverweis:
A17 (Fragewort) A27 (Modalverb), A39 (Suggestivfragen), A41 (Modal-Adverbien), A42 (Modal-Partikel), A50 (Interjektion), A55 (Fragesatz), A70 (Indirekter Fragesatz), B2 (Parallelismus), B33 (Licentia), B49 (Publikumsentscheid), B66 (Gruppenargument), B73 (Fantasieargument), D7 (Fragekette), D16 (Die richtigen Fragen stellen: offen und geschlossen), D19 (Suggestivfragen), D85 (Übertriebener Ausdruck von Gefühlen), E12 (Geplante Wahlmöglichkeit), E22 (Katastrophenszenario), E62 (Fragefluss), F14 (Gegenfrage für Zeitgewinn), F20 (den Fragesteller angreifen), F48 (ständige Gegenfragen)

Übung:

Sie sind sehr zornig, weil einer Ihrer Mitarbeiter öfter unpünktlich zur Arbeit kommt (10 bis 15 Minuten zu spät). Sie haben eigentlich vor, ihm eine schriftliche Abmahnung zu erteilen; da er aber eine gute Fachkraft ist, wollen sie ihm noch eine letzte Chance geben und ihn vorerst nur mündlich verwarnen. Was ist die beste Strategie? Überlegen Sie sich alle Möglichkeiten, wie Sie ihm mit einer einfachen rhetorischen Frage zu mehr Pünktlichkeit verhelfen.

1) die ungeduldige Frage
2) die nachdrückliche Frage

> 3) die Befehlsfrage
> 4) die Frage an sich selbst
> 5) die Frage an sich selbst mit Beantwortung
> 6) die zweifelnde Frage
> 7) die moralische Frage
> 8) die zeitgewinnende Frage
> 9) die ausrufende Frage

Kommt es in einer Rede zur falschen Reaktion im Publikum (z.B. Buh-Rufe), weil möglicherweise manche Sätze falsch empfunden oder nicht verstanden werden, hat der Redner die Möglichkeit eine Selbstkorrektur vorzunehmen, in der er auf die Einwände seiner Gegner eingeht. Wer sich aufgrund eines scheinbaren Fehlers selbst korrigiert, wirkt sympathisch. Ist also unsicher, wie ein Publikum reagieren wird (z.B. bei einer Wahlveranstaltung), kann der Redner eine bereits vorgefertigte Selbstkorrektur vornehmen, wenn der Widerspruch im Publikum zu stark geworden ist.

Selbstkorrektur (correctio) B31

„Sie sind wohl nun sehr traurig, weil Sie mehr arbeiten müssen. Traurig? Was sage ich! Sie toben und schreien, ich höre es genau. Sie haben ja auch irgendwie Recht, wenn Sie wütend auf mich sind. Doch wir müssen uns den Tatsachen stellen. Aber vielleicht sollte ich mir noch eine andere Lösung für das Problem überlegen."

„Dieser Firma ist unregierbar für jeden Chef! Verzeihung, das war wohl etwas zu überzogen ausgedrückt - aber ein bisschen mehr Entgegenkommen seitens der Angestellten könnte schon herrschen."

„Wie ich gerade hören musste, sagen manche von Ihnen, dass eine 40-Stunden-Woche nicht mit den Tarifverträgen im Einklang steht. Und es ist wohl wahr, in den meisten Tarifverträgen ist die Arbeitszeit festgeschrieben, sodass es für die Zustimmung der Gewerkschaften einer Änderung bedarf. Hierbei ist vom Vorstand zunächst zu prüfen, inwieweit wir überhaupt berechtigt sind, eine Änderung der Arbeitszeit vorzunehmen. Ich kann Ihnen nur versprechen, dass wir unser Möglichstes tun, alle juristischen Feinheiten zu prüfen. Nichtsdestotrotz möchte ich Sie noch auf andere Punkte hinweisen, damit Sie auch meinen Standpunkt verstehen..."

Die Correctio kann auch vorgenommen werden, um einen sprachlichen Ausdruck zu steigern oder zu vermindern:

Du bist heute aber schick, nein, richtig elegant angezogen.
Durch ihre ständig mit dem Internet verbundenen Handys sind die meisten Schüler unmotiviert, vielleicht sollte ich besser sagen: faul, geworden.

Beispiel aus der Literatur:

Ich lag in Ohnmacht, doch kann ich nicht sagen, daß mein Bewußtsein geschwunden war. Wieviel davon noch blieb, will ich nicht versuchen zu enträtseln oder zu beschreiben; doch war nicht alles geschwunden. Im tiefsten Schlummer – nein! Im Delirium! – nein! In Ohnmacht und Betäubung – nein! Im Tode – nein! Selbst im Grabe ist nicht alles Bewußtsein geschwunden. Sonst gäbe es keine Unsterblichkeit.

Edgar Allan Poe

Text: Edgar Allan Poe, „Grube und Pendel"

Übung:

„Das Fähnlein im Wind"

Sie halten vor Wählern einen Kurzvortrag zum Thema „Tempo 120 auf deutschen Autobahnen". Als Parteimitglied der Grünen haben sie eigentlich eine klare Position zu vertreten, die keinerlei Kompromisse duldet. Da aber gerade in Ihrem Bundesland Wahlkampf ist, und Ihre Partei aufgrund der teuren Energiekosten eher stark zurückhängt, wollen Sie im Falle von starkem Widerspruch seitens des Publikums eine Selbstkorrektur vornehmen. Nach ca. zwei Minuten Redetext heben sie die Hand, woraufhin andere Teilnehmer der Gruppe (die das Publikum darstellen) erst leise, dann immer lauter „Buuuuh" / „Pfuuuui" / „Raus" rufen. Nun nehmen Sie eine Selbstcorrectio vor, d.h. Sie widersprechen sich selbst und zeigen, dass Sie auf das Publikum eingehen können. Andererseits müssen Sie aber auch Ihre eigene Position (Tempo 120) irgendwie zu Ende bringen. Zeigen Sie also, dass das Thema keineswegs vom Tisch ist, sondern nur für einige Legislaturperioden aufgeschoben wird.

Querverweis:
A96 (Anakoluth), B33 (Licentia), D6 (Blitzschnelle Änderung der eigenen Meinung nach Cicero), E23 (Abwertung des Gegners mit Hintergedanken), F5 (Verwirrung stiften), F29 (Ausweichen)

Ausdruck von Verärgerung (permissio) B32	Ist nicht mit einer schnellen Lösung zu rechnen, kann der Redner die Stilfigur einer Permissio bringen, indem er seinen Ärger zum Ausdruck bringt (im Volksmund: „beleidigte Leberwurst"). Diese Figur ähnelt der Drohgebärde einer Mutter, die Ihrem Kind schonungslos die Konsequenzen an die Wand malt, weil es sich in ihren Augen unartig verhält.

"Dann beharren Sie halt auf Ihrem Recht, nur 37 Stunden pro Woche zu arbeiten. Sie werden schon sehen, was Sie davon letztendlich haben – eine bankrotte Firma innerhalb eines halben Jahres! Rennen Sie also nur in Ihr Verderben!"

> **Übung:**
>
> Laden Sie sich die Wahlprogramme der deutschen Parteien aus dem Internet, die üblicherweise über 5 Prozent liegen. Die Frage ist: „Welche Partei wirst du am nächsten Sonntag wählen?"
>
> **Falls Sie im Seminar sind:**
> Suchen Sie sich einen Partner. Lassen Sie es zu einer lebhaften Diskussion kommen, warum man keineswegs die Partei des anderen wählen darf. Sollten Sie beide die gleiche Partei favorisieren, so entscheidet das Los, für welche Partei Sie sprechen müssen. Die Auseinandersetzung sollte mindestens zehn Minuten dauern.
>
> **Falls Sie alleine sind:**
> Schreiben Sie einen Brief an den Parteivorsitzenden der Partei, die Sie schon immer unwählbar fanden. Antworten Sie später als fiktiver Parteivorsitzender Ihrem eigenen Brief. Jeder Brief sollte mindestens eine DIN A4-Seite lang sein.
>
> Vermeiden Sie bei beiden Übungen unbedingt, allzu polemisch zu werden. Informieren Sie sich vorab, bevor Sie loslegen. Konzentrieren Sie sich auf Fakten, nicht auf Stammtischweisheiten. Sollte der andere diese Fakten aber ignorieren, machen Sie Ihrem Ärger mit einer Permissio Luft.

Querverweis: A57 (Befehlssatz), D85 (Übertriebener Ausdruck von Gefühlen), E4 (beleidigt sein), E5 (Pausen-Taktik), F12 (Übertreibung von Folgen), F41 (Stummschaltung), E22 (Katastrophenszenario vorstellen)

Schonungslose Rede (licentia) B33

Diese Stilfigur ist eine offene Konfrontation mit der Zuhörerschaft. Der Redner vergisst jede Form von Höflichkeit, kränkt seine Zuhörerschaft absichtlich, vereinfacht mit Vorurteilen und bringt so das Publikum bewusst gegen sich auf. Gleichzeitig hat dies aber auch den Effekt der Ehrlichkeit, sodass ihm die stille Anerkennung einiger Teile der Zuhörerschaft sicher ist. Wenn der Redner es schafft, hierbei auch Gedanken auszusprechen, die das Publikum heimlich selbst hegt, sich aber nur nicht zu sagen getraut, tappt es in die listige Falle der Manipulation.

„Seien wir doch ehrlich: Sie sind nur zu faul und viel zu bequem, um 40 Stunden für diese Firma arbeiten zu wollen. Sie sind zufrieden mit ihrem kleinbürgerlichen Mief, wollen pünktlich um 17 Uhr im Wald joggen und noch auf ein Bierchen in die Kneipe abziehen. Wirklich, einerseits kann ich Sie auch verstehen – aber dass

Sie unserer Firma mit dieser engstirnigen Denkweise einen großen Schaden zufügen, das haben Sie nicht bedacht. Herr Meyer, mag sein, dass es tatsächlich Tarifverträge gibt, die so etwas nicht von heute auf morgen zulassen. Ich persönlich finde Ihr Verhalten beschämend. So kommen wir nicht weiter. Nicht einen Millimeter auf der Zielgeraden eines fairen Kompromisses."

Querverweis: B84 (Angriffs-Argument), C5 (Zuschauerreaktionen: äußeres aptum), D30 (Sympathieträger Kritik nach Aronson), D31 (Sympathiekiller Kritik nach Aronson), D36 (Sympathieträger „böse zu nett" versus „immer nett" nach Aronson), E2 (Angriffstaktiken), E3 (direkter Angriff / indirekter Angriff), E78 (persönliche Angriffe fahren nach Schopenhauer), F2 (persönlicher Angriff)

Übung:

Sie wollen mit Ihrem Freund / Freundin / Ehepartner in den Sommerurlaub fahren und haben sich Touristik-Prospekte von der CMT-Messe in Stuttgart geholt. Ihr Partner will in den Süden (Italien/Griechenland/ Türkei), was Ihnen jedoch überhaupt nicht zusagt - weil sie schon die letzen drei Jahre in einem südlichen Land gewesen sind. Der Dollarkurs steht momentan sehr günstig, und Sie wollen unbedingt in die USA oder nach Kanada. Weil Ihr Partner jedoch keine Kompromisse machen will, greifen Sie zu einer licentia, um ihm so ein schlechtes Gewissen einzureden.

Die Wiederholung bereits getätigter Aussagen (repetitio sententiae) B34

Man sieht oftmals in Fernseh-Talkshows, dass manche Gäste eigentlich immer nur die gleichen Argumente vorbringen, allerdings dies immer wieder mit neuen Wörtern. Diese Technik der Verschleppung, einen Sachverhalt weitschweifig in die Länge zu ziehen, nennt man „repetitio sententiae" (die Wiederholung des Satzes). Der Redner kann seinen Hauptgedanken durch weitere Beispiele, Vergleiche, Schlussfolgerungen und Umschreibungen ergänzen.

„Ich will Sie nochmals darauf hinweisen, <u>dass unsere Firma gefährdet ist in ihrer Existenz,</u> wenn wir jetzt nicht handeln. Mensch, seien Sie doch einsichtig! Sie haben doch auch so viel Sachverstand, um Zahlen lesen zu können. Wir müssen alles daran setzen, <u>dass es mit unserer Firma nicht mehr weiter bergab geht</u> – bereits die Zahlen des letzten Monats waren sehr beunruhigend. Sicher, es gibt viele Opfergaben zu bewältigen, und mir wäre es auch lieber, wenn wir bei der alten Regelung bleiben könnten. Aber eben weil Sie und ich wissen, dass die Konkurrenz nicht schläft und unserer Firma großen Schaden zufügen kann, so groß, <u>dass sie vielleicht nicht mehr länger existiert, und wir so zahlungsunfähig werden, dass wir nicht mehr länger Ihre Gehälter zahlen können</u>, ist es..."

Querverweis: B6 (Synonym), B83 (Wiederholungs-Argument), F35 (Endlos-Monologe), F37 (Wiederholungsargument)

Ein Gedanke wird nicht richtig zu Ende gedacht, sondern sogleich mit einem weiteren Gedanken verknüpft. Diese reihenden Sätze versuchen also, auf vorherige Punkte anzuschließen, ohne dass groß auf innere Logik geachtet wird. Das ist ein Instrument, um ein Publikum zu überrumpeln und irgendwann mit einem Endergebnis zu konfrontieren, auf das der Redner eigentlich hinaus will. Das Ende des vorherigen Satzes ist der Beginn des nächsten Satzes.

Die Gedankenkette (subnexio) B35

Übung:

Versuchen Sie nun, mindestens zwei Minuten mit dieser Methode am Stück zu reden. Setzen Sie sich ein Anfangswort und ein Endwort fest, mit dem Sie ihre Gedankenkette beenden. Beginnen Sie mit einem einfachen Beispiel, steigern sie sich. Achten Sie darauf, in möglichst langen Sätzen zu reden und den Sinnzusammenhang zwischen den Sätzen einigermaßen zu wahren, weil man hier sehr schnell Unsinn redet, und nur wenig echte Argumente findet.

Querverweis:
A75 (Reduplicatio) A76 (Klimax), A60 (Kausalsatz), A86 (Derivatio), E9 (Datenflut), E10 (Desinformation), E47 (Endlos-Monologe), E48 (nicht bewiesene Behauptungen), E49 (falsche Rückschlüsse ziehen)

Beispiel: (einfach).
Äpfel sind grün. Grün steht als Farbe für Natürlichkeit. Die natürlichen Dinge sind es, die den Menschen am meisten erfreuen, so z.B. die Wiesen und Wälder, die Äpfel und Birnen, die Natur. Wer an der Natur drehen will, um z.B. gentechnisch veränderte orangefarbene Äpfel mit einer Haltbarkeitsdauer von einem Jahr herzustellen, begeht einen Frevel. Denn ist es nicht frevlerisch, sich über die Gesetze der Natur zu stellen und in den Organismus des Lebens einzugreifen? Das Eingreifen in die natürlichen Dinge bringt den gesamten Kreislauf des Lebens durcheinander.

Beispiel:
Immer mehr junge Leute geraten in die Schuldenfalle. Wer jedoch Schulden macht, tut sich und seiner Familie keinen großen Gefallen. Denn die Familie ist es, die am meisten leidet, wenn die Gläubiger vor der Tür stehen und ihre Geldforderungen stellen. Wer sich von den Gläubigern befreien will, muss eine Schuldnerberatungsstelle aufsuchen, in der er professionelle Hilfe suchen kann. Die Hilfe gestaltet sich über einen längeren Zeitraum und sieht einen Entschuldungsplan vor. Nach diesem Plan ist man spätestens innerhalb von sieben Jahren schuldenfrei. Wer also schuldenfrei leben möchte, muss selbst den ersten Schritt tun und seine finanzielle Not einer unabhängigen Stelle offenbaren.

Sich absichtlich dumm stellen oder sich selbst verstellen (Ironie)   **B36**

*Ich sitz schon seit 'ner Stunde ziemlich dumm alleine um den Kneipentisch herum (...)
Jetzt fragt mich doch so 'n Typ ob ich studier, ich sag: Wirtschaftspolitik, drum sitz ich hier!
(Gebrüder Blattschuß)*

Wir haben die Ironie schon bei den Sprachfiguren unter dem Punkt „Ersetzungsfiguren" aufgeführt. Hier drückte die Ironie das Gegenteil dessen aus, was man eigentlich meint.

Die besondere Form dieser Ironie bei den Manipulationsfiguren ist nicht das Produkt eines einzigen sprachlichen Ausdrucks im Satzgefüge, sondern sie erstreckt sich über einen längeren Textabschnitt. Es ist mehr das schauspielerische Können des Redners, das nun gefragt ist. Wer selbst kein guter Schauspieler ist, sollte von ihr lieber die Finger lassen.

Dabei gibt es zwei Ironieformen: Der Redner stellt sich absichtlich dumm, und tut so, als hätte er von der Materie überhaupt keine Ahnung (klassisches Beispiel: Sokrates). Auf diesem Prinzip basieren die meisten amerikanischen TV-Seifenopern mit Lachplatte im Hintergrund. Bei der zweiten Form der Ironie tut der Redner scheinbar mit der Meinung des Publikums (oder Gegners) übereinstimmen. Beide Formen wollen keine Verständigung mit der anderen Partei, sondern den „Sieg um jeden Preis". Da es manchmal besser ist, wenn beide Seiten ihr Gesicht wahren können, sollte man genau abschätzen, ob es sich lohnt einen längeren Zwist zu riskieren – denn der Gesprächspartner (das Publikum) vergisst nicht, verzeiht nicht und wird irgendwann mit gleicher Münze zurückschlagen.

Beispiele aus der Literatur:

Tum Ennius „quid? Ego non cognosco vocem", inquit „tuam?" hic Nasica „homo es impudens, ego, cum te quaererem, ancillae tuae credidi te domi non esse. <u>Tu mihi non credis ipsi?</u>

Publius Scipio Nasica kam eines Tages zum Haus des Dichters Ennius. Dessen Magd teilte ihm mit, dass Ennius heute nicht daheim sei. Nasico fühlte, dass die Frau nur auf Befehl ihres Herrn so sprach und dass Ennius sich tatsächlich in seinem Haus befand. Ein paar Tage später war es anders, nun wollte Ennius Nasica einen Besuch abstatten. Als Ennius zum Haus des Scipio gekommen war und sich dort an der Tür nach ihm erkundigte, schrie Nasica, dass er nicht zu Hause sei. Dann fragte Ennius: „Was? Habe ich nicht deine Stimme erkannt?"An diesem Punkt sagte Nasica: „Du bist eine unverschämte Person. Als ich nach dir fragte, <u>glaubte ich deiner Magd, dass du nicht zu Hause bist. Glaubst du mir nicht persönlich?"</u>

Text: Cicero, „De Oratore"
Sokrates: Nun denn, mein doch sehr geschätzter Phaidros - <u>kann es nicht sein, dass ich hier gleich keine allzu gute Figur abgeben werde, wenn ich hier als Amateur neben einem solchen Profired-</u>

ner wie dir stehe und es wage, über den gleichen Sachverhalt wie du zu sprechen?
Phaidros: *Weißt du was? – Halte ein, dich mir gegenüber zu genieren, denn ich habe noch eine Trumpfkarte, und wenn ich mit dieser anfange, kannst du gar nicht anders als sprechen!*
Sokrates: <u>*Oh, bitte halte diese Trumpfkarte von mir fern!*</u>
Phaidros: *Nein, ganz im Gegenteil, jetzt erst recht, ich will sie ziehen.*
Sokrates: *Hast du eine Ahnung, wie ich meine Rede gestaltet habe?*
Phaidros: *Nein, wie ist denn deine Vorgehensweise?*
Sokrates: <u>*Ich werde rätselhaft sprechen und den Sachverhalt nur andeuten, damit diese Rede so schnell wie möglich vorbei ist und ich nicht aus Scham stoppen muss, sobald mein neidischer und bewundernder Blick auf dich fällt.*</u>
Phaidros: *Jetzt hab' dich nicht so und fang endlich an zu sprechen – nebenbei besteht für dich auch die Möglichkeit, die Rede so vorzutragen, wie du es gern hättest!*
Sokrates: <u>*So soll der Zauber der Musen auf mich fallen, ich versuch's (...)*</u>

Einst existierte auf dieser Welt ein Knabe, um genauer zu sein: ein Jüngling. Dieser war ausgesprochen hübsch und zog viele Männer an, die mit ihm verkehren wollten. Es gab unter diesen Liebhabern ein recht kluges Köpfchen, der gegenüber dem Jüngling behauptete, er sei in ihn nicht verliebt, obwohl er es doch war. Und weil er dem Jüngling durch seine ständige Bitten und ständiges Betteln gehörig auf die Nerven ging, versuchte er ihn dadurch zu gewinnen, dass er die Behauptung aufstellte, dass jemand, der überhaupt nicht verliebt sei, dem anderen unbedingt einen Gefallen erweisen müsse - dies in klarer Abgrenzung zu jemand, der echte Liebe empfinden würde. Seine Worte lauteten wie folgt:

„Mein Junge, ein jedes Ding hat seinen Anfang, insbesondere wenn es um eine Beratung geht. Allerdings sollte man als Redner schon wissen, was der Gegenstand dieser Beratung sein soll, ansonsten hat man keinen Erfolg damit. Vielen Leuten ist aber nicht bewusst, dass es ihnen gründlich an Allgemeinbildung mangelt (...) Da du und ich uns mit dem Problem auseinandersetzen, ob man eher ein freundschaftliches Verhältnis zu einem Verliebten oder Nichtverliebten eingehen soll, erscheint es mir unumgänglich, eine Definition über die Liebe selbst vorzunehmen, sozusagen all die Varianten aufzulisten, inwieweit man sich überhaupt noch verständigen kann, wie die Beziehung untereinander selbst aufgebaut ist, und ob dies alles mehr Schaden als Nutzen bringt. Allen ist einsichtig, dass die Liebe bestimmte Gelüste weckt; desweiteren wollen aber auch Leute, die nicht verliebt sind, schöne Dinge erleben. Wie aber können wir den Verliebten vom Nichtverliebten

unterscheiden? Man sollte sich im Klaren sein, dass zwei Kräfte, die unsere eigentlichen Herren und Leiter sind, ihre Macht auf uns ausüben, und denen wir blind folgen, so wie ein kleines Kind seiner Mutter folgt, welche Richtung sie auch einschlägt. Die eine Kraft ist die Vergnügungssucht, die andere der Verstand, dem es um gute und nützliche Dinge geht. Diese zwei Kräfte sind sich manchmal eins, manchmal aber auch vollkommen uneins, und in der einen Situation setzt sich die eine Kraft gegen die andere durch, in der anderen Situation die andere. (...) Für diesen Trieb aber, der über uns zuweilen einen großen Sieg erringt, gibt es einen bestimmten Namen. Wir nennen ihn Liebe."

– <u>Ach, mein guter Phaidros, bist du nicht auch zur Meinung gekommen, dass ein göttlicher Rausch von mir Besitz ergriffen hat, der mich zum Sprechen gezwungen hat?</u>
Phaidros: Das darf nicht bezweifelt werden, lieber Sokrates, ein kaum zu bändigender Redesturm ist gerade mit wohlgeformten Worten über mich hinweggefegt.
Sokrates: <u>So sei weiter still und schenk mir weiter deine Aufmerksamkeit! Denn wirklich göttliche Inspiration scheint dieser Platz hier neben dir zu sein!</u>

Redetext: Platon, „Phaidros" (Sokrates), 350 v. Chr.

Die Ironie erschüttert oftmals die Glaubwürdigkeit von Personen und Sachen. Denn eine bewusst überzogene Aussage - wie die von Sokrates mit „...nicht vor Scham ins Stocken gerate" - wird derart übertrieben, dass der Zuhörer diese beim zweiten Mal nicht mehr für glaubhaft hält.

Querverweis: B16 (Ironie im Satz), C86 (sich dumm stellen nach Cicero), C87 (Ironie nach Cicero), C89 (Ironie als Konter für Witze nach Cicero), C99 (Versteckte Ironie nach Cicero), D98 (Ironische Betroffenheit), E71 (unwissende Ironie nach Schopenhauer), E84 (Ironie und Ernsthaftigkeit einsetzen nach Hamilton)

Platon

Übung 1:

„Warum ist die Banane krumm?"

Wenn kleine Kinder ihren Eltern einen Streich spielen wollen, so fragen Sie immer mit großen Augen „Warum?", obwohl sie die Antwort schon längst kennen. Stellen auch Sie sich absichtlich dumm! Reden Sie mit einem Gesprächspartner über ein aktuelles politisches Thema, ohne selbst zu argumentieren. Tun Sie so, als würden Sie die Antwort nicht kennen. Typische Floskeln dafür sind: „Wieso das denn?" / „Na, das verstehe ich nicht." / „Wer soll das begreifen?" Widerlegen Sie erst dann, wenn Ihnen Ihr Partner alle verfügbaren Informationen preisgegeben hat.

Übung 2:

„Nächtliche Unterhaltung mit einem Betrunkenen in der S-Bahn"
(Drei Übungspartner als Freunde, einer als Betrunkener)

Sie sind mit ein paar guten Freunden kegeln gewesen. An Ihren Sitzplatz drängt sich ein betrunkener Kerl und quetscht Sie nach allen Regeln der Kunst aus. Gehen Sie scheinbar auf ihn ein und geben Sie Nonsensantworten, indem Sie einen falschen Namen, falschen Beruf, falschen Schulabschluss usw. vortäuschen. Lassen Sie sich von Ihren Freunden unterstützen, die Ihre erfundenen Version als wahrheitsgemäß bestätigen. Treiben Sie die Lügerei langsam von wahrscheinlich zu sehr unwahrscheinlich. Testen Sie die Schmerzgrenze, wo jeder Mensch plötzlich sagt: „Du lügst."

„Wer A sagt, muss auch B sagen", heißt es im Volksmund. Muss? Der Redner muss überhaupt nicht und hat manchmal eine schelmische Freude daran, eine Sache nur anzudeuten, aber nicht ganz zu Ende zu führen, z.B. wenn der Kontext schon längst bekannt ist. Dies erfolgt zumeist in offener ironischer Form, d.h. der Redner zeigt direkt durch seine Mimik, dass sich hinter seiner Aussage noch etwas viel Bedeutenderes verbirgt.

Die Anspielung (praeteritio) B37

„Ich will hier lieber nicht erwähnen, dass es in unserer Firma Leute gibt, die noch nebenher schwarz arbeiten. *Ich will auch davon schweigen, dass* manche hier eine Abmahnung nach der anderen verdient hätten, weil sie hier öfters ‚blau' gemacht haben. *Ich will ja kein Wort darüber verlieren, dass* Leistung bedeutet, eine Leistung zu erbringen und nicht eine fünfstündige Einstands- und

Austandsfeier abzuhalten, wenn eine neuer Kollege in die Abteilung kommt. Dass Sie nun alle plötzlich nicht länger arbeiten wollen, weil sie um diese Vorrechte - Schwarzarbeit, Krankenstand, Betriebsfeiern - fürchten, ist nur zu verständlich - lassen wir es also lieber unerwähnt."

Querverweis: A78 (Anapher), B44 (Reticentia), B16 (Ironie), C97 (Anspielung nach Cicero), D14 (Konversationsmaxime: Vermeidung von Zweideutigkeit), E87 (Zweideutige Wörter einsetzen nach Hamilton)

Der plötzliche Einfall (adiectio)   **B38**

Dies ist die umgekehrte Figur einer Anspielung. Hier wird im Redetext scheinbar ein eigener Einfall geboren, der dann weiterverfolgt wird.

„Fast hätte ich noch vergessen: In Zukunft möchte ich über alle Dinge, die diese Firma betreffen, durch den ersten Sachbearbeiter der jeweiligen Arbeitsgruppen auf dem Laufenden gehalten werden, d.h. es gibt ein wöchentliches Meeting, in dem die statistischen Ergebnisse der Arbeitsleistung genau dokumentiert werden. Nur auf den Krankenstand sind nämlich diese mageren Antragsbearbeitungszahlen keinesfalls zurückzuführen, da muss es wohl noch eine andere Ursache geben."

Querverweis:
A50 (Interjektion), A96 (Anakoluth), E65 (Diskussionsunterbrechung nach Schopenhauer), E69 (Themawechsel nach Schopenhauer), F21 (Themawechsel), F29 (Ausweichen) E54 (Verhandlungsgegenstand ausdehnen)

Gegenargumente nennen und entkräften (anticipatio)   **B39**

Bevor ein möglicher Nachredner überhaupt zu Wort gekommen ist, nennt der Redner die möglichen Gegenargumente, die seiner Sache (z.B. eine Forderung) im Weg stehen könnten. Dies ist auch eine Möglichkeit Propaganda zu betreiben – wenn es diesen Gegner gar nicht gibt und die Gegenargumente selbst erfunden werden müssen.

„Aber es gibt hier wohl einige im Publikum, die sagen: Ich sehe überhaupt nicht ein, dass ich drei Stunden mehr pro Woche arbeiten soll, wenn nicht auch gehaltlich etwas für mich dabei herauskommt. Wie Sie wissen, gibt es auch die Möglichkeit eines übertariflichen Stundenlohns. Ich habe daher beschlossen, den Stundenlohn eines Facharbeiters um 0,50 Euro anzuheben, falls es zu einer Einigung mit Ihnen kommt."

Mit der Formulierung „zwar...aber" kann ein Redner erst ein Zugeständnis machen, dann aber sein eigenes Gegenargument nennen. Das ist eine Technik, die insbesondere in Verkaufsgesprächen (z.B. am Bankschalter) eingesetzt wird.

„Zwar kenne ich Ihre Bedenken, dass Sie mit Abschluss einer Lebensversicherung langfristig hohe Raten zahlen müssen, aber ich kann Ihnen versichern, dass durch die allgemeine Inflation und Ihre Gehaltssteigerungen die abzuleistenden Prämien immer kleiner werden, sodass Ihnen am Ende der Laufzeit ein hübsches Sümmchen auf dem Bankkonto gutgeschrieben wird."

Sonderfall: affictio (die Andichtung):

Dem Gegner wird eine Behauptung angedichtet, um sie dann durch einen Einwand zu entkräften.

Tipp:
Wenn Sie auf der intensiven Suche nach möglichen Gegenargumenten für Ihre Position sind, können Sie auch die Techniken der Inventio (C39 – C46) nutzen. Lesen Sie online Zeitungsartikel zum Thema, und sehen Sie sich genau die Lesermeinungen an. Oft gibt es mehr als 300 Leserbriefe zu einem Artikel, die alle ausgewertet werden können.

Querverweis: B56 (scheinbares Zugeständnis mit Contra-Widerlegung), D30 (Sympathieträger Kritik nach Aronson), E16 (Symptomverschreibung), E23 (Abwertung des Gegners mit Hintergedanken), E48 (nicht bewiesene Behauptungen) E72 (Gegenargument in ein schlechtes Licht stellen), E77 (gegnerische Beweise anzweifeln nach Schopenhauer), E81 (Vorwürfe übertreiben nach Hamilton), E75 (Argument des Gegners widerspricht seinem eigenen Interesse), E84 (falsche Argumentationskette des Gegners ausgiebig widerlegen)

Dass man als Redner nicht „in medias res" (mitten in die Dinge) einsteigen sollte, wird dann bedeutsam, wenn es um einen Sachverhalt geht, der das Publikum hart trifft – ähnlich einem Arzt, der einen Patienten über seine tödliche Erkrankung informiert. Wird das Publikum nämlich nur vor vollendete Tatsachen gestellt à la „Wir machen die Firma dicht, Sie sind alle entlassen, keine weiteren Fragen zugelassen, tschüß" (wie es nicht selten in deutschen Vorstandsetagen vorkommt), so weckt das nicht nur Wut, sondern kann auch ein emotionales Schockerlebnis auslösen, das noch jahrelang nachwirkt. Also erst in einer längeren Einleitung „um den heißen Brei herumreden", doch dann irgendwann konkret werden.

Die schonende Vorbereitung auf eine schlimme oder unerwartete Mitteilung (praeparatio) B40

„Wie Sie wissen, waren die letzten Monate nicht leicht für unsere Firma. Durch den gestiegenen Benzinpreis sind die Kosten für unsere Güter verteuert worden. Gleichzeitig ist der Absatzmarkt für unsere Produkte in Fernost geschrumpft. Das ging nicht nur uns so, sondern auch der Konkurrenz, die vor uns Maßnahmen ergriffen hat. Leider hat sich auch bei uns die Einsicht durchgesetzt, dass es nicht mehr länger Sinn macht, die Produktion in unserem Stammwerk so aufrechtzuerhalten wie bisher, d.h. wir haben Ihnen eine Mitteilung zu machen, die wahrlich nicht zur Freude ist: Wir wollen drei Gruppen zusammenlegen, die bisher getrennt gearbeitet haben. Dadurch ergibt sich ein gewisser Überhang an Arbeitskräften, die nicht mehr länger von uns benötigt werden. Das betrifft insbesonders Leute, die kürzer als zwei Jahre in unserem Unternehmen beschäftigt sind. Für diese soll eine Lösung erstellt werden, die ihre persönliche Situation berücksichtigt. Aber auch von Leuten, die in ihrer Arbeitsleistung deutlich abgefallen sind, müssen wir uns trennen. Bei Arbeitnehmern mit Familie wird genau geprüft werden, inwieweit wir nicht doch noch eine andere Möglichkeit für sie finden, z.B. durch eine Umbesetzung auf eine neue Stelle. Klar ist jedoch, dass dies auch gehaltliche Einbußen mit sich bringen kann, die sich jedoch in einem sozialverträglichen Rahmen von nur etwa 10 Prozent bewegen werden. Ich bin mir der Verantwortung für alle meine Mitarbeiter voll bewusst, und es ist mir kein Leichtes, Ihnen diese Mitteilung zu machen. Aber ich denke, es ist unumgänglich, um diese Firma zu retten. Haben Sie jetzt schon Fragen an mich? Wenn nicht, so würde ich Ihnen zunächst noch einmal die genauen Gründe für unseren Entschluss darlegen..."

Querverweis:
C56 (Die Besänftigung nach Aristoteles), C57 (Die Besänftigung in der Rede), D22 (auf die Sachebene kommen), D23 (Gespräche positiv beenden), D54 (Lösungsvorschläge entwickeln), D55 (Lösungsvorschläge beurteilen), D56 (Akzeptanz des Verhandlungspartners), D57 (Vermeidung von Schuldzuweisungen), D65 (Wertschätzung zeigen), D77 (Ansprechen des Konflikts), D68 (Aufwertung des Verhandlungspartners), D69 (guten Willen zeigen)

Auch diese rhetorischen Figuren sind nicht auf einzelne Wörter oder einzelne Sätze bezogen, sondern beziehen sich auf ganze Redeabschnitte. Sie dienen dazu, dass ein Publikum während der Rede aufmerksam zuhört und dem Redner wohlgesonnen ist. Der Unterschied zu den Manipulationsfiguren besteht darin, dass man hier versucht, seine eigene Person als möglichst rechtschaffen, ehrbar, humorvoll und fleißig darzustellen. Diese Figuren konzentrieren sich auf das eigene Image und das gemeinsame Gespräch mit dem Publikum.

Figuren der Aufmerksamkeitssteigerung und der Sympathie   B41

„Tote können sich nicht wehren", und wenn sie schon länger unter der Erde verweilen und ein Redner etwas über sie sagt, schon dreimal nicht – und genau darum geht es bei dieser Strategie. Der Redner konstruiert einen Bedingungssatz im Konjunktiv II und wirft die Frage auf: „Was wäre wohl, wenn der Tote heute noch lebte, in diesem Raum stünde und seine Meinung zur Sache abgäbe?" Es versteht sich von selbst, dass man eine prominente Person finden muss, die im Publikum ein sehr hohes Ansehen genießt.

Das Aufleben einer Person mit hohem Sympathiewert (fictio personae / sermocinatio)   B42

Bei den Philosophen wäre das Sokrates, in der Psychologie Freud, in der Physik Einstein, im Fußball Sepp Herberger, in der Politik der Parteigründer, in der Schauspielerei Heinz Rühmann, in der Jazzmusik Louis Armstrong und in einem Unternehmen der Firmengründer. Das hat zwei Effekte: Das Publikum mag vielleicht den Redner nicht, aber die prominente Person, über die sie nun Neues erfährt. Man sollte auch keine Personen nehmen, die vom Großteil der Bevölkerung abgelehnt werden, weil dann die Gefahr besteht, dass das Publikum den Redner ebenfalls ablehnt. Sympathie schafft Sympathie, Ablehnung schafft Ablehnung, und das überträgt sich auch auf den Redner.

Beispiel:
In einer Rede vor Deutschlehrern:

„_Was würde wohl ein Mann wie_ Johann Wolfgang von Goethe zur neuen Rechtschreibreform sagen? _Ich bin mir sicher, stünde_ Goethe hier leibhaftig vor uns im Raum, _würde_ dieser Altmeister der deutschen Sprache mitbekommen, dass wir zunächst eine jahrelange Rechtschreibreform per Gesetz durchgesetzt hatten, und – nachdem wir unseren Schülern in mühsamer Kleinarbeit dafür die Regeln beigebracht hatten – diese anschließend wieder von den Zeitungen eigenmächtig zurückgenommen wurde, während man sie in den deutschen Behörden nach wie vor weiter verwendet, eine Rechtschreibreform, die zwei Drittel unserer Bevölkerung immer noch nicht beherrscht, weil die alten Bücher und Zeitungen *in alter Schreibweise erscheinen, die neuen Bücher jedoch in neuer Schreibweise... was würde Goethe wohl darüber dichten?*

<u>*Sie alle kennen sicherlich*</u> *das berühmte Goethe-Gedicht ‚Gesang der Geister über den Wassern'.*

<u>*Ich zitiere:*</u>

Des Menschen Seele
gleicht dem Wasser:
Vom Himmel kommt es,
zum Himmel steigt es,
und wieder nieder
Zur Erde muss es
Ewig wechselnd.

<u>*Goethe würde wahrscheinlich zur aktuellen Rechtschreibreform sagen:*</u>

Des Menschen Schrift
gleicht auch dem Wasser:
vom Himmel kommt es,
zum Himmel steigt es,
und wieder nieder
Zur Erde muss es
Ewig wechselnd.

Nicht nur Goethe hat also ein gottgegebenes Trauma der Sprache, das buchstäblich nicht zu glaubende Unsummen an Steuergeldern verschlungen hat, zu bewältigen – sondern auch wir, die Deutschlehrer, die sich nun alle zwei Jahre einen neuen Duden kaufen müssen, weil schon wieder hunderte Wörter geändert wurden, die aber gar nicht allgemeingültig, geschweige denn verbindlich sind. Dass sich die deutsche Sprache immer wieder orthographisch verändert, ist zum Haare raufen – nicht nur für unseren Goethe, der keine mehr hat, sondern für fast alle Bürger in diesem Land. "

Im Klamauk werden oft unbelebte Sachen mit der gleichen Technik personifiziert – einzelne Körperteile (Milz, Galle, Großhirn, Hände, Füße) können dadurch eine eigene Identität bekommen, sodass man in einen streitenden Dialog darüber gerät, wie mit einer bestimmten Situation umzugehen ist. Der Tod, die Liebe, das Leben, die Tugend – alles ist denkbar für diese Art der Figur.

Geht man weiter in die heitere Welt des Kabarett, so erstehen die Toten wieder auf, wenn der Possenreißer ihren Sprechton oder sonstige Auffälligkeiten nachahmt. Hierfür ist jedoch ein hohes schauspielerisches Können erforderlich, und einem ernsthaften Redner ist dringend abzuraten, einen Sympathieträger durch ulkige Späße lächerlich zu machen.

Querverweis:
A65 (Konditionalsatz), B26 (Personifikation), B50 (Sentenz), B61 (Autoritätsbeweis), D26 (Gleichmacherei nach Aronson), E70 (Autoritäten und Vorurteile gebrauchen nach Schopenhauer), E91 (Autoritätsbeweis), F88 (Kollektiver Traum)

Der Publikumstausch (fictio audientis) B43

In jedem Gottesdienst der Kirche kommt es zu einem Publikumstausch, wenn der Pfarrer nicht mehr nur zu den Menschen aus seinem Dorf spricht, sondern man sich gemeinsam Gott zuwendet im Gebet.
Auf einmal ist das Publikum bei Gott, der jetzt zuhört, die Zuhörer werden zu aktiv Redenden, die das „Pater noster, qui es in caelis" (Vater unser im Himmel) sprechen.

I can feel it coming in the air, oh Lord
I've been waiting for this moment for all my life, oh Lord
(Phil Collins)

Eine ähnliche Technik kann auch ein Redner nutzen, indem er während seines Vortrags nur zu einer anwesenden Person spricht (dem Angeklagten, dem Redegegner, dem Parteifreund), nur mit einem bestimmten Personenkreis, der aber oftmals gar nicht anwesend ist, spricht (den Frauen, den Kindern, den Ausländern, den Buchlesern, den Computerfreunden) oder die Ansprache zu seinem Publikum so verändert, dass sie als nicht normal empfunden wird. Es versteht sich von selbst, dass mit dieser Methode Propaganda übelster Sorte möglich ist, denn in einem Kriegszustand wendet man sich dann direkt an den Feind. Das ungebildete Publikum, oftmals diesen einfachen Manipulationstrick nicht durchschauend, fällt so reihenweise auf ihre Wortführer herein und wird leicht zum Opfer rhetorischer Verführbarkeit.

„Wenn hier auf unserem Damentag auch keine Männer anwesend sind, so möchte ich mich doch als Sprecherin auch dem schwachen Geschlecht einmal zuwenden: Liebe Männer, ihr habt in den letzten Jahren mächtig mit uns Frauen zu kämpfen gehabt, erst durch die Antibabypille, dann durch die Frauenrechtsbewegung, schließlich durch die gerechte Aufteilung von Haushalt und Kindererziehung. Aber ihr lieben Männer, auch wenn ihr hin und wieder scheußlich seid, wir mögen euch trotzdem und würden nie, fast nie, auf den Gedanken kommen, als Sirenen wie bei Odysseus oder als kriegerische Amazonen durch die Welt zu gehen – dafür lieben wir euch viel zu sehr! Euch Männer kann man am besten mit Eissorten vergleichen – es gibt den zuckersüßen Vanille-Schatz, der für uns ein Kavalier erster Güte ist und uns jeden Wunsch von den Augen abliest. Es gibt den fruchtigen Typ, oftmals Banane, der sportlich

mit uns nach Palm Beach fliegt, auf die Dauer etwas anstrengend, aber in der Jugend lohnenswert, da man durch ihn die Welt kennenlernt. Es gibt die Kinder-Schokoladensorte, die innerlich ein ganz großes Kind geblieben ist und immer noch am liebsten mit der Eisenbahn und seinem Technik-Baukasten spielt. Und manchmal auch mit uns. Es gibt den chemisch schmeckenden Eistyp, der seine vielen Macken hat und wo man die rostigen Schrauben anziehen muss – naja, dafür kann er ein Bild aufhängen. Es gibt den Zitronen-Typ, der ohne Zuckerzusatz unserer Seite sehr bitter schmeckt und wo man bei näherem Hinsehen leicht das Gesicht verzieht. Es gibt den abgestandenen Eistyp, der schon etwas in die Jahre gekommen ist, und mit graumelierten Haaren meint, nur weil er ein bisschen Fitnesstraining macht, er sei noch 20. Es gibt den italienischen Eistyp, der als Original mit betörendem Augenaufschlag beim Verzehr nicht unbedingt das einhält, was er zuerst mit „Si Signora" versprochen hat. Es gibt den dänischen Eistyp, der edlen Luxus und ein Haus mit Swimming-Pool verspricht. Es gibt den USA-Softeis-Typ, der als Globetrotter weltgewandt und sehr gesprächig das interkulturelle Gespräch mit uns sucht. <u>Ihr seht schon, liebe Männer, ihr denkt vielleicht, wir Frauen hätten so gar keine Ahnung von der Thematik, aber ihr täuscht euch in uns, so wie wir uns in euch täuschen."</u>

Redetext (Original):

„ *Lasst uns Gott bitten, dass er unser gesamtes Vaterland, alle Kantone mit weisen, kräftigen, leidenschaftslosen Regierungen und Regenten segne, damit nicht nur die Ruhe des gesamten Landes sich festige, unsere Unabhängigkeit sich sicher stelle, sondern dass es jedem einzelnen möglich werde, während die Gesetze Handeln einschränken, desto eher sein Inneres zu heiligen, die Sünde im Herzen zu dämpfen und von Tag zu Tag ein würdigerer Christ zu werden, der des Allwissenden prüfendes Auge besser zu ertragen vermag!*
<u>*Darum bitten wir dich, der du unser Gott bist und für uns sorgest, auch wenn wir es nicht erkennen. Den Zweck deiner Einrichtungen haben wir oft verkannt, als unverständige Kinder oft getadelt, was Du zu unserem Heil uns gabest. Vater, verzeihe es uns, gib uns Deine Verzeihung dadurch zu erkennen, dass Du uns segnest mit weisen, festen, frommen, uneigennützigen Regenten! Denn ohne solche ist kein Heil im Lande. Gib uns solche, oh Vater! Siehe, wir sind ferne von unserer Heimat, und an diesen Tagen versammelt sich dort eine neue Obrigkeit. Gib uns eine solche, wie wir sie oben geschildert, dass durch sie das Gute aufrecht erhalten, das Böse unterdrückt wird mit Kraft und Weisheit! (...) Um das Vater, bitten wir dich. Amen."*</u>

Jeremias Gotthelf

Redetext: Jeremias Gotthelf (Feldpredigt)

Querverweis: A44 (Personalpronomen), A56 (Wunschsatz), A57 (Befehlssatz), B26 (Personifikation), B42 (Sermocinatio), B48 (Direkte Publikumsansprache)

Wir kennen bereits die rhetorische Figur eines Anakoluth, mit der häufig Gedankengänge nicht zu Ende geführt werden. Aber auch mit einer Frage an sich selbst und direkter Beantwortung ist es dem Redner möglich, etwas zu verschweigen, das er z.B. deshalb nicht nennen will, weil es einen moralisch anstößigen Begriff enthält, der einfach so ausgesprochen das Schamgefühl älterer Semester oder das der Kinder verletzten könnte. Oftmals ist eine angedeutete Sache weitaus wirkungsvoller, als wenn man es unbarmherzig ausgesprochen hätte, denn der Redner appelliert so auch an die Eigenverantwortlichkeit im Publikum.

„*Dann fragen Sie doch mal diesen Mann, was auf seinen Promi-Partys hier wirklich passiert, zu denen junge Mädchen aus der Umgebung mit der Hoffnung auf eine Schauspielerkarriere angelockt werden. Ich sag nur so viel: Ein XXX-Movie mit hoher Altersbeschränkung und einem stöh – ach, kein Wort mehr, sonst wird mein Gesicht noch ganz rot vor Scham.*"

„*Wie meine Meinung darüber ist? Ihr habt ja die junge Frau gehört, die etwas darüber sagte, das ich jetzt mit Rücksicht auf kleine Kinder ganz bestimmt nicht wiederholen werde. Ich denke, es ist falsch.*"

In einer Zeit des nicht mehr zu unterbietenden Niveaulos-Entertainments mit Glücksspiel, Talkshow, Superstar, Gangsta-Rapper-Attitüden und Internet-Mobbing-Wackelvideos zeigt sich ein gewisser Grad an Bildung schon allein durch das Weglassen. Und wer will schon so ungebildet wirken wie die angebliche Kommunikationsexpertin „Lady Bitch Ray" (Examensnote im Studium: 1,0), die in der Öffentlichkeit eher den Wortschatz einer 12-Jährigen an den Tag legt, nicht zuletzt auch, weil das Ganze ohnehin geklaut wurde, nämlich durch das schonungslose Imitieren von Nina-Hagen-TV-Interviews in den 70er Jahren? Ein guter Redner hat auch eine gewisse Verantwortung seinem Publikum gegenüber, die auch das Ethos, eine gewisse Sittlichkeit und Anständigkeit, mit einschließt. Der sprachliche Ausdruck sollte daher immer zum jeweiligen Alter der Person, der Redesituation, dem Berufsfeld passen – es sei denn, man betritt das Feld der Comedy, siehe unten in den zwei Beispielen.

Es gibt auch noch die Technik, in eher obszön klingenden Textabschnitten alle schmutzigen Wörter wegzulassen, eine Art „piep"

Das Verschweigen von Redeabschnitten (reticentia) B44

Es war an einem Abend, als ich kaum zwanzig Jahr', da küsst' ich rote Lippen und gold'nes, blondes Haar. Die Nacht war blau uns selig, der Neckar silberklar, da wusste ich, da wusste Ich, woran, woran ich war. Ich hab mein Herz in Heidelberg verloren, in einer lauen Sommernacht. Ich war verliebt bis über beide Ohren und wie ein Röslein hat ihr Mund gelacht.
(Freddy Breck)

355

bei zu heißen Wörtern. Das kann einen komischen Effekt bringen, wenn man alle diese Wörter nicht mehr erwähnt oder gar mit einer Unterbrechung und einem Kurzkommentar versieht. Dazu mus natürlich gleichzeitig eine gute Betonung, Mimik und Gestik (Kopfkratzen, zerknirscht dreinblicken) erfolgen.

Beispiel aus der Literatur:

„Um der Barmherzigkeit willen, Mama! Verschone uns mit dem Herzählen der Gründe! Du reste, *wir kennen sie ja alle: die Gefahr des schlechten Beispiels für die Unschuld der Jugend; Zerstreuung und darauf folgende Vernachlässigung der Pflichten seitens der Verliebten – gegenseitiges Bündnis und Unterstützung; daraus entspringende Sicherheit – in Begleitung von Frechheit – Empörung, Meuterei und allgemeiner Krach! Habe ich nicht recht, Baronin Ingram von Ingram-Park?"*
„Meine reine Lilie, du hast auch jetzt recht, wie immer."
„<u>Verlieren wir also kein Wort mehr darüber. Sprechen wir von etwas anderem.</u>"

Charlotte Brontë

Text: Charlotte Brontë, „Jane Eyre"

<u>Sonderform: anamnesis (Erinnerung)</u>

Hier versucht der Redner, an scheinbar Vergessenes zu erinnern und lenkt den Blick auf die Fehler und Sünden der Vergangenheit.

Querverweis: A96 (Anakoluth), B9 (Periphrase), B37 (Praeteritio), B81 (Beschwichtigung durch Ausklammerung), B82 (Diffamierung durch Ausklammerung), D79 (Abblockungen), E89 (widerlegte Argumente abkürzen nach Hamilton)

Versprechen von Kürze (brevitas)   **B45**

Anekdote:

Ein griechischer Abgesandter verlangte einst in einer fremden Stadt Unterstützung bei einem Feldzug. Nachdem er seine äußerst ausführlich gehaltene Rede endlich beendet hatte, wurde er von einem der Zuhörer direkt angesprochen:

„Du hast nunmehr, oh Fremdling, eine sehr schöne und sehr lange Ansprache in wohlgesetzten Worten gehalten. Der Anfang deiner Rede war aber so schwierig zu verstehen, dass wir ermüdeten und nur die Hälfte deiner Worte in uns aufnehmen konnten. Den Schluss deiner Rede konnten wir nicht begreifen, weil wir den Anfang nicht verstanden hatten!"

Insbesondere wenn schon einige Vorredner am Pult gestanden sind, ist ein Publikum nur dann bei guter Laune zu halten, wenn der Redner verspricht, sich kurz zu halten, d.h. nicht mehr als nötig zu sagen, und eine eher kompakte Darstellung zu wagen. Damit erreicht der Redner, dass sich das Publikum für ein paar Minuten voll auf ihn konzentriert, was unter dem Strich viel besser ist als eine zu lange Rede, wenn die Leute anfangen Zeitung zu lesen oder Karten zu spielen. Die Rede muss in ihrer Länge angemessen sein, bei einer politischen Rede kann sie 45 Minuten lang sein, bei einem Studienreferat nicht mehr als 20 und in der Comedy nicht mehr als 10. In der Kürze liegt die Würze, heißt es im Volksmund, und dies stimmt fast immer. Doch zu kurz und abgehackt ist auch nichts, mit einem 2-Minuten-Vortrag über „Kunst und Ästhetik" ist wahrscheinlich nicht viel gewonnen. Klar ist, dass ein Publikum heutzutage wesentlich weniger aufnahmefähig ist als noch in früheren Jahrhunderten, wenn z.B. in Amerika manche Redner wie Abraham Lincoln bis zu 6 Stunden (!) ihre Positionen darlegten und trotzdem ein begeistertes Publikum fanden. In einer Zeit abgehackter Internetvideos, Fernbedienungen mit 30 Kanälen, Radiowerbung statt Musik, Jamba-Klingeltönen, 45 Minuten-Einheiten in der Schule fällt es vielen schwer, sich auch über einen längeren Zeitraum zu konzentrieren. Das ist auch der Tatsache geschuldet, dass man eigentlich nur 20 Prozent dessen, was ein Redner sagt, im Langzeitgedächtnis abspeichern kann. Wer kurzzeitig nicht aufpasst, verliert so schnell den Faden - und damit die Lust.

„Meine Damen, meine Herren, <u>ich will Ihre Aufmerksamkeit nicht zu lange in Anspruch nehmen, und werde deshalb</u> gleich an Dinge anknüpfen, die meine Vorredner bereits erwähnt haben. Insgesamt freue ich mich, dass so viele Leute zu diesem Vortrag gekommen sind. Sie wissen, das Thema, über das wir heute sprechen, heißt (...) <u>Ich werde mich jedoch zu diesem Problem kurz fassen, weil ich weiß</u>, dass es hier im Raum doch sehr heiß ist."

Beispiel aus der Literatur:

ARGAN. Jedenfalls wirst du mir doch das einräumen, daß die Ärzte von dem allen mehr wissen als wir andern?
BERALDE. Sie wissen, was ich dir vorhin gesagt habe, Bruder, und damit kuriert man blutwenig. Glaube mir, die ganze Herrlichkeit ihrer sogenannten Wissenschaft besteht in einem hochtrabenden Galimathias und in einem blendenden Phrasenschwall, der statt Gründe anzuführen Worte gibt und Versprechungen statt der Tat.
ARGAN. <u>Aber, um es kurz zu machen, Bruder</u> – es gibt andre Leute, die ebensoviel Verstand und Einsicht haben wie du; und die doch alle, wie du siehst, sich, wenn sie krank sind, an die Ärzte wenden.

BERALDE. Das ist ein Beweis der menschlichen Schwachheit, entscheidet aber nichts für die Wahrheit jener sogenannten Wissenschaft.

Text: Molière, „Der eingebildete Kranke"

Sonderfall: conciliatio (das Zusammenbringen)

Durch verstecktes Lob versucht man am Redeanfang, den Richter und die Zuhörer auf seine Seite zu bringen.

„Ich sehe, ich habe hier ein äußerst fachkundiges Publikum, dem ich nicht erst lang und breit erklären muss, was ein Rettungsschirm ist. In anderen Universitäten denken sie immer noch, es handele sich um einen Regenschirm."

Sonderfall: impulsio (Publikumsentspannung)

Durch Scherze und witzige Rede wird das Publikum in eine besonders heitere Stimmung versetzt.

Sonderfall: assimulatio (Ähnlichmachung)

Der Redner gibt vor, die Meinung der Zuhörer zu teilen und auf ihrer Seite zu sein. Er verstellt sich, um sein wahres kommunikatives Ziel zu erreichen.

Querverweis:
A93 (Ellipse), B28 (Sustentatio), D4 (Abkürzungsneologismus), D26 (Gleichmacherei nach Aronson), D32 (Lob nach Aronson), C1 (Einleitung: in medias res), E47 (Endlos-Monologe), F50 (Gesprächszeit ausdehnen)

Bescheidenheit des Redners (humilitas)   B46

„Bescheidenheit ist eine Zier" heißt es im Volksmund und spielt darauf an, dass ein Redner sich zu Anfang nicht zu sehr in den Mittelpunkt stellen sollte, selbst wenn er als Experte zu einem bestimmten Thema geladen ist. „Wir mögen Leute, die so sind wie wir, aber wir mögen sie nicht, wenn sie wesentlich klüger sind als wir", heißt es in einem weiteren Axiom von Elliot Aronson, dem Begründer der Sozialpsychologie. Da der erste Eindruck der oftmals bleibende ist, sollte ein Redner unbedingt darauf achten, nicht zu großspurig und aufgeblasen und überheblich aufzutreten, getreu dem Motto: „Ich bin alles, ihr seid nichts!" Das heißt aber nicht, dass man sich als Redner schüchtern geben muss: Die eigene Lebensleistung etwas unter den Scheffel stellen und dafür die Sache, um die es geht, mehr in den Vordergrund rücken!

Molière

Redebeispiel (Original):

"Wir Deutschen wollen, sollen und müssen, will mir scheinen, tapfer zu sein lernen gegenüber der Wahrheit, zumal auf einem Boden, der von den Exzessen menschlicher Feigheit gedüngt und verwüstet wurde. Denn die bare Gewalttätigkeit, die sich mit Karabiner, Pistole und Rute verziert, ist in einem letzten Winkel immer feige, wenn sie, gut gesättigt, drohend und mitleidlos, zwischen schutzloser Armut, Krankheit und Hunger herumstolziert. <u>Wer hier als Deutscher spricht, muss sich die innere Freiheit zutrauen, die volle Grausamkeit der Verbrechen, die hier von Deutschen begangen wurden zu erkennen. Wer sie beschönigen oder bagatellisieren wollte oder gar mit der Berufung auf den irregegangenen Gebrauch der sogenannten ‚Staatsraison' begründen wollte, der würde nur frech sein.</u>
Ich habe das Wort Belsen zum erstenmal im Frühjahr 1945 aus dem britischen Rundfunk gehört, und ich weiß, dass es vielen in diesem Land ähnlich ergangen ist. Wir wussten – oder doch ich wusste – Dachau, Buchenwald bei Weimar, Oranienburg, Ortsnamen bisher heiterer Erinnerungen, über die jetzt eine schmutzigbraune Farbe geschmiert war. Dort waren Freunde, dort waren Verwandte gewesen, hatten davon erzählt. (...) An einem bösen Tag hörte ich den Namen Mauthausen, wo sie meinen alten Freund Otto Hirsch ‚liquidiert' hatten, den edlen und bedeutenden Leiter der Reichsvertretung deutscher Juden. Ich hörte das Wort aus dem Munde seiner Gattin, die ich zu stützen und beraten suchte. (...) Diese Bemerkung soll keine Krücke sein für diejenigen, die gern erzählen: Wir haben von alledem nichts gewusst. Wir wussten auch aus den Schreiben evangelischer und katholischer Bischöfe, die ihren geheimnisreichen Weg zu den Menschen fanden, von der systematischen Ermordung der Insassen deutscher Heilanstalten. Dieser Staat, dem menschliches Gefühl eine lächerliche und kostenverursachende Sentimentalität hieß, wollte auch hier tabula rasa – ‚reinen Tisch' – machen, und der reine Tisch trug Blutflecken, Aschenreste – was kümmerte das? (...) Dieses Belsen und dieses Mal sind stellvertretend für ein Geschichtsschicksal. Es gilt den Söhnen und Töchtern fremder Nationen, es gilt den deutschen und ausländischen Juden, es gilt auch dem deutschen Volke und nicht bloß den Deutschen, die in diesem Boden verscharrt wurden."

Redetext: Theodor Heuss, 1952

Thedor Heuss

Querverweis:
A27 (Modalverb), B9 (Periphrase), B14 (Litotes), B33 (Licentia), C56 (Die Besänftigung nach Aristoteles), C57 (Die Besänftigung in der Rede), D29 (Sympathiekiller Intelligenz), D34 (dem Redner einen Gefallen erweisen), D65 (Wertschätzung zeigen), D69 (guten Willen zeigen), D71 (Gefühle zeigen)

Die Wichtigkeit des Redegegenstandes dem Publikum deutlich machen („tua res agitur") B47

Die rhetorische Figur „tua res agitur" (lateinisch: „Deine Sache wird verhandelt") versucht dem Publikum die Wichtigkeit einer Sache, über die man sprechen will, nahezubringen. Der Redner signalisiert dem Publikum, dass es durch seinen Vortrag einen klaren Vorteil gewinnt: „Ich rede nicht für mich, sondern ich rede für euch", zeigt der Redner durch seine ersten Sätze in der Einleitung. Dies geschieht durch eine direkte Anredeformel (z.B. „Meine Damen und Herren"), die mehrmals in der Rede wiederholt wird. Dies geschieht auch durch das Umschreiben des Personalpronomens von „Ich" auf „Wir". Dies geschieht durch Redewendungen wie z.B. „Das betrifft euch alle, denn...", „Das könnte euch auch bald betreffen." Das Publikum muss zum Redner sogleich ein Vertrauensverhältnis aufbauen und durch Inhalt wie Sprache gedanklich voll bei der Sache sein.

„ Meine Damen, meine Herren, liebes Kollegium, ich danke dafür, dass Sie hier so zahlreich erschienen sind, obwohl der Zeitpunkt für diese Veranstaltung doch erst seit kurzem bekannt ist. <u>Aus dem Vorfeld werden schon ein paar Leute von Ihnen Gerüchte gehört haben, wie es mit unserem Unternehmen weitergeht, sodass Sie schon wissen, dass es sich heute nicht um ein Betriebsfest handelt, sondern um eine ernstere Angelegenheit.</u>

Gestatten Sie mir, etwas zu tun, was normalerweise nicht üblich ist, aber wir müssen hier auch gewisse Verstöße gegen die Verschwiegenheitspflicht anprangern. <u>Wir müssen uns auch nochmals vergegenwärtigen,</u> dass wir hier alle einen Vertrag unterschrieben haben, der es keinesfalls duldet, dass hier vorab Sachen über soziale Netzwerke ausgebreitet werden. Ein solches Verhalten kann von uns nicht geduldet werden, das ist klar. <u>Wir wissen, dass sich einige von Ihnen zu Recht angesprochen fühlen dürften,</u> und das ist mit diesen Worten auch beabsichtigt..."

Redebeispiel Original:

<u>Es geht jetzt weder</u> um Steuern <u>noch</u> um Ungerechtigkeiten gegen Verbündete, <u>doch unsere Freiheit und unser eigenes Leben stehen auf dem Spiel</u>. Beständig, ihr Herren Senatoren, habe ich mahnende Worte an diesen Stand richten müssen, oftmals habe ich über die Ausschweifung und die Prasssucht unserer eigenen Bürger klagen müssen, weshalb ich hier auch vielen zum Feind bin. Mir selbst und meiner Auffassung hätte ich wohl niemals einen Fehltritt vergeben, ungern übersah ich die schlimmen Begierden eines anderen. Aber auch wenn ihr dies immer nur sehr gering gewürdigt habt, war unser Staat geschützt und ertrug diese gewaltige Nachlässigkeit. <u>Nun aber geht es nicht mehr darum, ob wir</u> nach guten oder schlechten Sitten leben, <u>noch wie</u> groß oder bedeutend

das Reich des römischen Volkes ist, <u>sondern darum</u>, wie jetzt von euch entschieden wird, <u>ob das Unsere uns oder unseren Feinden gehören wird.</u>

Text: Sallust, „Römische Geschichte" (Catos Antwort zur aufgedeckten Verschwörung des Catilina)

„Was die Nein-Sager nicht verstanden haben ist, dass <u>es nicht um mich geht, sondern um euch!</u>"

Redetext: Barack Obama, 28.8.2008 (bei seiner endgültigen Nominierung zum Präsidentschaftskandidaten in Denver)

Querverweis:
A27 (Modalverb), A51 (Konjunktion), A44 (Personalpronomen), B4 (Antithese), B33 (Licentia), B48 (Direkte Publikumsansprache), D60 (Vertrauensbasis schaffen), D70 (Vertrauensbasis entwickeln)

Der Redner muss den Kontakt zu seinem Publikum suchen, und dies nicht nur zur Begrüßung, sondern auch während der Rede. Natürlich nicht in jedem dritten Satz, aber doch spätestens alle fünf Minuten. Wenn ein Redner nämlich eine Stunde über ein Thema spricht, ohne dass er sich in irgendeiner Form ans Publikum wendet, so wirkt das entweder selbstvergessen oder antiautoritär. Beides ist eher schlecht, denn einen gewissen Respekt sollte das Publikum schon vor dem Redner haben, der ja, in letzter Konsequenz, bei Störern sogar die Möglichkeit hätte, diese direkt in seiner Rede anzusprechen: „Mein Herr! Was soll das? Können Sie nicht bitte still sein und Ihr Handy ausschalten?", eine soziale Situation, die den Störern wiederum peinlich ist, weil ja alle Leute nun auf sie schauen.

Direkte Publikumsansprache   B48

In welcher Reihenfolge soll man aber die Leute ansprechen?
Bei einer Festrede gilt für die einleitende Begrüßung folgende Rangfolge:

1. Persönliche Begrüßung des Jubilars aus der Firma (= Redegegenstand) sowie etwaiger anwesende Familienmitglieder
2. Persönliche Begrüßung prominenter Gäste nach ihrem Rang: Firmenchef vor Abteilungsleiter und Gruppenleiter
3. Begrüßung der übrigen Anwesenden

Tipp: Erkundigen Sie sich unbedingt vorher, wie die Nachnamen richtig ausgesprochen werden. Wenn jemand einen offiziellen Titel hat (z.B. Dr.), sollten Sie diesen unbedingt erwähnen.

Privat:
Liebe Tante Luise, liebe Familienmitglieder!
Liebes Geburtstagskind, liebe Freunde!
Meine lieben Gäste! Liebe Familie, liebe Freunde!
Lieber Stefan! Liebe Familienmitglieder und Freunde!
Liebe Gäste, liebe Freunde!
Verehrte, liebe Gäste!
Liebe Karin, lieber Arno!
Liebes Brautpaar!
Liebe Familie, liebe Freunde!
Liebe Freunde!
Meine Lieben!
Lieber Herr Schulz, meine lieben ehemaligen Mitschülerinnen und Mitschüler!
Liebe Kunstfreunde!
Liebe Musikfreunde!
Liebe Sportsfreunde!
Liebe Naturfreunde!
Liebe Angehörigen, liebe Trauergemeinde!
Lieber Herr Pfarrer! Liebe Taufgäste!

Öffentlicher Raum (zum Teil mit fremden Zuhörern)

Liebe Kolleginnen und Kollegen! Meine Damen und Herren!
Sehr geehrte Frau Schneider! Liebe Kolleginnen und Kollegen!
Liebe Frau Schneider! Liebe Mitarbeiterinnen und Mitarbeiter!
Lieber Herr Schneider! Liebe Kolleginnen und Kollegen!
Sehr geehrte Damen und Herren!
Liebe Auszubildenden! Lieber Firmennachwuchs!
Meine sehr verehrten Damen und Herren!
Meine sehr verehrten Damen und Herren! Liebe Mitarbeiterinnen und Mitabeiter! Liebe Gäste!
Meine sehr verehrten Damen und Herren, geschätzte Mitarbeiterinnen und Mitarbeiter, liebe Gäste!
Meine sehr verehrten Damen und Herren, liebe Gäste!
Liebe Sportskameraden! Meine sehr verehrten Damen und Herren! Liebe Gäste!
Liebe Vereinskameradinnen, liebe Vereinskameraden!
Meine Damen und Herren, liebe Freunde!
Liebe Festgäste, meine Damen und Herren!

Sonderform: Distributio

Wenn der Redner sein Publikum aufteilt und sich nicht an alle Leute, sondern nur an einzelne Gruppen im Publikum wendet, so spricht man von einer „Distributio". In der „Rhetorik an Herennius" (80 v. Chr.) gibt es ein Beispiel:

„Wer von euch, Männer des Geschworenengerichts, den guten Namen dieses Senats liebt, muss diesen Mann hassen, denn seine Angriffe auf den Staatskörper waren schon immer beispiellos. Wer von euch wünscht, dass der Ritterstand im Staate etwas zu sagen hat, muss dieser Person die schlimmste Strafe zukommen lassen (...) Ihr, die Ihr Eltern habt, müsst durch eine Bestrafung dieser Kreatur aufzeigen, dass gesetzesuntreue Männer keinesfalls eure Zustimmung finden. Ihr, die Ihr Kinder habt, müsst nun ein Zeichen setzen, um ihnen zu demonstrieren, wie groß doch die Bestrafung sein kann für Männer dieser Sorte."

Autor: anonymer Verfasser, „Rhetorik an Herennius" (80 v. Chr.)

Redebeispiel Original:

„Indem Sie vorgestern mit 183 gegen 101 Stimmen das non sint (*lat. = „sie gibt es nicht") über die deutschen Jesuiten aussprachen, haben Sie – das ist meine Überzeugung – einen Schnitt in das Herz eines großen Teils der katholischen Bevölkerung gemacht, und ich lege darauf noch weit mehr Gewicht als auf das Los, welches Sie den paar hundert Jesuiten durch Ihren Ausspruch bereiten wollen, ich sage: des bei weitem größten Teils der Bevölkerung Deutschlands...
Dass mindestens Millionen solcher deutschen Katholiken vorhanden sind, und zwar Millionen Katholiken, die in den Feldzügen ebenso gut repräsentiert waren und gewirkt haben wie die Nichtkatholiken – ich bitte, das doch keinen Augenblick außer acht zu lassen.
Meine Herren! Bei Vorkommnissen der gegenwärtigen Art, die meines Erachtens verhängnisvoll und unheilvoll sind, bemühe ich mich immer, um den Mut nicht zu verlieren und dem Pessimismus zu verfallen, was allerdings sehr nahe läge, demselben eine gute Seite abzugewinnen, die Lichtseite mir vorzuführen, und ich habe auch hier in der Tat eine solche Lichtseite gefunden.
Meine Herren! Meines Erachtens, ja meiner Überzeugung nach ist Ihr Beschluss eine Bankrotterklärung des modernen Liberalismus auf dem geistigen Gebiete.
Sie haben einfach durch diesen Beschluss und durch die Art, wie Sie denselben verteidigt haben, für alle Welt, die unbefangen urteilt, die ruhig die Dinge an sich vorüberlaufen sieht, zu erkennen gegeben, dass Sie mit geistigen Waffen gegen die geistige Macht der Kirche nicht mehr auskommen können, und das nenne ich eine geistige Bankrotterklärung."

Redner: Peter Reichensperger (Abgeordneter von der Zentrumspartei), 1872

Peter Reichensperger

Beispiel aus der Literatur:

Wenn du aus diesem Vorspann schließt, dass dich so etwas wie ein Liebesroman erwartet, mein Leser, warst du wohl niemals mehr im Irrtum. Erhoffst du dir Sentimentalität und Dichtung und Träumereien?
Erhoffst du dir Leidenschaften und Reize und ein Melodrama? Beruhige deine Erwartungen; reduziere sie auf den niedrigsten Maßstab. Etwas Reales, Tolles und Bodenständiges liegt vor dir; etwas Unromantisches wie ein Montagmorgen, wenn alle, die einer Arbeit nachgehen, mit dem Bewusstsein erwachen, dass sie aufstehen und sich selbst dorthin begeben müssen. Es kann nicht positiv bestätigt werden, dass du nicht auch einen Geschmack des Aufregenden haben wirst, vielleicht in der Mitte und am Ende der Mahlzeit, aber es ist beschlossen, dass die erste Mahlzeit, die auf den Tisch gesetzt wird, eine sein wird, die ein Katholik – ja, sogar ein englischer Katholik - am Karfreitag in der Leidenswoche essen könnte; sie soll aus kalte Linsen bestehen und aus Essig ohne Öl; sie soll ungesäuertes Brot mit bitteren Kräutern sein und kein gebratenes Lamm.

Charlotte Brontë

Text: Charlotte Brontë, „Shirley"

Querverweis: A87 (Polysyndeton), A90 (Bekräftigung), B2 (Parallelismus), C54 (Kränkung), D62 (Aktives Zuhören), D65 (Wertschätzung zeigen)

Letzte Entscheidung dem Publikum überlassen B49

Von ihrer Wirkungsweise ist die rhetorische Figur „Publikumsentscheid" eine Sympathiefigur. Das Publikum identifiziert sich mit dem Redner und sieht die Sache mit seinen Augen. Mit einer solchen Taktik kann der Redner aber nur dann ankommen, wenn von vornherein klar ist, wie sein Publikum reagieren wird. Der Redner muss hier einen unangreifbaren Sympathiewert in der Menge genießen (z.B. eine Rede vor Parteianhängern), ansonsten wird er in der Sache verlieren. Der Redner gibt ein Stück seiner Entscheidungsgewalt ab, er lässt scheinbar das Publikum zwischen zwei Alternativen wählen.

Beispiel:
Wollen Sie schon jetzt die Pause oder erst in einer Viertelstunde? Ich wäre mit meinem Stoff soweit durch.
(Seminarschulung)

Lassen Sie uns gemeinsam abstimmen, und bitte strecken Sie die Hand: Wollen Sie neue Kindergärten und neue Schulen in dieser Stadt oder sollen wir die überschüssigen öffentlichen Gelder für das Projekt eines Internetkindergartens und einer Internetschule verwenden, wo man sich nur noch wochenweise virtuell trifft?

Dass der Redner dadurch in der Gunst steigt, ist durch die Sozialpsychologie nach Elliot Aronson belegt, denn „wir mögen Leute, die uns einen Gefallen tun." Diesen Trick der letzten Entscheidungsgewalt nehmen auch gern Politiker für sich in Anspruch, wenn sie ihrem Volk ein Referendum aufzwingen. Politiker sind aber eigentlich dafür gewählt, die richtigen Entscheidungen fürs Volk zu treffen, da sie über alle Informationen verfügen. Jemand, der sich nur oberflächlich informiert hat und dann über eine komplexe wirtschaftliche Sachfrage abstimmen soll, kann keine richtige Entscheidung treffen.

Wie alle rhetorischen Figuren, kann die Figur „Publikumsentscheid" auch zu manipulativen Zwecken eingesetzt werden. Bei unsauberer Wahl (stark – schwach) kann man die Leute regelrecht aufhetzen.

Redetext Original:

„Die mannigfachen Impulse, denen die Massen gehorchen, können je nach dem Reize edel oder grausam, heroischer oder feiger Art sein, aber stets werden sie so gebieterisch sein, dass nicht das persönliche, ja nicht einmal das Interesse der Selbsterhaltung zur Geltung kommt.
(...) die Masse wird sehr leicht zum Henker, ebenso leicht zum Märtyrer. (...) Die Wandelbarkeit der Massen macht, dass sie schwer zu regieren sind, insbesondere wenn ein Teil der öffentlichen Gewalt in ihre Hände gefallen ist. (...) Autoritätsglauben und Intoleranz sind für Massen äußerst klare Empfindungen, die sie leicht erfassen und ebenso leicht annehmen als betätigen, sobald man sie ihnen einflößt. Die Massen respektieren willig die Kraft und werden durch Güte, die für sie nur eine Art von Schwäche bedeutet, nur mäßig beeinflusst. Niemals gelten ihre Sympathien den gütigen Herren, sondern den Tyrannen, von denen sie kraftvoll zertreten wurden; ihnen haben sie allezeit die größten Statuen errichtet."

Redetext: Gustave Le Bon, „Psychologie der Massen"

Gustave Le Bon

Nicht nur die Kriegspropaganda kennt den perfiden Trick, das Publikum nicht vor vollendete Tatsachen zu stellen, sondern ihm quasi die ganze Entscheidungsgewalt aufzudrängen. Schon Pontius Pilatus hatte in seinem Todesurteil gegen Jesus von Nazareth das jüdische Volk wählen lassen, ob es lieber den Räuber Barabbas oder den Redner Jesus begnadigt haben will. Wenn knapp 2000 Jahre später NSDAP-Propagandaminister Joseph Goebbels im Sportpalast seine Parteianhänger fragt: „Wollt ihr den totalen Krieg? Wollt ihr wirklich den totalen Krieg? Wollt ihr Butter oder

Kanonen?", seine Parteianhänger begeistert von ihren Sitzen aufspringen, obwohl doch schon absehbar ist, dass Deutschland den Krieg längst verloren hat, dann zeigt sich auch, dass hierzulande die Masse der einfachen Leute nur sehr wenig über Manipulationstechniken wusste. Rhetorische Kabinettstückchen, die es bereits in der Antike gab, wenn ein römischer Kaiser die Gladiatoren nach den Kämpfen in der Arena entweder begnadigte oder von den Löwen zerreißen ließ, sich aber von der Reaktion seines Publikums vorher beeinflussen ließ. Ein Demagoge wird sein Publikum nur zwischen einer echten Möglichkeit und einer Scheinalternative wählen lassen, auf die das Publikum niemals eingehen wird.

„Ich will Sie aber nicht einfach vor vollendete Tatsachen stellen. Sie müssen selbst entscheiden, wie wir mit dieser vertrackten Situation des Auftragsrückgangs umgehen sollen. Sie wissen, dass wir für diesen Sommer auch Schichten streichen müssten, was sich in der jeweiligen Abteilung mit einer empfindlichen Gehaltseinbuße bemerkbar machen würde. Sie wissen auch, dass wir einen Tarifvertrag haben, der Kurzarbeit nicht ohne Zustimmung des Betriebsrats zulässt. Was das aber dann bedeutet, kann ich Ihnen nur andeuten. Möglicherweise sehen Sie dann heute Ihren Banknachbarn heute zum letzten Mal, weil unsere Firma nicht länger als bis Herbst mit unausgelasteten Schichten durchhalten kann. Deswegen frage ich Sie frei heraus: <u>Wollen Sie jetzt Kurzarbeit oder jetzt mehr Geld in der Tasche? Wollen Sie Schichtstreichung oder Bargeld?</u> Sie haben alle Familie, und ich will Sie nicht mit einer Entscheidung seitens der Firmenleitung bevormunden."

Querverweis: A17 (Fragewort), A51 (Konjunktion), B30 (zweifelnde Frage), D33 (dem Publikum einen Gefallen tun), D34 (dem Redner einen Gefallen erweisen), D56 (Akzeptanz des Verhandlungspartners), D68 (Aufwertung des Verhandlungspartners), E12 (Geplante Wahlmöglichkeit)

Sinnspruch-Zitate bekannter Persönlichkeiten oder volkstümliche Sprichwörter (Sentenz)   B50

Eine Sentenz ist ein kurzes Sprichwort, das eine bestimmte Lebensweisheit verkörpert. Die meisten Sentenzen („Sinnsprüche") werden vom Redner nicht selbst gebildet, sondern entstammen dem „Volksmund" wie auch den Schriften berühmter Persönlichkeiten, die das Publikum achtet (Autoritätsbeweis). Die Gefahr eines solchen Zitats ist jedoch, dass ein Nachredner ein weiteres Sprichwort kennt, welches genau das Gegenteil unserer Sache ausdrückt. Insofern ist die Überzeugungskraft einer Sentenz nie sicher und sollte auf „eindeutige" Fälle beschränkt werden. Eine Sentenz tritt als kurzes Wortspiel auf. Alle rhetorischen Figuren der Zufügung, Auslassung, Umstellung und Ersetzung können für eine Sentenz benutzt werden (siehe A74 bis B28). Sentenzen werden häufiger durch Umstellung der Satzglieder (z.B. Antithese, Antimetabole oder Chiasmus) und Zufügung (z.B. Geminatio) erreicht, seltener durch Austausch (z.B. Metonymie) oder Auslassung (z.B. Ellipse).

Beispiele für eine Autoritäts-Sentenz:

„Lesen, ein Buch lesen – für mich ist das das Erforschen eines Universums" (ein Zitat von Marguerite Duras; siehe rhetorische Figur „Verdeutlichung" A74)

„Das Recht des Stärkeren ist das stärkste Unrecht" (ein Zitat von Marie von Ebner-Eschenbach, siehe rhetorische Figur „Derivatio" A86)

„Am meisten Vorbereitung kosten mich immer meine spontan gehaltenen, improvisierten Reden." (ein Zitat von Winston Churchill, siehe rhetorische Figur „Paradox/Stilbruch" B11)

Beispiele für „Volksmund"-Sentenz:

Wer andern eine Grube gräbt, fällt selbst hinein.

Man soll den Tag nicht vor dem Abend loben.

Beispiel für eine eigene, erfundene Sentzenz:

Ein guter Redner redet nicht viel. (rhetorische Figur: Derivatio A86, Litotes B14)

Die antike Rhetorik (Römerzeit) hielt Sentenzen dann für schlecht, wenn sie nur ein einziges Wortspiel beinhalteten (sie sind nämlich oftmals eine Kombination verschiedener rhetorischer Figuren), sich auf unpassende Metaphernvergleiche stützten oder Schlusssätze beinhalteten, die einer kritischen Prüfung nicht standhielten. Auch zu viele Sentenzen in einer Rede zu nennen, galt als Fehler. Der griechische Philosoph Aristoteles sagt: Eine Sentenz eignet sich nicht für jüngere Redner, weil man ihnen noch keine Lebensweisheit zugesteht. Auch die ungebildeten Menschen bedienen sich eher der Sentenzen, um ihre Unerfahrenheit zu verschleiern. Eine Sentenz sollte auch immer beim Nachsatz eine logische Schlussfolgerung beinhalten: „Da man sich weder beneiden lassen, noch untätig sein soll, so behaupte ich, dass es nicht Recht ist, sich nur bilden zu lassen." Auch die abgedroschenen und allgemeinen Sentenzen sollen benutzt werden, wenn sie der Sache dienen. Durch Sentenzen kann man auch die Persönlichkeit des Redners in ein besseres Licht rücken: „Erkenne dich selbst" kann z.B. ein Politiker sagen, wenn er ausdrücken will, dass er der Richtige für den Posten ist. Ist die Sentenz sittlich gut, so gilt der Redner als ein Mann von gutem Charakter (vir-bonus-Ideal des perfekten Redners).

Bei sehr ungebildeten Zuhörern sind Sentenzen eine Möglichkeit, die Ansichten des Publikums auszudrücken – diese freuen sich nämlich über Bekanntes. Ein Redner sollte deshalb immer die überwiegende Meinung seines Publikums vorher einholen bzw. überlegen und dann allgemeingültig darüber reden.

Tipp: Auf der Internetseite www.zitate-online.de können Sie Zitate in Hülle und Fülle von berühmten Leute zu Ihrem Thema finden.

Als größte Sprichwortsammlung aller Zeiten gilt das „Deutsche Sprichwörter-Lexikon" von Karl Friedrich Wilhelm Wander aus dem Jahr 1867.

Querverweis:
A86 (Derivatio), A74 (Verdeutlichung), B14 (Litotes), B11 (Paradox), B24 (Katachrese), B42 (Sermocinatio), B61 (Autoritätsbeweis), C5 (Zuschauerreaktionen: äußeres aptum), E70 (Autoritäten und Vorurteile gebrauchen nach Schopenhauer), E91 (Autoritätsbeweis)

Übung:

Bilden Sie anhand mehrerer rhetorischen Figuren eine eigene Sentenz zum Thema „Computer und Gewalt" / „Männer und Alkohol " / „Jugend und Alter"

Abschlusstest

Suchen Sie in den folgenden Sätzen alle rhetorischen Figuren. Achtung! Es kann sein, dass ein Satz mehrere Figuren aufweist.

a) Ja, sind wir denn im Krieg?
b) Heraus, heraus mit der Wahrheit!
c) Ich mag es nicht, wenn man mich anlügt, und du lügst mich gerade an!
d) Ja, natürlich glaube ich euch, Sebastian, dass ihr nur spazieren gewesen seid!

e) Du nennst es vielleicht nur einen kleinen, harmlosen Ausflug, ich nenne es Lug und Trug!
f) Diese Grobheit! Sie ersetzte wohl Bildung und Menschlichkeit? Dieser Würgegriff! Er ersetzte wohl gutes Benehmen und Freundlichkeit? Dieser Hass! Er ersetzte wohl Güte und Klugheit?
g) Macht doch, was ihr wollt! Schlaft, wo ihr wollt! Geht hin, wo auch immer ihr wollt!
h) Verscherzt die Scherze!
i) „Du wirst dran sterben..."
j) Ursel verliebte sich. Ursel war verliebt! Die Liebe hatte das Mädchen von Kopf bis Fuß befallen.
k) Diese Angelegeneheit muss jedenfalls top-secret bleiben.
l) Na, weil sie in dich verknallt ist!
m) Wer flüstert, lügt!
n) Sie ist eine Hand, die sogar einen reichen Mann arm macht, wenn man sich nicht vorsieht.
o) Und die Spaghetti? Wohin sollte er jetzt mit den Spaghetti?
p) Mensch, Max!
q) Ins Gepäckfach hinein! Hauruck , hauruck, hauruck!
r) Körper an Körper plagte sich vor dem Gepäckfach.
s) Oh grausige Langeweile! Oh boshafte Planung! Oh heiliges Durcheinander!
t) Das sind eben Erwachsene!
u) Der Abend ging gut los.
v) Ganz Ludwigsburg kannte das Blatt ihres Vaters.
w) Der Steuerhengst fuhr in größter Pferdestärke.
x) Junge, Junge! Was für ne Type!
y) Ein Fürsten unter den Fürsten, ein Held unter den Helden, ein Komiker unter den Komikern!
z) Fische leben im Wasser, Vögel in der Luft und Komiker im Bus!

a) So ein Idiot, so ein verdammter!
b) Der Bus schlief.
c) Die großen und imposanten Häuser von Visby hatten vorwiegend rote, graue und beige Hemden angelegt.
d) Die Gassen trugen gemütliches Kopfsteinpflaster auf der Haut.
e) Der eisige Wind! Der strömende Regen! Der sichere Tod! Jeder rannte, rettete sich, flüchtete vor den Wasserschleusen des Himmels.
f) Prüfend blickte ich in die Augen der anderen. Eine vollkommene Unsicherheit.
g) Was wohl unsere Mütter und Väter dazu sagen würden? Stünden Sie hier leibhaftig bei uns, und würden sie mitbekommen, dass man uns hier so behandelt, sie würden uns mit dem nächsten Auto abholen...

h) So ein hinterhältiger Arschzwicker!
i) Achim, mein allerbester Freund, sei doch willkommen in Marlboro Country!
j) Sein Ton war so frostig, dass alle Zuhörer an einen Schmittschen Skiweitsprung in kurzen Unterhosen erinnert wurden.
l) Da gab es Detlef, den Angeber und Florian, den Hahn im Korb; da gab es Günther, den jungen Stier, und Jochen, den Muskelprotz; da waren Karl, der Partylöwe, und Julian, der Schweigsame.
m) „Klein, aber mein", konterte Klaus.
n) Obwohl das Mädchen sich mit einem stämmigen Jungen unterhielt, schien es mir, als wanderten seine Augen immer in meine Richtung. Nein! Ich hatte mich sicherlich getäuscht. Denn es unterhielt sich wieder mit dem Jungen. Nein! Ich hatte recht. Die Unterhaltung kam zum Erliegen. Nein!
o) Was war es, was ich tief in mir fühlte? Ein Gefühl, als krampfe sich der Magen zusammen? Ein Schmerz, der tief in mir wühlte, aber nicht vergehen wollte? Ein Klopfen des Herzens, das immer lauter pochte?
p) Ich lag gerade wellnessmäßig entspannt auf dieser stahlharten Iso-Matte.
q) Ich fühlte mich wie ein Crash-Test-Dummy, der schon längst zu Bruch gegangen war.
r) Sie holte zwei Einhundertmarkscheine heraus, die sich vergnügt in der Sonne räkelten und heftig raschelnd die Luft der Freiheit einatmeten.
s) Ich betrachte die zwei Einhundertmarkscheine eingehend. Ich hatte eigentlich nichts, nichts zusätzlich mitbekommen, außer diesen 80 Kieselsteinchen, die schon unter meinen Füßen begraben lagen.
t) Alle Welt schien uns zu beobachten. Möwen hörten auf zu kreischen, der Wind flaute ab, das Meer wurde wellenlos. Wir hatten es getan, wir hatten uns im hellen Lichte der Öffentlichkeit zum erstenmal geküsst.
u) Als ich die Augen nach einem weiteren Kuss öffnete, sah ich aus der Ferne diesen Blick, es war kein freundlicher Blick, und ich fühlte, ich glaubte plötzlich zu wissen, dass es ein hassender Blick war. Obwohl sie doch Felix im Arm hatte, der sie liebte. Miriam.
v) Red keine dumme Scheiße!
w) Er persönlich lege sein Geld in Alkohol an, rief Achim, wo bekomme man sonst 50 Prozent?
x) Und in diesem Moment, ausgerechnet in diesem Moment, als ich ihr schnell schlagendes Herz an meiner Brust klopfen spürte... Felix, der ins Zelt gekommen war. Er erstarrte zur Salzsäule.
y) Wir hatten praktisch des Jahres besten Tag erwischt: die mittelalterliche Woche!
z) Gaukler, Zauberer, Ritter, Schwertkämpfer, Bogenschützen, Flötenspieler ließen das Mittelalter lebendig werden.

Finden Sie alle rhetorischen Figuren in dieser Rede von Barack Obama!

Danke euch. Danke euch. Danke euch so sehr.

Heute Abend, mehr als 200 Jahre, nachdem eine ehemalige Kolonie das Recht erworben hat, ihr eigenes Schicksal zu entscheiden, rückt die Aufgabe, unsere Einheit zu verbessern vorwärts. Sie rückt vorwärts wegen euch. Sie rückt vorwärts, weil ihr den Geist wiederbestärkt habt, der über den Krieg und die Weltwirtschaftskrise triumphiert hat, den Geist, der dieses Land von den Tiefen der Trauer zu den großen Höhen der Hoffnung gehoben hat, der Glaube, dass während jeder von uns seine eigenen individuellen Träume verfolgen wird, wir eine amerikanische Familie sind, und wir uns gemeinsam als eine Nation und als ein Volk erheben und stürzen.

Heute Abend, bei dieser Wahl, habt ihr, das amerikanische Volk, uns erinnert, dass während unser Weg beschwerlich war, während unsere Reise lang war, wir uns selbst hochgehoben haben, wir unseren Weg zurückgekämpft haben, und wir wissen in unseren Herzen, dass für die Vereinigten Staaten von Amerika das Beste erst noch kommen wird.

Ich will jedem Amerikaner danken, der an dieser Wahl teilgenommen hat. Ob ihr zum allerersten Mal gewählt habt oder in einer Schlange für eine sehr lange Zeit gewartet habt – nebenbei, wir müssen das besser hinbekommen. Ob ihr den Verbindungsweg versehen habt oder das Handy hochgenommen habt – ob ihr ein Obama-Schild oder ein Romney-Schild hochgehoben habt, ihr habt eure Stimme hörbar gemacht und ihr habt den Unterschied gemacht.

Finden Sie alle rhetorischen Figuren in dieser Rede von Margaret Thatcher!

Ich stehe heute Abend vor Ihnen in meinem Chiffon-Abendkleid mit rotem Stern, mein Gesicht sorgfältig hergerichtet und meine blonden Haare sanft gewellt (Gelächter). Die eiserne adelige Dame der Westlichen Welt. Eine Kriegerin des Kalten Krieges, eine Amazonenspießerin, sogar eine Peking-Verschwörerin. Nun, bin ich eines von diesen Dingen? Nein!

Nun ja, wenn es das ist, wie sie ... (Gelächter) Ja, ich bin eine eiserne adelige Dame, nach allem wäre es keine so schlechte Sache ein eiserner Herzog zu sein, ja, wenn es das ist, wie sie die Verteidigung der Werte und der Freiheiten, die fundamental für unsere Lebensweise ist, interpretieren wollen.

(...)
Wir führen einen Krieg auf vielen Fronten.

Wir dürfen nicht die Gewehre und Raketen vergessen, die auf uns zielen - aber gleichermaßen dürfen wir uns nicht blenden lassen in Bezug auf den hinterhältigen Krieg der Worte, der gerade stattfindet.

Es ist nicht nur eine Angelegenheit Beleidigungen ins Gesicht zu schleudern - wo derjenige, der am lautesten schleudert, als letzter schleudert (das ist die eiserne Reserve des Mannes, der bereits das Argument verloren hat).

Nein, das ist kein solcher Krieg.

Der Krieg ist ein wahrer Krieg der Worte, wo die Bedeutungen verloren gehen im Nebelschleier revolutionärer Fantasie; wo Genauigkeit leise unter den Teppich gekehrt wird; und wo die Wahrheit verdreht und gekrümmt wird, um der letzten propagandistischen Zeile zu entsprechen.

Das ist es, wogegen wir sind.

(...)

Das Wort ist „Öffentlichkeit". Wir benutzen es mehrere Male pro Tag.

Es ist mit uns die ganze Zeit - weil wir in der Öffentlichkeit stehen.

Alle von uns.

Dennoch ist dieses Wort verzerrt worden. Nehmen wir z.B. „öffentliches Eigentum".

In Theorie: Wir besitzen die Minen. Wir besitzen die Bahnhöfe. Wir besitzen die Postämter.

Aber tatsächlich besitzen wir davon nichts wirklich.

„Öffentliches Eigentum" sollte bedeuten, dass Sie und ich etwas besitzen, dass wir etwas zu sagen haben, wie es geführt wird, dass es verantwortlich für uns ist.

Aber die Tatsache ist, dass die Worte „öffentliches Eigentum" mittlerweile die sehr, sehr privaten Entscheidungswelten bedeuten, die hinter verschlossenen Türen gefällt werden, und in der Verantwortung für niemand stehen.

> *Wie gut für uns alle, dass das öffentliche Eigentum als ein Wesen dargestellt wird.*
>
> *Was für ein flüchtiger Blick auf den sozialistischen Himmel, den er anbietet.*
>
> *Die Sozialisten sagen uns, dass es masssive Profite in einer bestimmten Industrie gibt und dass sie nicht zu den Aktionären gehen sollten - aber dass die Öffentlichkeit die Früchte ernten sollte.*
>
> *Früchte?*
>
> *Welche Früchte?*
>
> *Wenn man eine profitable Industrie in öffentliche Eignerschaft überträgt, verschwindet bald der Profit.*
>
> *Die Gans, die die goldenen Eiern legt, wird ausgebrütet. Staatsgänse sind keine großen Rechtsanwälte.*

Schritt 2:
Anordnung von Argumenten (dispositio)

Jeder Redner braucht Argumente, um sein Publikum zu überzeugen. Wer keine Argumente hat, sondern nur Scheinargumente bietet, die von einem anderen Redner sofort widerlegt werden können, wird sich nicht nur bereits in seiner Rede „Buh-Zurufe" einhandeln, sondern auch in einer nachfolgenden Gruppendiskussion schwer tun.

Argumentationsfiguren B52

Ein **Argument** (lateinisch „Beweisgrund, Beweismittel") ist eine Aussage oder eine Folge von Aussagen, die zur Begründung oder zur Widerlegung einer Behauptung angeführt wird. Die zusammenhängende Darlegung von Argumenten wird als Argumentation bezeichnet.

1. Der Aufbau eines Arguments sollte auf feststehenden Tatsachen, überprüfbaren Beobachtungen und Berichten sowie relevanten Ergebnissen der Forschung beruhen. Wenn das nicht möglich ist, wenigstens auf die äußerste Wahrscheinlichkeit eines Sachverhalts, die man durch seine Lebenserfahrung von ähnlich gelagerten Fällen ableiten kann.

Allgemeine Regeln für richtiges Argumentieren B53.1

2. Wer seine vorgebrachten Behauptungen immer erst wieder langatmig begründen muss, stellt keine Argumentation auf. Eine Behauptung ist jedoch akzeptabel, wenn für andere die Möglichkeit besteht, den dazugehörigen Sachverhalt leicht zu überprüfen.

3. Kein überzeugender Beweis ist ein Einzelfall, schließlich lässt sich durch einen weiteren Einzelfall auch das Gegenteil behaupten.

4. Ist es jedoch möglich, den Einzelfall so zu verallgemeinern, dass daraus eine allgemeingültige Aussage entsteht, hat man einen statthaften Beweis erbracht.

5. Wer argumentiert, sollte streng darauf achten, dass seine Belege stets zur These passen, andernfalls beraubt sich der Redner selbst seiner Überzeugungskraft (kein Blabla, keine Phrasendrescherei, keine Banalitäten, keine Klischees, keine Stammtischweisheiten und vor allem keine Allgemeinplätze, die *außerhalb* der zu beweisenden Sache liegen).

6. Stützt man seine Beweise auf das Zitat einer Berühmtheit, sollte vorher geprüft werden, ob der Zitatgeber auch wirklich als Autorität für genau diesen Fachbereich gilt. Denn jedes angeführte Zitat kann durch einen Nachredner ausgekontert werden, wenn dieser zufällig ein gegenteiliges Zitat von einer anderen Berühmtheit kennt, die noch mehr Gewicht hat als unser Autoritätsbeweis.

7. Auch wenn Aussagen, die auf allgemeinen Erfahrungen beruhen, scheinbar der Wahrheit entsprechen und deshalb vom Gegner kaum angegriffen werden können, sollte der Redner dennoch prüfen, ob ihre Wirkungskraft heute immer noch gültig ist (z.B. keine neuen Forschungsergebnisse, die gegen unsere Sache sprechen) und auch tatsächlich zum Sachverhalt passt. Ansonsten läuft man als Redner Gefahr, einem Vorurteil aufzusitzen, das schon längst widerlegt wurde.

Querverweis: C40 (Allgemeinplätze: loci a re / loci a persona)

Häufige Argumentationsfehler

Die häufigsten Rednerfehler gegen eine schlüssige Argumentation:

- die Polemik:
Der Redner greift mit unfairen, unsachlichen und kränkenden Mitteln Andersdenke an, um von seiner schwachen Argumentation ablenken zu können.

- Gedankensprung:
Der Redner scheitert kläglich mit dem Versuch, seine Gedanken zu strukturieren und sinnvoll darzulegen, weil Argumente stark abgekürzt wurden und wichtige Zwischenschritte, die zum Verständnis beigetragen hätten, gefehlt haben. Das Publikum rätselt anschließend über das nicht nachzuvollziehende Schlussergebnis seitens des Redners, sodass die Überzeugungskraft seiner Sache auf der Strecke bleibt.
- Denkfehler:
Aus dem vorgebrachten Sachverhalt führt der Redner falsche und unlogische Rückschlüsse, sodass die genannten Tatsachen und Aussagen im Widerspruch zum Ergebnis stehen.
- Themaabweichung:
Der Verfasser kommt vom Hundertsten ins Tausendste. Seine Abschweifung hat zur Folge, dass sich die Belege nicht mehr auf die vorherige Behauptung bzw. auf das Thema selbst beziehen.

Querverweis: E61 – E78 (Eristische Dialektik nach Schopenhauer)

Diskutieren: (Folgerungen) — *Diskussionsregeln*

a) Beim Thema bleiben und Abschweifungen vermeiden
b) Persönliche Angriffe und Unterstellungen unterlassen
c) Gesprächspartner ausreden lassen
d) Alter und Bildungsgrad des Gesprächspartners bei der Satzformulierung beachten
e) nicht zu subjektiv und emotional argumentieren
f) nicht zu pauschal und vorurteilseingenommen formulieren

Wie stellt man eine Behauptung auf? — *Wie stellt man eine Behauptung auf?*

Wertende These: (voreingenommene Ausgangsbehauptung)

Beispiel: *Ein Computer ist eine äußerst nützliche Erfindung.*

Feststellende These: (unvoreingenommene Ausgangsbehauptung)

Beispiel: *Immer mehr Jugendliche spielen Computer.*

Synthese: (voreingenommene Ausgangsbehauptung mit Einschränkung)

Beispiel: *Ein Computer ist eine äußerst nützliche Erfindung, vorausgesetzt, er wird nicht nur zum Spielen benutzt.*

Wie überzeugt ein Argument? B53.2

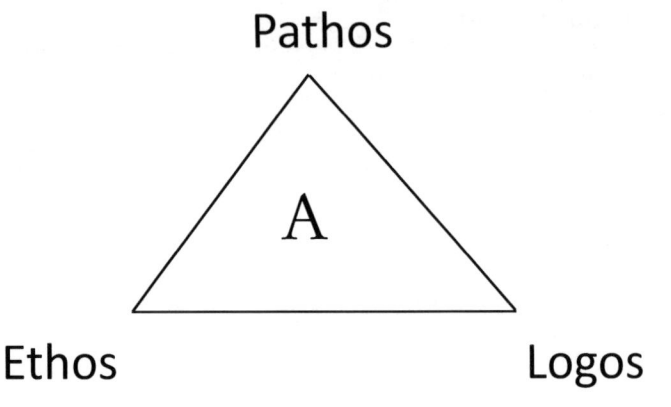

```
        Pathos
         /\
        /  \
       / A  \
      /_____\
Ethos           Logos
```

Schon Aristoteles wusste, dass jedes Argument von drei Faktoren beeinflusst wird, welche die Überzeugungsarbeit leisten. Diese sind:

a) **ethische Vertretbarkeit (Ethos):** Was genau verrät dieses Argument über den Charakter des Redners? Wirkt der Redner dadurch klug, tapfer, gerecht in den Augen des Publikums? Oder eher unmenschlich, dumm und feige?

b) **rationale Richtigkeit (Logos):** Führt der Redner einen logischen Rückschluss oder handelt es sich um ein Scheinargument ohne jede Aussagekraft?

c) **emotionale Verbundenheit (Pathos):** Welches Gefühl wird durch dieses Argument ins Publikum transportiert? Führt es das Publikum zu Zorn, Mitleid oder Furcht?

Je nach sprachlicher Verpackung überwiegt bei jedem vorgebrachten Argument eine der drei Kategorien, während die anderen zwei nur Unterkategorien darstellen. In einer Diktatur sind ethische Vertretbarkeit und rationale Richtigkeit weitgehend ausgeschaltet, sodass nur noch starke Gefühle ins Publikum transportiert werden, in der Hoffnung, die Zuhörer mögen den Schwindel nicht bemerken; während in einer Demokratie ethische Vertretbarkeit und rationale Richtigkeit noch vor der emotionalen Verbundenheit stehen. Dennoch lassen sich auch in Demokratien Leute durch eine stark emotional besetzte Argumentation dazu verleiten, den weniger klugen Köpfen, die sich ans Rednerpult wagen, ihr Vertrauen auszusprechen. Es liegt an jedem Nachredner, auf die logischen Fehlschlüsse des Vorredners hinzuweisen, dafür ist es jedoch vonnöten, dass er ebenfalls Gefühle ins Publikum übertragen kann.

Gefahren:

a) **die Rede ist zu inhaltsbetont (Logos):** Zuhörer schalten ab und können schon nach kurzer Zeit nicht mehr folgen, insbesondere wenn die Sätze zu verschachtelt sind und es zu wenig Erholungspausen gibt.

b) **die Rede ist zu persönlich (Ethos):** Der Sachgehalt tritt hinter den Redner, der sich als guter Mann darstellen will, indem er viele persönliche Geschichten erzählt, ohne auf die Sache selbst einzugehen. Das Publikum empfindet solche Redner schnell als arrogant.

c) **Die Rede ist zu emotional (Pathos):** Zuhörer bekommen das Gefühl, dass der Redner nicht sachkompetent ist und sich bei ihnen nur einschmeicheln will.

Schlussfolgerung:

Eine gute Rede weist alle drei Elemente auf. Je nach Rednerziel (will ich die Leute belehren, sie unterhalten oder von den Sitzen reißen?) müssen die Argumente anders angeordnet und formuliert werden.

Querverweis:
C52-C77 (Affektenlehre des Aristoteles), B58 – B63 (Argumentation in der Rede), B64-B86 (Scheinargumente), B29 – B40 (Manipulationsfiguren), B41-B50 (Figuren der Aufmerksamkeitssteigerung und Sympathie)

Schauen wir zunächst das Grundschema einer Argumentation an:

Die Basis-Argumentation in einem Vortrag   B54

Behauptung: *Zigaretten sind für den Menschen schädlich*
Begründung 1: *denn Zigaretten enthalten Nikotin, und das verursacht Lungenkrebs*
Begründung 2: *außerdem machen Zigaretten süchtig*
Beispiel: *Der Marlboro-Mann aus der Werbung erkrankte nach 35 Jahren an Lungenkrebs.*
Forderung: *Also sollte man das Rauchen unbedingt verbieten.*

Argumentation

Behauptung
Begründung 1 (Begründungssatz mit weil / da / denn / schließlich)
Begründung 2 (Begründungssatz mit weil / da / denn / schließlich)
Beispiel
Forderung

Natürlich ist dieses Schema F in einer Rede sprachlich nicht besonders schön. Weitaus wirksamer ist es, wenigstens die Reihenfolge der Argumentation zu vertauschen, also entweder das Beispiel an den Anfang oder gar die Begründung. Das wirkt wesentlich spontaner und nicht so aufgesetzt.

„*Da Zigaretten Nikotin enthalten, meine Damen und Herren, das Lungenkrebs auslösen kann, wie Sie alle wissen, sind diese schädlich für den Menschen, natürlich aber auch weil sie auf lange Zeit süchtig machen. Um Ihnen nur ein Beispiel zu skizzieren: Sie kennen doch sicherlich den Marlboro-Mann aus der Werbung, der nach 35 Jahren an Krebs erkrankte, und dessen Witwe später vom Zigarettenhersteller Schmerzensgeldzahlungen verlangte. Ich meine deshalb, wir sollten das Rauchen unbedingt verbieten, damit nicht noch weitere Leute zu Schaden kommen.* "

Auf die gleiche Weise könnte aber ein weiterer Redner unsere mühsam erarbeitete Contra-Argumentation gegen das Rauchen ohne viel Aufwand in eine Pro-Argumentation für das Rauchen umdrehen:

Behauptung: *Zigaretten sind für den Menschen nicht schädlich*
Beleg 1: *denn ein Zusammenhang zwischen Rauchen und Lungenkrebs ist in Tierversuchen noch nicht zweifelsfrei festgestellt worden*
Beleg 2: *wenn es so schädlich wäre, wie uns alle weismachen wollen, würde kein Raucher je das Rentenalter erreichen*
Beispiel: *Mein eigener Großvater hat jeden Tag zwei Schachteln Zigaretten geraucht und wurde 88 Jahre. Alt-Bundeskanzler Helmut Schmidt, ein bekennender Kettenraucher, ist fast 97 Jahre alt geworden.*
Schlussfolgerung: *Also kann das Rauchen nicht so schädlich sein.*

Deswegen erscheint es ratsam, noch weitere Argumentationsarten zu beherrschen.

Querverweis:
A41 (Modal-Adverbien), A42 (Modal-Partikel), A52 (Subjunktion), A60 (Kausalsatz) A65 (Konditionalsatz), B28 (Exemplum)

Diese Argumentationsfigur bietet den Vorteil, dass wir schon die Gegenargumente der anderen Partei kennen und in unsere Argumentation mit einbeziehen. Wenn wir eine Pro-Contra-Argumentation aufbieten, muss unser Nachredner dies auch tun, weil er ansonsten mit einer reinen Pro-Argumentation das Publikum nicht überzeugen würde. Ist unsere Vorgehensweise stimmig und mit dem gesunden Menschenverstand vereinbar, so sind wir hierbei im Wettbewerbsvorteil.

Die Plus-Minus-Darlegung mit einer Abwägung (+-) B55

Einleitung: *Es wird immer wieder behauptet, dass Zigarettenrauchen ungesund sein soll.*
Pro: *Natürlich enthält jede Zigarette Nikotin, und dass Nikotin Lungenkrebs verursachen kann, weiß jedes Kind.*
Contra: *Andererseits sind es vielleicht auch andere Gifte, wie Autoabgase, Industrieabfälle und schlechte Ernährung, die eine Krebserkrankung auslösen. Dies allein auf Nikotin zurückzuführen, ist fahrlässig.*
Synthese: *Es kann also festgehalten werden, dass Rauchen nicht zwangsläufig zu einer Gesundheitsverschlechterung mit Todesfolge führen muss.*
Schlussfolgerung: *Wir brauchen erst neue Studienergebnisse, ehe wir zu einer Entscheidung kommen.*

Einleitung (1)
Pro (2)
Contra (3)
Synthese (Abwägung von Pro und Contra) (4)
Schlussfolgerung (5)

Querverweis: A27 (Modalverb), A59 (dass-Satz), A68 (Indirekte Rede), A51 (Konjunktion), B4 (Antithese) B39 (Anticipatio), F3 (Sachverhalt verdrehen), F14 (Gegenfrage für Zeitgewinn), F15 (als absurd abtun)

In diesem Verfahren wird zwar zunächst mit dem Adverb „tatsächlich" auf die Argumente der anderen Partei eingegangen, als ob wir mit ihr übereinstimmten, schließlich mit der Konjunktion „aber" widerlegt.

Ein scheinbares Zugeständnis mit einer Contra-Widerlegung B56

Einleitung: *Immer mehr Wirte fordern eine Zurücknahme des Rauchverbots in Eckkneipen.*
scheinbares Zugeständnis: *Tatsächlich hat die Gastronomie mancherorts in den ersten Monaten einen massiven Umsatzrückgang hinnehmen müssen -*
Zurückweisung mit „aber" - *aber wenn wir unsere Bevölkerung vor der Gefahr des Zigarettenkonsums schützen wollen, so ist das*

immer noch besser als nur auf die wirtschaftlichen Vorteile einiger Einzelfälle zu schielen.
Belege für „aber" *Denn die wirtschaftlichen Nachteile bekommen unsere Krankenkassen, und damit die Allgemeinheit, zu spüren.*
Schlussfolgerung: *Wir müssen den Eckkneipen helfen, attraktiver für Nichtraucher zu werden.*

Einleitung (1)
Scheinbares Zugeständnis (2)
Aber-Argumente (3)
Belege für das „aber" (4)
Schlussfolgerung (5)

Querverweis: A51 (Konjunktion), B4 (Antithese), B39 (Anticipatio), E42 (Ja, aber-Taktik)

Eine Pro-Contra Argumentation mit Ablenkmanöver B57

Wenn unsere eigene Position sehr unsicher ist, können wir mit einer Ablenkung versuchen, auf einen neuen Sündenbock hinzuweisen, den eigentlich das gleiche Schicksal ereilen müsste.

Einleitung: *Dass Passivrauchen eigentlich schädlich ist, weiß jedes Kind.*
Pro: *Sehen wir die Tatsachen an: Jedes Jahr sterben in Deutschland 400 (!) Menschen an den Folgen des Passivrauchens, und dass der Gesetzgeber dies durch ein Rauchverbot verhindern will, ist zwar begrüßenswert...*
Contra: *Doch 400 Menschen ist nichts zur Gesamtzahl der 3000 Verkehrstoten jedes Jahr auf deutschen Straßen.*
Neuer Vorschlag: *Bevor das Rauchen verboten wird, sollte das Auto als Killer Nr.1 in der EU verboten werden.*
Schlussfolgerung: *Deshalb sollte das Rauchverbot rückgängig gemacht werden, denn um nur 400 Leute zu schützen, scheint der bürokratische Aufwand zu groß.*

Einleitung (1):
pro (2)
contra (3)
Neuer Vorschlag (4)
Schlussfolgerung (5)

Querverweis: A51 (Konjunktion), B4 (Antithese), B39 (Anticipatio), E56 (das Problem abstreiten), E13 (Buhmann-Taktik), E57 (Problem neu definieren), F56 (Zahlen hinterfragen)

> **Übung:**
>
> Fingieren Sie die Gesprächssituation „Info-Stand". Es geht um eine Spendenaktion für Wale, die in ihrem Bestand gefährdet sind. Eine Tierschutzorganisation möchte Kunden anwerben, die bereit sind, monatlich einen Spendenbetrag von 15 Euro zu überweisen. Mit dem Geld soll ein Boot finanziert werden, das gegen die Schiffe der Waljäger vorgeht. Vorbereitungszeit: 20 Minuten. (Transparente malen, Info-Broschüren).
>
> Sollten Sie die Möglichkeit haben, mit einer Gruppe zu üben, schaffen sie folgendes Szenario: Einige laufen an dem Info-Stand vorbei, der direkt vor einem Supermarkt steht. Eigentlich wollen diese Menschen einkaufen. Jeder Kunde bekommt zuvor ein Kärtchen, in dem er eine Regieanweisung erhält: mürrisch und ablehnend, freundlich und zuvorkommend, geizig und rechthaberisch, großzügig und dumm.
>
> **Versuchen Sie als Kunde wie auch Vertreter der Tierschutzorganisation, vernünftig mit der Basis-Argumentation zu argumentieren.**

In Gorgias, Platon (Sokrates) heißt es:

Sokrates: *Du willst also ernsthaft sagen, dass du jemanden zum Redner ausbilden kannst, sobald er nur die Kunst zu reden von dir lernen will?*
Gorgias: *In der Tat.*
Sokrates: *Das bedeutet folglich, dass er über jeden Sachverhalt vor der Menschenmenge mit großer Überzeugungskraft spricht, aber nicht auf eine lehrhafte Weise, sondern nur durch Überredung?*
Gorgias: *Du hast es erfasst.*
Sokrates: *Wenn man das genauer anschaut, behauptest du, dass der Redner auch bei Krankheiten überzeugender wirkt als ein Arzt.*
Gorgias: *Durchaus korrekt, allerdings nur vor der Menge.*
Sokrates: *Ist es nicht so: unter Menge verstehst du die unwissende Masse? Denn vor einem Expertengremium wird doch der Redner nicht überzeugender sprechen können als ein echter Arzt?*
Gorgias: *Genau.*
Sokrates: *Wenn er aber überzeugender reden kann als ein echter Arzt, ist er dann nicht auch überzeugender als ein Experte?*
Gorgias: *Ich stimme zu.*
Sokrates: *Obwohl er aber selbst kein richtiger Arzt ist. Ist das so?*
Gorgias: *Das ist so.*
Sokrates: *Aber jemand, der kein Arzt ist, hat doch wohl keine Ahnung von den Dingen, bei denen sich ein Arzt wiederum gut auskennt?*

Argumentationsarten B58

Obwohl man die nachfolgenden fünf Vorgehensweisen B59 - B63 normalerweise zu den echten Argumenten zählt, sollten Sie dennoch beachten, dass sie bei falscher Ausführung schnell zum Scheinargument werden können - und dann zur manipulativen und inhaltlich falschen Gruppe B64 - B86 gehören!

Gorgias: *Möglicherweise.*
Sokrates: *Der Unwissende wird also vor Leuten, die keinen blassen Schimmer von der ganzen Materie haben, viel überzeugender reden als ein ausgewiesener Experte, obwohl er selbst ein unwissender Redner ist, das Publikum jedoch trotzdem eher überzeugt, als wenn jetzt ein echter Arzt zu ihnen sprechen würde. Das lässt sich doch daraus schließen, nicht wahr?*
Gorgias: *Ja, das ist die logische Schlussfolgerung.*
Sokrates: *Auch wenn man alle übrigen Wissenschaften heranzieht, ist das Verhältnis zwischen dem Redner und der Rhetorik ähnlich: Man braucht sich eigentlich gar nicht in der Sache auszukennen, man muss nur ein geeignetes Überzeugungsmittel finden, sodass die Unwissenden den Eindruck gewinnen, man verstünde mehr von der ganzen Sache als die Experten?*
Gorgias: *Mein lieber Sokrates: Ist es nicht eine große Entlastung, dass man die übrigen Wissenschaften nicht groß kennenzulernen braucht, sondern nur diese eine: Rhetorik? Um dann bei einer öffentlichen Auseinandersetzung den Experten ebenbürtig zu sein oder sogar noch besser als sie?*

Der Folgesatz (Syllogismus)   **B59**

Hier wird ein Beweis mittels rein logischer Schlussfolgerungen geführt, der ohne Erfahrungswissen auskommt.

A = B: Alle Menschen sind sterblich.
B = C: Sokrates ist ein Mensch.
A = C: Also ist Sokrates sterblich.

„*Wenn man annimmt, dass alle Menschen sterblich sind und Sokrates ein Mensch ist, so folgt daraus, dass Sokrates sterblich sein muss.*"

Weitere Beispiele:

Jeder Mensch ist ein Geschöpf.
Jedes Geschöpf ist lebendig;
Also ist jeder Mensch lebendig.

(Locke: Versuch über den menschlichen Verstand)

Jeder Mensch ist ein Lebewesen,
jedes Lebewesen ist ein Körper,
folglich ist jeder Mensch ein Körper.

Kein Mensch ist ein Stein,
was nicht Stein ist, ist auch nicht Kiesel,
folglich: kein Mensch ist ein Kiesel.

(Hobbes: Grundzüge der Philosophie)

Bei diesem Argumentationsverfahren ist jedoch Vorsicht geboten, weil aus A nicht zwingend C erfolgt:

A = B: Alle Frauen tragen Röcke.
B = C: Scott O'Brain trägt einen Rock.
A = C: Also ist Scott O'Brain eine Frau.

Weitere Beispiele (Trugschluss):

*Die Hand berührt die Feder,
Die Feder berührt das Papier,
folglich: Die Hand berührt das Papier.*

*Jeder Mensch ist ein Lebewesen,
manches Lebewesen ist vierbeinig,
folglich ist mancher Mensch vierbeinig;*

(Hobbes: Grundzüge der Philosophie)

Querverweis: E67 (Beispiele entkräften nach Schopenhauer), F3 (Sachverhalt verdrehen), E49 (falsche Rückschlüsse ziehen)

Die aus einer Beobachtung gewonnene Schlussfolgerung arbeitet mit einem Beweis, der auf persönlichen Erfahrungen beruht:

Erfahrungsargument (apodiktischer Beweis) B60

„Immer wenn es Tag ist, ist es hell, immer wenn Nacht ist, ist es dunkel. Jetzt ist es dunkel, also ist es Nacht."

„Genau dann, wenn Wasser kocht, bilden sich Blasen. Nun sind Blasen im Wasser, also kocht das Wasser."

Was im Allgemeinen (als Regel) apodiktisch ist (ein Naturgesetz), ist in Bezug auf einen einzelnen Fall immer nur problematisch, weil erst die Bedingung wirklich eintreten muß, die den Fall unter die Regel setzt.
(Schopenhauer: Die Welt als Wille und Vorstellung)

Querverweis: B53 (Argumentationsregeln), C41 (Inventio: Beobachtung), B92 (Abhandlung), C15 (Erfahrungskegel von Dale)

Dieses Argument will unter Berufung auf eine anerkannte Autorität (zumeist eine verstorbene Person, die sich nicht mehr zur Sache selbst äußern kann) überzeugen.
Es wäre bei einer Argumentation unsinnig, alles selbst nachweisen zu wollen, wenn man doch auf die Quellen anderer zurückgreifen

Die Meinung anerkannter Persönlichkeiten als Stütze gebrauchen (Autoritätsbeweis) B61

kann: Fachleute auf ihrem Gebiet. Wer in seiner Argumentationsreihe die Aussagen eines ausgewiesenen Experten einzuflechten weiß, hat einen gewissen Vorteil, denn das oftmals fachunkundige Publikum gesteht einer Autorität eine höhere Wahrscheinlichkeit auf Richtigkeit zu.

Wie schon Einstein mit seiner Relativitätstheorie darlegte, sind Zeitreisen kein Ding der Unmöglichkeit.

Wie schon Sigmund Freud in seinen Schriften zeigte, verarbeiten Träume die Erlebnisse des vorherigen Tages.

Dennoch können auch Experten gründlich falsch liegen (z.B. der TV-Finanzexperte eines renommierten Schweizer Bankhauses im Jahr 2000, der den Anlegern direkt nach den ersten Kursstürzen riet, die Telekom-Aktie keinesfalls zu verkaufen, da der Kurs sicher wieder steigen werde. Fataler Irrtum: Von einst 103 Euro rutschte die Aktie innerhalb weniger Tage erst auf 90 Euro, dann auf 78 Euro, in den weiteren Wochen auf 18 Euro). Ein anderer kann früher geglaubte Urteile von Experten als falsch entlarven (z.B. „Aderlass" – ein Heilverfahren, das früher für fast alle Krankheiten angewendet wurde und heute als überholt gilt) und es kann mehrere Experten geben, die sich widersprechen und entweder für oder gegen die eigene Sache sprechen.
Wenn Experten sich zu einem anderen Fachgebiet äußern, in dem sie selbst nur Laien sind, wird die Richtigkeit einer Aussage nur selten gestützt.

„*Schon Günter Grass äußerte sich 1990 gegen eine Wiedervereinigung mit der DDR.* "

(Günter Grass ist zwar Experte für erzählende Literatur, aber nicht unbedingt für Politik.)

Auch Albert Einstein wäre gegen die Einführung der neuen Rechtschreibreform gewesen.

(Da Albert Einstein zwar ein anerkannter Experte auf dem Gebiet der Physik, aber nicht auf dem Gebiet der Germanistik ist, ist dieser Autoritätsbeweis ungültig.)

Sogar „Menschen wie du und ich", die gerade als Nicht-Autoritäten besonders kompetent oder glaubwürdig sein sollen, haben eine Überzeugungskraft.

Beispiel: „*Der Busfahrer in unserem Dorf kennt den Karl schon seit seiner Jugend und sagt: ‚Niemals wäre er so töricht gewesen, den Banküberfall zu begehen. Hier – wo ihn doch jeder kennt.'* "

Anekdote:
Experte auf einem Gebiet zu sein, kann sich auch als Nachteil erweisen. Bundeskanzler Schröder war im Wahlkampf 2005 sehr erfolgreich damit, den von der CDU ins Boot geholten Paul Kirchhof einen Spitznamen zu geben, der die Leute zum Lachen brachte: „Professor aus Heidelberg" – was Angela Merkel fast den Wahlsieg gekostet hätte. Kirchhofs Steuervorschlag, „25 Prozent für alle, das ist die Obergrenze", wurde als weltfremder Unsinn abgetan.

Modell der Elaborationswahrscheinlichkeit von Petty und Cacioppo:

- hohe Glaubwürdigkeit: Experten („Auf Experten kann man sich verlassen") : Veränderung
- keine Glaubwürdigkeit: Laien („Auf Laien kann man sich nicht verlassen"): keine Veränderung
- Einstellungsveränderung: starke Argumente + positive Gedanken
- keine Einstellungsveränderung: schwache Argumente + negative Gedanken

William J. Mc Guires Modell zur Informationsverarbeitung:

Persuasion erfolgt in fünf Schritten:

1) Aufmerksamkeit
2) Verstehen
3) Akzeptieren
4) Beibehalten
5) Verhalten

- sind die Argumente zu kompliziert, verstehen die Zuhörer sie nicht
- führt der Redner falsche Rückschlüsse anhand seiner Argumente, tritt eine Abwehrhaltung bei den Zuschauern ein
- Der Redner sollte einfach und verständlich argumentieren - Vermeidung von Fachvokabular!
- Der Redner sollte richtige Rückschlüsse ziehen, um eine Abwehrhaltung zu verhindern.

Es gilt als unverschämt, seine eigene Meinung gegen den starken Strom des Alterthums zu haben und festzuhalten, oder sie in die Wagschale gegen einen gelehrten Doktor oder sonst anerkannten Schriftsteller zu legen. Wer seine Meinung mit diesen Autoritäten stützen kann, glaubt damit seine Sache gewonnen zu haben, und Jeder gilt für unverschämt, der sich ihm entgenstellen will. Dies kann daher der Grund aus der Beschämung (ad verecundiam) genannt werden.

(Locke: Versuch über den menschlichen Verstand)

Querverweis:
B28 (Exemplum), B42 (Sermocinatio), D26 (Gleichmacherei nach Aronson), E70 (Autoritäten und Vorurteile gebrauchen nach Schopenhauer), E91 (Autoritätsbeweis)

Bilanzierung von Pro und Contra B62	Die Bilanzierung stellt die Pro-und-Contra-Argumente gegenüber und versieht sie mit einem Gewichtungsfaktor. Die Summierung ergibt ein mathematisch eindeutiges Ergebnis.

„Wenn wir die Pro- und Contra-Argumente sorgsam abwägen, bin ich nicht für die Wiedereinführung der Todesstrafe. Zwar bewirkt dies möglicherweise sogar einen kurzfristigen Abschreckungseffekt auf junge Straftäter, doch das Beispiel der USA zeigt, dass die Todesstrafe langfristig keine Reduzierung der Mordrate erreichen kann. Dies lässt sich auch mit Zahlen belegen: Die Mordrate in den USA ist 10mal höher als bei uns."

Querverweis: A51 (Konjunktion), B4 (Antithese)

Beweis durch Vorzeigen (evidentia) B63	Der Augenschein will durch einen Widerspruch die Wahrheit ans Licht bringen. Die eine Sache hat aber möglicherweise nichts mit der anderen zu tun.

„Ihr Bürger Roms! Hier ist das blutende Hemd von Cäsar. Doch Brutus ist ein ehrenwerter Mann."

„Ich habe nie behauptet, dass dieser Spitzensportler gedopt gewesen ist." (Bei der Pressekonferenz ist eine Zahlenstatistik zu sehen, die auffällige Blutwerte erkennen lässt und genau das Gegenteil aussagt.)

„Seht her, ihr Zeugen, die Handschuhe des Täters passen mir nicht! Ich kann also nicht der Mörder von Nicole Simpson sein." (O.J. Simpson, als er vor Gericht schwarze Beweis-Handschuhe anprobieren musste.)

Verschiedenheit und Veränderlichkeit ist der Charakter der Körperwelt; Gleichheit und Unveränderlichkeit der Charakter der geistigen. Leibnitz behauptete und bewies durch den Augenschein, dass nicht zwei Baumblätter einander gleich wären, und er hätte kühn hinzusetzen können, dass selbst ein und ebendasselbe nicht zwei Secunden hintereinander sich selbst gleich sey.

Text: Fichte, „Beitrag zur Berichtigung der Urtheile des Publicums über die französische Revolution."

Querverweis: Refrain (A88), B16 (Ironie), B48 (Direkte Publikumsansprache), C22 (Debattenton), C27 (Blickkontakt zum Publikum), C39 (Topoi) D91 (in die Enge treiben)

Scheinargumente

Ein Umkehrschluss untergräbt eine allgemein anerkannte Wahrheit über eine gegenteilige Aussage, indem ein noch weiterer, bis dahin völlig unbekannter Faktor einbezogen wird.

Die Einbeziehung eines weiteren Faktors, um das Ergebnis zu verändern   B64

Die Befürworter der 1-Euro-Jobs behaupten, dass die Arbeiter dann leichter eine Stelle finden würden. Neue Untersuchen zeigen jedoch auf, dass der Sprung in eine Festanstellung über 1-Euro-Jobs so gering ist, dass die Maßnahme besser gleich wieder abgeschafft werden sollte.

Die Befürworter einer Geschwindigkeitsbegrenzung auf deutschen Autobahnen behaupten, dass dadurch weniger Unfälle passieren würden. Laut einer Statistik des Bundesverkehrsamtes ist es so, dass die meisten Unfälle überhaupt nicht auf Autobahnen passieren, sondern in der Stadt oder auf Landstraßen; und wenn sie auf Autobahnen passieren, dann am häufigsten in einer Geschwindigkeit, die unter 120 km/h liegt. Deshalb würde eine Geschwindigkeitsbegrenzung auch keine Verringerung der Autounfälle zur Folge haben.

Querverweis: E9 (Datenflut), E10 (Desinformation), E49 (falsche Rückschlüsse ziehen), E50.1 (Kaninchen aus dem Zauberhut), E50.2 (Falsche Fährte setzen), E54 (Verhandlungsgegenstand ausdehnen)

Mit Hilfe des Argumentum ad misericordiam wird Mitleid dazu benutzt, weiteres Nachhaken zu unterbinden.

Mitleidargument   B65

Beispiel: *Ich bin selbst todkrank und werde in einigen Monaten sterben. Warum hätte ich also den Mann umbringen sollen, um an sein Geld zu kommen?*

Unser Mandant hatte zum Zeitpunkt der Tat hohe Schulden und war schwer alkoholsüchtig. Er befand sich in einer Ausnahmesituation, die ihn zum Mord an dem alten Mann veranlasste.

Niemand hat die Blumen vom Grab Ihres Angehörigen gestohlen. Wie können Sie es wagen, eine arme alte Frau zu verdächtigen, die von einer kleinen Witwenrente leben muss und sich in ihrem Leben noch nie etwas hat zuschulden kommen lassen?

Querverweis: C66 (Das Mitleid nach Aristoteles), C67 (Das Mitleid in der Rede), E19 (Tränen-Drüse), E74 (Nachhaken bei faulen Punkten)

Das Gruppenargument (ideologisch)　B66

Einzelinteressen stehen hier hinter dem Allgemeinwohl (z.B. Schutz des Landes, Pflichtgefühl, Ehre). Das ideologische Argument ist schwer zu widerlegen und wird oft für Propagandazwecke missbraucht.

Beispiel:

„Fürs Vaterland aufopferungsvoll zu kämpfen und möglicherweise sein Leben zu lassen ist die höchste Pflicht jedes einzelnen. Wer Fahnenflucht begeht, und sein Vaterland verrät, der muss sterben."

„Man kann nur für diesen Staat sein oder gegen diesen Staat. All diejenigen, die jetzt noch zögern, und einen Krieg verhindern wollen, sind gegen diesen Staat, da wir unsere berechtigten Interessen durchsetzen müssen."

„Es widerspricht den Gesetzen einer freien Marktwirtschaft, wenn wir nun die Rationalisierungspläne des Vorstands wieder rückgängig machen wollen. Mag es auch einzelne geben, die auf unser Mitleid hoffen, insgesamt ist es unwirtschaftlich die Außenstelle weiter zu betreiben."

„Die Gesetze einer sozialen Marktwirtschaft gebieten, dass man sich bei einer solchen Rationalisierungsmaßnahme auch um die Schwachen kümmert. Wenn der Vorstand solche Pläne hegt, muss er alles daran setzen, die Entscheidung rückgängig zu machen - und notfalls auch die Konsequenzen tragen und den Leuten eine anständige Abfindung zahlen."

Querverweis: B26 (Personifikation), B30 (Befehlsfrage)

Das Argumentum ad antiquitatem versucht eine Aussage nur über das Alter der Existenz einer Sache zu stützen. Denn was alt ist, hat sich bewährt – so glaubt man zumindest.

Traditionsverweis (Das war schon immer so) B67

Beispiel:

„Aderlässe sind immer noch gut für die Patienten. Wenn sie falsch wären, hätten sie doch nicht annähernd 2000 Jahre Behandlungserfolge hinter sich."

„Das Christentum ist wahr. Wenn es falsch wäre, so hätte es nicht 2000 Jahre Religionsgeschichte hinter sich."

„Das Grundgesetz hat sich bewährt. Wenn unser Grundgesetz ungerecht wäre, hätte die Bundesrepublik nicht eine so lange Zeit überdauert."

Querverweis: A65 (Konditionalsatz), B11 (Paradox), E70 (Vorurteile gebrauchen nach Schopenhauer)

Das moralische Argument kommt auf die allgemeinen Werte und moralischen Prinzipien einer Gesellschaft zu sprechen. Es kann sein, dass die Aussage zwar im Einklang zum sittlichen Empfinden und Gerechtigkeitsgefühl der meisten steht, aber die Handlung selbst rechtswidrig war.

Das moralische Argument B68

Beispiel:

„Es war sicherlich heute falsch, was mein Mandant damals mit dem Liebhaber seiner Frau gemacht hat, aber Hand aufs Herz – hätten Sie anders gehandelt, wenn Sie Ihre Frau in flagranti erwischt hätten? Er reagierte, wie ein Mann reagiert, und dass er in diesem Augenblick nicht ans Gesetz dachte, kann man ihm eigentlich nicht verübeln."

„Wir sollten das Rauchverbot in deutschen Kneipen zurücknehmen, da hierbei das Selbstbestimmungsrecht der eigenen Person in Gefahr ist, welches im Grundgesetz festgelegt ist."

„Wenn ein Staat für den neuen Personalausweis Fingerabdrücke zwingend vorschreibt, so werden alle Bürger sogleich einer Straftat verdächtigt. Irgendwann wird es dann nur noch Misstrauen zwischen Regierung und Regierten geben, sodass ein friedliches Miteinander nicht mehr möglich sein wird."

„Die Hartz-4-Gesetze sind falsch, denn wenn jemand sein Leben *lang gearbeitet hat, bekommt er nach genau einem Jahr Arbeitslosigkeit genauso viel wie einer, der nie gearbeitet hat, und muss zusätzlich noch mit seinem Privatvermögen einstehen. Das ist ungerecht."*

Was aber die Pflicht des Menschen gegen sich selbst, bloß als moralisches Wesen (ohne auf seine Tierheit zu sehen) betrifft, so besteht sie im Formalen, der Übereinstimmung der Maximen seines Willens mit der Würde der Menschheit in seiner Person; also im Verbot, daß er sich selbst des Vorzugs eines moralischen Wesens, nämlich nach Prinzipien zu handeln, d.i. der inneren Freiheit nicht beraube und dadurch zum Spiel bloßer Neigungen, also zur Sache, mache.

(Kant: Die Metaphysik der Sitten)

Querverweis: B30 (moralische Frage), E64 (Zynismus nach Schopenhauer)

Der Erfolg ist Argument genug B69

Das Argumentum ad crumenam versucht glauben zu machen, dass sich aus dem Erfolg einer Sache auch der Wahrheitsanspruch herleiten lässt.

Beispiel:

„50 Millionen Elvisfans können sich nicht irren." (Schallplattenwerbung für Elvis Presley)

„Durch das Schneeballsystem ist Frau Sommer unglaublich reich geworden. Vertrauen sie ihm, denn es räumt jedem die gleichen Chancen ein."

„Unser Immobilienfonds hat in den letzten 10 Jahren um satte 80 Prozent zugelegt, wie Sie an den folgenden Tabellenwerten erkennen können. Also werden Sie in den nächsten 10 Jahren um 80 Prozent reicher!"

„Dieser Mann war todkrank und die Ärzte und Heilpraktiker hatten ihn schon lange aufgegeben. Als letzter Hoffnungsschimmer kam er in unsere Gemeinschaft. Tag und Nacht beteten wir für ihn, und dann das plötzliche Wunder: der Mann gesundete, kein Arzt konnte ihm mehr eine Krankheit nachweisen. Und heute? Kann er sogar wieder Sport im Fitnessstudio machen! Komm auch du zu uns! Bete mit uns gemeinsam! Wir können auch dich durch unsere Gebete heilen."

„Dieses Abnehmmittel schockiert die Ärzteschaft. Obwohl es auf rein pflanzlichen Mitteln basiert, ist es unglaublich wirksam und

konnte schon unzähligen Menschen helfen. Zum Beweis zeige ich Ihnen diese Bilder. Das ist Frau Winter früher, da wog sie 120 Kilogramm; das ist Frau Winter heute, da wiegt sie weniger als die Hälfte, nämlich 56 Kilogramm, sie entspricht nun dem Idealmaß einer jungen und begehrenswerten Frau und kann sich vor Dateanfragen kaum retten. Wenn Sie dieses neuartige Mittel, das die Fettverdauung anregt, einnehmen, werden Sie innerhalb nur weniger Wochen so schlank wie Frau Winter!"

Oftmals nutzen Betrüger das Erfolgsargument skrupellos für ihre Zwecke aus. Dabei wird nicht selten mit unseriösen Statistiken gearbeitet. War es nicht vielleicht auch ein glücklicher Zufall, der zum Erfolg der Sache führte, und der nun nicht mehr wiederholt werden kann?

War es tatsächlich die Einzigartigkeit dieses Geldanlagefonds, der für die prozentualen Kursgewinne von 8 Prozent verantwortlich war, oder ist es der Tatsache geschuldet, dass zu dieser Zeit einfach alle Aktien überzeichnet waren und deshalb stiegen, doch nach dem Platzen der Seifenblase an der Börse ein ähnlicher Erfolg vollkommen ausgeschlossen ist? War der Patient wirklich so schwer krank, wie von den Leuten behauptet, oder handelte es sich von vornherein um eine ärztliche Fehldiagnose? Hat man die angeblichen Beweisbilder mit einem Bildbearbeitungsprogramm geschönt, zeigt es überhaupt identische Personen?

Querverweis:
D22 (auf die Sachebene kommen), E74 (Nachhaken bei faulen Punkten), E77 (gegnerische Beweise anzweifeln nach Schopenhauer), E84 (falsche Argumentationskette des Gegners ausgiebig widerlegen), F3 (Sachverhalt verdrehen) F23 (Falsche Gewichtung), F24 (Annahmen als Tatsachen)

Das Argumentum ad metum nutzt bereits vorhandene Ängste in der Bevölkerung aus. Hier wird mit einer immensen Vergrößerung der tatsächlichen Verhältnisse gearbeitet. Nicht selten ein geschickter Schachzug der Kriegspropaganda, aber auch in der Industrie sehr beliebt, um selbst das große Geschäft mit einem bestimmten Produkt (z.B. Waffen / Antivirenprogramme) machen zu können.

Angstargument B70

Beispiel:

„Nur die Ausstattung Ihres Computers mit unserem Firewall-Programm sorgt für Ihre persönliche Sicherheit. Oder wollen Sie, dass Geheimdienste, Presse, Betrüger, Kollegen und Nachbarn Ihre allerpersönlichsten Geheimnisse kennen und auf die Daten, Bilder und Videos Ihrer Festplatte zugreifen?"

Querverweis: B15 (Hyperbel), C60 (Die Furcht nach Aristoteles), C61 (Die Furcht in der Rede), E22 (Katastrophenszenario vorstellen)

Neidargument **B71**	Das Argumentum ad invidiam benutzt Rachegelüste, die man aus persönlichen Motiven gegen Feinde oder Konkurrenten hegt. Der Manipulator weiß um diese Information, für ihn ist es ein Leichtes den Stachel der Wunde wieder aufzureißen.

Beispiel:

„Dein Mitspieler behauptet, wir bräuchten zur Verstärkung der Abwehr einen neuen lauffreudigen Verteidiger aus einem großen Verein. Sieh mal, der steckt sich doch ein weitaus höheres Jahresgehalt als du ein! Und das, obwohl du genauso viel läufst wie er und praktisch die gleiche Arbeit in diesem Team verrichtest! Der neue Verteidiger würde deine und meine eigene Position hier gefährden. Willst du wirklich seinen Vorschlag für einen neuen Spieler unterstützen?"

Querverweis: C68 (Der Neid nach Aristoteles), C69 (Der Neid in der Rede), E13 (Buhmann-Taktik)

Hassargument **B72**	Das Argumentum ad odium versucht gegen bestimmte Personengruppen in der Gesellschaft zu hetzen, indem mit pseudowissenschaftlichen Statistiken und Vorurteilen gearbeitet wird, wobei die Logik auf der Strecke bleibt. Während das Angstargument (B70) auf eine Sache konzentriert ist, hat sich das Hassargument auf eine bestimmte Gruppe von Menschen eingeschossen. Wir wissen aus der Sozialpsychologie von Aronson, dass die Leute solange fleißig Beifall klatschen, wie sie selbst nicht kritisiert werden.

Beispiele:

„Wir sollten die Grenzen für Zuwanderer schließen, wenn sie über keine gute Schul- und Berufsausbildung verfügen, und wer von denen hat das schon? Diese Wirtschaftsflüchtlinge gefährden durch ihre billige Arbeitskraft alle tüchtigen deutschen Arbeiter und Arbeitnehmer, die frühmorgens aufstehen und sich hier ehrlich ihre Brötchen verdienen und dann zum Dank ihre Entlassungspapiere entgegen nehmen können, weil die Firma sie heute entlässt, und die Zuwanderer morgen einstellt. Jobs ja, aber doch nur für uns Deutsche."

„Die Ossis sind schuld daran, dass es mit der Wirtschaft in der BRD einfach nicht rund läuft. Hätten sie sich in den vierzig Jahren DDR nicht einfach ausgeruht, sondern wie wir in Westdeutschland hart gearbeitet, wäre auch der Solidaritätszuschlag in unserer Lohntüte überflüssig. Was mussten die Ossis auch ihre eigene Mauer einreißen, um mal in unsere Kaufhäuser zu schielen, hätten sie nicht einfach unter sich bleiben können?"

„Die Schwaben sind dafür verantwortlich, dass die Mieten in Berlin in den letzten Jahren in die Höhe geschnellt sind. Was müssen diese reichen Südheuschrecken sich auch ausgerechnet die Hauptstadt für ihre Mietzockereien aussuchen? Du glaubst nicht, was mir letztens passiert ist: Beim Bäcker musste ich statt Schrippe ‚Weckle' sagen – sonst hätte ich kein Brötchen mehr verkauft bekommen!"

Querverweis: C54 (Der Zorn nach Aristoteles), C55 (Der Zorn in der Rede), D30 Sympathieträger Kritik nach Aronson), D31 (Sympathiekiller Kritik nach Aronson)

Dieses Argument versucht mit einem Bedingungssatz, dessen Inhalt blühende Fantasie verrät, einen oft falschen Schluss herzuleiten. Der Bezug der zwei Einheiten hat nur entfernt miteinander zu tun.

Das Fantasieargument B73

Beispiel:

„Sie behaupten, Sie könnten nicht zur Bundeswehr, weil Ihr Gewissen es nicht zuließe, wenn sie einen Menschen töten müssten. Wissen Sie, was ich glaube? Dass diese Gewissensgründe nur vorgeschoben sind! Denn wenn Ihre Freundin auf offener Straße von Unbekannten attackiert würde, würden Sie dann nicht auch versuchen sie mit körperlicher Gewalt zu retten, ja sogar eine Schusswaffe einsetzen, um sie aus der Hand der Angreifer zu befreien?"

Querverweis: A65 (Konditionalsatz), E49 (falsche Rückschlüsse ziehen), F23 (falsche Gewichtung), F24 (Annahmen als Tatsachen)

Das Argument ad ignorantiam hat Nichtwissen zum Beweis, dass etwas existiert, aber auch nicht existieren könnte. Ufo-Entführungen, geheime Militärprogramme, blutsaugende Vampire, religiöse Gottheiten werden durch dieses Argument von vornherein befürwortet oder ausgeschlossen. Was nicht möglich scheint, scheint nicht machbar. Der Umkehrschluss: Nur weil es nicht möglich scheint, kann es vielleicht doch machbar sein.

Das nicht beweisbare Argument B74

Beispiel:

„*Niemand hat gezeigt, dass es keinen Gott gibt; also muss Gott existieren.*"

„*Niemand war je als Toter im Jenseits, und ist dann wieder lebendig zur Erde zurückgekehrt – also gibt es kein Jenseits.*"

„*Ich habe noch nie jemand gesehen, der einfach so übers Wasser gelaufen ist. Also ist auch die Geschichte von Jesus frei erfunden.*"

„*Noch vor gar nicht so langer Zeit, nämlich im Jahr 1975, warnten unsere Wissenschaftler vor einer neuen Eiszeit. Nun warnen sie vor einer globalen Erderwärmung. Morgen warnen sie wieder vor einer Eiszeit, und übermorgen erneut vor einer Erderwärmung. Solange aber kein zweifelsfreies Datenmaterial vorliegt, sollten wir uns keine allzu großen Sorgen machen. Denn wenn ich diesen Winter betrachte, lag in den Alpen überall Schnee, wo es doch im Vorjahr noch hieß, dass es an der Erderwärmung läge, dass kein Schnee da sei.*"

Wenn etwas nur sehr selten vorkommt, ist der Nachweis in einer Diskussion schwierig, ja fast unmöglich. So kann man über einen erdähnlichen Planeten außerhalb unseres Sonnensystems zunächst nur spekulieren, ebenso ob intelligentes Leben irgendwo im Universum überhaupt möglich ist. Wird man selbst gebeten, Stellung zu beziehen, sollte man sich an die bekannten Fakten aus der Forschungsliteratur halten.

Ein anderes viel gebrauchtes Mittel treibt und nöthigt den Andern dadurch, nachzugeben und in dem streitigen Punkte dem Gegner dadurch beizutreten, dass der Andere aufgefordert wird, entweder den aufgestellten Grund anzuerkennen oder einen bessern dagegen vorzubringen. Ich nenne dies den Grund aus der Unwissenheit (ad ignorantiam).

Text: John Locke, „Versuch über den menschlichen Verstand"

Beispiel aus der Literatur:

„*Mein Gott,*" *sagte Maja,* „*wo kommen Sie nur immer her?*"
„*Aus der Umgegend*", *sagte der Grashüpfer.*
„*Aber ich bitte Sie,*" *rief Maja,* „*springen Sie denn so aufs Geratewohl in die Welt, ohne zu wissen, wohin es Sie führt, ohne den Ort zu kennen, wo Sie ankommen?*"
„*Natürlich*", *sagte der Grüne.* „*Was denn sonst? Können etwa Sie in die Zukunft sehn? Das kann niemand. Nur der Laubfrosch kann es, aber er sagt nicht wie.*"
„*Was Sie alles wissen*", *rief die kleine Maja,* „*das ist einfach groß-*

artig. Verstehn Sie auch die Sprache der Menschen?"
„Das ist eine Frage, die schwer zu beantworten ist, Mamsell, denn es ist noch nicht nachgewiesen, ob die Menschen eine Sprache haben. Sie stoßen zuweilen Laute aus, deren abscheuliche Klanglosigkeit mit nichts zu vergleichen ist. Offenbar verständigen sie sich dadurch. Was man ihnen lassen muß, ist ein aufrichtiges Verlangen nach erträglichen Stimmen. Ich beobachtete zwei Knaben, die Grashalme zwischen ihre Finger nahmen und mit ihrem Mund Luft darauf bliesen, so daß ein surrender Ton entstand, der dem Zirpen einer Grille vielleicht verglichen werden könnte. Aber er blieb weit dahinter zurück. Jedenfalls tun sie, was sie können. Wollen Sie sonst noch etwas wissen? Ich weiß immerhin mancherlei."
Und er grinste die kleine Maja an, daß man es förmlich hörte.
Aber als er nun das nächste Mal unversehens davonsprang, blieb er aus, und die Biene wartete eine Weile vergeblich auf ihn. Sie suchte ringsumher im Gras und in den Blumen, aber es war unmöglich, ihn wiederzufinden.

Text: Waldemar Bonsels, „Die Biene Maja und ihre Abenteuer"

Waldemar Bonsels

Querverweis: B60 (Apodiktischer Beweis), E49 (falsche Rückschlüsse ziehen), F24 (Annahmen als Tatsachen)

Obwohl es überhaupt keine Überschneidungspunkte gibt, wird bei diesem Argument hartnäckig versucht, einen Zusammenhang zu finden. Da die zwei Vorgänge tatsächlich zu gleichen Zeit ablaufen, ist es in einer hitzigen Debatte schwierig, den Fehlschluss als solches zu entlarven, wenn man sich im Fachgebiet nicht auskennt.

Das Argument eines angeblich zeitgleichen-Zusammenhangs B75

Zum Beispiel:
Eisverkäufe im Sommer stehen mit Motorradunfällen in direkter Verbindung. Denn je heißer es ist, desto mehr Speiseeis wird verkauft und desto mehr Motorradunfälle geschehen. Daher verursacht Speiseeis Motorradunfälle.

Dieses Argument ist fehlerhaft, weil es die tatsächliche Erklärung außer Acht lässt, dass es allein auf die hohen Temperaturen des Sommers zurückzuführen ist, dass auf den Straßen mehr Zweiräder unterwegs sind und mehr Spaziergänger auf den Wegen Speiseeis verzehren.

Querverweis: E49 (falsche Rückschlüsse ziehen), F23 (falsche Gewichtung)

Das herablassende Argument   **B76**

Das Argumentum ad superbium lehnt gegnerische Einwände mit einer Mischung aus Überheblichkeit und Eigenliebe ab.

„Meine beste Freundin Susie behauptete neulich, dass sie meinen Schwarm Thomas mit dieser neuen Kollegin Thérèse Händchen haltend im Zug gesehen hätte. Das kann nicht sein, das will ich nicht glauben, die will mich wohl bloß ärgern! Ich habe doch viel mehr zu bieten als Thérèse, ich bin viel hübscher und intelligenter. Thomas wäre doch nie so dumm, sich mit so einem Bauernmädchen einzulassen."

Querverweis: D84 (Selbstdarstellung zur Abwertung), E15 (Reaktanzmethode), E92 (Ruhm)

Das stammtischtaugliche Argument   **B77**

Das Volksargument (Stammtischargument) täuscht vor, dass die Mehrheit der Allgemeinheit genauso über eine Sache denken würde wie sie. Wenn so viele eine ähnliche Ansicht äußerten, dann müsste doch etwas an der Sache dran sein, und der Wahrheitsgehalt sei daraus herzuleiten. Oft wird hierbei mit frisierten Zahlen und erfundenen Daten gearbeitet, die aus einem Einzelfall einen allgemein gültigen Beweis zu erklären versuchen. Man erkennt das stammtischtaugliche Argument auch daran, dass der Diskussionsteilnehmer bei ungläubiger Rückfrage nach der Quellenangabe erwidert: „Das habe ich schließlich im Internet gelesen." / „Das habe ich doch auch im Fernsehen gesehen." / „Das habe ich von einem Bekannten so erzählt bekommen."

Beispiele:

„Früher schlugen alle Eltern ihre Kinder. Mich haben meine Eltern auch geschlagen, und das hat mir gut getan. Wieso sollte körperliche Züchtigung auf einmal verboten sein?"

„Im Mittelalter glaubten praktisch 100 Prozent der Leute daran, dass Gott existiert. Also kann das nicht ganz falsch gewesen sein."

„Hast du schon einmal einen richtig ehrlichen Politiker gesehen? Ist mal eine wichtige Sitzung im Parlament, fehlt schon mal die Hälfte. Die, die da sind, tippen SMS oder unterhalten sich mit dem Banknachbarn. Was die andere Hälfte wohl treibt? Die stecken sich einfach unsere hart erarbeiteten Gelder in die weiten Hosenbünde und fliegen dann auf Staatskosten mit Bundeswehrflugzeugen in den Dauerurlaub nach Miami. Ach, ich wäre auch gern Politiker."

Um zur Wahrheit zu gelangen, bedient man sich keiner demokratischen Mittel, sondern nutzt die Hackordnung einer Gruppe aus, in der eine asymmetrische Kommunikationssituation vorherrscht.

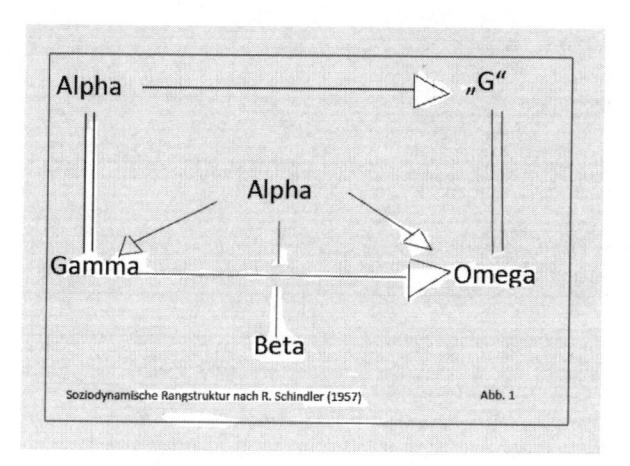

Soziodynamische Rangstruktur nach R. Schindler (1957) — Abb. 1

Nach Raoul Schindlers Kommunikationsmodell entscheidet der Rang eines jeden Gruppenmitglieds über seine weiteren Gesprächsmöglichkeiten. Die Gesamtgruppe „Gamma" wird von den zwei Leitwölfen „Alpha 1" und „Alpha 2" (beliebte und tüchtige Leute) angeführt. Der ansonsten eher stille, aber kluge „Beta" versucht beim Streit zwischen den zwei Leitwölfen zu vermitteln. Der Gruppenschwächste „Omega" ist Außenseiter, über ihn wird schnell gelacht und was er sagt, bleibt ohne Wirkung, auch wenn es vielleicht richtig ist. Die übrigen Gruppenmitglieder „G" erheben keinen Führungsanspruch und erledigen dafür die Knochenarbeit.

Altgediente Leute haben hier automatisch mehr zu sagen als neue, ihnen gesteht man auch Aussagen zu, die nach wissenschaftlicher Überprüfung wie ein Kartenhaus in sich zusammenfallen. Aus Angst vor Kritik halten sich aber die meisten Mitglieder der Gruppe zurück, sodass missliebige Meinungen, die der Sache widersprechen könnten, gar nicht erst geäußert werden.

Querverweis: B66 (Gruppenargument), B67 (Traditionsverweis), E49 (falsche Rückschlüsse ziehen), F23 (falsche Gewichtung)

Das kaufmännische Argument, Teil 1: Gewinnersparnis für den Käufer   **B78**

Das Argument einer Gewinnersparnis setzt zwei mathematische Bezugsgrößen miteinander in Verbindung. Aus dem rechnerischen Endergebnis wird sodann der praktische Nutzen einer Ersparnis oder eines Gewinnes mitgeteilt.

Beispiel:

Durch die Einsparung von 2 Kilowatt pro Stunde bei diesem sensationell günstigen Fernseher sparen Sie bei Ihrem aktuellen Stromtarif mindestens 40,- Euro im Monat!

Dieses Auto verbraucht mit seinen 5 Litern auf 100 km mindestens zwei Liter weniger als vergleichbare Modelle. Bei einer jährlichen Laufleistung von 10 000 km müssen Sie also nur 500 Liter tanken.

Wenn Sie eine Schachtel Zigaretten am Tag rauchen, kostet Sie das 5 Euro. Wenn Sie dieses Geld sparen, haben Sie innerhalb eines Jahres 1680 Euro angespart. In 10 Jahren kommen Sie so auf die Summe von 10680 Euro, in 50 Jahren auf 53400 Euro. Dies entspricht bereits fast dem Gegenwert eines Porsche. Nicht eingerechnet ist hierbei die Verzinsung von 4 Prozent, sodass Sie sich am Ende locker den Porsche leisten können.

(PS. Das Rechenbeispiel vernachlässigt natürlich die Inflation von 3 bis 4 Prozent, wenn die Zigarettenpackung teurer wird. Außerdem hätte man höchstwahrscheinlich das Geld nicht angespart, sondern für andere Zwecke ausgegeben. Und in 50 Jahren kostet der Porsche auch nicht 60 000 Euro, sondern 200 Prozent mehr – also 180 000 Euro.)

Querverweis: A49 (Numerale) A65 (Konditionalsatz), E9 (Datenflut), E10 (Desinformation), F56 (Zahlenmaterial hinterfragen)

Das kaufmännische Argument, Teil 2: Risikominimierung für den Käufer   **B79**

Die Argumentationsfigur einer Verkleinerung dient zur Beschwichtigung möglicher Gegenargumente von der anderen Partei, z.B. die hohen Anschaffungskosten oder laufenden Ratenzahlungen.

Beispiel:

Dieser Computer kostet zwar 2400,- Euro, bei einer Nutzungsdauer von 10 Jahren sind das allerdings nur 20 Euro pro Monat.

Querverweis: A49 (Numerale), E9 (Datenflut)

Das logische Nutzwertargument stellt eine Tatsache dar, und ermittelt dann die logische Schlussfolgerung. Was kann man damit auf die lange Sicht anfangen? Hierbei stellt sich jedoch die Frage, ob unsere Zahlenangabe stimmig ist. Bei ausreichender Vorbereitungszeit ist dieses Argument höchst wirksam, als spontane Argumentationshilfe für den Redner jedoch nicht, weil er ja dann alles im Kopf durchrechnen müsste.

Das kaufmännische Argument, Teil 3: Praktischer Nutzen für den Käufer B80

Beispiel:

Diese neue Waschmaschine verbraucht nur fünf Liter Wasser pro Waschgang. Das bedeutet, Sie können mit nur 250 Litern Wasser ein ganzes Jahr Ihre Wäsche waschen, wenn Sie einmal pro Woche waschen.

Wenn Sie jeden Tag 10 neue Englischvokabeln lernen, so haben Sie innerhalb eines Jahres 3650 Wörter gelernt. Der englische Grund- und Aufbauwortschatz in Klasse 13 der gymnasialen Oberstufe beträgt aber „nur" 5000 Wörter, d.h. ein Schüler kann innerhalb von nur eineinhalb Jahren mehr als die erforderlichen 5000 Wörter schaffen - nämlich 5475 Wörter.

Laut einer ärztlichen Studie soll jede Zigarette das menschliche Leben um 10 Minuten verkürzen. Wenn Sie jeden Tag 40 Zigaretten rauchen (zwei Schachteln), so leben Sie 2240 Stunden pro Jahr weniger (93 Tage pro Jahr). Wenn Sie 10 Jahre rauchen, leben Sie 930 Tage weniger (2,5 Jahre), bei 50 Jahren 4650 Tage (12,7 Jahre). Sollte diese Studie stimmen, so wird ein Kettenraucher, der eigentlich 80 Jahre alt würde, nicht älter als 68.

Querverweis: A49 (Numerale), E9 (Datenflut), B28 (Exemplum)

Das unpassende Beschwichtigungsargument ist wie ein Bumerang, der krachend an den Kopf des Redners saust. Kein Gewinn, nur Verlust! Ich kann mich nicht an einen Fall erinnern, wo diese Form der Argumentation jemals geglückt wäre. Schlimmstenfalls gibt es einen Eklat - die Parlamentarier stürmen aus dem Saal, wie bei der „Jenninger-Rede" im deutschen Bundestag. Wer historische Tatsachen so weich formuliert, dass aus einstigen Opfern Täter werden und aus früheren Tätern Opfer, wird beim geschichtskundigen Publikum mächtig auf die Nase fallen. Wenn zeitgleich noch die Vertreter der Presse anwesend sind, die einzelne Sätze aus der Rede noch drastischer darzustellen vermögen, weil sie natürlich auch eine Art Ausklammerung betreiben, hat

Das unpassende Beschwichtigungsargument (durch Ausklammerung) B81

schon verloren.
Forderung an Redner, die sich heiklen Themen widmen müssen: Formulieren Sie eindeutig, legen Sie Ihre Positionen zweifelsfrei dar, verzichten Sie auf Manipulationsfiguren B29 – B40. Die Gefahr, dass jemand Ihre Aussage in den falschen Hals bekommt und sich daran verschluckt, ist enorm.

Wohl auch um die Verkaufszahlen für ihr neues Buch anzukurbeln, unterlief der geschassten Moderatorin der Tagesschau, Eva Herman, einst der Fehler, ein Scheinargument als echtes Argument verkaufen zu wollen. Wenn dies vor einem eher ungebildeten Publikum geschieht, kommt man damit möglicherweise durch. Und wer weiß? Aristoteles hatte ja zu seiner Zeit auch eher an ein ungebildetes Publikum als Zielgruppe gedacht, das der Redner mit einem Syllogismus schon irgendwie bezirzen könne. Unsere Welt hat sich jedoch verändert, das Publikum von heute ist nicht mehr so leicht zu überreden wie noch vor hundert Jahren, als es noch keinen Fernseher gab und das Radio das Nonplusultra an technischen Möglichkeiten darstellte. Wir Medienkonsumenten sind es einfach gewohnt, jeden Tag aufs Neue belogen zu werden, indem wir den einschmeichelnden Lobeshymnen der Werbung ausgesetzt sind. Bei Eva Herman war es jedoch kein ungebildetes Publikum, sondern es handelte sich um eine Pressekonferenz, sprich: Jornalisten, also allesamt studierte Leute, von denen mit Sicherheit der eine oder andere Philosophie (und damit auch die ganze Argumentationstheorie) als Beifach gehabt haben dürfte.

„Wir müssen den Familien Entlastung und nicht Belastung zumuten und müssen auch 'ne Gerechtigkeit schaffen zwischen kinderlosen und kinderreichen Familien. Und wir müssen vor allem das Bild der Mutter in Deutschland auch wieder wertschätzen lernen, das leider ja <u>mit dem Nationalsozialismus</u> und der darauf folgenden 68er-Bewegung abgeschafft wurde. Mit den 68ern wurde damals praktisch alles das – alles, was wir an Werten hatten – …; <u>es war 'ne grausame Zeit, das war ein völlig durchgeknallter, hochgefährlicher Politiker, der das deutsche Volk ins Verderben geführt hat, das wissen wir alle. Aber es ist damals eben auch das, was gut war, und das sind Werte, das sind Kinder, das sind Mütter, das sind Familien, das ist Zusammenhalt</u> – das wurde abgeschafft. Es durfte nichts mehr stehen bleiben…"

Text: Eva Herman, 6.7.2007

Wer so argumentiert, das eine war zwar schon irgendwie schlecht, aber das andere war dann doch gut, betreibt eine Beschwichtigung durch Ausklammerung. Das gefundene Fressen für einen jeden Gegner, denn nun ist es kein großer Schritt mehr, einer Person eine Sympathie zu einer bestimmten Gruppierung nachzusagen – auch wenn das so gar nicht die Absicht des Sprechers/der Sprecherin war. Es gilt das lateinische Sprichwort: Si tacuisses, philosophus mansisses (Wenn du geschwiegen hättest, wärst du Philosoph geblieben).

Grundlage eines jeden Arguments muss sein: galt das angeführte historische Beispiel für alle Bevölkerungsgruppen? Aus der Sicht einer jüdisch-deutschen Mutter, deren Söhne und Töchter im Konzentrationslager ausgelöscht wurden, war die Familienpolitik der Nationalsozialisten ein Desaster! Aus der Sicht einer nichtjüdischen, deutschen Mutter ebenfalls – musste sie doch mindestens zwei oder drei tote Soldatensöhne beweinen. Wie hätte Eva Hermann aber ihr Argument absichern können? Sie hätte mit der Familienpolitik von Kaiser Wilhelm I. anfangen sollen, wo es mit Sicherheit ein ähnliches Beispiel gegeben hätte, dann noch ein Beispiel aus der Weimarer Republik, und den Nationalsozialismus unerwähnt lassen.

So ist es übrigens auch mit weiteren historischen Begebenheiten. Die Französische Revolution war auch kein so durchweg positives Ereignis, wie die Gedenktage unseres Nachbarlandes es vielleicht vermuten lassen. Auch hier wird eine Art Beschwichtigung durch Ausklammerung betrieben, das den wahren Schrecken für die enthaupteten Adeligen nur zu gern ignoriert:

Die Masse der Menschenschlächter umfasste ungefähr 300 Personen und repräsentierte vollkommen den Typus einer heterogenen Masse. Abgesehen von einer ganz geringen Anzahl von gewerbsmäßigen Bettlern bestand sie namentlich aus Händlern und Handwerkern aller Art: aus Schustern, Schlossern, Perückenmachern, Maurern, Angestellten, Dienstmännern usw. Unter dem Einfluss der empfangenen Suggestion sind sie (...) durchaus davon überzeugt, eine patriotische Pflicht zu erfüllen. Sie üben ein doppeltes Amt aus, das des Richters und des Scharfrichters, halten sich aber in keiner Weise für einen Verbrecher.

Text: Gustave Le Bon, „Psychologie der Massen"

Weitere Beispiele für Beschwichtigungen durch Ausklammerung: Die Demokratien in Athen und Rom – die neu erworbenen Rechte nach der Vertreibung ihrer Tyrannen galten weder für Frauen noch für Sklaven. Wenn wir uns einem geschichtlichen Ereignis widmen, müssen wir es bei unserer Argumentationsvorgehensweise immer zum Gesamtzusammenhang in Beziehung setzen. Ein Zwischenrufer hat sonst leichtes Spiel, vermag unsere Argumentationsreihe und den damit einhergehenden Überzeugungstransfer nachhaltig zu stören, indem er auf den inneren Widerspruch hinweist.

Nach dem heutigen Stand der Forschungsliteratur hatte der damalige Bundestagspräsident Philipp Jenninger das alles nicht so gemeint, aber in den Ohren der Abgeordneten entwickelte seine Gedenkrede zur Reichskristallnacht (9.11.1938) im Bundestag eine unvorhergesehene Eigendynamik, als mitten in der Rede Jenningers eine Schar von fünfzig Abgeordneten den Parlamentssaal fluchtartig verließ. Folge: Jenninger trat mit sofortiger Wirkung zurück. Seine Rede wurde von allen Seiten „missverstanden, umgedeudet und instrumentalisiert". Ein Deutschlehrer hätte vielleicht geschrieben: Thema verfehlt. Statt einer klassischen epideiktischen Gedenkrede hatte Jenninger einfach das Redegenre um eine Komponente erweitert und sich gleichzeitig an eine Pro-Contra-Erörterung mit erlebtem Augenzeugenbericht gemacht: die Unterdrücker, die Unterdrückten und die Mitläufer kamen zu Wort und teilten ihre Gedanken und Gefühle mit. Wer sich im spannenden Feld der Literatur ein bisschen auskennt, weiß vielleicht, dass es bei Texten immer einen externen Autor gibt, der das Werk gestaltet hat, und dessen Haltungen und Auffassungen nicht unbedingt mit denen des Ich-Erzählers im Text gleichzusetzen sind.

Auch sollte man bedenken, dass Jenningers Text mit hoher Wahrscheinlichkeit nicht aus seiner eigenen Feder stammt, sondern von einem etwas zu experimentierfreudigen Redenschreiber. Aber das ist eben das Ende vom Lied, die Arbeitsabläufe einer Rede aus der Hand zu geben, und als Politiker nur noch die Funktion eines Schauspielers zu übernehmen, der fremde Texte verliest. Während Adenauer seine Reden noch selbst schrieb, gibt es seit Walter Scheel zahlreiche freiberufliche und festangestellte Bundestags-Redenschreiber, die den Politikern zuarbeiten.

Auch Jenningers Vortragsstil, der mehr einer Universitäts-Vorlesung als einer Gedenkrede entspreche, wie der Historiker Arnulf Baring beklagte, spielte eine Rolle für die Zurückweisung im Redesaal. Das „innere und äußere aptum" (siehe C4 und C5) entsprach einfach nicht der Vorstellung des Auditoriums.

Jenninger ist über eine Rede gestürzt, genauer, über einen rhetorischen Stil, der zum Inhalt der Rede nicht paßte. Schon dies ist aufschlußreich: Der Stil hat hierzulande mehr Gewicht als die Substanz - selbst wenn diese Substanz, mag sie nun gefallen oder nicht, historisch korrekt ist.

Text: Rheinischer Merkur, 18.11.1988

Worte auf dem Papier und gesprochene Worte sind eben zweierlei – wenn etwas tatsächlich gesagt wird, klingt es noch schärfer und zynischer als beabsichtigt. Dass es sich hierbei um einen „inneren Monolog" bzw. „erlebte Rede" von Zeitzeugen handelt, der die Gefühlswelt der damaligen Zeit aufzeigen soll, spielt dabei nur eine Nebensache. Ungeschickt wirken einzelne Passagen der Rede aufgrund der rhetorischen Fragen und der Ironie, die ja beide zur Manipulation des Publikums eingesetzt werden können (siehe B30 und B36), hier aber wohl die Funktion haben, für Spannung und Abwechslung zu sorgen. Wenngleich die Rede in der Fachwelt als Musterbeispiel für eine besonders misslungene politische Rhetorik gilt, scheint zumindest das Gesamtverhältnis zwischen neutraler Sprache (98 Prozent) und der „erlebten Rede" (2 Prozent), mit der Jenninger zur Diskussion anregen wollte, gewahrt zu sein. Vielleicht war Jenningers Rede auch nur zu modern geraten, genauer: zu postmodern mit seinen verschiedenen Identitäten.

Redebeispiel Original:

Textstellen, die in Medien und Politik scharf kritisiert wurden:

„Sicher, meine Damen und Herren, in freien Wahlen hatte Hitler niemals eine Mehrheit der Deutschen hinter sich gebracht. Aber wer wollte bezweifeln, daß 1938 eine große Mehrheit der Deutschen hinter ihm stand, sich mit ihm und seiner Politik identifizierte? Gewiß, einige „querulantische Nörgler" wollten keine Ruhe geben und wurden von Sicherheitsdienst und Gestapo verfolgt, aber die meisten Deutschen und zwar aus allen Schichten: aus dem Bürgertum wie aus der Arbeiterschaft – dürften 1938 überzeugt gewesen sein, in Hitler den größten Staatsmann unserer Geschichte erblicken zu sollen.
(...) Und was die Juden anging: Hatten sie sich nicht in der Vergangenheit doch eine Rolle angemaßt – so hieß es damals –, die ihnen nicht zukam? Mußten sie nicht endlich einmal Einschränkungen in Kauf nehmen? Hatten sie es nicht vielleicht sogar verdient, in ihre Schranken gewiesen zu werden? Und vor allem: Entsprach die Propaganda – abgesehen von wilden, nicht ernstzunehmenden Übertreibungen – nicht doch in wesentlichen Punkten eigenen Mutmaßungen und Überzeugungen?"

Beispiele für kontrastierende Textstellen, welche die Neutralität des Redners andeuten:

„Die herrschende Partei hatte in Gestalt ihrer höchsten Repräsentanten Recht und Gesetz suspendiert; der Staat selbst machte sich zum Organisator des Verbrechen. An die Stelle von gezielten Gesetzen und Verordnungen, mit deren Hilfe über Jahre hinweg die schleichende Entrechtung der Juden betrieben worden war, trat

jetzt der offene Terror. Eine noch immer nach Hunderttausenden zählende Minderheit war zum Freiwild erklärt worden, ihr Hab und Gut der Zerstörungswut eines organisierten Mobs anheimgegeben. (...)

Am 30. Januar 1933 hatten die Nationalsozialisten die Macht im Deutschen Reich übernommen. Die fünfeinhalb Jahre bis zum November 1938 reichten aus, um die in anderthalb Jahrhunderten errungene Gleichstellung der Juden auszulöschen. Es begann mit dem Boykott jüdischer Geschäfte im April 1933, dem alsbald die Zwangspensionierung jüdischer Staatsbediensteter und noch im selben Jahr erste Berufsverbote für jüdische Künstler und Journalisten folgten. Die „Nürnberger Gesetze" von 1935 machten die Juden zu Menschen zweiter Klasse ohne staatsbürgerliche Rechte; mit dem „Gesetz zum Schutz des deutschen Blutes und der deutschen Ehre" hielt das unsägliche Delikt der „Rassenschande" seinen Einzug.

Mit der Ausschaltung aus dem staatlichen und kulturellen Leben gingen immer stärkere Einengungen der beruflichen Betätigungsmöglichkeiten einher, die in Berufsverbote für jüdische Ärzte und Rechtsanwälte, Schauspieler, Makler und Heiratsvermittler mündeten. Ab dem Frühjahr 1938 konzentrierten sich die NS-Herrscher verstärkt auf die „Arisierung" der deutschen Wirtschaft - sprich: auf die Enteignung und Ausplünderung der Juden. (...)

Wogegen wir uns aber gemeinsam wenden müssen, das ist das Infragestellen der historischen Wahrheit, das Verrechnen der Opfer, das Ableugnen der Fakten. Wer Schuld aufrechnen will, wer behauptet, es sei doch alles nicht so - oder nicht ganz so - schlimm gewesen, der macht schon den Versuch, zu verteidigen, wo es nichts zu verteidigen gibt.

Text: Philipp Jenninger, 10.11.1988

Querverweis: B20 (Synekdoche), B30 (Rhetorische Frage), B55 (Plusminus-Argumentation), E42 (Ja, aber-Taktik), E74 (Nachhaken bei faulen Punkten), E77 (gegnerische Beweise anzweifeln nach Schopenhauer), E84 (falsche Argumentationskette des Gegners ausgiebig widerlegen)

Das unpassende Diffamierungsargument (durch Ausklammerung) B82

Auch Alt-Bundeskanzler Helmut Kohl musste einst leidvoll erfahren, wie es ist, wenn man zwei Personen vergleicht, die eigentlich nichts miteinander zu tun haben, und auch keine ideologische Richtung teilen.

Seine Behauptung gegenüber dem amerikanischen Nachrichtenmagazin NEWSWEEK, der Generalsekretär der Sowjetunion,

Michail Gorbatschow, agiere so wie in der NS-Zeit der Reichsminister für Volksaufklärung und Propaganda, Joseph Goebbels, konnte doppeldeutig aufgefasst werden.

„Ich bin kein Narr, ich halte ihn nicht für einen Liberalen. Es gibt genug Narren in der westlichen Welt zwischen Journalisten und Politikern. Die Frau Gorbatschow ist eine attraktive Frau, die reist nach Paris und kauft sich natürlich Kleider in Paris. Das hat doch damit überhaupt nichts zu tun. Das ist ein moderner kommunistischer Führer. Der war nie in Kalifornien, nie in Hollywood, aber versteht was von PR. (...) Der Goebbels verstand auch was von PR. (Auf die Frage, warum er ausgerechnet diesen Vergleich heranzieht) Man muß doch die Dinge auf den Punkt bringen."

Text: Helmut Kohl, 21.10.1986

Dieses Interview führte zu einer ernsthaften Verstimmung zwischen Moskau und Bonn. Eine klare Entschuldigung sei vonnöten, hieß es bei sowjetischen Funktionären, Kohl könne diese Affäre nicht wie gewohnt aussitzen. Er habe seine Gesprächsfähigkeit verloren, und Gorbatschow würde solange nicht nach Deutschland kommen oder Kohl in der Sowjetunion empfangen, wie diese Sache nicht bereinigt worden sei.

Ein Kanzleramtssprecher sagte später: „Wir wollten doch den Amerikanern nur sagen, paßt auf, der neue Mann an der Spitze des Kreml versteht sich auf die neuesten Mittel der Öffentlichkeitsarbeit."

Bei Kohl ging die Sache glücklich aus. Die Sache wurde bereinigt. Später wurden Gorbatschow und er sogar so gute Freunde, dass man auch zusammen in der Sauna über Politik diskutierte. Glasnost und Perestroika ermöglichten nicht nur das, sondern auch den Fall der Berliner Mauer.

Das unpassende Diffamierungsargument durch Ausklammerung ist der Gegenpol zum unpassenden Beschwichtigungsargument durch Ausklammerung (siehe B81). Wer andere Leute durch Satzschnipsel so zitiert, als ob sie Sympathisanten des linken oder rechten Lagers wären, ohne den Zusammenhang zu verdeutlichen, wird möglicherweise zum Star der Stunde. Schließlich freut sich ein Publikum schon aus Unterhaltungsgründen, wenn es vorne „ordentlich zur Sache geht" und der Angegriffene sich nun rechtfertigen muss. Doch Vergleiche anderer über einen historischen Vergleich – es sei denn, man hat eindeutige Beweise, wie z.B. ein bestimmtes Parteiprogramm - kann keine Argumentationsstütze sein.

Deshalb: Eine direkte Anfeindung des Gegners als Nazi oder Kommunist ist unangebracht. Denn diese Argumentationsart ist nichts weiter als ein hinterlistiger Versuch, mit einem Reizwort (Faschist, Marxist) die Aufmerksamkeit zu sichern. Sind Sie jedoch in einer Diskussion, und ein anderer wendet die Technik an, so prüfen Sie sofort das Faktenwissen der anderen Person. Sollte er auf vernünftige Argumente nicht eingehen, ziehen Sie ihn langsam in einzelne Bereiche der Thematik (z.B. alle deutschen Kriege vor dem II. Weltkrieg), und wenn er sich da nicht auskennt, nageln Sie ihn fest und werfen ihm Dummheit und Unwissenheit vor.

Redebeispiel Original:

„Für diesen Prozess wie für andere Prozesse, in denen andere DDR-Bürger wegen ihrer ‚Systemnähe' von Straf-, Arbeits-, Sozial- und Verwaltungsgerichten verfolgt werden, muss ein Argument herhalten. Die Politiker und Juristen sagen, wir müssen die Kommunisten verurteilen, weil wir die Nazis nicht verurteilt haben. Wir müssen diesmal die Vergangenheit aufarbeiten. Das leuchtet vielen ein, ist aber ein Scheinargument. Die Wahrheit ist, dass die westdeutsche Justiz die Nazis nicht bestrafen konnte, weil sich Richter und Staatsanwälte nicht selbst bestrafen konnten. Die Wahrheit ist, dass die bundesdeutsche Justiz ihr derzeitiges Niveau, wie auch immer man es beurteilt, den übernommenen Nazis verdankt. Die Wahrheit ist, daß die Kommunisten, die DDR-Bürger heute aus den gleichen Gründen verfolgt werden, aus denen sie in Deutschland schon immer verfolgt wurden. Nur in den 40 Jahren der Existenz der DDR war das umgekehrt. Dieses Versäumnis muss nun ‚aufgearbeitet' werden. Das alles ist natürlich rechtsstaatlich. Mit Politik hat es nicht das geringste zu tun."

Redner: Erich Honecker (Verteidigungsrede im Prozess um die Toten an der innerdeutschen Grenze)

Querverweis: B20 (Synekdoche), E95 (Zynismus), D73 (Killerphrasen), D78 (dem Gegner etwas unterstellen)

Wiederholung   B83

Wie bei einem Kratzer in der Schallplatte wird hier eine Aussage wiederholt, bis der Gesprächspartner entnervt aufgibt. Ist kein Diskussionsleiter vorhanden, sollte man als Gegentaktik ebenfalls eine Schallplatte laufen lassen und die eigenen Argumente langsam einbinden.

„Ich war es nicht!"
„*Ich glaube, dass Sie es waren.* Man hat Sie zum Tatzeitpunkt am

Ort gesehen."
„Ich war es nicht!"
„Und ich glaube, dass Sie es doch waren. Es sieht nicht gut für Sie aus. Ihre Fingerabdrücke waren auf der Pistole."
„Ich war es aber nicht!"
„Und ich glaube, dass Sie es waren. Sie haben gestern Abend dem Opfer gedroht. Wir haben Ihre Handyverbindung zurückverfolgt."
„Ich war es ganz bestimmt nicht!"
„Und ich bin mir sicher, dass Sie es waren. Nun gestehen Sie schon endlich, zeigen Sie wenigstens einmal in Ihrem Leben Anstand. Merken Sie nicht, dass jeglicher Widerstand bei dieser Indizienlast zwecklos ist? Wenn Sie jetzt gestehen, kriegen Sie noch Strafmilderung. Wenn Sie aber schweigen, droht Ihnen lebenslängliche Haft mit Sicherungsverwahrung."

Wer von den beiden länger durchhält, wird vielleicht am Ende die Wahrheit zugesprochen bekommen. Die Dauerwiederholung einer bestimmten Aussage ist selten zielführend in einer Diskussion. Auch werden nur zu gern alte Argumente, die eigentlich schon vom Gegner als falsch entlarvt wurden, nochmals angeführt, in der Hoffnung, dem Publikum werde der Schwindel nicht auffallen. In diesem Fall sollte der Diskussionsleiter die Streithähne daran erinnern, dass nicht immer die gleichen Punkte gebracht werden sollen.

Querverweis: A88 (Refrain), B6 (Synonym), D91 (in die Enge treiben), F37 (Wiederholungsargument)

Das Argumentum ad personam leitet die Aufmerksamkeit von der Sache zur Person des Gegners hin, indem die Behauptung geäußert wird, die vorgebrachten Argumente und Rückschlüsse des Gegners könnten schon deshalb nicht richtig sein, weil es ihm an Fachwissen mangele (z.B. Geschlecht: Frauen und Technik). Wenn man dies über das Geschlecht nicht belegen kann (z.B. die Frau ist Ingenieurin von Beruf), sucht man sich Charaktereigenschaften, die vom anwesenden Publikum als negativ wahrgenommen werden, wie z.B. eine vermeintlich falsche politische Orientierung. Oder man stürzt sich auf eine Aussage und tut so, als ob sie „tabu" wäre, weil sie ja auch von dieser und jener Gruppe geteilt würde. Dazu wird auch gern direkt beleidigt („Dummkopf") und das Gesagte negativ ausgelegt: „Das ist doch naiv, so zu denken". Wenn das nichts fruchtet, kommt man gern auf das Äußere des Gegners zu sprechen, macht ironische Bemerkungen zu dessen Statur und Gewicht, nachlässige Kleidung (fehlender Hemdknopf / Kaffeefleck), schrille Frisuren (Haare in Pink),

Das Angriffsargument auf die Person (Rollenzuweisung) B84

Piercings und Tattoos.
Dennoch: Die Wahrheit einer Aussage (z.B. „Die Erde ist rund") hat damit nichts zu tun, sie wird durch die Person des Gegners nicht vermindert. Deswegen ist das Angriffsargument ein klassischer Fehlschluss, der jedoch immer wieder sehr effektvoll eingesetzt wird.

„Sie sind eine Frau...daher kennen Sie sich mit Autos nicht aus. Die Reparatur ist deswegen so teuer, weil wir Originalteile verwenden müssen."

„Sie als Mann haben doch vom Kochen keine Ahnung."

„Du bist noch ein Kind...daher tust du, was ich für richtig halte."

„Das ist Schwachsinn, was Sie hier behaupten. Fallen Ihnen eigentlich keine richtigen Argumente ein?"

„Was haben Sie eigentlich in der Schule gemacht – gestrickt oder gehäkelt?"

„Falls es Ihnen nicht aufgefallen sein sollte: Sie haben da ja ein Loch im Strumpf. Was soll aber unser Publikum von einer Frau halten, die ein Loch im Strumpf hat und mich als Mann über Haushaltsführung belehren will?"

Ein *drittes* Mittel bedrängt den Gegner mit den Folgerungen, die aus seinen eigenen Grundsätzen und Zugeständnissen gezogen werden. Dieser Grund ist bekannt unter dem Namen des Grundes aus des Gegners Meinung (ad hominem).

(Locke: Versuch über den menschlichen Verstand)

Querverweise: D73 (Killerphrasen), D74 (Dominanzsignale), D75 (Rollenanweisungen), D82 (böse Ironie), E41 (Provokation), E46 (schlechtes Benehmen), E78 (persönliche Angriffe fahren nach Schopenhauer), F28 (Aggressivität), F32 (schlechtes Benehmen)

Schikanierungsargumente durch gezielte Abwertung eines Redners (Ich bin hier der Boss!)   B85

Schikanierungsargumente (umgangssprachlich auch Totschlagargumente, „Killersätze") sind oftmals in Diskussionen mit Abhängigkeitsverhältnissen zu finden (z.B. interne Firmenbesprechung). Sie werden benutzt, um Druck aufzubauen, insbesondere wenn Meinungen geäußert werden, die der des Machthabers (z.B. Chef) widersprechen.

Das „Ich-bin-hier-der Boss"-Argument dient dazu, eine missliebige Gegenmeinung zu unterdrücken. Dieses Argument ist schon allein deshalb erfolgreich, weil auch die anderen Teilnehmer, die möglicherweise die Position stützen würden, in einem Abhängigkeitsverhältnis stehen, sprich: Angst um ihre Zukunft haben.

Da jedes Vertrauensverhältnis durch diese Form der Argumentation zerstört ist, folgt auch kein weiterer Redebeitrag des Angegriffenen, auch die anderen Gruppenteilnehmer bleiben still. Nicht selten ausgeübt durch eine Person, die einen weitaus höheren Rang bekleidet (Chef – kleiner Angestellter; Lehrer – Schüler; Professor – Student).

Beispiel:

„Das haben wir gerne; frisch von der Schule und dann hier den großen Max markieren. Da könnte ja jeder kommen!"

„Mann, heute haben Sie sich ja richtig ins Zeug gelegt. Haben Sie heute ausnahmsweise nicht wie sonst gefaulenzt?"

„Und was nützt mir Ihr Thema zur Hausarbeit? Diese Seminararbeit hätte doch überhaupt keinen Nutzen! Wir arbeiten wissenschaftlich hier. Und ich kann hier keinen Wissenschaftsbezug erkennen."

„Nur weil Sie zu doof sind, sich den Text für das Referat richtig durchzulesen, muss ich jetzt Ihren Job übernehmen und es den Studenten allein erklären."

Querverweise: D73 (Killerphrasen), D30 Sympathieträger Kritik nach Aronson), D31 (Sympathiekiller Kritik nach Aronson), D74 (Dominanzsignale), D86 (Ausspielen der eigenen Machtbasis), D87 (Negativworte), D82 (böse Ironie), F16 (Großzügigkeit zeigen), E64 (Zynismus nach Schopenhauer), E95 (Zynismus)

Das Argumentum ex consesso spinnt eine bereits getätigte Aussage weiter und vermengt sie mit einer fiktiven Annahme. Obwohl das vorgebrachte Beweiszitat tatsächlich von einer bestimmten Person stammt, ist es so aus dem Zusammenhang gerissen, dass die Zuhörer (oftmals ein fachunkundiges Publikum) eine völlig falsche Meinung über die Person erhalten. Wenn man längere Zitate in kleinere Einheiten zerlegt, entsteht nicht selten ein völlig neuer Sinn dessen, was tatsächlich gesagt wurde (siehe auch Diffamierungsargument durch Unterstellung, B82).

Das Weiterführungsargument (durch Ausklammerung)   B86

Der Buchkritiker Marcel Reich-Ranicki urteilte im Literarischen Quartett über den Unterhaltungsroman „Der Campus" von Dietrich Schwanitz:

„Ich möchte hier Folgendes sagen, aber um Missverständnissen vorzubeugen: Ich bin für dieses Buch. Ich freue mich, dass ich dieses Buch gelesen habe. Ich habe allerlei aus diesem Buch gelernt.
Aber - wir wollen gleich sagen: <u>Das ist kein literarisches Kunstwerk.</u> (...)
<u>Sprachlich ist das Buch auf einer sehr flachen Ebene</u>. (...) Ich will <u>versuchen zu erklären, warum ich das Buch, das ich für künstlerisch unerheblich halte</u>, dennoch befürworte, aus einem einzigen Grund, der sehr wichtig mir scheint..."

Text: Marcel Reich-Ranicki, 24.8.1995

Die eigentlich eher negative Bewertung von Reich-Ranicki („sprachlich schlecht", „künstlerisch unerheblich") wurde vom Verlagshaus entscheidend gekürzt, sodass sie auf einmal rundweg positiv erscheint. Auf der Rückseite des Buches steht:
Marcel Reich-Ranicki: „Ich bin für dieses Buch. Ich freue mich, dass ich dieses Buch gelesen habe."

Querverweis: B20 (Synekdoche), D7 (Fragekette nach Cicero), E72 (Gegenargument in ein schlechtes Licht stellen) , D14 (keine wichtigen Informationen zurückhalten)

Schritt 2: Die Anordnung der Redeteile (dispositio)

Marcus Tullius Cicero

„Der gesuchte Redner benutzt also eine Sprechweise, mit der er einen gleichen Sachverhalt zwar mehrfach, aber zugleich auch unterschiedlich anspricht, indem er sich also nur auf ein Problem konzentriert und darüber lange nachdenkt. Er beschwichtigt den Sachverhalt durch Verkleinerung, er macht sich darüber lustig durch Spott; er schweift mit seinen Gedanken vom eigentlichen Thema ab und wandelt plötzlich auf ganz anderen Pfaden. Der Redner kündigt auch an, was der Inhalt seines Vortrags sein wird. Hat er ein Problem beendet, folgt eine Zusammenfassung, schließlich kommt er wieder zum Thema zurück, indem er seine bereits getätigten Aussagen erneut vorbringt. Er benutzt als Beweismittel den Syllogismus und verleiht seiner eigenen Meinung dadurch Gewicht, dass er rhetorische Fragen einbindet, auf die er selbst antworten wird. (…) Er wird gegenüber dem Publikum erwähnen, dass er nicht weiß, welche Punkte er an den Anfang stellen soll, und wie er überhaupt sprechen soll, und er wird sich eine Untergliederung ausdenken, die einige Dinge auslässt bzw. nicht anspricht. Der Redner wird gegnerische Anschuldigungen kunstreich widerlegen und die Schuld, die man ihm für eine Sache gibt, dem Gegner anlasten; auf eine gedankliche Reise geht er gemeinsam mit seiner Zuhörerschaft, manchmal ist auch der Gegner das Ziel seiner Ausführungen. Das Porträt menschlicher Charaktere findet Erwähnung. (…) zuweilen wird der Redner seine Zuhörer auch entspannen und vom Sachverhalt schon dadurch ablenken, dass er diese aufheitert und zum Lachen bringt. Den Gegenargumenten, die dem Redner schon bekannt sind, wird widersprochen werden, indem man Vergleiche und Beispiele anführt und einzelne Aussagen auf mehrere Sprecherrollen verteilt. Meldet sich gar ein Zwischenrufer zu Wort, zeigt ihm der Redner sogleich die Grenzen auf. (…) schließlich hat der Redner es auch geschafft, dass das Publikum ihm das Vertrauen schenkt. Der Redner wird sich auch noch an ganz anderen Qualitäten einer guten Rede versuchen: Kürze, wenn sie bei diesem Sachverhalt angebracht erscheint (…) nicht selten wird er aber auch eine bestimmte Sache mit all seinen sprachlichen Möglichkeiten ausdehnen. (…) Ordnet der Redner aber all diese Figuren nicht in übersichtlicher Folge an, hat er auch keinen Anspruch darauf, als guter Redner zu gelten."

Cicero

Aus: Platon: Phaidros (Sokrates)

Sokrates: *Wir müssen auch noch abklären, welche weiteren Dinge von dieser Rhetorik abhängen.*
Phaidros: *Sicherlich so manches, oh Sokrates, welches du aber in Büchern findest, die zum Thema Redekunst erschienen sind.*
Sokrates: *Das finde ich recht freundlich von dir, dass du mich darauf aufmerksam machst. Ich glaube, man muss zu Redebeginn sich zunächst mit der Einleitung vertraut machen – das hast du gemeint, gehe ich recht in der Annahme? Die Feinheiten dieser Kunst?*
Phaidros: *Natürlich.*
Sokrates: *Dann die Überlegung, wie man einen Sachverhalt darstellen kann, und dann die Bezeugnisse hierfür, als nächstes die Beweise, und als letzter Punkt die Wahrscheinlichkeit; aber auch auf die Beglaubigung, so vermute ich, und auf die Nachbeglaubigung kommt der vortreffliche Redendaidalos, unser Mann aus Byzanz, zu sprechen?*
Phaidros: *Du denkst doch nicht etwa an den biederen Theodoros?*
Sokrates: *An wen denn sonst? Selbstverständlich muss man auch die Widerlegung und die Nachwiderlegung beherrschen, dies bei einer Anklage wie auch bei einer Verteidigung!*

Das Erfolgsrezept einer guten Rede heißt „Gliederung" B88

Der Begriff Disposition bedeutet in der Alltagssprache „Einteilung / Planung / Gliederung", aber auch Veranlagung (z.B. für Krankheiten). In der Rhetorik versteht man unter einer Disposition die Gliederung der Rede. Wenn man sich einen Popsong anhört, so wird man schnell feststellen, dass diese dreieinhalb Minuten Musik fast immer gleich angeordnet sind, in diesem Beispiel hier ist das der Song „Into the Great wide open" von Tom Petty. Ein Anfang, der die Leute zum Hinhören bringt (der Sound ohne Gesang), eine erste Strophe, in der eine kleine Geschichte erzählt wird (Billy was a young man...he met a girl in a bar...), ein Refrain, der eine wichtige Lehre beschreibt (z.B. A rebell without a cause), eine zweite Strophe, in der die Geschichte weitererzählt wird (Billy got a job at the door...she taught him some chords), ein zweiter Refrain mit Wiederholung der Lehre (A rebell without a cause), ein Instrumentalteil, in dem die Gitarre ein Solo spielt, und ein dritter Refrain (A rebell without a cause), der zugleich den Schluss darstellt. Aber nicht nur die Musik, auch Zeitungen sind immer gleich angeordnet: Eine Titelseite, die den Anfang der besten Berichte zeigt, eine zweite Seite, die das Top-Ereignis kommentiert, weitere Seiten, die sich nur um Politik international und national drehen, dann ein ganzer Teil, der sich nur mit Wirtschaftsfragen beschäftigt, schließlich der Lokalteil, gefolgt von der Kultur und ganz hinten der Sport. Eine Gliederung ist somit das, was nützlich erscheint und zugleich die höchsten Erfolgschancen bietet.

Wenn ein geübter Redner vor sein Publikum tritt, so hat er oftmals nur seine Gliederung vor sich, die in Stichwörtern abgefasst ist. Die hohe Kunst ist es, nach einem bestimmten Stichwort dann eine Minute am Stück reden zu können. Das kann z.B. ein Politiker sein, der im Parlament spontan zur Rede eines Parteigegners seinen Kommentar abgibt.
Wer sehr aufgeregt ist oder grammatikalische Defizite hat oder ein schlechtes Gedächtnis, wird in der realen Redesituation aber schnell einbrechen, wenn er nach Stichwörtern reden soll. Er verliert den roten Faden und gerät in einen klassischen Blackout. Die Gliederung verschwindet aus seinem Kopf.

Wie aber sollte man eine Rede gliedern? Nachdem ein Redner alle ihm zur Verfügung stehenden Informationen hat, ist es an ihm, die Sache anzuordnen. Er muss es schaffen, eine Systematik in die stoffliche Unordnung zu bringen. Da eine Rede eher oberflächlicher Natur ist und die Leute einem schwierigen Sachverhalt ohnehin kaum folgen können, muss sich der Redner damit begnügen, nur die wichtigsten Dinge zu präsentieren, die mit der Aufgabenstellung verbunden sind. Nachdem das erste Auswahlverfahren vorüber ist, gilt es nun, die einzelnen Punkte einzuteilen, z.B. in Pro und Contra. Anschließend könnte der Redner eine weitere Einteilung vornehmen, welche Pro-und Contra-Argumente sehr wichtig / wichtig / weniger wichtig / eher unwichtig sind. Im Gegensatz zu einem Schulaufsatz, worin mit dem schwächsten Argument begonnen wird und das stärkste Argument ganz zum Schluss kommt, wird in einer mündlichen Rede bereits mit einem starken Argument begonnen, dann folgen ein paar weniger wichtige, schließlich wird mit dem wichtigsten Argument des Pro-Teils abgeschlossen. Auf die gleiche Weise wird mit dem Contra-Teil verfahren. Um diese Argumentation in Pro und Contra gilt es aber, noch ein weiteres Gerüst zu bauen, eine packende Einleitung und einen sinnvollen Schluss.

Diese Gliederung einer Rede ist aber nicht auf alle Redesituationen anwendbar. Da man nicht immer in Argumente einteilen muss, sondern oftmals eine ganz andere Einteilung benötigt, müssen wir zunächst die Redeformen sprachlich abgrenzen. Die Grenzen sind hierbei fließend, d.h. in einer tatsächlich gehaltenen Rede kann es durchaus eine Betrachtung, einen Bericht und eine Schilderung geben, wobei jedoch jeweils eine der Formen vorherrschend ist.

Redeformen

Einteilung der Rede B89

In der Rhetoriktheorie werden drei Redeformen unterschieden, die man nach ihrem Ziel einteilt:

Die Informationsrede
(z.B. Vorlesung, Geschäftszahlenbekanntgabe, Referat)
Sprache: eher neutral; Vermittlung von Informationen

Die Meinungsrede
(z.B. Politische Rede, Predigt, Werberede)
Sprache: Wechsel zwischen neutral und emotional; Vermittlung von Meinungen und Emotionen

Die Gelegenheitsrede
(z.B. Jubiläumsrede, Geburtstagsrede, Einweihungsrede, Trauerrede)
Sprache: emotional; Vermittlung von Emotionen

In der römischen und griechischen Antike hat man ebenfalls drei Gattungen unterschieden:

Die Gerichtsrede (genus iudicale): eine Anklage oder Verteidigungsrede (pro und contra mit Schlussfolgerung)

Die Beratungs- und Ermahnungsrede (genus deliberativum): man beurteilt die gegenwärtige Lage und streitet über Maßnahmen (pro und contra mit Schlussfolgerung)

Die Lob- und Tadelrede (genus demonstrativum): man stellt eine Person bzw. Sache als besonders lobenswert oder verwerflich dar (linearer Aufbau, nur pro oder nur contra)

Man kann die Rede aber auch nach der Aufsatzgattung einteilen, der sie im Deutschunterricht angehören würde.

Übung:

Ein und dasselbe Thema kann auf ganz unterschiedliche Redeformen ausgeweitet werden. 3 Teilnehmer aus dem Seminar bekommen das Thema „40. Geburtstag des AH-Fußballkameraden Harry". Teilnehmer 1 soll eine Meinungsrede halten, die ohne Harry stattfindet, in der die bisherigen Vorschläge (Toaster, Gutschein fürs Theater, VHS-Kochkurs) zunächst entrüstet zurückgewiesen werden, ehe dann der eigene Vorschlag ins beste Licht gerückt wird. Teilnehmer 2 soll eine Informationsrede halten, die ebenfalls ohne Harry stattfindet, in welcher den Fußballkameraden der genaue organisatorische Ablauf der

> Geburtstagsfeier erläutert wird: Der Treffpunkt, das Menü, die Unterhaltungsgruppen (z.B. Bauchtänzerin, Stimmenimitator und anmoderiertes Spiel). Hierbei sollte mit dem W-Fragenkatalog von Seite 60 gearbeitet werden. Teilnehmer 3 ist der spätere Gratulant für Harry, der auf die gemeinsame Clubzugehörigkeit (mehr als 30 Jahre erfolgreicher Stürmer) mit einer warmherzigen Geburtstagsrede antwortet (z.B. „Lieber Harry! Vierzig Jahre wirst du alt. Fast 30 Jahre bist du unser Mittelstürmer gewesen.") Alle drei Teilnehmer müssen an die Sprache denken!
>
> *AH = Alte Herren (im Fußball ab ca. 30 Jahre)

Eigenart:
Selbstständige, persönlich-wertende Auseinandersetzung mit einem Problem in gehobener Sprache
Formen:
Referat / Lobrede / Tadelrede / die Meinungsrede / die Überzeugungsrede
Beispiel:
Erörterung zu irgendeinem Thema / Verteidigung eines Politikers zum eigenen Parteiprogramm / Angriff eine Politikers auf das gegnerische Parteiprogramm / die Konferenz (kurze Redebeiträge einzelner Teilnehmer)

Die Betrachtung (Erörterung) B90

Eigenart:
Sachliche, wahrheitsgetreue Darstellung der tatsächlichen Vorgänge, des tatsächlichen Geschehens (nach Ursache und Wirkung). Kaum persönliche Gefühlsäußerungen, keine direkte Rede. Mitteilungszweck. Einfache Sprache mit wenigen Fachausdrücken.
Formen:
Die Informationsrede; Erlebnisrede, Vorgangsrede, Beobachtungsrede, Inhaltsangabe zu Buch / Film, Charakteristik zu einer Person
Beispiele:
Rede eines Politikers über seine USA-Reise; Kriegsbericht von der Front; Information zu einem Produkt; sachliche Information zu einer Person nennen, ohne eine Wertung vorzunehmen (z.B. bei einer Lobrede den Lebenslauf)

Der Bericht: B91

Die Abhandlung:	B92	**Eigenart:**

Eigenart:
Auf Kenntnissen und Erfahrungen beruhende objektive Auseinandersetzung mit einem fachlichen wissenschaftlichen Problem. Dient der fachlichen Ausbildung, will belehren. Gehobene Sprache mit vielen Fachausdrücken (Fremdwörtern).
Formen:
Vorlesung (Universität), Vortrag eines Lehrers in der Schule, Vortrag eines Experten
Beispiele:
Definitionen, Gutachten, wissenschaftliche Abhandlungen

Die Beschreibung: B93

Eigenart:
Sachliche, auf genauer Beobachtung beruhende sprachliche Darstellung eines Gegenstandes, einer Örtlichkeit, Landschaft, Person usw. Zweckgebunden.
Formen:
Beschreibung eines Gegenstandes; Beschreibung eines Bildes; Beschreibung eines Geländes
Beispiele:
Rede eines Ingenieurs über ein neues Automodell / Rede im Kunstmuseum über einen bestimmten Maler und sein Bild

Die Schilderung: B94

Eigenart:
Bildhafte Darstellung eines beobachteten Zustandes oder Vorganges. Nicht die Handlung ist das Wesentliche, sondern die gefühlsgetragene Stimmung. Scheinbar Nebensächliches wird subjektiv in den Mittelpunkt gestellt, das eigentliche Geschehen rollt am Erzähler wie auf einer Bildfläche vorbei.
Formen:
Rede zu einem Erlebnis (was hat man gefühlt?); Stimmungsschilderung
Beispiele:
Rede eines Ehepaares über seine USA-Reise (Diavortrag); Rede eines Sportreporters aus dem Fanblock; die Stegreifrede; die Ansprache; die Gelegenheitsrede, z.B. Trauerrede / Festrede Hochzeitsfeier / Jubiläum / Verabschiedung

Die Erzählung: B95

Eigenart:
Breit ausgeführte handlungsreiche Darstellung von persönlich Erlebtem oder Erdachtem, Handlungshöhepunkte, Spannung, direkte Rede, Lebendigkeit. Will unterhalten.
Formen:
Rede über ein bestimmtes Erlebnis; Fantasie-Rede; Nacherzählung

Beispiele:
Kabarett für satirische-zeitkritische Darstellung (Tadelrede); Lesestunde eines Autors zu seinem neuesten Roman (Lobrede); Anekdote

Entspricht diese Rede den Stilregeln der geforderten Redegattung? Stimmt der Inhalt mit der Form überein?

Leitgedanken für die Gliederung: (dispositio) B96

Stilarten:

genus humile: keine rhetorischen Figuren, geeignet für docere (belehren)

genus mediocre: Einbezug von rhetorischen Figuren (geeignet zur Erheiterung des Publikums / Gefühle)

genus grande: voller Einsatz aller rhetorischen Figuren, um das Publikum mitzureißen (für Redegegenstände von wichtigster Bedeutung)

Einige grammatikalische Beispiele für Satzbau nach Stilart:

„*Ich stehe in diesem Gebäude unter euch. Gute Freunde und auch ein paar weniger gute sind hier. Ein paar hatten sich gegen mich verschworen. Sie stehen immer noch mit einer weißen Weste da, obwohl sie längst tiefschwarz sein müsste. Hier ein Ratschlag an diese Leute: Haltet euch in Zukunft zurück. Bedenkt den Schaden, den ihr anrichtet. Aber trotzdem denke ich, dass wir die Vergangenheit begraben sollten.*"

genus humile

„*In diesem Gebäude, in dem wir nun vereint stehen, sind sowohl gute Freunde als auch Leute, die man nicht als beste Freunde bezeichnen sollte, versammelt. War es nicht so, dass sich ein paar von ihnen gegen mich zusammengerottet hatten, um selbst einen Vorteil zu erlangen? Ich sehe, ihr nickt mit dem Kopf, und kennt diese Leute. Einen mahnenden Liebesbrief schicke ich aber an diese Leute: Nie wieder – und ich sage das im vollen Ernst – nie wieder sollt Ihr Gelegenheit bekommen, gegen einen unbescholtenen Bürger einfach so zu Felde zu ziehen. Doch wie der Feldherr Cäsar stets die clementia, die Milde, predigte, wie das Neue Testament die Nächstenliebe lehrte, so will auch ich meine Backe demütig hinhalten und denen die Hand reichen, die sie eigentlich nicht mehr verdient hätten.*"

genus mediocre

genus grande	**Beispiel:** „*Ich sehe in diesem Gebäude, welches im Lichte der Gerechtigkeit erstrahlt, gute Bürger, gute Freunde und auch ein paar gute Feinde versammelt, die sich mir im Laufe der Zeit in den Weg gestellt haben, um selbst einen materiellen Vorteil zu erlangen, ohne Berücksichtigung des immateriellen Schadens, den sie angerichtet haben, doch möchte ich diejenigen ermahnen, sich zukünftig in ähnlichen Angelegenheiten besser zurückzuhalten, damit nicht Gerechtigkeit durch Ungerechtigkeit, Güte durch Boshaftigkeit, Wissen durch Naivität ersetzt wird, nie wieder soll ein liederliches Laster die Oberhand in diesem Kreise gewinnen, nie wieder soll der Aberglaube alle guten Bürger heimsuchen, ihr, wir, ich selbst sind dazu angehalten, die Wahrheit zu sprechen, und nichts als die Wahrheit, vergessen seien die Grabenkämpfe, um deretwegen wir uns im letzten Jahrzehnt bekriegten, vergeben seien…*"
Leitgedanken für die spätere sprachliche Umsetzung (elocutio): B97	• Passt der Titel zum Inhalt der Rede? • Lohnt es sich, diese Rede anzuhören? • Gibt es neue und interessante Dinge für Zuhörer? • Ist die grundlegende Fragestellung des Problems ausführlich genug dargestellt worden? • Erfolgten genaue Beobachtungen zum Sachverhalt? Stimmt die Argumentation? • Habe ich alle Probleme einfließen lassen? • Wie könnte ich die Sätze noch erweitern oder ausschmücken? • Stimmt die Reihenfolge der Redeteile? • Macht diese Form der Gliederung für die Rede Sinn? • Wie könnte ich bei einer Unterbrechung durch eine höhergestellte Person die Rede sinnvoll beenden? (z.B. in der Mitte - wie lassen sich die letzten zwanzig Minuten der Rede in fünf Minuten sagen?) • Ist der Anfang interessant und das Ende so gestaltet, dass die Zuhörer noch lange über meine Rede nachdenken werden? • Sind die Sätze der Rede fehlerfrei? • Habe ich zutreffende Ausdrücke (insbesondere Substantive, Adjektive, Verben) benutzt? • Welche Ausdrücke klingen zu oberflächlich? • Lässt sich die Anschaulichkeit durch ein genaueres Wort verbessern? • Treten unschöne Wortwiederholungen auf (z.B. die… die / der/ der/ das…das), die sich nicht mit einer rhetorischen Figur begründen lassen?

- Habe ich zu viele rhetorische Figuren eingebunden, sodass der Text unnatürlich und gestelzt klingt?
- Bei welchen Wörtern herrscht noch Unsicherheit in der richtigen Aussprache? (König...Gilet...Sinekure....Jabot)

a)	Gliederung: Auswertung der gesammelten Information. Ein eigenes Urteil bilden und begründen; Vergleich mit einer eigenen Erfahrung (dispositio)	**Vorgehensweise für die Gliederung:** **B98**

b) Hauptgedanken in Stichworten formulieren, oder mit einfachen Sätzen (Rohschrift) (dispositio)
c) Logische Gliederung des Stoffes (von den Hauptgedanken) (dispositio)
d) Sprachliche Umsetzung der Rede (elocutio)

Im Hauptteil muss das in der Einleitung genannte Thema nun möglichst facettenreich betrachtet und begründet werden. Man beginnt mit Dingen, die dem Publikum schon vertraut sind, gefolgt von den Dingen, die komplizierter sind. Anders als im Schulaufsatz einer Erörterung sollte man die Argumente zwar von schwach bis stark gruppieren, aber anders anordnen: Ein besonders wichtiges Argument kommt sogleich an den Anfang des Hauptteils, das wichtigste an den Schluss der Beweiskette.

Die einfache Gliederung in Einleitung, Hauptteil und Schluss: **B99**

Die eigenen Gedanken zum Thema können folgendermaßen dargestellt werden:

a) Aufstellen einer Behauptung
b) den Grund für die Behauptung nennen
c) die Folgerung aus der begründeten Behauptung ziehen
d) dem Gegenargument für meine Behauptung begegnen
e) Aufstellen einer Vermutung
f) Bedingung aufstellen, wie das Problem gelöst werden könnte
g) Einspruch erheben
h) Beweis erbringen
i) Abwägen aller Argumente
j) Problemfrage benennen
k) richtigen Rückschluss ziehen
l) Absicht und Zweck nennen
m) sinnvolle Verknüpfung der einzelnen Argumente
n) Zusammenfassung durch ein Fazit

Tipps für die Einleitung: (exordium / proömium) C1

Grundsatz: Wie gewinnt man die Aufmerksamkeit des Lesers? „Tua res agitur" (lat. „deine Sache wird verhandelt"!)

a)   Vom Allgemeinen zum Besonderen

Beispiel: Der Computer

Der Computer ist eine der wichtigsten Erfindungen der Menschheit. Täglich benutzen wir ihn, aber nur wenige Menschen wissen, wie er tatsächlich zusammengebaut wird. Es ist ein weiter Weg von Plastik, Glas und Metall bis hin zum fertigen Verkaufsprodukt beim Elektrofachhändler. Diesen Weg wollen wir in Kürze verfolgen.

b)   Vom Besonderen (Gegenwärtigen) zum Allgemeinen (Vergangenen)

Beispiel: Autounfälle auf deutschen Autobahnen

Vor einiger Zeit wäre ein guter Bekannter von mir fast bei einem Verkehrsunfall gestorben. Das brachte mich auf den Gedanken, die Gründe für Autounfälle zu untersuchen.

c)   Die geschichtliche Einleitung

Beispiel: Die Bedeutung des Feuers für den Menschen

Wann der Mensch das Feuer für sich entdeckte, wissen wir nicht, doch wir wissen, dass die Natur für ihn das Feuer erschaffte, z.B. durch Blitzeinschläge oder durch die Reibung von Blättern. Um seinen allergrößten Feind mit dem Namen Dunkelheit zu besiegen, schaffte er sich Leuchtfackeln. Um seinen zweitgrößten Feind mit dem Namen Kälte zu besiegen, wurde aus dem Feuer Wärme. Dann kam der Mensch auf den Gedanken, mit dem Feuer Metalle zu härten oder aufzuweichen. Damit konnte er sich Waffen bauen und auf die Jagd gehen. Leider ermöglichte das Feuer dem Menschengeschlecht aber auch Kriege untereinander. Jeder Vorteil einer weiteren Entwicklungsstufe birgt also auch einen Nachteil. Den Menschen war das Feuer stets heilig gewesen, es erschien ihnen als göttliches Wunder. Das war auch in der Stadt Rom so: Wenn eine vestalische Priesterin aus Versehen das Feuer ausgehen ließ, wurde sie mit dem Tode bestraft, da man es als schlechtes Vorzeichen für die Stadt ansah.

d)   Die Begriffserläuterung

Beispiel: Die Biografie

Den Begriff Biografie kennt man bei uns erst seit dem 17. Jahrhundert. Die Griechen hatten das Wort „Bios", die Römer verwendeten „Vita". Heute versteht man unter einer Biografie die Gesamtwürdigung einer bestimmten historischen Person: sei es nun ein großer Wissenschaftler wie Einstein, sei es ein begnadeter Dichter wie Goethe, sei es ein großer Denker wie Darwin, sei es ein wichtiger Staatsmann wie Kaiser Wilhelm I.. Neben der Selbstbiografie, die aus der Feder des Autors persönlich stammt, worin sämtliche Erinnerungen niedergeschrieben werden, gibt es auch Fremdbiografien, die von anderen Leuten nach Auswertung zeitgenössischer Quellen geschrieben werden, aber auch von den Gesprächen mit der Person stammen, deren Leben erzählt werden soll. Dass es hierbei durchaus zum Bruch zwischen dem Fremdbiografen einerseits und einer solchen Person kommen kann, zeigt z.B. der Fall des Altbundeskanzlers Kohl, der seine über mehrere Jahre geführten Gespräche einfach nicht veröffentlicht sehen wollte. Eine spannende Frage bleibt uns: Gehört die Biografie nun eher zur Literatur oder zur Geschichte?

e)   Keine Einleitung (in medias res)

Beispiel: Die Jagd

Mit welcher Geschicklichkeit unsere Vorfahren vorgingen, wenn sie sich Nahrung besorgen wollten, machen vielleicht diese Beispiele deutlich: Sie gruben Essbares nicht nur mit den bloßen Händen aus der Erde. Nein, sie gebrauchten die Klauen der verendeten Tiere, wenn sie tiefer in die Erdschichten vordringen wollten. Aus Knochen oder Steinen erschufen sie sich Werkzeuge und Waffen, aus Fasern und Binsen strickten sie Netze und Fallen. Heute ist die Jagd nur noch ein Spiel, das keine echte Gefahr für den Jäger darstellt. Gelangweilte Snobs, die sich in afrikanische Nationalparks begeben, um dort unerlaubt zu wildern, aber nicht ohne ein Foto gemacht zu haben, das sie dann stolz ins Internet stellen können, sind ein trauriges Beispiel hierfür.
Aber früher – da bedeutete die Suche nach Wild noch einen echten Kampf auf Leben und Tod, den man als Mensch nicht allein, sondern nur in der Gruppe, durch die gegenseitige Verständigung mit Sprache und Zeichen, gewinnen konnte. Es gibt praktisch kein Tier, das den Angriff gegen den Menschen freiwillig beginnt, außer es ist sehr ausgehungert oder wird von seinen Jägern in die Enge getrieben. Die vom Menschen erbeuteten Tiere wurden aber nicht nur gegessen, sie dienten ihm auch als Lasttier, später als Nutztier für das Pflügen des Bodens. Das Fell der erbeuteten Tiere ermöglichte ihm Kleidung, was sehr wichtig im Winter war. In unseren Museen können wir auf die stolzen Reste dieser Frühstufe der Zivilisation sehen: Speere, Pfeile, Lassos, Fallen, Bumerangs,

Schlingen. Der Mensch war plötzlich sicher vor jeder wilden Bestie. Vor jeder? Nein! Eine Bestie blieb sein größter Feind. Der Mitmensch. Der Mensch, der den anderen Menschen erschlug, um sich seine Besitztümer aneignen zu können. Später wurden aus diesen gewaltbereiten Menschen Länder, die mit Berufssoldaten gegeneinander Krieg führten. Die Wirtschaftspolitik der am höchsten zivilisierten Länder früher war sehr einfach: Überfallen wir ein Land, dann müssen wir nicht so hart arbeiten! Ja, je besser der Mensch für die Jagd gerüstet war, desto mehr begab er sich in den Müßiggang. Denn die, die diese Krieg anordneten, kämpften ja nicht selbst, sondern ließen andere für sich kämpfen, um selbst in prächtig gebauten Villen zu schlemmen.

Auch der griechische Philosoph Aristoteles kam auf die Einleitung zu sprechen:

Er sagt:

In einer Einleitung ist es passend, sich vom Thema zu entfernen. So kann man gleich mit einem Lob anfangen: „Würdig, von vielen bewundert zu werden, ihr Männer Griechenlands." (Gorgias / Olynthische Rede). Auch der Tadel eignet sich: „Ihr habt zwar die körperliche Tüchtigkeit mit Geschenken ausgezeichnet, aber für intellektuelle keinen Kampfpreis gestiftet" (Isokrates / Olynthische Rede). Der wohlgemeinte Rat kann ein Anfang sein: „Man soll die Rechtschaffenen ehren, daher will ich ein Lob auf Aristides sprechen". Man kann den Zuhörer mit einem Appell (Mahnruf) gedanklich aufwecken: „Ich komme auf etwas Unglaubliches/ Schwieriges und bitte um Konzentration." Die Einleitung hat den Zweck, dass man der Rede folgen kann und der Zuhörer nicht im Ungewissen bleibt, was nun kommen wird. Keine Einleitung erfolgt, wenn der zu behandelnde Sachverhalt klar ist oder die Bedeutung des Sachverhalts sehr gering.

In der Gerichtsrhetorik stellt der Verteidiger alles, womit sein Mandant verleumdet wurde, an den Anfang, weil er Vorwürfe und Vorurteile entkräften muss. Der Staatsanwalt wiederum bringt seine Vorwürfe am Schluss der Rede (Epilog): Dadurch behalten die Zuhörer diese Anschuldigungen besser im Gedächtnis.

Am Anfang stellt man sich auch als guter und rechtschaffener Mann dar – solchen schenkt man gerne Gehör. Aufmerksamkeit wecken große, interessante, bewundernswerte und angenehme Dinge. Will man als Redner jedoch keine Aufmerksamkeit des Publikums erreichen, stempelt man den Sachverhalt als Lappalie ab, die der Rede nicht wert sei, das Problem überhaupt nicht bedeutend und unangenehm.

Die Aufmerksamkeit des Zuhörers zu erreichen ist die Aufgabe aller Redeteile. Wenn die Zuhörer anfangen zu gähnen oder zu tuscheln, sollte man sagen: „Der folgende Punkt ist sehr wichtig, es geht in erster Linie nicht um mich, sondern um euer Geld / euer Problem." „Nun kommt eine furchtbare Sache, wie man sie noch nie vernommen hat." Wenn jemand einzuschlafen droht: „Sie haben für diese Rede 15 Euro Eintritt bezahlt..." Die ständige Erinnerung an das ausgegebene Geld (wie es der Redner Prodikos tat) wirkt angeblich Wunder.

Der Schockanfang ist eine weitere Möglichkeit:

Ein sehr drastisches Einleitungsbeispiel für „Showrhetorik" ist aus den USA bekannt. Der Redner geht ins Publikum und bittet einen der Zuhörer, ihm nur kurz einen 50-Dollar-Schein zu borgen. Dann geht man auf die Bühne zurück, holt eine Zigarre heraus, zündet mit einem Streichholz zuerst den Geldschein an, dann mit dem Geldschein die Zigarre, pafft genüsslich los, während der Geldschein langsam verbrennt. Dann gibt man dem Zuhörer die Asche zurück.

Nichts ist für die Öffentlichkeit schlimmer als das unnötige Vernichten von Geld, denn man hätte ja etwas anderes damit tun können (z.B. spenden). Aber Hand aufs Herz: Wer sich abends im Lokal eine Flasche Champagner für 500 Euro gönnt, ist der nicht der viel schlimmere Geldvernichter? Hier geht es darum, dem Publikum die Abhängigkeit von Geld zu demonstrieren. In jedem Fall: Die Aufmerksamkeit des Publikums ist sicher.

Zur Besänftigung gibt man dem Zuhörer nach der Rede einen anderen 50-Dollar-Schein zurück.

- Begrüßung der Zuhörer - Vorstellen der eigenen Person (Name, Berufsfeld) - Kontaktaufnahme mit dem Publikum (den Zuhörern ein Kompliment machen, sich auf den Raum beziehen) - Thema nennen - Wichtigkeit des Themas zum Ausdruck bringen - Gliederung des Vortrags vorstellen, Unterpunkte nennen - Vorgangsweise erläutern (was für Medien eingesetzt werden) - Regeln für Fragen der Zuhörer nennen (wann gefragt werden darf – immer erst am Schluss der Rede)	**Schematische Darstellung der Einleitung C2**

Überleitung zum Hauptteil

> **Übung:**
>
> Zum gleichen Thema sollen mehrere Kursteilnehmer unterschiedliche Einleitungen schreiben, die sich an ein jeweils anderes Publikum wenden. Das Thema „Tempo 130 auf deutschen Autobahnen" soll einmal vor *Greenpeace-Mitgliedern / vor dem ADAC-Vorstand / vor Politikern / vor Industriellen der Automobilindustrie (BMW, Audi, Daimer...)/ vor dem Porsche-Liebhaber-Club-Stuttgart* präsentiert werden. Das Thema „Ein Girokonto bei der Deutschen Bank" soll einmal vor Auszubildenden / vor älteren Arbeitnehmern / vor Rentnern / vor Studenten / vor jungen Müttern präsentiert werden.

Tipps für die Überleitung zu neuen Argumenten: C3

a) Der neue Gedanke wird angekündigt

Beispiel: *Dies sind also die sozialen Verhältnisse des Landes gewesen, und wir kommen zu den politischen...damit verlassen wir die gesellschaftlichen Bindungen des römischen Individuums hinsichtlich seiner Familie, seiner Freunde und seines Schutzherrn und kommen nun zu den Machtstrukturen, die auf das Individuum eingewirkt haben...*

b) Der neue Gedanke wird dem alten entgegengestellt:

Beispiel: *Anders als arme Römer, die zu Millionen in Mietshäusern wohnten, die sogenannten Insulae, lebten die wohlhabenden Römer abseits der Mietshäuser in einstöckigen Häusern, die Domus genannt wurden. In der Empfangshalle dieser reichen Leute, die den Namen Atrium trug, gab es einen Schrein, wo man sowohl den Hausgöttern als auch den Ahnen huldigte. Im Atriumdach gab es zudem eine Öffnung für Regenwasser, das an Regenrinnen herablief und das man in der Mitte des Atriums in einem Becken auflas, um das Wasser für den Haushalt zu verwenden.*

c) Der neue Gedanke wird ohne Überleitung an den alten gereiht, nur äußerlich durch einen Gedankenstrich oder durch einen Absatz der Überleitung angedeutet.

Im Jahre 79. n. Chr. ereignete sich Ende August eine Naturkatastrophe nie dagewesenen Ausmaßes. Wie Plinius beschreibt, gab es zunächst nur eine Rauchwolke, die am Vesuv in die Lüfte stieg. Dass der Vulkan jedoch neben der Rauchwolke später auch noch Bimssteine und giftige Gase ausspeien würde, die sich in einem

Umkreis von 70 Kilometern verteilten, ahnte zu diesem Zeitpunkt niemand. Die ganze Stadt Pompeji war schon 62 n. Chr. durch ein Erdbeben dem Erdboden gleichgemacht worden, aber die Menschen hatten den Wiederaufbau geschafft. Dass nun aber eine dicke Ascheschicht aus dem Vesuv kommen und die ganze Stadt Pompeji unter sich begraben würde, wobei Flucht für die meisten Stadtbewohner unmöglich war, hatte sich wohl an diesem schönen Sommertag des 24. August niemand träumen lassen.

Es war ein Baumeister, der die Stadt Pompeji im 16. Jahrhundert zufällig entdeckte. Mangels Interesse sollte es aber noch über 150 weitere Jahre dauern, bis ein erstes Archäologenteam mit Ausgrabungen begann und hier den Stadtnamen auf einer Bauinschrift fand: Pompeji. Erst 1860 wurden die Ausgrabungen von Giuseppe Fiorelli systematisch betrieben. In den Ascheschichten stieß er in den Hohlräumen immer wieder auf zersetzte menschliche Körper, woraufhin er eine neue Technik zum Konservieren ersann. Er goss in diese Hohlkörper Gips, der dann schnell erhärtete und uns einen faszinierenden Eindruck über die tatsächlichen Lebensverhältnisse der damaligen Zeit vermittelt.

d) Schließlich kann man die einzelnen Abschnitte durch Nummern (siehe Wortarten, Numerale, A 49) mit erstens, zweitens, drittens gliedern oder durch Buchstaben (a, b, c). Diese Einteilung ist sehr übersichtlich, aber bei längeren Redeabschnitten sehr stupide. Grundregel: Nie mehr als fünf Aufzählungswörter verwenden!

Ging der Römer baden, hatte er gleich mehrere Stationen zu bewältigen. Station 1: Das lauwarm temperierte Tepidarium, wo er sich entspannen konnte. Station 2: Das Caldarium war eine Art Warmbad, wo aber Sklaven zuerst Öl einmassierten. Dieses Öl wurde später mit einem Schabeisen von der Haut entfernt. Station 3: Im Caldarium badete man dann im warmen Wasser. Station 4: Nun ab ins Frigidarium, ein Becken mit kaltem Wasser. Station 5: Ab in den Massageraum, wo man sich auch als Mann eine Schönheitskur gönnte. Übrigens: in den römischen Thermen gab es für Frauen und Männer getrennte Besuchszeiten.

Die einzelnen Teile der Rede sollten in einem möglichst ausgewogenen Verhältnis stehen (inneres „aptum" - nicht bei einem Punkt stundenlang verharren, und die anderen dann in Rekordzeit abarbeiten), die genannten Punkte müssen auch allesamt Relevanz für das Thema haben.

Hauptteil – schematische Übersicht (inneres „aptum") **C4**

Zwischen Europäern und Amerikanern gibt es einen Unterschied: Während man hierzulande gern hohe intellektuelle Anforderungen an das Publikum stellt, und die einzelne Punkte nahtlos aneinander reiht, ist es in Amerika üblich, den Leuten nach jedem genannten Punkt das Wichtigste nochmals zusammenzufassen (RTL und SAT1 machen es so in ihren Fernsehreportagen: Es wurde zwar schon längst genannt, aber ein Sprecher wiederholt es für besonders „Begriffsstutzige"). Auf das amerikanische Publikum soll nicht zu viel Neues einstürzen, weil es sich dann sehr schnell unsicher fühlt. Ihm soll auch mitgeteilt werden, was es schon alles gelernt hat. Der Stoff bleibt dann dem Publikum auch besser im Gedächtnis, weil durch die Wiederholung bekannter Inhalte das Kurzzeitgedächtnis aktiviert wird (Grundregel: Was wir innerhalb von 20 Minuten nochmals hören, wird abgespeichert). Eine solche Zusammenfassung kann auch einfach nur eine Interpretation sein.

Tipp: Die amerikanische Variante kann natürlich auch hierzulande eingesetzt werden - wenn das Thema der Rede sehr kompliziert ist, und die Zuhörer sehr lange ausharren müssen (und so schnell unaufmerksam werden – wer als Zuhörer gedanklich abschweift und den Faden verliert, ist so schnell wieder ins Boot zurückgeholt).

Europäische Vorgehensweise für den Hauptteil:
Punkt 1, Punkt 2, Punkt 3 (pro); Punkt 1, Punkt 2, Punkt 3 (contra); Schluss: Zusammenfassung der Ergebnisse

Amerikanische Vorgehensweise für den Hauptteil:
Punkt 1 nennen; später kurze Zusammenfassung des ersten Punktes; Überleitung zu Punkt 2; später kurze Zusammenfassung von Punkt 2; Überleitung zu Punkt 3; später kurze Zusammenfassung von Punkt 3; Andeutung des Endes der Präsentation; Überleitung zu Schlussbemerkungen.

Übung 1:

Sie sind Mitglied der Hausfrauen-Gewerkschaft und halten ein kurzes Referat über das Thema „Wie erziehe ich meine Kinder zur Selbstständigkeit?" / „Wie koche ich Spaghetti in Tomatensoße?" Versuchen Sie zunächst, in Tabellen [z.B. Was braucht man, um Spaghetti zu kochen? Was braucht man für die Soße? Wie kocht man Spaghetti (Arbeitsschritte)? Wie kocht man die Soße?" - „Was braucht man zur Erziehung? Was braucht man zur Selbstständigkeit? Wie motiviert man Kinder? u.s.w.] möglichst sinnvoll zu gliedern. Stellen Sie Ihre Gliederung den anderen Teilnehmern vor.

> **Übung 2:**
>
> Sie sind Student an einer wirtschaftswissenschaftlichen Fakultät und haben die Aufgabe bekommen, ein kurzes Referat (=informierende Sachrede) über das Thema „politische Parteien in Deutschland" / „Gewerkschaften in Deutschland" / „Supermarktketten in Deutschland" zu halten. Entwerfen Sie oberflächliche Grundpläne (= Stichworte), wie sie im Hauptteil verfahren könnten. Denken Sie auch an Überleitungen (z.B. zunächst, dann, schließlich). Der W-Fragenkatalog auf Seite 60 hilft Ihnen weiter. Stellen Sie dann Ihre Gliederung den anderen Teilnehmern vor.

Eine zuhörerorientierte Planung kann Ihnen nicht nur viel Zeit und Mühe ersparen, sondern ist auch für den Überzeugungstransfer unerlässlich. Bevor Sie auch nur einen einzigen Satz Ihrer Gedanken bezüglich eines Themas zu Papier bringen, sollten Sie sich fragen: Vor wem spreche ich eigentlich? Wie wird dieser Zuhörerkreis auf meine Argumente reagieren? Was muss ich an meiner Rede ändern, damit heftige Reaktionen ausbleiben und die Masse der Anwesenden überzeugt werden kann? Diese Vorausplanung nennt man in der Rhetorik „aptum" (lateinisch):

Gliederung der Rede nach den zu erwartenden Zuschauerreaktionen (äußeres „aptum") C5

aptum = passend, geeignet, tauglich, geschickt, fähig, zweckdienlich, dienlich, einer Pers. od. Sache angemessen, wohlangebracht

Auditorum benevolentia crescit discentium facultas. (Der Einfluss des Redners wächst mit dem Wohlwollen der Zuhörer.)

Donatianus, „Institutiones grammaticae"

a) Der Grund für die Rede ist ehrenhaft (genus honestum): Die Zuhörer betrachten den Stoff dieser Rede als ehrenvolle Geste (z.B. eine Gratulation zum runden Geburtstag), wobei ihre Erwartungen und Ansprüche vom Redner nicht enttäuscht werden (es sind daher keine gegenteiligen Meinungen zu erwarten).
b) Der Grund für die Rede ist langweilig (genus humile): Die Zuschauer zeigen kaum Interesse am Thema, weil sie den Redegegenstand für unerheblich halten. In diesem Fall sollte die Wichtigkeit des Themas schon gleich durch die Einleitung deutlich gemacht werden. Den eher trockenen Redegegenstand in lebendige Sprache verpacken und eine Prise Humor nicht vergessen.
c) Der Grund für die Rede ist mehrdeutig (genus dubium): Den Zuschauern fehlt das Vorwissen zu diesem Thema.
d) Der Grund für die Rede ist schockierend (genus turpe): Die Zuhörer werden vom Redegegenstand überrascht. Der Redner muss unbedingt zuvor das Vertrauen und Wohlwollen der Zuschauer gewinnen. Dennoch ist mit heftiger Gegenwehr aus dem Publikum zu rechnen.

e) Der Grund für die Rede ist kompliziert (genus obscurum): Den Zuschauern ist das Thema viel zu suspekt, sie können dem Redner nicht folgen. Eine genaue Analyse der Thematik ist zeitlich viel zu umfangreich für das bisschen Redezeit. Der Redner sollte auf eine möglichst verständliche Sprache (Bilder, Beispiele) achten und das Fachvokabular einschränken.

Fragenkatalog

1) Wie groß wird der Zuhörerkreis Ihrer Rede sein?

Beispiel: 30 Leute, Pro-Seminar an der Universität
200 Leute, Diskussion mit den Bürgern eines Stadtteils
8 Leute, wöchentliche Teambesprechung

2) Warum kommen die Zuhörer zusammen? Ist es ein offizielles oder inoffizielles Treffen?

Beispiel: - frei zugängliche Diskussion in der Sporthalle
- nur für Firmenmitarbeiter
- private Feier im Freundeskreis

3) Gestalten Sie mit Ihrer Rede das Hauptprogramm?

Beispiel: Nein, es gibt noch andere Redner.

4) Wie lang ist Ihre Redezeit? (Kann es sein, dass Ihr Redebeitrag aufgrund von Zeitverzug abgekürzt wird?)

Beispiel: -Meine Redezeit beträgt 20 Minuten. Wenn es Zeitverzug gibt, können es auch nur 10 Minuten sein.

5) Gibt es andere Redner als Sie? Werden diese Redner andere Meinungen vertreten als Sie?

Beispiel: -Herr Müller von den Freien Bürgern wird auch sprechen und meine Position angreifen.

6) Wie ist die vorherrschende Meinung der Zuhörerschaft zum Redebeitrag?

Beispiel: - Die meisten Leute werden gegen das Projekt sein, aber ein paar wenige auch dafür
- Fast alle haben kein Vorwissen (deshalb längerer Erzählteil)

7) Welche Teile meiner Rede werden wohl heftige Gegenwehr im Publikum auslösen? Gibt es eine Chance, diese emotional besetzten Themen auszuklammern bzw. abzumildern?

Beispiel: -Das Bauprojekt ist nicht mehr zu verhindern, die Entscheidung ist schon längst gefallen
-Die Mietpreisbremse wird von uns nicht mitgetragen
-Es gibt keine Erhöhung des Kindergelds

8) Kommen die Leute, weil Sie Ihnen zuhören wollen oder weil Sie Ihnen zuhören müssen?

Beispiel: Da es eine schnell anberaumte Betriebsversammlung ist, müssen die Leute zuhören.

9) Besitzen die Leuten schon Vorwissen zur Thematik?

Beispiel: - 2 Leute, die aus meiner Abteilung kommen und viel Vorwissen mitbringen
- 10 Leute von anderen Standorten unseres Unternehmens ohne Vorwissen

10) Lassen sich diese Zuhörer gliedern? Gibt es bestimmte Rangordnungen?

Beispiel: - 2 Leute, Geschäftsführungsebene
- 8 Leute, Abteilungsebene

11) Werden die Zuhörer essen? Sprechen Sie vor oder nach dem Essen oder währenddessen?

Beispiel: Die Zuhörer werden nicht essen.

12) Werden die Zuhörer während der Veranstaltung Alkohol trinken? Wird die Stimmung dort eher ernst oder bierselig sein?

Beispiel: Die Stimmung wird heiter sein, da es ein Stadtteilfest mit Alkoholausschank ist.

13) Was für einen Empfang werden Ihnen die Zuhörer wohl bereiten?

Beispiel: - Nicht sehr freundlich, da ich gegen ihrer Forderungen bin
- Freundlich, da ich ihre Forderungen unterstütze
- Skeptisch, da sie mich nicht kennen
- Mit einem gellenden Pfeifkonzert, Trillerpfeifen und Buh-Rufen

(Wie reagiere ich darauf, wenn man mich nicht zu Wort kommen lässt? Was mache ich, wenn ein Ei in meine Richtung fliegt? Ist vom Veranstalter für meine Sicherheit gesorgt?)

14) Werden neue Zuhörer kommen, die den Saal erst betreten, während Sie sprechen? Werden Zuhörer gleichzeitig den Saal verlassen?

Beispiel: Ja, es werden Zuhörer kommen und gehen.

15) Wann wäre dieser Personenkreis besonders aufnahmefähig für Ihre Rede? Können Sie den Redezeitpunkt festlegen?

Beispiel: - 10 Mütter, vormittags
- 10 Väter, abends nach der Arbeit
- 10 Kollegen, nachmittags

16) Haben die Zuhörer bestimmte Erwartungshaltungen hinsichtlich Ihrer Rede?

Beispiel: Informationen, Unterhaltung, neue Argumente gegen bzw. für eine Sache...

17) Fließen die derzeitigen Probleme der Zuhörer in Ihre Rede mit ein?

Beispiel: Sperrung einer viel befahrenen Straße, dadurch mehr Verkehr auf einer anderen Straße: Lärm, Schmutz, Verkehrsunfälle, Gefahr an Ampeln, Stau

18) Haben die Zuhörer einen Sprecher, der die Meinung aller vertritt? Gibt es unter ihnen eine Person mit Entscheidungsbefugnis? Welche Information habe ich zu dieser Person?

Beispiel: Herr Kahn, 70 Jahre, Sprecher der Parkschützer, ist ausgewiesener Experte und gegen das Bauprojekt – auf seine Gegenargumente sollte ich eingehen

19) Welche Art der Argumentation wird wohl bei den Zuhörern am besten ankommen?

Beispiel: Prestige, Image, Sicherheit, Qualität, Fortschritt, Technologie, Kosten, Umwelt, Naturschutz, gut für die Stadt, Vorteile...

20) Macht es überhaupt einen Sinn, vor diesem Zuhörerkreis zu sprechen? Ist das Weltbild im Publikum vielleicht so, dass es überhaupt nicht mehr überzeugt werden kann, weil es um ideologisch besetzte Themen geht?

Beispiel: Die Stimmung zu diesem Thema ist schon so aufgeheizt, dass man mir ohnehin nicht zuhören wird.

21) Mit welchen Störversuchen muss ich während meiner Rede rechnen? Inwieweit bin ich gewappnet, diesen Störversuchen zu begegnen, z.B. mit Ironie, Überhören oder verbalem Angriff?

Beispiel:
- Bei einer Wahlkampfrede könnten sich mehrere Anhänger der gegnerischen Partei mit Parteifahnen unter das Publikum mischen und meine Rede stören
- Fanatiker könnten ihre Transparente entrollen
- Aktivistinnen könnten sich entkleiden und auf die Bühne rennen
- Volltrunkene Einzelgänger könnten immer wieder einen Quatsch ins Publikum grölen
- Flashmob (Leute, die sich über das Internet gemeinsam absprechen, während meiner Wahlkampfrede etwas Skurriles zu tun: z.B. bei 1,2,3 auf den Bauch zu legen oder immer wieder gemeinsam hochzuhüpfen)
- Shitstorm (vorherige Beschimpfung im Internet, dadurch aufgeheizte Stimmung)

22) Was für technische Möglichkeiten stehen mir zur Verfügung? Bin ich gut hör- und sichtbar? Gibt es eine Großbildleinwand für diejenigen, die mich nicht gut sehen können? Wann beginnt der Soundcheck?

Beispiel: Sitzungssaal der Gemeinde mit Mikrophon am Rednerpult.
Keine visuelle Übertragung möglich.

Übung:

Die Teilnehmer erhalten den Text einer Wahlkampfrede. Darunter steht die Anweisung:
„Sie sitzen im Ortsvorstand und haben sich auf eine kämpferische Wahlkampfrede für eine bestimmte Partei (CDU, SPD, Grüne...)

> gut vorbereitet. Doch 10 Minuten vor Ihrem Auftritt bekommen Sie die überraschende Mitteilung, dass ein völlig anderes Publikum als gedacht im Saal sitzt.
> „Heute sind sehr viele Meinungsgegner erschienen" (genus turpe)/ „Heute sitzen sehr viele Partei-Rentner im Saal." (genus humile) / „Heute sind eher politisch uninteressierte Jugendliche da" (=genus humile)/ „Heute ist eher die Unterschicht vertreten" (genus obscurum)
> Versuchen Sie nun Ihre Wahlkampfrede zu retten, und an der Einleitung, dem Hauptteil und Schluss entscheidende Veränderungen vorzunehmen.
>
> **Querverweis: A37**

Tipps für den Schluss: **C6** a) Die Zusammenfassung

Das Redeergebnis wird mit wenigen Sätzen zusammengefasst:

Beispiel: *Wenn wir am Schluss die ganze Dichtkunst dieser Literaturepoche anschauen, so können wir uns des Eindrucks nicht verschließen, dass die großen Autoren ihre eigenen Gedanken stets in die Form der Wechselrede, also das antithetische Gespräch zwischen zwei oder mehreren Personen, gebracht haben.*

b) Der Ausblick

Der Redner stellt sich die Zukunft vor, wenn es so weitergeht:

Bis zum modernen Kleincomputer am Handgelenk ist es nur noch ein kleiner Schritt. Wir können uns freuen: Bereichert diese komprimierte Technik unsere Kultur nicht ungemein? Ich wage eine Prophezeiung: Es kommt der Tag, an dem die Menschen nicht mehr wissen werden, was ein Fernseher, Telefon, CD-Player, DVD-Rekorder und vielleicht auch ein Buch gewesen sind.

c) Die Einschränkung

Der Redner gibt zu erkennen, dass eine Sache nicht nur Vorteile hat:

Sicherlich brachte die Technik dem Homo sapiens viele Vorteile. Doch eines vermag auch sie nicht: Den inneren Frieden zu finden, die Balance zu halten, selbst ausgeglichen und zufrieden sein. Das

Gefühl des Glücks wird einerseits durch die Allverfügbarkeit von Informationen, z.B. über tragische Unglücksfälle und schreckliche Verbrechen auf der Welt, aber auch durch die ständige Erreichbarkeit, z.B. durch geschäftliche Anrufe auch am Wochenende, nachhaltig gestört.

d) Redeabschluss durch ein Zitat:

Der Redner sucht sich ein wunderschönes Zitat, das zu seinem Thema passt, und achtet beim Vorlesen darauf, dass es sich vom sonstigen Text der Rede schon durch die Betonung deutlich abhebt. Meistens sind es die Zitate bekannter und berühmter Personen, die den Zuhörern noch stundenlang in den Köpfen herumschwirren.

Beispiel: Wenn wir unsere Ergebnisse zusammentragen, so habe ich hoffentlich deutlich gemacht, dass ein zentrales Gedichtmotiv von John Keats immer die Natur ist, aber auch das, was der Mensch mit der Natur anstellt, welche Produkte er aus der Natur gewinnt. Kennzeichnend ist vielleicht dieser Ausschnitt aus seinem bekannten Gedicht „Ode an die Nachtigall", mit dem ich Sie verabschiede:

O Wein jetzt! Jungen Wein, den Erde kühlte,
Den dunkelkühl ein langes Jahr gereift,
Der sonngebräunten Frohsinn tanzen fühlte,
Und der des Provençalen Lied begreift;
O einen Becher warmen Südens jetzt!
O Hippokrene, die zum Rande schäumt
Und gern und gut Begeisterung bereitet
     Mit Lippen rot benetzt,
Dich will ich trinken, daß ich ungesäumt
Zum Wald entschweben kann, von dir geleitet.

Entschweben Sie nun alle gutgelaunt nach Hause! Bis zum nächsten Mal! Ich danke Ihnen.

Der griechische Philosoph **Aristoteles** sagt: Der Schluss bewirkt, dass die Zuhörer dem Redner Sympathie entgegenbringen. Ein Sachverhalt wird verstärkt oder vermindert. Zuhörer sind in die einkalkulierten starken Gefühle (wie z.B. Zorn/Mitleid...) zu setzen. Zugleich soll der Schluss aber auch eine Zusammenfassung des Gesagten sein.

<u>Für die Gerichtsrhetorik/politische Rhetorik:</u>
Der Gegner hat gelogen, während man selbst nur wahre Dinge vorgebracht hat. Man muss es schaffen, den anderen als schlechten Menschen, sich selbst aber als gut darzustellen (=vir-bonus-Ideal des perfekten Redners). Folgende Affekte kann der Zuhörer emp-

finden: Mitleid, Entrüstung, Zorn, Hass, Neid, Eifersucht und feindselige Haltung. In der Zusammenfassung verdeutlicht man die eigene Haltung: „Dieser da war für die Steuererhöhung, ich aber dagegen, weil..." Auch die Ironie ist geeignet: „Was hat denn mein Vorredner bewiesen? Waren das Argumente?"

Der allerletzte Satz ist eine asyndetische Formulierung: „Ich habe gesprochen. Ihr habt es gehört. Ihr kennt die Fakten. Trefft nun eure Entscheidung."

Spannungsgefälle C7

Ein Spannungsgefälle ist in der Gliederung zu berücksichtigen. Dies wird in einer Rede erreicht...

a) durch die Problembenennung
b) indem man den Sachverhalt mit lebhafter Sprache verschönert und den Zuhörern beweist, dass das Problem auch sie angeht
c) eine Step-by-Step-Lösung für das Problem findet (möglichst kleine Einzelschritte)
d) auf Gegenargumente eingeht
e) die Ergebnisse und Forderungen in einer Zusammenfassung präsentiert

Verschiedene Gliederungsmöglichkeiten aus der Sicht des Redners: C8

a) Der Redner sucht nach Gemeinsamkeiten: Welche Überschneidungspunkte gibt es zwischen dem Thema und dem Publikum?
b) Der Redner benutzt eine rhetorische Frage und beantwortet diese ausführlich mit seiner Rede
c) Der Redner fährt mit seinem Thema wie in einer Zeitmaschine: Vergangenheit, Gegenwart und Zukunft
d) Der Redner beginnt mit den Pro-Argumenten, gefolgt von den Contra-Argumenten, schließlich der Mittelweg von Pro- und Contra (Synthese)
e) Das Zuhörerinteresse wird dadurch gesteigert, dass der Redner verdeutlicht, wie wichtig das Thema für das Publikum ist, außerdem durch anschauliche Beispiele und mehrere Lösungswege
f) Der Redner schildert den Ist-Zustand der Situation. Neben einer Zielformulierung für das Problem geht er auf Gegenargumente ein, um dann eigene Argumente vorzubringen. Der Redner wägt die Vor- und Nachteile ab (Pro- und Contra), und unterbreitet dem Publikum eine Lösung für das Problem – in seiner Argumentation appelliert er auch an die Gefühle

Bekannte Gliederungsformen in der Rhetorik:
C9

a) zweiteilige Gliederung

Diese Gliederungsform ist vor allem für Kurzreden geeignet. Nach der Themenbenennung widmet man sich zuerst einem Pro-, dann einem Contra-Argument. Ein Fazit folgt im Anschluss.

b) dreiteilige Gliederung

Hierunter versteht man die Aufteilung des Redegegenstands in drei Teile: die Einleitung, der Hauptteil, der Schluss. Die Argumentation (pro/contra) kommt in den Mittelteil der Rede.

c) vierteilige Gliederung

Diese ähnelt der dreiteiligen Gliederung: die Einleitung, der Hauptteil, der Schluss. Allerdings wird der Hauptteil verlängert. Nach Nennung der Pro-Contra-Argumentation folgt wie bei einem dialektischen Erörterungsaufsatz noch eine Synthese (die Gegenüberstellung wichtiger Argumente und ein diplomatisches Ergebnis: Was spricht mehrheitlich für oder gegen eine Sache?)

d) die fünfteilige Gliederung

Die Rede ist einem Drama gleich: Nach der Einleitung tritt plötzlich ein ernstes Problem auf, das sich immer mehr ausweitet (Höhepunkt), aber unverhofft wird eine Notlösung für das Problem gefunden und dann der Schluss.

e) Die ausführliche Gliederung

Diese Gliederung ist für Reden mit mehreren Stunden Redezeit geeignet. Der Stoff wird keinesfalls nur auf das Nötigste beschränkt, sondern in allen nur denkbaren Facetten angeboten (Überlänge). Gefahr: Das Publikum könnte durch die Vielfalt an Information schnell ermüden. Es muss also nach sprachlichen Mitteln gesucht werden, wie sich das verhindern lässt.

Mustergliederung für verschiedene Redeanlässe

Exkurs – praktische Beispiele für dispositio
C10

Exkurs: Lobrede auf eine bestimmte Person (z.B. Hochzeit / Trauerrede / Jubiläum)

Bei einer Lobrede müssen dem Publikum „sympathische" Charaktereigenschaften nähergebracht werden.

Diese ergeben sich aus:

a) der Handlungsweise der Person, wie sie sich in bestimmten (auch schwierigen) Situationen verhalten hat
b) die Meinungen, Urteile und bekannten Aussprüche der Person

Darstellungsformen:

1. Man schildert die Entwicklung oder die Wandlungen seines Charakters und fasst ihn am Schluss in einem wertenden Urteil zusammen
2. Man stellt die Licht- und Schattenseiten gegenüber (eher bei einem Nachruf auf einen Verstorbenen, aber nicht bei der Trauerfeier)
3. Man gruppiert die verwandten Eigenschaften (z.B. großzügig, fleißig) und belegt sie durch Beispiele aus dem Verhalten
4. Man gliedert die Charaktereigenschaften nach Denken (Welche Werte vertritt die Person?), Wollen (Was wollte die Person bei uns erreichen?), Fühlen (Worüber hat sich die Person gefreut / was machte sie traurig?), Triebe (Welche heimlichen Leidenschaften hatte die Person?)
5. Man geht von einer Haupteigenschaft aus und leitet die übrigen Eigenschaften von dieser ab
6. Man vergleicht den Charakter der Person mit ihrem Verhalten, ob hier immer Einstimmigkeit herrschte

Exkurs: Gliederung einer Stegreifrede (z.B. im Restaurant)

1. Das Hier und Jetzt
a) von den Zuhörern sprechen
b) das Wohlwollen der Zuhörer gewinnen, sie und den Moment loben

2. Anlass des Tages
a) Verdienste einiger Leute erwähnen
b) Den Leuten die Anerkennung aussprechen

3. Eigene Bewegtheit ausdrücken
a) spontan und herzlich sprechen
b) Die Besonderheit des Tages betonen

4. Den Leuten alles Gute wünschen, weiterhin viel Erfolg zu haben

Exkurs: Gliederung einer Festansprache (z.B. Betriebsfest)

1. Begrüßung der Gäste und Ehrengäste
2. Einleitung dem Anlass entsprechend gestalten: Ein besonderes Erlebnis oder eine kleine Anekdote
3. Zeitlicher Rückblick auf die letzen 20 Jahre: Was war? Was hat die Firma erreicht? Besondere Vorkommnisse, wichtige Persönlichkeiten in der Firmenhierarchie
4. Anlass des Tages – warum haben wir uns versammelt? Ausblick auf die Zukunft: Was können wir noch erreichen?
5. Den Mitarbeitern alles Gute und weiterhin viel Erfolg wünschen

Exkurs: Buchbesprechung – worauf ein Redner eingehen sollte

1. Textsorte: Märchen, Tierbuch, Abenteuerbuch, historischer Roman, Novelle, Sachbuch
2. Inhalt: Ereignisse, Gestalten, Räume, Fragen, Erkenntnisse
3. Wertung: Auf welchen Gebieten vermittelt das Buch Wissen? Hat das Buch ein moralisches Anliegen? Kann es das Wissen mehren, das Fühlen vertiefen, das Wollen stärken? Werden besondere Verhaltensweisen gezeigt oder ist es für das sittliche Erkennen belanglos, irreführend, schädigend?
4. Gestaltung: Aufbau, Anordnung, Sprachstil, Spannung (Höhepunkte, Rückblenden), Humor
5. Aufmachung: Illustrationen, Satz, Druck, Papierqualität
6. Leserkreis: Stadt- und Landbevölkerung; Buben oder Mädchen, Frauen oder Männer, Altersgruppe, Bildungsschicht, Berufszweige

Exkurs: Gliederung zu einer Erörterung

Thema: „Autofreie Innenstadt" – Dialektische Erörterung (pro / contra)

1. Aktuelles Beispiel für die Problematik darlegen, z.B. „Innenstadt muss sauberer werden, denn..."

2. Pro-Argumente nennen, z.B mehr Sicherheit für Fußgänger, weniger Feinstaub
3. Contra-Argumente nennen, z.B. „bessere Erreichbarkeit vieler Geschäfte mit dem PKW"
4. Pro oder Contra entkräften, Synthese bilden
5. Fazit

Thema: Ist der Sport mehr als eine körperliche Betätigung? - hier: lineare Erörterung (nur pro) / bei diesem Thema wäre aber auch Pro und Contra möglich!

1. Die Ansicht, dass der Sport nur eine körperliche Betätigung sei, ist nicht richtig. Alle Sportarten verlangen eine geistige Betätigung, die ebenso einzuüben ist wie die körperliche.
2. Notwendige Eigenschaften im Sportbetrieb:
a) Körperliche Voraussetzungen: Gesunde innere und äußere Organe (Herz / Lunge); kräftige Muskulatur; scharfe Sinne (Gesichtssinn);
b) Seelische und geistige Voraussetzungen: Unerschrockenheit, rasche Auffassung und Entschlusskraft, Ausdauer und Willenskraft, Ehrgeiz. Beispiel aus der eigenen Erfahrung.
3. Sportliche Leistungen setzen sich zusammen aus geistigen und körperlichen Leistungen. Beide müssen geübt und aufeinander abgestimmt werden. Ein kräftiger und gesunder Körper wird erst durch seelische Fähigkeiten und Kräfte in die Lage versetzt, sportliche Höchstleistungen zu erbringen.

Exkurs: Rede zu einer Preisverleihung

1. Anrede (Gewinner des Preises, Gäste, Familien)
2. Zitat
3. Bedeutung des Preises, die Leistung des Preisträgers, ein Ansporn für die anderen
4. Gratulation
5. Trinkspruch

Exkurs: Eröffnung einer Veranstaltung

1. Anrede (alle Gäste, hochgestellte Persönlichkeiten extra begrüßen)
2. Zweck der Veranstaltung
3. Verlauf der Veranstaltung
4. Aufruf an alle, sich zu amüsieren und wichtige Kontakte zu knüpfen

Exkurs: Rede an Silvester

1. Anlass nennen
2. Ein neues Jahr beginnt, die Vorsätze des alten Jahres nennen
3. Hat man diese eingehalten? Warum hat man das Zigarettenrauchen nicht aufgegeben?
4. Wünsche und Vorstellungen fürs neue Jahr
5. Weltpolitische Lage berücksichtigen
6. Optimismus bekunden

Exkurs: Rede an Weihnachten

1. Weihnachten ist ein Familienfest, der Tannenbaum brennt
2. Weihnachten früher im Krieg (Kerzenschein / kaum Geschenke / kein Tannenbaum), Weihnachten heute (Materialschlacht im Kaufhaus)
3. Ist Weihnachten noch ein Fest der Liebe?
4. Neben den Geschenken kurz auf den religiösen Hintergrund eingehen
5. sich dankbar erweisen, Kurzgebet.

Exkurs: Rede zur Hochzeit

1. Anlass nennen
2. Trauer des Brautvaters über den Verlust der Tochter, Freude über den Gewinn eines Schwiegersohns
3. Allgemeine Weisheiten zur Ehe (Zitate)
4. Glückwünsche anbringen
5. Trinkspruch und gemeinsames Anstoßen

Exkurs: Rede zur silbernen / goldenen Hochzeit

1. Anrede
2. Eine so lange Liebe sei allen ein Beispiel, das Wagnis „Ehe" kann gelingen
3. Nur möglich durch die Ergänzung der verschiedenen Charaktereigenschaften von Frau / Mann
4. Zeitlicher Rückblick: Wo stand man bei der Hochzeit (materiell), was hat man jetzt (z.B. ein Haus)
5. Optimistischer Ausblick auf das nächste Jubiläum (Diamantene Hochzeit?)

Exkurs: Rede zum Geburtstag

1. Anlass nennen: runder Geburtstag
2. Begrüßung des Geburtstagskindes
3. Verbundenheit der Familie darlegen
4. Rückblick auf gemeinsame Jahre (Erinnerungen)
5. Charakterisierung der Person (siehe Exkurs: Lobrede)
6. Geburtstagslied singen (Happy birthday to you... / Zum Geburtstag viel Glück...)

Exkurs: Rede des Geburtstagskindes

1. Danksagung (Geschenke / Glückwünsche)
2. Ausdruck der Wertschätzung für so gute Freunde
3. Bedeutung des Tages (man steht selten im Mittelpunkt, etwas Besonderes)
4. Ausblick in die Zukunft (der nächste runde Geburtstag)
5. Trinkspruch und gemeinsames Anstoßen

Exkurs: Rede eines Paten zur Taufe

1. Danksagung an den Pfarrer
2. Kinder brauchen Liebe, Zuwendung und Verständnis
3. Erziehungsmethoden früher und heute (an die Eltern gerichtet)
4. Verständnis für die jüngere Generation bekunden
5. Als Pate kann man bei Problemen helfen

Rede zur Ausstellungseröffnung

1. Was ist Kunst?
2. Lebenslauf des Künstlers
3. Persönlicher Eindruck und Interpretation des Werkes
4. Aufforderung an andere, auch künstlerisch zu wirken

Exkurs: Empfangsrede für eine Delegation, die von einer anderen Firma (aus dem Ausland) stammt

1. Wirtschaftspolitische Lage auf dem Weltmarkt nennen
2. Zusammenarbeit kann für jeden Vorteile bringen
3. Die politische Lage im Heimatland muss berücksichtigt werden
4. Probleme dürfen nicht unter den Tisch gekehrt werden (z.B. Kulturunterschiede, Mentalitätsunterschiede, Sprachhürden)
5. Die Hoffnung äußern, dass eine Zusammenarbeit dennoch möglich ist

Exkurs: Rede zur Jahreshauptversammlung

1. Begrüßung der Aktionäre
2. Anlass der Veranstaltung nennen
3. Wirtschaftspolitische Lage auf dem Weltmarkt nennen
4. Die Entwicklung des Aktienkurses in den letzten 12 Monaten – sind wir fair bewertet?
5. Unternehmensphilosophie und Firmenverpflichtung für die Zukunft
6. Maßnahmenpaket zur Stützung des Aktienkurses vorschlagen
7. Hinweis, dass man als Aktionär nun Fragen an die Geschäftsleitung stellen kann

Exkurs: Rede zur Trauerfeier

1. Ein wichtiger Mensch fehlt
2. Ein nicht zu ersetzender Verlust ist eingetreten
3. Wie habe ich den Verstorbenen kennengelernt?
4. Positive Charaktereigenschaften des Verstorbenen nennen und an Beispielen aufzeigen
5. Umstände des Todes (bei einer Krankheit darauf hinweisen, dass sich der Verstorbene noch von seiner Familie verabschieden dufte / bei einem Unfall auf die unerklärlichen Wege Gottes hinweisen, die wir als Menschen nie verstehen werden)
6. - Der Abschied vom Leib ist der Übergang zu einem neuen Leben
   - An den Verstorbenen direkt ein paar Worte richten, als würde er noch leben

Schritt 3: Stimme, Körpersprache und Raum

Einführung in die Köpersprache (Kinesik) C11

Wer wüsste denn nicht, wie gering die Anzahl all derer ist, die vor unseren Augen Gnade finden, (...) obwohl sie sich doch alle um den rechten Ausdruck des Gesichts, der Stimme und Bewegungen bemühen?
(Cicero - de Oratore)

Flight or fight (flieh' oder kämpfe) C12

In der griechischen Mythologie bezieht sich das Wort „Charis" auf die drei Göttinnen der Anmut. Man sagt von bekannten Rednern wie John F. Kennedy, Barack Obama oder Martin Luther King, sie hätten Charisma, das „gewisse Etwas". Die Bühne liebt sie, während andere eher blass bleiben.

Es ist kein leichtes Unterfangen, als Redner charismatisch zu wirken, wenn man nicht die Unterschiede zwischen menschlicher Sprache und menschlicher Körpersprache kennt. Mit Worten kann der Mensch in seiner Umgebung alles ausdrücken, was vorstellbar ist, sie sind kontrollierbar, obwohl sie willkürlich kodiert wurden. Eine Zeitreise in die Vergangenheit oder Zukunft ist jederzeit möglich. Man kann mitteilen, was man tun würde, wenn man in der oder der Situation wäre. Die Steuerung der Worte erfolgt aus dem zentralen Nervensystem, von der linken Gehirnhälfte, die auch für rationales, analytisches Denken, für Schlussfolgerungen, Zahlen und Bewegungsabfolgen zuständig ist.

Die drei Chariten (Charis)

Demgegenüber hat der Mensch noch eine zweite Sprache, die Körpersprache. Dieser nonverbale Ausdruck ist zeitgebunden, nämlich nur an die Gegenwart, er ist weitgehend unkontrolliert und unkodiert, die Steuerung erfolgt über das periphere und vegetative Nervensystem. Worte versagen da, wo es einfacher ist mit einer Zeichnung oder Geste Dinge zu beschreiben. Eine Spirale mit Worten zu paraphrasieren ist wesentlich aufwendiger als den Gegenstand aus Metall kurz aufs Papier zu zeichnen. Körpersprache ist eine Art Instinkt, sie reagiert auf die Reize der Umwelt – im Gegensatz zum Gehirn! - und wird gesteuert vom peripheren und vegetativen Nervensystem, das versucht, alle lebensnotwendigen Funktionen aufrechtzuerhalten. Das geschieht insbesondere in einer Gefahrensituation, wenn das Gehirn nicht die Zeit hat, eine Entscheidung zu treffen. Der menschliche Vorfahr von uns, der vor 3 Millionen Jahren von den Bäumen herabgestiegen ist, musste gegen schreckliche Tiere kämpfen. „Flight or fight", fliehe oder kämpfe, war seine Entscheidung, wenn er auf ein riesiges Reptil im Dschungel traf. Das heutige Lampenfieber funktioniert ganz ähnlich:

Flight or fight, fliehe oder halte die Rede kämpfend, ist unsere heutige Entscheidung, wenn wir einem großen Publikum gegenüber stehen.

Der Sozialpsychologe Michael Argyle definiert Körpersprache wie folgt:

Doch was versteht man überhaupt unter Körpersprache? C13

Gesten, Kopfbewegungen und andere Körperbewegungen, Körperhaltung, Gesichtsausdruck, Blickrichtung, räumliche Nähe und Einstellung, Körperkontakt, Orientierung, Tonfall und andere nonverbale Aspekte in Sprache, Kleidung und Schmuck.

In der Rhetorik versteht man unter dem Begriff „Körpersprache" nahezu Gleiches, mit einem feinen Unterschied: zwischen der Aussprache des Redners (pronuntiatio) und den wortbegleitenden Handlungsweisen (die actio) wird unterschieden. Außerdem kommt noch der Raum dazu (ebenfalls „actio").

Körpersprache in der Rhetorik (actio / pronuntiatio) C14

Die Aussprache des Redners (= pronuntiatio)

- Sprache
- Sprechgeschwindigkeit
- Lautstärke
- Aussprache

Die Körperbewegungen des Redners (=actio)

- Haltung (still / zappelnd)
- Miene: Gesichtsausdruck dem Inhalt angepasst?
- Gestik: mit den Händen Redeinhalte unterstrichen?
- Blickkontakt mit den Zuhörern gehalten?
- Bewegung im Raum:
  sitzen / stehen / umherlaufen
- Vorzeigen von Indizien (Zeugenvorführung, Zeichnungen, Requisiten)

Zur „Körpersprache" gehört auch der Raum (Setting), da dies einen direkten Einfluss auf das Verhalten des Redners hat:

- Größe des Raumes
- Mikrofon
- Tafel
- Tageslichtprojektor
- Computernotebook mit angeschlossenem Beamer

Wird die Körpersprache des Redners etwa überschätzt? C15

Doch lohnt es sich überhaupt, auf die Körpersprache in einem Rhetorikbuch einzugehen? Es gibt eine bekannte Gleichung von Mehrabian/Ferris, die Sie in fast allen populärwissenschaftlichen Rhetoriklehrbüchern finden:

Wahrgenommene Einstellung (eines Redners):

7 Prozent verbal;
38 Prozent Tonfall;
55 Prozent Gesicht / Körpersprache

100 Prozent

Heike Mayer schreibt in ihrem Buch „Rhetorische Kompetenz" dazu kritisch, die These, dass nur 7 Prozent des Gesagten vom Publikum auch gehört werde, komme einem Computervirus gleich, der sich immer weiter in allen Variation verbreite, ohne kritisch hinterfragt zu werden. Nicht nur in klassischen Rhetoriken, NLP-Fortbildungen, Mediationsworkshops sei die Gleichung zu finden, sondern mittlerweile auch in Fachzeitschriften und rhetorikwissenschaftlichen Publikationen. Dabei sei die wissenschaftliche Beweiskraft alles andere als gesichert:

An dem zugrundeliegenden Experiment nahmen lediglich 23 Studenten teil; sämtliche Teilnehmer stammten aus demselben Kulturkreis (USA); das Experiment bezog sich auf Ein-Wort-Sätze; es war eine künstliche Laborsituation…

Ein-Wort-Sätze? Besteht denn zwischen einer zusammenhängenden Rede und Ein-Wort-Sätzen nicht ein kleiner Unterschied? Nein, diese Gleichung von Mehrabian und Ferris ist lukrativ für all diejenigen unseriösen Seminaranbieter, die den Leuten suggerieren, dass Seminare über Körpersprache der Schlüssel zum Erfolg sind.

Tatsächlich ist die Gleichung anzuzweifeln. Wenn sie wirklich stimmte, wie kann es dann sein, dass Lernende 50 Prozent von dem behalten, was sie vom Lehrer gehört und gesehen haben? Theoretisch dürften sie ja nur 7 Prozent behalten.

Lernende behalten durchschnittlich etwa

10 Prozent von dem, was sie nur gelesen haben
20 Prozent von dem, was sie nur gehört haben
30 Prozent von dem, was sie nur gesehen haben
50 Prozent von dem, was sie gehört und gesehen haben
70 Prozent von dem, was sie selbst gesagt haben
90 Prozent von dem, was sie mitdenkend erarbeitet und selbst ausgeführt haben   (aktives Lernen)

Edgar Dale's Cone of Experience

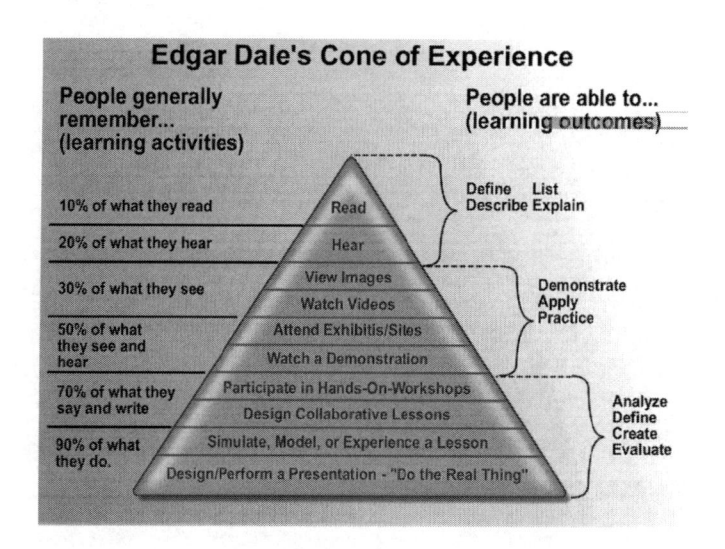

People generally remember... (learning activities)
- 10% of what they read — Read
- 20% of what they hear — Hear
- 30% of what they see — View Images, Watch Videos
- 50% of what they see and hear — Attend Exhibitis/Sites, Watch a Demonstration
- 70% of what they say and write — Participate in Hands-On-Workshops, Design Collaborative Lessons
- 90% of what they do — Simulate, Model, or Experience a Lesson, Design/Perform a Presentation - "Do the Real Thing"

People are able to... (learning outcomes)
- Define, List, Describe, Explain
- Demonstrate, Apply, Practice
- Analyze, Define, Create, Evaluate

Autor: Midiman74, licensed under the Creative Commons Attribution-ShareAlike 3.0

Der sogenannte „Erfahrungskegel" von Edgar Dale aus dem Jahr 1946 besagt also etwas ganz anderes als die Gleichung von Mehrabian und Ferris.

Wie ein Redner beim Publikum ankommt, hängt nämlich auch vom Lerntyp ab:

- Visueller Lerntyp (lernt durch Sehen/ macht sich häufig Notizen; malt Bilder während der Stunde)
- Auditiver Lerntyp (lernt durch Zuhören / liest Texte leise mit den Lippen mit / hört aufmerksam zu und kann hervorragend nacherzählen)
- haptischer Lerntyp (lernt durch eigenes Tun und Anfassen; macht gern Versuche)
- kinästhetischer Lerntyp (lernt durch Rollenspiele, Gruppenaktivitäten und Übungspräsentationen; gestikuliert viel)

Weitere Lerntypen:

- kommunikativer Lerntyp (lernt durch das Gespräch; ist ein guter Redner und noch besserer Zuhörer; arbeitet aktiv im Unterricht mit)
- personenorientierter Lerntyp (lernt nur bei einem guten Lehrer; hält oft Kontakt zu Lehrern und Dozenten)

- medienorientierter Lerntyp (Autodidakt; lernt gern mit technischen Hilfsmitteln; Begeisterung für technische Zusammenhänge)

Tipp: Stimmen Sie während des Vortrags Ihre Sprache auch auf die unterschiedlichen Lerntypen ab.

Sagen Sie: „Das <u>sieht</u> gut aus!" (visuell); „Das <u>klingt</u> gut! Hören Sie genau zu…" (auditiv); Das <u>fühlt</u> sich super an! <u>Fassen</u> Sie mal an…" (haptischer Lerntyp); „Das geht gleich ab wie bei <u>James Bond</u>! Ist hier vielleicht ein Schauspieltalent unter uns, das den Agenten 007 spielen könnte? (kinästhetischer Lerntyp). „Ist das nicht absolut sensationell? <u>Wer von Ihnen hätte das zu Anfang gedacht</u>?" (kommunikativer Lerntyp); „<u>Beachten Sie die Zahlenwerte an der Wand</u> – sie tendieren irgendwann gegen Null!" (medienorientierter Lerntyp).

Außerdem ist noch wichtig, ob man als Redner zum ersten Mal vor einem Publikum spricht oder dort schon bekannt ist; das Publikum wird bei einem Redner, der bekannt ist, weniger auf sein Aussehen und die Gestik achten, sondern mehr auf die Inhalte.

Ist Körpersprache ein Zeichen von Intelligenz?
C16

Offenbar ist Körpersprache mehr als eine belanglose Nebensache, sie ist nämlich eine Art Intelligenz (siehe unten Punkt 5: körperlich-kinästhetische Fähigkeit). Wir verstehen unter IQ in der Alltagssprache nur noch logisch-mathematische Fähigkeiten, doch offenbar gibt es noch weitere Intelligenzarten:

Die sieben Intelligenzen nach Gardner -
sieben Arten, die Welt zu betrachten -
allesamt gleich wichtig:

1. linguistische Fähigkeit
2. logisch-mathematische Fähigkeit
3. räumliches Wahrnehmungsvermögen (Zurechtfinden im Raum, Formbildung und - veränderung, Gebrauch mentaler Bilder
4. musikalische Fähigkeit - Wahrnehmung und Schaffen von Tonmustern
5. körperlich-kinästhetische Fähigkeit - Fertigkeiten der motorischen Bewegung und Koordination
6. intrapersonale Fähigkeit - Verstehen anderer
7. intrapersonale Fähigkeit - Verstehen des eigenen Selbst, Entwicklung eines Identitätsbewusstseins

Regeln für eine erfolgeiche Kommunikation

Regeln für ein erfolgreiches Gespräch C17

a) gegenseitige Aufmerksamkeit

b) Übereinkunft: wer darf wie lange sprechen?

c) Verdeutlichung von Einstellung und Absicht

d) Gesten (=Illustrationen)

- Taktschläge: Betonung eines bestimmten Wortes / Satzes
- Ideographen: Denkweisen skizzieren
- deiktische Bewegungen: auf ein bestimmtes Objekt deuten
- Raumbewegung: Abstand - räumliche Beziehung beschreiben
- Kinetograph: körperliche Handlung andeutend
- Piktographen: Bild der jeweiligen Entsprechung zeichnen

e) Rückkoppelung: Feedback testen

Kann der Körper lügen? Es wird oftmals behauptet, der Körper könne nicht lügen, doch das ist nicht die Wahrheit. Menschen können sich sehr wohl verstellen und Sympathie heucheln, wo keine ist, wie es Betrüger und Verbrecher häufig mit ihren Opfern tun. Kann man mit Körpersprache Gedanken lesen? Die heutige Forschung ist zum Ergebnis gekommen, dass man anhand eines körpersprachlichen Faktors (z.B. Schulterzucken) noch keine zweifelsfreie Aussage darüber treffen kann, was in einem Menschen vorgeht. Derzeit gibt es eine Buchschwemme von ehemaligen Profilern, also Leute, die als polizeiliche Ermittler im Verhör die Körpersprache von Verdächtigen analysieren. Hier wird versucht, jedes körpersprachliche Einzelmerkmal auf einen Verdachtsmoment zu konzentrieren. Wie wir aus der Argumentationslehre wissen, macht ein Einzelfall noch keinen Beweis. Mag sein, dass der Ermittler mit dieser Methode einmal sogar richtig lag. Kann aber auch sein, dass der Ermittler beim nächsten Mal einen Unschuldigen als schuldig ansieht, nur weil er sich im falschen Moment die Nase gekratzt hat.

Wahrheit und Unwahrheit über Körpersprache C18

Dagegen können jedoch drei oder vier körpersprachliche Faktoren ein erster Hinweis darauf sein, an was ein Mensch gerade denken könnte. Mehr aber auch nicht! Denn die Körpersprache wird beeinflusst von:

- Kultur
- Persönlichkeit
- Alter
- Geschlecht
- jeweilige Situation
- Tagesform

Vorschnelle Interpretationen sind oftmals fehlerhaft, auch wenn im Buchhandel sehr viele Ratgeber zum Thema anzutreffen sind.

Für den Redner ist die Körpersprache jedoch wichtig, um sein Publikum überzeugen zu können. Denken Sie an Barack Obama, wenn er aus dem Flugzeug steigt: Er lächelt, winkt in die Menge, schüttelt begeistert Hände und hält den Rücken stets gerade. Es ist für ihn ein wahres Vergnügen und keine Last, am Rednerpult zu stehen. Zumindest drückt das sein Körper aus.

Die actio und pronuntiatio muss zum Redeanlass passen und darf das Publikum nicht vor den Kopf stoßen (z.B. Mittelfinger à la Peer Steinbrück oder Yanis Varoufakis zeigen, auf den Boden spucken oder mit dem Kaugummi eine Blase machen). Er sollte so wirken, als hätte er nur wenig Lampenfieber, auch wenn er es innerlich hat.

Beispiel aus der Literatur:

§ 74

Der Schauspieler lasse kein Schnupftuch auf dem Theater sehen, noch weniger schnaube er die Nase, noch weniger spucke er aus. Es ist schrecklich, innerhalb eines Kunstprodukts an diese Natürlichkeiten erinnert zu werden. Man halte sich ein kleines Schnupftuch, das ohnedem jetzt Mode ist, um sich damit im Notfalle helfen zu können.

Johann Wolfgang von Goethe

Text: Johann Wolfgang von Goethe, „Regeln für Schauspieler"

Status   **C19**   Der Status des Redners ist ein entscheidender Faktor, ob die Anwesenden dem Mann am Rednerpult ihre Aufmerksamkeit schenken oder eher untereinander Gespräche führen. Dabei kann der Vortrag noch so gut sein, wenn der Status zu niedrig ist, wird das Publikum völlig anders reagieren als bei einem Redner mit hohem Status. Wir müssen daher eine Skala von 1 (sehr niedrig) bis 12 (sehr hoch) einführen und uns kritisch fragen, wo wir selbst auf dieser Treppe stehen. Je höher der Status, desto mehr Sprechfehler kann sich eine Person erlauben, ohne dass die Aufmerksamkeit darunter leidet. Als Faustregel gilt: Ist der Status des Sprechenden höher als mein eigener, höre ich zu. Ist der Status des Sprechers niedriger, höre ich nur zu, solange ich mich nicht langweile.

Beispiele:

Skala 12: Politiker der Weltbühne (TV Status)
Skala 11: Internationale Prominente, wie z.B. Schauspieler (TV Status)
Skala 10: Nationale Prominente, wie z.B. Sportler und Moderatoren (TV Status)
Skala 9: Lokale Prominente, wie z.B. Musiker und Bürgermeister (Zeitung Status)
Skala 8: Hochschulprofessoren und weitere Experten (Zeitung Status)
Skala 7: Chef eines Unternehmens (mündlicher Status)
Skala 6: Leute, die jeder im Dorf kennt (z.B. Vereinspräsidenten / Lehrer / Schulsprecher / Studentensprecher) (mündlicher Status)
Skala 5: Klassenkameraden / Mitstudenten / Kollegen (mündlicher Status)
Skala 4: Nachbarn
Skala 3: Völlig unbekannte Leute, die aber über sichtbaren Status verfügen (z.B. moderne Kleidung, hoher Attraktivitätsgrad)
Skala 2: Völlig unbekannte Leute, die kaum Status haben (z.B. schlechte und alte Kleidung, niedriger Attraktivitätsgrad)
Skala 1: Leute, die restlos von der Gesellschaft ausgeschlossen sind (z.B. Betrunkene / Obdachlose)

Je niedriger der Status, desto mehr Vorbereitung muss in die Rede selbst investiert werden. Denn Status erreiche ich auch durch eine geschickte Einleitung, gute Argumentation sowie eine gute Intonation, sodass binnen weniger Minuten ein Redner von Skala 3 bis Skala 6 aufsteigen kann. Höher als Skala 6 kann ein Nichtprominenter jedoch nicht kommen und Wunder sollten nicht erwartet werden. Frenetischer Applaus, wie er einem Sprecher von Status 9 oder 10 zuteil wird, ist nicht zu erwarten, höflicher Applaus hingegen schon.

Status ist der Faktor, der Eindruck auf andere Leute macht. Wovor ziehen aber die Leute ihren Hut?

Macht
finanzielle Mittel
Einfluss
Ansehen
Attraktivität
Mut

Dieses Phänomen wurde eindrucksvoll in einem Experiment bewiesen, das ich in Zusammenarbeit mit Burton Goldon durchgeführt hatte, in dem wir Sechstklässlern einer Lobrede auf die Nützlichkeit und Wichtigkeit der Mathematik aussetzten. Der Kommunikator wurde entweder als preisgekrönter Ingenieur von einer Elite-Universität vorgestellt oder als jemand, der als Tellerwäscher für seinen Lebensunterhalt aufkommen muss. Wie man erwarten konnte, war der Ingenieur weitaus erfolgreicher die Meinung der jungen Leute zu beeinflussen als der Tellerwäscher. (...)

Text: Elliot Aronson, "The Social Animal"

Leute, die nicht über einen Status von 8 bis 10 verfügen, versuchen ihren Statuswert durch die Zurschaustellung äußerer Objekte zu erhöhen, sodass wenigstens ein Status von 7 herauskommt. Auch der Redner/die Rednerin versucht seinen/ihren Status zu erhöhen, indem er z.B. in einem Anzug mit Krawatte auftritt, sie in einem Business-Kostüm. Eine teure Uhr am Handgelenk, ein Sportwagen oder andere Luxuskarossen auf der Straße, eine sportliche und riskante Fahrweise im Straßenverkehr, eine laut aufgedrehte Musikanlage, auch eine Schönheitsoperation oder bei Männern das Tragen eines Toupets oder der Gang ins Fitnessstudio sind alles Versuche, den eigenen Statuswert zu erhöhen, was mit Vorteilen verbunden ist, z.B. das Anbandeln von Beziehungen. Auch die Art, wie man im Restaurant das Besteck zu halten weiß sowie die Art der Gesprächsführung (Benimm und Takt gegen keine Manieren und Taktlosigkeit; Rollenanweisungen und Befehle gegen andere) verraten viel über Status. Nicht zu vergessen das Alter und in manchen Kulturen das Geschlecht. Auch das Überstreifen einer Uniform kann aus einer eher statusarmen Person einen Mann von Welt machen, siehe auch die literarische Vorlage von Carl Zuckmayers „Der Hauptmann von Köpenick".

Der Puls eines Redners verändert sich:

a)   114 Hz/min - Selbstzweifel (kurz vor Auftritt)
b)   124 Hz/min - Atmosphäre gespannt (erste Minuten)
c)   114 Hz/min - Redner bei der Sache (restliche Zeit)
c)   98 Hz/min - Beruhigung

Lampenfieber hat Auswirkung auf:

Stimme (brüchig)
Gesicht (blass)
Körperhaltung (verkrampft)
Blickkontakt (vermieden)
Verhalten (desorientiert)

Wie kann man sein Lampenfieber bekämpfen? Mit einer guten Vorbereitung, die über das normale Maß an Vorbereitung weit hinausgeht. Ganz fernhalten lässt es sich ohnehin nicht – ich habe an der Universität nur ganz wenige Studenten gesehen, die wirkten, als hätten sie kein Lampenfieber.

Lampenfieber hat man auch nur gegenüber Gleich- und Höhergestellten. Wenn ein Lehrer zu Schülern spricht oder ein Professor zu seinen Studenten, so haben diese höhergestellten Leute fast kein Lampenfieber, da sie ja am viel längeren Hebel sitzen. Muss der Lehrer aber zum Elternabend, hat auch er auf einmal Lampenfieber, wenn er sich vor den Eltern rechtfertigen muss.

Wer unter Lampenfieber leidet, wenn er etwas vortragen muss, wird noch nervöser, sobald er selbst an sich wahrnimmt, dass etwas Ungeheuerliches in seinem Körper vorgeht: Seine ausgetrocknete Zunge will nicht mehr den Gedanken gehorchen, es kommt zum unvermeidlichen Sprechfehler. Cook von der Universität Oxford entwickelte im Jahr 1969 die folgende Tabelle, welche die häufigsten Sprechstörungskategorien auflistet:

Sprechfehler durch Lampenfieber

KATEGORIE	BEISPIEL
1. öh, äh, emm (40,5 %)	Ja…öh…wenn ich nach Hause gehe…
2. Satzveränderung (25,3 %)	Ich habe ein Buch, das… das Buch brauche ich für die Abschlussprüfung.
3. Wiederholung (19,2 %)	Ich arbeite…arbeite oft nachts.
4. Stottern (7,8 %)	Das läßt mich…z…z…ziemlich kalt.
5. Auslassung eines Wortes oder Wortteils (4,5 %)	Ich fuhr nach Eng…nach Großbritannien.
6. Nichvollendung von Sätzen (1,2 %)	Er sagt, der Grund sei… ich konnte sowieso nicht kommen.
7. Versprechen (0,7 %)	Er hat das nicht gesägt (statt gesagt)
8. Einführung eines unpassenden Lautes (1,2 %)	Ich weiß wirklich nicht, warum…th…ich hingegangen bin.

Es gibt eine Handvoll rhetorischer Figuren, die diesen Sprechfehlern entsprechen. Die Wiederholung (3) finden wir bei der Geminatio, die Satzveränderung (2) beim Anakoluth, die Auslasssung eines Wortteils (5) bei der Correctio, das Versprechen (7) bei der Paronomasie, die Nichtvollendung von Sätzen (6) bei der Aposiopese; die Einführung eines unpassenden Lautes (8) bei der Exclamatio (Grammatik: Interjektion). Nun wird es schon schwieriger: Das Stottern (4) ließe sich vielleicht noch einer Geminatio zuordnen, der Verlegenheitslaut „öh" (1) möglicherweise einer Parenthese (Einschub).

Lampenfieber kann echt sein, es kann aber auch nur vom Redner vorgespielt sein. Ein Indiz für echtes Lampenfieber ist jedoch eine Gesichtsrötung an den Wangen, leichter Schweißausbruch und eine unsichere, höhere Stimmlage. Warum sollte jemand Lampenfieber nur vorspielen wollen? Nun, einerseits gibt es die Stilfigur der humilitas (Bescheidenheit), andererseits wirkt es nicht unsympathisch, wenn man ein bisschen Lampenfieber hat. Es signalisiert: Hier steht ein Mensch, kein dosenleiernder Sprechroboter, wie man ihn in der schlechten PC-Software zum Vorlesen von Texten finden kann. Erst wenn das Lampenfieber dazu führt, dass man vom Publikum nicht mehr als sympathisch, sondern als inkompetent wahrgenommen wird, die Sache des Vortrags zu einem guten Ende zu bringen, sollte man sich selbst Lösungen überlegen, das Problem für sich in den Griff zu bekommen, z.B. durch ein autogenes Training, was ja bei Krankenkassen für Kunden oft kostenfrei angeboten wird.

Lampenfieber hängt auch mit der Anzahl der Zuhörer zusammen. Dann ist noch wichtig, ob man die Leute, zu denen man spricht, schon vorher kennt oder ob es Unbekannte sind. Manchmal ist es auch besser, die Leute nicht zu kennen – denn Angst ist eine Emotion (um den Individualpsychologen Zimbardo zu zitieren), die der Mensch erst lernt. Wenn es noch nicht schiefgegangen ist, hat man es leichter, als wenn es vor dieser Gruppe schon einmal nicht geklappt hat.

Eine Lampenfieber-Skala könnte so aussehen:

2 Zuhörer: kein Lampenfieber.
4 Zuhörer: minimales Lampenfieber
6 Zuhörer: ein bisschen Lampenfieber
10 Zuhörer: niedrig schwellendes Lampenfieber
15 Zuhörer: leicht erhöhtes Lampenfieber
20 Zuhörer: erhöhtes Lampenfieber mit Schweißausbruch
25 Zuhörer: erhöhtes Lampenfieber mit Schweißausbruch und Sprechfehlern
ab 30 Zuhörern: starkes Lampenfieber mit Schweißausbruch, Sprechfehlern und Faden verlieren

Ein Blackout durch Lampenfieber ist der Schrecken eines jeden Redners. Es wirkt leider nur wenig souverän, wenn Sie erst ins Stocken geraten und dann nach zwanzig Sekunden die Zuhörer um Mithilfe bitten müssen (z.B. „Wo bin ich eigentlich stehen geblieben?") oder sich ausgiebig entschuldigen (z.B. „Das ist mir ja so peinlich. Aber heute ist nicht mein Tag.")

Blackout-Strategien:

a) Nachtrag: „Zum vorherigen Punkt möchte ich noch anmerken, dass..."

b) Zusammenfassung: „Ich fasse nochmals die wichtigsten Punkte zusammen..."

c) Ablenkungsmanöver: „Haben Sie schon Fragen zu den bisher genannten Punkten?"

d) Notausstieg: „So, das war nun meine Rede. Ich ende mit dem folgenden Zitat von Owen aus seiner Epigrammata: *Nichts auf der Welt steht gerade, die Welt dreht sich im Kreis.* Ist es verwunderlich, dass es auf der Welt nichts Geradliniges gibt? – Geradlinig geht es nun aber gleich weiter mit meinem Nachredner, Herrn Meyer von der ZOPATI AG, den Sie bitte mit einem herzlichen Applaus begrüßen..."

- Immer ein Schlusszitat für Notfälle dabei haben!

e) Selbstkorrektur: „Mit anderen Worten gesagt..."

Querverweis: A50 (Interjektion), A74 (Geminatio), A85 (Paronomasie), A96 (Anakoluth), B31 (Correctio), F88 (Parenthese)

Übung:

Die Teilnehmer simulieren echtes Lampenfieber.
Der Seminarleiter bittet sie, sich ein Herz zu nehmen und nach vorne zu gehen, vielleicht auch hinter das Pult. Sie sollen im Stehen referieren und sich vorstellen, dass sie jetzt zu den anderen sprechen müssen. Dabei sollen sie beschreiben, was sie fühlen, und wie es in ihrem eigenen Körper wirklich aussieht: z.B. „Ich fürchte, ich habe einen Kloß im Hals / Mir hängt das Herz in der Hose / Ich bin etwas nervös / Ich mache das heute zum ersten Mal, seid also gnädig"). Anschließend sollen sie die Teilnehmer mutig begrüßen, die Einleitung referieren und das Lampenfieber überspielen.

Merke: Man kann seine Ängste auch abbauen, indem man über sie spricht.

STIMME (pronuntiatio)

Sprechtempo: C21

Wer zu schnell spricht, sollte in einer Rede langsamer sprechen, und wer zu langsam spricht, schneller.

Hier ist es wichtig, beim Einstudieren der Rede mit einer Uhr zu arbeiten:
Wer 45 Minuten sprechen muss, sollte auch in 40 bis 50 Minuten fertig sein. Entweder müssen im Redetext noch Sätze hinzugefügt oder aber ganze Abschnitte gestrichen werden.

Wer Lampenfieber hat, neigt zu einem zu schnellen Vortragsstil, denn er will die unangenehme Sache so schnell wie möglich hinter sich bringen.

Wer sein Manuskript nicht richtig entziffern kann, weil z.B. die Sätze ohne doppelten Zeilenabstand aufs Papier gebracht wurden, neigt zu einem zu langsamen Vortragsstil.

Hier ist die Vorbereitung wichtig: Je häufiger die Rede daheim einstudiert wurde, desto sicherer wirkt der Vortrag (3 Mal ist Minimum, 7 bis 8 Mal die sichere Miete). Einstudieren heißt nicht auswendig lernen, sondern die Rede laut für sich selbst durchsprechen. Wer die Rede 8 Mal durchspricht, kann sie inhaltlich auswendig.

Wer mit seinen Stichwörtern nicht zurecht kommt, kann zur Not auch ganze Sätze schreiben, sollte aber die Sache so gut beherrschen, dass er nicht ständig aufs Papier schielen muss und eventuell auch manche Abschnitte völlig frei vortragen kann.

Beispiel aus der Literatur:

§ 23

So muß bei folgender Stelle:

**Schnell von dem Roß herab mich werfend,
Dring ich ihm nach** etc.

ein anderes, viel schnelleres Tempo gewählt werden als bei dem vorigen Satz; denn der Inhalt der Worte verlangt es schon selbst.

Johann Wolfgang von Goethe, „Regeln für Schauspieler"

Johann Wolfgang von Goethe

> **Übung:**
>
> Einer von den Seminarteilnehmern liest einen fünfzeiligen Text in verschiedenen Geschwindigkeiten vor. Erst betont langsam, dann etwas schneller, schließlich in mittlerer Geschwindigkeit, dann in High-Speed. Wer aus dem Publikum nicht mehr mitkommt, und die Informationen nicht verarbeiten kann, hebt die Hand.

Die Geschmeidigkeit, der Umfang und die Stärke einer menschlichen Stimme galten schon in der Antike als eines der wichtigsten Beeinflussungsmittel. Der Vortragende spricht in drei Grundtypen: ruhig, leidenschaftlich und sich verstärkend (= immer lauter).

Sprechmelodie / Stimmlage   C22

Auch sind die Anforderungen, die an griechische, römische und nachfolgende Redner (bis 1920) gestellt werden, wesentlich härter: Ohne jede elektronische Verstärkeranlage muss ein Vortragender in der Lage sein, den Sachverhalt so darzulegen, dass jeder der Zuhörer ihn verstehen kann. Um das zu bewerkstelligen, wurden die damaligen Bauten so konstruiert, dass einer oben sprechen konnte, während alle anderen zuhörten.

In der ältesten Rhetorikschrift Roms, der „Rhetorik an Herennius" (80 v. Chr.), gibt es einige wertvolle Tipps für die Stimme. Der unbekannte Verfasser rät, in der Einleitung keinesfalls mit schreierischer Stimme anzufangen – dies könnte das Publikum vergraulen-, sondern die Rede stets ruhig zu beginnen.
Er unterscheidet folgende Stimmführungsarten, die ein Redner beherrschen sollte:

<u>A) Plauderton:</u>

entspannte Stimme, ähnelt der Alltagssprache

für: *das Erhabene, das Erklärende, das Erzählende, das Spöttische, das Spaßige*

Das Erhabene: ernster Ton, stimmliche Zurückhaltung (zwar aus voller Kehle sprechen, dies aber ruhig und so gedämpft wie nur möglich)

Das Erklärende: ruhiger Ton (hier eher mit „dürrer" Stimme sprechen, häufige Pausen und Unterbrechungen)

Das Erzählende: erklärt, wie etwas geschehen ist oder geschehen sein könnte (hier den Tonfall mehrfach variieren; alles soll so erzählt werden, als ob es gerade erst geschehen wäre, d.h. Sprechgeschwindigkeit erhöhen bzw. verlangsamen, im Stil eines Sportreporters, der beschreibt, wie ein Stürmer allein vor dem Torwart auftaucht; z.B. Wechsel von scharfer Stimme zu Freundlichkeit, dann zu Traurigkeit, dann Fröhlichkeit)

Das Spöttische: ruft durch einen bestimmten Vorfall ein maßvolles und vornehmes Gelächter im Publikum hervor (der Redner hat ein leichtes Zittern in der Stimme; die Andeutung eines Lächelns, aber keinesfalls ein hemmungsloses Lachen; schneller Wechsel vom erhabenen, ernsten Tonfall zum neckischen Witzton eines Gentlemans)

B) Debattenton:

- energisch (für Beweise und Zurückweisung)

- anhaltend oder unterbrochen; der anhaltende Ton liefert die Worte mit vollem Stimmeinsatz und beschleunigter Redeweise (die Stimme wird immer lauter; die eigenen Worte schnell bei voller Lautstärke aussprechen; Harmonie zwischen Lautstärke und dem ungehemmten Ausstoß der Worte herstellen)

- der unterbrochene Ton liefert die Aussagen mit kurzen, periodisch auftretenden Pausen und schneidend scharfer Stimme; dabei so tief wie möglich aus dem Brustkorb sprechen; Interjektionen klar aussprechen (z.B. „Ach, herrje! Das musste auch so kommen!"); nach dem Ausruf unbedingt eine stimmungsvolle Pause machen und die Sache auf das Publikum wirken lassen

C) Verstärkungston:

- erweckt im Hörer Zorn, beinhaltet das Ermahnende (eher „dürre" Stimme, maßvolle Lautstärke, ein gleichmäßiger Klang, höchste Geschwindigkeit, häufige Tonartwechsel)

- erweckt im Hörer Mitleid (beherrschte Stimme, tiefe Tonlange, häufige Unterbrechungen, lange Pausen und markante Wechsel)

Die antike Theorie zur menschlichen Stimme ist jedoch noch sehr vage, manchmal sogar falsch. Bis ins 18. Jahrhundert heißt es: „Töne entstehen durch Schläge und Stöße".

Man kannte weder physikalische Gesetzmäßigkeiten von Tönen mittel Schwingungen, die durch eine Vibration der Stimmlippen ausgelöst werden, noch begriff man den Stimmapparat als solches: Der zweitberühmteste Arzt der Antike, Galen, legte zwar jeden Muskel und Knorpel frei, durchtrennte jeden einzelnen Nerv, entdeckte sogar, dass Kehlkopf und Luftröhre mit Schleimhäuten bedeckt waren, um zum Gesamtergebnis zu kommen: „Die Stimme entsteht als Schlag in der Luft."

In der antiken Rhetorik gilt die Stimme als ein angeborenes Phänomen der Natur, das mit hoher, tiefer und mittlerer Lage nur drei Eigenschaften besitzt. Es gibt zwar viele wertvolle Hinweise, wie man den Verschleiß an Stimmkraft verringern kann (keine unkontrollierten Schreie, keine scharfen Töne), man versteht jedoch nicht den Gesamtzusammenhang.

Folgen wir aber dem Stimmerzieher Julius Hey, der im Jahr 1900 den Klassiker unter den Sprecherziehungswerken geschrieben hat, stellt sich der Fall anders dar:

„Zweifellos kann auf Grund methodisch richtiger Anleitung jedes Sprechorgan bis zu einem gewissen Grad der Klangvollkommnung gebracht werden. Unüberwindliche organische Fehler dürfen freilich nicht vorhanden sein: z.B. Stimmbänder mit Wucherungen, chronische Anschwellung der Weichteile im Schlund oder verstopfte Nasenwege (Polypen) usw. Alles andere, d.h. nicht organisch Bedingte, ist zu korrigieren. Sogar bei ungünstigstem Stimmbefund (heiseres und tonloses Sprechen) kann eine kräftige und modulationsfähige Stimme allmählich entwickelt werden."

Friedrich Daniel Bassermann, Hermann von Beckerath und Otto von Bismarck galten bis auf ihre Stimme als gute Redner, getreu dem Motto: „Der gute Redner ist ein schlechter Sprecher." Über Bismarcks Fistelstimme heißt es:

Sein Organ ist klar und verständlich, aber trocken und wenig sympathisch, der Klang monoton, die Sprache stockend, zuweilen sogar stammelnd, als wollte die widerstrebende Zunge nicht gehorchen, als müsste er erst mühsam nach dem passenden Ausdruck der Gedanken suchen.

Zeitlicher Sprung in die Gegenwart: Am 2. August 2008 steht der 26jährige Engländer Paul Potts mit seinem Album „One chance" in Deutschland auf Platz 1 der „Pop-LP-Charts". Paul Potts hatte über zwei Jahre Gesangsunterricht gehabt, sein ganzes Vermögen in diese Form der Sprecherziehung gesteckt. Er tritt in einer englischen Casting-Show auf, singt dort eine Puccini-Oper, das

Publikum wie auch die Jury sind gerührt. Über Nacht ist Paul Potts weltberühmt (die Telekom macht einen Werbespot) und der Nobody darf mit dem London Symphony Orchester ein ganzes Klassik-Album einspielen. Hätte er das wohl ohne gesangliche Sprecherziehung geschafft?

Zeitlicher Sprung in die Vergangenheit (365 vor Christus): Der Redner Demosthenes hält in Platons Akademie einen Vortrag, der in einem unbeschreiblichen Fiasko endet: Die Gesamtzahl seiner Fehler übertreffe „das Inhaltsverzeichnis eines Rhetoriklehrbuchs", hieß es damals, seine Stimme viel zu schwach, die Aussprache undeutlich, den Atem falsch eingesetzt wie auch die Argumentation fehlerhaft.
Der Schauspieler Satyros zeigt diesem Demosthenes, wie man einen Text ins Mündliche umschreibt. Der Legende nach soll Demosthenes fortan mit Kieselsteinen im Mund gegen die Brandung angesungen haben. Er sprach laut im Gehen, sogar im Bergaufsteigen, und stellte sich vor einen Spiegel, um seine Stimme und Gestik unter Kontrolle zu bekommen. Nach intensivem Training schaffte es Demostehenes schließlich, zum berühmtesten Redner heranzureifen, eine Art Paul-Potts-Wunder der Antike.

Wie aber funktioniert Sprecherziehung? Wenngleich ein Redner keine Puccini-Arie schmettern muss, sei hier das Grundprinzip erklärt. Nachdem die Indifferenzlage des Redners gefunden ist (laut „hmmm" sagen, dann „lalala" singen), werden anschließend kurze Texte gelesen. In diesen Texten sind anfangs nur Wörter mit „a", dann Wörter mit „ä" / „e", schließlich Wörter mit „i", dann Wörter mit „o" und „ö", dann Wörter mit „u" und „ü". Texte mit Zwischenlauten „ei"/ „au" folgen, erst dann die Konsonanten (b, c, d, f...). Man geht davon aus, dass die ständige Wiederholung des gleichen Buchstabens in Wörtern (und am wichtigsten sind die Vokale, weil diese in allen Wörtern vorkommen) eine Kräftigung des Stimmapparats zur Folge hat. Man muss also einen kurzen Text bis zu 20 Minuten konzentriert vorlesen, erst leise, dann laut, schließlich sogar gesungen. Das Verfahren ähnelt dem Bodybuilding: Wer bloß einmal ein Gewicht kurz hochhebt, wird niemals Muskelmasse ansetzen. Wer aber mehrmals drei Sätze à 12 Züge macht, kräftigt seine Gliedmaßen, wenn er mehrere Monate trainiert. Dabei ist achtzugeben, dass keine Wörter mit zwei ganz unterschiedlichen Vokalen in den Texten vorkommen, z.B. Turban. Die folgenden Übungen basieren mit eigenen ausgedachten Texten auf dem Buch „Der kleine Hey – die Kunst des Sprechens" von Julius Hey, (15 Euro). Dessen Buch war ursprünglich für den Gesangsunterricht geschrieben, war aber auch für ganz andere Bereiche nützlich (Schauspielerei, Redekunst). Die Übungen sollten aus der Ruhestellung (am besten gähnen) erst langsam und ruhig, möglichst mit tiefer Stimme und voll mit Luft gezogenem Brustkorb gesprochen werden. Dann eine schnellere Runde, einmal laut, einmal gesungen (selbst eine Melodie ausdenken!). Die Übungen sollten eher unter fachlicher Anleitung (z.B. einem Sprecherzieher) erfolgen, damit die Stimmbänder nicht verletzt werden und auch die optimale Kieferstellung zur Bildung der Laute gefunden wird. Bitte halten Sie auch die Reihenfolge ein. Sie ist nicht willkürlich, sondern basiert auf dem kleinen Hey. Nie länger als 45 Minuten trainieren! Falls Sie daheim nicht laut sein können, weil Sie z.B. in einer Mietwohnung leben: In der Natur am Bach findet sich immer ein lauschiges Plätzchen.

Übung:

Lesezeit eines Kurztextes von 4 Zeilen: 2 Minuten!

Die Teilnehmer suchen ihre Indifferenzlage (bestmögliche Klangstärke) durch „la, la, la" (am besten singen). Dann werden die folgenden kurzen Texte jeweils von einem anderen Teilnehmer zwei Minuten vorgelesen (der Seminarleiter misst die Zeit mit einer Stoppuhr); **bei einer tatsächlichen Sprechübung daheim sollte der Vierzeiler aber 20 Minuten vorgelesen werden, um eine verbesserte Stimmlage zu erreichen!** Wir werden sehen, dass wir beim ersten Lesevorgang sehr unsicher sind, aber später gar nicht mehr aufs Blatt schauen müssen.

Kurzer Text (ohne echten Sinn) mit a:

Alhambra war Alltag am Waldbach,
Japans Yamaha, Japans Kawasaka warn da.
Nadja, Martha, Karla sprach': Trara!
Was gab man Natala? Was sah Lara?

Kurzer Text (ohne echten Sinn) mit e + ä + a (ähnliche Laute!)

Ähh, Ärger, Bäcker! Häscher äsen Affären!
Abändern der Äffchen!
Äst Ätna? Fläzende Bäcker!
Fächer ähneln Ära, Ärar.

Kurzer Text (ohne echten Sinn) mit e:

Es geben der Gesten Welt;
sprechen des Engels Reden,
flehen der Menschen Gebete
segnen der betenden Seelen?

Kurzer Text (ohne echten Sinn) mit i:

Igitt! Flink ist dies' Lieb'
sitzt hier im Bild mit Witz
Liegt nie, ist nicht listig
spricht nie Kind, Kind, Kind!

Kurzer Text (ohne echten Sinn) mit o:

Oh, Otto! Wo wohnt Zorro?
Log oder trog, woll' oder soll,
hob oder schob, hoch ohn' Not
Komm! So, so! Wort flog.

Kurzer Text (ohne echten Sinn) mit ö + e: (ähnliche Laute):

Dornröschen, löst Söckchen,
Föhn nölt's Löckelchen,
Höhle, söhrt Söckelchen.
Vögel flögen Höhe,
Möchtegerns stören böse.

Kurzer Text (ohne echten Sinn) mit u:

Unter uns: Mund zu,
Brutus, gut, nur zu!
Klug, du und Wund'
Schuld zur Stund.
Ulk zu Ulm,
Umluft und Tuch,
Tubus, ruck!

Kurzer Text (ohne echten Sinn) mit ü + e:

Süden, Züge über Wüsten -
Rücken rüber, Rübe!
Blüten, Stücke, Hügeldüfte -
hübsche Bübchen führen Mücken.
Nüchterne Schwüle, Lübeck gülden
Tüftler fügen Türen.
Tüderne Gülle, Bücherlüfte.
Dümmerdübeln, hü!

Kurzer Text (ohne echten Sinn) mit ei:

Weich' Weib, dein Teig,
gleit Reibeisen seicht...
Feig schrein?
Fein, sei leis! Kein Streich!
Hei, Heim! Reich mein, klein Teich.

Kurzer Text (ohne echten Sinn) mit au:

Au! - Auf, drauf! Lauf! Schnauf!
Blaubaum, zaus Zaun!
Mau-mau? Wauwau?
Sauf Staub, Blauzaun!
Tauf Tau! - Au!?

Kurzer Text (ohne echten Sinn) mit eu / äu:

Heul, Freund! Eugen, träum!
Säusel, Räuber. Deute euch Säue?
Säusel Geuse, treue Mäuse.
Beugt feucht, neu Freund

Der Redner hat die Möglichkeit, einzelne Wörter im Satz extra zu betonen, ebenso einzelne Silben in Wörtern und sogar einzelne Buchstaben. Nicht selten werden aber Silben verschluckt, man räuspert sich und ist unkonzentriert.

Betonung / Artikulation
C23

Wie bekommt man eine gute Betonung?
Durch Diktate, die Sie Ihren Kindern diktieren. Hier wird Ihnen plötzlich auffallen, dass Sie jedes Wort ganz genau aussprechen müssen. Wenn Sie hier nur einen minimalen Fehler machen, z.B. bei den Dehnungswörtern mit "ie – oh – eh – uh – ah – aa" wird das Wort falsch aufgeschrieben. Und genauso funktioniert das in einer Rede. Diktieren Sie Ihre Rede. Sprechen Sie ein schnelles Diktat, sodass andere Leute mitschreiben könnten. Doch das ist gar nicht so einfach:

Wussten Sie, dass die Endungslaute "ig / igs / igt / igst" nicht mit einem "g", sondern mit einem "ich" gesprochen werden? Also fleißich (fleißig), sonnich (sonnig), lustich (lustig).
Das s vor einem Vokal (a, e, i, o, u) wird stimmhaft (=scharf) gesprochen: Die Sicherheit, die Saalschlacht, der Sockenhalter.

(Eigentlich müsste es so geschrieben werden: ßicherheit, ßaalschlacht, ßockenhalter)
Vor einem Konsonanten (b,c,d,f, g) wird das s stimmlos (=weich) gesprochen, also Basrelief, asphaltieren. Doch bei Wörtern wie Hase, gesund, lesen wird das s von den meisten Leuten ebenfalls stimmlos gesprochen (=weich), obwohl es eigentlich scharf gesprochen werden müsste.

Es gibt nicht nur Rechtschreibregeln, die verletzt werden, sondern auch viele Ausspracheregeln.

Im Jahr 1898 tagte in Berlin eine Kommission für das Deutsche Reich. Ihr Ziel: eine einheitliche Ausspracheregelung für Wörter in der deutschen Sprache finden, doch die neuen Regeln dieses Fachausschusses konnten sich in Süddeutschland, Österreich und der Schweiz nicht durchsetzen.

Das Duden-Aussprachewörterbuch klärt fast alle zweifelhaften Fälle, und alle Berufssprecher in Film und Fernsehen müssen sich an die dortige Aussprache halten.
Die Frage ist jedoch, ob man als deutscher Muttersprachler ausländische Namen wie in der dortigen Landessprache wiedergeben muss, und ob man dies, wenn man eine Rede hält, ebenfalls zu befolgen hat.

Ist es so tragisch, wenn man Namen wie *Szegedin, Ptah* oder *Greenwich* ein bisschen falsch ausspricht? Wenn man nach England oder Amerika schaut, werden dort die meisten ausländischen Namen englisch ausgesprochen.

Warum macht man sich in Deutschland die Mühe, alles perfekt auszusprechen?

Wenn Sie selbst eine Rede halten, sollten Sie die Wörter zumindest lateinisch aussprechen können, so wie auf dem Papier gedruckt. Bei Fremdwörtern oder zweifelhaften Fällen können Sie auch in einem Aussprache-Duden nachschauen.

Lautstärke   **C24**   Die Lautstärke richtet sich nach der Art der Rede. Während bei einer kampfbetonten Rede die Lautstärke schon einmal bis an die Schmerzgrenze gehen kann, ist bei einer Trauerfeier die Lautstärke zu dämpfen. Es ist nicht ratsam, in einer Rede ständig die gleiche Lautstärke beizubehalten, sondern an den Schlüsselstellen des Textes entweder lauter oder leiser zu werden. Manche Redner beginnen am Anfang der Rede extra laut, um die Aufmerksamkeit der Zuhörer für sich zu gewinnen. Hier gilt es jedoch aufpassen!

Wer 45 Minuten ungeübt ins Mikro schreit, schädigt seine Stimmbänder und wird am nächsten Tag heiser sein. Die Kräfte des Redners auf die lange Distanz schonen, aber mit voller Intensität an einigen ausgewählten Stellen gehen, das scheint ein wirkungsvolles Rezept zu sein.

> **Übung:**
>
> Der gleiche Redetext wird an alle Teilnehmer im Kurs ausgeteilt. Jeder Teilnehmer hat 5 Minuten Vorbereitungszeit, den Text mit einer bestimmten Rolle vorzulesen, z.B. als Pfarrer, Marktschreier, Autoverkäufer, Unteroffzier, Wahlkampfredner, Nachrichtensprecher, Klatschbase.
>
> Die Rollen werden auf Kärtchen geschrieben und dann per Los zugeteilt; die Teilnehmer wissen also nicht, welche Rolle der andere darstellen soll. Später muss das Publikum erraten, welche Rolle gespielt wurde.

Wer zu schnell redet, muss Pausen machen.   **Pausen**   **C25**
Wer zu langsam, sollte keine zu langen Pausen machen.

Eine Rede ist kein Argumentationsfeuerwerk, mit dem man andere durch schnell hintereinander gesprochene Sätze mundtot macht.
Das Publikum muss dem Redner inhaltlich folgen können, es muss Zeit haben, die gehörten Dinge für sich zu verarbeiten. Die normale Pausenzeit am Ende eines Satzes beträgt 1 Sekunde, bei besonders heiklen Stellen auch 4 Sekunden.

Es ist eine Frage des persönlichen Geschmacks, ob man am Ende des Satzes die Stimme absenkt (wie das die Berufsnachrichtensprecher im Fernsehen tun) oder in der gleichen Stimmlage weitermacht. Es wirkt in einer Rede weniger natürlich, wenn man immer die Stimme absenkt.

Wer sich verspricht – und das kommt in einer frei formulierten Rede nach Stichwörtern öfters vor – macht automatisch eine Pause.

Der Verlegenheitslaut "ähhh" – "eeeh" kommt auch bei Rhetorikdozenten vor. Er wird manchmal bewusst eingesetzt, um eine kurze Pause mit irgendeinem Laut zu füllen, um dann mit einem äußerst eleganten Satz nachzuschießen, gilt also auch nicht als

Sprechfehler. Ein übermäßiges "ähh – was ich sagen wollte" mit nichts dahinter wirkt aber weitaus weniger selbstsicher. Durch kürzere und einfachere Sätze wie auch eine verbesserten Atmung (stärker und tiefer einatmen) und Sprachaufnahmen daheim (am Computer, Diktiergerät oder über die Aufnahmefunktion eines Handys) lässt sich das Problem weitgehend umschiffen. Eine gründliche Vorbereitung daheim macht den Meister.

Wenn Sie sich die berühmten Originalreden von Martin Luther King und John F. Kennedy auf Youtube anschauen, so werden Sie verblüfft feststellen, wie lange beide brauchen, um ihren Redetext vorzutragen. Martin Luther King (I have a dream / Ich habe einen Traum) hat drei DinA4-Seiten zu bewältigen und redet 18 Minuten. John F. Kennedy (Ich bin ein Berliner!) muss eine halbe DinA4-Seite abarbeiten und redet 4 Minuten. Die Ausdehnung dieser Reden ist auch durch die Masse der Leute zu erklären. Grundregel: Je mehr Leute im Publikum, desto langsamer muss vorgelesen werden, desto mehr Pausen müssen gemacht werden. Das gilt insbesondere bei einer akustischen Verstärkung über eine Sprecheranlage.

Übung:

Der gleiche Satz wird mit einer unterschiedlichen Pausenakzentuierung vorgelesen:

Wir wünschen Herrn Otto / dass er den Anforderungen seiner neuen Position / gewachsen ist und sie / stets erfüllen möge.
Wir wünschen / Herrn Otto, dass er den / Anforderungen seiner neuen / Position gewachsen ist / und sie stets erfüllen möge.
Wir / wünschen Herrn Otto, dass / er den Anforderungen / seiner neuen Position gewachsen / ist und sie stets / erfüllen möge.
Wir wünschen Herrn Otto, dass er / den Anforderungen seiner neuen Position gewachsen ist und sie / stets erfüllen möge.
Wir wünschen Herrn / Otto, dass er den / Anforderungen seiner / neuen Position gewachsen ist und / sie stets erfüllen möge.

Atmung **C26** Das Wundermittel der Sprecherzieher heißt Atmung. Mit der richtigen Atmung bekommt man eine schönere Stimme, so heißt es. Eine richtig schöne, tiefe und vollklingende Stimme ist jedoch nur durch intensives Sprechtraining zu erreichen. Faktoren wie Zigarettenkonsum oder viel Alkohol können eine Stimme im Laufe der Jahre auch nach unten setzen, sind aber auf lange Sicht gesundheitsschädlich. Der Redner, der sich zum ersten Mal auf

Video sieht und die eigene Stimme hört, ist zumeist entsetzt über die Höhe der eigenen Stimmlage.

Die sogenannten Ludinalwellen (der Ausdruck stammt von Cicero) verhindern, dass wir unsere Stimme originalgetreu hören und uns selbst viel tiefer wahrnehmen (durch die Schädelknochen). Wenn wir den Eindruck haben, besonders selbstbewusst und klar zu klingen, können unsere Zuhörer die gegenteilige Meinung bekommen.

Vom ersten namhaften Rhetoriker, dem Griechen Demosthenes, ist bekannt, dass er mit Kieselsteinen im Mund gegen die Meeresbrandung ansang, und so im Laufe der Zeit eine kräftigere Stimme bekam. Heutige Rhetoriktrainer lassen ihre Kursteilnehmer nicht selten mit Weinkorken im Mund Wörter aussprechen, sodass nach der Entfernung des Korkens später die Wörter leichter ausgesprochen werden können – diese Methode ist aber unter Sprecherziehern heftig umstritten. Bei Daueranwendung des unnatürlichen Sprechens unter Widerstand sorgt diese Methode zwar für Heiterkeit im Seminarraum, bringt aber langfristig mehr Schaden als Nutzen. Auch lautes Singen soll helfen, die richtige Atmung bei der Rede zu bekommen.

Man unterscheidet Luftholen (bewusstes Einsaugen der Luft) und Zu-Luft-Kommen (Atemgewinn, der sich ganz von allein einstellt). Das Zu-Luft-Kommen ist dem Luftholen vorzuziehen, denn beim letzteren saugt man entweder zu wenig oder zu viel ein und trifft selten das richtige Maß; Untersuchungen haben gezeigt, dass ein Luftholen vor Sprechbeginn unökonomisch ist, den Sprecher eher belastet; in jeder Lunge ist nämlich schon genügend Restluft vorhanden, um damit das Sprechen oder Singen zu beginnen. Der Stimmlehrer achtet darauf, dass eine Antwort ohne Klemmen und Pressen gegegeben wird, also ohne Luftholen. Denn für die Qualität des Tones ist nicht die Masse an Atemluft entscheidend, sondern dass die vorhandene Luft optimal in Schwingung gebracht wird, wie bei der Lerche, deren Luft auch noch während des Flugs ausreicht, die Stimme in weite Entfernung ertönen zu lassen. Die Minimallufttheorie von Paul Bruns besagt, dass eine brennende Kerze vor dem Mund des Sängers nicht flackern darf.

Bei der sogenannten Zwerchfellatmung wird eingeatmet, gleichzeitig der Bauch ausgestülpt, dann die Luft angehalten. Dann wird der Bauch eingezogen, ohne dass ausgeatmet wird, und der Brustkorb gedehnt. Erst jetzt darf wieder ausgeatmet werden, das Zwerchfell dehnt sich nun, die Atemluft dringt in den oberen Brustkorb. Der Atemrhythmus ist also nicht „einatmen

– ausatmen", sondern „einatmen – Pause – ausatmen". Sehr viele Schauspieler brauchen jedoch über ein ganzes Jahr (!) bis sie diese Technik so wirkungsvoll einsetzen können, dass sie erkennbare Erfolge bringt. Wer sich für diesen Bereich interessiert, sollte sich „Die Kunst des Sprechens – der kleine Hey" (von Julius Hey) kaufen.

„Reden ist bewusstes Ausatmen" heißt es in vielen Ratgebern. „Atmen Sie aus, der Rest ergibt sich von allein."

Direkt in der Minute vor Redebeginn gibt es den Ratschlag, mit ca. acht ausgedehnten Atemstößen tief Luft zu holen oder absichtlich laut zu husten. Dadurch ist viel mehr Restluft in der Lunge, die Stimme klingt wesentlich schöner.

Folgende Stimmfehler sind häufig:

1) Verhauchen –	die Stimme klingt überlüftet bis heiser
2) Pressen –	die Stimme klingt hart und gequetscht, die Kehle ist abgeschnürt, der Sprecher hat einen roten Kopf und herausquellende Augäpfel
3) Knödeln –	die Stimme klingt kehlig, wie beim Gurgeln
4) zu hohes Sprechen –	durch die Aufregung wird die Stimme überschlagen, der Sprecher gickst
5) zu tiefes Sprechen –	der Sprecher sagt alles gewaltsam „im Brustton der Überzeugung / der Ausdruck wirkt monoton-langweilig
6) kloßig -	Die Zunge ist nicht voll bewegungsfähig, sodass die Laute falsch artikuliert werden

Weitere Stimmfehler:

knarren -	zu starke Spannung der Stimmlippen, es kommt zu Unregelmäßigkeiten der Schwingung
rauh -	Stimmlippen schwingen unregelmäßig
zu hell -	Ansatzrohr im Gesprächsapparat ist zu weit geöffnet
zu tief -	Verengung der Mundöffnung, zu langes Ansatzrohr

Für eine resonanzreiche und voluminöse Stimme muss das Ansatzrohr vorne und hinten geöffnet sein!

kippend -	plötzlicher Wechsel zwischen Brust - und Kopfregister

krächzend -	oft bedingt durch Schleimhautentzündung oder Elastizitätsverlust im Alter
nasal -	Gaumensegel ist nicht richtig geschlossen, Verschluss des Nasenresonanzraumes, Veränderung der Nasenschleimhaut
rauchig -	Ödembildung auf den Stimmlippen (oft durch Zigaretten verursacht)

Abhilfe von Stimmproblemen

klassisch:

Kaumethode nach Fröschels, Atmewurfübungen nach Fernau-Horn, Nasalierungsmethode nach Pahn

neu:

personale Stimmtherapie nach Stengel / Strauch, interaktionale Stimmtherapie nach Spiecker-Henke, funktionales Stimmtraining nach Rohmert / Rabine / Jakoby

Der Markt zur Behebung von Stimmproblemen ist sehr unübersichtlich und hat etwa vierzig verschiedene Varianten im Angebot. Was dieses Buch nicht leisten kann, ist Stimmprobleme zu beheben. Das ist das Fach des Logopäden: eines zertifizierten Sprecherziehers, der mit geschultem Blick (und zugleich unter Einsatz des Computers zur Bestimmung des Grundfrequenzbereichs eines Redners oder Sängers) dann weiß, was zu tun ist. Gesangslehrer haben ebenfalls das Wissen, wie man das Optimum für eine Stimme herausholen kann.

Die Demosthenes-Variante (Kieselsteine schlucken und gegen die Meeresbrandung ansingen) oder die schon erwähnte Weinkorken-Methode (kann bei Daueranwendung den Sprechapparat schädigen, weil zu viel Spannung vorliegt und die Kiefermuskeln schmerzen – so wie nach einer stundenlangen Behandlung beim Zahnarzt; trotzdem ist diese Methode zur Stimmverbesserung in Rhetorikseminaren nach wie vor beliebt) gelten beide als überholt und stellen nicht die zeitgemäße Wahl zur Behebung von Stimmproblemen für Sie dar.

Redebeispiel Original:

„Vielleicht sagt jemand, tadeln sei leicht und das könne jeder; ein Ratgeber aber habe nachzuweisen, was in der gegenwärtigen Sachlage zu tun sei. Ich weiß das gar wohl, Athener, dass ihr oft nicht den Schuldigen, sondern den Redner, der zuletzt über die Sache gesprochen hat, zum Gegenstand eures Zornes macht,

wenn etwas nicht nach eurem Sinn ausgeht. Gleichwohl halte ich es nicht für recht, aus Rücksicht auf meine eigene Sicherheit das, was nach meiner Ansicht euch frommt, mit Schüchternheit auszusprechen. Ich behaupte, dass ihr auf zweierlei Weise der Lage der Dinge zu Hilfe kommen müsst: erstens, indem er ihr den Olynthiern ihre Städte erhaltet und zu diesem Zweck die erforderlichen Truppen hinschickt; zweitens, indem ihr sein Land angreift mit Kriegsschiffen und mit anderen Truppen. Wenn ihr eins von beiden vernachlässigt, dann, fürchte ich, schlägt euer Unternehmen fehl; denn wenn ihr sein Land verheert, er aber das geschehen lässt und indessen Olynthos in seine Gewalt bringt, so ist er leicht wieder in seinem Land und verteidigt sich. Wenn ihr aber bloß nach Olynthos Hilfe schickt, er dagegen die Belagerung fortsetzt und den Gang der Dinge beobachtet, indem er sein Land außer Gefahr sieht, so wird er endlich über die Belagerten Herr. Darum ist eine starke und zweifache Hilfe nötig. Das ist meine Ansicht von dem Hilfszug. Was die Geldmittel betrifft, so habt ihr Geld für den Krieg, Athener, mehr als irgend jemand. Aber das lasst ihr euch nach eurem Belieben auszahlen. Wenn ihr dieses Geld für die Truppen hergebt, so braucht ihr gar keine Geldquellen weiter, wo nicht, dann braucht ihr deren oder habt vielmehr gar keine. ‚Wie?' sagt vielleicht einer, ‚du stellst den Antrag, diese Gelder sollen die Kriegskasse sein?' Nein, ich wahrlich nicht!"

Redeausschnitt von: Demosthenes – Erste Olynthische Rede (348 v. Chr.)

Übung 1:

Lesen Sie laut vor! Machen Sie an den Stellen Striche, wo Sie nach Luft schnappen müssen!

Ich lese einen Satz.
Ich lese einen Satz und atme.
Ich lese einen Satz und atme und halte das Manuskript.
Ich lese einen Satz und atme und halte das Manuskript, wenn ich rede.
Ich lese einen Satz und atme und halte das Manuskript, wenn ich rede und den Leuten erzähle.
Ich lese einen Satz und atme und halte das Manuskript, wenn ich rede und den Leuten erzähle, was ich gestern gemacht habe.
Ich lese einen Satz und atme und halte das Manuskript, wenn ich rede und den Leuten erzähle, was ich gestern gemacht habe, als ich mit Luise in der Stadt war.

> **Übung 2:**
>
> Die Teilnehmer blasen mehrfach eine brennende Kerze aus, die auf dem Tisch steht und immer weiter vom Sprecher entfernt ist. Erst zwanzig Zentimeter, dann vierzig, schließlich einen Meter. Wer von den Teilnehmern schafft es am weitesten?
>
> Der Sprecher nimmt eine entspannte Haltung ein und lässt die Luft einfach kommen. Der Atem wird erst herausgeblasen, wenn genügend Luft vorhanden ist, um die entfernte Kerze auszulöschen. Die Übung ist richtig ausgeführt, wenn nicht extra Luft geholt werden muss und die Lippen zu einer optimalen Ventilspannung geformt sind (was schon allein durch die Absicht, die Kerze auszublasen, gegeben ist).
>
> Bitte achten Sie darauf, dass in manchen Räumen Feuermelder installiert sind. Seien Sie vorsichtig, und lassen Sie brennende Kerzen nie unbeaufsichtigt.

Körperbewegungen (actio)

Der Blickkontakt richtet sich nach der Anzahl der Zuhörer. In einem 2er-Gespräch ist es unhöflich, einen Gesprächspartner entweder gar nicht anzusehen oder ständig anzusehen. Hier gilt es die goldene Mitte zu finden, und die heißt Blickkontakt halten, ohne aufdringlich zu wirken, d.h. man sollte während des Gesprächs auch woanders hinsehen (Möbel / Kaffee). In einer Rede gilt das gleiche: Wer sein Publikum gar nicht ansieht, weil er z.B. seinen Redetext lediglich abliest, macht einen Fehler; aber auch derjenige, der nur eine bestimmte Person im Publikum permanent anschaut, z.B. weil sie höhergestellt ist (Chef / Lehrer / Dozent). Anhand des Blickkontakts lässt sich feststellen, ob sich das Publikum langweilt (gähnen / den Körper strecken / laut seufzen / mit dem Nachbarn flüstern) oder mitgerissen ist (lachen / still sein). Ein Referent sollte sich jedoch keine Illusionen machen: Es wird immer Leute im Publikum geben, die man nicht ins Boot holen kann, weil ihnen jede Begeisterungsfähigkeit und Lernbereitschaft für einen Sachverhalt fehlt und nicht selten auch Konzentrationsprobleme auftreten. Wer bis 3 Uhr in der Nacht mit dem Computer gespielt hat oder in der Kneipe unterwegs gewesen ist, hat keinen Kopf für eine Rede, weil er müde ist und eigentlich schlafen will. Das andere Problem sind Leute, die den Inhalt des Gesagten nicht verstehen, weil er z.B. zu kompliziert ist. Das passiert fast jede Woche an der Universität, wenn Studenten über exotische Themen referieren müssen, in denen sich nur der Dozent auskennt, die aber mit dem Studiengang nur am äußersten Rand zu tun haben. In diesem Fall schleicht sich ebenfalls schnell Langeweile ein. Man muss z.B. als Student akzeptieren, dass es von 30 Leuten im Seminar nur 5 bis 6 Leute gibt, die überhaupt vom „Handout"-Blatt hochsehen. Ich habe in meiner Studienzeit hunderte Referate genau beobachtet und festgestellt, dass die Mehrzahl der Studenten einfach keine Lust hat einem Redner zuzuhören. Bei Gruppenarbeiten von 5 Leuten wird zumeist die Verantwortung auf eine einzelne Person abgewälzt, welche dann die ganze Arbeit machen darf.

Der Blickkontakt ist also auch von der Redesituation abhängig, und machchmal ist es nicht der Redner, der keinen Blickkontakt hält, sondern das Publikum.

Nun gibt es Rhetoriktrainer, die sagen, man soll in einer Rede nonstop ein Feuerwerk abblasen, das eine Woge der Begeisterung entzündet. Machen wir uns nichts vor: Eine Rede enthält auch immer langweilige oder schwer verständliche Teile, und das muss sie auch, denn das Publikum als „Lernende" muss sich auch ein bisschen anstrengen. Man kann doch als Redner keine Chips und Cola verteilen und Sofastühle bereitstellen!

<u>Vor einer kleinen Menge:</u>
Der Redner sieht den Leuten direkt in die Augen (nicht auf den Pickel der Nase oder die schlecht sitzende Frisur). Die Leute nicht zu lange anstarren, sondern nur kurz in die Augen und dann gleich den nächsten mit dem Blick erreichen. Als Richtwert: Nicht länger als 4 Sekunden, es sei denn, man bekommt eine Frage gestellt – dann gilt natürlich die ganze Aufmerksamkeit dem Fragenden. Wenn ich z.B. als Lehrer für Englisch/Deutsch eine Gruppe von 10-25 Schülern unterrichte, hat sich ein Art Rundkreisverfahren mit den Augen bewährt, d.h. man wandert nicht mit den Augen quer über die Bankreihen, sondern von rechts vorne nach hinten rechts, hinten in die Mitte, hinten links, links vorne, Mitte vorne (und bei Bedarf einfach andersherum). Durch diese kreisende Technik hat man alle Leute ständig im Blick. Nur wenn eine Person sehr laut wird oder sich meldet, wird das Kreisende unterbrochen und wandert an diese Stelle.

<u>Vor einer großen Menge:</u>
Bei einem sehr großen Publikum kann man sich Punkte vorstellen, die man von rechts nach links fixiert und denen man sich zuwendet. So fühlen sich die Menschen in der Menge, denen sich der Redner kurz zuwendet, angesprochen.

Die Akzeptanz der Zuhörer hängt auch mit der Person des Redners zusammen!

Bewusst machen:

Als was trete ich vor diese Menschen?
Habe ich die Untersuchung selbst durchgeführt?
Bin ich qualifiziert, über die Sache zu sprechen?
Welchen Rang, welche Stelle, welchen Bekanntheitsgrad nimmt meine Person ein?

Übung 1:

Einer der Teilnehmer hält zu einem kurzen Sachtext (ca. 12 – 15 Zeilen) ein Kurzreferat in Stichworten (oder liest einen ausformulierten Text) ab. Dabei hebt der Referent den Kopf, sieht sein Publikum vorne an, versenkt den Kopf am Ende des Gedankenabschnitts ins Manuskript, erfasst das nächste Stichwort und hebt wieder den Kopf, diesmal ins hintere Publikum.

Übung 2:

Einer der Teilnehmer hält wie in Übung 1 ein Kurzreferat. Diesmal werden aber bestimmte Informationen mit Kurzkommentaren versehen; z.B. „Mein Thema lautet ‚Hausunfälle'. <u>Also, mir selbst ist das ja noch nie passiert,</u> ein Hausunfall. Aber laut Statistik geschehen die meisten Unfälle nicht auf der Straße, sondern daheim. Die Unfallversicherungen können eine traurige Bilanz ziehen..." „<u>Wenn ich das schön höre</u>, wie Hausfrauen manchmal agieren..." Hierbei ist unbedingt auf Publikumszuwendung mit Gestik zu achten, sodass eine gewisse Spontanität spürbar wird.

Übung 3:

Der Seminarleiter verteilt Sonnenbrillen an die Zuhörer, die seiner Rede ohne eine Miene zu verziehen folgen sollen. Wir werden sehen, wie unangenehm es für einen Redner ist, wenn er nicht die Reaktionen des Publikums in den Gesichtern lesen kann.

Übung 4:

Übung 4: Der Redner trägt selbst eine Sonnenbrille (die Zuhörer nun nicht mehr). Wie kommt seine Präsentation jetzt an, wenn er ein Pokerface hat?

> **Übung 5:**
>
> Wir spannen ein dünnes, weißes Leintuch zwischen Redner und Zuhörer (an Tischen oder Stühlen festkleben), sodass wir nur noch die Silhouette des Vortragenden sehen. Wie ist die Wirkung, wenn man sich mehr auf die Stimme konzentrieren muss?

Haltung C28

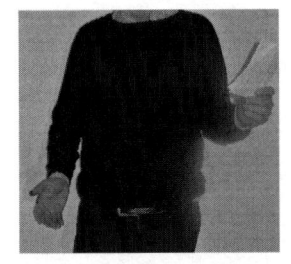

Die Grundposition des Redners: Der Redner steht mit geradem Rücken und etwas vorgeschobener Brust. Die Karteikarten werden so gehalten, dass das Publikum nur einen Strich sieht.

Während des Vortrags darf der Redner auch ruhig die Hände einsetzen. Diese Stellung hier verrät Offenheit und weckt Sympathie.

Stehen oder sitzen? Natürlich stehen, sagen die meisten Rhetoriktrainer und vergessen, dass es in einer kleinen Gruppe (Seminar an der Universität / Meeting) manchmal auch als anmaßend empfunden wird, wenn man aufsteht. Die meisten Studenten referieren sitzend, aber auch sehr viele Dozenten führen ihre Seminare nur im Sitzen durch: Wer nämlich über mehrere Monate hinweg drei volle Stunden pro Tag stehen muss, kriegt schnell schwere Beine. Fabrikarbeiter und Verkäufer kennen das Problem.

Das Sitzen hat auch einen anderen Vorteil: Der Oberkörper ist ruhig, man kann seine Unterlagen vor sich ausbreiten, man fühlt sich entspannt. Der Nachteil: Die Gestik ist eingeschränkt, man kann mit den Händen nicht alle Bewegungen ausführen. Der Vorteil: Man kann mit beiden Händen reden. Aber man muss man ja auch nicht die ganze Zeit sitzen: An Schlüsselstellen der Rede kann man durchaus aufstehen und zum Tageslichtprojektor gehen oder einen Tafelanschrieb machen. Im Stuhl sollte man jedoch nicht „lümmeln" und mit dem Kreuz hinein rutschen. Manchmal ist es auch zweckmäßig, das rechte über das linke Bein zu legen und das Manuskript auf dem Oberschenkel abzulegen. Dann kann es nämlich vom Publikum nicht eingesehen werden.

Gibt es ein Rednerpult, so sollte man natürlich stehen. Aber zur Sicherheit (wenn einem z.B. schwindelig wird) noch einen Tisch mit Stuhl daneben stellen. Am Rednerpult ist der Mensch sehr einsam, aber er hat einen unschlagbaren Vorteil: Dort kann er seine Unterlagen ausbreiten und sich mit der einen Hand auch leicht aufstützen. Er steht ruhig und sicher. Mit der anderen Hand wird er Bewegungen ausführen, die seine Aussagen unterstreichen. Es empfiehlt sich jedoch, sich auch von seinem Rednerpult irgendwann zu entfernen und quer durch den ganzen Raum zu laufen, insbesondere bei einem großen Publikum.

Ist kein Rednerpult vorhanden, so ist das Stehen manchmal eine Qual. Denn es ist schwer, die ganze Zeit den Oberkörper ruhig zu halten. Dies verlangt viel Übung und hat auch noch einen anderen Nachteil: Es fällt nun viel mehr auf, wenn der Redner auf seine Unterlagen schaut. Ein loses DinA4-Blatt, aber auch ein Klemmbrett wirkt hier eher störend. Die meisten Redner arbeiten deshalb mit Karteikarten im DinA5-Format. Doch auch hier ist Vorsicht geboten: Halten Sie diese Karten flach, dann sehen die Leute nur einen Strich vor sich, was weniger stört. Das Manuskript wird seitlich gehalten, mit der anderen Hand gestikuliert. Wie bei einem Handy zum SMS schreiben geht der Daumen den einzelnen Punkten nach. Jeder Redner muss jedoch sein eigenes System finden. Alle unkontrollierten Bewegungen sind zu vermeiden. Beim Oberkörper gilt: Brust raus, Kopf oben lassen, Kreuz gerade halten. Der ganze Körper muss eine Einheit bilden und nicht sich widersprechende Elemente. Die beste Körperhaltung bekommt man durch Leichtathletik (Dehnübungen), Bodybuilding (Nackenzugmaschine), Tanzkurse (Walzer) oder Judo (Fallschule). Die schlechteste Körperhaltung durch Computerspiele, Fernsehen und Bücherlesen. Achten Sie deshalb auf einen sportlichen Ausgleich zu Ihrem Beruf und analysieren Sie Ihre Körperbewegungen mit einer Digitalkamera mit Videofunktion und Ton (gibt es schon ab 100 Euro).

Auch im Sitzen lässt sich gut reden, vor allem bequemer. Das Karteikärtchen sollte so gehalten werden, dass der Zuschauer nur einen Strich vor Augen hat.

Übung:

Ein kurzer Redetext (ca. 8 – 10 Zeilen) wird in verschiedenen Positionen gesprochen:

- auf dem Boden in Rückenlage ausgestreckt liegend, den Kopf nach oben (Decken an die Teilnehmer verteilen; falls keine Decken vorhanden, auf den Tisch legen!)
- auf dem Boden in Bauchlage ausgestreckt liegend, den Kopf nach unten
- auf dem Tisch sitzend, mit herunterbaumelnden Beinen
- auf dem Stuhl sitzend, mit schenkelüberkreuzten Beinen
- vor dem Tisch stehend

Wie klingt die Tonqualität am besten? Gibt es Unterschiede? Diskutieren Sie im Seminar.

Wenn es zu laut wird, ruhig mit den Fingerknöcheln auf die Tischplatte klopfen (3-5 Mal). Die Klopfmethode klappt fast immer.

Vor allem bei Zahlen sollte mit Händen gearbeitet werden.

Wer gar nicht gestikulieren will, für den ist das die richtige Position. Aufrecht sitzen und etwas lächeln, bitte.

Aus dieser Mittellage kann mit der einen Hand nach außen „gewischt" werden, um Zorn zu demonstrieren

Die Hände C29

„Erstens ist es schlecht für die Haut, zweitens kratzt es im Hals, und drittens ist es ziemlich teuer."
Bei Aufzählungen immer die Hände einsetzen!
Grundregel: Nie mehr als 5 Punkte nennen!

Die Hände haben eine unterstützende Funktion zu den Aussagen eines Redners. Ihr Einsatz ist kein Muss, sondern ein Kann. Wichtig ist, dass der Redner sich einigermaßen wohlfühlt. Wer gar nichts mit den Händen anzufangen weiß, kann in der linken Hand das Blatt halten, in der rechten einen Stift. Doch Vorsicht: Der Stift wird dann als Waffe, die gegen das Publikum gerichtet ist, interpretiert. In diesem Fall müssen Sie schon etwas an die Tafel schreiben, damit das Publikum eine Nutzanwendung erkennt.

Was kann man mit den Händen alles ausdrücken?

- Taktschläge: Betonung eines bestimmten Wortes / Satzes
- Ideographen: Denkweisen skizzieren
- deiktische Bewegungen: auf ein bestimmtes Objekt deuten
- Raumbewegung: Abstand - räumliche Beziehung beschreiben
- Kinetograph: körperliche Handlung andeutend
- Piktographen: Bild der jeweiligen Entsprechung zeichnen

Wir befinden uns in einer Phase der Körpersprache von „hot" zu „cool". Wer gestikulieren will, sollte sich klar machen, dass ausufernde Armbewegungen Wagnerscher Nibelungen-Theatralik auf eine Bühne gehören, jedoch nicht auf eine Rednertribüne. Die Franzosen, die Spanier, die Italiener und die Türken gestikulieren in Gesprächen weitaus mehr als die Deutschen, und vielleicht schauen Sie sich im Urlaub deren Körpersprache ab. Sie müssen es irgendwie schaffen, mehr zu gestikulieren als bisher, aber nicht so viel, dass es lächerlich wirkt. Das Set an rhetorischen Gesten ist relativ überschaubar und bewegt sich bei etwa 10 verschiedenen Posen.

Die Körpersprache muss aber zu Ihrer Person passen, und wenn man als Frau mit der Faust wild entschlossen auf den Tisch haut, so wirkt das wenig überzeugend, und einstudiert. Mit der Faust wird ein Appell ausgedrückt, die geballte Kraft zu einer Redepassage.
Wenn man mit beiden Händen zurückrudert, so möchte man etwas zusammenfassen. Bei einem Abwehren (wie beim Kampfsport) geht man bewusst auf Distanz. Wenn man mit Zeige- und Mittelfinger der einen Hand zu sich herwinkt, so möchte man die Aufmerksamkeit des Publikums. Eine besonders wichtige Stelle wird mit einem geschlossenen Kreis von Daumen und Zeigefinger angezeigt. Meldet sich ein Zuhörer, so tun Sie mit einer Hand auf ihn zeigen und lassen die Hand für etwa fünf Sekunden ausgestreckt. War es ein guter Beitrag, können Sie wie Kaiser Nero mit dem einen Daumen der Faust nach oben zeigen. Bei Unruhe im Saal kann man mit der flachen Hand auf den Tisch hauen. Seien Sie sich immer klar, dass Sie die Respektsperson sind und nachlässiges Verhalten seitens der Zuhörer nicht dulden. Wenn Sie mit dem Zeigefinger die Hand zum Mund führen, ist dies das Zeichen still zu sein. Sie müssen dem Publikum die Grenzen aufzeigen, „bis hier toleriere ich euer Verhalten und nicht weiter".
Gleiches können Sie auch mit Klopfen auf den Tisch erreichen. Wichtig ist, dass Sie irgendeine Art von Reaktion zeigen. Wenn jemand in seinem Stuhl mehr liegt als sitzt, oder gar als Student den Kopf auf den Tisch legt und fast einschläft, können Sie fragen: „Ist es Ihnen bequem? Soll ich noch ein Kissen für Sie besorgen?" Haben Sie als Lehrer mit Schülern zu tun, gehen Sie zum Stuhl des Schülers, sagen: „Nun das Kreuz gerade, anlehnen, ja, wie bei der Bundeswehr". Ein bisschen militärischer Drill ist durchaus wünschenswert, denn wenn jemand mehr strickt und mit dem Handy telefoniert als zuhört, wird der Rest des Publikums nichts vom Vortrag mitbekommen. Seien Sie durchaus ein „scharfer Hund", der leise knurrt und zu bellen versteht. Führen Sie jedoch nicht absichtlich unbeteiligte Zuhörer in die allgemeine Lächerlichkeit. Reißen Sie keine sexuellen Zoten, schreien Sie die Leute nicht grundlos an, seien Sie charakterliches Vorbild. Es ist ein Gebot der Fairness, die Leute nicht absichtlich zu brüskieren. Werden

„Mein Kompliment! Das war ein sehr produktiver Beitrag von Ihnen. Und was meinen die anderen dazu?" Bei einer Gruppendiskussion Wertschätzung auch durch Gesten ausdrücken. Achtung: Das „Daumen hoch"-Zeichen ist in Südeuropa nicht bekannt.

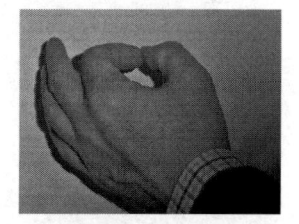

„Und nun komme ich zu einer besonders delikaten Angelegenheit. Immer mehr..."
Wenn es wichtig wird, einen Kreis formen.

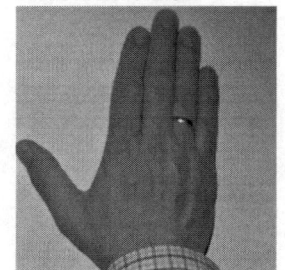

„Ruhe, Sie sind hier nicht am Ballermann 6!".
Durch mehrmaliges, energisches Klopfen auf die Tischplatte kann der Redner sein Missfallen zeigen.

Sie jedoch angegriffen, sollten Sie sowohl einige der fairen unfairen Konter in einem Gespräch können. Das ist Gegenstand eines eigenen Kapitels, der „Dialektik" (D12 - F50).

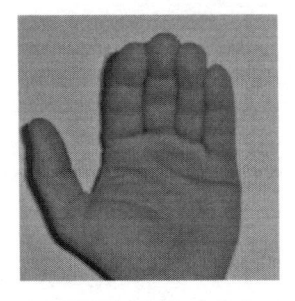

„Und nun wieder alle zu mir! Es ist schön, wenn Sie sich alle miteinander unterhalten, aber..."
Das mehrmalige „Herwinken" zu sich selbst (ca. 3 X) wird normalerweise zeitgleich mit der linken und rechten Hand ausgeführt, wenn es etwas zu laut im Raum ist.

„Ja, ist denn das wirklich so schwer zu verstehen?"
Bei Begriffsstutzigkeit der Zuhörer ruhig die eigene Verzweiflung zur Schau stellen.

Übung 1:

An die Teilnehmer werden Springseile verteilt.

Mit einem CD-Player mehrfach den Musiksong „Komm hol das Lasso raus, wir spielen Cowboy und Indianer" vorspielen (ca 10-15 Minuten). Der rechte Arm schwingt während des Refrains über dem Kopf ein Lasso (begleitet von rhythmischen Hoo-Hoo-Hoo-Rufen). Dann kommt als Gegenbewegung der linke Arm und wird in das rhythmische Schwingen einbezogen. Später wird ohne Springseil geschwungen.

Ziel dieser Übung:
Das rhythmische Schwingen mit Ton bewirkt bei verkrampften Körpern, dass man die sprachlichen Äußerungen an eine begleitende Gestik der Hände gewöhnt.

Übung 2:

Man steht im Kreis und hebt die Arme hoch. Je höher die Arme, desto mehr Luft kann in die Lunge einströmen. Werden die Arme gesenkt, so strömt die Luft aus.

<u>Hat man das geschafft, so geht es ans Dirigieren:</u>
Ein schnelles, klassisches Musikstück (z.B. Beethoven / Mozart) läuft im Hintergrund. Einer der Teilnehmer muss ans Pult und stellt sich vor, dass er Herbert von Karajan ist. In der Hand hält dieser Teilnehmer einen langen Stift, den Dirigentenstab. Der Höhepunkt ist das Hochheben der Arme. Das Publikum spielt die Musiker und imitiert währenddessen ein Instrument (Tuba, Trommel, Oboe, Flöte). Wichtig ist, dass der Dirigent Blickkontakt mit seinem Orchester hält.

Übung 3:

Die Teilnehmer bekommen bestimmte Karten mit Regieanweisungen, z.B. „nervös" - „überlegen" - „verneinend" - „zurechtweisend" - „mahnend" - „drohend" - „zustimmend" - „ablehnend" - „entrüstet" - „eine Sache demonstrierend" - „eine Zahlenfolge erklärend" (z.B. Punkt 1 bis 4) - „verteidigend" - „Aufmerksamkeit suchend" - Betonung des Wortes „Liebe" (z.B. ein Herz in die Luft malen) – Betonung des Satzes: „Ich glaube, dass war kein guter Vorschlag".

Jeder der Teilnehmer soll versuchen, nur mit den Händen die Anweisung auf seiner Karte auszudrücken. Die anderen müssen raten, was damit gemeint ist.

Vorbereitungszeit: zwei Minuten

„Sie da! Wie ist Ihre Meinung dazu?" Bei einer Publikumsmeldung oder bei einer Frage ins Publikum ruhig auf die Person deuten. Zeigen Sie aber von unten auf die Person, nie von oben! Sonst zu autoritär!

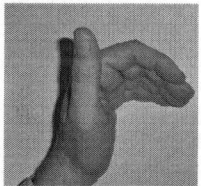

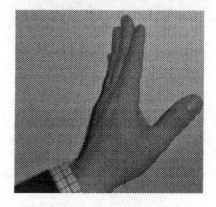

Wenn Sie eine Tischplatte zur Verfügung haben, können Sie mit einer Hand einen Halbkreis fahren oder mit zwei Händen einen vollen Kreis. Kann man z.B. bei längeren Erzählungen als optische Auflockerung machen.

Ein guter Schauspieler muss auf Anhieb 30 verschiedene Gesichtsausdrücke beherrschen. Für den Redner ist es ausreichend, diese 14 Grundemotionen zu kennen:

Mimik   **C30**

Freude (lachen), Angst (Augen auf), Verblüffung (Augen auf, Stirnfalte), Ekel (Nase rümpfen, Kopf schütteln), Zuneigung (Augen leicht schließen, leicht lächeln); Wut (Stirn runzeln und drohend schauen), Trauer (Augen leer und Mund nach unten); Ablehnung (Kopf schütteln), Zustimmung (Kopf nicken), erschöpft sein (Augen fast geschlossen, heftig atmen); Gleichgültigkeit (starrer Blick, Schultern hochziehen, Augen halb geschlossen); Arroganz (Nase nach oben, von oben herab blicken); Brutalität (ironisch grinsen, kalter Augenausdruck); Verachtung (Augen leer, starre Mimik); beleidigt sein (Leute nicht anschauen, Kopf schütteln).

Die Mimik des Redners sollte sich inhaltlich an die Rede und den Verlauf derselben (z.B. durch Bemerkungen einiger Zuhörer während des Vortrags) anlehnen. Manchmal ist es zweckmäßig, sich innerlich ein wenig zu verstellen: Während man äußerlich sehr zornig ist, weil jemand im Stuhl fläzt, ist man innerlich vollkommen gleichgültig und denkt: „Ich war doch früher genauso". Während man selbst halbtot keucht, als sei man gerade durch die Wüste gelaufen, ist man innerlich topfit und könnte noch zwei Stunden weiterreden. Es heißt, dass der Redner selbst brennen muss, sonst kann sich seine Emotion nicht auf die Zuhörer übertragen. Wer nun ein schlechter Schauspieler ist, und Trauer und Betroffenheit erwecken möchte, es aber aufgrund schlechter Stimmführung und falschen Gesichtsausdrucks nicht übertragen kann, wirkt als Marionette auf das Publikum unfreiwillig komisch und hat damit genau den gegenteiligen Effekt erreicht.

Übung 5:

Wir spielen Pantomime. Der Seminarleiter gibt uns einen Zettel mit Regieanweisungen (z.B. traurig, verängstigt, zornig, beleidigt) und wir versuchen, diese Stimmungen über einen Zeitraum von 30 Sekunden zu vermitteln. Das Publikum muss den Gefühlszustand erraten.

Kleidung   **C31**   Zwei Beispiele für einen Spendenaufruf:

Sie öffnen Ihre Tür, als es klingelt, und vor Ihnen steht ein Mann mittleren Alters in einem konservativen, gut geschnittenen und gepflegten Geschäftsanzug. Er blickt Ihnen in die Augen, stellt sich als Vizepräsident der City National Bank vor, und fragt Sie, ob Sie wohl ein paar Dollar für eine wohltätige Organisation beisteuern würden (von der Sie natürlich noch nie etwas gehört haben).

An der Tür klingelt es, und als Sie öffnen, steht vor Ihnen ein Mann mittleren Alters in einer ziemlich schrillen, karierten Sportjacke. Seine Krawatte ist lose, der Kragen abgewetzt, seine Hosen müssten gebügelt werden, er würde eine Rasur vertragen, und während er mit Ihnen spricht, sieht er andauernd an Ihnen vorbei oder über Sie hinweg. In seiner Hand hält er eine Dose mit einem Schlitz.

Text: Elliot Aronson, „The Social Animal"

Auch die Kleidung gehört zur Körpersprache, und je nach Gewicht der Rede sollte man als Mann im Anzug referieren (z.B. auf einem Wirtschaftsforum). Jeans, T-Shirt und Turnschuhe sind zu wenig, das Mindestmaß ist eine Stoffhose und ein Hemd. In vielen Firmen sind in der Verwaltungsebene keine Krawatten mehr vorgeschrieben. An der Universität kann man sich als Student durchaus leger mit Jeans und Hemd kleiden; die meisten Professoren tragen selbst keine Krawatte, aber ein Jackett. Als Frau sollte man darauf achten, nicht zu figurbetonte, enganliegende Kleidung zu tragen, aber auch nicht als „Frauenmann" mit dem Schulterpolster-Blazer einer Politikerin aufzutreten. Die Auswahl der Kleidung ist aber auch gar nicht so wichtig, wichtiger ist, dass sie zur Gesamtperson des Redners passt, also zur Figur gut geschnitten ist und keine falsch kombinierten Farben hat. Schwarz zu schwarz und grau zu grau wirkt oft langweilig, unten dunkel und oben hell wirkt positiv. Bei Anzügen ist jedoch die Einfarbigkeit schon vorgegeben. Wenn man das Jackett jedoch ablegt, hat man einen Kontrast. Kurze Hemden unter dem Anzug als Mann sind tabu. Das ist im Hochsommer ein echtes Problem. Dann lieber gleich keinen Anzug als Redner wählen.

Ein gutes Kleidungsgeschäft für Männer und Frauen kann hier sicherlich mehr wertvolle Tipps geben. Wichtig ist auch noch die Frisur – bei Männern mit schütterem Haar kurz, bei Frauen keine langen Haare über dem Schulterblatt.

Die Kleidung ist aber aus Erfahrung des Verfassers in einer Rede der unwichtigste Punkt, weitaus mehr zählt nämlich der Inhalt des Vortrags, die Vortragsweise, stimmliche Resonanz und die allgemeine Schönheit des Gesichts. Da der letzte Punkt nicht beeinflussbar ist, sollte ein weniger schöner Redner sich besser kleiden und noch besser vortragen, natürlich immer passend zum Redeanlass.

Beispiel aus der Literatur:

Nur der Kaffee nach Tische wurde mir verleidet, indem sich ein junger Mensch diskursierend zu mir setzte und so entsetzlich schwadronierte, daß die Milch auf dem Tische sauer wurde. Es war ein junger Handlungsbeflissener <u>mit fünfundzwanzig bunten Westen und ebensoviel goldenen Petschaften, Ringen, Brustnadeln usw. Er sah aus wie ein Affe, der eine rote Jacke angezogen hat und nun zu sich selber sagt: Kleider machen Leute.</u> Eine ganze

Menge Scharaden wußte er auswendig sowie auch Anekdoten, die er immer da anbrachte, wo sie am wenigsten paßten.

Text: Heinrich Heine, „Reisebilder"

Redesituationen & Kleidung: unverbindliche Tipps

Stegreifrede: keine Änderung der Kleidung erforderlich, da spontan gehaltene Rede

Kurzrede zu feierlichem Anlass mit Begrüßung der Gäste und Ehrengäste: für Männer konservative Kleidung (dunkler Anzug) / für Frauen Stoffhose mit Blazer

Vortrag und Referat eines Studenten (Universität): für Männer Jeans oder Stoffhose / Hemd; für Frauen alles erlaubt, aber nicht zu figurbetont, keine offenen Piercings und Tattoos zeigen

Konferenz: für Männer Stoffhose und Hemd, wahlweise Krawatte; für Frauen Stoffhose und Bluse

Fachvortrag (öffentlich): für Männer Anzug; für Frauen Stoffhose mit Blazer

Vorlesung: für Männer Stoffhose, Hemd, oft Krawatte (selten Jackett); für Frauen Stoffhose und Bluse, wahlweise Blazer

Moderierte Veranstaltung (firmenintern): für Männer Stoffhose und Hemd, wahlweise Krawatte; für Frauen Stoffhose und Bluse

Moderierte Veranstaltung (öffentlich): für Männer Anzug; für Frauen Stoffhose und Blazer

Trauerrede: für Männer dunkler Anzug mit weißem Hemd und dunkler Krawatte / für Frauen dunkle Stoffhose mit weißer Bluse und dunklem Blazer

Hochzeitsrede: für Männer dunkler oder grauer Anzug mit weißem Hemd und nicht dunkler Krawatte – also rot, hellblau (kein schwarz; kein blaues Businesshemd).

Heinrich Heine

Weihnachtsansprache:
>für Männer Anzug / für Frauen Stoffhose und Blazer

Überzeugungsrede (Gewerkschaft):
>für Männer Stoffhose, Hemd mit hochgekrempelten Ärmeln, keine Krawatte;
>für Frauen Stoffhose und Bluse

Tie a Half-Windsor

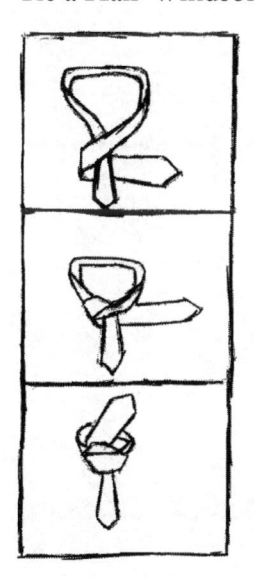

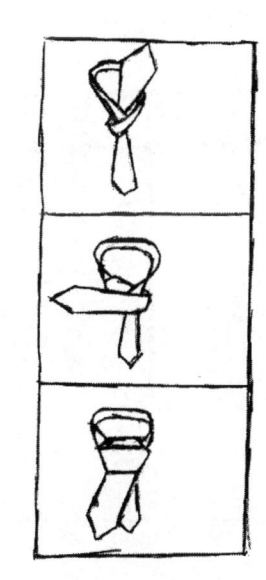

Anekdote:

Die Beamten auf dem Polizeirevier in Stuttgart staunten nicht schlecht, als eines Tages ein junger Mann dort auftauchte, der ein großes Problem hatte. Er sei auf einer Hochzeit eingeladen, ließ er wissen, und wisse aber nicht, wie man sich eine Krawatte bindet. Die Polizisten halfen dem jungen Mann mit einem doppelten Windsor-Knoten aus.

Damit Sie nicht auf die nächstgelegene Polizeiwache marschieren müssen, um sich einen Binder fachgerecht umlegen zu lassen, hier zwei Knoten:

Four-in-Hand (einfacher Knoten)

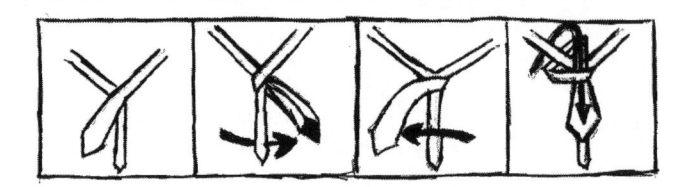

Doppelter Windsor-Knoten

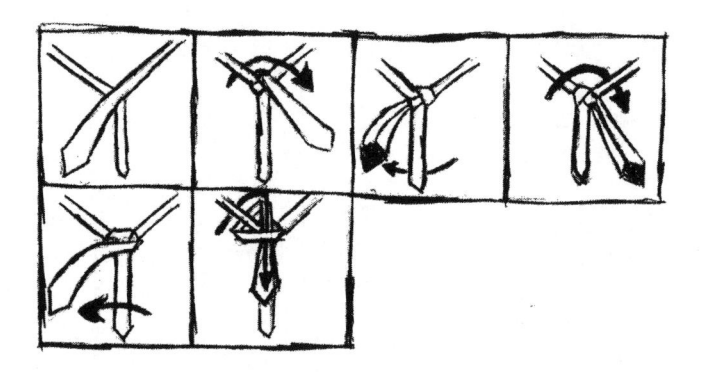

> **Übung:**
>
> Wir halten zwei unterschiedliche Meinungsreden. Dabei sind wir einmal ein bisschen nachlässig gekleidet (Hemd offen, hochgekrempelte Ärmel, Jeans) und einmal piekfein (Anzug mit weißem Hemd und Krawatte). Für Frauen: Einmal in Jeans und T-Shirt, dann in Stoffhose und Blazer. Wie ändert sich unsere Körpersprache? Wann sind wir selbstbewusster? Wann fühlen wir uns sehr unwohl? Machen Sie Videoaufnahmen und spielen Sie die Ergebnisse Seminarteilnehmern vor, die bei dieser Runde nicht dabei waren.

Die meisten Redner verwenden Karteikärtchen. Hier ist auf die Papiergröße zu achten:
DinA5/DinA6-Kärtchen, die mit verschiedenen Farben in deutlicher Handschrift beschrieben sind, bieten Vorteile.

Manuskript: **C32**

Beispiel:
Anweisungen: rot (z.B. Blickkontakt halten! Still stehen! Gestik einsetzen)
Redetext: schwarz (Stichwörter)
Zitate: grün
Bei Argumenten die Betonung markieren (z.B. wütend wirken!)

Ca. 10 – 15 Karteikarten hat man für ein 20-Minuten-Referat in der Hand. Nur einseitig beschriften, mit doppeltem Zeilenabstand und nummerieren (nicht am falschen Ende sparen; wenn der Redner etwas suchen muss, so entsteht Unruhe).

- Nicht ablesen, sondern so frei wie möglich reden (sonst keine Flexibilität möglich).
- Wer große Probleme hat, Sätze nach Stichwörtern frei aus dem Kopf zu bilden, kann so tun, als würde er frei reden. In diesem Fall darf er jedoch keine Karteikärtchen verwenden, sondern muss ein DinA4-Blatt mit einer Tabelle unterteilen: Links kommen die Stichwörter, rechts der vollständige Text. Man versucht nach Stichwörtern zu reden, und wenn das nicht klappt, hangelt man sich zum ausgeschriebenen Text (die „Tarzan-Methode"). Wenn man sich für dieses Verfahren entscheidet, muss man die Rede so gut es eben geht auswendig können, damit es nicht ganz wie ein Tagesschausprecher aussieht. Dieses Verfahren hat aber den Nachteil, dass man bei Unterbrechung durch eine höhergestellte Person (z.B. Chef) den roten Faden verlieren kann, insbesondere wenn es heißt, dass die Zeit drängt, und man ein paar Punkte auslassen soll.
- Die Teleprompter-Methode ist ein Weg, der zwar erheblich Papier verschwendet, aber die beste Sicht auf den Redetext ermöglicht. Steht Ihnen ein Rednerpult zur Verfügung, können Sie einen Versuch wagen. Ohne Tisch ist sie weniger zu empfehlen, weil man alle zwei Minuten umblättern muss. Hierbei werden die Sätze für das Auge grafisch gut sichtbar durch einen sogenannten „Freivers" unterteilt. Ein kurzer Blick genügt, und man hat den ganzen Satz mit dem Auge erfasst. Im Redetext lassen sich nun auch Betonungen markieren. Auch ist es ratsam, vier Symbole auf jedes Blatt Papier zu notieren:

Die Tarzan-Methode:
Stichwörter und Text

SLOW   bedeutet: *„mach langsam, rede nicht zu schnell"*

♪   bedeutet: *„sprich möglichst tief, und betone die Wörter richtig"*

🧍   bedeutet: *„steh gerade, lass die Schultern nicht hängen, zapple nicht"*

✋   bedeutet: *„gestikuliere mit den Händen bei wichtigen Wörtern"*

Beispiel:

Was ist das,
daß wir heute hier
zusammentreten,
      um einen der berühmtesten Dichter
unseres Volkes zu feiern,
      dessen Ruhm   SLOW
      doch unangefochten dasteht

und durch die
 festlichen
  Anstalten,
      die wir hier
       an einem Punkte des
       großen vielstämmigen Vaterlandes
       vorbereitet haben,

weder ungemein gemehrt,
noch tiefer begründet werden kann? –

Indem wir uns
darauf hinwenden,
      dieser Frage

>   zu antworten,

geschieht in uns
diese Einsicht:
>   eines großen Menschen Ruhm
ist keineswegs
einem Hort Goldes zu vergleichen,
>   der gesichert daliegt,

wofern nur welche darüber wachen,
daß ihm nichts entfremdet werde.

Text: Hugo von Hofmannsthal, „Rede auf Grillparzer"

Weitere Tipps:

- Die Einleitung ist stets schriftlich zu formulieren, mit allen selbstverständlichen Dingen: Begrüßung, Nennung der eigenen Person, Thema

  Als Zeichen des Beginns teilt man deshalb die Handouts aus und wartet, bis sich der Letzte bedient hat.

  Merke:
  „Nicht <u>was</u> ich sage ist wichtig, sondern <u>wie</u> ich es sage und <u>wie</u> es vom Publikum aufgenommen wird."

  Es gibt Rhetoriktrainer, die sagen, man solle am Anfang regungslos warten, bis Ruhe im Saal eingekehrt ist. Aus eigener Erfahrung kann ich sagen, dass dieser Trick nicht immer funktioniert. Bei einer höhergestellten Person (z.B. Professor) heißt es: "Wollen Sie nicht endlich anfangen? Wir haben doch nicht ewig Zeit!"

Übung:

Wir halten zwei Reden über die Biografien berühmter Künstler oder Musiker (Mozart, Picasso, van Gogh). Dabei haben wir einmal einen flatternden DinA4-Zettel in der Hand, auf dem wir extra klein und schlampig geschrieben haben. Ein zweites Mal referieren wir mit einer Karteikarte in sauberer Schrift. Wie ändert sich die Wirkung des Redners? Diskutieren Sie im Seminar!

Der Vortragsraum (actio)

Der Raum　　**C33**

Der Raum hat einen großen Einfluss auf unseren Redeerfolg. Wer mit CD-Player, Tageslichtprojektor, Beamer arbeitet, sollte besser die technischen Geräte auf ihre Funktionstüchtigkeit überprüfen. Ist die richtige CD eingelegt? Sind die Dateien des Präsentationsprogramms geöffnet? Kann ich mit den Geräten sachgerecht umgehen (z.B. Fernbedienung)?

Es gibt drei Typen von Rednern:

a) Der Überperfektionist, der drei Stunden vor Saalöffnung alles überprüft
b) Der Mittelperfektionist, der eine Stunde vor Saalöffnung alles überprüft
c) Der Nichtperfektionist, der überhaupt nichts überprüft und dann während der Rede feststellt, dass dies und das nicht funktioniert

Wer in einem großen Saal sprechen muss, sollte bei einer längeren Rede an ein funktionstüchtiges Mikrofon denken. Aber auch ohne Mikrofon - es kann ja ein technisches Problem geben - sollte man hier mehrere Minuten laut vortragen. Wie laut müsste ich sprechen, damit mich alle hören können?

Ein sitzender Vortrag mit Computerbeamer wirkt unlebendig, wenn man nur das abliest, was ohnehin auf der Leinwand zu sehen ist. Für ca. 30 Euro gibt es einen sogenannten Presenter, mit dem der Redner eine Art Fernbedienung für seinen Computer hat und hier die gezeigten Bilder auf der Leinwand auch anleuchten kann.

Bei Präsentationsprogrammen auf eine gut lesbare Schriftgröße achten. Wenig Text (maximal zehn Wörter) ist besser als viel Text mit nur einem kleinen Bild. Wenn Zahlen erwähnt werden, an die Umsetzung in ein Diagramm oder andere grafische Darstellungen denken.

Whiteboards sind mittlerweile an fast allen deutschen Schulen im Bildungsbereich zu finden. Im Gegensatz zum Beamer kann hier direkt an der Leinwand gearbeitet werden, sodass eine höhere Interaktivität möglich ist, wenn man z.B. mit dem Stift schreibt. Allerdings gibt der Whiteboard-Stift nicht selten kratzende Geräusche von sich, wenn man zu fest aufdrückt. Tut man aber nicht fest aufdrücken, passiert nichts. Machen Sie bei einem Whiteboard unbedingt eine Generalprobe – dann haben Sie sogar die Möglichkeit, Leute aus dem Publikum nach vorne zu holen und ihnen Aufgaben zu stellen. Aber denken Sie daran: Spätestens nach zwanzig Minuten Whiteboard ist es genug.

Die Bestuhlung kann auch einen großen Einfluss auf den Erfolg einer Rede haben:

Die Bestuhlung des Raumes C34

Das Hufeisen

Das Hufeisen ist ein Halbkreis und an der Universität und in Firmenseminaren die Regel. Vorteil: Die Leute können sich gegenseitig alle anschauen und miteinander diskutieren. Nachteil: Die Leute rechts und links bekommen bei längerer Vortragszeit schnell Nackenschmerzen.

Die Theaterbestuhlung

Die Theaterbestuhlung entspricht dem Frontalunterricht der Schule. Vorteil: Zuhörer bekommen keine Nackenschmerzen. Nachteil: Der Dozent hat nicht mehr alle im Blick und eine Gruppendiskussion ist erschwert. Sehr viele Leute ziehen es nämlich vor, ganz hinten zu sitzen und sich zu verstecken.

Die Workshop-Form

Bei der Workshop-Form sitzen die Teilnehmer an zwei zusammengeschobenen, entgegengesetzten Tischen, d.h. 4 Leute pro Tisch.
Vorteil: Kreativität wird frei, da man sich nicht unter ständiger Beobachtung durch einen Leitwolf glaubt.
Nachteil: Vielfach sitzen auch Leute im Rücken, was schnell Unruhe auslöst. Für Gruppendiskussionen eher ungeeignet, da der Dozent nicht alle Leute sieht.

Das festliche Bankett

Bei der Bankettbestuhlung sitzen die Gäste an runden Tischen, die festlich dekoriert sind. Der Redner tritt irgendwann auf einer etwas höheren Bühne auf.

Technisches Zubehör für einen Redner:

Was gehört zum technischen Zubehör? Was gehört zum Raum? C35

a) Rednerpult / Rednertisch
b) verschiedene Mikrofontypen: ein Tischmikrofon, ein Handmikrofon, aber auch an Kleidung und Kopf befestigte Mikrofone.
c) Flipchart / Pinnwand

d)	CD-Player
e)	Leinwand
f)	Laptop mit Beamer / Whiteboard
g)	Diaprojektor mit Fernbedienung
h)	DVD-Recorder mit Monitor
i)	Verstärkeranlage oder Lautsprecherboxen
j)	Mehrfachsteckdosen
k)	Verlängerungskabel
l)	Seminarkoffer: Stifte, Reißnägel, Papier...

Achtung! Stets eingeschaltete Mikrofone sind ein Risiko und können alle Tischgeräusche übertragen (z.B. Privatgespräche in der Pause). Auf unschöne Rückkoppelungseffekte mit anderen Geräten (z.B. Lautsprecherbox) achten. Sobald Sie die Bühne verlassen haben, sollten Sie das Mikrofon entkoppeln bzw. abschalten.

Tipp: Lavalier-Mikrofone werden an der Kleidung befestigt und sind für Redner eigentlich die praktischste Variante - aber nicht die kostengünstigste. Außerdem ist es wesentlich komplizierter, eine technische Verbindung zur Lautsprecheranlage aufzubauen. Wer sein Mikro in der Hand halten muss, hat nur noch eine Hand frei – und in der sind meistens die Karteikarten. Seine Gestik ist also stark eingeschränkt. Wer zusätzlich noch ein Handmikrofon mit Verbindungskabel hat, kann sich später wie ein Hund in der Leine verheddern. Auch Tischmikrofone können beim Stehen problematisch sein – wenn z.B. der Redner zu klein ist. Sogenannte „Schwanenhalsmikrofone" schaffen Abhilfe und lassen sich verstellen. Wichtiger als jedes Mikrofon ist der Abstand zum Mikrofon selbst – wer zu weit weg vom Mikro spricht, wird nicht gehört, und wer zu nah dran ist, überträgt auch alle Kleingeräusche wie Schmatzen, Luftholen, Räuspern. So ein Mikrofon ist eine tolle Sache, aber wenn der Raum klein genug ist, sollten Sie besser darauf verzichten. Dann haben Sie nämlich völlige Bewegungsfreiheit und Ihre Stimme klingt natürlich.

Vorsicht vor den Lautsprecherboxen! Achten Sie unbedingt darauf, dass die großen Lautsprecherboxen nicht in nur wenigen Metern Abstand auf Sie zeigen. Die Boxen gehören zum Publikum ausgerichtet, und Sie haben das Recht auf einen gehörigen Abstand vom technischen Equipment (was mancher Veranstalter nicht einsehen will, wenn z.B. die Boxen fest installiert worden sind). Denken Sie daran: Ihr eigenes Gehör kann Schaden nehmen. Machen Sie deshalb unbedingt einen Soundcheck und verlangen Sie Abhilfe!

Raum für die Rede:

a)	Saalgröße ausreichend?
b)	Decke hoch genug?

c) genug Platz auf der Bühne?
d) Lichtschalter vorhanden? (Bereichslichter für vorne und hinten?)
e) Bühnenbeleuchtung (z.B. Verfolgerscheinwerfer, Nebelmaschine, Konfettiregen)
f) Dekorierung (Bühne / Tisch)
g) reflektierende Störquellen ausfindig machen: könnte ich von der Sonne beim Reden geblendet werden? (Fensterverdunkelung möglich?)

Im Raum sorgen für:

a) ausreichende Beleuchtung (bei Einsatz des Beamers etwas dunkler stellen)
b) Frischluftzufuhr (Fenster auf)
c) Beseitigung unerwarteter Lärmquellen (Fenster zu)
d) angenehme Temperatur (Fenster auf oder zu)
e) Bestuhlungsform (Frontal, Hufeisen...)

Die Raumgröße ist abhängig vom Zweck der Rede:

a) Pressekonferenz
b) Schulung
c) Produktpräsentation
d) Ausschuss
e) Spendenaktion
f) Wahlveranstaltung

Leitfragen:

- Sind die Computerdateien schon auf das Desktop kopiert (schnelleres Öffnen möglich)?
- Folien für Tageslichtprojektor eingesteckt?
- Begrüßungsplakat + Themen + Zusammenfassung + Fazit auf mehreren Flip-Chart-Seiten erstellt? (Text: HERZLICH WILLKOMMEN zur Veranstaltung....")
- Handouts kopiert?
- Tafelbeschriftungsstifte eingesteckt?
- Raumordnung / Sitzordnung überprüft?
- Rednerpult benutzen oder nicht?
- Mikrofon benutzen oder nicht?
- Raumtemperatur in Ordnung?
- Schild „No Smoking" an der Eingangstür anbringen oder nicht?
- Toiletten und Notausgang gefunden?
- Plakate aufgehängt?
- Generalprobe im Raum gemacht? Raumplan vom Veranstalter bekommen?
- Wegbeschreibung vorhanden?

- Notfallnummer des Veranstalters eingesteckt? (bei Stau...)
- Große Uhr im Raum vorhanden?

Was sind Keynotes?
C36

Das Wort **Keynote** stammt aus der Musik, wenn ein Sänger ohne die Begleitung von Instrumenten („a cappella") eine einzelne Note zu Beginn spielt, um die Tonlage für das folgende Stück vorzugeben.

Als Keynote bezeichnet man auch eine Eröffnungsrede, die im größeren Rahmen vor mehreren hundert Gästen gehalten wird. Bei politischen Veranstaltungen soll sie das Publikum auf das Thema einstimmen. Bei Firmenveranstaltungen soll sie das Publikum mitreißen und für einen bestimmten Sachverhalt begeistern. Oftmals gelingt dies durch einen Trick, der jedoch eine Stange Geld kostet: man bittet eine prominente Person aus Funk und Fernsehen, der Politik oder dem Sport die Rede zu übernehmen. Wenn das zu teuer ist, greift man als Firma auch gern auf einen Komiker zurück, der die Leute mit seinen zahlreichen Gags schon irgendwie zum Lachen bringt.

Man unterscheidet:

a) **Informative Keynotes:** Sie informieren in leicht verständlicher Sprache über eine Sache. Vorteil: durch die sehr vereinfachte Darstellung wird das Publikum nicht überanstrengt.

b) **Mitreißende Keynotes**: eine Lobrede auf die eigene Firma oder das eigene Produkt. Trotz größter Hindernisse hat man es doch noch geschafft.

Die Länge einer Keynote variiert zwischen 60 und 90 Minuten und wird je nach Themenvorgabe auch mit sehr viel Körpereinsatz vorgetragen. Keynote-Sprecher rühmen sich gerne, zu den absoluten Topsprechern des Landes zu gehören, und vielleicht sind sie das auch – allerdings bleiben ihre sprachlichen Darbietungen immer im Rahmen der Rhetorik. Viele haben jedoch eine Sprecherausbildung oder schon jahrelange Erfahrung im Vortragen von Reden. Das unterscheidet sie vom Amateur, der auf so großer Bühne vor Nervosität vielleicht den Faden verlieren würde.

Die Darstellung einer Keynote nach Variante b orientiert sich auch an antiken Vorbildern („Herrscherlob") und wird heutzutage auf Firmen übertragen:

Einleitung:

- von der Schwierigkeit, eine Lobrede zu halten
- Lob der Geburtsstadt (Lob des Firmensitzes)

- Lob der Geburt (Lob der Firmenentstehung)
- Lob der Erziehung (Lob der Firmenphilosophie)
- Lob des Charakters (Lob der Firmeneigenheiten)

Hauptteil:

- Lob der Taten in Krieg und Frieden (Lob der Firmenproduktion unter sich verändernden Marktbedingungen)
- Lob der Tugenden: Tapferkeit, Klugheit, Gerechtigkeit (Lob der Stärken von allen Mitarbeitern: Mut, hoher Bildungsgrad, entschlossene Vorgehensweise...)

Schlussteil:

- Besonderheit des Herrschers im Vergleich zu anderen (Besonderheit der Firma im Vergleich zu anderen Firmen)
- Lob der stabilen Verhältnisse im Lande (Lob der soliden Wirtschaftszahlen)
- Dank des Redners im Namen des Volkes (Dank des Redners im Namen der Mitarbeiter)
- Glückwünsche des Volkes für ein langes Herrscherleben (Glückwünsche der Mitarbeiter für ein langes Firmenimperium mit diesen Vorstandsmitgliedern)

In der amerikanischen Wirtschaft, der amerikanischen Politik und bei Wissenschaftssymposien wird auf eine *Keynote Speech* oder *Keynote Address* großen Wert gelegt. Die Keynote gibt den Rahmen für weitere Programmpunkte vor. Manchmal werden diese Redner sehr berühmt: ein Keynote Speaker für eine Wahlveranstaltung der Demokratischen Partei im Jahr 2004 hieß Barack Obama. Kultstatus erlangten früher die einflussreichen Eröffnungsreden von Steve Jobs, der in seinem stets gleichen Outfit (schwarzer Rollkragenpulli, blaue Jeans und weiße Turnschuhe) seine treue Apple-Gemeinde auf die neuesten Produktentwicklungen einschwor. Keynotes werden auch an Universitäten gehalten, wenn die Erstsemester begrüßt oder neue Akademiker ins Berufsleben verabschiedet werden. Manche Konferenzen haben mittlerweile zwei Keynotes: eine zur Eröffnung der Veranstaltung, aber auch eine zur Verabschiedung.

Wenn Sie einen Prominenten für Ihre Großveranstaltung buchen wollen, können Sie das über eine Redneragentur machen, die aber zwischen 10 und 30 Prozent des zu entrichtenden Honorars für sich veranschlagt. Ein anderer Weg sind selbstständig arbeitende Sprecher für Keynotes sowie die auf Crowdfunding basierende „Speakerwiki"-Webseite.

Man staunt, wen man so alles bei den Agenturen findet, die man

buchen könnte. (Tipp: „Redneragentur", „Celebrity Speakers", „Speakers Agency" in die Suchmaschine eintippen)
Die brasilianische Fußballlegende Pelé, den deutschen Kaiser Franz Beckenbauer, das Tennis-As Boris Becker; die deutschen Politiker Joschka Fischer (Grüne), Theodor Waigel (CSU), Norbert Blüm (CDU), Wolfgang Clement (SPD); den früheren Ministerpräsidenten Lothar Späth (CDU); internationale Schwergewichte aus der Politik, wie z.B. der einstige US-Präsident Jimmy Carter, der frühere Generalsekretär der UDSSR, Michail Gorbatschow; die beiden Musiker Bob Geldof und Midge Ure (Ultravox); den Theologen Hans Küng; den Bergsteiger Reinhold Messner; den Astronauten Ulf Merbold, den Überlebenskünstler Rüdiger Nehberg; die Zukunftsforscher Michio Kaku und Matthias Horx; die Filmschaffenden Francis Ford Coppola und Sönke Wortmann; den Entertainer Jay Leno; die Experten Ferdinand Dudenhöffer (Auto) und Mojib Latif (Klima/Wetter) und Paul Kirchhof (Wirtschaft); früher auch den Literaturkritiker Hellmuth Karasek; die Schauspieler John Cleese (Monty Python) und Jim Belushi; die Nachrichtensprecher Ulrich Wickert (ARD), Jan Hofer (ARD) und Christoph Teuner (NTV).

Warum ich Ihnen bis jetzt keine Frauen nennen konnte? Antwort: Es gibt bei diesen Agenturen praktisch kaum Rednerinnen, die wirklich bekannt sind. Es finden sich einige Rednerinnen, die kennt aber keiner. Es zeigt ein Dilemma auf, das die Rhetorik seit ihren Anfängen verfolgt: Es handelt sich um eine Wissenschaft, die von Männern dominiert ist, sobald es an die Praxis geht.

Einige Ausnahmen will ich doch nennen. Die Schauspielerei: Olivia Newton-John (Grease), Sigourney Weaver (Alien), Sharon Stone (Basic Instinct) und Linda Evans (Denver Clan) wären auch bereit, gegen gutes Geld aufzutreten..Dann gibt es noch die drei Topverdienerinnen der Branche: Die Autorin der Harry-Potter-Bücher, J.K. Rowling, ist mit 50 000 Dollar zufrieden; die Yahoo-Unternehmerin Marissa Mayer und die Schauspielerin Angelina Jolie hätten beide gern das Doppelte: 100 000 Dollar. Die Ehre der deutschen Frauen rettet die Fernsehmoderatorin Nina Ruge vom ZDF.

Dies sind aber „Peanuts" gegen die horrenden Gagen, die ehemalige Staatsoberhäupter erzielen. Bill Clinton war während seiner Präsidentschaft für die USA praktisch pleite, um dann durch das Reden wieder an Vermögen (und auch Ansehen) zu gewinnen.
300 000 Dollar sind als Gage nicht aus der Welt. Auch seine einstige Praktikantin Monica Lewinsky verdient ihr Geld mittlerweile durch Reden und füllt ganze Hallen. Wer hätte das 1998 noch für möglich gehalten?

Sollte der amtierende US-Präsident Barack Obama nach seiner Amtszeit auch als Redner arbeiten, so wird er vermutlich die höchste Gage bekommen, die je ein lebender Redner erzielt hat.

Wenn Sie eine prominente Persönlichkeit gefunden haben, die Ihren Vorstellungen am ehesten entspricht, und die auch einen Bezug zum Thema hat, müssen Sie untersuchen, ob diese Person auch wirklich referieren kann. Um beim Ablesen des Textes nicht ertappt zu werden, hat das Fernsehen eine geniale Erfindung erschaffen: den Teleprompter, der den Leuten vor den Bildschirmen eine Spontanität und Sicherheit suggeriert, die es im wahren Leben nicht gibt. Schauen Sie sich mal Fernsehsendungen aus dem Jahr 1960 an und vergleichen Sie diese mit heutigen. Da gibt es nicht nur frappante Gegensätze bei der Verlesung der Nachrichten, sondern auch bei den Interviews.

Die meisten Fernsehmoderatoren haben natürlich Sprecherziehung genossen, d.h. sie wissen ihre Stimme wirkungsvoll einzusetzen. Doch als Moderator einer Fernsehshow wird manchmal bis zu 16 Stunden (!) für eine einfache Sendung geprobt (Beispiel: ZDF, „Wetten dass…"). Inwieweit diese Person dann in der Lage ist, ohne Regisseur und Redenschreiber in der Öffentlichkeit zu brillieren, kann nur vermutet werden. Ich erinnere mich an einen bekannten Bundesliga- Sportmoderator, der trotz TV-Erfahrung nicht in der Lage war, bei einer internen Firmenfeier in Berlin das Fußballfinale unter den Mitarbeitern für die Zuschauer live zu kommentieren. Weder hatte er sich die Namen der Finalteilnehmer besorgt noch wusste er die Tore und Spielzüge zu kommentieren.

Manche Redneragenturen bieten auf ihren Internetseiten eine Art Fernsehen an, wo man sich die Redner vorab anschauen kann, insbesondere wenn es sich um Promis mit B-Status handelt. Auch Youtube ist eine hervorragende Quelle, um einen ersten Eindruck zu gewinnen.

Keynote-Sprecher bewegen sich nicht selten im Bereich der Scharlatanerie, z.B. Gedächtniskünstler, die keine sind, oder Autoren von Bestsellern, die nie verkauft wurden. Es besteht immer ein Risiko für eine Keynote, die natürlich Geld kostet: Unter 5000 Euro werden Sie kaum einen Keynote-Sprecher finden. Für diese Investition sollten sie sich gut auf dem Markt umsehen, wer der richtige Mann (oder die richtige Frau) für Sie ist.

Eine kleine Gegenrechnung für diese Gagen sollten Sie auch überlegen. Sind solche Gagen gerechtfertigt? Ja, denn eine Zeitungsanzeige oder TV-Werbespot oder Radiowerbespot kostet das Unternehmen auch Unsummen. Sollte gar ein Prominenter kommen, haben Sie auf jeden Fall noch lukrative Zusatzwerbung für Ihr Unternehmen, wenn ein Zeitungsartikel erscheint.

Leitfragen für eine Keynote?

Wofür ist diese Veranstaltung? (Zweck)
Wie lange ist die Redezeit?
Bei Prominenten: Ist die Presse anwesend?
Wie ist die Kleiderordnung für diese Veranstaltung?
Was ist ein Tabuthema?
In welcher Folge soll die Begrüßung für die führenden Mitarbeiter sein?
Soll die Keynote aufgezeichnet werden? (erhöht das Honorar bei Prominenten)
Wie sind die technischen Möglichkeiten vor Ort?

Inspirationsquellen für Redner (Videos, Transkripte) C37

Die Rhetorik verstand sich immer als fachübergreifende Hilfswissenschaft für andere Fächer (z.B. für Literatur, Musik, Kunst, Natur, Technik…) Man muss nicht immer nur über die Rhetorik reden, sondern kann sich sein Thema frei wählen. Vielleicht ist das Thema sogar so gut, dass Sie damit Geld verdienen können? Wenn Sie die Regeln erfolgreichen Sprechens verinnerlicht haben, können Sie theoretisch als Wanderredner von Stadt zu Stadt ziehen, um die Leute auf Ihr neuestes Buch, Ihr neuestes Produkt oder Ihre neueste Erfindung aufmerksam zu machen. Oder Sie mischen die Partei Ihrer Wahl gründlich auf und kämpfen sich bis in die Führungsspitze in Berlin vor? Auch eine Karriere als Akademiker ist mit davon abhängig, wie wortreich Sie Ihre Thesen vertreten können.

TED TALKS ist ein Youtube-Kanal für Redner, der wöchentlich aktualisiert wird. Hier findet man z.B. Monica Lewinsky („Der Preis des Schämens"), das Supermodel Cameron Russell („Die Grenzen der Schönheit"), den Ratgeber Josh Kaufman wie auch den erst zwölf Jahre alten App-Entwickler Thomas Suarez.
Dieser Kanal ist aus zwei Gründen interessant. Einerseits zeigt er das farbenprächtige Zusammenspiel zwischen Bühnenbeleuchtung, Bildeinblendung und Rednerfigur, sodass der Zuschauer im Publikum sich wegen all dieser Effekte ganz klein vorkommt. Und wenn irgendjemand noch glaubt, dass diese Form der Wanderlehrer-Rhetorik „freies Sprechen" sei, das sich spontan während des Sprechvorgangs entwickelt, soll er sich einmal anschauen, wie die eingeblendeten Bilder zu den geäußerten Worten sekundengenau

passen. Spontanität? Ist Illusion. Andereseits zeigt der Kanal auch, in welchem Schneckentempo es oftmals bei solchen Großreden vor sich geht, wie viele Anekdoten erzählt werden müssen, um dann nach zwanzig Minuten irgendeine Botschaft an die Wand zu werfen, die ungefähr einer halben Seite Buch entspricht. Das Mittel der Dehnung, die Suspensio, ist hier ein wesentlicher Baustein zur Selbstzelebrierung.

Tipp: Unter den Stichworten TED TALKS DEUTSCH bzw. TED TALKS GERMANY gibt es auch einige deutsche Reden zu erleben. Weitere Youtube-Kanäle für Redner: SPEAKERS' SPOTLIGHT, TOASTMASTERS und die NSA (National Speaker's Association). Außerdem gibt es noch diverse Rednerwettbewerbe, wie z.B. die Weltmeisterschaft im öffentlichen Vortrag (WORLD CHAMPIONSHIP OF PUBLIC SPEAKING).

Für Studenten:

Wer ein Referat halten muss, und das Ganze etwas emotionsloser, dafür jedoch fundierter in der Sache angehen will, sollte sich bei Youtube ansehen, wie Professoren ihre Vorlesungen abhalten. Welche Universitäten auf der Welt kosten als jährliche Studiengebühr einen nagelneuen Sportwagen und zählen zur Elite? Natürlich: Harvard, Princeton, Yale (Amerika); Oxford, Cambridge (England). Kostenlos, aber nicht weniger lehrreich: Heidelberg, Tübingen (Deutschland). Machen Sie sich jedoch klar: Lernen im Bereich Reden heißt natürlich auch immer, von den Besten zu lernen! Der Beste findet sich aber möglicherweise nicht unter den hier genannten Top-Universitäten, sondern ist vielleicht in einer verschlafenen Kleinstadt bei einer völlig unbekannten Universität beschäftigt. Ein allgemeines Ranking sagt also noch nicht unbedingt etwas über die Qualität des Vortragenden aus.

Für politische Rhetorik:

Der Deutsche Bundestag hat nicht nur eine eigene Homepage, sondern verfügt auch über eine umfangreiche Mediathek. Plenarsitzungen, Ausschusssitzungen, Sonderkonferenzen und Interviews lassen sich hier als Videos abrufen. Oftmals gibt es die geäußerten Worte der Abgeordneten auch als Transkript zum Download. (Homepage: www.bundestag.de)

Auch die Landtage der einzelnen Bundesländer haben eine Mediathek (z.B. Baden-Württemberg: www.landtag-bw.de).

Gleichermaßen veröffentlicht das Weiße Haus in Amerika alle Reden und Interviews des Präsidenten sowie die Pressekonfe-

renzen der Sprecher zu aktuellen Tagesthemen.
(Homepage: www.whitehouse.gov)

Geld machen als Redner:

Wenn Sie z.B. den Leuten Ihre einzigartigen Tauchaufnahmen von von den Fidschiinseln zeigen wollen, können Sie für einen Vortrag von 90 Minuten Länge einen Preis zwischen 5 bis 10 Euro verlangen. Sind Sie gar ein Motivationsredner, der den Leuten zeigt, wie Sie das berufliche Jammertal verlassen und mit Ihrer einzigartigen Methode den Karrieregipfel erreichen können, können Sie sogar 30 bis 50 Euro verlangen. Es gilt der Grundsatz: „Ohne Moos nix los". Wenn Sie also nicht zu gierig in der Preisgestaltung sind, wird der Saal ein bisschen voller. Die hier verloren gegangenen Gelder für die Eintrittstickets lassen sich aber wieder ausgleichen, z.B. durch den Verkauf von Merchandising-Artikeln (eigene Bücher, DVDs, CDs, T-Shirts, Poster) oder den Verkauf von Essen und Getränken. Sie können sich auch überlegen, ob es nicht Sinn macht, eine bestimmte Firma als Sponsor zu gewinnen oder freie Verkaufsstände an ortsansässige Firmen zu vermieten, die dort ihre Produkte verkaufen. Auch für das Recht, diese eine Rede mit anschließender Gruppendiskussion in Bild und Ton aufnehmen zu dürfen, können Sie Geld verlangen.

Natürlich kostet so ein Raum viel Geld, und Sie können nicht genau einschätzen, wieviel Leute kommen werden. Eine Motivationsrede vor zwei Teilnehmern als Publikum in einer Riesenhalle ist ein bisschen demotivierend. Deswegen ist es vielleicht sinnvoller, mit einem Veranstalter zusammenzuarbeiten. Die Eventagentur kennt die genauen Abläufe und Gepflogenheiten in der Stadt, vor allem auch die billigste Halle. Aus der Anzahl der zu erwartenden Gäste berechnet sich die Eintrittsgebühr.

Tipp: Im Internet können Sie sich unter dem Stichwort „Raumvermietung" in einer Suchmaschine über die Miethöhe für Veranstaltungsräume in Ihrer Stadt informieren. Versuchen Sie es erst einmal mit der kleinsten Halle, z.B. einem Gemeindezentrum. Die Miete hierfür liegt nicht selten unter 50 Euro für eine solche Veranstaltung. Wenn es wider Erwarten schnell ausverkauft sein sollte, können Sie immer noch auf eine größere Halle ausweichen.

Beurteilunskriterien für Redner: C38

a) *sprachlicher Ausdruck:* (nicht ganz) fehlerlos: flüssig – präzise – klar – knapp – leicht missverständlich –macht viele Worte – redegewandt – schlagfertig – treffend – schwerfällig – umständlich – unklar – verliert den Faden – kann sich gut / durchschnittlich ausdrücken – steht Rede und Antwort, nicht mehr

b) *Intellektuelle Leistungsfähigkeit:* aufgeweckt – denkt mit – gute / durchschnittliche / schwerfällige Auffassung – gesunder Menschenverstand – hört genau zu – gutes / durchschnittliches Denkvermögen – kann sich schnell umstellen – konzentriert – stellt keine präzisen Fragen – umständlich – unkonzentriert

c) *Auftreten:* arrogant – aufdringlich – etwas schüchtern – bescheiden – distanziert – ernst – zu direkt – gehemmt – gewinnend – heiter – herausfordernd – höflich – korrekt – kühl – lässig – liebenswürdig – offenherzig – schwerfällig – sicher – recht unsicher – zurückhaltend – nicht besonders gewandt – energisch – hält nicht genug Abstand – gesundes Selbstvertrauen – natürlich – kritisch – gute / mittelmäßige / schlechte Kontaktfähigkeit – neigt zu Opposition – tolerant – etwas verschlossen – zu selbstbezogen – kann bestechend überzeugen – keine besondere Überzeugungskraft – freundlich

d) *Grundhaltung:* pessimistisch – optimistisch – dynamisch – statisch

e) *Verhandlungsgeschick:* unbeholfen – wenig ausgeprägt – hat Argumente – sachlich sicher – überzeugend

f) *Analytisches Denkvermögen:* unlogische Argumente – sieht Zusammenhänge – sachlich nüchtern – erkennt das Wesentliche – ordnet alles richtig ein

---

Gesamteindruck (Note 1 bis 6)

- *Wie sympathisch fanden Sie den Redner?* Note ____
- *Wie sicher wirkte er in seiner Vortragsweise?* Note ____
- *Konnten sie dem Redner Ihr Vertrauen aussprechen?* Note ____
- *Wie gut fanden Sie den Titel seiner Rede?* Note ____
- *Blieb der Redner sachlich oder kam es zu häufigen Abschweifungen?* Note ____
- *Wie strukturiert war die Rede?* Note ____
- *Führte der Redner die richtigen Rückschlüsse anhand seiner Argumentationsreihe?* Note ____
- *Wurden Sie durch seine Argumente überzeugt?* Note ____
- *Wie gut konnte der Redner die Zwischenrufe aus dem Publikum parieren?* Note ____
- *Wie war seine Reaktion bei Argumenten, die seine eigene Position abschwächten?* Note ____
- *Bezog sich der Redeanfang auf die Lebenswirklichkeit der Zuhörer?* Note ____

- *Wie wirkungsvoll wirkte der Schluss der Rede? Note ____*
- *Wie verständlich waren die Sätze? Note ____*
- *Variierte der Redner die Satzarten? Note ____*
- *Gab es im Redetext Fragen, bei denen das Publikum mitdenken musste? Note ____*
- *Verzichtete der Redner auf das Passiv? Note ____*
- *Fühlten Sie sich durch den Blickkontakt des Redners persönlich angesprochen? Note ____*
- *Wie fanden Sie die Lautstärke? Note ____*
- *Wie fanden Sie das Sprechtempo? Note ____*
- *Wie fanden Sie die Betonung? Note ____*
- *Machte der Redner auch Pausen zwischen den Sätzen? Note ____*
- *Wie fanden Sie die Körperhaltung? Note ____*
- *Wie gut passte die Gestik/Mimik zum Geschlecht, Alter, Charakter des Redners und wie wirkte sie zum Thema? Note ____*
- *Machte der Redner von den Medien Gebrauch? (Audio, Computerbeamer) Note ____*
- *Machte der Einsatz dieser Medien den Inhalt verständlicher? Note ____*
- *Konnten Sie die Computerschrift gut lesen? Note ____*
- *Konnten Sie die Bilder gut sehen? Note ____*
- *Konnten Sie die Audiodateien gut hören? Bewies der Redner technisches Verständnis für seine Medien? Note ____*
- *Wie gut war der Redner im Vorlesen von Zitaten? Note ____*
- *Konnten Sie die Handschrift des Redners an der Tafel lesen? Note ____*
- *Wurde die angepeilte Redezeit eingehalten? Note ____*

Schritt 4: Die Informationsbeschaffung (inventio)

Die Rhetorik hat im Laufe der Zeit ein eigenes System entwickelt, wie man schnell einen Überblick zu einer Sache oder über eine Person erhält - und damit stets gute Argumente zur Verfügung hat. Diese Art der Informationsgewinnung ist nicht nur für die Gerichtsrhetorik, sondern auch für die Lob- und Tadelrede einsetzbar.

Informationssammlung für Beweise (topos / topoi) C39

Die folgenden Angaben beziehen sich auf den Angeklagten vor Gericht bzw. die zu lobende oder tadelnde Person. Denn alle Details, die für die eigene Sache günstig sind, können besonders hervorgehoben werden, während Details, die für die eigene Sache ungünstig sind, verschwiegen werden. Man sollte sich auch überlegen, dass der Gegner (Staatsanwalt oder Verteidiger; eine andere politische Partei) auf genau die Dinge aus ist, die man selbst am liebsten unter den Tisch kehren möchte. Genau aus diesem Grund sollte man sich hier bereits mit den Argumenten des Gegners auseinandersetzen, um dann mit einem „Ja, es mag schon stimmen, aber..." eine Gegenrede einzuleiten.

C 40

Angaben zur Person:

Wie heißt die Person?
Was für einen Ruf genießt die Person in der Gesellschaft?
Aus welcher Familie stammt die Person?
Was für charakterliche Eigenschaften zeichnen die Person aus?
Welche Laster hat die Person?
Was für eine Erziehung hat die Person genossen?
Was für einen Lebensstil pflegt die Person zu führen?
Welcher sozialen Schicht gehört die Person an?
Hatte die Person bisher eher Glück oder Pech im Leben?
Welche Fertigkeiten hat sich die Person aneignen können?
Welche Angewohnheiten hat die Person?
Welche Triebe sind in der Person zu finden?
Wie gesund ist die Person? Wie sieht die Person aus?
Welche Schulbildung hat die Person genossen?
Welche folgenreichen Entschlüsse hat die Person getroffen?
Welche lobenswerten Taten hat die Person schon gemacht?
Wie hat sich die Person zu bestimmten Dingen bisher geäußert?
Was hat die Person erlebt?
Inwieweit spielte der Zufall bei dieser Person eine Rolle?

Angaben zur Person: (loci a persona)

Angaben zur Sache: **Angaben zum Tatverlauf:**
(loci a re)

Wo hat sich die Tat zugetragen? (auch: Wo befinden wir uns jetzt?)
Wann hat sich die Tat zugetragen? (auch: In welcher Zeit leben wir jetzt?)
Warum muss man über die Tat sprechen? (auch: Warum reden wir jetzt?)
Was ist der Anlass für die Tat gewesen? (auch: Aus welchem Anlass sind wir hier versammelt?)
Auf welche Weise kam die Tat zustande?
Was waren die Hilfsmittel für die Tat?
Wie lässt sich die Tat mit etwas Größerem vergleichen?
Wie lässt sich die Tat mit etwas Kleinerem vergleichen?
Wie lässt sich die Tat mit etwas Ähnlichem vergleichen?
Was wäre das Gegenteil der Tat gewesen?
Was für eine Folge hat die Tat gehabt? Was für einen Ausgang hätte die Tat gehabt, wenn dies oder das nicht passiert wäre?
Womit lässt sich die Tat definieren?
Welche mildernden Umstände lassen sich finden?

Beispiel:

Folgende Dinge können einen Angeklagten entlasten bzw. belasten:

a) *Staatsangehörigkeit:* Der Angeklagte kann einem Kulturkreis entstammen, der unserer Auffassung von Recht, Moral und Sitte nicht entspricht. Die Fragen lauten also: „Woher stammt der Angeklagte?" / „Was ist bei ihm anders als bei uns?" / „Welche gängigen Vorurteile bestehen gegenüber seinem Heimatland bzw. wie lassen sich diese Klischeevorstellungen für die eigene Sache ausnutzen?"

b) *Geschlecht:* „Was war typisch männlich/weiblich an dieser Tat? Inwieweit verzeiht die Allgemeinheit dies? Würden die meisten Männer und Frauen in einer vergleichbaren Situation ebenso handeln?"

c) *Alter:* „Inwieweit beeinflusste das Alter des Angeklagten die Tat? Verhalten sich viele Menschen seines Alters gleich, werden aber nur nicht erwischt? Ist zu erwarten, dass der Angeklagte in einer späteren Lebensphase eine solche Tat nicht mehr begeht?"

d) *Eltern/Familie/Vorfahren/Abstammung:* „Ist der Angeklagte durch seine Familie benachteiligt worden?" (z.B. Schläge) „Hat der Angeklagte ein Verhalten gezeigt, das in seiner Familie immer toleriert wurde und das er nur kopierte?" (z.B. Schläge gegen die Mutter) „Entstammt der Angeklagte einer Familie, die ein solches Verbrechen als sehr untypisch erscheinen lässt?"

e) *Volkszugehörigkeit:* Kommt der Angeklagte aus einem Land, in dem eine solche Tat als nicht verwerflich gilt? (usw)

Angaben zur Sache:

Beispiel:

Übertragung der Fragen auf ein ganz anderes Thema – hier: „Das Auto in der Stadt."

Wie lässt sich ein Auto mit etwas Größerem vergleichen?
Ein Auto hat im Vergleich zu einem LKW eine schnellere Beschleunigung.
Wie lässt sich ein Auto mit etwas Kleinerem vergleichen?
Ein Auto hat im Vergleich zu einem Motorrad eine viel langsamere Beschleunigung.
Wie lässt sich ein Auto mit etwas Ähnlichem vergleichen?
Während ein Stadtauto gut im Parkhaus parken kann, ist es für einen Jeep schon erheblich schwieriger.
Was wäre das Gegenteil von einem Auto gewesen?
Das Gegenteil von einem Auto wäre ein Stadtflugzeug gewesen. Der Vorteil: Keine Staus mehr. Der Nachteil: Zusammenstöße in der Luft.
Was für eine Folge hat das Auto gehabt?
Durch das Auto ist die Menschheit mobil geworden, sodass Tiere zur Fortbewegung nicht mehr nötig sind.
Wie lässt sich ein Auto definieren?
Fahrbarer Gegenstand, der ein treuer Freund sein kann, große Mengen an Benzin verbraucht und je nach Alter und Marke, aber auch Laufleistung und Gesamtzustand unterschiedlich oft in einer Werkstatt gewartet werden muss.
Welche mildernden Umstände lassen sich für ein Auto finden?
Trotz der Umweltproblematik ist ein Auto für Leute in entlegenen Gebieten ein sicheres Fortbewegungsmittel.

Das Sammeln von Information für die Rede: Grundfertigkeiten C41

Der Begriff „inventio" bezeichnet die Tätigkeit der Gedankenfindung. Es ist weder das Einstudieren der Rede noch das Aufschreiben, weder das Gliedern der Argumente noch das Vortragen, was am meisten Zeit verschlingt – wer als Redner ein anspruchsvolles Thema zu bearbeiten hat, muss sich mit dem Stoff so gut vertraut machen, dass er sich wie ein Experte darin auskennt, ohne selbst einer zu sein.

Inventio:

Sammeln von Information durch das Studium von Fachbüchern und Aufsätzen über das Sachgebiet; Sammeln von Information durch Studieren des Werkes selbst (Buch; Kunstwerk; Landschaft); Sammeln von Information durch das planmäßige Beobachten und Vergleichen von Geschehnissen (Exkursionen); Sammeln von Information durch eigene Versuche (naturwissenschaftliche Themen); Sammeln von Information durch Gespräche mit Experten; Sammeln von Information durch Brainstorming-Techniken

Nicht immer ist ein Gang zur Bibliothek notwendig. Bei einer leichten Aufgabenstellung („Vor- und Nachteile des Öffentlichen Nahverkehrs" / „Machen Computerspiele gewalttätig?") hat man manchmal gar nicht die Zeit, sich schlau zu machen. Wenn man in einer Firma arbeitet, kann es sein, dass es heißt: „He, in 20 Minuten treffen wir uns. Es geht um die neue Werbekampagne zum Thema ‚Macht'." Diese spontanen Meetings bieten uns die Gelegenheit, auf andere Recherchemethoden, die nur im eigenen Kopf stattfinden, zurückzugreifen.

Beispiel aus der Literatur:

Wenn du etwas wissen willst und es durch Meditation nicht finden kannst, so rate ich dir, mein lieber, sinnreicher Freund, mit dem nächsten Bekannten, der dir aufstößt, darüber zu sprechen. Es braucht nicht eben ein scharfdenkender Kopf zu sein, auch meine ich es nicht so, als ob du ihn darum befragen solltest: nein! Vielmehr sollst du es ihm selber allererst erzählen. (...) Und siehe da, wenn ich mit meiner Schwester davon rede, welche hinter mir sitzt, und arbeitet, so erfahre ich, was ich durch ein vielleicht stundenlanges Brüten nicht herausgebracht haben würde. Nicht, als ob sie es mir, im eigentlichen Sinne sagte; denn sie kennt weder das Gesetzbuch, noch hat sie den Euler, oder den Kästner studiert. Auch nicht, als ob sie mich durch geschickte Fragen auf den Punkt hinführte, auf welchen es ankommt, wenn schon dies letzte häufig der Fall sein mag. Aber weil ich doch irgendeine dunkle Vorstellung habe, die mit dem, was ich suche, von fern her in einiger Verbindung steht, so prägt, wenn ich nur dreist damit den Anfang mache, das Gemüt, während die Rede fortschreitet, in der Notwendigkeit, dem Anfang nun auch ein Ende zu finden, jene verworrene Vorstellung zur völligen Deutlichkeit aus, dergestalt, daß die Erkenntnis, zu meinem Erstaunen, mit der Periode fertig ist. (...) In diesem Sinne begreife ich, von welchem Nutzen Molière seine Magd sein konnte; denn wenn er derselben, wie er vorgibt, ein Urteil zutraute, das das seinige berichten konnte, so ist dies eine Bescheidenheit, an deren Dasein in seiner Brust ich nicht glaube.

Heinrich von Kleist, „Über die allmähliche Verfertigung der Gedanken beim Reden"

Heinrich von Kleist

Die journalistische Methode   C42

Wir arbeiten so viele Fragewörter wie möglich zum Thema ab und schreiben uns die Antworten auf:

Thema: „Die Macht"

Was ist Macht? Wo kommt Macht her? Wer übt Macht aus? Wann setzt der Mensch Macht ein? Warum setzt der Mensch Macht ein? Wie kommt Macht zustande? Woraus besteht der Vorteil, Macht einzusetzen? Wessen Macht ist keine Macht? Wie oft hat man Macht? Woher kommt der Begriff Macht? Was wäre eine sprachliche Definition von Macht?

Siehe auch Wortarten, Fragewörter, Seite 60.

Die ABC-Methode   C43

Wir schreiben ein Alphabet auf und überlegen uns Wörter, die mit dem Thema in Zusammenhang stehen:

Thema: „Die Macht".

Allmacht / Autorität / Aura
Befehl
Charakteristika der Macht
Debütant (Anfänger haben keine Macht) / Definition von Macht
Erfolg
Freunde (haben mächtige Menschen weniger Freunde?)
Glück / Geld
Heldentum
Intelligenz
Ja-Sager (keine Macht)
Kontrolle
Lenkung

Manipulation
Nein-Sager (viel Macht)
Ohne Macht (keine Weiterentwicklung)
Persönlichkeit
Qualität der Macht
Recht
Selbstsicherheit
Tiefe (Wie tief ist die Macht spürbar?)
Unterhaltungsindustrie (viel Macht)
Verlust (wann hat man keine Macht mehr?)
Werbung (Macht der Marken)
X
Y
Zeugnis (Leute mit schlechtem Zeugnis haben keine Macht im Berufsleben)

Ärger (wann ist Macht schädlich)
Überraschung (Ist ein Machtmensch noch zu Emotionen fähig?)
Öffnung (wie kann man an Macht gelangen)

Der Vorteil dieser Methode ist, dass man noch an weitere Punkte gelangt, die man nicht über die Fragen bekommen hätte. Je nach sprachlichem Geschick sollte man aber in der Lage sein, die zufällig über das Alphabet gefundenen Worte einzuordnen und vielleicht sogar Argumente zu formen (siehe Argumentationsfiguren). Zu manchen Buchstaben (X, Y, C) gibt es aber häufig im Kopf keine Begriffe, die mit dem Thema im Zusammenhang stehen. Ich wende diese Methode eigentlich immer an, weil sie nicht viel Zeitaufwand kostet und oft überraschende Zusatzwörter bringt. Als alleinige Recherchemethode ist sie jedoch ungeeignet.

Eine Abwandlung dieser Form ist die Emotionsmethode. Statt dem Alphabet schreibt man alle menschlichen Gefühle auf:

Freude, Angst, Überraschung, Zuneigung, Wut, Trauer, Ablehnung Zustimmung, Gleichgültigkeit, Arroganz, Brutalität, Verachtung, Ekel, beleidigt sein...

Nun setzt man diese Gefühle mit dem gestellten Thema in Verbindung. Graben Sie in Ihrem persönlichen Erinnerungsschatz und notieren Sie all die Erlebnisse, die Ihnen spontan einfallen. Schon haben Sie einige Anekdoten zur Hand, die sich in die Rede einbauen lassen. Der Zuhörer denkt: Ja, so etwas habe ich auch schon einmal erlebt. Mir ging es damals genauso....

Beispiel: Thema „Der Autofahrer in der Stadt"

Was für ein Auto hat mir Freude gemacht?
Mein erstes Auto nach der Führerscheinprüfung. Es war zwar schon unglaublich alt, hatte aber eine fantastische Musikanlage. Für mich ein unglaubliches Freiheitsgefühl.
Was für ein Auto macht mir Angst?
Wenn ich auf der Autobahn fahre und einen Lastwagen überholen will und da kommt so ein Raser in einem dicken Jeep oder Sportwagen...
Was für ein Auto ist überraschend?
Ich habe einmal ein Auto mit nur drei Rädern gesehen. Ich glaube, das Ding heißt Isetta...
Was für Auto bewirkt Sympathie?
Ein Auto, das bunt angemalt und mit vielen Blumen verziert ist.
Was für ein Auto bringt mich in Wut?
Ein Auto, dessen PS-Anzahl überhaupt nicht der Karosserie entspricht und in dem dann ein jugendlicher Angeber sitzt.
Was für ein Auto hat mich traurig gemacht?
Als mein erstes Auto nicht mehr durch den TÜV kam, obwohl es mir stets treue Dienste leistete, war ich ganz schön niedergeschlagen. Zumal ich damals kein Geld für ein anderes Auto hatte.
Was für ein Auto macht mich gleichgültig?
Schwarze, blaue, graue Autos. Wie langweilig! Man kann sich doch auch eine interessante Farbe aussuchen.
Was für ein Auto fand ich brutal?
Die Autos im New Yorker Stadtteil Chinatown. Teilweise sind sie mit Maschinenpistolenkugeln durchsiebt und parken dennoch gemütlich auf der Straße.

Das Brainstorming (mit weiteren Varianten) C44

Der amerikanische Werbefachmann Alex F. Osborn (1888 – 1966) ist der Erfinder dieser Methode. Sie ist eine Abwandlung von indischen Hindu-Lehren, dem „Prai-Barshana". Barshana heißt „Frage", prai „außerhalb von dir selbst". *Brainstorming = engl. „Sturm durchs Gehirn pusten".*

Hier kommt es darauf an, ob man allein oder in der Gruppe arbeitet. Beim Einzel-Brainstorming wird einfach ein Blatt genommen und alle Sachen, die einem spontan zum Thema einfallen, werden aufgeschrieben.
Das kann 20 Minuten Zeit kosten, ist aber für Schulaufsätze ungemein effektiv. Mit dieser Art von Wissensquelle erzielt man manchmal bessere Ergebnisse als über die Fragetechnik oder die ABC-Methode.

Beim <u>Gruppen-Brainstorming</u> ist wichtig, dass die einzelnen Teilnehmer nicht kritisiert werden, wenn sie einen Vorschlag machen, der mit dem Thema zusammenhängt. Wenn jemand einen Einfall hat, so gibt es nämlich meistens einen gehässigen Kommentar, nicht selten in Form einer Killerphrase („Blödsinn. Das funktioniert doch nicht."). Osborn sagte, wenn man heißes Wasser (=Ideen) und kaltes Wasser (=Kritik) durch einen Hahn fließen lasse, so sei das Ergebnis stets lau. Beim Gruppen-Brainstorming hat jeder Teilnehmer ausreichend Papier und Stift – oder einer der Teilnehmer protokolliert für die anderen. Alle sollen quantitativ viele Beiträge zum Thema liefern, möglichst ungeordnet. Die Meinungen werden nicht gewertet.

* PS. Die Axiome von Elliot Aronson (The Social Animal) zeigen, weshalb wir auf harsche Kritik empfindlich reagieren: Wir mögen dann automatisch die andere Person nicht mehr.

Ist die Phase der Mitteilung vorüber, dürfen die Teilnehmer nun kritisieren. Banale und wertvolle Beiträge werden getrennt, die einzelnen Punkte in Oberbegriffen gebündelt.

Bei der **Methode 635**, einer speziellen Form des Brainstormings, sitzen sechs Personen mit eigenem Papier an einem Tisch und sollen drei Ideen in fünf Minuten entwickeln. Nach fünf Minuten wird das Blatt an den Banknachbarn weitergereicht. In den nächsten fünf Minuten muss man wieder drei Ideen haben, die entweder den Beitrag des Nachbarn gedanklich ergänzen oder vollkommen eigenständig ersonnen werden. Sind diese fünf Minuten vorbei, wird das Blatt wieder an den nächsten Nachbarn weitergereicht. Insgesamt dauert ein solches Meeting genau 40 Minuten. Abschließend bekommt jeder der Teilnehmer die sechs Blätter gereicht, und soll nun die besten Vorschläge, die auf jedem Blatt stehen, ankreuzen. Damit hat jeder Zettel 18 Bewertungskreuze, und der Leiter des informellen Treffens kann auswerten, welche Vorschläge am meisten Kreuze haben. Diese Vorschläge können dann nochmals extra in der Gruppe diskutiert werden.

Es soll Leute geben, die diese Methode 635 auch ganz allein durchführen: In diesem Fall schreiben sie innerhalb von 5 Minuten drei Vorschläge auf jedes Blatt und verwerfen später bei der Auswertung ihre eigenen Lösungsansätze – ein bisschen wie bei dem Silvestergag „Dinner for One".

Beim **Brainwriting** ist die Methode nicht ganz so schematisch: Vier bis acht Personen sitzen an einem Tisch, in der Mitte sind Papier und Stifte. Nach der Vorstellung des Kernproblems notiert sich jeder Teilnehmer mögliche Lösungsvorschläge auf sein Papier, und das ganz ohne Zeitdruck. Wer fertig ist, legt sein Blatt in die Tischmitte, nimmt dafür ein anderes, das von einem Kollegen beschrieben ist, und lässt sich durch seine Ideen zu einem neuen Lösungsansatz anregen.

Die Mindmap   C45

Eine Mindmap (engl. „Gedanken-Landkarte") ist ein Oberbegriff mit vier bis acht Unterbegriffen. Über die Unterbegriffe kann man schnell noch zu weiteren Unterbegriffen gelangen, die nicht zwingend mit dem Thema in Zusammenhang stehen müssen. Irgendwann gelangt man dann wieder zu einem Punkt, der mit der ersten Reihe in einem direkten Zusammenhang steht. Ein Redner kann sich überlegen, ob er statt einem Notizzettel mit Stichworten nicht lieber gleich eine Mindmap erstellt, die ihm hohe Flexibilität durch ihre Übersichtlichkeit garantiert, und auch als Handout (Begleitzettel) fürs Publikum geeignet ist.

Bei Substantiven: Was ist...? Woraus besteht...?

Beispiel: <u>Alkohol:</u> Whisky, Schnaps, Wodka, Bier, Wein
Beispiel: <u>Bier:</u> Gerste, Hefe, Wasser, Reinheitsgebot
Beispiel: <u>Wasser:</u> Trinkwasser, Salzwasser, Sprudel, Verschmutzung
Beispiel: <u>Salzwasser:</u> Meer, Fische, Küste, Fähren
Beispiel: <u>Fähren:</u> Autos, Menschen, <u>Alkoholverkauf</u>

Bei Verben / Adverbien : Wie ist....? Wo? Wann?

Beispiel: <u>trinken:</u> schnell, langsam, gierig, sanft
Beispiel: <u>langsam:</u> gehen, Auto fahren, lesen,
Beispiel: <u>lesen:</u> gern, selten, nie, oft
Beispiel: <u>oft:</u> Musik hören, Fernsehen, Radio hören
Beispiel: <u>Musik hören:</u> gern, in der Stadt, in der Kneipe
Beispiel: <u>In der Kneipe:</u> trinken.

Grafisch umgesetzt:

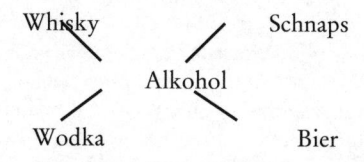

```
   Whisky          Schnaps
        \         /
         Alkohol
        /         \
   Wodka           Bier
```

Es gibt auch noch die Form einer chronologischen Mindmap: Hat man z.B. als Thema „Diskothek", so kann man folgendermaßen das Thema angehen:

21 Uhr: Am Türsteher vorbei
21 Uhr 02: Mantel an der Garderobe abgegeben
21 Uhr 04: An die Bar gegangen
21 Uhr 06: Das erste Bier bestellt
21 Uhr 20: Auf die Tanzfläche gegangen
21 Uhr 50: Von der Tanzfläche verschwunden
22 Uhr: An die Bar gegangen
22 Uhr 10: Ein zweites Bier bestellt
22 Uhr 20: Beim DJ einen Song gewünscht
22 Uhr 30: An die Garderobe gegangen
22 Uhr 33: Vom Türsteher verabschiedet

Hat man nun die Zeitleiste erstellt, kann man die einzelnen Orte wieder mit dem W-Fragenkatalog abarbeiten (Wer wird Türsteher? Was ist ein Türsteher? Warum gibt es einen Türsteher in einer Disko?). Natürlich kann man auch das Wort nehmen und zu ihm mittels einer Mindmap vier neue Begriffe bilden.

Lesen in wissenschaftlichen Büchern – aber richtig!
(PRQR-4 Methode) C46

In der heutigen Zeit stellt eine schnelle Recherche durch ein Internetlexikon wie Wikipedia keinen großen Zeitaufwand mehr dar. Ein paar coole Klicks in die Suchmaschine, schnell ausgedruckt, und fertig ist das Referat. Wenn Schüler heutzutage Referate halten, benutzen die wenigsten von ihnen noch Bücher als Recherchemethode. Wozu auch? Das frei zugängliche Internetlexikon hat besser abgeschnitten als der Brockhaus mit seinen Artikeln; der Wahrheitsgehalt einiger Webquellen liegt also mindestens auf gleichem, wenn nicht sogar höherem Niveau. Wozu noch seine Zeit in der Bibliothek verschwenden? Wozu noch seine Nase in den staubigen Dunst halb zerfallener Buchseiten drücken, an denen die Schokoladenreste des Vorgängers ein trauriges Ende gefunden haben?

Ich will Ihnen ein kleines Beispiel erzählen. In der Presseabteilung eines Verlags bekam ich eines Tages einen Anruf, ob ich eine Information über einen bestimmten amerikanischen Film besorgen könne – wann sei dieser Film entstanden, wer sei der Regisseur gewesen, wie hießen die Hauptdarsteller? Obwohl eigentlich nicht mein Aufgabengebiet, sagte ich spontan zu. Nachdem ich mehrere Versuche in Suchmaschinen gemacht hatte, traf ich nicht einmal auf den Namen des Films, was mich auch nicht sonderlich verwunderte, war der Film doch aus den 30er Jahren. Als ich am nächsten Tag an der Universität in der Bibliothek war, genügte ein kleiner Blick ins Filmlexikon, und die benötigten Informationen waren innerhalb von 5 Minuten Zeitaufwand zugänglich. Was lernen wir daraus? Im Internet steht nicht alles, sondern nur das, wonach die Leute suchen. Sehr viele Inhalte aus älteren Jahrzehnten sind noch lange nicht zugänglich, und werden es wohl auch nie sein. Das Internet ist selbst undurchschaubar, und wer nicht die richtigen Schlüsselbegriffe kennt, nach denen man in den Suchmaschinen zu bestimmten Themen suchen muss, kann sich im heimischen Stuhl tagelang totsurfen, währenddessen ein kleiner Gang zur Bibliothek ihm die richtige Antwort gebracht hätte. Ich will nicht sagen, dass Bücher das Nonplusultra sind. Sehr viele Informationen in Büchern sind schwer zugänglich (Register), die veralteten Bibliothekssysteme mit Karteikarten lassen zu wünschen übrig. Aber alle Menschen in Deutschland haben das Recht auf Information und können sich an einer Universitätsbibliothek einen Ausweis machen lassen, auch wenn sie keine Studenten sind. Eine Universitätsbibliothek hat den Vorteil, dass es sich um eine Präsenzbibliothek handelt, die Bücher sind also nicht ausgeliehen. Meine Technik zum Sammeln von Information ist relativ banal, aber wirkungsvoll. Zuerst gilt es, irgendeinen Bereich ausfindig zu machen, wo mein Thema vorkommt. Anschließend stellt man sich vors Bücherregal und überfliegt alle Titel, die im Entferntesten damit zu tun haben könnten. Dann liest man die Bücher kurz an, überprüft den Schreibstil und Inhalt, und legt es wieder weg. Irgendwann hat man dann aber Glück (Buch Nummer 20) und genau das beste Buch gefunden, was man niemals über Internet oder Karteikartensystem gefunden hätte. Manchmal hat man auch in der normalen Stadtbibliothek Erfolg und kann dort unglaubliche Sachen mitnehmen.

Es gibt beim Lesen eines Buches mehrere Stadien (PQR4-Methode):

a)   das vorausschauende Lesen (Preview): hier wird das gesamte Material auf Inhalte abgesucht, die mit dem Thema zu tun haben könnten. Das funktioniert bei kleinen Essays besser als bei großen Büchern. Mit einem Leuchtstift werden die wichtigsten Abschnitte angeleuchtet.

b)   sich zu den Textpassagen eigene Fragen stellen oder Oberbegriffe wählen (Questions): Wissenschaftliche Texte, die man nicht versteht, kann man mit einer Frage versehen. Vielleicht klärt sich diese später. Oder man teilt wichtige Abschnitte des Textes in bestimmte Oberbegriffe ein.

c)   Richtiges Lesen (read): Jetzt gilt es, die markierten Abschnitte sorgfältig zu lesen: Zeile für Zeile, Wort für Wort, Buchstabe für Buchstabe. Ein Fremdwörterbuch und ein Lexikon in Reichweite sind hilfreich.

d)   Nachdenken (reflect): hier kann man über die unverständlichen Textabschnitte nachdenken. Wenn

e) mit eigenen Worten wiedergeben (recite): jetzt sollte man in der Lage sein, den Inhalt des Gesagten richtig auszulegen. Die Übersetzung von der Fachsprache in die eigene, kindliche Gedankenwelt ist ein elementarer Basisstein, ein schweres Thema zu verstehen.

f) Aufschreiben von Stichworten (review): Nun kann man die ersten Stichworte aufschreiben, und nach Möglichkeit auch schon einordnen (geschichtliche Epoche/politische Richtung / Textsorte).

Das Einprägen der Rede (memoria)

Das Gedächtnis **C47** Aus: Platon: Phaidros (Sokrates)

Sokrates: *Aber das reichte ihm nicht, sondern er nahm das Aufgeschriebene doch noch zur Hand, und sah sich erneut an, was ihm am meisten Schwierigkeiten bereitete. Frühmorgens schon verharrte er in dieser mühevollen Tätigkeit, bis er sich schließlich dazu aufraffte, einen kleinen Spaziergang zu machen. Deshalb dürfte er die Rede schon auswendig gewusst haben, da es keine allzu lange war. Von den Stadttoren ging es hinaus, und er lief schnurstracks des Wegs, um sich seine Rede einzuprägen. Plötzlich traf er auf einen Mann, der geradezu danach brannte, die Reden anderer anzuhören, und sobald er diesen bemerkte, freute er sich heimlich, dass er nun gleich einen bewundernden Zuhörer haben würde, forderte ihn jedoch auf, von hier gefälligst zu verschwinden, damit er sich besser konzentrieren könne. Als nun aber dieser Fan für Vorträge ihn inständig bat, ihm doch seine Rede vorzutragen, wies er das energisch zurück und tat so, als ob er nicht für ihn reden wolle. In Wirklichkeit hätte er aber Gewalt eingesetzt, wenn ein anderer es gewagt hätte, seiner Rede nicht zuzuhören. Du nun, oh Phaidros, solltest gleich die Bitte an ihn richten, dass er lieber schon jetzt das tut, was er sowieso gleich tun wird!*

Phaidros: *Nun gut, sicherlich ist es klüger, wenn ich jetzt mit meiner Rede anfange, so gut ich dies vermag; du machst mir den Eindruck, als ob du mich ja doch nicht vorher loslassen wirst, ehe ich nicht zu dir gesprochen habe – wenn es auch misslingen könnte.*

Sokrates: *Um die Wahrheit zu sagen: Du hast recht.*

Phaidros: *Also gut, dann will ich mich eben fügen. Ich meine das im Ernst, oh Sokrates, die Worte in dieser Rede ich habe nicht auswendig gelernt; dem Sinn nach will ich aber sprechen, und zwar über die Unterschiede sprechen, die den Gefühlszustand eines Verliebten und eines Nichtverliebten ausmachen. Ich werde Punkt für Punkt alles ansprechen, und dabei von vorn beginnen.*

Anekdote : „Das lebende Gedächtnis"

Viele reiche Jünglinge Roms strebten eine politische Laufbahn an. Dass diese nicht immer über ein überragendes Gedächtnis verfügten, lässt sich leicht belegen, denn sie waren es, die einen eigenen Berufszweig für gebildete Sklaven erschufen, den sogenannten nomenclator oder nomenculator. Dieser hatte die Aufgabe, seinem Herrn alle Namen der Vorüberziehenden ins Ohr zu flüstern, damit er diese nach den damaligen Sitten und Gepflogenheiten begrüßen konnte. Der Sklave musste sich die Gesichter und Namen der wichtigen römischen Personen einprägen. Insbesondere zu Zeiten der Bewerbung um ein politisches Amt war es einfach wichtig, Bündnisse mit Gleichgesinnten zu schmieden und freundschaftliche Beziehungen zu einflussreichen Persönlichkeiten aufzubauen. Wenn wir auch heute darüber schmunzeln müssen, wie man sich nur so etwas Seltsames wie einen Namenssklaven anschaffen kann, der als lebendes Gedächtnis seinem Herrn immer treu zur Seite stand, sollten wir bedenken: Ohne Radio und Fernsehen, ohne Fotografie und Zeitung ist es in einer Großstadt wie Rom sicherlich nicht leicht gewesen, den Überblick zu behalten. Wer von den Leuten auf dem Forum Romanum war wichtig? Wer könnte nützlich für die eigenen Ziele sein? Schon die alten Römer wussten: Wer den Namen einer anderen Person kennt, sammelt Pluspunkte. Doch mit welcher Gedächtnistechnik ein nomenclator zu Werke ging, wie er sich die Namen zu den einzelnen Gesichter gemerkt hat, ist leider nicht überliefert.

Der rhetorische Fachbegriff „memoria" bezeichnet das Einprägen einer Rede. Im Hellenismus war Papier noch weitgehend unbekannt, die Mitnahme von Notizen für Redner nicht möglich; frei musste vor Publikum gesprochen werden, was bei der Länge der Reden, die uns heute überliefert sind, eine schier unglaubliche Gedächtnisleistung darstellt. Natürlich sprachen Redner nur selten richtig frei – auch wenn uns das einige Rhetoriktrainer in ihren Seminaren gern glauben machen wollen – sondern gaben das öffentlich wieder, was sie schon zu Hause für ihren großen Auftritt vorbereitet hatten; oft unter fachkundiger Anleitung eines griechischen Redelehrers. Doch wie konnten sie so lange Reden auswendig lernen, wenn sie doch gar kein Papier besaßen? Die Antwort: Teile der Reden kamen auf Wachstafeln, wurden anschließend auswendig gelernt; dann wurde die Wachstafel neu beschrieben und der nächste Teil auswendig gelernt. Im Unterschied zu heute lernte man bereits während der Entstehungsphase seine Rede auswendig, die mehrere Stunden Redezeit beanspruchen konnte.

Der Redner und sein untrügliches Gedächtnis
C48

„O wie tief will ich mir das einprägen! wie eifrig will ich es befolgen! – Ich bin – vergebt mir – manchmal wohl gar darauf gefallen, Ihr müßtet irgendein Geheimnis bei Eurer Arbeit besitzen, wovon sich kein anderer Mensch einen Begriff machen könnte. Gar zu gern möchte ich Euch nur einen halben Tag lang bei der Arbeit zusehen; doch Ihr laßt vielleicht keinen dazu."

Text: Wilhelm Heinrich Wackenroder, „Herzensergießungen eines kunstliebenden Klosterbruders"

Andererseits war das Gedächtnis der Leute damals vielleicht besser geschult als heute; wer heutzutage Karteikarten zückt und frei nach Stichwörtern redet, kommt vielleicht trotzdem ins Stocken, denn das eigene Gedächtnis kann einen ganz schön im Stich lassen, wenn z.B. eine unerwartete Lärmquelle auftritt, das Publikum pfeift, der Redner von einem Höhergestellten unterbrochen wird oder die Rede nicht richtig einstudiert wurde. Die meisten Leute investieren Stunden in die Recherche, Gliederung, schreiben Sätze oder Stichworte auf und üben eine angemessene Körpersprache vor dem Spiegel. Aber für den Vortrag wird praktisch keine Zeit genommen, nach dem Motto: Da ist ohnehin nichts mehr zu holen. Das ist Naturbegabung. Ich habe doch meinen Aufschrieb.

Wird gar mit einem Präsentationsprogramm wie Powerpoint die Rede gehalten, verschlimmert sich noch das Problem. Während das Publikum an der Wand nur die hell erleuchteten Folien des Beamers zu sehen bekommt, kann der Vortragende heimlich seinen ausformulierten Redetext vom hochgeklappten Laptop ablesen. Dass es sich hierbei nicht um einen sehr lebendigen Vortrag mit Publikumsbezug handeln kann, versteht sich von selbst.

Die leichteste Methode, eine Rede zu lernen, ist sie komplett aufzuschreiben (oder wenigstens die Stichworte) und mehrmals laut durchzusprechen. Nach dem achten Mal kann man sie in der Regel schon gut auswendig, und ist dann in der Lage sich vom Blatt zu lösen. Wer die Sache bis zum Exzess treibt (30 Mal vortragen) wird so gut sein, dass er überhaupt nicht aufs Blatt schauen muss, ja vielleicht nicht einmal einen Notizzettel benötigt.

Eine andere Möglichkeit ist, sich die Rede mit kurzen Abschnitten selbst zu erarbeiten. Einzelne Teile der Rede, wie z.B. die Einleitung, die ersten drei Pro-Argumente des Hauptteils, werden mit Stichworten aufgeschrieben und dann laut ausgesprochen. Der Vorteil kurzer Redeabschnitte liegt auf der Hand: Sie kosten nicht viel Zeit. Hierbei sollte einfach mit dem Reden „frei nach Schnauze" begonnen werden, und wenn diese ersten Formulierungen nicht gut klingen, sollte solange probiert werden, bis eine passende Satzvariante gefunden ist. Diese Kurzeinheiten der Rede sollten immer wieder trainiert werden, sodass man diese später, wenn es zur richtigen Redesituation kommt, aus dem Gedächtnis aufsagen kann. Insgesamt ist dieses Verfahren jedoch keinesfalls zeitsparender als die andere Variante, den Redetext voll aufzuschreiben. Für das Gedächtnis ist es jedoch besser, keinen ausformulierten Redetext zu haben.

Es gibt Naturtalente, die sich ohne viel Federlesens in die erste Reihe stellen, das Mikro in die Hand nehmen und loslegen, ganz

ohne Übung. Diese Leute erzielen oftmals weitaus bessere Effekte als diejenigen, die sich verkrampft vorbereiten und unter Lampenfieber leiden. Warum manche Leute eine Rede gedanklich so vor sich sehen, dass sie ohne jedes Zutun frei sprechen können, als wären sie in einer lockeren Unterhaltung mit Freunden, während andere rot werden und stammeln und am liebsten in den Erdboden versinken würden, hängt auch von der Vorbildung und dem Menschentyp ab. Wer selbst sehr kommunikativ ist und viel mit Freunden ausgeht, macht Millionen Sätze mehr als andere, welche Sätze nur auf Papier gedruckt sehen oder im Fernsehen hören. Meiner eigenen Erfahrung nach lesen die meisten guten Redner überhaupt keine Bücher. Manchmal sind darunter auch Hauptschüler, die nicht einmal über die vier Fälle der deutschen Sprache Bescheid wissen, und dann jeden Gymnasiasten in Grund und Boden reden. Was die Naturtalente von den Normalsterblichen unterscheidet ist, dass sie sich in keinster Weise vor einem Publikum schämen. Sie bilden die Sätze frei, weil sie keine Angst, keine Scham, keine Minderwertigkeit kennen. Sie sind oftmals zu faul, sich ernsthaft mit dem Thema auseinander zu setzen, und vertrauen auf die eigenen intellektuellen Fähigkeiten, die noch nicht einmal sonderlich hoch liegen. Ihnen fehlt das Self-Monitoring, das Sehen der eigenen Person durch den Spiegel, die sagt: „Du fühlst dich unwohl, alle Leute starren dich an, deine Stimme klingt piepsig, du wirst rot, der Professor ist nicht zufrieden, es ist alles so peinlich..."
Allen anderen hilft nur eine fleißige und gewissenhafte Vorbereitung, sodass man zumindest weiß, wie man seine Rede halten muss, welche Punkte darin angesprochen werden müssen und dass man sprachlich ein hohes Niveau zu gehen versteht.

Dies hat auch mit dem Alter des Redners zu tun: Leute mit 50 und 60 haben keineswegs ein schlechteres Gedächtnis und sind aufgrund ihres hohen Wortschatzes eher in der Lage nach Stichworten auszuformulieren. Auf dem Zenit ihrer Redeleistung sind sie den Jüngeren (z.B. 20jährige Studenten) haushoch überlegen. Wer bis jetzt noch kein guter Redner ist, wird es relativ sicher in einem höheren Alter.

Wie aber prägen sich denn Schauspieler im Theater ihre langen Textpassagen ein? Kann man von ihnen vielleicht lernen?

Man sollte wissen, dass Schauspieler ihre Texte beim Einprägen laut lesen, dabei immer mit der dramaturgisch richtigen Betonung. Es ist hilfreich, wenn man die Betonung und Sprechweise hierbei sogar übersteigert. Spielen Sie auch mit der Lesegeschwindigkeit: einmal sprechen Sie gedehnt und langsam, dann ganz schnell und gehetzt. Einmal flüstern Sie die Textpassage, dann schreien Sie sie so laut es Ihnen möglich ist.

Machen Sie schon jetzt geeignete Körperbewegungen, um Ihre Aussage bei bestimmten Passagen zu unterstützen: ballen Sie beide Fäuste, heben Sie den Zeigefinger, schütteln Sie den Kopf, stemmen Sie die Arme in die Hüfte.

Seien Sie aber nicht zu ehrgeizig! Lernen Sie anfangs nur kleinere und einfache Einheiten, machen Sie dann eine Pause, wiederholen Sie den Text nach der Pause, und erst wenn dieser einigermaßen sitzt, wagen Sie sich an Neuland.

Tipp: Schauen Sie direkt nach dem Lernen kein Fernsehen, hören Sie auch kein Radio, gehen Sie nicht ins Internet, weil sie hier zu viele Sinnesreize aufnehmen! Sie können jedoch ein Buch zur Hand nehmen und entspannt eine Geschichte lesen. Wenn es Abend ist, sollten Sie gleich schlafen gehen.

Hermann Ebbinghaus

Hermann Ebbinghaus, ein Pionier der kognitiv-psychologischen Forschung, prägte sich lange und sinnlose Reihen von Wörtern und Silben ein, um nachher die Zeitspanne zu messen, bis wann er diese vollständig vergessen hatte - und wie sich das Vergessen durch Wiederholungsphasen zu einem bestimmten Zeitpunkt verhindern ließ.

Bereits nach 20 Minuten hat man nur noch 60 % des Gelernten im Gedächtnis. Nach einer Stunde schrumpft das Gelernte auf 45 %, um nach einem Tag auf 34 % zu fallen. Sechs Tage nach dem Lernen kann man weniger als ein Viertel des Lernstoffs wiedergeben. Dauerhaft werden nur 15 Prozent abgespeichert.

Tipp: Wenn Sie sich auf einen Begriff aus Ihrer Gliederung ca. 16-20 Sekunden konzentrieren, haben Sie ihn nicht mehr im Ultra-Kurzzeitgedächntis (wo Sie alles sofort vergessen), sondern im Kurzzeitgedächtnis (wo Sie das Wort bis morgen behalten).

Faustregel für Wiederholungsphasen: erste Lerneinheit 1 abends, zweite Wiederholung der Lerneinheit 1 morgens (wenn acht bis zehn Stunden Zeit vergangen ist), dritte Wiederholung der Lerneinheit 1 nach spätestens einer Woche, vierte Wiederholung nach einem Monat.

Wenn Ihnen kein Monat mehr bis zu Ihrer Rede bleibt, sollten Sie schon früher wiederholen; es handelt sich hierbei um Richtwerte, wann man spätestens wiederholen sollte, damit der Text dauerhaft im Gedächtnis haften bleibt.

Inhalte werden aber nicht nur vorgelesen, sondern möglichst bildhaft vorgestellt. Beherrscht man seinen Text dann ein wenig, kann man alles elektronisch aufnehmen – ein Diktiergerät, Kassettenrecorder, Computer oder auch Smartphone sind geeignet. Danach hört man sich das Ergebnis an, spricht oder summt den Text mit, hört ihn sich sogar dann, wenn man etwas ganz anderes macht, wie z.B. Nordic Walking. Das Unterbewusstsein wird aktiviert. Ein visueller, auditiver, emotionaler Lernprozess wird angestoßen.

In der eigenen Wohnung kann man sich Notizzettel mit dem Redetext aufhängen: Am Kühlschrank die Einleitung, auf dem Wohnzimmertisch den Erzählteil, im Bad den Hauptteil. Auch wenn Sie diese Zettel überhaupt nicht lesen, werden Sie an diese Redeteile durch die ersten Worte stets erinnert, und Ihre Gedanken kreisen für ein paar Minuten um den Inhalt. Wird es dann richtig ernst und der Termin für die Rede rückt näher, gehen Sie nacheinander alle Zimmer in Ihrer Wohnung für die Redeteile ab. Möglicherweise sind Sie später sogar in der Lage, Ihre Rede komplett aus dem Gedächtnis aufzusagen, wenn Sie sich während des Vortrags nur an diese Zimmer erinnern.

Auch Vortragskarten lassen sich als Gedächtnisstütze benutzen. Vorne steht der Text nur in Stichworten, hinten ist er voll ausformuliert. Sollte man beim Reden tatsächlich ins Straucheln kommen, dreht man die Karte während des Vortrags um und kann dann wenigstens die Satzanfänge ablesen.

Die Gedächtnisforschung ist sehr weit vorangekommen, lässt aber bislang gute Konzepte zum Einstudieren einer Rede vermissen. Alle vier nachfolgenden Techniken haben den Nachteil, dass man sich vom Inhalt der Rede entfernen muss, und neben dem Sprechvorgang noch im geistigen Auge Sätze, Wörter oder Bilder sieht, die nichts mit der tatsächlichen Rede zu tun haben. Wer im stillen Kämmerlein diese Gedächtnisleistung schafft, wird sie vielleicht nicht in der Öffentlichkeit vollbringen können. Aber für diesen Fall gibt es ja dann noch ein Notkonzept, auf dem die Stichworte stehen.

Der russische Zeitungsreporter Shereshevskii war dafür berühmt, unglaubliche Gedächtnisleistungen erzielen zu können, die er auch der Öffentlichkeit als sogenannter Gedächtniskünstler gern präsentierte. Lange Listen von Wörtern, Zahlen oder sogar sinnlose Silben stellten für ihn überhaupt kein Problem dar, konnten exakt wiederholt werden. Einzige Grundbedingung war, dass man ihm drei bis vier Sekunden gestattete, sich jedes einzelne Wort bzw. Zahl bildhaft einprägen zu dürfen. Nachdem Shereshevskii einmal eine Reihe von Buchstaben und Zahlen als mathe-

Gedächtnistrick 1: Hintergründe mit skurrilen Bildern   **C49.1**

matische Formel mit rund dreißig Elementen präsentiert worden war, wiederholte er diese Formel auf Anhieb richtig und - was noch sehr viel verwunderlicher ist - er erinnerte sich auch noch fünfzehn Jahre später daran!

In klinischen Studien wurde Shereshevskii über einen Zeitraum von dreißig Jahren vom Neuropsychologen Alexander Lurija begutachtet. Nach ihm besaß Shereshevskii eine intensive bildliche Vorstellung. Wenn Wörter und Zahlen auftauchten, wurden sie sofort mit Bildern, Geschmacks- und Tastempfindungen verknüpft. Für den unwahrscheinlichen Fall, dass Shereshevskii doch einmal etwas vergaß, was praktisch nicht vorkam, handelte es sich um einen Kombinationsfehler seiner Bildertechnik, die bereits in der antiken „Rhetorik an Herennius" (80 v. Chr.) beschrieben ist. Diese Technik beruhte darauf, eine ihm vertraute Straße entlang zu gehen und gleichzeitig zu versuchen, all die Gegenstände wieder zu finden, die von ihm zuvor gedanklich an irgendeiner Stelle abgelegt worden waren. Shereshevskii unterliefen nur Fehler, wenn die Farbe des abzulegenden Gegenstandes mit dem Hintergrund deckungsgleich war, z.B. ein kleines Ei vor einer weißen Wand, ein kleiner Bleistift vor einem Zaun. Um dem vorzubeugen, vergrößerte er die Bilder und legte sie vor anderen Hintergründen ab.

Es sei jedoch erwähnt, dass Leute mit solch phänomenalen Gedächtnisleistungen im Alltagsleben mit erheblichen Schwierigkeiten kämpfen. Geschichten lösten bei Shereshevskii eine wahre Bilderflut aus, situationsgebundene Redewendungen und Metaphern überforderten ihn und wurden falsch verstanden. Das Gedächtnis eines normalen Menschen arbeitet so, dass Einzelheiten vergessen werden, um neues Wissen aufzunehmen und für sich Regeln abzuleiten. Durch Verallgemeinerung, Abstrahierung und Kollektivierung der Ereignisse, die uns tagtäglich begegnen, sind Menschen mit normalem Gedächtnis und einer akzeptablen Fehlerquote leistungsfähiger als diejenigen, die alles nach dem ersten Lesevorgang wortwörtlich und fehlerfrei wiedergeben können. Zudem fehlt ein tieferes Verständnis für den Lernstoff, es wird nur die Oberflächenstruktur behalten.
In der Kurzgeschichte „Das unerbittliche Gedächtnis" von Jorge Luis Borges geht es um einen jungen Mann, der sich an jedes Detail seines Lebens erinnern kann, was sich aber als großes Hindernis erweist:

Beispiel aus der Literatur:

Er sagte mir: „Ich allein habe mehr Erinnerungen, als alle Menschen zusammen je gehabt haben, solange die Welt besteht...Mein Gedächtnis, Herr, ist wie eine Abfalltonne."

Text: Jorge Luis Borges, „Das unerbittliche Gedächtnis"

Wir müssen wissen, dass das deklarative Gedächtnis, wie es in der Fachsprache heißt, etwas anderes ist als die Aufnahme eines Tonbands oder Videokamera. Auch wenn wir es gern wollten, erinnern wir uns nicht so gut und haben mit Gedächtnisschwierigkeiten zu kämpfen.

Bei der Erinnerung an eine Geschichte unterlaufen Menschen kreative Fehlleistungen, indem neue Teile hinzugefügt und tatsächliche Inhalte weggelassen werden, sodass das Endergebnis für sie einen Sinn ergibt. Die Bedeutung wird zwar herausgefiltert, aber nicht der wortwörtliche Inhalt des Gehörten bzw. der Begebenheit. Aus allen zur Verfügung stehenden Puzzleteilen wird ein zusammenhängendes Netz geknüpft, das nicht unbedingt mit dem übereinstimmt, was ursprünglich war.

In einem Experiment von John Bransford und Jeffrey Frank von der Universität Minnesota mussten Versuchspersonen eine Reihe von Sätzen lesen.

1. Die Ameisen fraßen das süße Gelee auf dem Tisch.
2. Der Felsbrocken rollte den Berg hinunter und zermalmte die kleine Hütte.
3. Die Ameisen in der Küche fraßen das Gelee.
4. Der Felsbrocken rollte den Berg herunter und zermalmte die Hütte am Waldrand.
5. Die Ameisen in der Küche fraßen das Gelee auf dem Tisch.
6. Die kleine Hütte stand am Waldrand.
7. Das Gelee war süß.

Anschließend wurde das Blatt weggenommen und die Studenten lasen auf einem anderen Blatt erneut Sätze. Dabei mussten sie die Entscheidung zu treffen, ob sie einen Satz, den sie jetzt zu lesen hatten, schon einmal gelesen hatten.

Beispielsweise lasen sie:

1. Die Ameisen in der Küche fraßen das Gelee.
2. Die Ameisen fraßen das süße Gelee.
3. Die Ameisen fraßen das Gelee am Waldrand.

Fast alle Studenten erkannten, dass der dritte Satz noch nicht gelesen wurde. Bei Satz 1 und Satz 2 waren sich fast alle Studenten sicher, den Satz schon einmal gelesen zu haben. Tatsächlich hatten sie aber nur Satz 1 gelesen. Die Versuchspersonen abstrahierten die Sätze und konnten später nicht zwischen den Sätzen unterscheiden, die dasselbe ausdrückten.

Ein Redner sollte also gar nicht versuchen, seine Rede wortwörtlich auswendig zu lernen, sondern eher den Sinn der Absätze verinnerlichen, um die Inhalte stets mit neuen Worten ausdrücken zu können.

Der unbekannte Autor der „Rhetorik an Herennius" aus dem Jahr 80 v. Chr. kommt auch auf das Einprägen des Redetextes zu sprechen. Nach ihm gibt es zwei Gedächtnisarten, ein natürliches und künstliches, wobei letzteres mit Bildern und Hintergründen arbeite.

Um sich aber eine große Anzahl von einzelnen Punkten einprägen zu können, sei eine große Anzahl von Hintergründen nötig, die sich der Redner - wie der Maler eines noch nicht fertig gestellten Bildes - in seinem Kopf selbst vorstellen muss: man wählt hierbei verschiedene Hintergründe einer verlassenen Region (z.B. Meeresstrand), die sich durch unterschiedliche Helligkeitsstufen unterscheiden (z.B. sonniger Strand / bewölkter Strand / windiger Strand / regnerischer Strand / gewittriger Strand / nächtlicher Strand), stellt sich eine feste Serie dieser Hintergründe vor, wobei jeder fünfte eine besondere Markierung erhalten soll: eine goldene Hand bei Hintergrund Nr. 5; ein Bekannter mit Namen Decimus (=10) für Hintergrund 10. Die Abschnitte dieser Hintergründe sollten nicht zu breit sein (etwa fünf Meter); außerdem nicht zu hell und zu dunkel; denn wenn das platzierte Bild in diesem Hintergrund zu klein oder zu groß oder nicht sichtbar ist, kann es nicht erinnert werden.

Weitere Hintergründe können sein: ein Haus mit Zimmern, ein unterirdisches Gewölbe, durch das man langsam schreitet, ein Raum mit verschiedenen Säulen.

In diese einzelnen Hintergründe werden Bilder abgelegt, die mit dem Redethema und dem Text zu tun haben. Die Einzigartigkeit der Kombination aus Bild und Hintergrund ist wichtig, außerdem muss das Verfahren „trainiert" werden. Hat man einen neuen Redetext zu bewältigen, soll man erneut mit den alten Hintergründen arbeiten.

Die Bilder dürfen nicht alltäglich sein, sondern müssen ein ungewöhnliches Merkmal aufweisen, z.B. außergewöhnlich, unglaublich, lächerlich. Ein Sonnenuntergang am Strand wäre noch nicht außergewöhnlich genug, eine plötzlich auftretende Sonnenfinsternis am Strand, die Panik auslöst, hingegen schon. Die vorgestellten Bilder sollen außergewöhnlich schön oder unglaublich hässlich sein. Man kleidet die Bilder nochmals extra, z.B. setzt man dem Gegenstand einen Lorbeerkranz auf oder legt ihm einen

Mantel um. Wenn man die Gegenstände gedanklich verunstaltet, kann man sie in roter Farbe oder auch mit Schmutz zeigen.

Wir probieren mit dieser Technik nun einen kurzen Redetext einzuprägen. Hilfreich ist es, den Bleistift zur Hand zu nehmen und die Bilder vorab aufs Papier zu malen.

<u>Liebes Brautpaar!</u>

(Hintergrund 1: stark windiger Strand + Bild 1: Brautpaar, deren Kleider flattern.)

<u>Liebe Freunde!</u>

(Hintergrund 2: sonniger Strand + Bild 2: drei Freunde, die angezogen auf einer Decke sitzen, sich mit Gläsern zuprosten und alle aufgrund der heißen Sonne sehr schwitzen)

<u>Sehr viele **Philosophen** äußerten sich **frauenfeindlich**, wenn es ums Thema Frauen ging, und die frauenfeindlichsten von ihnen (Nietzsche, Kant) waren echte Experten, denn sie hatten gar keine Frau.</u>

(Hintergrund 3: regnerischer Strand + Bild 3: Nietzsche und Kant, die klitschnass, einsam und verlassen mit einem aufgespannten roten Regenschirm auf Steinen sitzen. Der Regenschirm hat Löcher, durch die das Wasser läuft, und trägt die Aufschrift des Bob Marley Klassikers: „No woman, no cry". Eine wunderschöne Frau, die trotz des Regens trocken ist, steht neben den zwei großen Philosophen. Sie schauen ihr schmachtend und sehnsüchtig hinterher. Die Frau lächelt und winkt den beiden spöttisch zum Abschied).

<u>Wenn es nun an mir ist, die Festworte ans Brautpaar zu richten, so möchte ich darauf hinweisen, dass ich mich zwar selbst als Philosoph verstehe, weil ich auch schon darüber grübeln könnte, weshalb ich nicht verheiratet bin, aber mich nicht weniger darüber freue, dass mein Freund Stefan endlich eine Frau gefunden hat.</u>

(Hintergrund 4: Strand mit Wolken + Bild 4: ich sitze auf einem Felsen und schreibe ein philosophisches Buch. Der Felsen ist grün. Hinter mir stehen Nietzsche und Kant, die das Geschriebene kritisch beäugen und über meine Gedanken prusten. Neben mir steht das Brautpaar, wobei der Mann der Frau verzweifelt den Ehering an den Finger steckt, aber der Ring will nicht passen.)

Anja ist die schönste und bezauberndste Frau, die ein Mann sich nur wünschen kann, sie ist warmherzig, offen und ehrlich, und **wenn es Stefan nicht gäbe**, tja, da wäre ich wohl derjenige, der um ihre Hand anhielte – aber da ist er mir wohl zuvor gekommen.

(Hintergrund 5: gewittriger Strand + Bild 5: Trotz der vielen Blitze läuft die Braut Anja im Bikini auf mich zu; ich knie vor ihr und versuche ihre Hand zu greifen, um ihr einen Antrag zu machen; mit der anderen Hand schubse ich meinen Nebenbuhler Stefan ins eiskalte Wasser.)

<u>Ja, lacht nur, aber bereits im Sandkasten hatte mir Stefan die Spielkameradinnen ausgespannt.</u>

(Hintergrund 6: sonniger Strand + Bild 6: Stefan und ich bauen jeweils eine Sandburg. Seine Sandburg ist viel schöner und größer als meine, sodass alle Mädchen nur um seine Burg stehen und meine auslachen.)

Ich persönlich glaube, dass **die zwei hervorragend zueinander passen.**

(Hintergrund 7: plötzlich auftretende Sonnenfinsternis + Bild 7: Ein wütender Pastor, der auf der Kanzel steht und dem erschrockenen Brautpaar predigt)

<u>Bleibt wie ihr seid, und **auch wenn eine Ehe nicht auf Rosen gebettet ist**, und manchmal Dornen piksen, ist es doch schöner als allein zu sein.</u>

(Hintergrund 8: nächtlicher Strand + Bild 8: Ein Ehepaar sitzt romantisch auf einer Decke, um sie herum ein Kreis aus Rosen; die Frau springt plötzlich in die Höhe, weil sie von den Dornen einer Rose gestochen worden ist.)

<u>und bevor ich jetzt noch ganz sentimental werde, sollten wir alle unser Glas erheben **und auf das Brautpaar trinken** – sie leben hoch, hoch, hoch!</u>

(Hintergrund 9: Strand mit Schnee + Bild 9: Leute, die in kurzer Badekleidung im eiskalten Schnee sitzen, stark frieren und sich deshalb mit einem Gläschen Sekt wärmen, dann plötzlich die Gläser hochheben, dabei das Brautpaar in ihrer Mitte. Tränen der Rührung bei allen Leuten.)

Dies ist die antike Lerntechnik für lange Reden, die Cicero in „De Oratore" erwähnt, die sogenannte Loci-Technik:

Gedächtnistrick 2: Die Notizen mit realen Orten verbinden   C49.2

Der antike Dichter Simonides war zu Gast bei einem Festbankett und dort vom Gastgeber um die Hälfte seines Lohns geprellt worden, für ein Gedicht, das Simonides den Göttern gewidmet hatte. Aus Verärgerung darüber ließen die Götter den ganzen Palast einstürzen. Alle Gäste bis auf Simonides, der kurz zuvor aus dem Saal gerufen wurde, kamen dabei ums Leben. Weil die Anwesenden die Leichen nicht identifizieren konnten, identifizierte der Dichter die Toten anhand der Sitzordnung, die er sich gedanklich vorstellte. Dadurch erhielt jeder der Toten eine ehrenvolle Bestattung.

Mit einer ähnlichen Technik kann man versuchen, sich die Stichworte im Redetext einzuprägen. Dabei werden bestimmte Schlüsselwörter mit Orten, die man selbst besucht, gedanklich verbunden. Das kann entweder ein Haus mit ganz vielen Zimmern sein, aber auch nur der Einkaufsweg in der Nähe.

Der Redetext aufgeschrieben:

Sehr geehrte Damen und Herren,
heute geht es um ein Thema, das immer wichtiger wird: Die berufliche Qualifizierung der Mitarbeiter, die sogenannte Weiterbildung. (1) Warum gibt es überhaupt Weiterbildung? Wäre es nicht viel schöner, wenn jeder nach Lehrzeit und Studium gar nichts mehr zu lernen hätte? (2)
Die Vorteile der Weiterbildung für den Arbeitnehmer liegen auf der Hand: Er erwirbt nicht nur Wissen, sondern hat zugleich auch wesentlich bessere Aufstiegschancen. (3) Die Vorteile für Arbeitgeber lassen sich ebenfalls sehen: Der Arbeitnehmer bringt bessere Arbeitsleistung und ist viel motivierter. (4) Die Erfahrung hat gezeigt, dass ein Selbststudium im stillen Kämmerlein nicht annähernd den gleichen Wissensstand vermittelt, als wenn sich Profis daran machen, Profis wie unsere Weiterbildungseinrichtung. Denn wer soll Ihre Fehler kontrollieren, wenn Sie überhaupt nicht merken, dass Sie einen Fehler machen? (5). Falls Sie weitere Informationen zu unserer Bildungseinrichtung wünschen, würden wir uns über einen Besuch von Ihnen recht herzlich freuen. Vielen Dank!

Sie erhalten jetzt 6 Stichworte, die Sie sich bitte wie folgt einprägen:

1. Begrüßung der Anwesenden (Kirche)
2. Warum gibt es Weiterbildung? (Zeitungskiosk)
3. Die Vorteile für Arbeitnehmer: bessere Aufstiegschancen (Hochhaus)

4. Die Vorteile für Arbeitgeber: effizientere Arbeitsleistung (Bäcker)
5. Selbststudium ist oft nicht ausreichend (Metzger)
6. Weitere Informationen (Apotheke)

Stellen Sie sich bei diesen Stichworten Ihre eigene Kirche, Ihren eigenen Zeitungskiosk, das eigene Hochhaus, den eigenen Bäcker und Metzger vor. Wandern Sie gedanklich den Weg ab und verändern Sie meine Begriffe, wenn Sie in Ihrem Heimatort in einer ganz anderen Reihenfolge sein sollten.

Kirche – Begrüßung der Anwesenden
Zeitungskiosk – Warum gibt es Weiterbildung?
Hochhaus – Vorteil für Arbeitnehmer: Aufstiegschancen
Bäcker – Vorteil für Arbeitgeber: motivierte Mitarbeiter
Metzger – Selbststudium nicht ausreichend
Apotheke – Weitere Informationen

Versuchen Sie nun, diese Rede vollkommen aus dem Gedächtnis vorzutragen. Es ist nicht wichtig, dass Sie den Redetext wortwörtlich wiedergeben können, sondern die ungefähren Inhalte zu präsentieren verstehen.

Alternativ können Sie auch Ihr Wohnhaus aufs Papier kritzeln und in jedes der Fenster (mit den Namen Ihrer Nachbarn versehen) die Oberbegriffe aufschreiben. Auch eine Verbindung mit den Namen von Städten, in denen man schon gewesen ist, bietet sich an (London, Paris, New York, Amsterdam...).

Sie können auch Ihren Redetext zerschneiden und die einzelnen Textstellen an bestimmten markanten Stellen Ihrer Wohnung ablegen (Spiegel, Kühlschrank, Kommode...) – siehe C48.

Redetext:

Gedächtnistrick 3: Wortketten als gedankliche Verknüpfungshilfe für Stichworte C50

*Guten Tag meine Damen und Herren, mein heutiges Thema lautet „**Rhetorik**". Wenn die meisten Leute heutzutage den Begriff Rhetorik hören, so denken Sie an **Kommunikation**. Ist die Rhetorik aber eine **neue Wissenschaft**? Eigentlich nicht, denn es gibt sie schon mehr als 2500 Jahre, als die ersten Redelehrer gegen Geld auftraten. Diese Boom ebbt nicht ab: Es gibt doch so viele **teure Seminare**, und alle Anbieter versprechen in etwa das Gleiche: „Schlagfertig werden innerhalb von 8 Seminarstunden", liest man in den Anzeigen, „perfekte Rede ohne jede Anstrengung". Ich muss zugeben: Wer den **Erfolg im Leben** will, sollte sich vielleicht mit der Rhetorik auskennen, ansonsten muss er **Nachteile***

in der Karriere fürchten. Allerdings wird er es nicht in so kurzer Zeit schaffen, perfekt zu werden, nach dem Rhetorikseminar muss noch etwas im Anschluss folgen, d.h. eigene Übung.

Damit komme ich zum Schluss und darf Ihnen danken für Ihre Aufmerksamkeit.

Eine weitere Methode ist, die Schlüsselworter der Rede als Wortkette aneinander zu reihen. Falls sich keine Schlüsselbegriffe aufeinander beziehen, müssen Sie mit Hilfe eines Synonymwörterbuches irgendein Wort suchen, das in etwa die gleiche Bedeutung hat.

Die Gefahr ist jedoch, dass man sich mit der Technik trotzdem einmal verreimt, für diesen Fall muss man die Wörter unbedingt aufgeschrieben auf einem Zettel haben:

Rhetorik – **K**ommunikation – **n**eue Wissenschaft? – teure Seminare – **E**rfolg im Leben – **N**achteile in der Karriere – Schluss.

Sie können die einzelnen Stichwörter auch in eine lustige Kurzgeschichte verpacken. Diesen Satz müssen Sie dann auswendig lernen! Hierbei ist wichtig, eine Art Bildergeschichte zu schaffen.

Gedächtnistrick 4:
Aus den Stichworten eine Story zaubern   C51

Begrüßung – frauenfeindliche Philosophen und ich – Anja ist die ideale Frau – ohne Stefan wäre die Sache anders – die zwei passen gut zueinander – Die Ehe ist nicht immer ganz sorgenfrei – Prost

Redetext:

*Liebes Brautpaar, liebe Freunde! Sehr viele **Philosophen** äußerten sich **frauenfeindlich**, wenn es ums Thema Frauen ging, und die frauenfeindlichsten von ihnen (Nietzsche, Kant) waren echte Experten, denn sie hatten gar keine Frau. Wenn es nun an mir ist, die Festworte ans Brautpaar zu richten, so möchte ich darauf hinweisen, dass ich mich zwar selbst als Philosoph verstehe, weil ich auch schon darüber grübeln könnte, weshalb ich nicht verheiratet bin, aber mich nicht weniger darüber freue, dass mein Freund Stefan endlich eine Frau gefunden hat.*
Anja ist die schönste und bezauberndste Frau**, die ein Mann sich nur wünschen kann, sie ist warmherzig, offen und ehrlich, und wenn es **Stefan nicht gäbe**, tja, da wäre ich wohl derjenige, der um ihre Hand anhielte – aber da ist er mir wohl zuvor gekommen. Ja, lacht nur, aber bereits im Sandkasten hatte mir Stefan die Spielkameradinnen ausgespannt. Ich persönlich glaube, **dass die zwei hervorragend zueinander passen**. Bleibt, wie ihr seid, und **auch wenn

*eine Ehe nicht auf Rosen gebettet ist, und manchmal Dornen piksen, ist es doch schöner, als allein zu sein, und bevor ich jetzt noch ganz sentimental werde, sollten wir alle unser Glas erheben **und auf das Brautpaar trinken** – sie leben hoch, hoch, hoch!*

Geschichte:
Als mich zwei frauenfeindliche Philosophen begrüßten, und ich Anja als ideale Frau ansah, sah Stefan die Sache anders und meinte, die zwei (Philosophen) würden gut zueinander passen, wenn auch deren Ehe nicht immer ganz sorgenfrei wäre. Prost!

Schritt 6:
Die Affektenlehre – wie man Emotionen ins Publikum überträgt

Marcus Tullius Cicero

„Was dem Redner die Bewunderung einbringt, sind zwei Punkte, die gut vorgebracht werden müssen. Der eine Punkt wird von den Griechen als ethikon bezeichnet (*den Charakter betreffend), er spricht die Natur des Menschen da auf der Bühne an, seinen Charakter, ja die ganze Lebensführung eines Redners; der zweite Punkt wird pathetikon (*die Leidenschaften betreffend) genannt, er veranlasst die Aufregung und das Berührtsein der Zuhörerschaft; diese Emotionen machen die eigentliche Macht der Rede aus. Das ethikon ist wie geschaffen dazu, die Zuhörer günstig zu stimmen; das pathetikon hingegen ist voll heftiger Leidenschaften und einem Feuer gleich; kein Gegner kann es aufhalten, wenn man hier seinen Gefühlen freien Lauf lässt. Wenn ich auch nur ein eher mittelmäßiger und vielleicht sogar noch schlechterer Redner bin, habe ich durch diesen hochemotionalen Redestil meine Gegner oft komplett vernichtet. Hortensius, einer der besten Redner Roms, blieb einfach stumm bei der Verteidigung des Angeklagten, zu dem er eine persönliche Beziehung pflegte; auch Catilina, ein dreister Tunichtgut, der mir im Senat Rede und Antwort stehen musste, blieb einfach still, als ich ihn anklagte; sein Vater Curio antwortete mir zwar in einem wichtigen Privatprozess, sank dann aber plötzlich auf seine Bank und behauptete, ihm wäre sein Erinnerungsvermögen aufgrund einer Vergiftung abhanden gekommen. Und was ließe sich noch über das Mitleid sagen, an das ich oft appelliert habe? Ich habe das Mitleid oft benutzt, da mir ja – auch wenn wir mehrere Redner waren - normalerweise alle anderen Redner das Schlusswort überlassen hatten. Meinen Ruf für diesen emotionalen Bereich habe ich aber keinem bestimmten Talent zu verdanken, sondern meinem eigenen Mitgefühl. Was für Erfolge ich hier auch zu verbuchen habe – ich bin dennoch oftmals unzufrieden mit meiner rednerischen Leistung.(…) Sicherlich war mein Pathos oftmals so ausdrucksvoll, dass ich beim Schlusswort ein noch unmündiges Kind im Arm hielt, oder dass ich den angeklagten Patrizier bat, er möge doch seinen kleinen Sohn in die Höhe heben, woraufhin das gesamte Forum in ein einziges Jammern und Wehklagen ausbrach. Ein Redner muss auch schauen, dass der Richter etwas empfindet: Zorn oder Milde, Sympathie oder Antipathie, Verachtung oder Bewunderung, Geringschätzung und Hochschätzung, Begierde oder Widerwillen, Hoffnung oder Furcht, Freude oder Schmerz. Es gibt keine Methode (…), mit der ich nicht einen Versuch gewagt hätte, ich würde sogar behaupten: die ich nicht vervollkommnet hätte. (…) Denn ein Hörer begeistert sich nur für eine Sache, wenn er eine flammende Rede hört!"

Cicero - „De oratore"

Affektenlehre

Einführung   **C52**

Die Affektenlehre des Aristoteles ist eines der am wenigsten beachteten Kapitel, obgleich er das erste zusammenhängende Buch zur Fachdisziplin „Rhetorik" geschrieben hat. Hier sollen die zentralen Thesen für Massenkommunikation mit einem Publikum - in einer Sprache, die allgemein verständlich ist und moderne Beispiele berücksichtigt - zusammengefasst werden.

Dies ist besonders für zwei Bereiche wichtig:

Die politische Rede und die Gerichtsrede.

Man hat Aristoteles dafür kritisiert (z.B. der Sprachphilosoph Roland Barthes), dass seine Affektenlehre nicht das Tatsächliche, sondern nur die Vorurteile abbilde. Aus Sicht des Verfassers dieses Buches eine unhaltbare These, weil die moderne Sozialpsychologie (seit 1960 ein eigenständiges Fach) durch Tests bewiesen hat, dass Aristoteles in nahezu allen Bereichen richtig liegt.

Definition – was sind Affekte?   **C53**

Affekte (=Emotionen) sind alle Gemütsregungen, wie z.B. Zorn, Mitleid und Furcht. Die Redeweise „Er handelte im Affekt" drückt aus, dass jemand außerhalb des gesunden Menschenverstandes eine Handlung begangen hat, die er unter normalen Umständen wohl nie begangen hätte. Klassisches Beispiel hierfür ist die „Eifersucht", wenn jemand z.B. den Liebhaber seiner Frau erwischt und daraufhin ausflippt. Shakespeares Othello (=„Oh, tell, oh!" / oh, sag es mir, oh!), der seine Ehefrau Desdemona wegen eines Taschentuches umbringt, zeigt die Macht, die bereits nur der Verdacht gegenüber einem anderen Menschen auslösen kann.

Der Redner versucht, sein Publikum zu einer bestimmten Emotion zu treiben, denn ein und derselbe Sachverhalt erscheint dem Liebenden und dem Hassenden nicht in gleicher Weise. Wer schnell zornig wird oder ein ruhiges Gemüt hat, dessen Meinungen über eine Sache weichen voneinander ab.
Dem Liebenden erscheint ein Sachverhalt (z.B. ein Angeklagter – hat er es getan?) weniger schuldhaft; dem Hassenden dagegen umgekehrt. Wer innerlich voll Sehnsucht und Hoffnung ist, dem erscheinen zukünftige Dinge, die ein Redner ankündigt (z.B. eine Gesetzesänderung) als etwas Gutes; wer innerlich gleichgültig oder griesgrämig ist, als etwas Schlechtes.

Der Zorn – ein Definitionsversuch nach Aristoteles
C54

Um Zorn im Publikum zu wecken, sind drei Dinge nötig:

a) Über welche Dinge könnte das Publikum zornig werden?
b) Auf welche Person könnte das Publikum zornig werden?
c) Was löst Zorn aus? In welcher Verfassung befindet sich ein zorniges Publikum?

Zorn – ist ein Schmerz, bei dem man selbst Rache für eine erlittene Kränkung nehmen will. Wer Zorn empfindet, ist auf eine ganz bestimmte Person zornig (z.B. George W. Bush / der Dax-Vorstand, der die Arbeitsplätze wegrationalisiert hat), nicht aber auf den Menschen allgemein. Zorn beinhaltet die Hoffnung, sich selbst rächen zu können. Für ein Publikum ist es angenehm sich vorzustellen, was wohl geschehen würde, wenn man dem Zorn einfach freien Lauf ließe. Die dabei entstehende Volksfantasie bereitet angenehme Tag- und Nachtträume.

Kränkung – (der Auslöser von Zorn) – entsteht durch Verachtung, kränkende Behandlung und aufziehende Handlungsweise. Verachtung ist die Geringschätzung des anderen, der zeigt, dass man selbst nichts wert ist; wer jemanden mit Scherzen vor der Gruppe aufzieht, übt eine Form der Kränkung aus (Mobbing); Mobbing kann sein: ein Gerücht (z.B. schwul); ein Scherz (z.B. Hose runterziehen); das Überfahren während des Gesprächs (z.B. Wort abschneiden / ignorieren / Sachverhalte bewusst falsch verstehen). Daraus entsteht dem Bloßgestellten eine Peinlichkeit, für die in ihm der Wunsch reift, sich zu rächen (Vergeltung zu üben). Mobber sind laut Aristoteles oftmals junge und reiche Leute, die glauben, den anderen überlegen zu sein. Gemobbte sind oftmals arme und hässliche Leute, denen man gern die Schuld gibt („selbst schuld, wenn er so fett ist").

Kränkung entsteht durch bewusstes Ignorieren; wer andere nicht beachtet (z.B. nicht grüßt / keinen Smalltalk hält). Wer oben in der Machthierarchie steht, glaubt oftmals einen Anspruch darauf zu haben, von den anderen verehrt zu werden. Es schmerzt also noch mehr, wenn man von Leuten nicht beachtet wird, die geringer in der Machthierarchie stehen (z.B. Manager versus Straßenfeger), Herkunft (Deutscher - Migrant) und Fleiß (hart arbeitend – faul). Zornig wird man durch seine eigene Unterlegenheit, wenn der andere die gleichen Dinge bekommt oder sich nicht gefällig erweist (z.B. keine Hilfeleistung gewährt).

Ein gewisser Charakter von Mensch ist eher zum Zorn veranlagt: Wer z.B. selbst leidet, kein Geld hat, wer unglücklich verliebt ist, wer etwas will (es aber trotz harter Arbeit nicht bekommen wird), wird schneller zornig. Zorn entwickelt man gegen die Personengruppen, die diese Dinge besitzen: Der Arme ist zornig auf den Reichen, weil dieser ihn aufgrund seiner Armut gesellschaftlich verachtet; der Liebende ist zornig auf denjenigen, der seine Liebe verschmäht; allgemein ausgedrückt ist man zornig auf Menschen, die über uns lachen, uns verhöhnen und verspotten.

Man ist aber auch zornig gegenüber denen, die unsere Meinung nicht teilen, die vielleicht sogar verächtlich darüber denken. Wer z.B. selbst fest an die Existenz von Hexen glaubt, ist zornig auf alle, die Hexerei als Humbug abtun.

Man ist auch eher zornig auf Freunde / Bekannte als auf Fremde, weil man von den Freunden eine nette Behandlung erwartet. Wenn Freunde hinter unserem Rücken nicht gut über uns sprechen, ist die Kränkung besonders groß. Auch ist man eher zornig auf Untergebene (z.B. Vorstand – Postsortierer). Denn von den Untergebenen erwartet man, dass sie einem stets die Ehre erweisen. Auch ist man auf die Rivalen/Konkurrenten/internen Gegner zornig, die uns in unserer Meinung häufig widersprechen und uns verachten. Auch ist man zornig auf die Feinde, die sich über unser Unglück freuen. Wer selbst nichts dabei empfindet, wenn er uns einen Schmerz zufügt (z.B. die Mitteilung eines Vorstands, dass er alle in der Abteilung entlassen wird; die Steuererhöhung eines Politikers, die für uns Mehraufwendungen bedeuten), ist ein besonders geeignetes Objekt für Zorn.

Auch ist man zornig auf diejenigen, von denen man selbst gern anerkannt werden möchte (z.B. Student – Professor / Schüler – Lehrer; aber auch umgekehrt; der Lehrer will ja auch von den Schülern anerkannt werden); wenn man hier z.B. eine ironische Bemerkung hört, ist man besonders schnell zornig. Die Ironie, die in einer ernsthaften Situation gebraucht wird, gilt als Zeichen für Verachtung. Zorn entsteht auch durch das Vergessen von Namen, da hier eine Form der Kränkung erfolgt.

Der Affekt „Zorn" in der Rhetorik **C55**	Ein Redner kann mit seiner Rede die Zuhörer in den Zustand des Zorns setzen, und den Gegner als schuldig für die Dinge brandmarken, worüber Menschen Zorn empfinden. Er könnte z.B. sagen, dass dieser Politiker das Publikum insgeheim verachtet und nur für die Reichen da ist; dass dieser Politiker nicht an Gott glaubt und die Kirche als „Aberglaube" abtut; dass dieser Politiker selbst nie hart gearbeitet hat (reiches Kind); dass dieser Politiker seine Untergebenen nicht grüßt; dass dieser Politiker nur seine eigene Meinung gelten lässt; dass dieser Politiker oft unpassende ironische Bemerkungen macht; dass dieser Politiker Ziele verfolgt, die an unseren Geldbeutel gehen, während er andere Personengruppen verschont; dass dieser Politiker Ziele vernach-

lässigt, die politisch geordnet werden müssten (z.B. mehr Sicherheit in den Städten / mehr Lehrer an den Schulen); dass dieser Politiker im Verdacht steht, Drogen zu nehmen oder Callgirls aufzusuchen; dass dieser Politiker seine ganze politische Karriere nur seinem guten Aussehen zu verdanken hat, aber nicht seinen intellektuellen Fähigkeiten; dass dieser Politiker seine Frau und Kinder im Stich gelassen hat. Ebenso kann man auch in der Gerichtsrhetorik mit dem Angeklagten verfahren, um den Richter in Wallung zu bringen: Insgeheim verachtet der Angeklagte alle ehrlichen Bürger; der Angeklagte glaubt nicht an Gott, noch vertritt er sittliche Werte; der Angeklagte hat selbst nie hart gearbeitet; der Angeklagte macht ironische Bemerkungen zum falschen Zeitpunkt; der Angeklagte steht im Verdacht, Drogen zu nehmen; der Angeklagte hatte seine ganze Karriere nur seinem guten Aussehen zu verdanken; der Angeklagte hat seine Frau und die Kinder geschlagen; das einzige Ziel des Angeklagten ist es, allen ehrlichen Bürgern das Geld aus der Tasche zu ziehen; der Angeklagte verkehrt nur mit unehrlichen Leuten (Verbrecher-Milieu).

Redebeispiel Original:

„Heute Abend sind mehr Amerikaner ohne Arbeit, und mehr arbeiten für weniger Lohn. Mehr von euch haben ihr Haus verloren, und mehr beobachten, wie der Wert ihres Hauses abstürzt. Mehr von euch haben Autos, die ihr euch nicht mehr leisten könnt, Kreditkartenabrechnungen, die ihr nicht mehr bezahlen könnt und Schulgeld, das nicht mehr in eurer Reichweite liegt. Diese Herausforderungen sind nicht alle auf die Regierung zurückzuführen. Aber das Versagen, darauf zu antworten, ist ein direktes Ergebnis der kaputten Politik in Washington und der gescheiterten Präsidentschaft von George W. Bush. Amerika, wir sind besser als diese letzten acht Jahre."

Redetext: Barack Obama, 28.8.2008 (bei seiner endgültigen Nominierung als Präsidentschaftskandidaten in Denver)

Freundschaft und Feindschaft – Definition nach Aristoteles C58

Freundschaft ist gegenseitige Liebe; Liebe ist es, einem anderen das Gute zu wünschen; ein Freund ist derjenige, der über unser Gutes ebenfalls eine Art Freude empfindet, über Trauriges ebenfalls mit uns mitleidet; ein Freund ist auch derjenige, der die gleichen Dinge gern hat wie wir; der die gleichen Freunde und Feinde hat wie wir. Freunde sind diejenigen, die uns einen Gefallen tun, aber auch diejenigen, denen wir einen Gefallen erweisen wollen (vergleiche Elliot Aronson, „The Social Animal"). Wir mögen auch die Freunde unserer Freunde und hassen ihre Feinde; als Freund betrachten wir aber auch diejenigen, die uns nützen könnten (z.B.

in Geldangelegenheiten / durch ihre körperliche Präsenz als Beschützer). Auch die Gerechten und die Bescheidenen sind uns sympathisch, weil sie von ihrer eigenen Arbeit leben können und uns nicht anbetteln. Wir mögen auch eher die heiteren Charaktere zum Freund haben, die nicht streitsüchtig und nachtragend sind, und die uns nicht kritisieren. Auch mögen wir Leute, mit denen wir uns einen Scherz erlauben können, das deutsche Sprichwort heißt: „Was sich liebt, das neckt sich." Wer uns lobt, besonders wenn er Dinge an uns lobt, die uns noch nie aufgefallen sind, bekommt unsere Gunst. Auch das Auge spielt mit - wir mögen Leute oftmals nur aufgrund ihrer äußerlichen Erscheinung, z.B. gut gekleidete und körperlich attraktive Personen (Aronson glaubt, dass uns das eine ästhetische Belohnung gibt). Unser Herz schlägt auch für Leute, die uns bewundern oder uns bei der Arbeit für tüchtig und kompetent halten. Wen wir fördern können in seiner Karriere, der ist uns sympathisch.

Wann werden aber die Leute zu unseren Feinden bzw. wann zählen Leute nicht zu unseren Freunden? Wir halten uns Menschen vom Leib, die nachtragend sind und ein gutes Gedächtnis für Vorwürfe haben. Auch Leute, die schlecht über uns hintenherum reden, sind uns ein Dorn im Auge; Menschen, die unsere schlechten Eigenschaften wahrnehmen, aber die guten vernachlässigen, sind uns unsympathisch. Auch wer uns belästigt (z.B. um Geld betteln) oder seinen Lebensunterhalt mit genau der gleichen Beschäftigung verdient (direkter Konkurrent in der Abteilung) sind uns nicht grün. Wer einen zweifelhaften Leumund hat (z.B. Vorstrafe) fällt schnell aus unserer Gunst, sobald wir davon erfahren; und wer uns eine Komödie vorspielt (Sympathie heuchelt), aber hintenherum unsere Fehler ausposaunt, hat auch schlechte Karten unser Freund zu bleiben. Wir fürchten unsere Feinde, und schämen uns vor ihnen, wenn ihnen private Erkenntnisse über uns vorliegen.

Die Freundschaft besteht aus Kameradschaft, enger Vertrautheit, Verwandtschaft. Freundschaft wird dadurch gefördert, dass man eine Leistung erhält, ohne groß bitten zu müssen.

Die Feindschaft wird geweckt aus: Zorn, Verleumdung und Misshandlung. Wenn wir schon annehmen, dass einer einen ganz bestimmten Charakter haben könnte, so hassen wir ihn bereits; der Zorn richtet sich gegen Einzelpersonen (Osama bin Laden), der Hass aber gegen Gattungen (z.B. Diebe / Terroristen / Angeber / Minderheiten in der eigenen Bevölkerung). Wer Zorn empfindet möchte, dass der andere leidet, denn er empfindet Schmerz; wer Hass empfindet möchte, dass der andere aufhört zu existieren, denn er lebt empfindungslos.

Für den Redner bedeuten diese Erkenntnisse, dass man einen anderen als Freund oder Feind darstellen kann, und ihn auch zum Freund oder Feind des Publikums machen kann.

Die Affekte „Freundschaft und Feindschaft" in der Rhetorik   C59

Ein Politiker kann z.B. sagen, dass er bei einem Flugzeugunglück mit den Angehörigen mitleidet; dass er sich aufrichtig freut, wenn die Fußball-Nationalmannschaft die Vize-Europameisterschaft gewonnen hat; dass er den Leuten nützlich ist als Beschützer (starker Mann); dass er den Leuten einen Gefallen tun kann in Geldangelegenheiten (z.B. Pendlerpauschale wieder einführen); dass er selbst bescheiden ist (z.B. in einem Zug der Klasse 2 fährt, obwohl er ein Auto mit Chauffeur haben könnte); dass er selbst gerecht ist (z.B. bei einer steuerlichen Ungerechtigkeit gegen die Bürger einschreitet); dass er gerne Witze im privaten Umfeld macht, und sich auch gern einen Scherz gegen sich selbst gefallen lässt (z.B. könnte er an Karneval an einer politischen Kabarett-Sitzung teilnehmen, obwohl man dort veräppelt wird); dass er die Mehrheit der Leute lobt für ihren Arbeitsfleiß. Der Politiker zeigt, dass er auf seine Kleidung und Haarschnitt achtet; dass er ein Mann vom Volk ist; dass er die gleichen Interessen teilt (z.B. Fußball im Verein gespielt hat); dass er seinen bisherigen Lebensunterhalt mit einer anständigen Beschäftigung verdient hat (z.B. Rechtsanwalt gewesen ist).

Wenn wir einen Politiker der Opposition kritisieren wollen, können wir sagen: Dieser Mensch hat keinen Sinn für Humor (Beispiel geben); dieser Mensch ist kein Mann vom Volk, sondern ein Bonze; dieser Mensch belästigt die Bürger um Geld, er will schon wieder die Steuern erhöhen; dieser Mensch hat in der Vergangenheit einen Gesetzesverstoß begangen (Fernsehgebühr nicht bezahlt / sich vor der Bundeswehr gedrückt); dieser Mensch heuchelt den Bürgern Wahlversprechen vor, ohne sie später einhalten zu wollen; dieser Mensch ist unehrlich, denn er hat geheime Absprachen einer Kabinettssitzung der Koalition einfach an die Presse gemeldet, um sich als Erster vor die Fernsehkameras stellen zu können.

Furcht: die Vorstellung eines drohenden Unheils; dieses Unheil muss mit Schmerzen oder der Vernichtung verbunden sein; denn nicht jedes Unheil wird gefürchtet. Ein Unheil, das erst in einer Generation (=30 Jahre) auf uns zukommt, wird heute noch nicht als belastend empfunden (z.B. Atomkraftmüll; Gefahr durch Zigarettenkonsum; der eigene Tod). Das Furchtbare ist also zeitlich wie auch räumlich nah: z.B. Kriegsgefahr; Putschgefahr im Land; ein Mörder, der frei herum läuft; ein Rivale, der unseren Posten will; die Stärkeren (z.B. die Jugend); die undurchschaubaren,

Furcht – Definition nach Aristoteles   C60

durchtriebenen Feinde. Das Furchtbare erscheint noch schrecklicher, wenn es nicht wieder rückgängig gemacht werden kann (Atom-Super-Gau); wenn es nicht in unserem Machtbereich, sondern in dem unserer Gegner liegt (Atomwaffen in einem Schurkenstaat); wo es keine einfachen und schnellen Lösungen gibt. Furcht erregt auch Mitleid, vor allem mit sich selber.

Wann empfindet man Furcht? Wenn man glaubt, etwas erleiden zu müssen, das von einer bestimmte Personengruppe (z.B. Terroristen), einer bestimmte Sache (Krankheit / Atommülltransport) oder einem bestimmten Zeitpunkt (Computer-Millennium-Problem „2000" / Euro-Einführung gegen D-Mark) ausgeht.

Wer empfindet keine Furcht? Die Glücklichen (reiche Leute mit vielen Freunden und Macht, die sich hochmütig benehmen und andere kränken), die Unempfindlichen (wer schon alles mitgemacht hat); wer gar keine Hoffnung mehr auf Rettung hat (jemand vor einer Hinrichtung).

Anmerkung: Die Individualpsychologie nach Sigmund Freud unterscheidet zwischen „Furcht und Angst". Angst ist auf ein bestimmtes Objekt fixiert (z.B. alle Spinnen), Furcht ist unbestimmt. Die Verwendung der Begriffe „Furcht und Angst" in der Alltagssprache sind aber synonym (=gleichbedeutend).

Der Affekt „Furcht" in der Rhetorik   C61

Der Redner versucht, dass die Leute im Publikum Furcht empfinden; durch Furcht muss der Mensch über ausweglose Situationen nachdenken; der Zuhörer muss sich als Opfer verstehen, das leidet; es sind geschichtliche oder politische Beispiele anzuführen, dass es anderswo schon so weit gekommen ist, dass jetzt keine Zeit zu verlieren ist.

Für den Redner bedeuten diese Erkenntnisse, dass er das schwarze Grauen an die Wand malen kann, indem er ein Katastrophenszenario entwirft, oder aber einen Vorfall schönredet. Ein Politiker kann z.B. sagen, dass er glaubt, eine schlimme Sache stehe bevor, wenn man jetzt nicht die Steuern erhöhe (z.B. Bankrott des Staates); dass die politischen Unruhen im Osten sich in eine Kriegsgefahr ausweiten könnten; dass eine schlimme Krankheit drohe (z.B. Vogelgrippe / BSE).

Redebeispiel Original:

Dies ist ein Mann (*gemeint ist Barack Obama), der eine ganze Rede über die Kriege halten kann, die Amerika gerade kämpft, und er benutzt dabei niemals das Wort „Sieg", außer wenn er *über seine eigene Wahlkampagne redet. Aber wenn die rhetorische Wolke vorbeigezogen ist...wenn das Jubeln der Massen abebbt... wenn die Stadionlichter aus sind, und diese griechischen Säulen aus Styropor in irgendein Studio zurückgeschafft werden...was genau ist der Plan unseres Gegners? Was versucht er tatsächlich zu erreichen, nachdem er von den Wassern umgekehrt ist und den Planeten geheilt hat? Die Antwort ist unsere Regierung größer zu machen... mehr von eurem Geld zu nehmen...euch mehr Befehle aus Washington zu geben... und die Stärke Amerikas in einer gefährlichen Welt zu verringern. Amerika braucht mehr Energie... unser Gegner ist dagegen sie herzustellen.*

Terroristische Staaten streben nach neuen, klaren Waffen ohne Verzögerung - er will sie ohne Vorbedingungen treffen.
Al-Qaida-Terroristen planen immer noch, Amerika katastrophalen Schaden zuzufügen - und er ist besorgt, dass jemand ihnen nicht ihre Grundrechte vorlesen wird? Die Regierung ist zu groß, er will, dass sie wächst. Der Kongress gibt zu viel aus...er verspricht mehr.

Die Steuern sind zu hoch...er will sie erhöhen. Seine Steuererhöhungen sind der entscheidende Punkt in seinem Programm, und lassen Sie mich darauf näher eingehen.

Der demokratische Anwärter für das Amt des Präsidenten unterstützt Pläne, die Einkommensteuern zu erhöhen...die Lohnsteuern zu erhöhen...die Einkommensteuer zu erhöhen...die Todesfallsteuer zu erhöhen...die Gewerbesteuern zu erhöhen...und die Steuerlast für das amerikanische Volk um Milliarden Dollar zu erhöhen. Meine Schwester Heather und ihr Mann haben gerade eine Tankstelle gebaut, die jetzt gerade für den Betrieb geöffnet hat - wie Millionen andere, die kleine Geschäfte betreiben.

Redetext: Sarah Palin (John McCains Kandidatin für das Amt der US-Vizepräsidentin)

Mut (Gegenteil der Furcht); ein Definitionsversuch nach Aristoteles C62

Mut ist verbunden mit der Hoffnung auf Rettung; Mut hat, wem das Furchtbare zeitlich wie räumlich weit weg erscheint; wer über Resourcen zur Abwendung des Schrecklichen verfügt (z.B. bei einer schwellenden Kriegsgefahr über mehr Panzer/ mehr Atomwaffen verfügt; wer bei Arbeitslosigkeit viele Geldmittel und Beziehungen hat); wer noch nie selbst ein Unrecht erlitten hat; wer keine Rivalen hat. Wer Freunde hat, die mächtig sind. Wer sich mit der Mehrheit der Leute in der Meinung eins weiß; wer schon selbst in Gefahr war, aber immer wieder davon gekommen ist (z.B. im Krieg); wer selbst noch kein Unrecht verübt hat, sodass die Anzahl der Feinde gering ist; wer keine Angst vor einem göttlichen Gericht im Jenseits hat, weil er hier auf Erden gut gelebt hat; wem ein gutes Horoskop oder eine gute Voraussage vom Wahrsager zuteil wurde. Auch der Erfolgswille verleiht Mut (* und die Dummheit, wenn man die Gefährlichkeit einer Situation nicht erkennt).

Der Affekt „Mut" in der Rhetorik   C63

Ein Regierungsmitglied kann das Gegenteil ausdrücken, indem es den Bankrott des Staates auf die lange Bank schiebt und andere Zahlen präsentiert; dass die politischen Unruhen im Osten sich nie zu einer Kriegsgefahr hierzulande entwickeln würden, und wenn, so sei man gut gerüstet (Kriegsausstattung / Verbündete); dass überhaupt keine schlimme Krankheit drohe, wenn es auch schon Einzelfälle gab.

Für beide Vorgehensweisen (Mut / Furcht) empfiehlt es sich auf Experten zurückzugreifen, welche die eigene These stützen.

Redebeispiel Original:

Wie bei meinem Führungskandidaten, können Sie sicher sein, dass wo auch immer er hingeht, und wer auch immer zuhört, John McCain der gleiche Mann ist. Ich bin kein Mitglied des ständigen politischen Establishments.

Und ich habe in diesen vergangenen Tagen schnell gelernt, dass wenn man kein Mitglied ist, das mit der Elite in Washington gut steht, dass dann einige in den Medien einen Kandidaten schon allein aus diesem Grund für unqualifiziert halten.

Aber hier ist ein kleiner Nachrichtenüberblick für alle diese Reporter und Kommentatoren: Ich werde nicht nach Washington gehen, um ihre gute Meinung zu suchen – ich werde nach Washington gehen, um den Leuten dieses Landes zu dienen. Die Amerikaner erwarten von uns, dass wir nach Washington aus den richtigen Gründen gehen, und nicht nur, um uns mit den richtigen Leuten zu verbandeln.

Die Politik ist nicht nur ein Spiel der aufeinandertreffenden Parteien und Interessen.

Der richtige Grund ist, den status quo (lat.* =derzeitiger Zustand) herauszufordern, dem gemeinsamen Wohl zu dienen, und diese Nation besser zu hinterlassen, als wir sie vorgefunden haben.

Niemand erwartet von uns, dass wir mit allem übereinstimmen.

Aber von uns wird erwartet, dass wir mit Integrität regieren, mit guter Absicht, klaren Überzeugungen und... dem Herzen eines Dienstmädchens.

Ich verspreche allen Amerikanern, dass ich mich selbst in diesem Geiste als Vizepräsidentin der Vereinigten Staaten durchsetze. Dies war der Geist, der mich ins Regierungsamt gebracht hatte, als ich mich mit der alten Politik in Juneau anlegte... als ich aufstand gegen die speziellen Interessen, die Lobbyisten, die großen Ölkonzerne und dem Netzwerk der guten alten Herren.

(...) Als ich dort war, bin ich ein paar Dinge im Regierungsamt losgeworden, von denen ich glaubte, dass unsere Bürger nicht dafür zahlen sollten. Dieser Luxusjet war unangemessen. Ich habe ihn auf eBay versteigert.

Ich fahre auch selbst zur Arbeit.

Und trotz heftigen Widerstands von den Lobbyisten der Ölkonzerne, die die Art mochten, wie sie war, haben wir ihr Monopol auf Energie und Quellen gebrochen.

Redetext: Sarah Palin, 3.9.2008 (John McCains Kandidatin für das Amt der US-Vizepräsidentin)

* Am Tag der Rede von Sarah Palin wurden Neuigkeiten bekannt, die möglicherweise von den Lobbyisten der Ölkonzerne gezielt gestreut wurden, wie z.B. dass eine 17jährige Tochter von ihr schwanger sei und dass sie einen Polizeichef in Alaska gefeuert habe, weil ein Verwandter es so wollte.

Scham ist mit einem Ehrverlust des eigenen Gesichts verbunden und bezieht sich auf gegenwärtige, vergangene und zukünftige Dinge.

Scham und Schamlosigkeit – Definition nach Aristoteles C64

Man schämt sich, wenn man Dinge getan hat, die einen in Verruf bringen können; z.B. im Krieg zu desertieren (feige); Geschlechtsverkehr, wenn er verboten ist (z.B. mit bestimmten Personengruppen oder zu unpassender Ort/Zeit) oder wenn man dabei gefilmt wurde (z.B. von Paparazzi/Detektiven); persönliche Bereicherung unter Ausnutzung einer Notlage (jemand ist arm und verkauft sich für einen Appel und ein Ei und man nimmt das Angebot an) oder gar Tote im Sarg zu beklauen; wenn man anderen nicht zu Hilfe kommt, obwohl man es hätte tun können; wenn man jemand anderen heuchlerisch lobt, um an einen bestimmten

Gegenstand von ihm zu kommen; jemand anderen über den grünen Klee loben, aber seine schlechten Eigenschaften vernachlässigen.

Scham wird den Personengruppen gegenüber empfunden, die man besonders achtet. Unsere Achtung schenken wir denjenigen, deren Meinung uns wichtig ist; die uns bewundern; von denen man gerne etwas hätte. Hochachtung bringt man denen gegenüber, die älter und gebildeter sind. Man schämt sich auch gegenüber Leuten, die uns um einen Gefallen bitten, den wir abschlagen müssen, obwohl wir schon viele Gefallen von ihnen erhalten haben; wenn Menschen in unserer Nähe sind, die unser privates Tun beobachten können (wenn uns z.B. ein Unglück geschieht und ein Feind ist in der Nähe). Scham bringt auch die Verwandtschaft oder Bekannte, wie z.B. das schwarze Schaf in der Familie oder ein betrügerischer Freund; wenn man selbst ein Delikt (z.B. Ehebruch) verübt und Mitwisser hat.

Schamlosigkeit ist eine Geringschätzung all der Dinge, die hier aufgezählt wurden und üblicherweise den Kopf rot werden lassen. Welche Handlungen sind schamlos? Wenn jemand verweichlicht ist und keine Anstrengung erträgt, z.B. langsamer ist als ältere Leute; wenn jemand redet, wie toll er alles getan hat, obwohl es ein anderer war, wie z.B. ein Betrüger in der Klassenarbeit („ohne ihn hätte ich es genauso gut geschafft"); wenn jemand nicht das besitzt, was alle besitzen (z.B. einen gewissen Bildungsstand). Wenn jemand die Privatsphäre anderer grob missachtet und für seine eigenen kommerziellen Zwecke ausnützt (z.B. Paparazzi, Detektive, Hacker).

Die Affekte „Scham und Schamlosigkeit" in der Rhetorik　　C65

In der Rhetorik wird die Scham auch dazu benutzt, dass sich das Publikum vorstellten soll, es gäbe noch weitere Zuschauer, die ihre Entscheidung verfolgten. „Samos verlangte von den Athenern sich vorzustellen, dass die Griechen im Kreis um sie herumstünden als Zuschauer, nicht als Zuhörer dessen, was sie als Beschluss fassten".

Für die politische Rhetorik bedeutet die Scham, dasss man beim Gegner im Lebenslauf nach Punkten forscht, die ihm oder dem Publikum die Schamesröte ins Gesicht treiben könnten. Hat er den Kriegsdienst verweigert (wie Bill Clinton?); hatte er Geschlechtsverkehr mit einer Schutzbefohlenen (wie Bill Clinton mit der Praktikantin Monica Lewinsky?); hat sich der Gegner persönlich bereichert (z.B. ein Aktienpaket noch kurz vor der Gewinnwarnung verkauft?); war der Gegner irgendwann feige, als er einem anderen zur Seite hätte springen können? Gibt es irgendein Bild aus der Studentenzeit, das ihn unvorteilhaft zeigt (z.B. mit einem Joint wie Bill Clinton?); hat der Gegner irgendeinen Verwandten, der ihm gefährlich werden könnte (z.B. der Bruder des Ex-Bundeskanzlers Gerhard Schröder). Hatte der andere den Pfad der Tugend irgendwann verlassen, z.B. ein unbedeutender Eintrag in der „B-Akte" der Polizei?

Man kann einem anderen auch Schamlosigkeit vorwerfen, wie es z.B. der Bundestagsabgeordnete Peter Struck bei der Antrittsrede von dem Ex-SPD-Mitglied Oskar Lafontaine (heute: Die Linke) tat: „Lieber Herr Lafontaine, für diese Worte, die Sie gerade öffentlich gemacht haben und die in ihrer Polemik nicht mehr zu überbieten sind, sollten Sie sich was schämen." Zwar grinste Oskar Lafontaine hierauf selbstsicher, doch er wurde zugleich äußerst rot – offensichtlich schämte er sich innerlich. Wir merken uns also: Die Scham ist einer der mächtigsten Affekte in der Rhetorik.

Redebeispiel Original:

Sokrates: *„Was wohl euch, ihr Athener, meine Ankläger angetan haben, weiß ich nicht: ich meinesteils aber hätte ja selbst beinahe über sie mich selbst vergessen, so überredend haben sie gesprochen. Wiewohl – Wahres, dass ich das Wort heraussage, haben sie gar nichts gesagt. Am meisten aber habe ich eins von ihnen bewundert von den vielen Dingen, die sie gelogen haben: dieser Punkt, ihr müsstet euch wohl vorsehen, dass ihr nicht von mir getäuscht würdet, als wäre ich talentiert im Reden. Denn dass sie sich nicht schämen, sogleich von mir widerlegt zu werden durch die Tat, wenn ich mich nun auch nicht im Geringsten nicht talentiert zeige im Reden, dieses schien mir ihr Unverschämtestes zu sein. Sofern diese nicht etwa den talentiert im Reden nennen, der die Wahrheit redet. Denn wenn sie dies meinen, möchte ich mich wohl dazu bekennen, ein Redner zu sein, der sich nicht mit ihnen vergleicht. Diese nämlich, wie ich behaupte, haben gar nichts Wahres geredet; ihr aber sollt die ganze Wahrheit hören. (...) Schämen muss ich mich nun freilich, ihr Männer, euch die Wahrheit zu sagen: dennoch soll sie gesagt werden. Um es nämlich geradeheraus zu sagen, fast sprachen alle Anwesenden besser als sie selbst über das, was sie gedichtet hatten. (...) Denn mir scheint dieser Mann, Meletos, ihr Athener, ungemein übermütig und ausgelassen, und ordentlich aus Übermut und Ausgelassenheit diese Klage wie einen Jugendstreich angestellt zu haben. Denn es sieht aus, als habe er ein Rätsel ausgesonnen und wollte nun versuchen: ‚Ob wohl der weise Sokrates merken wird, wie ich mir einen Scherz erlaube und mir selbst widerspreche in meinen Reden, oder ob ich ihn und die anderen hintergehen werde?' Denn Meletos scheint mir ganz of-*

fenbar sich selbst zu widersprechen mit seiner Anklage, als ob er sagen will: ‚Sokrates frevelt, indem er an keine Götter glaubt, weil er an Götter glaubt', wiewohl jemand dies doch nur im Scherz behaupten kann! (...) Nun aber seht ihr ja selbst, dass meine Ankläger, so schamlos sie mich auch aller anderen Dinge beschuldigen, dieses doch nicht erreichen konnten mit ihrer Schamlosigkeit, einen Zeugen aufzustellen, dass ich jemals für mich eine Bezahlung ausgemacht oder gefordert hätte. Ich aber stelle, meine ich, einen ausreichenden Zeugen für die Wahrheit meiner Aussage: meine eigene Armut."

Nach der Verkündung des Todesurteils gegen Sokrates:

„Aus Unvermögen unterliege ich freilich, aber nicht aus Mangel an Worten; sondern an Frechheit und Schamlosigkeit und an dem Willen, in der Art zu euch zu reden, wie ihr es sicherlich am liebsten gehört hättet, wenn ich gejammert und mich in Wehklagen geschüttelt hätte, und viel anderes Unwürdiges getan und geredet hätte von der Art, die ihr gewohnt seid von den anderen Leuten zu hören. Allein weder vorher glaubte ich wegen der Gefahr etwas Unedles tun zu dürfen, noch reut es mich jetzt, mich so verteidigt zu haben. Ich will mich lieber auf diese Art verteidigt haben und sterben, als auf die andere und leben."

Redetext: Platon (aus: Des Sokrates Verteidigung), 399 v. Chr.

Obwohl die Anklagepunkte nicht begründet wurden, hatte das Gericht Sokrates schließlich zum Tode verurteilt, was auch mit seinem Auftreten vor Gericht zu tun hatte. Nach einem ersten Schuldspruch (mit nur drei Stimmen Mehrheit) erklärte er für sich ironisch als gerechte Strafe eine Speisung im Prytaneion. Die Richter erkannten darin eine Verspottung, sodass er mit 80 Stimmen mehr zum Tode verurteilt wurde, als ihn eigentlich schuldig gesprochen hatten. Im Jahr 399., im Alter von 70 Jahren, trank Sokrates den Giftbecher.

Mitleid – Definition nach Aristoteles C66

Mitleid: ein erlittenes Unheil, das einen trifft, obwohl man es (vielleicht) nicht verdient hat. Mitleid kann man gegenüber sich selbst und anderen Personengruppen empfinden. Kein Mitleid empfinden Leute, die schon „in der Scheiße stecken" (salopp ausgedrückt); auch die äußerst Glücklichen und Zufriedenen haben keine Mitleidsgefühle. Mitleidsanfällig sind Menschen, denen schon ein Unheil im Leben geschehen ist (besonders die ältere Generation ist weltmeisterlich im Klagen, der typisch „deutsche Pessimismus"); auch schwache und furchtsame Charaktere verspüren gern Mitleid. Mitleid kann nicht empfunden werden, wenn man im Affekt handelt (z.B. ein Verbrecher gegenüber seinem Opfer); wenn man sich hochmütig gegenüber anderen verhält (Mobbing);

wer vor Schreck wie gelähmt ist. Um Mitleid fühlen zu können, muss man noch wenigstens die Kontrolle über seine Gefühle haben. Wer jemand anderen für gerecht hält, glaubt schnell, dass er diese Sache (z.B. ein tragisches Unglück) nicht verdient hat.

Worüber empfindet man Mitleid? Allgemein über Dinge, die dem Menschen Schmerzen bereiten; was die eigene Existenz vernichtet (Arbeitslosigkeit); Schicksalsschläge; Tod; körperliche Misshandlung; Krankheit; Gebrechlichkeit im Alter; Einsamkeit; Hässlichkeit; Narben im Gesicht und am Körper (z.B. Kriegsopfer). Aber auch über ein großes Leid, das von einem Glücksfall gefolgt wird: Jemand gewinnt im Lotto, stirbt aber einen Tag zuvor, sodass er selbst nichts mehr davon hat. Mitleid hat man mit Bekannten und Freunden, jedoch weniger mit den eigenen Verwandten; das Entsetzen innerhalb einer Familie hebt das Mitleid auf. Mitleid hat man besonders auch mit denen, die uns ähnlich sind: gleiches Alter, gleicher Charakterzug, gleiche Herkunft und gleicher Machtstatus. Denn insgeheim weiß man, dass es auch einen selbst hätte treffen können. Für Mitleid gilt das gleiche wie für die Furcht; man hat es nur für Dinge, die uns räumlich oder zeitlich nah bevorstehen. „Die Zeit heilt alle Wunden" heißt ein Sprichwort im Deutschen. Auch die Kunst und die Schauspielerei vermag Mitleid auszudrücken; weil sie dem Publikum vor Augen führen, was einem selbst bevorstehen könnte.

Für die Gerichtsrhetorik ist das Mitleid wichtig bei der Zeugenvorführung („evidentia"); wenn man das Opfer mit seinen Narben im Gerichtssaal sieht, empfindet das Geschworenengericht Mitleid; wenn jemand den Tathergang - wesentlich ausführlicher als in irgendeinem Zeitungsbericht – emotional, eindringlich und plastisch erzählen kann, so macht das Mitleid über die Sache betroffen. Hierbei sind auch die Gesten des Anklägers wichtig, wenn er mit den Händen zeigt, wie der Täter das Opfer erwürgt hat (während der Angeklagte auf der Gerichtsbank zumeist höhnisch grinst, was das Mitleid noch verstärkt).

Der Affekt „Mitleid" in der Rhetorik   C67

Wer andere anklagt, kann bedeutungslose Dinge ausführlich erzählen, und wichtige Dinge in geraffter Form übergehen. Nach der Aufzählung vieler guter Eigenschaften des Opfers wird eine, die in direktem Zusammenhang zur Tat steht, als nicht wichtig erachtet. Anders ausgedrückt: Das Gute wird mit dem Bösen vermischt. Man unterstellt dem Täter einen schlechten Charakter per se.

Für die Rede wird oft behauptet, dass die Erzählung kurz sein soll. Doch tatsächlich muss man „soviel sagen, wie die Aufklärung des zur Behandlung stehenden Sachverhalts erfordert, oder wie es die Wortstellung erweckt, dass die Sache geschehen ist, dass geschadet wurde, dass man ein Unrecht begangen hat." In einer Erzählung sind als Ankläger gefühlsbetonte Wörter wichtig, mit denen die Folgen dargestellt werden. „Nachdem er sie triebhaft, mannstoll und begierlich angeblickt hatte, reifte in ihm der Gedanke zur Tat. Daraufhin..." In amerikanischen Gerichtsserien sieht man dann schnell den Verteidiger aufspringen: „Einspruch, euer Ehren." „Einspruch stattgegeben. Herr Staatsanwalt, würden Sie bitte eine neutralere Sprache wählen."

Für die politische Rhetorik ist das Mitleid ein Weg, sich als „barmherziger Samariter" zu erweisen. Den Alten, Kranken und Schwachen mal etwas Gutes zukommen zu lassen; mit diesen Personengruppen zusammen Weihnachten feiern; in einem Krieg die eigenen Soldaten- und Zivilopfer im Krankenhaus besuchen; nach einem Unglücksfall den Angehörigen sein Beileid ausdrücken und als Politiker „vor Ort sein". Hieraus sind auch die vielen Firmen-Stiftungen zu erklären, die den Hilfsbedürftigen unter die Arme greifen; dies ist gut fürs Image der Firma, weil die meisten Leute emotional eingebunden sind.

Redebeispiel Original:

Es gibt nur einen Mann bei dieser Wahl, der jemals für euch gekämpft hat... an Plätzen, wo das Gewinnen Überleben bedeutet und die Niederlage den Tod... und dieser Mann ist John McCain. Heutzutage sind die Politiker viel weniger an Geschichten des Unglücks beteiligt als die Albtraumwelt, in der dieser Mann, und gleichermaßen andere tapfere, für ihr Land gedient und gelitten haben.

Es ist ein langer Weg aus der Furcht und dem Schmerz und der Verwahrlosung einer sechs-mal-vier-Fuß-Zelle in Hanoi ins Weiße Haus. Aber wenn Senator John McCain der gewählte Präsident ist, ist das die Reise, die er gemacht haben wird.

Es ist die Reise eines aufrichtigen und ehrenwerten Mannes - die Art eines Mitmenschen, dessen Namen man auf Kriegsdenkmälern in kleinen Städten über das Land verteilt findet, nur mit dem Unterschied, dass er unter denjenigen war, die nach Hause kamen.

Ins mächtigste Amt auf Erden, würde er das Mitgefühl mitbringen, das daraus resultiert, dass er einst machtlos gewesen ist...die Weisheit, die sogar zu den Kriegsgefangenen kommt, durch die Gnade Gottes...das besondere Vertrauen derjenigen, die das Böse gesehen haben, und die gesehen haben, wie das Böse überwunden werden kann. Sein Kamerad, auch ein Kriegsgefangener, ein Mann mit dem Namen Tom Moe aus Lancaster, Ohio, erinnert sich daran, wie er durch ein Nadelöhr in seine Zelle schaute, wie Leutnant Kommandeur John McCain täglich von den Wachen auf den Zellboden niedergelegt wurde.

(* Die Sprecherin Sarah Palin macht in diesem Moment eine Pause und zeigt in diesem Moment auf Tom Moe in der ersten Reihe, der gerührt aufsteht und die Tränen kaum zurückhalten kann. Die Menge applaudiert vor Anteilnahme.)

Wie die Geschichte erzählt wird: „Als McCain zurückschlurfte von Folterverhören, drehte er sich gewöhnlich zu Moes Tür und zeigte ein schwaches Grinsen und hob die Daumen in die Höhe", als ob er sagen wollte: „Wir werden das durchstehen." Meine Mitmenschen in Amerika, das ist die Art von Mann, die Amerika braucht, um die nächsten vier Jahre zu bewältigen.

Für eine Jahreszeit kann ein begnadeter Sprecher mit seinen Worten inspirieren. (* gemeint ist Barack Obama)
Für ein ganzes Leben hat John McCain durch seine Taten inspiriert.

Wenn der Charakter der Maßstab in dieser Wahl wäre, und die Hoffnung der thematische Inhalt... und der Wandel das Ziel, das wir teilen, dann bitte ich Sie alle, sich an unserer Sache zu beteiligen. Beteiligen Sie sich an unserer Sache und helfen Sie, dass Amerika einen großartigen Mann zum nächsten Präsidenten der Vereinigten Staaten wählt.

Ich danke Ihnen allen, und möge Gott Amerika segnen.

Redetext: Sarah Palin (John McCains Kandidatin für das Amt der US-Vizepräsidentin)

Der Neid: dem Mitleid entgegengesetzter Charakterzug. Für den Menschen ist es schmerzvoll, wenn ein anderer unverdient Glück hat. Beide Affekte, das Mitleid wie das Nicht-Gönnen, decken sich nicht mit unserer Vorstellung von Gerechtigkeit, die besagt: „Wer hat arbeitet, wird seinen Weg machen, wer nicht hart arbeitet, wird es nicht schaffen." Das Schicksal lehrt jedoch, dass es nicht berechenbar ist: Die Faulen werden manchmal später sehr reich und sind frei von Krankheiten, während die Fleißigen in Armut oder Krankheit verenden. Wer gegenüber Menschen Mitleid empfindet, denen ein Unglück geschieht, hat jedoch kein Mitleid, wenn es einem schlechten Charakter widerfährt: Einem Mörder, der in seiner Zelle an einer Krebserkrankung stirbt, wird kein Mitleid von der Allgemeinheit zuteil; einem Millionär, der

Der Neid (Gegenteil von Mitleid) – Definition nach Aristoteles C68

in Saus und Braus lebt und später alles bei Immobiliengeschäften verliert, sodass er später von Sozialhilfe lebt, erfreut die Allgemeinheit; wie auch die „Dschungelcamp - Ich bin ein Star! Holt mich hier raus!"-Fernsehserie beweist. Wenn Kakerlaken über die Gesichter der Ex-Promis kriechen, so empfindet man kein Mitleid (aber Ekel). Der schadenfrohe Mensch ist auch ein neidischer; weil es ihn schmerzt, dass ein anderer Dinge besitzt, die er niemals haben wird, und es freut ihn, wenn diese Besitztümer vernichtet werden.

Keinen Neid hat man gegenüber Personen, über die man selbst eine gerechte Meinung hat, weil man sie z.B. als tapfer und gerecht und weise ansieht. Ihr gutes Aussehen und die edle Abstammung und das viele Geld haben sie aufgrund ihrer guten Eigenschaften völlig zurecht erhalten (wie z.B. Fleiß, Besonnenheit und Höflichkeit). Wir an ihrer Stelle hätten es auch nicht besser gemacht. Die Neureichen kränken den Bürger mehr als die schon immer Reichen, glaubt Aristoteles. Der Grund hierfür ist, dass die schon immer Reichen das Geld zu besitzen scheinen (z.B. der Hochadel), die Neureichen jedoch unverdient hochgekommen sind, sie haben eine Stufe erklommen, die ihnen eigentlich nicht von Geburt an zusteht. Man ist auch neidisch auf Personen, welche die gleichen Güter wie wir besitzen, aber charakterlich ganz anders sind als wir (z.B. sehr faul); denn man hält die anderen für unwürdig, die gleichen Dinge wie wir zu haben. Je besser und tüchtiger sich einer hält, desto neidischer wird er auf andere Personen sein; wenn aber einer selbst von sich eine schlechte Meinung hat, weil er z.B. keine Ehre und Anstand besitzt, so empfindet er keinen Neid.

Man ist auch neidisch auf Leute, die auf einmal das besitzen, was wir früher besessen haben – so ist die ältere Generation stets neidisch auf die jüngere Generation und ist oft ungerecht zu ihr. „Verwandtes Blut versteht sich auf Neid und Hass", heißt ein Sprichwort aus der Zeit des Aristoteles. Neid wird besonders innerhalb der Familie empfunden, wenn z.B. ein Geschwisterteil mehr erreicht hat als der andere. Auch ist man neidisch auf diejenigen, die man gern beeindrucken würde (Höhergestellte), aber auch auf Mitbewerber, welche die gleichen Dinge wollen (z.B. um die Aufmerksamkeit der gleichen Frau buhlen).

Der Affekt „Neid" in der Rhetorik   **C69**

Für die Gerichtsrhetorik bedeutet dies, dass man die Person, die der Ankläger als mitleiderregend dargestellt hat, als Verteidiger mit Neid entkräftet; in US-Justizfilmen finden wir häufig ein gleiches Verteidigungsmuster:

Diese Frau war kein typisches Opfer, sondern ein Flittchen; diese Frau war zudem sehr reich und faul und hat sich ihren Weg „nach oben geschlafen"; diese Frau brach viele Männerherzen und spielte mit ihnen, sodass die Tat schon beinahe eine logische Folge war; der Täter war ein fleißiger und rechtschaffener Bürger; oder dieser um Geld Betrogene war ein Mensch, der allzu sorglos anderen Leuten vertraut hat, und es wegen seines vielen Geldes mit der Vorsicht nicht so genau nahm.

Bei einer Verteidigung ist die Erzählung zum Vorfall kürzer: Die Leugnung des Verbrechens oder das Abstreiten seines Schadens, den Vorfall als belanglos darstellen, als nicht ungerecht. Bei der Erzählung ist auf eine Sprache zu achten, die kein Mitleid mit dem Opfer oder Zorn auf den Täter weckt. Man kann aber auch den Vorfall zugeben, jedoch nur mit einer Einschränkung: „Wenn es schädlich war, so war es doch der Natur des Mannes entsprechend." Auch ein unglücklicher Zufall oder Irrtum eignen sich: „Der Täter wollte dem Opfer nicht schaden, sondern eigentlich etwas ganz anderes." Wenn das Opfer selbst die Tat provoziert hat – oder einer seiner Bekannten. Auch eine Gegenbeschuldigung eignet sich, denn „es ist unmöglich, dass die Worte eines Menschen, der selbst unglaubwürdig sei, Glauben erwecken werden." Man kann auch den Vorwurf selbst attackieren, und dass alles nur aus Bosheit vorgebracht wurde und nun eine rechtschaffene Existenz gefährdet werde. Man unterstellt dem Opfer einen schlechten Charakter.

In der politischen Rhetorik kann man sagen, dass der Gegner in seiner Karrierre unglaubliches Glück gehabt hat, das nicht auf Talent fußte; der Gegner ist eher ein verhätscheltes Kind, das nie die harten Früchte ehrlicher Arbeit gekannt hat. Oder der Gegner ist ein Neu-Reicher, der nicht weiß, wie man sich in den höheren Kreisen verhält. Er ist an dieser Position völlig zu Unrecht und sollte besser eine Stufe zurück. Wenn man weiß, dass das Publikum vom eigenen Volk eine sehr hohe Meinung hat (z.B. fleißig, sparsam, intelligent), kann man schnell den Neid wecken, indem man auf andere Völker (oder Bevölkerungsgruppen wie Minderheiten) verweist, die auf der gleichen Einkommensstufe wie wir stehen, aber angeblich weitaus weniger leisten.

Redebeispiel Original:

Ihr wisst, dass der Staat in den Herrschaftsbereich einiger weniger mächtiger Leute gekommen ist, und nicht nur Könige und Fürsten waren diesen steuerpflichtig, sondern auch Völker und Nationen zahlten ihnen Abgaben. Aber die übrigen Leute, allesamt anständig und gut, vornehm und einfach, wurden zum gemeinen Volk *degradiert, hatten kein Ansehen und keinen Einfluss mehr, waren denen untertan, für die wir, wenn es den alten Staat noch nach Gesetz gegeben hätte, ein Schrecken gewesen wären. Das ganze Ansehen, die ganze Macht, die ganze Ehre und der ganze Reichtum liegt nun bei ihnen (...) Für uns bleiben Gefahr, Zurückweisung, Prozesse und Armut. Wie lange wollt ihr diesen schlimmen Zustand noch erdulden, ihr mutigen Männer? Ist's nicht viel besser in Tapferkeit sein Leben zu lassen, als ein armseliges, ehrloses Leben zu führen, in dem man zur Zielscheibe fremder Überheblichkeit wird, und schmachvoll sterben zu müssen? Tatsächlich liegt der Sieg fest in unserer Hand, bei aller Treu' der Götter und Menschen. Wir sind: im **blühenden Alter** und haben zudem: **starken Mut**. Sie dagegen wurden in jenen Jahren der Staatsübernahme reich, und sind nun in ihrem angehäuften Reichtum in jeder Hinsicht alt. Wenn unser Unterfangen erst begonnen hat, wird sich alles Weitere schon fügen. Denn wer von allen, der einen standhaften Geist in sich trägt, kann es ertragen, dass bei ihnen der Reichtum überquillt, wie sie ihn einfach so verprassen, dadurch dass sie im Meere bauen und Berge plattmachen, während uns das Geld zum Leben, ja das Allernötigste fehlt? Dass sich diese Leute Bilder, Marmorstatuen und schöne Vasen kaufen? Bereits neue Dinge niederreißen, um an der gleichen Stelle erneut zu bauen? Schließlich auf jede nur erdenkliche Weise ihr Geld verprassen und von sich lassen? Trotz dieser allergrößten Verschwendungssucht nicht fähig sind, ihren Reichtum aufzuzehren? Wir aber leiden Not zu Hause, haben Schulden bei anderen, unsere Lebensumstände sind mehr als schlecht zu nennen und die Zukunftsaussichten noch viel schlechter.*

Text: Sallust, „Römische Geschichte" (Catilinas Rede an seine Anhänger) *

(*leicht verändert)

Eifersucht (Gegenteil von Mitleid) – Definition nach Aristoteles   C70

Während der Neid den Charakteren zukommt, die glauben, auf einer unteren Stufe zu stehen, ist die Eifersucht (das Rivalitätsstreben) für Menschen, die glauben, auf der gleichen Stufe zu stehen. „Niemand hält sich dessen für unwürdig, was ihm als möglich erscheint." Reichtum, viele Freunde, politische Ämter, Macht sind allesamt Güter, die viele Menschen besitzen wollen. Die Objekte des rivalisierenden Strebens kursieren um die Macht, wenn damit Gewalt über andere ausgeübt werden kann (Tapferkeit, Weisheit, Regierungsamt). Aber auch diejenigen, mit denen viele gern auf einer Stufe stehen würden, von denen sie gern ein Freund wären, weil sie von vielen Menschen bewundert werden (z.B. wichtige Politiker, bekannte Sportler, Society-Promis). Demzufolge sind die meisten Journalisten, die sich gerne mit Interviews zu diesen Leuten begeben, auch solche, die besonders eifersüchtig sind, weil sie die gleichen Dinge gern für sich hätten, aber intellektuell sich auf einer ebenbürtigen, wenn nicht sogar überlegenen Stufe glauben. Die Verachtung ist also das Gegenteil der Eifersucht. Sie wird demjenigen entgegengebracht, der nichts besitzt, womit Gewalt ausgeübt werden kann. Wer z.B. einfach nur Glück hatte in seinem Leben, und alles ohne Mühe zugeteilt bekam, wird besonders verachtet.

Für die politische Rhetorik ist bedeutsam, dass das eigene Volk immer in Rivalität zu einem anderen Volk steht (z.B. Deutschland mit England; aber auch Baden-Württemberg und Bayern). So glauben die Leute oft, dass die Güter eigentlich nur ihnen zustehen würden, weil sie ja fleißiger, intelligenter und organisierter als die anderen seien. Deswegen werden auch häufig die „deutschen Tugenden" beschworen, um noch mehr Produktivität freizusetzen. Gleichzeitig blickt man auf die kleineren Zwergenstaaten herab, die es zu nichts gebracht haben. Dabei wird aber oft übersehen, dass die kleinen Schwellenländer in riesigen Schritten aufholen, während die großen Industriestaaten allesamt nachlassen.

Der Affekt „Eifersucht" in der Rhetorik   **C71**

In der Gerichtsrhetorik könnte man z.B. erörtern, ob der Angeklagte nur deshalb verurteilt werden soll, weil das Publikum auf ihn eifersüchtig ist. Im Anschluss daran wäre zu bitten, persönliche Emotionen hinten anzustellen und den Tatvorgang als solches zu betrachten. Wäre das Publikum der Richter, so würde ein Prominter im Gerichtssaal härter bestraft werden als ein Nicht-Prominenter, weil die Leute hier eifersüchtig sind.

Charaktereigenschaften von Personengruppen

Aristoteles sagt:
Jugendliche sind oftmals auf die Erfüllung ihrer eigenen Begierden (z.B. Freund/Freundin) fixiert, und hierbei oft unbeherrscht. Gleichzeitig ändert sich aber auch ihr Geschmack, und sie werden der einen Sache schnell überdrüssig (z.B. einem Freund/Freundin den Laufpass geben und gegen einen neuen austauschen). Sie sind in der Begierde heftig, lassen aber bei Erreichen des Ziels schnell nach; sie sind hitzig und jähzornig, und folgen ihrem Zorn mehr als ihrem Verstand. Sie ertragen es nicht, wenn man sie nicht respektiert, und geraten schnell in Empörung, wenn sie sich ungerecht behandelt fühlen (z.B. wegen einer schlechten Schulnote). Die Jugend ist ehrgeizig und will den Sieg (z.B. beim Sport); durch den Sieg fühlt sie sich überlegen.

Die Jugend – Definition nach Aristoteles   **C72**

545

Aristoteles sieht aber nicht nur negative Eigenschaften:
Dafür sind die Jugendlichen weniger auf Geld aus, weil sie oftmals in sehr behüteten Verhältnissen aufwachsen, und finanzielle Nöte noch nicht erfahren haben. Sie sind auch gutmütig, weil sie noch nicht häufig getäuscht worden sind. In ihnen steckt viel Hoffnung, weil ihnen noch nicht viel misslungen ist. Für die Jugend ist die Zukunft lang (viel Hoffnung), die Vergangenheit kurz (wenig Schlechtes). Das macht sie jedoch auch anfällig für die Versprechungen von Betrügern, denn man kann sie leicht täuschen.
Die Jugend ist mutig (viele Mutproben); durch ihren großen Zorn fürchtet sie sich nicht; für Jugendliche zählen Begriffe wie „Fairness" und „anständige Dinge", denn sie sind vom Leben noch nicht allzu sehr gedemütigt worden. Als Jugendlicher tendiert man dazu, eher schöne als nützliche Dinge zu tun. Der Freundeskreis von Jugendlichen bleibt weitgehend unter sich, und man beurteilt die eigenen Freunde auch nicht nach dem Nutzen, den er vielleicht bringen könnte, sondern nach dem Spaßfaktor.
Aristoteles sagt: Ihre Fehler aber liegen im Übermaß; „denn sie tun alles im Übermaß. Sie hassen im Übermaß, sie lieben im Übermaß, und so alles auf andere Weise. Auch glauben Sie, alles zu wissen... denn auch das ist die Ursache der Übertreibung in allem."
Jugendliche können nur wenig Mitleid für andere verspüren, weil ihnen ältere Menschen besser vorkommen, als sie es tatsächlich sind. Es fehlt ihnen der scharfe Blick, die Gesamtsituation eines Menschen einzuordnen. Jugendliche scherzen gern, und wenn sie jemand anderen beleidigen, so tun sie das oftmals nicht aus Bosheit, sondern weil sie die Grenzen ihrer Worte noch nicht kennen.

Wenn das Publikum jung ist, was zu tun ist   C73

Spricht man als Politiker vor Jugendlichen, so sollte man ihnen Hoffnung auf eine bessere Zukunft machen. Die ganze Rede lustig verpackt in verständliche Sprache; sie nicht als Dummköpfe abstempeln; ihnen keine Vorwürfe machen; ihren Mut wecken; auf ihre Freunde und Lebenswelt zu sprechen kommen; auf ihre Begierden eingehen; sagen, wie man sich selbst früher als Jugendlicher in der gleichen Situation gefühlt hat; den Ehrgeiz untereinander wecken, sich für das Land auszuzeichnen. Man sollte Jugendliche jedoch nicht belügen, und mit ihnen auf einer eher erwachsenen Ebene sprechen, sie also keinesfalls als Grundschulkinder ansehen, die noch nichts vom Leben wissen.

Redebeispiel Original:

Am Ende...am Ende...am Ende ist es das, worum es bei dieser Wahl geht. Nehmen wir an einer Politik des Zynismus teil oder nehmen wir an einer Politik der Hoffnung teil?
(...)

Ich rede hier nicht über blinden Optimismus – die fast eigensinnige Ignoranz, die denkt, dass die Arbeitslosigkeit verschwinden wird, wenn wir nicht daran denken, oder dass die Gesundheitsversorgungskrise sich lösen wird, wenn wir sie einfach ignorieren. Das ist nicht das, worüber ich spreche. Ich spreche über etwas mehr Substantielles. Es ist die Hoffnung der Sklaven, die um ein Feuer sitzen und Freiheitssongs singen; die Hoffnung der Einwanderer, die an den entfernten Küsten aufbrachen. Die Hoffnung eines jungen Seeleutnants, der tapfer das Mekong Delta patrouillierte, die Hoffnung des Sohnes eines Fabrikarbeiters, der es wagt, den Gelegenheitsarbeiten zu trotzen; die Hoffnung eines dürren Jugendlichen mit einem lustigen Namen, der glaubt, dass Amerika auch für ihn einen Platz bereithält.

Hoffnung – Hoffnung im Angesicht der Schwierigkeit. Hoffnung im Angesicht der Ungewissheit. Den Wagemut der Hoffnung!

Am Ende ist dies das größte Geschenk Gottes; den Grundstein dieser Nation. Ein Glaube an Dinge, die es noch nicht gesehen hat. Ein Glaube, dass uns bessere Tage bevorstehen.

Redetext: Barack Obama (der zu diesem Zeitpunkt noch Wahlwerbung für den später ausgeschiedenen Präsidentschaftskandidaten John Kerry machte)

Die Alten – Definition nach Aristoteles   C74

Aristoteles sagt:
Die ältere Generation (Ü30-Ü40-Ü50-Ü60), aber auch die Rentnergeneration, ist das Gegenteil der Jugend; durch häufige Täuschungen und Fehler im Leben neigen ältere Semester zur Vorsicht, also keinesfalls zum Übermaß.
Ihre Meinungen über eine Sache sind ebenfalls vorsichtig, deshalb schmücken sie ihre Sätze oft mit abschwächenden Adverbien wie z.B. „vielleicht", „möglicherweise" aus. Auch sind sie eher pessimistisch und argwöhnisch, weil sie allen Leuten und Meinungen misstrauen, aber selbst keine eigene Meinung einnehmen. Ihre Liebe und ihr Hass sind schwach ausgeprägt, man strebt nach nichts Großem und Außergewöhnlichem mehr, weil man nichts mehr erreichen kann auf der Karriereleiter, es genügt das Lebensnotwendigste zu haben. Die Ü30-Ü40-Ü50-Ü60-Generation ist vor allem auf Geld aus, denn das gehört zum Lebensnotwendigsten, weiß aber auch, wie leicht man Geld ausgeben kann und wie schwer es ist, Geld zu erwirtschaften. Sie ist feige, weil sie nicht mehr so leicht in Zorn gerät; sie hängt am eigenen Leben; die ältere Generation liebt sich selbst, und wählt alle Dinge nach dem praktischen Nutzen aus, nicht aber um an Ehre zu kommen. Sie ist hoffnungslos, dass es noch besser werden könnte; man lebt mehr

in der Erinnerung (eigene Jugend) als in der Zukunft (Hoffnung). Die eigene Lebensspanne wird immer kürzer, das Zurückgelegte immer größer. Dadurch neigt man zur Klatsch- und Tratschsucht mit Freunden und Bekannten, durch das Erinnern verschafft man sich eine Art geistige Freude. Zwar sind sie oft zornig, aber nicht heißblütig; Profitorientierung ist die Basis ihres eigenen Handelns. Sie ist berechnend, und wenn sie jemand schädigen will, so tut sie es aus Bosheit. Dafür können ältere Leute Mitleid empfinden, weil sie glauben, dass ihnen das auch noch blühen wird. Man klagt mehr, als dass man lacht.

Wenn das Publikum alt ist - was zu tun ist C75

Spricht man als Politiker vor älteren Menschen, so ist das Thema „Sicherheit" ganz wichtig. Dies beinhaltet nicht nur die Sicherheit auf der Straße, sondern auch finanzielle Sicherheit. Auch ist stets der praktische Nutzen einer Sache zu verdeutlichen. Weil die Leute gern in der Erinnerung leben, sollte man geschichtliche Beispiele aus den letzten 20 bis 30 Jahren anführen. Weil die Leute sich selbst lieben, sollte man sie ausgiebig loben, wie sehr man sie bewundert für ihre tollen Leistungen.

Weil sie keinen eigenen Standpunkt vertreten, sollte man ihnen die Meinungsrichtung mit Sätzen wie „Wir wollen XY, keinesfalls Z" vorgeben. Da die Ehre für diese Generation nicht so wichtig ist, sollte man eher an den Allgemeinnutzen als an höhere Ziele appellieren. Insofern ist das Thema Wirtschaft für diese Generation wichtiger als das Thema Naturschutz. Die Bewahrung der natürlichen Resourcen ist nämlich etwas für jugendliche Weltverbesserer, die neuesten Wirtschaftszahlen des DAX für ältere Praktiker. Auch sind schreckliche Beispiele zu nennen, die betroffen machen (Mitleid) und zum Nachdenken anregen. Da dem Redner aber auch ein hohes Misstrauen entgegenschlägt, muss er beweisen, dass er der richtige Mann für diese Sache ist, und dem vir-bonus-Ideal eines perfekten Redners nacheifern, d.h. seine gute charakterliche Gesinnung zur Schau stellen.

Denn Aristoteles gibt auch eine Warnung: „Man glaubt aber, am ehesten in der Lage zu sein ungestraft Unrecht tun zu können, wenn man die Fähigkeit des Redens besitzt sowie bewandert und erfahren in Prozessen ist und wenn man viele Freunde hat bzw. reich ist." „Wenn alle viel Unrecht zu tun pflegen, glaubt man eher Verzeihung zu erlangen." (= Weshalb sollten wir unsere Wahlversprechen halten? Das tut doch keiner...)

Er muss sich klar abgrenzen von all den Volksverführern, die mit einfachen Botschaften schwierige Sachverhalte verharmlosen. Für diesen Fall benötigt er Beispiele, die seine Thesen untermauern.

Eine klare Ausdrucksweise ist einem zweideutigen Stil vorzuziehen. Humor ist zwar auch bei einzelnen Punkten wichtig, aber Sprücheklopferei ist zu vernachlässigen. Die Sache zählt, und wenn man lachen will, geht man ins Kabarett.

Redebeispiel Original:

Das ist das wahre Genie Amerikas, ein Glaube – ein Glaube an einfache Träume, eine Hartnäckigkeit kleine Wunder zuzulassen; sodass wir in der Nacht unsere Kinder ins Bett packen und wissen, dass sie genährt und gekleidet und sicher vor bösen Dingen sind; dass wir sagen können, was wir denken, schreiben, was wir denken, ohne ein plötzliches Klopfen an der Tür zu hören; dass wir eine Idee haben und unser Geschäft aufmachen können, ohne eine Bestechung zu bezahlen; dass wir an einem politischen Prozess ohne Furcht vor Vergeltung teilnehmen können, und dass unsere Stimmen gezählt werden – zumindest meistens.

John Kerry glaubt an Amerika. Und er weiß, dass es nicht genug ist, wenn nur einige von uns erblühen – denn neben unserem berühmten Individualismus gibt es noch eine weitere Zutat der amerikanischen Geschichtssaga: der Glaube, dass wir als Volk verbunden sind. Wenn es da ein Kind an der südlichen Seite Chicagos gibt, das nicht lesen kann, geht mir das ans Herz, auch wenn es nicht mein Kind ist. Wenn es da irgendwo Rentner gibt, die ihre Arzneien nicht bezahlen können, und die sich zwischen der Medizin und der Miete entscheiden müssen, so macht das mein Leben ärmer, auch wenn es nicht jemand von meinen Großeltern ist. Wenn eine arabische Familie in Amerika zusammengetrieben wird ohne einen Anwalt oder Prozess, so bedroht das meine Bürgerrechte.

Es ist dieser grundlegende Glaube – es ist dieser grundlegende Glaube: Ich bin der Hüter meines Bruders, ich bin der Hüter, der dieses Land zum Arbeiten bringt. Es ist das, was es uns gestattet, unsere indiviudellen Träume zu verfolgen und dennoch immer als eine amerikanische Familie zusammenzukommen.

Redetext: Barack Obama

Aristoteles sagt:
Für Reiche ist scheinbar alles käuflich, weswegen man sich oft hochmütig gegenüber ärmeren Bevölkerungsteilen verhält. Man tut so, als ob man alle Güter, die fürs Leben notwendig sind, hätte; man gibt gern an, indem man sein Glück zur Schau stellt; weil die Reichen glauben, dass alle Leute die gleichen Dinge wie sie erstre-

Die Superreichen – Definition nach Aristoteles
C76

ben, und weil sie oft im Mittelpunkt der Aufmerksamkeit stehen, sind sie oft angeberisch und ungebildet, d.h. die Zunge wird vor das Gehirn geschaltet.

Viele Menschen scharen sich um die Reichen, weil sie ihre Güter besitzen wollen (Neid und Eifersucht). Auf die Frage, ob der Reichtum oder die Weisheit wichtiger sei, antwortete Simonides: „Reich zu sein ist wichtiger, denn die Weisen sehe ich nur in den Vorhöfen der Reichen." Damit wird schon deutlich, dass auch die klugen Köpfe eher nach materiellen Dingen Ausschau halten, und deshalb in den gleichen Kreisen verkehren (gleiche Partys). Der Tonnensitzer Diogenes war wohl eine eher seltene Ausnahme! Als philosophischer Kyniker äußerte er nur einen Wunsch, dass der große König Alexander schnell aus der Sonnen gehen möge, damit er sich alsbald wieder sonnen könne - obwohl ihm Alexander doch jeden Wunsch erfüllt hätte. Doch Diogenes hatte nur einen: „Geh mir aus der Sonne!" Laut Aristoteles haben Neureiche schlechtere Charaktereigenschaften als Immer-Reiche, da sie noch keine Erfahrung im Reichsein haben. Ihre gesellschaftlichen Entgleisungen basieren auf den gleichen Zügen wie bei der Jugend, sie hassen und lieben im Übermaß (z.B. Ehebruch / Misshandlung).

- Unter „reich" versteht man heutzutage, wer mehr als eine Milliarde Dollar Privatvermögen besitzt. Was früher die Million war, ist heutzutage die Milliarde.
- Auch ärmere Reiche verhalten sich gern wie Milliardäre.

Die Mächtigen (Politiker) – Definition nach Aristoteles C77

Die Mächtigen sind tapferer als die Reichen, und entwickeln mehr Eifer für eine Sache. Da auch sie ständig im Mittelpunkt der Aufmerksamkeit stehen, sind sie auf ihre Machtbereiche fixiert. Sie gelten als streng und würdevoll, weshalb ihre Lebensweise maßvoller ist (keine häufig wechselnden Ehepartner). Wenn Sie ein Unrecht begehen, dann kein Kavaliersdelikt, sondern ein dickes Ding.

Weil sowohl die Superreichen als auch Mächtigen vom Glück begünstigt wurden, gibt es eine Tendenz zur Spiritualität: Wer es so weit geschafft hat, ist gottesfürchtig und begreift sich auch als Teil der göttlichen Macht. Da man mehr Kinder hat und sich selbst alle leiblichen Genüsse zukommen lassen kann, ist man auch manchmal unvernünftiger.

Querverweis: D26 – D36 (Axiome für den ersten Eindruck nach Elliot Aronson)

Die rhetorische Witztheorie Ciceros

Marcus Tullius Cicero

Der Witz gehört mit seiner abmildernden und verstärkenden Funktion zum Bereich der Affektenlehre. Ein witziger Redner: Er weckt Sympathie, er wird wegen seiner Klugheit bewundert, er erledigt und widerlegt seine Gegner (Vorredner) und er mildert Hass und Strenge ab. Kommt es gar zu einem Zwischenruf während der Rede, so wirkt seine schlagfertige Antwort noch um vieles geistreicher als die von ihm vorbereiteten witzigen Stellen in der Rede – da sein Witz nur zum Einsatz kommt, wenn man ihn herausfordert – und dass er sich dagegen zur Wehr setzt, ist menschlich.

Der Witz: ein Teil der Affektenlehre   **C78**

Wie wird man aber witzig? Gibt es hierzu eine Theorie? Auch wenn Cicero dieses in seinem Streitgespräch-Buch „De Oratore" (Über den Redner) als implied author ausdrücklich verneint, kann davon ausgegangen werden, dass er die Ansichten Julius Caesars, dem er die Witztheorie überlässt, teilt. Die folgende Theorie ist für Gerichtsreden entwickelt worden, lässt sich aber auch noch auf andere Bereiche anwenden.

Grundregel Nr. 1: Ein Redner macht keine Satire. <u>Wie weit darf Satire gehen?</u> Die Satire darf alles. <u>Wie weit darf jedoch ein Redner gehen?</u> Der Redner muss zunächst die Voraussetzungen für einen Witz prüfen.

Ein Redner macht keine Satire   **C79**

Ein schlimmes Schicksal oder einen Verbrecher sollte man nicht lächerlich machen. Für den Verbrecher gibt es Argumente und Beweise, die ihn überführen können. Unglückliche Menschen sollten nur verspottet werden, wenn sie auf einem Gebiet mit einer Leistung prahlen, die ihnen nicht zukommt.

Das Feld des Witzes ist beschränkt auf:

- auf Dinge, die keinen zu großen Hass wecken
- auf Dinge, die kein Mitleid verdienen

- auf Dinge, die im charakterlichen Fehlverhalten der Leute liegen
- auf Dinge, die in der Hässlichkeit einer Sache oder Person liegen (hierzu zählen auch körperliche Unzulänglichkeiten)

Wobei man sich als Redner mehr auf die Hässlichkeit einer menschlichen Handlung (z.B. schlechtes Benehmen) als auf das Äußere konzentrieren sollte.

Der Angriff von Thorsten Schäfer-Gümbel auf Roland Koch im hessischen Wahlkampf, den er im Landtag als „nicht so schön wie ich" bezeichnete, sollte ein Witz sein, der aber nach hinten losging. Für den CDU-Mann Koch war es kein Problem in einer Anschlussrede zu kontern, wenn er ihm nicht gefalle, dann sei er ja beruhigt. Dass Schäfer-Gümbel sich über sein Äußeres öffentlich lustig mache, zeige, dass die SPD die großen wirtschaftlichen Probleme des hessischen Bundeslandes erkannt habe.

Ausgenommen vom Witz sind:

- <u>Publikumslieblinge,</u> da sich der Witz sonst leicht gegen die Person des Redners richtet
- <u>unglückliche Menschen, da man über manche Sachen als gebildeter Mensch nicht lachen kann, auch wenn ein Tabu gebrochen wird (Krankheiten / Verunstaltungen durch Narben)</u>
- <u>Verbrecher</u>

Wie weit sollte man als Redner gehen?

Keinesfalls „geschmacklose Äußerungen" / „übertriebene Komik" / „Grimassen schneiden"

Sachwitz versus Formulierungswitz   **C80**

Sache:	Formulierung:
Sachwitz: Der Witz ist bei fast jeder Formulierung komisch, man reagiert auf eine bestimmte Situation (z.B. riskanter Fahrstil einer Nonne mit dem Auto / eine offene Tür im Flugzeug / nicht abzustellender Schluckauf einer Kollegin).	*Formulierungswitz:* Der Witz ist bei einer nur geringfügigen Änderung der Formulierung schon nicht mehr witzig. Zweideutigkeiten der Sprache: Worte werden ihrem Sinn nach mehrfach verwendet; das findet viel Beifall und wirkt klug, ist jedoch für größere Lacher nicht immer geeignet.

Menschliche Schwächen durch Anekdoten beschreiben (frei erfundene Geschichten, wie es zu einem Vorfall kommen konnte).	Bestimmte Pointe des Ausdrucks oder Gedankens (z.B. durch Paronomasie, Hyperbel, Aischrologie, Ironie, Reduplicatio).
Der Charakter der anderen Person wird exemplarisch vorgeführt: • Witziger Tonfall: „Und das bei deinem Adel/ bei deiner Familie" • Nachahmung der anderen Person (des Gegners). Bsp: Schluckauf wird mit Schluckauf gekontert.	Als Redner: keine Comedyshow der TV-Spaßmacher betreiben, keine allzu plumpen Sachen sagen, die für jeden ohnehin sichtbar sind, niemand ohne Grund angreifen. Als Redner: richtige Dosierung des Witzes, Sparsamkeit im Gebrauch, zur Not Zurückhaltung und die jeweilige Situation berücksichtigen.
doch: keine übertriebene Nachahmung oder hässliches Gerede, denn dies ist Sache der Komödianten, und dem eigenen Anliegen schädlich. Der Redner darf die Nachahmung einer Person nur andeuten; er sollte keine unanständigen Worte oder abstoßende Themen benutzen.	Der Comedian: er überhäuft die Witze, sodass es irgendwann nicht mehr witzig ist; er kennt keine Zurückhaltung und berücksichtigt nicht die Situation.

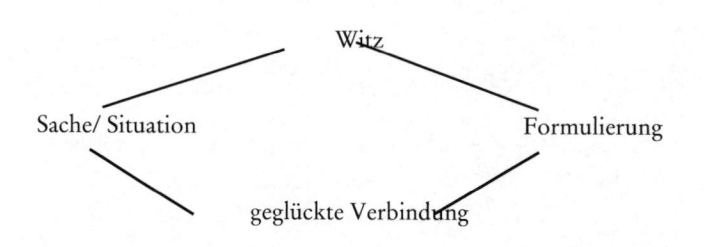

Das Witzfeld C81

```
           Witz
          /    \
Sache/ Situation   Formulierung
          \    /
      geglückte Verbindung
```

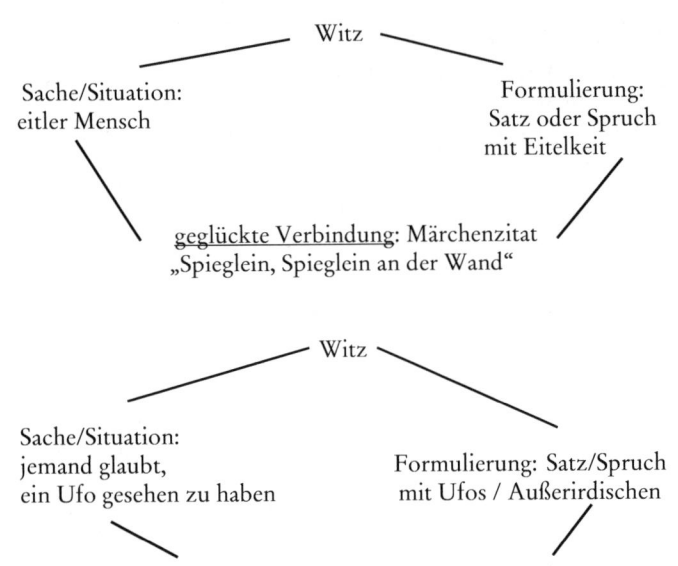

```
                        Witz
         /                              \
Sache/Situation:                    Formulierung:
eitler Mensch                       Satz oder Spruch
                                    mit Eitelkeit
          \                            /
           geglückte Verbindung: Märchenzitat
              „Spieglein, Spieglein an der Wand"
```

```
                        Witz
         /                              \
Sache/Situation:                    Formulierung: Satz/Spruch
jemand glaubt,                      mit Ufos / Außerirdischen
ein Ufo gesehen zu haben
          \                            /
   geglückte Verbindung: „Vorsicht, die grüne Männchen sitzen
      schon im Gerichtssaal – und wenn's nur Vollstreckungsbeamte
                            sind."
```

Themen für Witze: C82

<u>Folgende Charakterschwächen lassen sich leicht aufs Korn nehmen:</u>

- Aberglaube
- schlechte Laune
- Eitelkeit
- Dummheit
- Gier
- Nachlässigkeit
- rosarote Brille der Verliebtheit
- überstarker Hass gegen einzelne Personengruppen
- Pedanterie
- Befehlston gegen andere (Chef - Angestellter)
- Sucht

Die Nachahmung dieser Schwächen darf als Redner nur angedeutet werden. Also kein Grimassen schneiden (unpassend); keine Zoten reißen (Zote = anzüglicher Witz mit einer unanständigen Bemerkung oft sexuellen Inhalts)

Warum lacht man über einen Witz? **C83**

Das Publikum lacht über seinen eigenen Irrtum:

- gespieltes Mitleid löst sich auf in Hartherzigkeit
- gespielte Sorge löst sich auf in Gleichgültigkeit

- gespielte Sympathie löst sich auf in Antipathie
- gespielter Zorn löst sich auf in Sympathie

Beispiel: „Oh je, was ist denn mit dir geschehen?"
(gespieltes Mitleid)
„Sie haben mich verprügelt."
„Verprügelt? Oh je! Schade, dass du nur so wenig Beulen hast – denn verdient hast du es ja eigentlich."
(gespieltes Mitleid wird zu Hartherzigkeit)

Querverweis: C52 – C71 (Affektenlehre des Aristoteles) E64 (Zynismus nach Schopenhauer), E95 (Zynismus)

Die folgenden Witztechniken finden in einer Rede häufig Anwendung:

Einzelne rhetorische Witztechniken

Die rhetorische Figur der Paronomasie benutzt auch gern Wortspiele, die auf Klangähnlichkeit beruhen. So kann man z.B. einen Nachnamen durch eine kleine Verunstaltung ins Lächerliche ziehen. „Der Zumwinkel zog in einen steuerlichen Schlupfwinkel und ging dennoch straffrei aus", ist ein Beispiel hierfür. Die hervorragende Überschrift einer englischen Boulevardzeitung im Jahr 1994 lautete: „Jurgone!" - und bezog sich darauf, dass Jürgen Klinsmann nicht mehr in der englischen Premier League spielen wollte. Jur-gone = Jürgen ist gegangen.

Paronomasie   **C84**

Querverweis: A85 (Paronomasie)

Einfügung eines Sprüchleins / das Abändern eines Sprüchleins oder bekannten Gedichtes:

Sentenz / Spruch   **C85**

„*Sage mir, du wirst doch nicht sauer sein, wenn ich heute gegen dich im Wettkampf antreten werde?*"
„*Wie du säst, so wirst du ernten.*"

Der Antwortende kontert mit einem Spruch, der seinen (gespielten) Zorn unterstreichen soll – obwohl er natürlich nicht sauer ist, klingt es so.

„*Wer zu spät kommt, den bestraft das Leben.*" *(Es gibt nichts mehr am kalten Buffet)*
„*Wer zu spät kommt, den bestraft das Leben heute nicht.*" *(Es ist noch reichlich vorhanden am kalten Buffet)*

Querverweis: B50 (Sentenz)

Scheinbare Dummheit zeigen   **C86**

Sich dümmer stellen, als man ist:

Ein übertragener Ausdruck wird wortwörtlich aufgefasst, die verblasste Metapher scheinbar nicht erkannt.

„Komme ich dir etwa ungelegen?"
(Überraschungsgast vor der Tür)
„Woher soll ich wissen, ob du diese Nacht geschlafen hast?"

Hier wird „ungelegen" mit den Begriffen „Bett und schlafen" gleichgesetzt, die übertragene Bedeutung „nicht passend" scheinbar nicht verstanden.

„Nach bestem Wissen und Gewissen – hast du eine Frau?"
„Bei Gott! Nach bestem Wissen und Gewissen – ich habe keine."

Das Publikum amüsiert sich, weil es eigentlich ein neutrale Antwort erwartet hat. Hier bringt der Antwortende jedoch zusätzlich eine emotionale Wertung hinein: „Frauen bringen eigentlich nur Probleme".
Die Täuschung der Erwartungshaltung wirkt komisch, zumal der Redner mit einer Anapher einen Teil der Frage aufgreift.

Dumm stellen:
„Wie stellst du dir einen Mann vor, den man beim Ehebruch ertappt?"
„Langsam." (= denn er muss sich ja erst ankleiden; eigentlich erwartet man Schamesröte)

„Wie stellst du dir einen Mann vor, der einen anderen beim Ehebruch ertappt?"
„Zu langsam." (= denn ein anderer war schneller, sodass er selbst nicht zum Zuge kam; eigentlich erwartet man Zorn)

Querverweis: B36 (Ironie)

Ironie   **C87**

Gegenteil ausdrücken: (Ironie)

„Lasst uns den hübschen Jungen hören."
(Der Junge ist aber nicht hübsch.)
„Lasst uns den jungen Mann hören."
(Der Mann ist aber schon sehr alt.)
„Lasst uns den klugen Mann hören."
(Der Mann ist aber sehr dumm.)

Ironie: gespielter Ernst wird mit Witz verbunden, man sagt das Gegenteil von dem, was man eigentlich meint, die Ironie ist situationsbezogen und eine „kultivierte Plauderei". Die „sokratische Ironie" ist für fast alle Lebenslagen geeignet.

Mangel	schön klingendes Wort
Schrottauto	Traumauto „Was für ein edles Sportcoupé!" (gemeint ist ein 20jähriger Golf)
schlechter Arbeiter	hervorragender Arbeiter „Sie sind mein bester Mann!" (gemeint ist ein fauler Mitarbeiter)

Ironie kann auch als Antwort verwendet werden, wenn man etwas anders versteht, als der andere es meint. Dies funktioniert z.B. bei unerfüllbaren Wünschen:

„Dieser Mann ist ja betrunken!"
„Ich wünschte, ich wäre das jetzt auch."

Jemand liegt faul im Bett und seufzt: *„So sollte eigentlich anstrengende Arbeit sein."*

Querverweis: B16 (Ironie)

Unterstellung:

„Wann wirst du endlich dein Speisezimmer verlassen?"
„Wenn du fremde Schlafzimmern meidest."

Hier wird unterstellt, dass der andere Ehebruch begeht.

„Du bist wegen Amtserschleichung angeklagt."
„Endlich können Sie sich einmal um Ihre eigenen Angelegenheiten kümmern."

Hier wird unterstellt, dass sich der andere sein Amt ebenfalls erschlichen hat.

Querverweis: B16 (Ironie), B82 (Diffamierung durch Ausklammerung), D78 (dem Gegner etwas unterstellen),

Jemand etwas in die Schuhe schieben   C88

Witz gegen Witz   C89

Witz gegen Witz

Der Angesprochene heißt eigentlich Marcus – und der Vorredner will ihn als homosexuell hinstellen.

„Wie steht's, meine Marcella? Wann kommst du mit Minirock und Schminke endlich in mein Schlafgemach?"

Die Antwort von Marcus:

„Das würde ich doch niemals wagen – meine Mutti hat mir nämlich verboten, zu den <u>Damen</u> zweifelhaften Rufs zu gehen."

Der andere beharrt auf seiner heterosexuellen Identität – und durch diesen Konter gerät nun der Fragesteller in Bedrängnis.

Ein adeliger Mensch bekommt den Vorwurf zu hören:

„Du bist deiner Vorfahren nicht würdig."
(= Du taugst nicht so viel wie deine Familie)
„Aber du, bei Gott, wenigstens der deinen."
(= Deine Familie taugt ja ohnehin nichts)

Querverweis: A50 (Interjektion), A93 (Ellipse), B12 (Emphase), B16 (Ironie)

Assoziationen ins Gegenteil verkehren   C90

Assoziationen ins Gegenteil verkehren:

Nach einer Steuererhöhung:
„In Afrika hat fast jeder eine Villa, in Deutschland wohnt bald jede Familie in einer Wellblechhütte."

Hier werden die Bilderwartungen der Zuhörer (Afrika – arm – Wellblechhütte / Deutschland – reich – Villa) ins Gegenteil verkehrt, um einen Missstand anzuprangern.

Jemand hat eine Schürfwunde am Arm:
„Dir hat wohl jemand in den Arm gebissen, als du mit ihm um ein Mädchen gerauft hast."

Querverweis: A98 (Hypallage), E49 (falsche Rückschlüsse ziehen), B16 (Ironie)

Anekdote:

(kurze, heitere Geschichte von zeit- oder personentypischem Inhalt. Diese Geschichte kann auch frei erfunden sein = Lügenmärchen)

Problem: Die Geschichte muss zugleich wahrscheinlich und seltsam klingen. Erst dann entsteht Komik.

Anekdote:

Als der chinesische Kaiser Ming Huan einmal eine Gesandtschaft aus Korea empfing, konnte keiner den Inhalt ihres mitgebrachten Schriftstücks entziffern, weil es in einem unbekannten Dialekt geschrieben war. „Wenn in drei Tagen niemand in der Lage ist, dieses wichtige Schriftstück zu entziffern, werden alle eure Ernennungen rückgängig gemacht", drohte Ming Huan seinen Ministern, die zudem Angst um ihren Kopf haben mussten. Einer der kaiserlichen Minister kannte einen ganz sonderbaren Kerl, es war ein Dichter namens Li Po, der den Ruf hatte, umfangreich gebildet zu sein. Ob er die Minister noch zu retten vermochte? Aber ob er das überhaupt wollte? Denn unglücklicherweise war nämlich dieser Dichter, der dem Weine stets sehr gut zusprach, auf die Minister alles andere als gut zu sprechen, da sie ihn bei seiner letzten Bewerbung für ein öffentliches Amt einfach abgelehnt hatten. In Windeseile wurde ihm der Doktortitel nachverliehen, und er bekam standesgemäße Kleidung zugeteilt. Nachdem er im kaiserlichen Palast seine verhassten Prüfer unter den Ministern gewahr wurde, befahl er diesen triumphierend, die Schuhe auszuziehen. Dann übersetze er das Dokument. In diesem wurde bekannt gegeben, dass Korea in seinem Kampf um die Unabhängigkeit bald Krieg führen werde. Li Po verfasste daraufhin eine sehr gelehrte und einschüchternde Antwort, die der Kaiser sofort unterzeichnete, denn er glaubte die Sage, dass Li Po ein vom Himmel verbannter Engel sei. Nachdem die Koreaner die Antwort Li Pos gelesen hatten, entschuldigten sie sich und sandten Tributgeschenke, von denen Li Po viele abbekam. Dieser wusste mit den großen Geschenken nichts anzufangen und schenkte sie lieber seinem Wirt; er selbst trank lieber Wein und dichtete, u.a. folgende Zeilen:

Die Poesie ist deine Sprache, Li-Thai-Po,
So wie das Lied der Vögel ewige Sprache ist.

Im Sonnenlicht und in dem Schattenland des Abends
Fühlst du die Poesie der Dinge und nur sie.

Genießt du goldnen Wein, so fliegen auf der Wolke
Der Trunkenheit dir himmlische Gedichte zu.

Und so kam es, dass ein gelehrter Trinker einmal einen großen Krieg verhindert hat...

Querverweis: D17 (Anekdote)

Fabel **C92**	Fabel:

Hier nehmen Tiere nehmen die Eigenschaften der Menschen an:

Fuchs / Adler: schlau
Rabe / Ziegenbock / Esel : dumm

Du ähnelst mit deinen betrügerischen Schmeicheleien dem Fuchs, der dem Raben den Käsen entlockt hat, indem er ihn als Adler lobte. Daraufhin ließ der Rabe den Käse entzückt fallen und stieg in die Lüfte.

Querverweis: B28 (Exemplum)

Geschichtliches Ereignis umschreiben   C93

Geschichtliches Ereignis wird auf eine abstruse Situation übertragen:

*„Du bist Napoleon gleich, der die Welt erobern wollte."
„Ich könnte manchen hier im Publikum nennen, dessen Napoleon du im Schlafzimmer gewesen bist."*

Querverweis: B16 (Ironie), B19 (Synekdoche), B22 (Pronominatio)

Ähnlichkeit suchen   C94

Ähnlichkeit mit einer Sache:

„Er trug das Geld fort, als sammele er unbekleidet Nüsse, die er in seinem Bauch forttrug."

Querverweis: A58 (Vergleichssatz)

Hässlichkeit wird auf einen Arbeitsvorgang übertragen   C95

Abbildung – Darstellung der Hässlichkeit – Übertragung auf einen Arbeitsvorgang

Jemand verdreht sein Kinn, während er spricht:

„Könnten Sie bitte erst reden, wenn Sie Ihre Nuss fertig geknackt haben?"

Querverweis: B15 (Hyperbel), B16 (Ironie), B17 (Metonymie)

Hyperbel / Aischrologie: **Verzerrung   C96**
Steigerung des Ausdrucks bis ins Unglaubhafte:

„*Wenn deine Mutter noch ein drittes Kind geboren hätte, so wäre es ein Esel geworden.*"

Querverweis: B15 (Hyperbel), B16 (Ironie), B9 (Aischrologie), B23 (Adynaton)

Anspielung: **Anspielung   C97**

Ein Soldat ist tapfer, aber unehrlich – und erhält vom Kaiser dennoch eine Auszeichnung.
„*Du brauchst mir nicht zu danken – ich werde gern ausgeplündert.*"

Für eine Anspielung ist immer Insider-Wissen nötig.

charakterliche Anspielung: (Insider-Wissen nötig)

Jemand hat sich sein Erbe erschlichen.
„*Sieh her! Da vorne kommt ein neuer Leichenzug. Vielleicht gibt es da noch etwas für dich zu erben.*"

Querverweis: B37 (Praeteritio), B16 (Ironie)

Paradox: **Paradox   C98**

„*So ein dummer Kerl! Kaum hat er es zu etwas gebracht, da stirbt er weg.*"

„*Was hat eigentlich diese Frau mit dir zu tun?*"
„*Sie ist meine Frau.*"
„*Dass ich nicht gleich darauf gekommen bin – nicht zu übersehen. Diese Ähnlichkeit!*"

„*Solange er noch Matrose war und alle 7 Weltmeere bereiste, geschah ihm kein Unglück. Als er sich jedoch nur einmal ins städtische Hallenbad verirrte, war's sogleich um ihn geschehen.*"

Inhaltliches Paradox:

„*Was jammerst du? Du hast doch alles außer Geld und Schönheit und Tüchtigkeit und Familie und Glück!*"

Logisches Paradox:

„*Die Rechnungsbücher besagen, dass 2000 Euro in der Kasse fehlen.*"
„*Da freue ich mich über den Freispruch – ich habe doch gleich gesagt, dass ich nichts genommen habe.*"

Der Redner zieht einen absichtlich falschen Schluss aus der vorherigen Aussage.

Querverweis: B11 (Stilbruch), E49 (falsche Rückschlüsse ziehen), E64 (Zynismus nach Schopenhauer), E95 (Zynismus)

Versteckte Ironie C99   Verborgene Andeutung:

Ein Redner will Mitleid wecken, es gelingt ihm aber nicht. Darauf ein zweiter: „Unser Mitleid hast du – bei dieser bemitleidenswerten Rede!"

Querverweis: A86 (Derivatio), B16 (Ironie)

Mürrische Komik D1   Mürrische Komik:

„*Was weinst du, Vater?*"
„*Soll ich etwa singen? Man hat mich zum Tode verurteilt.*"

Querverweis: A41 (Modal-Adverbien), A42 (Modal-Partikel), B30 (Rhetorische Frage)

Geduldige Komik D2   Geduldige Komik:

Der Träger eines Pakets kommt vorbei und verliert das Gleichgewicht. Er schreit: „Vorsicht!"
Derjenige, der zur Seite springen muss:
„*Trägst du eigentlich noch etwas anderes als dieses Paket?*"
(= mit diesem einen leichten Paket kann man doch gar nicht das Gleichgewicht verlieren.)

Querverweis: F16 (Großzügigkeit zeigen)

Unverschämte Komik:

„Willst du diese Frau ehelichen?"
„Herr Pfarrer, nehmen Sie diese Frau einfach selbst oder verschenken Sie sie an meine Feinde, dann brauchen Sie mir keine mehr zu geben."
(= ich will sie ohnehin nicht heiraten)

Querverweis: E46 (schlechtes Benehmen)

Unverschämte Komik
D3

Komik durch Abkürzungsveränderung (Akronym):
FC Bayern = Fliegender Circus Bayern

Abkürzungsveränderung
D4

Unerwartete Komik (scheinbare Verteidigung):

„Dieser Mann ist kein Verräter, da irrt ihr euch." Pause. „Dieser Mann ist nur jemand, der wichtige Informationen an unsere Feinde gegeben hat."

Querverweis: B9 (Periphrase), B16 (Ironie)

Unerwartete Komik
D5

Blitzschnelle Änderung (Correctio):

„Dieser Richter ist befangen."
Protest der Zuhörerschaft.
„Ok, ich protestiere nun doch nicht. Dieser Mann ist zwar befangen und damit parteiisch gegen mich, aber auch gegen euch alle. Habt ihr das eigentlich bedacht?"

Querverweis: B31 (Correctio)

Blitzschnelle Änderung
D6

Fragekette mit einer unerwarteten Schlussfrage:

„Es könnte also sein, dass er zornig war." Zeuge nickt. „Es könnte sein, dass du ihn nicht richtig verstanden hast." Zeuge nickt. „Es könnte sogar sein, dass du überhaupt nicht das gehört hast, was du bisher ausgesagt hast." (Gelächter des Publikums macht die Antwort des Zeugen unhörbar.)

Querverweis:
A78 (Anapher), B30 (Rhetorische Frage), B86 (Weiterführung durch Ausklammerung)

Fragekette **D7**

Gelassenheit   **D8**   Gelassene Antwort auf eine hysterische Frage:

„In deinen Safe ist eingebrochen worden!"
„Da gab es bis auf eine tote Maus ohnehin nichts zu holen."

Querverweis: B15 (Hyperbel), B16 (Ironie), B17 (Metonymie), B28 (Exemplum)

Die folgende Witztheorie stammt von dem deutschen
Professor Georg Gustav Fülleborn.
„Rhetorik - ein Leitfaden beym Unterricht in obern Klassen" (Breslau, 1802)

Komisches und Lächerliches: **D9**   Regel:

Es gibt einen Kontrast zwischen:

a)   dem Objekt und seinen Eigenschaften
b)   seiner Größe
c)   der Beschaffenheit untereinander
d)   der Teile untereinander
e)   den inneren Bestimmungen und der Verhältnisse
f)   der Zeichen mit dem Bezeichneten
g)   der wirkenden Ursache mit der Wirkung
h)   des Zwecks mit den Mitteln

Das Auditorium wird durch den Kontrast überrascht, wenn eine gespannte Erwartung in Nichts verwandelt wird:

Eine Karikatur/Parodie entsteht aus der Übertreibung des Kontrastes.

Eine Persiflage ist die Verspottung des Unpassenden in dem Verhalten der Menschen.

Der Witz   **D10**   treffend: man sagt die Wahrheit
falsch: die Wahrheit fehlt
schief: die Wahrheit ist mehr falsch als wahr
trocken: wenig Witz
albern: Witz ohne Urteilskraft
drollig: der Witz ist natürlich
possierlich: der Witz ist lächerlich
Bonmot: der Witz leuchtet hervor

Schwank: komische Begebenheit
Scherz: etwas Unangenehmes wird in Angenehmes verwandelt
Burles(k)e: niedrig Komische

Das edel Komische und niedrig Komische entsteht durch: **Komik** **D11**

a) die Zusammenstellung fremdartiger und
   widersprechender Ideen
b) Verbindung des Großen mit dem Kleinen
c) Verwechslung der Verhältnisse zueinander
d) Vorstellung des Unmöglichen, als wäre es möglich
e) Lob des Tadelswürdigen
f) Tadel des Lobenswürdigen
g) Verletzung des Üblichen
h) Parodien
i) Wortspiele
j) abenteuerliche Vergrößerungen und Verkleinerungen

Beispiele nach Fülleborn: Lichtenbergs Gedicht über Gibraltar
                            Bürgers Romanzen
                            Rabners Saturen

Beispiele aus der Literatur:

Da das <u>schöne Geschlecht</u> von Anfang, wie ich gehört habe, auch hier, <u>gegen das Unversuchte einige Schüchternheit</u> äußern soll, so finden sich an diesen Orten <u>vortreffliche Kupplerinnen</u> zwischen der Thetis und ihnen, die sie sehr bald dahin bringen selbst wieder Kupplerinnen zu werden. Dieses sind in Margate <u>junge Bürgerweiber</u> die sich damit abgeben, die Damen aus- und ankleiden zu helfen, auch <u>eine Art von losem Anzug</u> zu vermieten, der, ob er gleich schwimmt, doch beim Baden das <u>Sicherheitsgefühl der Bekleidung</u> unterhält, das der Unschuld selbst im Weltmeere so wie in der <u>dicksten Finsternis</u> immer heilig ist. Unter diesen Weibern gibt es natürlich, so wie bei den fern verwandten Hebammen, immer einige, die durch <u>Sittsamkeit, Reinlichkeit, Anstand und Gefälligkeit</u> vor den übrigen Eindruck machen und Beifall erhalten. Ich habe eine darunter gekannt, die damals <u>Mode</u> war. Diese besorgte öfters zwei bis drei Fahrzeuge zugleich. Und da war es lustig vom Fenster anzusehen, wie <u>diese Sirene</u>, wenn sie mit Einer Gesellschaft fertig war, von einem Karren nach dem andern oft 20 bis 30 Schritte weit wanderte. Es war bloß der mit <u>Kopfzeug und Bändern gezierte Kopf</u>, was man sah, der wie ein <u>Karussellkopf aus Pappdeckel</u> auf der Oberfläche des Meeres zu schwimmen schien. – Ist nun der Boden der See wie der zu Deal, der aus Geschieben von Feuersteinen etc. besteht, nicht günstig, so endigt sich die Freitreppe in einen geräumigen viereckigten Korb, in dem man also steht, <u>ohne je den Boden zu berühren.</u> Doch ich glaube nicht, daß diese Einrichtung, die mir im ganzen nicht recht gefällt, in Cuxhaven nötig sein wird. Geschiebe von Feuersteinen sind da gewiß nicht, ob nicht Schlamm oder glitschiges Seekraut so etwas nötig machen könnte, getraue ich mir nicht schlechtweg zu entscheiden, glaube es aber kaum.

Georg-Christoph Lichtenberg

Text: Georg-Christoph Lichtenberg, „Warum hat Deutschland noch kein großes öffentliches Seebad?"

Im Jahr 1766 schiffte ich mich zu Portsmouth auf einem englischen Kriegsschiffe <u>erster Ordnung</u>, mit hundert Kanonen und vierzehnhundert Mann, nach Nordamerika ein. Ich könnte hier zwar erst noch allerlei, was mir in England begegnet ist, erzählen; ich verspare es aber auf ein anderes Mal. Eins jedoch, <u>welches mir überaus artig vorkam</u>, will ich nur noch im Vorbeigehen mitnehmen. Ich hatte das Vergnügen, den König <u>mit großem Pompe</u> in seinem Staatswagen nach dem Parlament fahren zu sehen. Ein Kutscher mit einem <u>ungemein respektablen Barte</u>, worein das englische Wappen sehr sauber geschnitten war, saß gravitätisch auf dem Bocke und klatschte mit seiner Peitsche (...)
Anlangend unsere Seereise, so begegnete uns nichts Merkwürdiges, bis wir ohngefähr noch dreihundert Meilen von dem St. Lorenzflusse entfernt waren. Hier stieß das Schiff mit erstaunlicher Gewalt <u>gegen etwas an, das uns wie ein Fels vorkam</u>. Gleichwohl konnten wir, als wir das Senkblei auswarfen, mit fünfhundert Klaftern noch <u>keinen Grund finden</u>. Was diesen Vorfall noch wunderbarer und beinahe unbegreiflich machte, war, daß wir unser Steuerruder verloren, das Bugspriet mitten entzweibrachen und alle unsere Masten von oben bis unten aus zersplitterten, wovon auch zwei über Bord stoben. Ein armer Teufel, welcher gerade oben das Hauptsegel beilegte, <u>flog wenigstens drei Meilen</u> weit vom Schiffe weg, ehe er zu Wasser fiel. Allein er rettete noch dadurch glücklich sein Leben, daß er, während er in der Luft flog, <u>den Schwanz einer Rotgans ergriff</u>, welches nicht nur seinen Sturz in das Wasser milderte, sondern ihm auch Gelegenheit gab, auf ihrem Rücken oder vielmehr zwischen Hals und Fittichen so lange nachzuschwimmen, bis er endlich an Bord genommen werden konnte.

Gottfried-August Bürger

Text: Gottfried-August Bürger, „Münchhausen"

Zum Feld des Witzes siehe auch das Kapitel „Rhetorische Figuren", insbesondere Ersetzungsfiguren.

Schritt 7: Gespräche führen können

Der Begriff Dialektik kommt vom griechischen Wort dialegesthai (=ein Gespräch führen). Unter Dialektik (griechisch *dialektiké téchne*, dem lateinischen Ausdruck *ars dialectica* versteht man die *Kunst der Unterredung/Gesprächsführung*.

Begriffsbestimmung „Dialektik":   **D12**

In der Philosophie Griechenlands versteht man hierunter auch eine Methode, den Wahrheitsgehalt einer Aussage zu überprüfen. Durch Frageketten – wie z.B. die harmlos wirkenden Fragen von Sokrates, der in Athen alle Leute ausfragt, die ihm über den Weg laufen, – und Antworten nährt man sich der Wahrheit an. Laut Platon grenzt sich die Dialektik von der Rhetorik dadurch ab, dass sie nicht versucht, die Leute von irgendeiner x-beliebigen Meinung zu überreden, sondern dass sie falsche Behauptungen entkräftet. Zumeist enden solche Dialoge mit einer Aporie: Der Schlussfolgerung, dass die alte These keinesfalls stimmen kann, aber dass eine zweite These, die vielleicht stimmen könnte, noch nicht da ist.

Aristoteles, der Schüler Platons, legt neben seiner Schrift „Rhetorik" (welche er übrigens nie als zusammenhängenden Text veröffentlicht hat, sie wurde erst durch eine Nachbearbeitung zum Buch „Rhetorik") auch eine zur „Dialektik" vor. Nach ihm ist die Dialektik ein Verfahren, wie man zu jedem Problem eine kluge Meinung äußern kann, ohne sich in Widersprüche zu verstricken. Im Gegensatz zu wissenschaftlichen Annahmen, die nur richtige und falsche Aussagen kennen, behandelt die Dialektik nach Aristoteles' Verständnis vor allem Aussagen, die von fast allen für wahr angesehen werden: von den Experten, den Autoritäten, dem Volk.

Die sogenannte *megarische Schule* war die erste, die sich der Logik und den Fehlschlüssen annahm. Ihre Lehrinhalte nannte man auch „eristisch" (von Eris: Göttin der Zwietracht).

Die Stoiker verstanden unter Dialektik:
a) die Wissenschaft der Wahrheit
b) die Wissenschaft der Unwahrheit
c) die Wissenschaft darüber, was weder Wahrheit noch Unwahrheit sein kann

Nach Hegel stellt man in der Dialektik eine Behauptung auf, überprüft sodann, ob diese stimmen kann, und wenn nicht, stellt man eine Gegenbehauptung auf, welche die erste Behauptung widerlegt. Daraus entwickelt man eine Synthese: Eine Behauptung, die am ehesten der Wahrheit entspricht.

Der Philosoph Arthur Schopenhauer ging einen Schritt weiter und verstand unter seiner „eristischen Dialektik" nicht mehr das philosophische Streben nach Wahrheit, sondern die Kunstfertigkeit mittels der Sprache und des öffentlichen Auftrittsgebarens *immer recht zu behalten, selbst wenn man nicht recht hat.* Möglicherweise der Albtraum Platons; denn dieser lehnte die Rhetorik ja vor allem deshalb ab, weil sie eine Wissenschaft sei, welche die Leute nur überredete, aber nicht von der Wahrheit überzeugte. Plötzlich ist die Dialektik eine Wissenschaft, die nur noch Gegner kennt, die es zu besiegen gilt, nur überredet und nicht mehr durch die Wahrheit selbst überzeugt. Schopenhauer entwickelte 38 Kunstgriffe mit Beispielen, die er zu Lebzeiten nie veröffentlicht hat. Erst 1864 veröffentlichte Julius Frauenstädt die Schopenhauersche Lehre vom Streitgespräch. Schopenhauer definiert Dialektik wie folgt:

Unter Dialektik verstehe Ich, in Uebereinstimmung mit Aristoteles (Metaph. III, 2, et Analyt. post. I, 11), *die Kunst des auf gemeinsame Erforschung der Wahrheit, namentlich der philosophischen, gerichteten Gespräches. Ein Gespräch dieser Art geht aber nothwendig, mehr oder weniger, in die Kontroverse über; daher Dialektik auch erklärt werden kann als Disputirkunst. Beispiele und Muster der Dialektik haben wir an den Platonischen Dialogen; aber für die eigentliche Theorie derselben, also für die Technik des Disputirens, die Eristik, ist bisher sehr wenig geleistet worden.*

Text: Arthur Schopenhauer, „Die Welt als Wille und Vorstellung"

Anwendungsbereiche der Dialektik: D13

Wenngleich die Dialektik heutzutage immer noch in den Kernbereich der Philosophie fällt, sind Teile von ihr auch in der normalen Alltagskommunikation präsent. Wer heutzutage ein Vorstellungsgespräch führen muss, ist weniger daran interessiert, im Laufe des Gesprächs zur Wahrheit vorzustoßen, sondern sich möglichst gut zu verkaufen, um später den Job zu bekommen. Dabei wendet der Bewerber dialektische Gesprächstechniken an, die einerseits fair zum Gesprächspartner sind, andererseits auch unfair sein können. Wir wollen uns in diesem Rhetorikbuch damit begnügen, faire und unfaire Gesprächstaktiken zu trennen, die uns tagtäglich von unseren Mitmenschen begegnen.

Die höchste Kunst der Rhetorik ist (nach Meinung des Verfassers) ein faires Gespräch zu führen, das beide Verhandlungspartner mit einem zufriedenen Gesicht verlassen. Die eher niedere Kunst der Rhetorik ist (nach Meinung des Verfassers) ein unfaires Gespräch zu führen, in dem einer der Verhandlungspartner als strahlender

Sieger das Gespräch verlässt, der andere sich über den Tisch gezogen fühlt. Die hohe Kunst der Rhetorik ist aber auf einen unfairen Angriff eine geeignete Gegenmaßnahme zu kennen, die sowohl fair (bei leichten Angriffen) als auch unfair sein kann (bei schweren Beleidigungen).

Wir definieren hier „Dialektik" als die Kunst der Gesprächsführung, ohne dass auf ein höheres Ziel wie die Wahrheit einer Aussage hingearbeitet wird, sondern nur ein alltägliches verfolgt wird (z.B. der Verkauf eines Produkts / ein Vorstellungsgespräch / eine Reklamation / ein Interview / eine Gesprächsrunde im Fernsehen / eine Konferenz).

Wir werden sehen, dass es gar nicht so leicht ist, ein faires Gespräch zu führen. H.P. Grice hat in seinem Aufsatz „Logic and Conversation" das linguistische Modell der Konversationsmaximen entwickelt. Hierunter versteht man Mindestanforderungen an ein Gespräch, die man beachten sollte, um alle Gesprächsteilnehmer zufriedenzustellen. Bei unfairen Gesprächstaktiken wird immer eine der vier Maximen verletzt.

Faire Gesprächsführung / Konversationsmaximen D14

a) **Die Anforderung, nur Dinge zu sagen, die zur Sache gehören**

   Beispiel 1: „*Möchtest du mit mir ins Kino gehen?*"
   „*Nein, ich muss heute für eine Prüfung büffeln.*"
   Beispiel 2: „*Hast du auf deine Prüfung gelernt?*"
   „*Es regnet sehr viel in letzter Zeit, findest du nicht?*"

In Beispiel 1 wird auf die Frage des Gesprächspartners direkt geantwortet, in Beispiel 2 auf sehr umständliche Weise, weil man vielleicht vom Thema ablenken möchte. Ein Gespräch mit jemand zu führen, der unseren Fragen permanent ausweicht, indem er nichts oder das Falsche antwortet, ist bereits ein Hinweis auf einen äußerst unfairen Gesprächsstil.

b) **Die Anforderung, nur Dinge zu sagen, die qualitativ hochwertig sind**

   Beispiel: 1: „*Wie ist heute das Wetter?*"
   „*Es schneit.*"
   (Die Gesprächsteilnehmer sind im Hochgebirge.)
   Beispiel 2: „*Wie ist heute das Wetter?*"
   „*Es schneit - wie immer.*"
   (Die Gesprächsteilnehmer sind in der Wüste.)

In Beispiel 1 wird auf die Frage des Gesprächspartners direkt geantwortet, in Beispiel 2 auf ironische Weise, weil man hier einen Witz machen möchte. Ein Gespräch mit jemand zu führen, der stets witzig auf unsere Fragen antworten möchte, indem er das Umgekehrte vom eigentlich Erwarteten sagt, oder der ohne jeden Grund anfängt zu lachen, ist auch ein erster Hinweis auf einen äußerst unfairen Gesprächsstil.

c) **Die Anforderung, nur so viel über die Dinge zu sagen wie nötig, aber auch nicht weniger als nötig.**

>Beispiel 1: *„Wo ist Mary hin?"*
>*„Mary ist in der Stadt, sie kauft im Victoria-Center ein."*
>(Der Fragesteller will zu Mary, er bekommt die genaueste Information.)
>Beispiel 2: *„Wo ist Mary hin?"*
>*„Mary ist in der Stadt."*
>(Der Antwortende hält dem Fragesteller eine wichtige Information zurück, weil er weiß, dass sie ihn nicht sehen möchte.)

In Beispiel 1 wird auf die Frage des Gesprächspartners direkt geantwortet, in Beispiel 2 wird Information zurückgehalten, weil man die andere Person schützen möchte. Ein Gespräch mit jemand zu führen, der uns ständig wichtige Informationen zurückhält, sodass wir irgendwann „auflaufen", d.h. durch das Fehlen der Information es vielleicht nicht zum Vertragsabschluss kommt, ist ein Hinweis auf einen äußerst unfairen Gesprächsstil.

d) **Die Anforderung, sich präzise und kurz auszudrücken, und Zweideutigkeit zu vermeiden.**

>Beispiel 1: *„Du kannst dich glücklich schätzen, wenn Henry für dich arbeitet."*
>Beispiel 2: *„Du wirst echt glücklich sein, wenn Henry für dich arbeiten sollte."*

In Beispiel 1 ist ersichtlich, dass Henry ein guter Arbeiter sein muss, während in Beispiel 2 eher davon ausgegangen werden kann, dass Henry durch den ironischen Unterton „echt" kein guter Arbeiter ist. Ein Gespräch mit jemand zu führen, der sich ständig in doppeldeutigen Begriffen ausdrückt, sodass er später sagen kann („Aber das habe ich doch gar nicht so gesagt!") ist bereits ein erster Hinweis auf einen unfairen Gesprächsstil.

Querverweis: A93 (Ellipse), D79 (Abblockung), E10 (Desinformation), E87 (zweideutige Wörter einsetzen nach Hamilton), F4 (nicht auf anderen reagieren), F29 (Ausweichen)

Faire Gespräche führen – so geht's!

Das Wort „Kontakt" in einem Gespräch bedeutet „Gemeinsam-Berührtsein", was sich in enger Verbundenheit oder auf eine distanzierte Weise bemerkbar machen kann.

Schritt 1: Kontakt zum Gesprächspartner herstellen
D15

Kennt man seinen Gesprächspartner schon aus früheren Gesprächen, so gibt es oftmals Punkte, an die man anknüpfen kann, weil man schon Informationen über die andere Person besitzt: In diesem Fall bewegen wir uns während des Gesprächs auf einer zwischenmenschlichen Ebene. Sehen wir aber den Gesprächspartner zum ersten Mal, so sind wir oft reserviert, weil uns gemeinsame Punkte fehlen. Wir werden von unseren Vorurteilen geleitet, die zwischenmenschliche Ebene fehlt, wird möglicherweise auch nie aufgebaut.

Auch die Rolle des Gesprächspartners ist bedeutsam: Das Alter, sein gesellschaftlicher Rang und das Geschlecht. Menschen sind allgemein bestrebt eher mit Gleichgestellten (Kollegen) oder Höhergestellten (Abteilungschef) zu reden als mit Untergeordneten (Auszubildender / Zeitarbeiter) und dem anderen Geschlecht.

Männer und Frauen diskutieren anders, und reden nicht selten aneinander vorbei, wenn missverständliche körpersprachliche Signale (zu langer Augenkontakt, plötzliches Berühren, kindisches Lachen, durch die eigenen Haare fahren) hinzukommen. Alle gesprächshemmenden Einflüsse müssen soweit wie möglich ausgeschaltet werden.

Damit sich der Gesprächspartner nicht unwohl in seiner Haut fühlt, sollte man mit einem Smalltalk die ersten Minuten überbrücken. „Wie war die Anreise?" kann man einen Besucher in der Firma fragen. „Wie war das Wetter? Wie war der Verkehr?" Smalltalk bedeutet auch, sich auf seine Gesprächspartner gründlich vorzubereiten und bereits die Interessen im Vorfeld zu erkunden (vielleicht gibt es ja einen Kollegen in der Firma, der bereits mit ihm geschäftlich zu tun hatte, und seine Vorliebe für bestimmte Hobbys und Kultur kennt). Auch das Vorstellen und die Hand reichen und das Aufstehen vom Stuhl bei der Begrüßung gehört zum Smalltalk. Positive Smalltalk-Fragen mit „Wie" sind insbesondere in der Anfangsphase eines Gesprächs wünschenwert, da Formulierungen mit negativem Unterton (z.B. denn - aber) schnell eine Abwehrhaltung auslösen können, wenn es auch gar nicht so gemeint ist. „Was sind <u>denn</u> so Ihre Hobbys?" „<u>Aber</u> - fühlen Sie sich da nicht überlastet?" Manche Lehrbücher empfehlen für den

Smalltalk eine Phase von mindestens vier Minuten, nach Meinung des Verfassers sollte der Smalltalk höchstens zwei bis drei Minuten dauern. Wenn nämlich aus dem Smalltalk ein Longtalk wird, und aufs eigentliche Gesprächsthema gar nicht eingegangen wird, kann das den Effekt haben, dass der Gesprächspartner gedanklich abschaltet, weil er nun auf lauter Fragen antworten muss, auf die er so nicht vorbereitet ist. Beobachten Sie in dieser Phase das Ausdrucksvermögen Ihres Gesprächspartners, die Geschwindigkeit seiner Sätze, und stellen Sie Ihre eigene Sprechgeschwindigkeit wie auch die Wahl Ihrer Worte auf ihn ein, ohne aber in einen vollkommen gleichen Stil zu verfallen.

Wenn auch ein Jugendlicher bei einer freudigen Überraschung nur zu gern „geil" sagt, sollte ein Erwachsener hier lediglich ein Wort wählen, das der Jugendliche sofort versteht: „Das ist prima." Wenn auch mancher Erwachsener nur zu gern Fremdwörter benutzt, und das manchmal leider falsch, sollte man selbst nur gelegentlich Fremdwörter benutzen, um eine Eindeutigkeit in der Unterhaltung zu gewährleisten.

Querverweis: A41 (Modal-Adverbien), A42 (Modal-Partikel), A50 (Interjektion), B10 (Fremdwort) C17 (Faustregeln für ein Gespräch), C18 (Faktoren, die Körpersprache beeinflussen), C21 (Sprechtempo)

Schritt 2: Die richtigen Fragen stellen   D16

Mit Fragen kann man ein Gespräch gezielt auf Punkte steuern, die noch abzuklären sind (siehe auch Wortarten, Seite 57). Am Anfang eines Gesprächs stellt man eine offene Frage, die nicht mit ja oder nein beantwortet werden kann. Hier gilt es bestimmte Informationen einzuholen: Bsp: „Wie könnten wir zu einer schnellen Lösung kommen? Wann bekommen wir Ihr Angebot? Welche Erfahrungen und Referenzen hat Ihre Firma? Welche Konditionen können Sie uns bieten? Was spricht dagegen? Warum wurde uns dann gesagt, dass...? Wo liegt das Problem?" Häufig werden diese Informationsfragen in direkter Form übelgenommen, sodass es besser ist mit der einleitenden Formulierung „Darf ich Sie fragen, was...?" „Herr X, wie würden Sie...?" Die schwierigsten Fragen bei einer Sache werden nicht sofort, sondern erst zum Schluss gestellt, wenn der Gesprächspartner zu uns Vertrauen gefasst hat. Mit Filterfragen kann man dann bei unklaren Punkten nachhaken: „Wie heißt nochmals der Einkaufsleiter Ihrer Firma, von dem Sie gerade sprachen?" Mit Kontrollfragen kann man nochmals die Angaben überprüfen, was insbesondere für Preise wichtig ist: „Sie sagten vorher 9 Euro - gilt das pro Stunde oder pro Schulstunde à 45 Minuten?"

Mit zusammenfassenden Fragen kann man nochmals den Gesprächsinhalt zusammenfassen. „Habe Ich Sie richtig verstanden, dass...?" Die geschlossenen Fragen mit „ja oder nein" führen meist nur zu einsilbigen Ergebnisse: „Und Sie heißen Müller?" „Ja." Daher bestimmt die Informationsfrage das Gespräch.

Querverweis: A17 (Fragewort), A26 (Vollverb), A27 (Modalverb), A39 (Suggestivfragen), A50 (Fragesatz), A70 (Indirekter Fragesatz), B30 (rhetorische Frage), B49 (Publikumsentscheid), D7 (Fragekette), D19 (Suggestivfragen), E12 (Geplante Wahlmöglichkeit), E62 (Haupttext), F14 (Gegenfrage für Zeitgewinn), F20 (den Fragesteller angreifen), F48 (ständige Gegenfragen)

Schritt 3: Sachen von sich selbt verraten   D17

Wer aber selbst nur fragt, und nichts von sich preisgibt, läuft Gefahr, dass sich der andere ausgehorcht fühlt. Insofern macht es durchaus Sinn, auch kleine Anekdoten aus seiner eigenen Berufserfahrung ins Gespräch einstreuen zu lassen oder ein nicht wichtiges Insiderwissen über die Firma mitzuteilen, sodass sich der andere als Person wahrgenommen fühlt. Wer zu einem Gespräch einlädt, bestimmt in der Regel die Gesprächsabfolge und Länge, die Themenwahl und die Tiefe der Gesprächsinhalte, zur Not auch gegen den Willen des Gesprächspartners.

Querverweis: D60 (Vertrauensbasis schaffen), D65 (Wertschätzung zeigen), C91 (Anekdote nach Cicero)

Schritt 4: Die Sprache beherrschen   D18

Neben einem klaren Ziel für das Gespräch muss man selbst die eigene Muttersprache so gut beherrschen, dass man den anderen mühelos versteht, auch wenn er nicht zum eigenen Dialektkreis im Süden gehört, und dass man vom anderen verstanden wird. Hier macht es manchmal Sinn, allgemeinere Redewendungen zu gebrauchen und sich um eine langsamere und deutlichere Aussprache zu bemühen. Der Dialekt mit einer ungewöhnlichen Aussprache ist meistens nicht das Problem, sondern die falsche Verwendung der Grammatik: „I han gseiet" (schwäbisch für „Ich habe gesagt") wird schon teilweise nicht von Stuttgartern verstanden. Hier heißt es einfach Grammatik pauken, Grammatik pauken, Grammatik pauken! Es macht keinen Sinn, zum Logopäden zu gehen und sich mühevoll den Dialekt austrainieren zu lassen (wie das nicht selten von Managern praktiziert wird). Der wesentlich schnellere Weg ist die Satzstruktur so anzupassen, dass die sinntragenden Wörter (z.B. haben) richtig ausgesprochen werden. Außerdem sollten die Dialektwörter des Ortskreises durch hochdeutsche Wörter ersetzt werden, da sie auf den Gesprächspartner wie Fremdwörter wirken, die er ohne Lexikon nicht versteht.

Querverweis:
A6 (Definition – was ist Grammatik), Wortarten (A17 – A53), Satzarten (A54 – A72), B10 (Fremdwort)

Schritt 5: Die eigene Meinung zurückhalten D19

Gibt es Widersprüche in den Antworten des Gesprächspartners, ist es unklug, eine sofortige Wertung abzugeben. „Unsinn. Das ist Mist, was Sie jetzt verzapfen." Hier ist es effektiver, mit einer Kontrollfrage nochmals nachzuhaken: „Sagten Sie nicht vorher, dass...?" oder „Ich möchte sicherstellen, dass ich Sie richtig verstanden habe, und frage mich deshalb, ob ich einen Fehler gemacht habe. In Ihren bisherigen Angaben hieß es, dass...?" Auch Suggestivfragen, die anderen unlautere Methoden unterstellen, sind zu unterlassen. „Wie kamen Sie denn auf unsere Firma?" Diese Formulierung weckt den Anschein, dass es nicht mit richtigen Dingen zugegangen sein könnte. „Was sind denn so Ihre Vorstellungen?" Viel wird dem Gesprächspartner nicht zugetraut.

Sobald Misstrauen in einem Gespräch die Überhand gewinnt, indem Suggestivfragen oder provokante Fragen oder andere Manipulationsversuche eingestreut werden, kippt das Gespräch und eine aggressive Atmosphäre entsteht, eine Wortspirale der Gewalt. Erst wird verdächtigt, dann gestritten, schließlich gedroht - und kein Ergebnis erreicht. In Vorstellungsgesprächen werden häufig sogenannte „Stressgespräche" geführt, um die Widerstandskraft des Bewerbers zu prüfen.

Man empfiehlt ein ganzes Bündel an Verstößen gegen die Konversationsmaximen in der Lingustik:

...belastende Pausen, häufige Unterbrechungen, zusammenhangloses Dazwischenreden, plötzliches Ablenken und unermüdliches Wiederholen, persönlich, zynisch, ironisch werden und lächerlich machen, widersprechen und mit neuen Tatsachen konfrontieren, Wechselbäder (eisige und sehr freundliche Atmosphäre)...

(Text: Oswald Neuberger, „Das Mitarbeitergespräch. Praktische Grundlagen für erfolgreiche Führungsarbeit")

Ein Bewerber, der viel auf Höflichkeit hält, wird sein Interesse an einer Bewerbung jedoch schnell aufgeben. Die gute Arbeitskraft ist verloren, nichts ist gewonnen, und noch viel schlimmer: Das Image als Firma leidet, denn von Mund-zu-Mund-Propaganda bekommt die Firma schnell einen schlechten Ruf. Nur für bestimmte Positionen (z.B. Reklamationsabteilung / PR-Abteilung) sind Stressfragen überhaupt zulässig, und auch nur als letzte Waffe, ehe man den Partner abgeschrieben hat.

Beispiele für Stressfragen: „Sehen Sie den Kugelschreiber, den ich in der Hand habe? Verkaufen Sie ihn mir!" „Wie würden Sie mich als Gesprächspartner beurteilen?" „Was würden Sie sagen, wenn ich Ihnen vorhalten würde, dass Sie heute Nachmittag eine sehr erbärmliche Vorstellung geboten haben?"

Querverweis: A57 (Befehlssatz), A41 (Modal-Adverbien), A42 (Modal-Partikel), A88 (Refrain), D31 (Sympathiekiller Kritik nach Aronson), D73 (Killerphrasen), D74 (Dominanzsignale), D87 (Negativworte), E38 (ständige Unterbrechung), E39 (Stummschaltung), E44 (Sachkompetenz anzweifeln), E78 (persönliche Angriffe fahren nach Schopenhauer), E83 (persönlich werden nach Hamilton)

Wer mit anderen ein Gespräch führt, muss dem Partner Zeit für Antworten gewähren. Möglichst noch mit einem Interviewbogen auf dem Schoß eine Frage nach der anderen schnell runterleiern (wie häufig in deutschen Personalabteilungen zu beobachten), ist sicherlich nicht der ideale Weg. Es ist ein Prinzip der Höflichkeit, den Partner ausreden zu lassen, dass man zwischen den verschiedenen Fragen Pausen macht. Im Wechselgespräch ist eine Pause von etwa einer Sekunde ein Signal, dass man eine Antwort erwartet. Wenn jemand nach einer Sekunde aber nicht reagiert, fühlt man sich bereits unwohl, und es fehlt ein elementares Feedback. Eine Pause länger als 4 Sekunden wird zur Peinlichkeit, sodass man selbst etwas in die Konversation einstreut, was man eigentlich gar nicht sagen wollte.	**Schritt 6: Zeit für Antworten gewähren D20**

Dadurch entsteht Leerlaufgerede, das im schlimmsten Fall in einem Monolog endet. Wenn aber ein bestimmtes Thema endet, macht es durchaus Sinn auch eine kurze Pause einzubauen, um wieder Kräfte zu sammeln. Bei Fragebogenerhebungen erscheint es ratsam, dass man Fragen möglichst schnell abfeuert, um keine ausweichenden Antworten zu erhalten. Hier geht man davon aus, dass einem Menschen eher die Wahrheit als die Lüge in den Sinn kommt. Bei Typen, die sich mit sprachlichen Formulierungen schwer tun, ist es nicht ratsam, Druck dieser Art auszuüben.

Querverweis: C17 (Faustregeln für ein Gespräch), C18 (Faktoren, die Körpersprache beeinflussen)

Für Gespräche sind auch Gesprächsförderer wichtig, eine Art Ermunterung den anderen sprechen zu lassen. Körpersprachlich zeigt man dies durch ein Nicken oder kleine Satzschnipsel „Ich verstehe...jaja, das ist richtig...hmmm....sicherlich nicht leicht...	**Schritt 7: Gesprächsförderer einsetzen D21**

schwierig....allerhand!" Schlüsselwörter in der Aussage werden wiederholt: „2000 Euro!" Manchmal gehört dies bereits in den Bereich der Schauspielerei, weil man oft Dinge zu hören bekommt, die banal, wertlos und langweilig sind. Hier ist man als Gesprächspartner gefordert, die eigene Langeweile nicht offen zur Schau zu stellen. Die eigenen persönlichen Bedürfnisse müssen zurückgestellt werden, der andere als Person wahrgenommen. Zusätzlich kann man das bereits Gesagte mit eigenen Worten wiederholen, wobei hier eher Synonyme zum Einsatz kommen.

Querverweis: D62 (Aktives Zuhören), D63 (Bestätigungen geben), B6 (Synonym)

Schritt 8: Auf eine Emotionalisierung des Gesprächs verzichten   D22

Ein Gespräch entwickelt sich sowohl auf der zwischenmenschlichen Ebene als auch auf der Sachebene. Die Sachebene beschreibt die Einstellung der Gesprächspartner zum verhandelnden Gegenstand, die zwischenmenschliche Ebene die Einstellung der Gesprächspartner zueinander. Als Ideal eines Gesprächs gilt, wenn beide Partner sich gegenseitig voll akzeptiert und gerecht behandelt fühlen und in der Sache ein Fortschritt erzielt wird. Als nicht erstrebenswertes Ideal gilt, wenn sich einer der Partner nicht akzeptiert und gerecht behandelt fühlt und man in der Sache keinerlei Fortschritte erzielt hat.

Durch Unsachlichkeiten seitens des Gesprächspartners ist es manchmal schwer die eigene Wut zurückzuhalten.

Variante 1: Man reagiert sich am Gesprächspartner ab, beschimpft und erniedrigt ihn, wird ironisch und sendet Sie-Botschaften (Sie machen mich wütend!).
Wie fühlt man sich danach? Besser, und ein Gefühl von Allmacht kommt auf. Wie fühlt sich der andere? Er hat Schuldgefühle oder er wird wütend.

Variante 2: Man verbirgt seine Wut, bleibt auf der Sachebene.
Wie fühlt man sich danach? Schlechter, der Ärger frisst in einem selbst, ein Racheplan wird geschmiedet, die Konzentration auf die Sache wird erschwert. Wie reagiert der andere? Er merkt nichts oder er merkt, dass etwas nicht stimmt, weiß aber nicht, was.

Variante 3: Man teilt seine Gefühle mit und wählt die Ich-Botschaft (Ich bin wütend über Ihre Verspätung).Wie fühlt man sich danach? Erleichtert und befreit. Wie reagiert der andere? Er hat Kenntnis vom Problem, aber ist peinlich berührt. Denn in einem geschäftlichen Gespräch gilt es als unpassend, seine eigenen Gefühle der Antipathie oder Sympathie so offen zur Schau zu stellen.

Deshalb ist Variante 2 von allen drei Varianten vorzuziehen oder den Gesprächspartner direkt zu fragen: „Warum sind Sie eigentlich so spät gekommen?"

Schlechter Stil ist jedoch, das Gespräch zu emotionalisieren: „Sie sind wohl nun enttäuscht." „Das stimmt Sie zuversichtlich." „Was empfinden Sie, wenn ich Ihnen sage, dass..." „Ich überlege mir gerade, woran Sie gerade denken..." „Das sagen Sie doch nur, weil Sie enttäuscht sind." Auch Vorwürfe und Drohungen an den Gesprächspartner zerstören das Vertrauensverhältnis: „Finden Sie so etwas eigentlich in Ordnung?" „Hören Sie sofort auf damit, mir ständig ins Wort zu fallen." „Treiben Sie es nicht auf die Spitze!" Das Aushorchen ohne ein eigenes Angebot ist ebenfalls schlechter Sprachstil: „Was wäre Ihnen denn dieser Auftrag wert..."

Querverweis:
D64 (Persönliche Begründung mit Ich-Botschaft), D81 (Vorwürfe), E27 (Drohung)

Schritt 9: Das Gespräch positiv beenden   D23

Gute Gespräche sollten nie sehr viel länger als die geplante Zeit in Anspruch nehmen (+15 Minuten), und schlechte Gespräche nicht innerhalb von 10 Minuten beendet werden (- 20 Minuten). „Noch Fragen? Nein? Also, dann auf Wiedersehen." Ein gutes Gespräch dauert mindestens 20 bis 25 Minuten und sollte nicht länger als 60 Minuten dauern. Auch für Verhandlungen ist es wichtig, den Verhandlungsmarathon nicht zu sehr in die Länge zu ziehen.

Die Beendigung eines Gesprächs sollte wie der Anfang sein - positiv und mit dem Dank fürs Kommen. Das Gespräch muss wohlwollend verlaufen, sodass ein zweites Gespräch zustande kommen kann. Auch wenn ein Termin drängt, kann man sagen: „Es freut mich, dass wir uns getroffen haben und in so vielen Punkten eine Einigung erzielen konnten."

Querverweis: B9 (Euphemismus), D65 (Wertschätzung zeigen), D68 (Aufwertung des Verhandlungspartners), E46 (Schlechtes Benehmen)

Checkliste für Gespräche: D24

1. Sprechen Sie immer klug angepasst hinsichtlich der Länge Ihrer Wortbeiträge! Seien Sie nicht zu verschlossen und wortkarg, aber dehnen Sie die Gesprächszeit nicht über Gebühr aus.
Querverweis: D14 (Konversationsmaxime „c" für faire Gespräche)

2. Sorgen Sie dafür, dass sich Ihr Gesprächspartner wohlfühlt!
Schaffen Sie eine einladende Atmosphäre (Kaffee, Tee, Wasser und Saft in der Nähe und ein bisschen aufwärmende Plauderei vorneweg, um vom Heiteren dann ins Ernste zu kommen - das Geschäft, um das es geht).
Querverweis: D15 (Kontakt zum Gesprächspartner herstellen)

3. Zeigen Sie Ihrem Gesprächspartner, dass Sie sich für ihn und die Sache interessieren!
Arbeiten Sie mit Gesprächsverstärkern. Blättern Sie nicht desinteressiert in Unterlagen herum, während Sie miteinander sprechen. Lassen Sie Ihr Handy ausgeschaltet! Telefonieren Sie nicht mit angeblich wichtigeren Leuten!
Querverweis: D21 (Gesprächsverstärker)

4. Seien Sie einfühlsam und versetzen Sie sich in die Lage Ihres Gesprächspartners! Benutzen Sie Ihre „emotionale Intelligenz". Machen Sie ein kleines Rollenspiel: Wie würde ich mich jetzt verhalten, was würde ich wohl fühlen, wenn ich in seiner Situation wäre?
Querverweis: C16 (intrapersonale Fähigkeit)

5. Zeigen Sie Geduld!
Unterbrechen Sie Ihre Gesprächspartner nicht mitten im Satz, es sei denn, er verliert aus irgendeinem Grund (z.B. große Nervosität beim Vorstellungsgespräch) den Faden. Schneiden Sie nicht seine Wortbeiträge ab, sodass für ihn die Möglichkeit besteht, seine Ausführungen zu Ende zu bringen.
Querverweis: E38 (ständige Unterbrechung)

6. Seien Sie stets beherrscht!
Unterdrücken Sie plötzlich auftretende Antipathie („Das ist aber ein komisches Hemd, was der jetzt anhat...und dann diese Frisur...oh Gott!), sonst interpretieren Sie den Gesprächsinhalt falsch.
Querverweis: D26 – D36 (Axiome für den ersten Eindruck)

7. Setzen Sie Ihren Körper ein, um den anderen zum Sprechen zu bringen!
(Lächeln, Kopfnicken)
Querverweis: C17 (Körpersprache im Gespräch)

8. Auch wenn der Gesprächspartner offene Kritik äußert, sollten Sie sich beherrschen! Bleiben Sie cool, auch wenn Sie innerlich kochen; äußern Sie sich zunächst nicht zum Vorgebrachten. Schweigen Sie für mindestens 4 Sekunden. Das bringt den Partner in Zugzwang, und er muss irgendwann etwas sagen (Sie haben derweil Gelegenheit, statt einer schnellen patzigen Antwort sich gedanklich eine schön ausformulierte Gegenrede zurechtzulegen).
Querverweis: D20 (Zeit für Antworten gewähren)

9. Lassen Sie sich nicht von Ihren Gefühlen leiten, vermeiden Sie emotionalen Streit!
Selbst wenn Sie richtig liegen und den Streit gewinnen sollten – es ist fast immer besser, die Sachebene zu wahren, und das immer mit angemessenen Worten formuliert. Ansonsten droht ein Rosenkrieg, der schlimmstenfalls zum Gesprächsabbruch führt.
Querverweis: D22 (auf die Sachebene kommen)

10. Stellen Sie gute Fragen!
Der Gesprächspartner findet dadurch Mut, auch Dinge, die bis jetzt unerwähnt geblieben sind, zu erwähnen. Wichtige Zusatzinformationen, die für den Vertragsabschluss von großer Bedeutung sind, können zum Vorschein kommen. Wichtig: Stellen Sie nicht nur Fragen, sondern verraten Sie auch selbst einige Dinge. Wer nur fragt, aber selbst keine Informationen liefert, wirkt nur wenig vertrauenserweckend.
Querverweis: D16 (Die richtigen Fragen stellen), D17 (Selbstenthüllung)

11. Wiederholen Sie einzelne Schlüsselwörter aus den Beiträgen Ihres Gesprächspartners mit einer neuen Formulierung!
Damit zeigen Sie ein Interesse an Ihrem Gesprächspartner. Doch Vorsicht: Übertreiben Sie es nicht, sonst legt es der andere auch schnell als unverschämte Unterbrechung aus. Insbesondere im Gespräch mit Höhergestellten (z.B. Chef) sollten Sie sich lieber zurückhalten. Diese sind schnell eingeschnappt, wenn man Wortbeiträge kommentiert.
Querverweis: D21 (Gesprächsverstärker)

12. Glänzen Sie durch Ihre innere und äußere Freundlichkeit (nicht durch eine geschauspielerte Freundlichkeit, der man schon an der aufgesetzten Mimik das Unechte abliest)!
Signalisieren Sie, dass Sie den Gesprächspartner als vollwertigen Menschen ernstnehmen (den anderen also nicht wie einen Vollidioten behandeln).
Querverweis: D19 (Eigene Meinung zurückhalten)

13. Achten Sie darauf, Gespräche stets einvernehmlich und hoffnungsfroh zu beenden!
Selbst wenn es im Gespräch nicht immer positiv für Sie lief, ist ein versöhnlicher Abschied besser als ein unschönes Wortgefecht, das keine Chance auf eine Nachverhandlung lässt.
Querverweis: E82 (Kritik und Lob einsetzen nach Hamilton)

Analysefehler für Gespräche: D25	Der erste Eindruck ist falsch; es wird eine Vermutung aufgestellt; eigene Fehler werden auf den Gesprächspartner übertragen; man hat Vorurteile; man steckt den Gesprächspartner in eine Schublade; man versucht, den Gesprächspartner zu ändern; Überbewertung von Einzelbeobachtungen (Überstrahlungseffekt); Urteil aufgrund nicht der eigenen Meinung, sondern von der Aussage eines Dritten.
Der erste Eindruck - wie kommt er zustande? (nach Elliot Aronson, „The Social Animal")	
Gleichmacherei wirkt anziehend D26	Wir mögen Leute, die so sind wie wir (Gleich und gleich gesellt sich gern). Wir mögen also keine Leute, die nicht so sind wie wir. Wir mögen Leute, die uns kulturell und ideologisch und äußerlich (Schönheit, Kleidung) ähneln und die gleiche Meinung vertreten.
	Sofern ein Ding mit unserer Natur übereinstimmt, insofern ist es notwendig gut. (Text: Baruch de Spinoza, „Ethik")

Baruch de Spinoza

Gegensätze können sich ergänzen D27	Wir mögen sogar Leute, die vollkommen anders sind als wir, wenn es Überschneidungspunkte (kulturell, ideologisch, äußerlich, charakterlich) gibt, sodass wir uns ergänzen.
	Der Hochmütige liebt die Nähe von Schmarotzern oder Schmeichlern, haßt aber die der Edelgesinnten. (Text: Baruch de Spinoza, „Ethik")
Schönheit erringt fast immer unsere Gunst D28	Wir mögen Leute, die körperlich attraktiv sind (das gibt uns eine ästhetische Belohnung). Wir mögen keine Leute, die wesentlich unattraktiver als wir sind. Wir mögen Leute, die attraktiver als wir sind, aber nur dann, wenn sie uns nicht kritisieren (z.B. über unser Aussehen lästern) oder ihre Schönheit einsetzen, um uns über den Tisch zu ziehen (geliehenes Geld nicht zurückzahlen). Zur Attraktivität gehört auch die Kleidung, die Stimme und die Körpersprache.

Alles, wovon wir uns vorstellen, daß es zur Lust beiträgt, suchen wir zu fördern, um seine Verwirklichung herbeizuführen. (Text: Baruch de Spinoza, „Ethik")

Wir mögen Leute, die so sind wie wir und keine Überflieger sind (das gibt uns das Gefühl der Unterlegenheit). Wir mögen also keine Leute, die wesentlich intelligenter sind als wir. | **Viel Intelligenz ist nicht sympathisch   D29**

Wir mögen Leute, die andere in der Gruppe kritisieren (ein Professor einen anderen Studenten, das Mobbing gegen einen Schüler), solange sie nicht uns kritisieren. | **Kritisierende Leute sind sympathisch   D30**

Wir mögen keine Leute, die uns vor anderen in der Gruppe kritisieren (ein Professor uns als Studenten, oder wenn Kollegen über uns lästern). | **Kritik ja, aber bitte nicht uns!   D31**

Wer sich vorstellt, daß er von jemand gehaßt wird, ohne daß er ihm einen Grund zum Haß gegeben zu haben glaubt, der wird denselben wiederum hassen. (Text: Baruch de Spinoza, „Ethik")

Wir mögen Leute, die uns fachlich loben, aber wir mögen sie nicht, wenn sie mit dem Lob einen anderen Zweck verfolgen (z.B. Gehaltserhöhung durchsetzen). | **Ein kleines Lob wirkt Wunder   D32**

Wer sich vorstellt, daß er von jemand geliebt wird, ohne daß er ihm einen Grund zur Liebe gegeben zu haben glaubt, der wird denselben wiederum lieben. (Text: Baruch de Spinoza, „Ethik")

Wir mögen Leute, die uns einen Gefallen tun (z.B. ein Getränk anbieten), aber nur dann, wenn keine Gegenleistung von uns erwartet wird. | **Ein Gefallen für uns? Das ist ja nett!   D33**

Wir mögen Leuten, denen wir einen Gefallen tun dürfen (z.B. ein Getränk anbieten / jemanden einen Ratschlag erteilen), aber wir mögen sie nicht, wenn das Angebot abgelehnt wird. | **Wir tun auch gern Gefallen   D34**

Wer aus Liebe oder in der Hoffnung auf Ehre jemand eine Wohltat erwiesen hat, der wird Unlust empfinden wenn er sieht, daß die Wohltat mit undankbarer Gesinnung empfangen wird. (Text: Baruch de Spinoza, „Ethik")

Beispiel aus der Literatur:

»*Sie mißfällt mir recht sehr, eure Mademoiselle Bourienne*«, *sagte Fürst Andrei.*
»*O nicht doch! Sie ist sehr lieb und gut, und was die Hauptsache ist, sie ist ein bedauernswertes Mädchen. Sie hat so gar niemand, keinen Menschen. Die Wahrheit zu sagen, ich habe gar nicht das Bedürfnis, sie um mich zu haben; es ist mir sogar oft peinlich. Ich bin, wie du weißt, immer etwas menschenscheu gewesen und bin es jetzt in noch höherem Grad als früher. Ich fühle mich am wohlsten, wenn ich allein bin. Aber unser Vater hat sie gern. <u>Sie und Michail Iwanowitsch, das sind die beiden Menschen, gegen die er immer freundlich und gütig ist, weil er ihnen beiden Wohltaten erwiesen hat;</u> denn wie Sterne sagt:* ›*Wir lieben die Menschen nicht sowohl um des Guten willen, das sie uns getan haben, als um des Guten willen, das wir ihnen getan haben.*‹ *Unser Vater hat sie als vaterlose Waise geradezu von der Straße in sein Haus genommen, und sie ist ein sehr gutes Wesen. Und dem Vater sagt ihre Art vorzulesen zu. Sie liest ihm abends vor. Sie liest ausgezeichnet.*«

Lev Nikolaevic Tolstoj

Text: Lev Nikolaevic Tolstoj, „Krieg und Frieden."

Nicht jeder Gefallen ist willkommen   D35

Wir mögen keine Leute, die uns einen Gefallen aufzwingen wollen (z.B. nach einer Ablehnung darauf beharren, bis wir doch nachgeben müssen).

Böse zu nett ist sympathischer als nett zu nett

D36

Wir mögen Leute, die uns am Anfang nicht mochten, mehr als Leute, die wir gleich mochten (hier haben wir das Gefühl, dass wir durch unser freundliches Verhalten die Person noch umgebogen haben).

Der Haß, welcher durch Liebe gänzlich besiegt wird, geht in Liebe über; und die Liebe ist dann stärker, als wenn ihr der Haß nicht vorausgegangen wäre. (Text: Baruch de Spinoza, „Ethik")

Diese Axiome betreffen nur den ersten Eindruck, der sich auf der zwischenmenschlichen Ebene abspielt. Keiner kann behaupten, dass er völlig frei von Werturteilen gegenüber anderen ist. Nach jedem Gespräch ist aber ernsthaft zu prüfen, ob man den Gesprächspartner nur deswegen innerlich abgelehnt hat, weil er körperlich nicht attraktiv oder intelligenter war oder weil er Kritik gewagt hat.

Verhandlungsrhetorik: Allgemeine Einführung

Gesprächseröffnung   D37

Zweck	Leitmotive	Handlungsweisen
- Die Absicht dieses Gesprächs wie auch Tagesordnungspunkte klären - Aufbau einer zielführenden Kommunikationsgrundlage zum Partner (das Vertrauen gewinnen)	- Wie lange ist unsere Gesprächszeit? - Gibt es Berührungspunkte? - Welche Ziele können mit diesem Gespräch verwirklicht werden?	- Ausarbeitung von Zielen des heutigen Gesprächs - gemeinsam die Agenda bestimmen - sich als kompetenten Gesprächspartner, amüsanten Gesellschafter und guten Gastgeber beweisen

Schritt 1: Themen ordnen und Vorgehensweise darlegen   D38

Zweck	Leitmotive	Handlungsweisen
- über die Gesprächstaktik nachdenken - Probleme und Konflikte ansprechen - Besprechungspunkte, die noch dringend einer Klärung bedürfen, zu Papier bringen und anordnen (das Wichtigste zuerst!)	- Was wäre ein gutes Thema zum Einstieg? - Was ist der Inhalt unseres Gesprächs? - Wie könnte der Ablauf des Gesprächs sein?	- Konfliktpotential ansprechen - auf die jetzige Lage hinweisen - den Weg dieser Verhandlung darlegen: wo stehen wir, wenn es erfolgreich sein sollte? - klar und deutlich formulieren; keine versteckten Spielchen spielen - offene Fragen stellen

Schritt 2: Positionen abstecken   D39

Zweck	Leitmotive	Handlungsweisen
- die Meinung des Gesprächspartners einholen. - Das Pro-und Contra der Ausgangslage erörtern und das gegenseitige Interesse an einer Lösung kommunizieren	- Wie ist die Sichtweise einer jeder Verhandlungspartei zur gegenwärtigen Problematik? - Welche Position unterstützt der Verhandlungsführer? Deckt sie sich mit unseren Ansichten? - Was ist das eigentliche Ziel dieser Verhandlung?	- dem Gesprächspartner ein ernsthaftes Interesse signalisieren - etwaige Unklarheiten durch zielführende Fragestellungen beseitigen - Gesprächsverstärker einsetzen - wichtige Punkte mit Grafiken veranschaulichen - Zusammenfassung des Gesagten geben

Schritt 3: Verhandlungsbeginn   D40

Zweck	Leitmotive	Handlungsweisen
- Verhandlungsdilemmas ansprechen, die wegen fester Vorstellungen unvereinbar sind; aber Verhandlungsbereitschaft für weitere Dinge aufzeigen, wo man sich einig werden könnte - noch strittigen Punkte ansprechen, die geklärt werden müssen	- Was sind die Grenzen dieser Verhandlung? - Was ist die maximale bzw. minimale Forderung für die eigene Position? In welchem Spielraum wird sich wohl der Verhandlungspartner bewegen? - Gibt es von beiden Seiten die Bereitschaft zu Zugeständnissen? - Worin besteht Einigkeit? Wo scheint man sich noch uneins zu sein? - Wann müsste die Verhandlung abgebrochen werden?	- Gemeinsamkeiten finden - Zusammenfassung der eigenen und fremden Position - gibt es einen Fortschritt zur Ausgangslage? - über Lösungsvorschläge nachdenken - bei der Diskussion nicht abschweifen - die Erfolgsaussichten für den Gesprächspartner darlegen, eigene Erfolgsaussichten erfragen

Schritt 4: Nach Lösungen suchen   D41

Zweck	Leitmotive	Handlungsweisen
- Maßnahmen aufschreiben, die eine Lösung für das Problem versprechen - Geschwindigkeit für Arbeitsabläufe festsetzen – bis wann muss dieses und jenes umgesetzt sein, damit es doch noch zum Vertragsabschluss kommt?	- Was ist eine Grundbedingung für diese Vereinbarung? - Was für Lösungen sind denkbar? Mit welcher Methode lassen sie sich erreichen? - Was könnten wir noch tun, um das Problem aus der Welt zu schaffen? - Wer aus unserer Firma muss noch informiert werden? - Zuständigkeiten innerhalb der Firma klären – wer hat nun welche Machtbefugnisse und Entscheidungsgewalt? - Wann kommt es zu einer Ergebnisüberprüfung? - Nach welchen Kategorien lässt sich der Erfolg messen?	- mit offenen Fragen den Verhandlungspartner aus der Reserve locken - Gesprächsverstärker einsetzen - Meinung zum Ablauf der Verhandlung darlegen - Lösungsvorschläge unterbreiten und mit Grafiken veranschaulichen - Ergebnisprotokoll für bereits getroffene Vereinbarungen erstellen

Abschluss: Ergebnissicherung   D42

Zweck	Leitfragen	Verhalten
- Auswertung dieser Verhandlung	- Was konnte in dieser Verhandlung erreicht werden? - Feedback an uns: Was ist seine Kritik? Was können wir am Verhandlungsstil des Partners kritisieren? Welchen Eindruck hat der andere von dieser Verhandlung gewonnen? - Wie sollten ab jetzt weitere Nachverhandlungen ablaufen, um schneller eine Einigung zu erzielen?	- geschlossene Fragen vermeiden - Verhandlungseindrücke mitteilen - Zusammenfassung des Erreichten geben - Vorhersage geben, wie der Fall wohl jetzt in der Firma weitergehen wird - bei positivem Verhandlungsergebnis: mündliche Gewährleistung übernehmen, dass das Geschäft auch später tatsächlich klappt

Verhandlungssituationen

a) Nullsummensituation
D43

Partei 1 = Partei 2

Gewinne = Kosten (100 Euro aufteilen)

Wenn es darum geht, 100 Euro gerecht aufzuteilen, so befinden wir uns in einer Nullsummensituation. Die Verhandlungszufriedenheit wächst, Reibungspunkte bei den Gesprächspartnern sind nicht zu erwarten.

Argument der goldenen Mitte

Das Argumentum ad temperantiam ignoriert alle vorgebrachten Argumente, die auf die Preisgestaltung einwirken können, und versucht, durch die goldene Mitte eine Zufriedenheit beider Gesprächspartner zu erreichen.

Beispiel:

„Für diesen über 20 Jahre alten Wagen fordert der Autohändler 1500 Euro, ich biete ihm aber nur 500 Euro, deshalb sollten wir einen Preis von 1000 Euro machen."

Diese Vorgehensweise scheinbarer Gerechtigkeit birgt jedoch Nachteile. Einerseits wird jede Verhandlungspartei mit der Äußerung ihrer höchsten bzw. niedrigsten Grenze versuchen, einen möglichst guten Preis für sich rauszuschlagen. Es kann also dauern, bis man einen mittleren Preis gefunden hat. Außerdem gibt es Situationen, in denen man als Verkäufer besser noch Zugeständnisse machen sollte – wenn z.B. für das Auto neue Reifen aufgezogen werden müssen oder der TÜV abgelaufen ist.

Zusatzoption / Zugeständnisse machen (60 : 40)

b) Nicht-Nullsummensituation   **D44**

In der Nicht-Nullsummensituation muss einer der Vertragspartner ein Zugeständnis machen, damit es zu einer Einigung kommt. Das Zugeständnis muss so ausfallen, dass dieser keinen Gesichtsverlust erleidet. Dies ist die häufigste Form der Verhandlung, weil ein völlig gleiches Handlungsergebnis ein frommer Wunschtraum ist – mehr nicht.

Wer Verhandlungen führt, muss sich ein bestimmtes Ziel setzen, das nach dem Gespräch erreicht werden soll. Dieses Ziel darf nicht zu weit von dem entfernt sein, was man später erreicht hat. Deshalb ist es nötig, gewisse Zugeständnisse zu machen.

Unterscheidung von Verhandlungen nach den Verhandlungszielen: **D45**

Damit beide Seiten ihr Gesicht wahren können, ist es manchmal zweckmäßig den Handlungsgegenstand umzudefinieren und auf den Gesprächspartner abzustimmen. Eine Steuererhöhung klingt für die Bundesbürger eher negativ, und lässt ihre Bereitschaft Steuern zu entrichten sinken, also heißt es hier „Steueranpassung". Weil „Entlassung der Belegschaft" so negativ klingt, sagen viele Unternehmen „sozialverträglicher Stellenabbau". Diese Form der Metonymie (siehe rhetorische Figuren) ist eine Beschönigung (Euphemismus).

Definitionsziele   **D46**

Materielle Ziele sind exakt benennbare Vorgaben für Güter und Dienstleistungen, die nach einer Verhandlung erreicht werden sollen. Häufig sind hinter materiellen Zielen auch noch andere Ziele verborgen, wie z.B. Folgeaufträge ergattern.

Materielle Ziele   **D47**

| Positionsziele | D48 | Positionsziele sind Ziele, sich in einem bestimmten Gebiet mit der Konkurrenz auseinanderzusetzen, also die eigene Ausgangsbasis zu verstärken. Dies erfordert eine gute Kandidatenauswahl bei den Bewerbern. |

| Imageziele | D49 | Imageziele sind für die Eitelkeit der Gesprächspartner gedacht. Jeder will schließlich seine Kompetenz beweisen und zeigen, dass man gut verhandeln kann. Im Fall eines Gesichtsverlusts kann kein Imageziel erreicht werden. |

| Kooperationsziele | D50 | Kooperationsziele werden für eine langfristige Zusammenarbeit gesteckt und sind durch Druck nicht erreichbar. |

| Verhandlungsrhetorik: Lösungsorientierte Methode | D51 | *Verhandlungsschema:* *Muss man mit einem Vertragspartner verhandeln, sollte man sich gemeinsame Ziele mit ihm suchen und eine gemeinsame Basis als Verhandlungsgrundlage mit ihm suchen. Es gibt einen Ist-Zustand (die Firmensituation jetzt) und einen Soll-Zustand (Was könnte die Firma erreichen?). Dafür sind bestimmte Arbeitsschritte notwendig.* |

| Problemdefinition (das Problem erkennen und benennen) | D52 | Wenn der Ist-Zustand und der Soll-Zustand voneinander stark abweichen, weil z.B. die Firma in den roten Zahlen steckt, so ist es wichtig, die Probleme des Unternehmens anzusprechen. Dies kann man mit einer negativen oder positiven Formulierung tun: „Wir stecken in einer Umbruchphase" klingt positiver als „Wir stecken bis über beide Ohren in großen Schwierigkeiten". |

| Verhandlungsziele definieren | D53 | Es ist für eine Verhandlung wichtig, sich nicht nur ein Verhandlungsziel zu setzen, dass unbedingt erreicht werden muss, sondern mehrere Verhandlungsziele zu setzen, die erreicht werden sollen, sodass man am Ende einer zähen Verhandlung wenigstens einen Teilerfolg errungen hat. Hierfür ist wichtig, dass man sich selbst nicht unter den Scheffel stellt, also zu niedrig einschätzt, und die gängigen Marktpreise für die Produkte kennt – in Zeiten des Internets sicherlich kein großes Problem. Das eigene Angebot zu dieser Stückzahl muss realistisch und gerade noch verhandlungsfähig sein. |

| Lösungsvorschläge entwickeln | D54 | Wenn es bei einer Verhandlung zu Problemen kommt, ist es wichtig, dass die Gesprächspartner in der Lage sind, hierfür Lösungsvorschläge zu entwickeln, die sich in die Praxis umsetzen lassen. |

Wird uns ein Lösungsvorschlag unterbreitet, müssen wir ihn fachgerecht beurteilen. „Was ist bei dieser Verhandlung wichtig?" könnte ein Kriterium lauten. „Haben wir Erfahrung mit diesem Produkt?" „Was kann in der Verhandlung vernachlässigt werden?" (z.B. Vertrieb in Deutschland)

Lösungsvorschläge beurteilen   **D55**

Voraussetzungen und Schwierigkeiten bei der Durchführung einer Verhandlung nach der lösungsorientierten Methode

Wenn sich die Gesprächspartner nicht verstehen, so droht ein Scheitern wegen persönlicher Spannungen der Teilnehmer. Hierbei ist zu prüfen, ob es sich um die zwischenmenschliche Ebene oder die Sachebene handelt und ob man nicht durch eigene Vorurteile geblendet wird.

Gegenseitige Akzeptanz der Verhandlungsteilnehmer   **D56**

Die fachliche Kompetenz des Gesprächspartners anzuzweifeln (z.B. weil er nicht studiert hat), führt zu persönlichen Spannungen und Gegenreaktionen. Auch ist es falsch, dem anderen die Schuld für ein Scheitern der Verhandlung unterzuschieben, ohne selbst bereit zu sein, Zugeständnisse an den Verhandlungspartner zu machen.

Vermeidung von persönlichen Spannungen und Schuldzuweisungen   **D57**

In einer Verhandlung sollten überraschende Lösungsvorschläge möglich sein, d.h. es darf hierbei keine negative Einstellung zum Thema geben („Ah ... Betriebsausflug organisieren ... wie langweilig").

Kreative Atmosphäre   **D58**

Verhandlungsziel: Interessenausgleich **D59**	Das Verhandlungsziel sollte ein Interessenausgleich sein, bei dem beide Parteien ihr Gesicht wahren können und nicht SIEG ODER NIEDERLAGE.
Gemeinsame Basis = Vertrauensbasis **D60**	Ist das erste böse Wort in einer Verhandlung gefallen, so dauert es nicht mehr lang, bis weitere folgen und ein massiver Vertrauensverlust entsteht. Wer nicht bereit ist, eine gemeinsame Verhandlungsbasis zu suchen, sondern danach strebt, möglichst alle Leute mit kunstreicher Wortverführung über den Tisch zu ziehen, wird langfristig weniger Erfolg haben als jemand, der weniger eloquent, doch dafür ehrlich und unvoreingenommen in eine Verhandlung geht.
Motivation und Eigenbegeisterung für das Verhandlungsthema entwickeln **D61**	Das zu verhandelnde Thema muss die Leute motivieren, und wenn es das nicht tut, so kann man hier materielle Anreize setzen (Zusatzvergütung bei Erreichen der vorgegebenen Ziele), heterogene Arbeitsgruppen zusammenstellen (alter Hase, junger Azubi, routinierter Mitarbeiter). Die Leute müssen eine gefühlsmäßige Bindung an das Thema haben, das positiv wie negativ sein kann.

Kennzeichen partnerorientierten Verhandelns:

Aktives Zuhören **D62**	Durch: 1. Zuhören 2. Das Gehörte nochmals zusammenfassen (im Geiste) Bestätigungsmarker setzen („Habe ich Sie richtig verstanden?")

Signal setzen, dass man den jeweiligen Partner emotional und inhaltlich richtig verstanden hat (noch kein Zugeständnis)	**Einsatz von Bestätigungen** **D63**
Diese Regelung ist für mich persönlich wichtig (nicht: „Hip-Hop ist Scheiße", sondern: „Ich persönlich finde, dass Hip-Hop für den Schulmusikunterricht nicht taugt.")	**Persönliche Begründungen** **D64**
• die anderen Teilnehmer nicht warten lassen • genug Zeit mitbringen • persönliche Begrüßung • bequeme Sitzgelegenheit anbieten • Smalltalk zu Beginn	**Wertschätzung zeigen** **D65**
bei einem sicheren Verhandlungssieg: nur auf die Sachzwänge berufen (das Ergebnis als nicht ganz so wichtig herausstellen)	**Entlastung des Gegners** **D66**
personenbezogene Linie	**Ansprechen des Konflikts** **D67**
z.B. Komplimente machen --> fairer und geschätzter Partner	**Aufwertung des Partners** **D68**
nicht bloß vorspielen, sondern die Existenz des guten Willens beweisen	**Darstellung des eigenen guten Willens** **D69**
einen Vertrauensvorschuss gewähren (nicht überall schwarze Riesen sehen)	**Bemühungen um die Entwicklung einer Vertrauensbasis** **D70**

Selbsteröffnungen D71   Gefühle zeigen (z.B. Betroffenheit / Freude)

Viele Menschen, die Rhetorikkurse besuchen, wollen eigentlich nur die faulen Tricks lernen, und das am besten ganz ohne jede Theorie. Sie hoffen, innerhalb von kürzester Zeit besonders schlagfertig zu werden und übersehen, dass es beileibe nicht ausreicht, nur ein auswendig gelerntes Sprüchlein zu dieser und jener Situation aufzusagen. Nach der Anwendung einer Taktik, die den Gesprächspartner verblüffen soll, muss noch etwas folgen, und hier hapert es zumeist an der geschickten Umsetzung durch die Sprache und über deren mageren Kenntnisse über psychologische Vorgänge überhaupt. Wie reagiert ein Mensch unter Stress, Lob und Kritik und wo ist seine Schmerzgrenze erreicht? Welchem Typ der Individualpsychologie gehört er an (aufbrausender Choleriker, eher still und zurückgezogen, stets den Star und Komiker spielend, immer besserwisserisch usw.)?

Die manipulativen Methoden führen nur dann zum Erfolg, wenn der Gegner nur wenig Ahnung vom Sachverhalt hat. Sie sind mit Vorsicht einzusetzen, als letzte Waffe für ein ohnehin gescheitertes Gespräch.

Verhandlungsrhetorik: Destruktive Methode

D72

Definition und Charakteristik der destruktiven Methode:

„Die Durchsetzung der eigenen Interessen auf Kosten der anderen Teilnehmer."
nicht: Verhandlungspartner
sondern: GEGNER
Verhandlungsziel: nicht Interessenausgleich, sondern maximaler Gewinn

Aus „Gorgias" (Platon / Sokrates)

Gorgias: *Es gibt praktisch nichts, worüber ein Redner nicht vor Publikum genauso überzeugend reden könnte wie ein Experte. Unsere Kunst ist sehr wichtig und umfangreich. Oh Sokrates, natürlich darf man die Rhetorik – ähnlich einer Kampfsportart - nicht einfach wahllos einsetzen. Denn auch die Kampfeskunst setzt man nicht gegen alle ein, die man kennt, nur weil man den Faustkampf und Waffenkampf erlernt hat, selbst wenn man stärker ist als alle Freunde und Feinde zusammen. Das ist aber noch lange kein hinreichender Grund, den eigenen Freund zu schlagen, niederzustechen oder zu töten. (...) Natürlich besitzt ein Redner die Gabe, nicht nur gegen alle Leute, sondern auch über jeden Sachverhalt zu sprechen. Um es kurz zu machen: Deshalb ist es ihm möglich, ein Publikum von jeder beliebigen Meinung zu überzeugen. (...) Ist aber jemand durch das Erlernen der Redekunst zum echten Orator geworden, und fügt dieser dann mit diesem Wissen anderen Unrecht zu, wäre es ungerecht, gleichsam einen Hass gegen seinen Redelehrer zu hegen und diesen Rhetor dann auch aus der Stadt verbannen zu wollen. Denn der Lehrer hat ihm ja die Kunst nur dazu vermacht, dass er Gutes damit vollbringen möge, der Schüler hat aber Schlechtes vollbracht. Wer sie also nicht angemessen einsetzt, dem geschieht es recht, wenn ihm Hass, Verbannung und Tod drohen, aber doch nicht seinem Lehrer.*

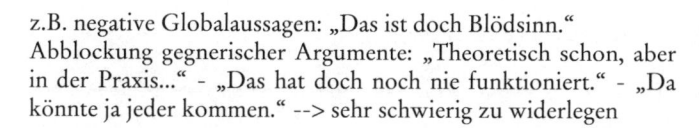

Platon

z.B. negative Globalaussagen: „Das ist doch Blödsinn."
Abblockung gegnerischer Argumente: „Theoretisch schon, aber in der Praxis..." - „Das hat doch noch nie funktioniert." - „Da könnte ja jeder kommen." --> sehr schwierig zu widerlegen

Offene Kritik: (Killerphrasen)   **D73**

Beispiel aus der Literatur:

Was der Verstorbene eigentlich fragte: wozu er gestorben war, oder wozu er gelebt hatte – das wußte Gott allein. "<u>Aber das ist doch Unsinn! Das widerspricht allen Gesetzen der Logik!</u> Es ist unmöglich, daß die Beamten sich selbst solche Angst eingejagt, einen solchen Unsinn geschaffen und sich so weit von der Wahrheit entfernt haben konnten, wo doch auch ein Kind einsehen mußte, worum es sich hier handelte!"

Text: Nikolaj Vasilevic Gogol, „Die toten Seelen oder Tschitschikows Abenteuer"

Nikolaj Vasilevic Gogol

Querverweis: A50 (Interjektion), B15 (Hyperbel), B82 (Diffamierung durch Ausklammerung), B84 (Angriffs-Argument) B85 (Totschlags-Argument), C44 (Brainstorming), D19 (Eigene Meinung zurückhalten), E78 (persönliche Angriffe fahren nach Schopenhauer), F18 (Praxis gegen Theorie)

Anweisungen	**D74**	

„Schlagen Sie mal im Grundriss der Volkswirtschaftslehre nach, da werden Sie schon sehen, dass..."

Dominanzsignale während der Unterhaltung setzen: „Können Sie mal Kaffee machen?"

Beispiel aus der Literatur:

„Aber sagen Sie mir", wandte der Apotheker ein, „da Gott stets weiß, was uns not tut, wozu dann erst das Gebet?"
„Wozu das Gebet?" wiederholte der Priester. „Ja, sind Sie denn kein Christ?"
„Verzeihung! Ich bewundere das Christentum. Es hat zuerst die Sklaverei abgeschafft, es hat der Welt eine neue Moral geschenkt, die ..."
„Davon reden wir nicht. In der Heiligen Schrift ..."
„Gehen Sie mir mit der Bibel! Lesen Sie in der Geschichte nach! Man weiß, daß sie von den Jesuiten gefälscht ist ..."

Text: Gustave Flaubert, „Madame Bovary"

Querverweis: A57 (Befehlssatz), B84 (Angriffs-Argument), C19 (Status des Redners)

Gustave Flaubert

Rollenanweisungen	**D75**	

„Gerade Sie als Projektleiter sollten doch wissen, dass ..."

Beispiel aus der Literatur:

»Old boy, wenn du in die Fremde hinausgemußt hättest und ich zu Hause geblieben wäre, so wäre ich dir, wie ich mich kenne, hoffentlich mit dieser Frage vom Leibe geblieben. Nimm es mir nicht übel, Fritze, aber von Rechts wegen müßtest du doch eigentlich wissen, daß sie noch lebt."

Text: Wilhelm Raabe, „Alte Nester"

Querverweis: A27 (Modalverb), A59 (dass-Satz), B84 (Angriffs-Argument), C19 (Status des Redners)

Sachzwänge	**D76**	

„Die jetzige Lage bietet doch gar keine andere Wahl"

Beispiel aus der Literatur:

„Collin treibt sein Spiel mit uns", fuhr er fort. „Wenn wir es mit solchen stahlharten, widerstandsfähigen Naturen zu tun bekommen, bleibt uns nur die Möglichkeit, sie bei ihrer Verhaftung zu töten, sobald sie sich im geringsten zur Wehr setzen. Man vermeidet auf diese Weise einen langwierigen Prozeß, die Kosten für Bewachung und Unterhalt (...)"

Text: Honoré de Balzac, „Vater Goriot"

Querverweis: A41 (Modal-Adverbien), A42 (Modal-Partikel), A71 (Infinitivsatz)

Honoré de Balzac

Abwertungen   D77

„Da haben Sie aber den entscheidenden Punkt nicht erkannt."

Beispiel aus der Literatur:

»Sie wollen mich offiziell vernehmen, mit allem, was drum und dran ist?« fragte Raskolnikow scharf.
»Aber warum denn? Vorläufig ist es gar nicht nötig. <u>Sie haben mich falsch verstanden.</u> Sehen Sie, ich lasse mir keine Gelegenheit entgehen und habe schon mit allen Pfandgebern gesprochen ... manche von ihnen habe ich auch vernommen ... und Sie, als der letzte..."

Text: Fëdor Michajlovic Dostoevskij, „Verbrechen und Strafe"

Querverweis: A41 (Modal-Adverbien), A42 (Modal-Partikel), B23 (verblasste Metapher)

Fëdor Michajlovic Dostoevskij

Unterstellungen   D78

Alle Äußerungen, die den anderen eine unehrenhafte Motivation unterstellen, z.B. „Sie wollen uns doch nur aufs Kreuz legen." „Sie handeln doch nicht im Interesse der Partei."

Beispiel aus der Literatur:

„Sie hat die Leiche bestohlen, und das, was sie ihr nahm, war eben das Ding, das die sterbende Mutter sie gebeten hatte, um des Kindes willen aufzubewahren."
„Hat sie es verkauft?" unterbrach Monks gespannt. „Hat sie es verkauft? Wo? Wann? An wen – vor wie langer Zeit?"
„Als mir die alte Sally alles gesagt hatte, fiel sie zurück und starb."
„Weiter hat sie nichts gesagt?" rief Monks mit einer Stimme, aus der die verhaltene Wut deutlich hervorklang. <u>„Das ist eine Lüge. Ich lasse mich nicht von Euch hinters Licht führen. Sie hat mehr gesagt, – ich schlag euch beide tot, wenn ich nicht Näheres erfahre."</u>

Charles Dickens

Abblockungen   **D79**

„Sie hat kein Sterbenswörtchen mehr gesagt", versicherte Mrs. Bumble, im Gegensatz zu ihrem Mann, der totenblaß geworden war, nicht im mindesten erschreckt.

Text: Charles Dickens, „Oliver Twist oder Der Weg eines Fürsorgezöglings"

Querverweis: A41 (Modal-Adverbien), A42 (Modal-Partikel), B23 (verblasste Metapher), B82 (Diffamierung durch Ausklammerung), C88 (Unterstellungen nach Cicero), E75 (Argument des Gegners widerspricht seinem eigenen Interesse)

z.B. „Das gehört jetzt nicht hierher. Das gehört nicht zum Thema."

Beispiel aus der Literatur:

„Sie sind ein ebenso großes Kind wie unser guter Brittles", sagte Miß Rose errötend.
„Nun, das ist nicht schwer", meinte der Doktor und lachte herzlich, *„aber kommen wir jetzt wieder zum Thema* zurück. Wie ich glaube, wird der Junge in einer Stunde aufwachen, und wenn ich dem Polizeikerl, der gleich kommen wird, einschärfe, daß er den Patienten weder anreden noch sonstwie stören darf, ohne sein Leben zu gefährden, so wird alles gut ablaufen."

Text: Charles Dickens, „Oliver Twist oder Der Weg eines Fürsorgezöglings"

Querverweis: B44 (Reticentia), D14 (Konversationsmaximen für faire Gespräche)

Verantworungszuweisung
D80

z.B. „Es war Ihre Aufgabe, dass..."

Beispiel aus der Literatur:

„Der Freiherr von Rothsattel dankt Ihnen für Ihr Anerbieten, er ist entschlossen, sein Haus und das Eigentum derer, welche sich ihm anvertraut haben, gegen Ihre Angriffe zu verteidigen bis zum äußersten. Wir nehmen Ihren Vorschlag nicht an."
„So tragen Sie die Folgen", rief der Reiter zurück, *„und die Verantwortung für alles, was jetzt geschehen muß."*

„Ich übernehme die Verantwortung", sagte Fink. „An Sie aber noch eine Bitte. Es sind außer den Frauen und Kindern der Landleute zwei Damen in diesem Schloß, die Gemahlin und Tochter des Freiherrn von Rothsattel, wenn ein Zufall Ihnen doch Gelegenheit geben sollte, die Räume dieses Hauses zu betreten, so empfehle ich die Wehrlosen Ihrem ritterlichen Schutz."

Text: Gustav Freytag, „Soll und Haben"

Gustav Freytag

Querverweis: A44 (Personalpronomen), A46 (Possessivpronomen), A59 (dass-Satz), B48 (Direkte Publikumsansprache)

z.B. „Es ist Ihre Schuld, dass..."

Vorwürfe   **D81**

Beispiel aus der Literatur:

„Sie haben gut schenken", rief Melina, „was niemand wiedersehen wird. Ihr Geld lag in meiner Frau Koffer, <u>und es ist Ihre Schuld, daß es Ihnen verlorengeht.</u> Aber, o! wenn das alles wäre!" – Er fing aufs neue zu stampfen, zu schimpfen und zu schreien an.

Text: Johann Wolfgang von Goethe, „Wilhelm Meisters Lehrjahre"

Querverweis: A46 (Possessivpronomen), A59 (dass-Satz), A72 (Apposition), D22 (auf die Sachebene kommen)

Johann Wolfgang von Goethe

z.B. „Jetzt haben Sie sich aber ganz schön ins Zeug gelegt."

böse Ironie   **D82**

Beispiel aus der Literatur:

NEUHOFF. *Die spanische Botschafterin. Sind Sie ihr vorgestellt? Oder darf ich –*
DER BERÜHMTE MANN. *Ich wünsche sehr, ihr vorgestellt zu werden. Aber wir wollen es vielleicht in folgender Weise einrichten –*
NEUHOFF mit kaum merklicher Ironie. <u>*Ganz wie Sie befehlen.*</u>
DER BERÜHMTE MANN. *Wenn Sie vielleicht die Güte haben, der Dame zuerst von mir zu sprechen, ihr, da sie eine Fremde ist, meine Bedeutung, meinen Rang in der wissenschaftlichen Welt und in der Gesellschaft klarzulegen – so würde ich mich dann sofort nachher durch den Grafen Altenwyl ihr vorstellen lassen.*
NEUHOFF. <u>*Aber mit dem größten Vergnügen.*</u>

Hugo von Hoffmannsthal

Text: Hugo von Hofmannsthal, „Der Schwierige"
Querverweis: A88 (Refrain), B16 (Ironie), B84 (Angriffs-Argument)

Belehrungen   **D83**   z.B. „Jetzt habe ich Ihnen schon mehrfach, und in aller Deutlichkeit, erklärt, dass..." (= Frau Sommer wird es nie begreifen)

Beispiel aus der Literatur:

„*Ist das nicht möglich?*" *fragte K. gleichmütig.* „*Warum haben Sie mich also geweckt?*"
Nun geriet aber der junge Mann außer sich. „<u>*Landstreichermanieren!*</u>" *rief er.* „<u>*Ich verlange Respekt vor der gräflichen Behörde!*</u> *Ich habe Sie deshalb geweckt, um Ihnen mitzuteilen, daß Sie sofort das gräfliche Gebiet verlassen müssen.*"
„<u>*Genug der Komödie*</u>", *sagte K. auffallend leise, legte sich nieder und zog die Decke über sich.* „<u>*Sie gehen, junger Mann, ein wenig zu weit, und ich werde morgen noch auf Ihr Benehmen zurückkommen.*</u> *Der Wirt und die Herren dort sind Zeugen, soweit ich überhaupt Zeugen brauche.* <u>*Sonst aber lassen Sie es sich gesagt sein,*</u> *daß ich der Landvermesser bin, den der Graf hat kommen lassen. Meine Gehilfen mit den Apparaten kommen morgen im Wagen nach. Ich wollte mir den Marsch durch den Schnee nicht entgehen lassen, bin aber leider einigemal vom Weg abgeirrt und deshalb erst so spät angekommen.* <u>*Daß es jetzt zu spät war, im Schloß mich zu melden, wußte ich schon aus eigenem, noch vor Ihrer Belehrung.*</u>"

Text: Franz Kafka, „Das Schloß"

Querverweis: A49 (Numerale), A59 (dass-Satz), A92 (Congeries), C64 (Die Scham und Schamlosigkeit nach Aristoteles), C65 (Die Scham und Schamlosigkeit in der Rede)

Franz Kafka

z.B. „In der Regel verhandle ich mit weitaus wichtigeren Leuten als mit Ihnen."

Selbstdarstellung zur Abwertung des anderen   **D84**

Beispiel aus der Literatur:

    Sie. *Über das Zeterkind! was das für eine Beschreibung ist! Man möchte zubeißen, so appetitlich! Hat sie nicht mit den verfluchten Hexenaugen gleich das Hübscheste in der ganzen Stadt ausgegattert? – Ja, man sieht's auch den schwarzen Wetteräsern an, was dahintersteckt: sie schießen herum wie ein Paar große Karfunkel. – Aber der Hagel! haben Sie denn schon mit ihm gesprochen?*
    Ich. <u>*Freilich!*</u> *Mehr vielleicht als mit Ihnen.*
    Sie. *Und haben mir ihn niemals gewiesen?*
    Ich. <u>*Ich darf ja nicht.*</u>
    Sie. *Blitzelement! wer wehrt Ihnen denn das, wenn's ein hübscher Kerl ist? – Sagen Sie mir nur, wie er heißt? Ich will den Sappermenter gleich wissen: sagen Sie mir nur den Namen.*
    Ich. *Heinrich – und wenn Sie noch mehr von seinem Namen wissen wollen – Herrmann.*
    Sie. *Kreuz-Wetter-Blitz-Donner-Hagel-Element! Das ist ja der Eselskinnbacken, der die Briefe hier geschrieben hat!*

Text: Johann Karl Wezel, „Hermann und Ulrike"

Johann Karl Wezel

Querverweis: A39 (Häufigkeitsadverb), A36 (Gradadverb), A32 (Adjektiv – Komparativ), B76 (herablassendes Argument), C19 (Status des Redners), F1 (Aufwertung der eigenen Person), F43 (Überbetonung der Fachkompetenz)

z.B negativ: „Ich bin...tief enttäuscht von Ihnen."

Demonstrativer Ausdruck von Gefühlen   **D85**

Beispiel aus der Literatur:

– Was dieser Bursche aus dem Gebirge doch für ein Starrkopf ist! – So sehr Renzo auch bemüht war, seine Heimath zu verschweigen, so verrieth sich doch das Gebirgsland in seinen Worten, in der Aussprache, in seinem Aeußern und in den Geberden schon von selbst. – Durch meine Klugheit und Einsicht hatte ich diesen gefährlichen Tag überstanden und <u>zu guter letzt mußt du mir noch über den Hals kommen und mir solch einen Strich durch die Rechnung machen. Fehlt's etwa in Mailand an Wirthshäusern, daß du gerade bei mir herein fallen mußtest?</u> Wärest du noch wenigstens <u>allein gekommen</u>, so hätte ich für diesen Abend ein Auge zugedrückt und dir morgen früh die Wahrheit gesagt. <u>Aber nein, in Gesellschaft kommt das Bürschchen an, <u>und noch dazu</u> in Gesellschaft eines Häscherhauptmanns!</u> –

Text: Alessandro Manzoni, „Die Verlobten"

Alessandro Manzoni

| Ausspielen der eigenen Machtbasis | D86 | Querverweis: A31 (Adjektiv Positiv), A36 (Gradadverb), A56 (Wunschsatz), B13 (Epitheton ornans) |

z.B. „PS. Wir sitzen am längeren Hebel. Schon vergessen?" - „Solange ich noch etwas in diesem Unternehmen zu sagen habe, werden wir es nicht machen."

Beispiel aus der Literatur:

Aber vergebens protestierte er gegen die Verschwendung von Schildkrötensuppe und Champagner, die einem Erzbischof Ehre gemacht hätten. »<u>Ich bin stets gewohnt gewesen, wie ein Gentleman zu reisen</u>«, sagte George, »und verdammt noch mal, meine Frau soll reisen wie eine Lady. <u>Solange ich noch Pulver auf der Pfanne habe,</u> soll sie keinen Mangel leiden«, sagte der hochherzige Bursche, sehr zufrieden mit seiner Großartigkeit. Dobbin machte nun keinen Versuch, ihn zu überzeugen, daß Amelias Glück nicht von Schildkrötensuppe abhing.

William Makepeace Thackeray

William Makepeace Thackeray, „Jahrmarkt der Eitelkeit"

Querverweis: B85 (Totschlags-Argument), E71 (unwissende Ironie nach Schopenhauer)

Gezielte Abwertung der gegnerischen Ausführungen durch...

| **Negativworte** | D87 | z.B. Einwortbeschimpfungen (Sie Blödmann!) |

Beispiel aus der Literatur:

»Räumen Sie sofort mein Zimmer! Wollen Sie sofort ausziehen, und zwischen uns ist alles aus! Wenn ich bloß bedenke, wie ich mich bemühte, wie ich ihm alles erklärte ... ganze zwei Wochen! ...«
»Ich habe Ihnen auch selbst vorhin gesagt, Andrej Ssemjonowitsch, als Sie mich zurückzuhalten versuchten, daß ich ausziehe; <u>jetzt füge ich dem noch hinzu, daß Sie ein Dummkopf sind.</u> Ich wünsche Ihnen eine Gesundung Ihres Verstandes und Ihrer blinden Augen. Erlauben Sie doch, meine Herrschaften!«

Fëdor Michajlovič Dostoevskij

Text: Fëdor Michajlovic Dostoevskij, „Verbrechen und Strafe"

Querverweis: B48 (Direkte Publikumsansprache), B84 (Angriffs-Argument), F28 (Aggressivität)

"Hört /hört"
"Mir kommen die Tränen"

Hervorhebende Zwischenrufe   **D88**

Beispiel aus der Literatur:

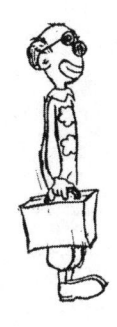

LIDDY. *Ich hoffe, daß es mit Ihrer Liebe nicht so ernstlich gemeint ist, denn ich bin mit dem Herrn von Wernthal verlobt.*
MOLLFELS. *<u>Ei, so mag mich die Erde einschlingen,</u> ich bin ein unglücklicher Kerl! – Verlobt? – <u>Wahrhaftig, mir rollen die Tränen!</u> – Mit der Hand über seine Stirn fahrend. Wenn – wenn ich mich in diesem meinen Schmerze umbringe, so werde ich mich vermutlich erschießen, denn wenn ich mich ersäufte, so müßte ich fürchten, daß ich den Schnupfen bekäme, und mit dem Schnupfen vor Gottes Richterstuhl zu treten, wäre wegen des Niesens teils sehr störend und teils sehr unschicklich. Er geht ab.*
LIDDY. *Der Mann könnte einem Mädchen mehr gefallen, als wie er selber denkt.*

Text: Christian Dietrich Grabbe, „Scherz, Satire, Ironie und tiefere Bedeutung"

Christian Dietrich Grabbe

Querverweis: A50 (Interjektion), B23 (verblasste Metapher), F31 (Spott)
z.B. „Die Hunde bellen, aber die Karawane zieht weiter."

Sprüche	D89

Johann Nepomuk Nestroy

Beispiel aus der Literatur:

FRAU VON CYPRESSENBURG welche still mit Constantia gesprochen, sagt dann laut. *Adieu!* Geht unwillig in die Seitentür links ab. Der Notarius folgt ihr.
CONSTANTIA. *Die gnädige Frau wünscht, daß man sie hier nicht ferner störe.* Folgt ihr.
FLORA zu Titus boshaft. *Ich gratulier' zur schönen Wahl. Da heißt's wohl:* »Gleich und gleich g'sellt sich gern.« Zur Mitte ab.
SPUND zu Titus. *Du tust aber, als wenn ich da gar nix dreinz'reden hätt'!*

Text: Johann Nepomuk Nestroy, „Der Talisman"

Querverweis: B24 (Katachrese), B50 (Sentenz)

Demonstratives Desinteresse	D90

z.B. „Gähn."
oder: laute Unterhaltungen mit anderen Konferenzteilnehmern

Beispiel aus der Literatur:

Während sie heimfuhren, erkundigte sich Ljewin nach allen Einzelheiten von Kittys Krankheit und nach den Plänen der Familie Schtscherbazki; und wiewohl er sich geschämt hätte, es einzugestehen, so war ihm doch das, was er erfuhr, angenehm. Angenehm deswegen, weil er nun noch hoffen konnte, und noch angenehmer deswegen, weil nun sie litt, sie, die ihm so viel Leid zugefügt hatte. Aber als Stepan Arkadjewitsch von den Ursachen der Krankheit Kittys zu sprechen anfing und dabei den Namen Wronski erwähnte, da unterbrach ihn Ljewin: »Ich habe keinerlei Recht, Einzelheiten des Familienlebens zu erfahren und, offen gestanden, interessiere ich mich auch nicht dafür.«

Lev Nikolaevič Tolstoj

Text: Lev Nikolaevic Tolstoj, „Anna Karenina"

Querverweis: F4 (nicht auf den anderen reagieren), F32 (schlechtes Benehmen), F33 (Unterbrechungen)

In die Enge treiben	D91

z.B. Gerichtssituation --> den anderen etwas in den Mund legen, was sie überhaupt nicht gesagt haben. Oder: Dilemmafrage (nicht ja, nicht nein antworten!)
Beispiel: „Schlagen Sie Ihre Freundin immer noch, Herr Müller?"
--> Antwort: Nein (= früher habe ich sie geschlagen)
Ja (= ich schlage sie noch)

Beispiel aus der Literatur:

»*Hochwürdigster Herr*«, sagte Don Abbondio und wurde ganz kleinlaut, »<u>ich habe nicht damit sagen</u> wollen .... *Aber weil es so verwickelte, alte Geschichtchen sind, ohne Hülfe, so schien es mir unnütz, sie aufzurühren* .... <u>Doch, doch ich sage</u> .... *ich weiß, daß Euer Gnaden einen Ihrer armen Pfarrer nicht verderben werden. Denn Sie sehen wohl, hochwürdiger Herr, Euer Gnaden können nicht überall sein; und ich sitze hier in der Gefahr* .... <u>Jedoch, wenn Sie es mir befehlen, so werde ich, werde ich alles sagen.</u>«
»<u>Sprecht; ich will nichts weiter als</u> *Euch ohne Schuld finden.*«
Don Abbondio schickte sich nun an, seine Leidensgeschichte zu erzählen; aber er verschwieg den Hauptnamen und setzte an dessen Stelle einen großen Herrn, indem er, so in die Enge getrieben, auch der Vorsicht ihr Recht widerfahren ließ.
»<u>Und habt Ihr keinen andern Beweggrund gehabt?</u>« *fragte der Kardinal, als Don Abbondio geendigt hatte.*
»<u>Ich habe mich vielleicht nicht deutlich genug</u> *ausgedrückt*«, *antwortete dieser*; »*bei Lebensstrafe haben sie mir untersagt, diese Ehe zu schließen.*«
»<u>Und scheint Euch das ein hinreichender Grund,</u> *um eine ausdrückliche Pflicht nicht zu erfüllen?*«

Text: Alessandro Manzoni, „Die Verlobten"

Alessandro Manzoni

Querverweis: A17 (Fragewort), A39 (Suggestivfragen), B63 (Evidentia), B73 (Fantasieargument), D7 (Fragekette nach Cicero), D16 (die richtigen Fragen stellen), D19 (Suggestivfragen)

„Sie sehen heute aber etwas blass aus."
oder: „Ja, ja, in Ihrem Alter kostet das schon Kraft." (zu einem älteren Kollegen)

**Teilnahme simulieren
D92**

Beispiel aus der Literatur:

LUISE. *Ein entsetzliches Schicksal hat die Sprache unsrer*
        Herzen verwirrt. Dürft ich den Mund auftun, Walter,
        ich könnte dir Dinge sagen – ich könnte – – aber das
        harte Verhängnis band meine Zunge wie meine Liebe,
        und dulden muß ichs, wenn du mich wie eine gemeine
        Metze mißhandelst.
FERDINAND. <u>*Fühlst du dich wohl, Luise?*</u>
LUISE. *Wozu diese Frage?*
FERDINAND. <u>*Sonst sollte mirs leid um dich tun, wenn du mit*</u>

Friedrich Schiller

dieser Lüge von hinnen müßtest.
LUISE. *Ich beschwöre Sie, Walter –*

Text: Friedrich Schiller, „Kabale und Liebe"

Querverweis: B16 (Ironie), D82 (böse Ironie)

Falsche Reaktion: **Gegentaktiken   D93**

- die Angriffe überhören (frommer Wunsch: der andere wird schon aufhören)
- sich selbst rechtfertigen (taktische Gründe - man kann sich so selbst in die Position des Angeklagten verschieben)
- nur sachliche Gegenbehauptungen aufstellen
- beleidigt sein

Aus „Gorgias" (Platon / Sokrates) **Richtige Gegentaktiken D94**

Kallikles: *Oh, Sokrates! Ist es nicht unanständig, wenn die Sachlage so ist, wie ich meine, dass Leute wie du die Philosophie viel zu weit treiben? (..) Und wenn dich jetzt ein Mann ergreifen würde - oder einen von deinen Leuten - und dich ins Gefängnis bringen würde mit der Behauptung, du wärst an einer schlimmen Sache schuldig, ohne dass dies aber den Tatsachen entspricht, kannst du dir sicher sein, dass du nichts mehr machen könntest, dir würde einfach schwindelig werden und nun müsstest du aber sprechen, ohne dass du dich in der Kunst der Rede auskennst, und dann wärst du plötzlich vor Gericht, wo du einen äußerst fiesen und ausgebufften Staatsanwalt vor dir hast, der den Richter dazu bringt, dass du sterben sollst...*
Nennst du das wirklich Klugheit, mein lieber Sokrates, wenn einen die Kunst schlechter stellt, obwohl man doch das Talent dazu hätte, sie zu erlernen, sodass er sich zum Schluss selbst nicht mehr helfen kann, dass er weder sich noch seine Leute aus größten Gefahren erretten kann, dass sich ein Feind sein ganzes Vermögen widerrechtlich aneignen kann, dass er nicht mehr ehrenvoll in diesem Staat leben kann?

Direktes Ansprechen: Verhandlungsmethode thematisieren **Sichtbarmachung   D95**
„Ihr Verhalten beruht darauf, dass Ihnen meine Umfrageergebnisse unangenehm sind."

Beispiel aus der Literatur:

»*Du denkst wohl, daß ich alter Mann die jetzige Situation nicht verstehe?*«, schloß er. »*Doch, doch; siehst du, das kommt daher: ich schlafe nachts wenig.*

Lev Nikolaevič Tolstoj

Also, wie steht es denn nun mit deinem großen Feldherrn? Wo hat er sich als solcher gezeigt?«
»Das läßt sich nicht so kurz sagen«, antwortete der Sohn.
»Dann geh nur hin zu deinem Bonaparte. Mademoiselle Bourienne, da ist noch ein Bewunderer Ihres Helden, dieses Kaiser gewordenen Troßknechtes!«, rief er auf französisch in bester Aussprache.
»Sie wissen, Fürst, daß ich keine Bonapartistin bin.«

Text: Tolstoj, „Krieg und Frieden"

Querverweis: A46 (Possessivpronomen), A55 (Fragesatz), B30 (Rhetorische Frage), B33 (Licentia)

Gegenabwertung D96

Nach einer Abwertung des Gegners: Gegenabwertung, z.B. „Sie sind wohl nicht in der Lage, den Sachverhalt in korrektem Deutsch zu formulieren. Ich glaube nicht, dass wir noch so lange warten können, bis Sie einen Stützkurs in Deutsch belegt haben. Aber um Ihnen wenigstens ein bisschen zu helfen: Das richtige Fremdwort in dieser Sache heißt..."

Beispiel aus der Literatur:

CURT. *Und ich frage hiermit, was berechtigt Sie, in meinem Hause eine solche Forderung an mich zu stellen?*
TRAST. *Eine Forderung, die Sie ablehnen?*
CURT. *Zweifeln Sie daran, Herr Graf?*
LOTHAR (leise). *Etwas schneidiger – schneidiger.*
TRAST (beiseite). *Also ein Gewaltsmittel!* (Laut.) *Ja, ich zweifelte daran, denn ich hegte noch eine leise Hoffnung, es mit einem Ehrenmanne zu tun zu haben ... Pardon – ich täuschte mich.*
CURT. *Herr – das ist – –*
TRAST. *Eine Beschimpfung – ja wohl!*
CURT. *Für die Sie mir Rechenschaft geben werden!*
TRAST. *Ich verlange nichts Besseres!*
CURT. *Sie werden morgen von mir hören!*
TRAST. *Morgen? Schläft man bei Ihnen mit – dergleichen? Ich bin gewohnt, einen Schimpf auf der Stelle zu sühnen.*

Hermann Sudermann

Text: Hermann Sudermann, „Die Ehre"

Querverweis: C40 (loci a persona), E66 (Reizen des Gegners nach Schopenhauer), E72 (Gegenargument in ein schlechtes Licht stellen), E75 (Argument des Gegners widerspricht seinem eigenen Interesse), E81 (Vorwürfe übertreiben nach Hamilton), E99 (Abwertung des Gegners) z.B. „Na und? Was geht mich mein saudummes Geschwätz von gestern an? Haben Sie immer Wort gehalten?" (hier: Ironie zeigen)

Emotionalisierung / Extremisierung **D97**

Beispiel aus der Literatur:

Nun fuhr Mansuet auf ihn los: »In welchem Tone erlauben Sie sich mit der Jungfer zu reden?« herrschte er ihn giftig an.
»Das ist der Mansuet, glaub ich«, rief Bernhard spöttisch. »Bon soir, Herr Mansuet, was kümmert Sie mein Ton? – Wenn ihr«, er blinzelte Božena vertraulich zu, »mein Ton nicht recht ist, wird sie's schon sagen. Nicht wahr, Boženka, mein Schatz?«

Text: Marie von Ebner-Eschenbach, „Bozena"

Marie von Ebner-Eschenbach

Querverweis: A17 (Fragewort), A39 (Häufigkeitsadverb), B16 (Ironie), E62 (Fragefluss nach Schopenhauer), E95 (Zynismus)

z.B. „Das trifft mich tief... In Zukunft werde ich mich bemühen, Ihren Erwartungen besser zu entsprechen. Allerdings noch nicht heute."

Ironische Betroffenheit **D98**

Beispiel aus der Literatur:

Ich darf jetzt nicht länger übersehn, Graf Bristol, sprach er kalt, daß Ihr es seid; doch wenn ich mich weigerte, Euch früher anwesend zu glauben, denke ich, bezeigte ich damit eben meine Ehrfurcht gegen den Willen des Königs, der Euch von London verbannte, wo ich Euch dennoch jetzt anwesend finde, ohne daß mir in dem Willen des Königs eine Aenderung bekannt ward. Dieser Vorwurf Eurer königlichen Hoheit trifft mich um so schmerzlicher, erwiederte Bristol sanft, als ich ihn mir lange genug als Einwurf gegen die wohlwollenden Absichten meiner Freunde vorhielt. Aber möge ein sanfteres menschliches Gefühl die strengste Gerechtigkeit Eurer königlichen Hoheit unterstützen und den Gründen Eingang verschaffen, die mich ungehorsam werden ließen.

Text: Henriette von Paalzow, „Godwie-Castle"

Henriette von Paalzow

Querverweis: A36 (Gradadverb), A95 (Zeugma), B4 (Antithese), B16 (Ironie)

Abblockung und Gegenfrage   **D99**

z.B. den Schwarzen Peter wegschieben („Finde ich nicht ... und was verstehen Sie unter einem Bruttosozialprodukt?")

Beispiel aus der Literatur:

»Vergleichen Sie mich nicht mit meiner Schwester, ich bitte Sie«, versetzte Katia hastig, »da bin ich zu sehr im Nachteil. Sie scheinen vergessen zu haben, daß meine Schwester alles für sich hat, Schönheit, Geist und ... Sie besonders, Arkad Nikolaitsch, Sie sollten so was gar nicht sagen, und dazu noch in so ernstem Ton.«
»<u>Was verstehen Sie unter dem ›Sie besonders‹, und weshalb setzen Sie voraus, daß ich scherze?</u>«
»Gewiß scherzen Sie.«
»<u>Glauben Sie? und wenn ich meiner Sache gewiß wäre, wenn ich sogar glaubte, noch viel mehr sagen zu können?</u>«
»Ich verstehe Sie nicht.«

Ivan Sergeeviç Turgenev

Text: Ivan Sergeeviç Turgenev, „Väter und Söhne"

Querverweis: D21 (Gesprächsverstärker), D79 (Abblockung), F14 (Gegenfrage für Zeitgewinn)

Gegner auflaufen lassen   **E1**

z.B. „Finden Sie wirklich? Das kann ich so nicht behaupten."

Beispiel aus der Literatur:

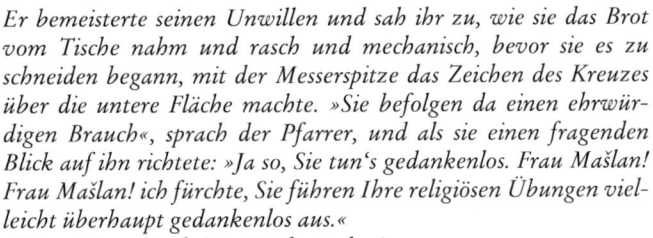

Er bemeisterte seinen Unwillen und sah ihr zu, wie sie das Brot vom Tische nahm und rasch und mechanisch, bevor sie es zu schneiden begann, mit der Messerspitze das Zeichen des Kreuzes über die untere Fläche machte. »Sie befolgen da einen ehrwürdigen Brauch«, sprach der Pfarrer, und als sie einen fragenden Blick auf ihn richtete: »Ja so, Sie tun's gedankenlos. Frau Mašlan! Frau Mašlan! ich fürchte, Sie führen Ihre religiösen Übungen vielleicht überhaupt gedankenlos aus.«
»<u>Was meinen Sie damit, Hochwürden?</u>«
Der Priester steigerte sich: »Ich meine, Sie beten, Sie besuchen die heilige Messe, Sie verrichten Ihre Andacht zur vorgeschriebenen Zeit, alles gedankenlos.«
Mit stolzem Erstaunen wies Frau Evi diese Anklage zurück: »<u>Sie kennen mich nicht, Hochwürden.</u>«

Marie von Ebner-Eschenbach

Marie von Ebner-Eschenbach, „Maslans Frau"

Querverweis: A42 (Abwehr von Angriffen), D14 (Konversationsmaximen für faire Gespräche), D90 (Desinteresse)

Ein schwieriger Verhandlungspartner sein, d.h.... **Angriff   E2**

- sich nur schwer auch von ganz offensichtlichen Sachverhalten überzeugen lassen
- sich vor allem auf Details konzentrieren
- mit Ausdauer stilistische Fragen diskutieren
- Dinge überhaupt nicht oder bewusst falsch verstehen und den anderen zu langwierigen Erläuterungen zwingen
- immer wieder Details zu Punkten bringen, die bereits mit einem Teilergebnis verhandelt worden sind

„Sie Depp!" (direkt) **Direkter und indirekter**
„Sie wären ein guter Politiker." (=Sie sind doch ein Lügner; in- **Angriff auf die Person**
direkt) **E3**
„Trinken Sie doch einen Kaffee ... das wird Ihnen schon wieder auf die Beine helfen." (=Sie sind hier nicht ganz bei der Sache; indirekt)

Beispiel aus der Literatur:

»Nun ja. Ich habe eine Ware verkauft, die mir gute Kommissionsgebühren einbringen wird. – Fräulein Michonneau,« wandte er sich an das alte Mädchen, das ihn seltsam fixiert hatte, »mißfällt Ihnen etwas in meinem Gesicht, daß Sie ein so scharfes Auge auf mich haben? Sagen Sie es nur! Ich werde Abhilfe schaffen, damit ich Ihnen gefalle. – Poiret, wir ärgern uns hoffentlich nicht darüber, wie?« neckte er den alten Beamten. »<u>Potzblitz! Sie wären ein prächtiges Modell zu einem Herkules und – Clown</u>«, sagte der junge Maler zu Vautrin.

Text: Honoré de Balzac, „Vater Goriot"

Honoré de Balzac

Querverweis: A26 (Vollverb), D65 (Wertschätzung zeigen), D74 (Dominanzsignale), D77 (Abwertung des Gegners), B16 (Ironie), A95 (Zeugma)

- eine scharfe Reaktion auf eine harmlose Bemerkung, **Sich auf den Schlips (Fuß)**
z.B. „Sagen Sie doch gleich, dass ich ihnen unsympathisch bin." **getreten fühlen   E4**
- ein schwieriger Gegner, um zu einem Verhandlungsziel zu kommen: Jemand, der jedes Wort auf die Goldwaage legt.

Beispiel aus der Literatur:

Und Engel hatte mit Mutter Dudlinger und Mary zu dreien darin gesessen. Man hatte gesprochen vom Krieg, vom Konzert, von den schlechten Zeiten; im Zimmer nebenan hatten die Sektpfropfen geknallt, und Mary hatte gegähnt, weil ihr Kavalier aus Chaux-de-Fonds eine Anspielung machte auf ihre Gesundheit. <u>Da hatte sie sich natürlich zurückgezogen und spielte die Beleidigte</u>. Und Mutter Dudlinger hatte die Blätter der künstlichen Rebe zurechtgebogen und eingesprochen auf Mary. <u>Aber es half nichts. Sie war beleidigt</u>.

Text: Hugo Ball, „Flammetti"

Querverweis: B15 (Hyperbel), B32 (Permissio), C30 (Mimik), E78 (persönliche Angriffe fahren nach Schopenhauer)

Pausen-Taktik   E5

Bei unsicheren Verhandlungsgegnern anwenden, z.B. im Vorstellungsgespräch
Ein gutes Gespräch: flüssig
Hier: Der Verhandlungsgegner reagiert wortkarg bis überhaupt nicht.

z.B. „Das war doch wohl noch nicht alles." (auf die Eingangsfrage: „Erzählen Sie mal etwas über sich.")

oder: „Haben Sie noch zu einzelnen Details Fragen?"

Beispiel aus der Literatur:

»Waren das Fräulein und der Vater damit einverstanden?« fragte der Doktor mit rauher Stimme.
»Die schöne Henriette war ziemlich bewußtlos, als die Ringe gewechselt wurden, das ist wahr; der Vater hatte nichts einzuwenden. <u>Sie schweigen, mein Herr, Sie halten die Sache für den</u> übermütigen Scherz eines jungen Offiziers, der ich damals war? Ich habe nichts dawider, wenn ein bedächtiger Deutscher den schnellen Entschluß verurteilt. Doch da Sie als Arzt auch gern beobachten, was in der Seele vorgeht, so will ich zu meiner Rechtfertigung Ihnen im Vertrauen zweierlei sagen. Zuerst natürlich, daß das Mädchen sehr schön war und daß die rührende Hilflosigkeit, in der sie am Boden lag, mir die ganze Seele bewegte, und ich versichere Sie, es sind seitdem Jahre vergangen, aber ich sehe die holde Gestalt noch oft in dieser Weise vor mir. <u>Warum schweigen Sie, mein Herr? Hören Sie noch etwas</u>. Als ich in die Stube sprang und mich umsah, die Schufte zurückwarf und die gebrochene Gestalt

Gustav Freytag

an der Hand hielt, da Doktor, war mir plötzlich zumute, als hätte ich das alles schon einmal erlebt und gewollt, und als müßte ich sie mir verloben, um ihr Leben vor Ärgerem zu bewahren. Und ich tat es wie etwas, das sich von selbst versteht. –

Text: Gustav Freytag, „Die Ahnen"

Querverweis: C25 (Pausen), D19 (belastende Pausen), D20 (Zeit für Antworten gewähren), E39 (Stummschaltung), F41 (Stummschaltung)

Vorteilserzielung bei Verzögerung: Jungen Unternehmern einen Vorteil in Aussicht stellen
Die Vorabkosten werden sonst größer; und man kann es sich nicht mehr leisten, die Verhandlung abzulehnen (Konditionen bestimmen)

Verschleppung der Verhandlung   E6

Beispiel aus der Literatur:

Wie soll ich es begreifen? – Und doch fürchte ich mich vor dem Augenblicke, der sie auf ewig, vor dem Angesichte der Welt, zu der Meinigen machen wird. – Er ist nun nicht zu vermeiden; denn der Vater ist versöhnt. Auch weit hinaus werde ich ihn nicht schieben können. Die Verzögerung desselben hat mir schon schmerzhafte Vorwürfe genug zugezogen. So schmerzhaft sie aber waren, so waren sie mir doch erträglicher, als der melancholische Gedanke, auf Zeit Lebens gefesselt zu sein. – Aber bin ich es denn nicht schon? – Ich bin es freilich, und bin es mit Vergnügen. – Freilich bin ich schon ihr Gefangener. – Was will ich also? – Das! –

Text: Gotthold Ephraim Lessing, „Miß Sara Sampson"

Gotthold Ephraim Lessing

Querverweis: B78 (Gewinnersparnis-Argument), F39 (Sonderangebot), F46 (Streithammel)

Anordnung des Mobiliars - Gegenlicht
Vertreterstühle - man wird auf einem Stuhl gewiesen, wo man keine Ruhelage findet
Im Rücken sitzt noch jemand (in diesem Fall die Person höflich nach vorne bitten)

Negative Gesprächsatmosphäre schaffen   E7

Beispiel aus der Literatur:

Fürchten Sie etwas?
Wenn ich den Gedanken an meine Sicherheit Furcht nennen soll, so fürcht' ich wirklich ...

Weil man nach unsrem Namen fragte?
Nein, weil man mich beobachtet. Sehen Sie dort zum Garten hinüber, hinter den Büschen!
Louis stand betroffen auf und wollte an das Fenster, auf das Murray deutete.
Murray hielt ihn aber mit den Worten zurück:
Nein! Nicht so! Erst nehmen Sie das Licht und stellen Sie es an ein andres Fenster! Dann werden die Lauscher glauben, daß wir dort stehen, und da hervortreten, wo wir sie sehen können, ohne gesehen zu werden.
Ich bin erstaunt! ... sagte Louis, stellte das Licht gegen ein andres Fenster und folgte Murray hinter eine Gardine.
Sehen Sie hinter den entlaubten Büschen jene beiden Männer?
Nicht deutlich. Es ist zu finster ...

Karl Gutzkow

Text: Karl Gutzkow, „Die Ritter vom Geiste"

Querverweis: C34 (Raumbestuhlung), D15 (Kontakt zum Gesprächspartner herstellen)

Wechselbad   **E8**

Einen kooperativen und unfairen Verhandlungsstil mischen
Sehr häufig auch mit zwei Verhandlungspartnern auf einer Seite - einer ist der Gute, der andere der Böse

Beispiel aus der Literatur:

Sie leugnete nicht. Er äußerte sich in entrüsteten Worten darüber. Sie zuckte die Achseln über seine Unwissenheit. Das ist ja gang und gäbe; sie versicherte ihn, daß alle ihre Freundinnen das gleiche tun, ja, daß es unter den feinsten Damen der guten Gesellschaft vorkomme. Wenn man sie hörte, gab es nichts Gewöhnlicheres, nichts Einfacheres. Lüge ist Lüge; er habe ja gesehen, mit welcher Entrüstung sie die Beschuldigung die Brüder Hugon betreffend zurückgewiesen habe. Wäre diese Anklage wahr, dann würde sie in der Tat verdienen, erdrosselt zu werden. Doch warum solle sie eine Sache leugnen, die ja keine weiteren Folgen habe? Und sie fragte ihn nochmals:
Was kann das dich bekümmern?
Als er sich noch immer nicht beruhigen wollte, schnitt sie die Unterredung kurz ab, indem sie sagte:
Mein Lieber, wenn dir das nicht gefällt, so steht die Tür offen ...
Man muß mich nehmen wie ich bin.

Émile Zola

Text: Émile Zola, „Nana"

Querverweis: E43 (Zange), E84 (Ironie und Ernsthaftigkeit einsetzen nach Hamilton)

Hier wird versucht, mit Daten und Zahlen den Gegner zu überschwemmen

Datenflut **E9**

Beispiel aus der Literatur:

Die Künstler nahmen nunmehr eine teilnehmende Haltung an und sagten: »Wieviel bist du ihr denn eigentlich schuldig? Was wird es denn weiter sein?!«
Das Mädchen erwiderte hoffnungsvoll: »35 Gulden!«
Die Künstler: »Was?! So eine Bagatelle?! Und da plärrt sie! Das kannst du ihr ja leicht in Raten abzahlen!«
Das Mädchen fühlte: »Bagage, hängt euch auf!«
<u>Die Künstler berechneten es nun, dass bei Wochenraten von nur 5 Gulden sie in sieben Wochen damit komplett fertig sein könne Komplett. Oder sie solle Monatsraten à 20 Gulden zahlen. Oder, noch besser, täglich einen Gulden. Sie einigten sich auf täglich einen Gulden.</u>
Das Mädchen sass da und weinte bitterlich.
Die Künstler wurden böse und gingen weg.
Draussen sagten sie: »Soll man sich für jemanden einsetzen?! Da rechnet man sich den Kopf heraus für fremde Leute! Was hat man davon?! Undank!«

Text: Peter Altenberg, „Wie ich es sehe"

Peter Altenberg

Querverweis: A39 (Häufigkeitsadverb), A49 (Numerale), A92 (Congeries), B35 (Subnexio), B64 (neuer Faktor zur Ergebnisänderung), B78 (Gewinnersparnis-Argument), B79 (Risikominimierungs-Argument), B80 (Nutzen-Argument)

Hier wird bewusst falsch informiert, d.h. es werden Verhandlungsinformationen vorenthalten

Desinformation **E10**

Beispiel aus der Literatur:

Cisy senkte die Augen und bewies durch seine Verlegenheit, daß er mit Bezug auf das Porträt eine klägliche Rolle gespielt haben mußte. Was Frédéric anbetraf, <u>konnte dieses Modell nur seine Maitresse sein</u>. Es war eine jener Überzeugungen, die sich sofort bilden, und die Gesichter der Gesellschaft bestätigten es deutlich.
<u>»Wie er mich belogen hat!«</u> sagte sich Madame Arnoux.
»Darum also hat er mich verlassen!« dachte Louise.
Frédéric glaubte, daß diese beiden Geschichten ihn kompromittieren würden, und als man in den Garten ging, machte er Martinon Vorwürfe darüber.

Gustave Flaubert

Der Liebhaber von Mademoiselle Cécile lachte ihm ins Gesicht.
»Ach! durchaus nicht! es wird dir nützen! Laß nur gut sein!«

Text: Gustave Flaubert, „Die Schule der Empfindsamkeit"

Querverweis: A49 (Numerale), A93 (Ellipse), B20 (Synekdoche), B78 (Gewinnersparnis-Argument), D14 (Konversationsmaximen für faire Gespräche), E85 (Vorwurf des Gegners durch einen Teil ersetzen)

Verhandlungsrhetorik: manipulative Methode E11	Definition und Charakteristik der manipulativen Methode: „Die Durchsetzung der eigenen Interessen auf Kosten der Interessen der anderen Teilnehmer, ohne dass diese das merken."
	-->Hinwegtäuschung über Tatbestand Ausnahme: Werbung (hier wird die Täuschung akzeptiert)
Manipulative Taktiken:	
Geplante Wahlmöglichkeit E12	Es werden Alternativen angeboten, wobei die unerwünschte Wahlmöglichkeit ausgeschlossen wird Beispiel: „Wollen Sie den Vertrag gleich unterschreiben oder erst nachher?" oder: „Wünschen Sie jährliche oder monatliche Zahlungsweise?" (hier wird der Vertragsabschluss gar nicht mehr in Frage gestellt)
	Beispiel aus der Literatur:

„*Es ist da wäger keine böse Absicht*", sagte Resli, „*und nichts einzuschlirggen.*" „*Mach nicht dr Löhl*", sagte der Bauer, „*du wirst doch nicht Lappis genug sein, nicht zu merken, daß es ein Unterschied ist, <u>wenn du den Hof um vierzigtausend Pfund jetzt antrittest oder erst in zwanzig Jahren oder noch später</u>, vo wege, we me so uf öppis passe mueß, so täten es die Leute einem nicht zGfallen, zu sterben. <u>Wennd jetzt dr Hof nimmst, so kannst in zwanzig Jahren etwas machen</u>, und daß man den Alten öppe zinse wie am ene Frömde, ist öppe niene dr Bruch; we sis ume mache chönne, su ists alles, was nötig ist.*"

Text: Jeremias Gotthelf, „Geld und Geist"

Querverweis: A38 (Zeitadverb), A51 (Konjunktion), B30 (Rhetorische Frage), B49 (Publikumsentscheid) D16, (Die richtigen Fragen stellen)

Jeremias Gotthelf

Buhmann-Taktik E13	Unerwünschte Verhaltensweise wird auf einen Buhmann in der Gruppe projiziert, um die Gesprächspartner so gefügiger zu machen, z.B. andere scharf kritisieren - ihn ausgiebig loben

Beispiel aus der Literatur:

»Eure Politika, Vetter! hat Euch einen schlimmen Streich gespielt,« sagte Georg; »was fällt Euch aber auch ein, in Stuttgart als Volksredner auftreten zu wollen? Wie konntet Ihr überhaupt nur Eure bequeme Haushaltung, die sorgsame Pflege der Amme und die Nähe der holden Berta fliehen, um hier dem Statthalter zu dienen?«
»Ach! <u>sie ist es ja gerade, die mich in den Tod geschickt hat. Berta ist an allem schuld;</u> ach, daß ich nie mein Ulm verlassen hätte! Mit dem ersten Schritte über unsere Markung fing mein Jammer an.«
»Berta hat Euch fortgeschickt?« fragte Georg; »wie, seid Ihr nicht zum Ziele Eurer Bemühungen gelangt? Sie hat Euch abgewiesen, und aus Verzweiflung seid Ihr –«

Text: Wilhelm Hauff, „Lichtenstein"

Wilhelm Hauff

Querverweis: B57 (Pro-Contra-Argumentation mit Ablenkungsmanöver), B71 (Neidargument), B72 (Hassargument), C54 (Der Zorn nach Aristoteles), C55 (Der Zorn in der Rede), C68 (Der Neid nach Aristoteles), C69 (Der Neid in der Rede) D30 (Sympathieträger Kritik nach Aronson), D31 (Sympathiekiller Kritik nach Aronson)

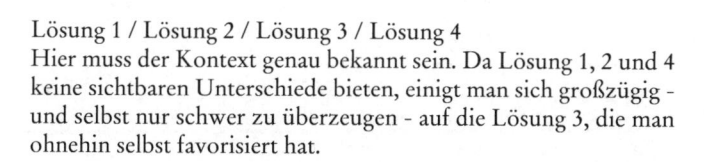

Lösung 1 / Lösung 2 / Lösung 3 / Lösung 4
Hier muss der Kontext genau bekannt sein. Da Lösung 1, 2 und 4 keine sichtbaren Unterschiede bieten, einigt man sich großzügig - und selbst nur schwer zu überzeugen - auf die Lösung 3, die man ohnehin selbst favorisiert hat.

Schein-Kompromiss
E14

Beispiel aus der Literatur:

Ach du Ärmste der Prinzessen,
Wie viel Schimpf mußt du ertragen,
Heimlich wirst du ausgekiffen
Von der bösen Herzoginne,
Und du sehnst dich nach dem Stifte.
Kinderlos bleibt so der Herzog,
Doch genügte ihm am Ruhme,
Daß ein Kind von ihm entsprossen;
<u>Nur zum Schein hat er gescholten.</u>

Text: Achim von Arnim, „Armut, Reichtum, Schuld und Buße der Gräfin Dolores"

Achim von Arnim

Querverweis: F16 (Großzügigkeit zeigen)

Reaktanzmethode E15 bezeichnet den Blindwiderstand einer Person. Gut geeignet für Leute, die immer erst einmal „Nein" zu allen neuen Vorschlägen sagen.
Egal was - Herr Winter ist dagegen

1) In überraschender Weise wird dann das Gegenteil vorgeschlagen - Herr Winter nimmt nun Ihre Lösung an
2) beim nächsten Mal auf Konsistenz verweisen - Kooperationsbereitschaft

Beispiel aus der Literatur:

„Sie sind fabelhaft interessant," sagte die kleine Maja, „und sehr eigenartig in der Farbe. Haben Sie Familie?"
„<u>Aber nein! Wieso denn?</u>" fragte der Tausendfüßler. „Wohin sollte das führen? Wir kriechen aus dem Ei und damit basta. Wenn nicht einmal wir auf eigenen Füßen stehen könnten, wer sollte es dann können?"
„Das ist ja richtig," meinte Maja nachdenklich, „aber haben Sie gar keinen Anschluß?"
„<u>Nein, meine Gute</u>. Ich ernähre mich <u>und zweifle</u>."
„Ach, woran zweifeln Sie denn?"
„Es ist mir angeboren," entgegnete der Fremde, „<u>ich muß immer zweifeln</u>."
Maja sah ihn mit großen, erstaunten Augen an. Sie verstand nicht, wie er das meinte, und wollte doch nicht allzu neugierig in seine Angelegenheiten eindringen.
„<u>Ich zweifle daran,</u>" sagte nach einer Weile Hieronymus, „daß Sie sich hier einen günstigen Ort zum Aufenthalt ausgesucht haben. Wissen Sie nicht, was drüben in der großen Weide liegt?"
„Nein."
„Sehen Sie, <u>ich habe gleich bezweifelt</u>, daß Sie es wissen. Dort liegt die Hornissenstadt."
Maja wäre fast von der Blütendolde gefallen, so furchtbar erschrak sie. Sie wurde totenblaß, und zitternd fragte sie, wo die Stadt läge.
„Sehen Sie dort den alten Starenkasten im Gebüsch am Stamm der Weide? Er ist so ungeschickt angebracht, <u>daß ich gleich daran gezweifelt habe</u>, daß er jemals von Staren bezogen wird. Wenn so ein Kasten nicht gegen Sonnenaufgang geöffnet ist, besinnt sich jeder anständige Vogel, ehe er einzieht. Die Hornissen haben nun darin ihre Stadt angelegt und befestigt. Es ist die größte Hornissenburg im Land. Das sollten Sie eigentlich wissen, denn soviel ich beobachtet habe, stellen diese Räuber euch Bienen nach."
Maja hörte kaum noch zu. Sie unterschied deutlich die braunen Mauern der Burg im Grün, und ihr Atem stockte.
„Ich muß fort," rief sie, „so rasch als möglich."
Aber da klang hinter ihr ein lautes, böses Lachen, und gleich da-

rauf fühlte die kleine Maja sich so energisch am Kragen gepackt, daß sie meinte, ihr Genick sei gebrochen. Nie in ihrem Leben hat sie dies Lachen vergessen können. Es klang wie ein Hohngelächter aus der Finsternis, und ein grauenerregendes Klirren von einem Panzer mischte sich hinein.
Hieronymus ließ sich mit allen seinen Beinen zugleich los und purzelte durch die Zweige in die Wassertonne.
„*Ich zweifle daran, daß es gut geht*", rief er, aber das hörte die arme kleine Biene nicht mehr.
Sie konnte sich anfangs kaum umkehren, so fest wurde sie gehalten. Sie sah einen goldgepanzerten Arm und dann plötzlich über sich einen ungeheuren Kopf mit fürchterlichen Zangen. Zuerst glaubte sie, es sei eine riesengroße Wespe, aber dann erkannte sie, daß sie sich in den Fängen einer Hornisse befand. Das schwarz und gelb getigerte Ungeheuer war wohl viermal so groß wie sie selbst.

Text: Waldemar Bonsels, „Die Biene Maja und ihre Abenteuer"

Querverweis: B76 (herablassendes Argument), D73 (Killerphrasen)

- unerwünschtes Verhalten ausschließen z.B. „Wie ich Herrn Herbst kenne, so wird er gleich"

**Symptomverschreibung
E16**

Beispiel aus der Literatur:

»*Also ich darf Ihnen die Noten bringen, Marietta?*«
»*Noten bringen. Ja, was heißt das, Gieshübler? Wie ich Sie kenne, werden Sie ganze Schränke voll Noten haben, und ich kann Ihnen doch nicht den ganzen Bock und Bote vorspielen. Noten! Was für Noten, Gieshübler, darauf kommt es an. Und dann, daß es richtig liegt, Altstimme...*«
»*Nun ich werde schon bringen.*«
Und er machte sich an einem Schranke zu schaffen, ein Fach nach dem andern herausziehend, während die Trippelli ihren Stuhl weiter links um den Tisch herumschob, so daß sie nun dicht neben Effi saß.
»*Ich bin neugierig, was er bringen wird*«, *sagte sie. Effi geriet dabei in eine kleine Verlegenheit.*

Text: Theodor Fontane, „Effi Briest"

Querverweis: A57 (Befehlssatz), B39 (Anticipatio)

| Erzeugung von Schuld-gefühlen E17 | z.B. „Mit Ihrem Vorschlag haben Sie uns ja eine schöne Suppe eingebrockt." |

Beispiel aus der Literatur:

»*Das war ja toll! Das sind ja Falschspieler der schlimmsten Sorte! Vier Kerls waren da. Und Flametti war angetrunken. Sein ganzes Geld hat er verspielt! Und dann ging er auf seine Frau los:* ›<u>Du hast mich verraten! Du bist schuld an allem! Du hast mir das eingebrockt! Jetzt holst du mir noch deine Liebhaber ins Haus und lockst mir das letzte Geld aus der Tasche!</u>‹ .... *Das war ja nicht mehr schön! Die Gans hatte Flametti gar nicht bezahlt! Die Kerls hatten sie bezahlt! Wie die gegessen haben, davon macht ihr euch keinen Begriff! Das ganze Geld haben sie ihm abgenommen, und dann brachten sie ihn ins Bett. Getobt hat er! Und gingen zu der Dudlinger hinunter, Jenny und die vier Brüder! Das ganze Haus stand auf dem Kopf!*«

Text: Hugo Ball, „Flammetti"

Querverweis: A46 (Possessivpronomen), A71 (Infinitivsatz), B23 (verblasste Metapher), D80 (Verantwortungszuweisung), D81 (Vorwürfe)

| Simulation von Betroffenheit E18 | z.B. „Ich bin...tief enttäuscht von Ihnen." |

Beispiel aus der Literatur:

»*Um keinen Preis!*« *rief Rostow.*
»<u>*Ein solches Benehmen hätte ich nicht von Ihnen erwartet*</u>«, *sagte der Vizerittmeister in ernstem, strengem Ton.* »*Sie wollen nicht um Entschuldigung bitten, und doch haben Sie, lieber Freund, sich nicht nur gegen ihn, sondern auch gegen das ganze Regiment, gegen uns alle, arg vergangen.* <u>*Und das will ich Ihnen klarmachen. Sie hätten die Sache doch*</u> *ordentlich überlegen und Kameraden um Rat fragen sollen, wie Sie sich in dieser Angelegenheit verhalten müßten;* <u>*aber statt dessen*</u> *rufen Sie ohne weiteres in Gegenwart von Offizieren einen solchen Skandal hervor. Was soll der Regimentskommandeur jetzt tun? Soll er den betreffenden Offizier vor Gericht stellen und über das ganze Regiment Unehre bringen?*

Lev Nikolaevič Tolstoj

Text: Lev Nikolaevic Tolstoj, „Krieg und Frieden"

Querverweis: A31 (Adjektiv Positiv), A36 (Gradadverb), B13 (Epitheton ornans)

z.B. „Diese Vereinbarung treibt mich, meine Frau und die Kinder in den Ruin."
--> wirtschaftlich nicht tragbar

Tränen-Drüse   E19

Beispiel aus der Literatur:

BEERMANN. *Stellen Sie sich meine Situation vor! Ich weiß, daß ich darin stehe;* <u>*ich bin durch dieses verfluchte Buch einfach ausgeliefert!*</u>
HAUSER. *Ist es denn so sicher, daß Ihr Name dabei ist?*
BEERMANN laut. *Ja!*
HAUSER. *Es wäre ja möglich, daß ...*
BEERMANN. *Es ist gar nichts möglich. Ich stehe darin.* <u>*Und da soll ich ruhig warten, wie ich ruiniert werde! Denn ich bin ruiniert, wenn das bekannt wird.*</u> *Denken Sie, ich als Kandidat für den Reichstag! Ich als Präsident des Sittlichkeitsvereins! Das geht durch alle Zeitungen!*
HAUSER. *M – ja; es würde auffallen.*
BEERMANN aufspringend. <u>*Und dann die Folgen hier! In der Stadt! In der Familie!*</u>

Text: Ludwig Thoma, „Moral"

Ludwig Thoma

Querverweis: B23 (verblasste Metapher), B15 (Hyperbel), C66 (Das Mitleid nach Aristoteles), C67 (Das Mitleid in der Rede), E88 (Folgen übertreiben nach Hamilton), F12 (Übertreibung von Folgen)

**Schmeichelei und Vorzugs-
behandlung   E20**

plump: gefährlich
heimlich: genial
z.B. Sepp Herberger im Vier-Augen-Gespräch: „Im kommenden Spiel kommt es ganz auf dich an."

Beispiel aus der Literatur:

Im Gespräch mit diesen Machthabern verstand er es sehr kunstvoll, <u>*einem jeden irgendeine Schmeichelei zu sagen.*</u> *Dem Gouverneur sagte er so nebenbei, daß man in sein Gouvernement* <u>*wie ins Paradies einfahre; alle Straßen seien wie aus Samt, und eine Regierung, die so weise Beamte ernenne, verdiene jegliches Lob.*</u> *Dem Polizeimeister sagte er etwas* <u>*äußerst Schmeichelhaftes über die Stadtpolizisten;*</u> *den Vizegouverneur und den Kammervorsitzenden, die erst Staatsräte waren, sprach er* <u>*zweimal aus Versehen mit ›Exzellenz‹ an, was den beiden sichtlich gefiel.*</u> *Die Folge davon war, daß der Gouverneur ihn noch am gleichen Tage zu einer kleinen Abendunterhaltung einlud, während ihn die anderen Be-*

Nikolaj Vasilevič Gogol

amten ihrerseits teils zum Mittagessen, teils zu einer Partie Boston und teils zu einer Tasse Tee einluden.

Text: Nikolaj Vasilevic Gogol, „Die toten Seelen oder Tschitschikows Abenteuer"

Querverweis: A58 (Vergleichssatz), B12 (Emphase), B15 (Hyperbel), B16 (Ironie), B23 (Metapher), B48 (Direkte Publikumsansprache), D32 (Sympathieträger Lob nach Aronson), E82 (Kritik und Lob einsetzen nach Hamilton), E90 (dickes Lob)

Spaltungstechnik E21

Akzeptanz der Gesamtklasse bei Vermeidung einer Teilklasse.
Hofnarr - aufhängen

z.B. „Ich habe nichts gegen Mitbestimmung in meinem Betrieb, aber gegen schlecht vorbereitete Gewerkschaftsmitglieder."

Beispiel aus der Literatur:

»Ach Czako, Sie reden wieder tolles Zeug, diesmal mit einem kleinen Abstecher ins Lästerliche. Was soll ›Wallfahrt‹ hier überhaupt? Und dann, was haben Sie gegen Wallfahrten? <u>Und was haben Sie gegen die Hohenlohes?</u>«
»Gott, Rex, wie Sie sich wieder irren. <u>Ich habe nichts gegen die einen, und ich habe nichts gegen die andern</u>. Alles, was ich von Wallfahrten gelesen habe, hat mich immer nur wünschen lassen, mal mit dabeizusein. Und ad vocem der Hohenlohes, so kann ich Ihnen nur sagen, für die hab ich sogar was übrig in meinem Herzen, viel, viel mehr als für unser eigentliches Landesgewächs. Oder, wenn Sie wollen, für unsre Autochthonen.«
»Und das meinen Sie ganz ernsthaft?«

Theodor Fontane, „Der Stechlin"

Theodor Fontane

Querverweis: A48 (Indefinitpronomen), A51 (Konjunktion), B20 (Synekdoche), B4 (Antithese), E85 (Vorwurf des Gegners durch einen Teil ersetzen), F43 (nur Teilprobleme diskutieren wollen)

die Konsequenzen einer Entscheidung angsteinflößend darstellen („aus einer Mücke einen Elefanten machen" / „den Teufel an die Wand malen" / „Gespenster sehen")

Katastrophenszenario entwerfen   E22

Beispiel aus der Literatur:

Fürst Irenäus war überhaupt ein abgesagter Feind von allen ungewöhnlichen Vorfällen, vorzüglich wenn seine eigne Person in Anspruch genommen wurde, die Sache näher zu untersuchen. Er nahm daher, wie er es in kritischen Fällen zu tun pflegte, eine Doppeltprise, starrte den Leibjäger an mit dem bekannten niederschmetternden Friedrichsblick und sprach: »<u>Lebrecht, ich glaube, wir sind ein mondsüchtiger Träumer und sehen Gespenster und machen einen ganz unnötigen Hallas?</u>«
»<u>Durchlauchtigster Herr,</u>« erwiderte der Leibjäger in sehr ruhiger Fassung, »<u>lassen Sie mich fortjagen wie einen ordinären Schuft, wenn nicht alles buchstäblich wahr ist, wie ich es erzählt habe. Ich wiederhole es keck und freimütig: Rupert ist ein ausgemachter Spitzbube.</u>«

Text: E.T.A. Hoffmann, „Lebensansichten des Katers Murr"

E.T.A. Hoffmann

Querverweis: A44 (Personalpronomen), B15 (Hyperbel), B33 (Licentia), B48 (Direkte Publikumsansprache), C60 (Die Furcht nach Aristoteles), C61 (Die Furcht in der Rede), E88 (Folgen übertreiben nach Hamilton), F12 (Übertreibung von Folgen), F88 (Pluralis majestatis)

„Wissen Sie, ich glaube ja nicht, dass Sie für diese Aufgabe gewachsen sind, aber Sie bekommen von mir die Chance."
Ziel: Motivation

Abwertung des Gegners mit Hintergedanken   E23

Beispiel aus der Literatur:

NORA. *Und ich, – bin ich denn für die Aufgabe gerüstet, die Kinder zu erziehen?*
HELMER. *Nora!*
NORA. *<u>Hast Du vorhin nicht selber gesagt, – Du dürftest mir diese Aufgabe nicht anvertrauen?</u>*
HELMER. *Im Moment der Erregung! Wie kannst Du darauf etwas geben?*
NORA. *Doch. <u>Du hattest sehr recht. Ich bin der Aufgabe nicht gewachsen. Das ist eine andere Aufgabe, die ich zuvor lösen muß.</u> Ich muß trachten, mich selbst zu erziehen. Und Du bist nicht der Mann, mir dabei zu helfen. Das muß ich allein vollbringen. <u>Und darum verlasse ich Dich jetzt.</u>*

Text: Henrik Ibsen, „Nora oder Ein Puppenheim"

Henrik Ibsen

621

Querverweis: B4 (Antithese), B31 (Correctio), B39 (Anticipatio), D19 (Eigene Meinung zurückhalten), D64 (Persönliche Begründung mit Ich-Botschaft), D77 (Abwertung des Gegners), D84 (Selbstdarstellung zur Abwertung), D96 (Gegenabwertung), E99 (Abwertung des Gegners)

Zange	**E24**	

1) Guter Polizist (bietet einen Kaffee an)
   Guter Polizist geht aus dem Raum.
2) Böser Polizist (droht Prügel an)
   Böser Polizist geht aus dem Raum.
1) Guter Polizist kommt wieder.

Beispiel aus der Literatur:

»*Dein Zacharias hat nun schon zwei Kinder; sie werden ihrer Wege gehen und ein Paar werden. Das Geld ist einmal weg.*«
Die Maheu streckte wütend die Hände aus.
»*Höre: ich verfluche sie, wenn sie heiraten ... Ist Zacharias uns nicht Respekt schuldig? Er hat uns Geld gekostet, nicht wahr? Er soll es uns wiedergeben, ehe er sich ein Weib auf den Hals lädt. Was würde aus uns werden, wenn unsere Kinder für andere arbeiteten? Da möchte man doch lieber gleich verrecken!*«
Doch sie beruhigte sich wieder.
»*Ich spreche im allgemeinen*«, *sagte sie.* »*Wir werden ja später sehen ... Dein Kaffee ist recht stark; du bereitest ihn gut.*«

Text: Émile Zola, „Germinal"

Querverweis: D30 (Sympathieträger Kritik nach Aronson), D31 (Sympathiekiller Kritik nach Aronson), D32 (Sympathieträger Lob nach Aronson), D36 (Sympathieträger „böse zu nett" versus „immer nett" nach Aronson), D60 (Vertrauensbasis schaffen), D62 (Aktives Zuhören), D63 (Bestätigungen geben), D65 (Wertschätzung zeigen), D77 (Abwertung des Gegners), D91 (in die Enge treiben), E7 (Negative Atmosphäre schaffen), E8 (Wechselbad), E43 (Zange)

Ja-Straße	**E25**	

Eine Reihe von Fragen aufstellen, die mit gesundem Menschenverstand eigentlich nur mit „ja" beantwortet werden können.
Phase der Zustimmung: „Ich verstehe Sie..." -->
Sehr raffiniert und nur schwer zu durchschauen

Beispiel aus der Literatur:

Der Advokat merkte wohl, daß ihm K. diesmal mehr Widerstand leistete als sonst, denn er verstummte jetzt, um K. die Möglichkeit zu geben, selbst zu sprechen, und fragte dann, da K. stumm blieb: *»Sind Sie heute mit einer bestimmten Absicht zu mir gekommen?«* »Ja«, sagte K. und blendete mit der Hand ein wenig die Kerze ab, um den Advokaten besser zu sehen, »ich wollte Ihnen sagen, daß ich Ihnen mit dem heutigen Tage meine Vertretung entziehe.« *»Verstehe ich Sie recht?«* fragte der Advokat, erhob sich halb im Bett und stützte sich mit einer Hand auf die Kissen. »Ich nehme es an«, sagte K., der straff aufgerichtet, wie auf der Lauer, dasaß. *»Nun, wir können ja auch diesen Plan besprechen«*, sagte der Advokat nach einem Weilchen. »Es ist kein Plan mehr«, sagte K. »Mag sein«, sagte der Advokat, »wir wollen aber trotzdem nichts übereilen.« Er gebrauchte das Wort »wir«, als habe er nicht die Absicht, K. freizulassen, und als wolle er, wenn er schon nicht sein Vertreter sein dürfte, wenigstens sein Berater bleiben. »Es ist nicht übereilt«, sagte K., stand langsam auf und trat hinter seinen Sessel, »es ist gut überlegt und vielleicht sogar zu lange. Der Entschluß ist endgültig.«

Text: Franz Kafka, „Der Prozeß"

Franz Kafka

Querverweis: D7 (Fragekette nach Cicero), D16 (Die richtigen Fragen stellen), D21 (Gesprächsverstärker), F22 (Umarmung des Gegners)

Es wird als selbstverständlich hingestellt, was eigentlich nicht stimmig ist. Prämissen erscheinen als Tatsachen. Zeigt besonders Wirkung, wenn der Gesprächspartner keine Ahnung vom eigentlichen Fachgebiet hat.

Selbstverständlichkeitstaktik   **E26**

Beispiel aus der Literatur:

NEUGEBAUER. *Ich weiß nicht, ob Euer Erlaucht auf die*
    Beschließerin von Schloß Hohenbühl anspielen?
HANS KARL. *Ja, mit der Sie doch seit fünf Jahren verlobt sind.*
NEUGEBAUER. *Meine gegenwärtige Verlobte ist die Tochter*
    eines höheren Beamten. Sie war die Braut meines besten
    Freundes, der vor einem halben Jahr gefallen ist. Schon
    bei Lebzeiten ihres Verlobten bin ich ihrem Herzen
    nahegestanden – und ich habe es als ein heiliges
    Vermächtnis des Gefallenen betrachtet, diesem jungen
    Mädchen eine Stütze fürs Leben zu bieten.
HANS KARL zögernd. *Und die frühere langjährige Beziehung?*
NEUGEBAUER. *Die habe ich natürlich gelöst. Selbstverständ-*
    lich in der vornehmsten und gewissenhaftesten Weise.
HANS KARL. *Ah!*
NEUGEBAUER. *Ich werde natürlich allen nach dieser Seite*

Hugo von Hofmannsthal

hin eingegangenen Verpflichtungen nachkommen und diese Last schon in die junge Ehe mitbringen. Allerdings keine Kleinigkeit.

Text: Hugo von Hofmannsthal, „Der Schwierige"

Querverweis: E49 (falsche Rückschlüsse ziehen), E70 (Autoritäten und Vorurteile gebrauchen nach Schopenhauer), E76 (hochgestochenen Wortschatz einsetzen nach Schopenhauer), E97 (Nachteil als Vorteil erscheinen lassen), E98 (Vorwurf als Vorteil erscheinen lassen)

Drohung   **E27**

Am Ende rationaler Diskussion wird unverhohlen gedroht und eingeschüchtert:

„Es ist wohl war, dass unsere Firma in Rüstungsgeschäfte verwickelt ist, die im In- und Ausland auf Ablehnung stoßen. Bevor Sie damit aber an die Presse gehen, möchte ich Sie fragen: Machen Sie sich eigentlich um Ihre Familie keine Sorgen? In der heutigen Zeit kann so viel Schlimmes passieren."

Dies kann vielfältige Formen annehmen: Gewalt, Erpressung, das Überschreien oder Ächten der gegnerischen Position.

Beispiel aus der Literatur:

Matthias von Vitzewitz, als er seinen Kriegsherrn, den Kaiser, in so herausfordernder Weise schmähen hörte, erhob sich und rief: »Peter Ihlow, <u>hütet Eure Zunge. Ich bin kaiserlicher Offizier.</u>« »Du bist es«, rief jetzt Anselm, aus dem der Wein, aber noch mehr das protestantische Herz sprach, über den Tisch hinüber: »du bist es; aber besser wäre es, du wärest es nie gewesen.« »<u>Besser oder nicht, ich bin es. Des Kaisers Ehre ist meine Ehre.</u>«

Theodor Fontane

Text: Theodor Fontane, „Vor dem Sturm"

Querverweis: C60 (Die Furcht nach Aristoteles), C61 (Die Furcht in der Rede), E40 (Bedrohung), E69 (Themawechsel nach Schopenhauer), F28 (Aggressivität)

Zeitpunkt: Vor der Verhandlung / bei Verhandlungsbeginn	Typische Verhandlungstricks
Gegentaktik: Nach spätestens 20 Minuten bei der Sekretärin rückfragen: „Dauert es noch arg viel länger? Mein Terminplan heute ist sehr begrenzt." Falls daraufhin keine Reaktion erfolgt und der Gesprächspartner innerhalb der nächsten fünf Minuten nicht erscheint, den Gesprächstermin platzen lassen.	„Die Arzt-Sprechstunde": Den Verhandlungspartner warten lassen, obwohl ein Termin vereinbart wurde E28
Gegentaktik: Den „Stuntman" fragen: „Warum ist denn Herr Müller nicht hier? Welche Vollmachten haben Sie, über das Problem zu entscheiden?" Falls daraufhin klar ist, dass der eigentliche Chef bei dieser Angelegenheit nicht kommen wird, den Gesprächstermin platzen lassen.	„Der Stuntman": Es erscheint zwar ein Verhandlungspartner, aber nicht der richtige – dieser ist ohne jede Vollmacht zu entscheiden E29
Gegentaktik: Selbst Abhilfe im Raum schaffen: den Gesprächspartner bitten, das Fenster zu schließen, das Fenster öffnen, in einen Nichtraucherraum zu wechseln, die Jalousie zu schießen, einen neuen Stuhl zu erhalten.	„Der Kerker": Im Raum zieht es, die Luft ist stickig, man hat hier geraucht, Sie schauen gegen die Sonne und Ihr Stuhl wackelt... E30
Gegentaktik: Den Gesprächspartner bitten, die Stühle zusammenstellen zu dürfen. „Wir würden gerne unsere Unterlagen einsehen können." „Wir möchten uns gerne zwischendurch beraten."	„Die Reise nach Jerusalem": Die Verhandlungspartner einer Partei werden mit den Stühlen auseinandergesetzt, sodass eine Kommunikation erschwert ist E31
Gegentaktik: Den Gesprächspartner entgeistert anschauen, dass die Tür einfach aufgeht oder das Handy klingelt. Mit dem Kopf schütteln oder grinsen. Signalisieren Sie: „Mir wäre so etwas nie passiert." Kommt es später erneut vor, so lachen Sie bereits während die Tür aufgeht oder das Handy klingelt. Signalisieren Sie: „Mit euch Verhandlungen zu führen ist echt lustig."	„Das Störfeuer": Unterbrechungen von außen, um den anderen zu zermürben oder von der Sache abzulenken (z.B. sexy Sekretärin betritt immer wieder den Raum) E32

„Das Alphabet von hinten": Die Tagesordnungspunkte wurden in eine andere Reihenfolge gebracht. E33	Gegentaktik: Vielleicht wurde der Ablauf der Sitzung verändert, um Informationen zurückzuhalten. Darauf hinweisen, dass die Absprachen vor der Verhandlung gelten.
„Die Improvisation" (Stegreiferfindung): Neue Tagesordnungspunkte wurden noch schnell eingeschoben. E34	Gegentaktik: Ablehnung signalisieren, da keine Vorbereitung möglich war.
„Die Uhr geht nach": Der Verhandlungspartner spielt auf Zeit, er schweift aus und es ist schnell klar, dass das Thema nicht innerhalb der nächsten 45 Minuten durch sein wird. E35	Gegentaktik: Vorher einen Zeitraum für die Gespräche verhandeln. Smalltalk gering halten, durch thematische Fragen den Gesprächspartner lenken. Straffe Verhandlungsführung.
„Ich bin dann mal weg": Der Verhandlungspartner geht immer wieder aus dem Raum. E36	Gegentaktik: Schon vorher Störungsmöglichkeiten ausschalten: Telefon umstellen, Handy aus, Schild an die Tür „Bitte nicht stören". Dem Gesprächspartner sagen: „Können wir hier nicht einfach ungestört arbeiten? Oder ist es Ihnen lieber, die Entscheidung über Sie hinweg zu treffen?"
„Das Elefantengedächtnis": Der Verhandlungspartner macht uns eine schlechte Vorbereitung von der letzten Verhandlung zum Vorwurf. E37	Vorwurf an uns: „Sie sind doch bestimmt wieder schlecht vorbereitet!" Gegentaktik: Den Vorwurf ignorieren oder den Vorwurf mit der „Lieber-als-Formel für Ironie" begegnen: „Lieber schlecht vorbereitet als gar nicht vorbereitet – wie Sie." Oder den Vorwurf dramatisieren: „Sollen wir nicht lieber einen neuen Gesprächstermin suchen? Sie sehen gestresst aus." / Der Verhandlungspartner hält uns einen anderen alten Punkt vor: „Verlassen wir die Vergangenheit, sie ist nicht mehr änderbar." / „Es würde mich freuen, wenn wir uns der Zukunft zuwenden könnten, denn die ist noch wandelbar."
„Nicht zu Wort kommen lassen":	Gegentaktik: „Ich würde gerne meinen Punkt zu Ende führen." / „Ich bin noch nicht ganz fertig mit meinen Ausführungen." Der Unterbrechung

mit Ironie begegnen: „Schade, dass ich Sie schon wieder unterbrechen musste." Falls das nichts hilft, um einen Moderator für die Verhandlung bitten. Spielregeln festsetzen.
„Drücke ich mich so unklar aus?" / „Wenn Sie mich zu Ende führen lassen, klären sich Ihre Fragen." / „Bitte notieren Sie Ihre Fragen schriftlich."

	Der Verhandlungspartner unterbricht uns ständig. E38

Gegentaktik:
„Haben Sie mich nicht richtig verstanden? Soll ich Ihnen den letzten Punkt nochmals erläutern? Also..." Schildern Sie dann originalgetreu mit den gleichen Worten den Sachverhalt nochmals.
Oder
lateinisches Sprichwort bemühen: „Wer schweigt, stimmt zu."/ „Ich fasse Ihr Schweigen als Zustimmung auf. Das können wir gleich ins Gesprächsprotokoll setzen." / „Wie soll ich Ihr Schweigen deuten?"
Oder:
„Hallo, Erde an Herrn Müller. Sie sind an der Reihe das Gespräch fortzusetzen."

„Stumm wie ein Fisch."
Der Verhandlungspartner sagt nach unseren Ausführungen – nichts. E39

Gegentaktik:
Spruch bringen: „Bellende Hund beißen nicht."
Drohung ignorieren (sofern es sich nicht um eine persönliche Drohung um Leib und Seele handelt)
oder:
Drohung verstärken und ironisch Konsequenzen ausmalen: „Ja und? Gehen Sie doch zu meinem Chef und erzählen Sie's ihm. ER wird sich köstlich amüsieren."
oder:
die Verhandlung abbrechen.

„Die Bedrohung":
Der Verhandlungspartner droht offen und versucht, uns einzuschüchtern (z.B. bei unserem Chef anschwärzen). E40

Gegentaktik:
Die indirekten Provokationen zunächst ignorieren, dann bei einem schwereren Vorwurf deutlich verstärken:
„Sie finden also, ich bin fachlich nicht kompetent, ja?"
Daraufhin muss sich der Verhandlungspartner rechtfertigen, was oftmals mit einem stotternden „Nein, das habe ich doch gar nicht so gemeint..."

„Ich mag Sie nicht!"
Der Verhandlungspartner provoziert und beleidigt uns (indirekt) E41

„Im Prinzip haben Sie schon recht, aber leider...."
Gegentaktik:
Fragen Sie zurück: „Was wollen Sie mir eigentlich mit diesem unverständlichen Satzungetüm sagen? Ja, oder nein?" / „Heißt das

„Ja, aber-Taktik."
Der Gesprächspartner scheint erst zuzustimmen, dann sagt er „aber" E42

nein, heißt das ja?" / „Habe ich Sie richtig verstanden, dass Sie nein meinen?"

„Die Zange": Einer der Gesprächspartner ist kooperativ, der andere höchst unfair. (guter Polizist/ böser Polizist) E43	Gegentaktik: „Wenn Sie zwei sich nicht einigen können, dann verhandele ich nur noch mit..." (hierbei den bösen Polizisten wählen, weil er oftmals die Entscheidungsbefugnis hat).
„Andeutungen": Man unterstellt ihnen verdeckt, keine Sachkompetenz zu besitzen. E44	*„Ich will nicht sagen, dass Sie inkompetent sind."* Gegentaktik: „Warum sagen Sie es dann?" „Können Sie das überhaupt beurteilen?" Den Entrüsteten spielen und verstärken: „So! Sie glauben also, dass ich mich bei diesem Problem nicht auskenne. Das ist doch wohl die Höhe!" „Mir geht es um die richtigen Argumente. Nicht darum, wer die besseren Zeugnisse in der Grundschule gehabt hat." „Nur zu gern würde ich Ihnen meine Kompetenz beweisen Aber ich arbeite leider schon woanders." „Wollen Sie etwa mit jemand anderem aus meiner Firma in Verhandlung treten?"
„Die Alibi-Veranstaltung": Die Entscheidung ist schon längst getroffen E45	*Es gibt nichts mehr, was noch zu verhandeln wäre, weil die Konkurrenz den Zuschlag bekommen hat. Aus Höflichkeit hat man den Termin nicht abgesagt.* Gegentaktik: „Welchen Entscheidungsspielraum haben wir noch?" / „Mich beschleicht das Gefühl, dass die Entscheidung bereits gegen mich gefallen ist."
„Schlechtes Benehmen": Einer der Verhandlungspartner liest Zeitung E46	Gegentaktik: „Steht was Interessantes in der Zeitung? Sicherlich sehr wichtig für dieses Gespräch." / „Wie ist denn Ihre Meinung zum letztgenannten Punkt? Herr Müller! Wie ist Ihre Meinung?" „Ich glaube, dass Herr Müller nichts mehr zum Gespräch beitragen will. Können wir nicht die Tagesordnung so ändern, dass Nichtinteressierte aussteigen?"

Gegentaktik:
„Entschuldigen Sie bitte vielmals, aber das waren jetzt so viele Punkte, dass ich Sie nicht alle behalten konnte. Können Sie einfach in zwei Sätzen kurz und prägnant wiederholen, wie Sie zur Sache stehen?" / „Was heißt das jetzt für den Fortschritt der Verhandlung?"

„Der Monolog":
In endlos langen Monologen werden die gleichen Punkte nochmals erläutert oder Grundsatzerklärungen abgegeben   E47

Gegentaktik:
„Ein sehr gutes Argument, aber können Sie mir das bitte auch durch Zahlen belegen?" / „Würden Sie mir dies bitte näher erläutern?" / „Wo kann ich das nachlesen?"

„Gegen den gesunden Menschenverstand argumentieren."
Der Verhandlungspartner stellt Behauptungen auf, die nicht bewiesen sind   E48

Gegentaktik:
„Ich höre diese Zahlen zum ersten Mal, können Sie mir diesbezüglich mehr Informationen geben?"
Die Quelle anfordern oder die vorgelegten Zahlen mit eigenen Statistiken entkräften; verlangen Sie eine kurze Pause zur Informationsbeschaffung (z.B. Internet / Anruf bei der eigenen Firma).

„1 und 1 falsch zusammenzählen":
Der Verhandlungspartner nennt Zahlen aus ausgewählten Statistiken und vermischt sie mit falschen Fakten, Gerüchten und Unwahrheiten.   E49

Gegentaktik:
„Warum tauchen diese Informationen erst jetzt auf? Wenn das so ist, muss ich die Verhandlung leider vertagen."
Lassen Sie den Überraschungsangriff komplett ins Leere laufen.

„Das Kaninchen aus dem Zauberhut":
Der Verhandlungspartner hat wichtige Informationen zurückgehalten und plötzlich wie ein Zauberer aus dem Hut geholt   E50.1

Gegentaktik:
Nachfragen: „Gehe ich richtig in der Annahme, dass Sie...meinen?"
Vertreten Sie Ihren eigenen Standpunkt, suchen Sie einen Kompromiss. Bleiben Sie stur und verweisen Sie auf den gesunden Menschenverstand.

„Die falsche Fährte":
Der Verhandlungspartner liefert bewusste Fehlinterpretationen von Ergebnissen und fasst diese zu seinen Gunsten zusammen.
E50.2

Gegentaktik:
Fragen Sie nach der sachbezogenen Begründung für diese Forderung. Ziehen Sie dann die Begründung ins Lächerliche. Verweisen Sie auf die allgemeinen Spielregeln.

„Die unrealistische Mannschaftsaufstellung":
Der Verhandlungspartner stellt übertriebene Forderungen an uns, die jeder Grundlage entbehren.
E50.3

„Der Exkurs":
Der Verhandlungspartner lenkt vom eigentlichen Thema ab und streitet über nebensächliche Dinge.
E51

Gegentaktik:
Bitten Sie, wieder zum Thema zurückzukehren. Sagen Sie, dass sie die kleinen und unwichtigen Details in einem weiteren Telefongespräch erörtern werden.

„Der Heiratsschwindler":
Der Verhandlungspartner macht große Versprechungen, die nachher nicht eingehalten werden.
E52

Gegentaktik:
Durch Absicherung: „Ich habe in anderen Verhandlungen schon erlebt, dass Zusagen nicht eingehalten wurden. Deshalb sollten wir diesen Punkt schriftlich fixieren lassen."
Mitprotokollieren, eine Frist setzen.

„Der Betrüger":
Der Verhandlungspartner hat Zusagen aus früheren Verhandlungen nicht eingehalten.
E53

Gegentaktik:
Zeigen Sie das Ergebnisprotokoll, lassen Sie sich die Verantwortlichkeiten und Erledigungsfristen abzeichnen, ggf. gemeinsam eine Konventionalstrafe vereinbaren.

„Die Ausdehnung":
Der Verhandlungspartner weitet den Verhandlungsgegenstand immer weiter aus und stellt irgendwann Nachforderungen E54

Gegentaktik:
Keine Ausweitung des Verhandlungsgegenstands zulassen, zur Not ganz von vorne mit der Verhandlung beginnen.

„Die Blitz-Entscheidung":
Der Verhandlungspartner legt sich schon frühzeitig auf eine Ablehnung fest
E55

Gegentaktik:
„Auch unverrückbar empfundene Positionen sind veränderbar, wenn gute Argumente ins Spiel kommen."

Themenbezogene Verhandlungstricks

Zeitpunkt: Vor und während der Verhandlung

„Das Problem umschiffen":

Der Verhandlungspartner bestreitet die Existenz des Problems E56

„Das ist doch gar nicht das Problem."
„Diese Frage kann man sich doch gar nicht stellen."

Gegentaktik:
Gemeinsame Ziele und Interessen ansprechen, um auf eine gemeinsame Gesprächsbasis zurückzufinden.

„Das Problem neu definieren":

„Gehe ich richtig in der Annahme, dass auch Sie...?"
„Sie wünschen doch sicherlich auch, dass...?"

Arbeitgeber zu Betriebsrat:
„Es geht nicht darum, dass den Mitarbeitern das Urlaubs- und Weihnachtsgeld gestrichen wird, sondern wie wir den Mitarbeitern die Arbeitsplätze erhalten können."

Gegentaktik:
Bereits bei der Eingangsbesprechung auf den zu verhandelnden Gegenstand verweisen. Weil das der wichtigste Punkt der Besprechung ist, sich hier ruhig Zeit lassen.

„Nein, Sie sehen das leider zu einseitig. Die Frage geht darum, ob unsere Mitarbeiter noch gerecht entlohnt werden und ob nicht der Arbeitgeber die eingesparten Kosten als Gewinn verbucht. Es geht also einzig und allein um die Gerechtigkeit der anvisierten Streichung von Urlaubs- und Weihnachtsgeld."

Der Verhandlungspartner ändert das Problem zu seinen Gunsten ab, alle Nachverhandlungen führen so in eine Sackgasse
E57

He, willst du mich heiraten? Nein? Darf ich dann wenigstens eine Zigarette von dir haben?

Können Sie mir 1000 Euro pumpen? Nein? Oh, wie schade. Aber einen kleinen Kaugummi, der ist doch für mich drin, oder?

Ich hätte eine kleine Bitte an Sie alle: Würden Sie alle von Ihren Stühlen aufstehen und hundertmal in die Luft springen? Was, das ist Ihnen viel zu anstrengend? Okay... aber könnten Sie wenigstens dreimal in die Hände klatschen?

„Door in the face" - Technik:

Große, unerfüllbare Bitte, gefolgt von einer kleinen Bitte; die kleine Bitte ist das eigentliche Ziel. E58

Gegentaktik:
Den Verhandlungspartner darauf ansprechen, dass sie den Verdacht nicht losbekommen, er hätte es ohnehin nur auf die kleine Bitte abgesehen. Heute wäre es jedoch so, dass auch kleine Bitten nicht erfüllt werden könnten, wenn sie nicht direkt geäußert werden.

Wären Sie wohl bereit, diese Petition gegen das Artensterben in der Antarktis zu unterzeichnen? Danke. Nein, es ist mit keinem finanziellen Aufwand verknüpft. Aber eine kleine Bitte hätte ich noch: Wir haben da ein Plakat. Wäre es Ihnen möglich, dieses Plakat für unseren Verein in Ihren Vorgarten zu stellen?

Ich möchte Sie bitten, an einer Umfrage zum Thema XY teilzunehmen. Wie ist Ihre Meinung dazu? Ja, wie Sie sicherlich wissen, engagiert sich unser Verein gegen... wir sind allerdings auf einen kleinen Unkostenbeitrag pro Monat angewiesen.
Mit Ihrer Unterschrift haben Sie gerade gezeigt, dass auch Sie dieses Thema sehr wichtig finden...

„Foot in the door"-Technik:

Kleine, leichte Bitte, gefolgt von einer viel größeren Bitte. Die größere Bitte ist das Ziel. Weil Menschen konsistent erscheinen wollen, geben Sie der größeren Bitte oftmals nach. E59

(Schema: „Wer A sagt, muss auch B sagen" – die Konsistenzfalle)

Gegentaktik:
Den Verhandlungspartner darauf hinweisen, dass nur der direkte Weg der ehrliche Weg ist. Zwar wäre Ihre Meinung zu diesem Verhandlungspunkt tatsächlich so, aber das sei nur dann gegeben, wenn es nicht zum finanziellen Vorteil eines anderen ausgenützt würde. Kontern Sie auch mit dem Adenauer-Zitat: „Was geht mich mein Geschwätz von gestern an!"

Der Gefallens-Trick:

Das Publikum dazu kriegen, dem Redner einen Gefallen zu tun. Wer anderen einen Gefallen tut, rechtfertigt es dadurch, dass er die Person, der er den Gefallen erweist, besonders mag.
E60

Ich hätte eine kleine Bitte, Leute: Könntet ihr da hinten ein bisschen näher zur Bühne kommen, damit ich hier nicht kilometerweit schreien muss?

Hups, wie ungeschickt von mir. Da ist mir doch das Mikro direkt ins Publikum gefallen. Wären Sie so freundlich und würden es mir wieder auf die Bühne reichen?

Gegentaktik: Fragen Sie sich, ob der Verhandlungspartner den Kugelschreiber von Ihnen möchte, damit Sie ihn sympathischer finden oder ob er tatsächlich keinen hat. Brüskieren Sie ihn aber nicht unnötig („Kann sich Ihre Firma etwa keine Kugelschreiber leisten?"), sondern warten Sie ab, ob noch weitere kleine Gefallen von ihnen verlangt werden.

„Eristische Dialektik"
E61

Unfaires Verhalten während einer Diskussion (nach Arthur Schopenhauer)

Die folgenden 17 Kunstgriffe bilden den Kern der 38 Kunstgriffe, die Schopenhauer in seinem Buch „Eristische Dialektik" zusammengefasst hat. Hier stehen sie in neuer Formulierung mit aktuellen Beispielen.

Aus „Gorgias" (Platon / Sokrates)

Sokrates: Mein Guter, so wie ein Redner es normalerweise angeht, unternimmst du jetzt den Versuch eines Widerspruchs, den Leuten nicht unähnlich, die in einer Gerichtsverhandlung immerzu widersprechen müssen. Auch im Prozess meint die eine Partei die andere dadurch widerlegen zu können, dass sie zahlreiche ehrenwerte Zeugen für ihre eigene Behauptung vorladen lässt, während der Gegner nur einen einzigen Zeugen aufbieten kann oder erst gar keiner für ihn vor Gericht erscheint. Dieser Widerspruch ist aber nichts zur Wahrheit. Nicht selten lügen auch Leute - selbst wenn sie einen hervorragenden Ruf genießen - mit einer falschen

Arthur Schopenhauer

Aussage vor Gericht. In der eben erwähnten Sache werden dir nicht nur fast alle Einwohner Athens, sondern auch alle Fremden Recht geben. Wenn du Zeugen gegen mich aufzustellen gedenkst, dass ich mit meiner Meinung falsch liege, werde ich für dich Zeugnis ablegen...

Durch viele und umständliche Fragen lässt sich dem Gegner schließlich ein Zugeständnis für einen bestimmten Punkt abgewinnen. Eigene Argumente werden hierbei sehr schnell vorgetragen. Diejenigen, die etwas begriffsstutzig sind, können der Argumentation nicht mehr genau folgen, insbesondere im Hinblick auf Fehler und Lücken der Beweisführung.

Fragefluss   **E62**

Querverweis: A17 (Fragewort), A39 (Suggestivfragen), A50 (Fragesatz), A70 (Indirekter Fragesatz), B30 (rhetorische Frage), B49 (Publikumsentscheid), D7 (Fragekette), D16 (Die richtigen Fragen stellen: offen und geschlossen), D19 (Suggestivfragen), E12 (Geplante Wahlmöglichkeit), F14 (Gegenfrage für Zeitgewinn), F20 (den Fragesteller angreifen), F48 (ständige Gegenfragen)

Man stelle dem Gegner mehrere Fragen, die dieser beantwortet, ohne dass eine seiner Antworten auf unser eigentliches Ziel hinausläuft. Dieses Ziel führen wir dennoch herbei, indem wir plötzlich triumphierend aufschreien, als hätte er gerade eine Antwort gegeben, die unsere Schlussfolgerung stützen würde. Gesetzt den Fall, man hat selbst eine unverschämt gute Stimme und der Gegner ist schüchtern und einfältig, kann das klappen, insbesondere bei Themen, die für ihn und das Publikum sehr kompliziert sind.

Triumphierend aufschreien   **E63**

(Täuschung durch Annahme des Nicht-Grundes als Grund.)

Querverweis: A50 (Interjektion), B74 (unbeweisbares Argument), C21 (Sprechtempo), C22 (Sprechmelodie), C23 (Artikulation), C24 (Lautstärke), C29 (Hände)

Wenn der Gegner seine Argumente vorträgt, müssen wir schnellstmöglich nach Widersprüchen suchen, zur Not auch einen Widerspruch konstruieren. Steht seine jetzige Aussage zu früheren Aussagen im Widerspruch? Lässt sich seine jetzige Aussage mit einer Sekte oder unbeliebten Partei in Verbindung bringen?
Verteidigt er z. B. den Selbstmord oder die Sterbehilfe, so schreie man gleich: „Warum hängst du dich nicht auf?" Oder er behauptet z. B., Berlin sei kein schöner Ort zum Wohnen. „Warum

Schikane herausklauben (böse Ironie / Zynismus)   **E64**

fährst du nicht gleich mit dem erstbesten ICE nach Dresden ab?"
Auf irgendeine Art und Weise lässt sich für uns bestimmt eine Gemeinheit finden, die unserer bösen Ironie und dem Zynismus zuträglich ist.

Querverweis: A58 (Vergleichssatz), D82 (böse Ironie), E95 (Zynismus), E72 (Gegenargument in ein schlechtes Licht stellen)

Diskussion unterbrechen E65

Gelangen wir in die unangenehme Situation, dass der Gegner tatsächlich eine Argumentation vorträgt, mit der er uns ganz sicher besiegen wird, z.B. weil er die besseren Argumente und richtigen Zahlen hat, muss er in seiner Beweisführung schnellstmöglich unterbrochen werden, d.h. die Diskussion in Bezug auf diesen Punkt muss beendet werden. Wir schweifen ab durch ein Ablenkungsmanöver, indem wir auf ein neues Themengebiet führen, dass doch für diese zu besprechende Sache viel wichtiger ist.

Querverweis: E38 (ständige Unterbrechung), F21 (Themawechsel), F33 (Unterbrechungen)

Den Gegner zur Übertreibung reizen E66

Indem wir dem Gegner immer wieder widersprechen und mit ihm streiten, wird er in der Sache irgendwann übertreiben. Es ist dann ein Leichtes, diese Übertreibung zu widerlegen. – Sollte jedoch der Gegner versuchen, uns zur Hyperbel zu zwingen, sagen wir: *Zu dieser Angelegenheit ist schon alles von mir gesagt worden. Mehr gibt es diesbezüglich nicht zu erörtern.*

Querverweis: B15 (Hyperbel), D73 (Killerphrasen), E81 (Vorwürfe übertreiben nach Hamilton)

Beispiel entkräften E67

Der Satz „Alle Säugetiere leben an Land" wird verworfen durch die einzige Gattung der Wale („Wale sind Säugetiere, leben aber nicht an Land"). Die einzige Gattung fällt unter den Hauptbegriff und kann die allgemeine Wahrheit umstoßen. Mit dieser Synekdoche lässt sich auch täuschen. Wir müssen bei der Beweisführung des Gegners prüfen:

- Ist sein Beispiel auch wirklich wahr? Es gibt Beweise, die uns nur eine Wahrheit vorgaukeln, auch wenn dies nicht der Fall ist, z.B. Wunder, Geistergeschichten, religiöse Prophezeiungen
- Gehört sein Beweis wirklich zur Problematik der Sache? Das ist nur durch eine scharfe Unterscheidung festzustellen, indem man das Problem nochmals neu

- definiert durch eine „Periphrase", sodass sein Beweis dann herausfällt.
- Steht seine Argumentationsfolge tatsächlich im Widerspruch zur allgemeinen Wahrheit? Auch dies ist oft nur scheinbar.

Querverweis: A58 (Vergleichssatz), B9 (Periphrase), B19 (Synekdoche), B28 (Exemplum), B53 (Allgemeine Regeln für richtiges Argumentieren)

Beobachten wir die Körpersprache und Reaktion unseres Gegners ganz genau. Wird er vielleicht unerwartet böse, wenn wir einen ganz bestimmten Punkt erörtern, der ihm nicht gefällt? In diesem Fall sollten wir bei diesem Punkt möglichst lange verweilen, denn dadurch gerät er noch mehr in Zorn. Ist er denn zornig, weil es eine schwache Seite gibt, die wir bei seiner Argumentation bislang nicht bemerkt haben? Es steht zu vermuten, dass es noch weitere Punkte gibt, die sich von dieser schwachen Seite ableiten lassen. Je zorniger der Gegner, desto leichter zu schlagen.

Wenn der Gegner böse wird, hat man dessen schwache Stelle entdeckt E68

Querverweis: B32 (Permissio), C54 (Der Zorn nach Aristoteles), C55 (Der Zorn in der Rede), C1 (Einführung in die Körpersprache), C13 (Körpersprache, Definition), C15 (Körpersprache: Mythen und Wahrheiten), C18 (Faktoren, die Körpersprache beeinflussen), E4 (beleidigt sein), E39 (Stummschaltung)

Sollten wir bemerken, dass wir keinerlei Chance auf Sieg haben, so führen wir einen Wechsel in der Thematik ein. Man tut so, als ob dieses Thema schon irgendwie zur Diskussion gehöre und ein gutes Gegenargument wäre.
So zanken auch die meisten Eheleute: Macht der eine dem anderen einen Vorwurf, versucht der andere erst gar nicht, den Vorwurf zu entkräften, sondern antwortet nun ebenfalls mit einem Vorwurf, auf dem möglichst lange herumgeritten wird, sodass der ursprüngliche Vorwurf schon längst vergessen ist.

Themawechsel E69

Querverweis: A96 (Anakoluth), B38 (Adiectio), B55 (Plusminus-Argumentation), F21 (Themawechsel)

Wenn der Gegner nicht besonders helle ist, gebrauche man viele Autoritätsbeweise, die ihm etwas sagen. Mögliche Autoritäten sind: Berühmte Personen, Fachleute, Experten, Titelträger, allgemeine Vorurteile, griechische und lateinische Floskeln und die *allgemeine Meinung des Volkes*.

Autoritätsargumentation und Vorurteile: E70

Ja, auch allgemeine Vorurteile lassen sich gemeinerweise als Autoritätsbeweis zunutze machen (besser: für unsere Zwecke einbinden). Es gibt keine noch so paradoxe Wahrheit, die Menschen nicht doch anzunehmen bereit sind, sobald man sie dazu überredet hat zu glauben, dass viele Leute so dächten. Das Autoritätsbeispiel wirkt auf ihr Denken und ihre Handlungen. Sie ähneln Schafen, die dem Leithammel nachgehen, wohin auch immer dieser sie führt: „Es fällt ihnen leichter zu sterben als zu denken."

Querverweis: B10 (Fremdwort), B42 (Sermocinatio), B50 (Sentenz), B61 (Autoritätsbeweis)

Unwissende Ironie gebrauchen: **E71**

Hat der Gegner seine Beweisführung überzeugend vorgebracht, erkläre man sich mit feiner Ironie als inkompetent. „Was Sie da gerade gesagt haben, übersteigt meinen Horizont. Es könnte richtig sein, aber ich kann es gerade leider nicht verstehen und lass es halt mal so stehen." Dadurch signalisiert man den Zuhörern, dass sein Argument blanker Unsinn sein könnte. Die angebliche Großzügigeit unsererseits, auf einen Sieg um jeden Preis zu verzichten, lässt das Publikum erahnen, dass dieser Punkt nicht so wichtig sein könnte.

Man darf diesen Kunstgriff nur dann gebrauchen, wenn man sicher ist, bei den Zuhörern in entschieden höherem Ansehen zu stehen als der Gegner: z. B. ein Professor gegenüber einem Studenten.

Querverweis: B16 (Ironie), D2 (Geduldige Komik nach Cicero), E14 (Schein-Kompromiss), F16 (Großzügigkeit zeigen)

Gegenargument in Verruf bringen: **E72**

Die Behauptungen des Gegners können entkräftet werden, wenn wir sie in eine Kategorie einordnen, die von vielen verhasst ist, auch wenn sie vielleicht nur ein bisschen ähnlich ist und nur lose mit den Behauptungen zusammenhängt.

     z. B.:   „Oh - das kennen wir schon. Das ist aber etwas für Idealisten."
             „Das ist etwas für Gutmenschen."
             „Das gilt aber nur Esoteriker."
             „Sie sind ein Romantiker."
             „Damit sind Sie ein DDR-Sozialist. Wozu das führt, haben wir ja gesehen."

Querverweis: A25 (Hilfsverb), A44 (Personalpronomen), A58 (Vergleichssatz), B18 (Synekdoche), B48 (Direkte Publikumsansprache), B82 (Diffamierung durch Ausklammerung)

Sagen Sie: *Das mag in der Theorie richtig sein, in der Praxis ist es jedoch falsch.* – Man gibt die Gründe zu und leugnet doch die Folgen.
Wenn die Theorie wirklich richtig ist, muss es nämlich auch in der Praxis zutreffen.

Konsequenz leugnen E73

Querverweis: D54 (Lösungsvorschläge entwickeln), D73 (Killerphrasen), F18 (Praxis gegen Theorie)

Bemerken wir, dass der Gegner viele Gegenfragen stellt, bei unseren Fragen jedoch keine direkten Antworten gibt, ja diesen Fragen ausweicht, können wir sicher sein, einen schwachen Punkt von ihm getroffen zu haben. „Da ist doch was faul..." Dieser Punkt muss schnellstmöglich geklärt werden, und der Gegner hierbei ins Kreuzverhör genommen werden, auch wenn wir noch selbst keinen blassen Schimmer davon haben, was seine Schwäche sein könnte.

Nachhaken bei vermutlich faulen Punkten E74

Querverweis: A17 (Fragewort), B53 (Allgemeine Regeln für richtiges Argumentieren), E49 (falsche Rückschlüsse ziehen), E51 (Exkurs), E68 (schwache Stelle suchen nach Schopenhauer), E84 (falsche Argumentationskette des Gegners ausgiebig widerlegen), F24 (Annahmen als Tatsachen)

Gehört der Gegner zu einer bestimmten Gruppierung, kann man ihm aufzeigen, dass es dem Interesse seiner Sekte, seines Clubs, seiner Partei widerspricht, wenn er jetzt so etwas von sich gibt. Er wird dann sein Argument so schnell fallen lassen wie ein heißes Eisen, das er unvorsichtig aufgehoben hat, z.B. ein Geistlicher, der einen Schwangerschaftsabbruch unter bestimmten Umständen befürwortet. Man erkläre ihm, dass es mit der Grundhaltung seiner Kirche und dem Papst in Widerspruch steht.

Argument widerspricht dem Interesse E75

Querverweis: B39 (Anticipatio), B43 (Fictio Audientis), B61 (Autoritätsbeweis), B66 (Gruppenargument), E72 (Gegenargument in ein schlechtes Licht stellen)

Sind wir wesentlich redegewandter als unser Gegner, können wir ihn auch mit einem sinnlosen Wortschwall außer Gefecht setzen. Viele verfahren nach der Sentenz:

Gegner durch hochgestochenen Wortschwall verdutzen E76

Gewöhnlich glaubt der Mensch, wenn er nur Worte hört, es müsse sich dabei doch auch was denken lassen.
Weiß der Gegner um seine Schwäche im Reden, ist er vielleicht

öfter gewohnt, Dinge zu hören, die er nicht versteht und dabei zu tun, als verstünde er sie? Selbst der größte Unsinn lässt sich noch als Wahrheit verkaufen, wenn nur gelehrt und tiefsinnig vorgetragen wird, mit ernsthafter Miene und vielen Fremdwörtern lateinischen und angelsächsischen Ursprungs. „Bekanntlich haben in neueren Zeiten, selbst dem ganzen deutschen Publikum gegenüber, einige Philosophen diesen Kunstgriff mit dem brillantesten Erfolg angewandt."

Querverweis: A21 (Beispiele für Fehler in der Rede), B6 (Synonym), B9 (Periphrase), B8 (Neologismus), B10 (Fremdwort), C30 (Mimik), D18 (Sprachbeherrschung), F42 (Fremdwörtersalat), F88 (lateinische Fremdwort-Überfrachtung), F88 (Anglizismen-Überfrachtung)

Beweis des Gegners anzweifeln   **E77**

Wenn der Gegner in seiner Beweisführung richtig liegt, jedoch ein schlechtes Beispiel wählt, können wir seinen Beweis anzweifeln, indem wir sagen, dass sein Beispiel eher unserer Sache dient.

Querverweis: B28 (Exemplum), B53 (Allgemeine Regeln für richtiges Argumentieren), E57 (Problem neu definieren), E67 (Beispiele entkräften nach Schopenhauer)

Persönliche Angriffe fahren: **E78**

Wenn wir bemerken, dass der Gegner uns im Griff haben könnte und man von ihm vernichtend besiegt werden könnte, trennen wir uns vom Sachinhalt der eigentlichen Problematik und wenden uns der Gefühlsebene zu. Wir definieren unsere gegenseitige Gesprächsbeziehung neu, werden persönlich, beleidigend, grob und unhöflich, spielen die beleidigte Leberwurst und drücken auf die Tränendrüse. Kurz: Alle Killerphrasen auffahren, die uns zur Verfügung stehen.

Querverweis: A50 (Interjektion), B15 (Hyperbel), B82 (Diffamierung durch Ausklammerung), B84 (Angriffs-Argument) B85 (Totschlag-Argument), D22 (auf die Sachebene kommen), E4 (beleidigt sein), E19 (Tränen-Drüse), F28 (Aggressivität), F31 (Spott), F32 (schlechtes Benehmen), F33 (Unterbrechungen), F34 (Nörgeln)

E79

Die rhetorischen Kunstgriffe Schopenhauers ähneln auf frappierende Weise denen des englischen Parlamentariers William Gerard Hamilton, in dessen Schrift „Parliamentary Logick" (1770) viele politische Tricks gebündelt sind.

Aus „Gorgias" (Platon / Sokrates)

Kallikles: *Deine Frage ist nicht so leicht zu beantworten: einerseits gibt es Redner, die sich wirklich um das Wohl der Bürger sorgen, andererseits solche, wie du sie mir eben benannt hast.*
Sokrates: *Das reicht. Denn wenn es zweifacher Natur wäre, so würde ich das eine als Lobhudelei und unanständigen Populismus bezeichnen, und das andere als erstrebenswert, im Streben danach, die Seelen der Bürger so vollkommen wie möglich zu gestalten, und die Entschlossenheit im Vortrag das Beste zu geben, mag es für die Zuhörerschaft willkommen oder unwillkommen sein. Doch eine Rede dieser Art und Weise gab es bislang noch nicht zu hören. Oder wenn du mir einen solchen Redner benennen kannst, warum hast du mir nicht schon vorher seinen Namen angegeben?*
Kallikles: *Beim Zeus, es stimmt, unter den jetzigen Rhetoren kann ich dir auch keinen nennen.*

„Nachteilige Argumente nicht übergehen, sondern in den Schatten stellen."

Nachteilige Argumente als unwichtig herausstellen
E80

Der Redner gibt zu, dass die Sache zwar irgendwie einen Haken hat, aber dieser ist nicht so gewichtig.

Querverweis: A93 (Ellipse), E49 (falsche Rückschlüsse ziehen), E73 (Konsequenzen leugnen nach Schopenhauer), F23 (Falsche Gewichtung), F3 (Sachverhalt verdrehen), F5 (Verwirrung stiften), F18 (Praxis gegen Theorie)

„Übertreibe und verschlimmere die gegen dich erhobenen Vorwürfe, dann bist du leicht in der Lage, sie als unwahr abzutun; oder bagatellisiere sie und gib sie dann teilweise mit einer Entschuldigung zu."

Vorwürfe umdefinieren
E81

Der Redner spitzt mit einer Hyperbel einen Vorwurf der gegnerischen Partei (z.B. private Taxifahrt über die Parteikasse abgerechnet) so zu, dass er lächerlich erscheint („Sie wollen also sagen, ich mache ständig private Flugreisen nach Übersee"). Oder er macht einen großen Vorwurf (Veruntreuung von Parteigeldern) kleiner und gibt den kleinen Vorwurf unumwunden zu. („Ein bisschen Geld aus der Portokasse entwendet, weil ich meinen Geldbeutel verloren hatte. Ich bitte alle um Entschuldigung.")

Querverweis: B15 (Hyperbel), B9 (Periphrase), F11 (Bagatellisierung), F12 (Übertreibung von Folgen)

Nach einer Kritik das Lob nicht vergessen E82	„Wenn du einen Mann oder mehrere Männer angreifst, so bemühe dich stets, noch etwas Rühmenswertes zu sagen; damit versöhnst du nicht nur die Unbeteiligten, sondern auch die Angegriffenen selbst. Außerdem gibt es dir den Anschein der Redlichkeit und deinen Angriffen ein verstärktes Gewicht".

Nach einer harschen Kritik folgt also ein kleines Lob, um den Kritisierten versöhnlich zu stimmen. Dies hängt mit Elliot Aronsons Axiom zusammen: „Böse zu nett ist sympathischer als nett zu nett."

Querverweis: A46 (Possessivpronomen), A55 (Fragesatz), B22 (Pronominatio), B45 (Conciliatio), D30 Sympathieträger Kritik nach Aronson), D31 (Sympathiekiller Kritik nach Aronson), D32 (Sympathieträger Lob nach Aronson), D36 (Sympathieträger „böse zu nett" versus „immer nett" nach Aronson), E90 (dickes Lob)

Wenn schon persönlich, dann unversöhnlich persönlich. E83	„Es ist ein Kunstgriff, persönlich zu werden oder durch Einwurf bestimmter Dinge einen Streit vom Zaun zu brechen, um damit die Aufmerksamkeit des Hauses von der Hauptsache abzulenken."

Auch ein echter Streit will gelernt sein, und wer es schafft, seine Gegner so zu reizen, dass nicht mehr die Hauptsache verhandelt wird, hat gewonnen.

Querverweis: D19 (Verstöße gegen Konversationsmaximen), E4 (beleidigt sein), E78 (persönliche Angriffe fahren nach Schopenhauer), F28 (Aggressivität), F31 (Spott), F32 (schlechtes Benehmen), F33 (Unterbrechungen), F34 (Nörgeln)

Nach einer ironischen Bemerkung wieder ernst werden und nicht gleich den nächsten Witz bringen E84	„Wenn du etwas lächerlich machst, bemühe dich immer, am Schluss eine ernste Nutzanwendung zu bringen; nicht nur, weil der Ernst, wenn er dem Spott folgt, viel wirksamer ist, sondern auch, weil es dir den Schein der Leichtfertigkeit nimmt und beweist, dass du den Scherz nicht aus Mutwillen treibst...Beantworte Ernst mit Spott und Spott mit Ernst."

Wir kennen diese Technik bereits vom „Wechselbad", wenn der Gesprächspartner einen kooperativen und unfairen Verhandlungsstil mischt.

Querverweis: C79 (Witzgegenstand nach Cicero), D9 (Komisches und Lächerliches nach Fülleborn), E8 (Wechselbad), D89 (Sprüche)

„Wenn die Sache, die du vertrittst, nichts taugt, so gib acht, ob einer von der Gegenseite sein Argument nicht auf falschem oder unsicherem Fundament aufbaut (was meist geschieht). Dann knüpfe deine Rede nicht an die Sache, sondern an dieses Argument."

Eine falsche Argumentation des Gegners auswählen und ausgiebig anzweifeln E85

Wir wissen bereits, dass es neben der Basisargumentation auch viele zweifelhafte Argumente gibt, die leicht zu widerlegen sind. Hier wird von der Sache abgelenkt, sodass man etwas Luft bekommt.

Querverweis: B53 (Allgemeine Regeln für richtiges Argumentieren), B64-B86 (Scheinargumente), E67 (Beispiele entkräften nach Schopenhauer)

„Wenn die Frage als Ganzes gegen dich ist, sprich über einen Teil, als ob es das Ganze wäre."

Vorwurf durch einen Teil ersetzen E86

Wir kennen bereits aus den rhetorischen Figuren der Synekdoche „pars pro toto", dass man auch einen Teil fürs Ganze ausgeben kann.

„Du meinst also ich bin unpünktlich? Ich bin vielleicht unpünktlich, wenn ich mal überarbeitet bin, aber ansonsten bin ich doch die pünktlichste Person der Welt."

Querverweis: B20 (Synekdoche), E21 (Spaltungstechnik), E67 (Beispiele entkräften nach Schopenhauer)

„Bist du im Unrecht, so verwende allgemeine und mehrdeutige Audrücke, denn sie sind von schillernder Bedeutung. Und häufe Unterscheidungen und Unterscheidungen ohne Ende."

Zweideutigkeit von Worten einsetzen E87

Wir wissen bereits von den Konversationsmaximen der Linguistik, dass man keine zweideutigen Dinge sagen sollte.

Querverweis: A16 (latinitas/perspicuitas), A84 (Diaphora), B6 (Synonym), B37 (Praeteritio), D14 (Konversationsmaxime: Vermeidung von Zweideutigkeit), E76 (hochgestochenen Wortschatz einsetzen nach Schopenhauer), C45 (Mind-Map)

„Wenn die Argumente gegen dich sind, verweile so kurz dabei, wie es der Anstand noch gerade erlaubt, gehe dann zu den Wirkungen über, die sich wahrscheinlich aus dem Befolgen der

Die Folgen einer Maßnahme drastisch darstellen E88

empfohlenen Maßnahmen ergeben. Da die Wirkungen jeder Maßnahme meist problematisch sind, kannst du sie immer zu deinen Gunsten verwenden."

Um diese Figur anzuwenden, muss man argumentieren können (siehe Argumentationsfiguren B52 – B63) und die Folgen drastisch an die Wand malen können.

Querverweis: A93 (Ellipse), B15 (Hyperbel), C60 (Die Furcht nach Aristoteles), C61 (Die Furcht in der Rede), E22 (Katastrophenszenario vorstellen), F12 (Übertreibung von Folgen)

Eigene Argumentationsreihe, die vom Gegner widerlegt worden ist, in ein oder zwei Worte legen E89

„Ziehe je nach Bedarf dein Argument so eng zusammen, dass sich sein Sinn verwischt."

Unsere vorherige Argumentationsreihe mit „Behauptung, Beleg, Beispiel" wird stark mit zwei Worten abgekürzt, sodass die von uns dargestellte Folge kaum noch erkennbar ist.

Querverweis: A93 (Ellipse), A53 (Komposita), F11 (Bagatellisierung), F15 (als absurd abtun)

Neben den rhetorischen Tricks zur Verhandlungsrhetorik und denen von Schopenhauer und Hamilton gibt es noch weitere beliebte Rezepte, wie man auf andere Personen so einwirken kann, dass man sein Ziel auf Kosten des anderen erreichen kann.

Das dicke Lob   E90   **Weitere beliebte rhetorische Tricks**

Ganz besonderen Dank verdient Frau F. Für ihre hervorragende Arbeit zur Förderung der Sportler in Deutschland.

Bei dieser Taktik wird unverhohlen gelobt, jedoch nur auf fachlicher Ebene. Wir wissen bereits von den Axiomen Aronsons, dass wir Menschen mögen, die uns loben, jedoch nur, wenn sie keine Gegenleistung erwarten. Hier könnte der Sprecher ein bestimmtes Ziel verfolgen.

Querverweis: D32 (Sympathieträger Lob nach Aronson)

Wenn Sie mir nicht glauben, dann lesen Sie einmal was Einstein zur Lichtgeschwindigkeit gesagt hat. Wir werden niemals auf einem anderen Planeten außerhalb unseres Sonnensystems leben können.

Der Autoritätsbeweis   **E91**

Bei dieser Taktik wird eine Autorität zitiert und als Experte ausgewiesen. Manchmal wird im Namen der Autorität eine falsche Behauptung in die Welt gesetzt (oft durch einen Zitatschnipsel, der aus dem Zusammenhang gerissen wurde).

Querverweis: B61 (Autoritätsbeweis)

In meinem Gespräch mit dem Außenminister von Finnland habe ich gesagt, dass unsere Firma an weiteren Kontakten mit seinem Land interessiert sei. Er war beeindruckt.

Der Ruhm   **E92**

Bei dieser Taktik wird eine tatsächlich lebende Person mit hoher gesellschaftlicher Stellung herangezogen, um gegnerische Argumente abzublocken. Denn wer wollte sich schon dem Ruhm entsagen?

Querverweis: B42 (Sermocinatio), D84 (Selbstdarstellung zur Abwertung)

Mit Ihrem Ausspruch vorher haben Sie unsere Verhandlung nicht weitergebracht. Sie werden jetzt viel Ärger mit Ihrem Chef bekommen.

Die Blamage   **E93**

Bei dieser Taktik wird versucht, Kritik zu unterdrücken, indem die personellen Konsequenzen aufgezeigt werden. Funktioniert nur, wenn die andere Person große Angst hat, ihren Job zu verlieren.

Querverweis: E17 (Schuldgefühle erzeugen)

Mit ihren Vorschlägen zur Reformagenda 2012 haben Sie vorhin etwas vergessen – können Sie mir sagen, wie man diese finanzieren soll?

Die Detaillierung   **E94**

Bei dieser Taktik wird ein Vorschlag, der von der Allgemeinheit zuvor positiv aufgenommen wird, auf seine Einzelbestandteile überprüft und dann, wie realistisch er wohl umgesetzt werden könnte. Irgendeinen strittigen Punkt findet man aber an jeder Sache.

Querverweis: B27 (Detaillierung), B30 (Rhetorische Frage), D73 (Killerphrasen), F18 (Praxis gegen Theorie)

Die Schikane **E95**	*Sie wollen Kostenreduzierungen? Sollen wir nicht bei Ihrer Stelle anfangen?*

Bei dieser Taktik werden Vorschläge der anderen Person gegen sie selbst gedreht, oft mit einer ironischen Bemerkung.

Querverweis: A58 (Vergleichssatz), B16 (Ironie), D82 (böse Ironie), E64 (Zynismus nach Schopenhauer), E72 (Gegenargument in ein schlechtes Licht stellen)

Die Verantwortungszuweisung **E96**	*Ihr Vorschlag gefällt mir gut. Machen Sie ihn selbst? Gut.*

Bei dieser Art von Taktik wird die volle Verantwortung für eine Lösung bewusst auf den Verhandlungspartner abgeschoben, nach dem Motto: „Kein Einsatz, nur Gewinn."

Querverweis: D80 (Verantwortungszuweisung)

Nachteil als Vorteil herausstellen **E97**	*Gerade weil wir gerade in den roten Zahlen stecken, ist der neue Fuhrpark nötig, wenn wir wieder konkurrenzfähig werden wollen.*

Bei dieser Art von Taktik wird ein Nachteil (z.B. kein Geld) als Vorteil herausgestellt (z.B. um an Geld zu kommen).

Querverweis: E26 (Selbstverständlichkeits-Taktik)

Vorwurf als Vorteil herausstellen **E98**	*Sie werfen mir mangelndes Vertrauen vor! Danke für die Blumen! Gerade weil ich so wenig Vertrauen zu Ihnen habe, haben wir bislang keine finanziellen Einbußen zu verkraften. Ich bin nicht so leichtgläubig wie Sie und werde es wohl auch nie sein.*

Bei dieser Art von Taktik wird ein Vorwurf als Vorteil fürs Allgemeinwohl herausgestellt.

Querverweis: D33 (Sympathieträger Gefallen nach Aronson)

Abwertung **E99**	*Das sagen Sie doch bloß, weil Sie ehrgeizig sind.*

Bei dieser Form werden Vorschläge der anderen Person mit einer emotionalen Wertung versehen, welche die andere Person abwertet.

Querverweis: D78 (dem Gegner etwas unterstellen)

	Aufwertung der eigenen Person **F1**

Sie denken vielleicht, so ein Griff in die Kaffeekasse wäre jetzt aus der Welt, aber für mich sind Sie ein Dieb und Betrüger.

Bei dieser Form wird eine Missetat des anderen hervorgekehrt und in allen Facetten beleuchtet und sogar verschlimmert.

Querverweis: D84 (Selbstdarstellung zur Abwertung), B18 (Synekdoche)

Persönlicher Angriff F2

„*Sie haben doch nie richtig gearbeitet und als Student nur gefaulenzt.*"

Bei dieser Taktik wird die Person des Gegners angegriffen. Funktioniert besser, wenn man über entsprechende Hintergrundinformationen zur Person verfügt.

Querverweis: D78 (dem Gegner etwas unterstellen)

Verdrehung eines Sachverhalts F3

„*Sie sind also für das Rauchverbot. Ich will Ihnen mal was sagen: Mit Leuten wie Ihnen geht es unserer Wirtschaft bald wesentlich schlechter, denn wenn unsere Kneipen schließen müssen, haben wir bald viel mehr Arbeitslose.*"

Bei dieser Taktik werden harmlose Aussagen des Gegners bewusst uminterpretiert, sodass sie nicht mehr so harmlos erscheinen.

Querverweis: B15 (Hyperbel)

Ausweichen F4

„*Und wie sollen wir das bezahlen?*"
„*Sie haben da einen Kaffeefleck auf Ihrem Hemd. Ach ja, wir müssten noch den folgenden Punkt besprechen:*"

Bei dieser Taktik wird die Frage überhaupt nicht beantwortet, sondern einfach mit einem neuen Punkt begonnen. Verstoß gegen die Konversationsmaximen.

Querverweis: B38 (Adiectio), D14 (Konversationsmaximen für faire Gespräche), E51 (Exkurs)

Verwirrung stiften F5

„*Wir sind gegen die Kernkraft.*"
„*Wieso? Kernkraft ist strahlend sauber und überhaupt nicht gefährlich.*"

Durch den geschickten Einsatz von Sprache werden komplizierte Sachverhalte verharmlost. Dies funktioniert allerdings nur bei ungebildeten Personen.

Querverweis: B11 (Paradox), F11 (Bagatellisierung)

Im Kreuzverhör eines Interviews: F6

Die folgenden rhetorischen Antwortmöglichkeiten bieten sich als wirkungsvolle Verteidigungsstrategie an, z.B. im Kreuzfeuer eines journalistischen Interviews. Beachten Sie jedoch, dass sie nur dann funktionieren, wenn Sie als Sprechender in wesentlich höherem Ansehen als Ihr Interviewpartner stehen, der sich mit einem einsilbigen Kommentar von Ihnen zufriedengeben muss. Im Gerichtssaal, im parlamentarischen Untersuchungsausschuss oder in einer TV-Talkshow würde nochmals bei unstimmigen Punkten scharf nachgefragt werden.

Keine Antwort ist auch eine Antwort F7

Frage:
Es gibt Gerüchte, dass der Spieler XY schon bald zum FC Barcelona wechselt. Fühlen Sie sich selbst als Vereinsmanager hintergangen? Ist man da nicht zornig?

Antwort:
Das haben Sie gesagt!
Dazu möchte ich mich nicht äußern.
Das würde ich so nicht sagen.

Querverweis: E39 (Stummschaltung)

Die Voraussetzung leugnen F8

Frage:
Was machen Sie, wenn Sie das nächste Spiel verlieren? Ist dann nicht Ihr eigener Job als Manager und der des Trainers in Gefahr?

Antwort:
Wir werden das nächste Spiel nicht verlieren, sondern im Gegenteil unseren Fans beweisen, dass wir immer noch Fußball spielen können.

Querverweis: B4 (Antithese)

Frage:
Was macht eigentlich die Verpflichtung des Topspielers XY? Sie waren doch ganz sicher, dass er kommen würde.

Hinweis auf die veränderte Lage   **F9**

Antwort:
Die Zeiten haben sich geändert. Wir können uns die Ausgabe derzeit nicht leisten, auch wenn wir es wollten, und werden verstärkt auf Talente der eigenen Jugend zurückgreifen.

Querverweis: B64 (neuer Faktor zur Ergebnisänderung)

Frage:
Man sagt, Sie seien ein Anhänger des Mauerfußballs. Ständig diese 0:0-Spiele – wieso sollten Ihre Fans eigentlich noch ins Stadion kommen?

Eine Äußerung wird umgedeutet   **F10**

Antwort:
Sagen wir es lieber so: Ich bin für Sicherheit, Verlässlichkeit und Ordnung in der Abwehr. In der Tabelle klettern wir langsam, doch stetig nach oben. Mit Mauerfußball hat das jedoch nichts zu tun! Unser Topstürmer ist gerade nicht in Form und schießt keine Tore.

Querverweis: B9 (Periphrase)

Frage:
Die Rote Karte für den Torhüter XY nach dem Ausraster im letzten Spiel – ist dieser Spieler nicht zu gefährlich für Ihre eigene Mannschaft? Schließlich musste dann ein Feldspieler ins Tor, weil keine Auswechslung mehr möglich war.

Ein Problem wird bagatellisiert   **F11**

Antwort:
Wenn wir Spiele gewinnen wollen, müssen wir gewisse Risiken in Kauf nehmen. Der Spieler XY hat sich in diesem Moment nicht richtig verhalten, aber nach dem groben Foulspiel zuvor war es schon fast die logische Konsequenz.

Querverweis: F5 (Verwirrung stiften), E89 (widerlegte Argumente abkürzen nach Hamilton)

Frage:
Was sagen Sie zur Entscheidung der DFL, alle Bundesligarechte ans Pay-TV zu verkaufen?

Eine Folge übertreiben   **F12**

Antwort:
Das klingt schon wieder so, als würden die Fans im öffentlichen Fernsehen noch nicht einmal mehr ein einziges Standbild zu sehen bekommen. Fakt ist: Auch im öffentlichen Fernsehen wird es den Bundesligafußball geben – allerdings eben erst zu später Stunde.

Querverweis: E88 (Folgen übertreiben nach Hamilton)

Vertagung eines unangenehmen Themas F13	**Frage:** Was sagen Sie eigentlich zum Interview des Spielers XY, das heute in der Boulevardzeitung erschienen ist? Er hat ja Sie und den Trainer und Teile der Mannschaft heftig kritisiert.

Antwort:
Ich glaube, es ist hier nicht der Ort, über das heikle Thema zu sprechen. Aber dass ich nicht entzückt war, dürfte Ihnen klar sein. Doch zunächst muss ich mit dem Spieler ein Gespräch unter vier Augen führen.

Querverweis: A99 (Hysteron proteron)

Durch Gegenfrage wird Zeit gewonnen F14	**Frage:** Stimmt es, dass Sie als Vereinsmanager aufhören wollen?

Antwort:
Ich verstehe die Frage nicht. Wer behauptet denn das?

Querverweis: F48 (ständige Gegenfragen)

Etwas als absurd abtun F15	**Frage:** Stimmt es, dass Sie als Vereinsmanager aufhören wollen?

Antwort:
Ich habe ja viel Sinn für Humor, aber solch ein Spaß geht doch entschieden zu weit.

Querverweis: C65 (Die Scham und Schamlosigkeit in der Rede)

Angebliche Großzügigkeit zeigen F16	**Frage:** Stimmt es, dass Sie als Vereinsmanager aufhören wollen?

Anwort:
Ich möchte darauf verzichten, auf alle Ungereimtheiten Ihrer Fragestellung einzugehen und will noch einmal betonen, dass der Verein weiter mit mir rechnen kann.

Querverweis: E71 (unwissende Ironie nach Schopenhauer)

Frage: Es gibt Gerüchte, dass der Spieler XY schon bald zu Ihrem Verein wechselt.	Sich hinter anderen Personen verstecken **F17**

Antwort:
Ich verstehe Ihre Neugier durchaus und würde Ihnen nur zu gerne helfen. Aber was glauben Sie, was wohl die Reaktion unseres Vereinspräsidenten wäre, wenn ich Ihnen schon hier heute alles ausplaudere? Diese Angelegenheit ist noch lange nicht spruchreif.

Querverweis: B30 (Rhetorische Frage)

Frage: Die neue Spielformation mit nur einer hängenden Spitze – ist sie nicht viel zu defensiv ausgerichtet?	Die Praxis gegen die Theorie ausspielen **F18**

Antwort:
In der Theorie haben Sie vielleicht Recht, doch die Praxis zeigt, dass unser Spielsystem so am besten zur Entfaltung kommt. Wir haben hervorragende Mittelfeldspieler und einen äußerst offensiven Verteidiger, der sich entlastend in den Angriff einzuschalten versteht.

Querverweis: D73 (Killerphrasen)

Frage: Die neue Spielformation mit nur einer hängenden Spitze – ist sie nicht viel zu defensiv ausgerichtet?	Eigene Sachkompetenz zeigen **F19**

Antwort:
Während die meisten anderen Trainer bislang nicht einmal die Champions League erreicht haben, kann ich fünf Meistertitel verbuchen. In der Frage des Spielsystems kenne ich mich wohl am besten aus, schließlich habe ich schon die Topvereine X und Y trainiert.

Querverweis: D84 (Selbstdarstellung zur Abwertung)

Die Person angreifen
F20

Frage:
Die neue Spielformation mit nur einer hängenden Spitze – ist sie nicht viel zu defensiv ausgerichtet?

Antwort:
Sie reden über das Problem... wie der Bäcker vom Steak (wie der Metzger vom Käsekuchen / wie der Schuster vom Hosenflicken / wie der Schneider vom Schuhbesohlen / wie der Busfahrer vom Flugzeugfliegen). Von Ihnen und Ihren Kamerateams war aber auch nichts anderes zu erwarten. Große Fußballer sind da ja auch nicht unter Ihnen. Nein, wir sind nicht zu defensiv ausgerichtet. Ich weiß zwar nicht, was Sie beim heutigen Spiel gemacht haben, aber ich habe genau zugeschaut und eine äußerst überlegene und offensive Mannschaft gesehen.

Querverweis: A58 (Vergleichssatz), E66 (Reizen des Gegners nach Schopenhauer), E83 (persönlich werden nach Hamilton)

Themawechsel **F21**

Frage:
Die neue Spielformation mit nur einer hängenden Spitze – ist sie nicht viel zu defensiv ausgerichtet?

Anwort:
Vielleicht sollten wir uns erst einmal darüber unterhalten, was Sie und Ihre Kollegen letzte Woche zu einem angeblichen Bestechungsskandal gesendet haben. So geht man nicht mit einem jungen Spieler um.

Querverweis: A96 (Anakoluth), B38 (Adiectio), E65 (Diskussionsunterbrechung nach Schopenhauer)

Umarmung des Gegners
F22

Frage:
Was machen Sie, wenn Sie das nächste Spiel verlieren? Ist dann nicht Ihr eigener Job als Manager und der des Trainers in Gefahr?

Antwort:
Im Grunde sind wir einer Meinung. Wir dürfen das nächste Spiel nicht verlieren, und wir werden das nächste Spiel auch nicht verlieren.

Querverweis: D15 (Kontakt zum Gesprächspartner herstellen)

Frage:
Aus den letzten fünf Spielen nur zwei Punkte auf der Habenseite. Was nun, Herr XY? Wollen Sie persönliche Konsequenzen ziehen?

Falsche Gewichtung
F23

Antwort:
Es kommt auf die Details an. Wir haben mehrfach die Schiedsrichter gegen uns gehabt, nur das nötige Quäntchen Glück hat gefehlt. Tatsächlich waren wir aber immer die bessere Mannschaft.

Querverweis: E49 (falsche Rückschlüsse ziehen)

Frage:
Aus den letzten fünf Spielen nur zwei Punkte auf der Habenseite. Was nun, Herr XY? Wollen Sie persönliche Konsequenzen ziehen?

Annahmen als Tatsachen ausgeben
F24

Antwort:
Es ist doch unbestritten, dass wir immer die bessere Mannschaft gewesen sind und nur aufgrund einiger unglücklicher Schiedsrichterentscheide am Gewinnen gehindert worden sind.

Querverweis: E77 (gegnerische Beweise anzweifeln nach Schopenhauer)

Frage:
Buhrufe bei den Fans zur Halbzeitpause und „Raus-Rufe" gegen Ihre Person – schmerzt das nicht ein bisschen?

Hinweis auf schlechtere Verhältnisse anderswo
F25

Antwort:
Das ist doch nicht der Rede wert, in den anderen Vereinen wird jede Woche zur Halbzeitpause gepfiffen, in den anderen Vereinen wird jede Woche der Rücktritt des Managers verlangt. Bei uns ist das die Ausnahme, und außerdem glaube ich, dass wir das Spiel noch drehen können.

Querverweis: A37 (Ortsadverb)

Frage:
Ihre Mannschaft hat heute mehr als hart gespielt. Zwei Rote Karten!

Extremposition einnehmen
F26

Antwort:
Was wollen Sie? Wir sitzen doch nicht mucksmäuschenstill wie

die Mönchsbruderschaft im Kloster, wir züchten doch keine Pflänzchen auf der Wiese! Auf der Wiesn gibt's nur ein Ziel: Gewinnen, gewinnen, gewinnen.

Querverweis: A74 (Geminatio), B15 (Hyperbel)

Was tun sie, wenn…? F27

Eines haben Konferenzen und TV-Talkshows gemeinsam: Garantiert sitzt dort mindestens eine Person, deren Position sich von Ihrer Sicht der Dinge weit unterscheidet. Um aber selbst sein Anliegen öffentlichkeitswirksam unters Volk zu bringen, müssen Sie sich auch durchsetzen können und die hohe Kunst der Unterbrechung beherrschen: dem anderen ins Wort zu fallen. Das ist zwar nicht höflich, aber immer noch besser als dem anderen für seine Thesen zu viel Raum zu geben. Gibt es nämlich einen Moderator, der den anderen einfach quatschen lässt, müssen Sie aktiv werden, um eben genau dies zu verhindern.

Wenn jemand aggressiv ist **F28**	-	Bleiben wir doch sachlich, Herr XY
	-	Ich glaube, Herr XY, Sie sind heute nicht gut auf uns zu sprechen. Aber das ist mein Job, wie der Ihre das Verhandeln mit uns ist
	-	Ich verbitte mir ein solches Verhalten. Wir brauchen Sie, Sie brauchen uns.
Wenn jemand ausweicht **F29**	-	Sie haben immer noch nicht gesagt, was Ihre Meinung dazu ist
	-	Eine eindeutige Antwort: Ja oder nein? Nein oder ja?
	-	Meinen Sie nicht aus, dass wir wieder zum Thema zurückkehren sollten?
Wenn jemand unsicher ist **F30**	-	Das ist eine wichtige Bemerkung. Sagen Sie uns mehr darüber.
	-	Wir können hier offen sprechen.
	-	Auch Ihr frühere Kollege, den Sie ja sehr schätzen, sagt…
Wenn jemand spottet **F31**	-	Sie haben vielleicht gerade die Lacher auf Ihrer Seite, aber was ist Ihre Lösung zum Problem?
	-	Warum nehmen Sie uns nicht für voll? Sie erwarten doch auch, dass wir Sie ernst nehmen.

-	Herr XY, haben Sie das gerade mitbekommen? Können Sie der Sache zustimmen?	**Wenn jemand unkonzentriert ist (mit dem Nachbarn redet)** **F32**
-	Vielleicht sollten wir jetzt eine kleine Pause einlegen. Sie haben sicherlich viel zu bequatschen.	

- Herr XY, darf ich meinen Gedanken noch zu Ende führen oder wollen Sie für mich übernehmen?
- Herr XY, ich muss Sie leider darauf hinweisen, Sie haben noch nicht das Wort!
- Herr XY, ich verstehe, dass Ihnen meine Zahlen unangenehm sind, aber lassen Sie mich erst die Ergebnisse erläutern.
- Warum sind Sie eigentlich so ungeduldig? Sie dürfen gleich etwas zum Thema beisteuern.
- Haben Sie vorhin Juckpulver verschluckt? Sie reden, als plage sie ein ganz schlimmer Juckreiz im Munde zu dieser Stunde. Reden Sie aber bitte nur dann, wenn Sie an der Reihe sind!

Wenn jemand Sie nicht aussprechen lässt F33

- Also gut, dann fassen Sie mal Ihre Kritik kurz und bündig in grammatisch verständliche Sätze.
- Was gefällt Ihnen denn nicht an meiner Interpretation?
- Wir müssen zu einer Lösung kommen, dazu dürfen auch Sie etwas beitragen.

Wenn jemand nur meckert F34

- Das ist wirklich sehr interessant, was Sie da sagen, aber wenn ich mal einhaken darf.... (erst Lob, dann Kritik)
- Tatsächlich? Sie meinen also, wir sollten...
- Darf ich mal auch jetzt etwas sagen? Sie reden schon seit drei Minuten!
- Damit wir zu einem Ergebnis kommen, sollten sich alle am Tisch kurz fassen.
- Verstehe ich Sie richtig? Sie wollen also wirklich...

Wenn jemand Monologe hält (und...und...und) F35

Querverweis: A87 (Polysyndeton)

- Ich finde, dieses wichtige Thema verlangt in Ruhe besprochen zu werden. Können Sie Ihren Termin nicht einfach verschieben? Das hier ist doch viel wichtiger!
- Wenn Sie jetzt gehen, müssen Sie ein zweites Mal an den Verhandlungstisch. Wann haben Sie denn Zeit? Passt Ihnen morgen früh so um 7 Uhr 30? Oder haben Sie da auch einen Termin...?
- Haben Sie wirklich keine Zeit oder ist das wieder nur ein Trick?

Wenn jemand angeblich keine Zeit hat F36

Wenn jemand sich wiederholt **F37**	- Das haben Sie bereits gesagt. Wir haben Ihr Problem schon verstanden. - Dieser Aspekt wurde schon von Ihnen erwähnt, Herr XY. - So drehen wir uns aber im Kreis. - Die Sache wird aber nicht richtiger, je öfter Sie es wiederholen. Sie sollten auch die Gegenargumente einbeziehen.
Wenn jemand nur seine Interessen sieht **F38**	- Sie haben aus Ihrem Blickwinkel vielleicht sogar Recht, aber bedenken Sie auch die Interessen der anderen Leute. - Dies kann auch negative Folgen für Sie haben, denn... - Es ist ein Geben und Nehmen, wenn man Geschäfte macht, nicht nur ein Nehmen. Bislang können wir aber nicht erkennen, dass Sie uns etwas geben. Also – was ist Ihr Zugeständnis an unsere Seite? Das bisherige Angebot reicht nicht aus.
Wenn jemand ein verlockendes Angebot macht **F39**	- Das muss ich erst in Ruhe prüfen und mit meinem Vorgesetzten besprechen. - Das klingt zwar durchaus verlockend, aber nicht unbedingt seriös. Wo liegt der Haken an der Sache? - Was geschieht aber, wenn Sie dieses Versprechen später doch nicht einhalten können? Bislang ist es doch nur eine Absichtserklärung, kein richtiges Angebot. - Können Sie mir das schriftlich geben?
Wenn jemand aus Akten zitiert **F40**	- Das ist eigentlich nicht das Thema dieser Verhandlung. - Wer hat das wann gesagt? Ich habe selbst keine Notiz in meiner Akte. - Dazu muss ich erst meine eigenen Akten kommen lassen.
Wenn jemand schweigt **F41**	- Warum sagen Sie jetzt nichts? Hat es Ihnen die Sprache verschlagen? - Das scheint Ihnen wohl nicht zu passen, wenn Sie mit der Wahrheit konfrontiert werden. - Als ich vorhin geredet habe, haben Sie mich ständig unterbrochen. Jetzt, wenn Sie etwas sagen dürfen, wollen sie partout nichts sagen. Kann es sein, dass Sie uns nur heiße Luft anbieten?

Querverweis: A96

| | | **Wenn jemand kompliziert formuliert** **F42** |

- Was bedeutet „XY"? Ist das wieder ein neumodisches Fremdwort aus der Hip-Hop-Szene?
- Könnten Sie nicht einfacher formulieren, sodass alle an der Diskussion teilnehmen können?
- Ich habe zwar das Große Latinum, aber das Fremdwort kenne nicht einmal ich. „Motivational" - was soll denn das bedeuten? Meinen Sie etwas „motivieren?" Wenn Sie ein lateinisches Fremdwort benutzen, erinnert es mich immer an Jägerlatein.
- Könnten Sie Ihr Englisch mal aus der deutschen Sprache lassen? Sie sind hier nicht im Weißen Haus!
- Könnten Sie weniger mit Ihrem Französisch angeben? Wir stehen hier nicht auf dem Eiffelturm!

Querverweis: B10

Wenn jemand seine Fachkompetenz überbetont **F43**

- Es gibt aber Experten, die etwas ganz anderes behaupten
- Herr XY, Sie als Experte für ABC können uns doch sicher etwas über das Thema sagen...
- Herr XY, ich als Laie sehe aber folgendes Problem: Erstens..., zweitens...

Wenn jemand sich nur auf Teilprobleme konzentriert **F44**

- Ich denke, der Punkt ist nicht so wichtig.
- Viel wichtiger erscheint mir, dass wir...
- Wir sollten jetzt nicht nur die Randfragen klären, sondern eher die Kernproblematik angehen.
- Haben wir für so etwas jetzt noch Zeit? Es ist schon 18 Uhr 30, und wir wollen auch irgendwann nach Hause.

Wenn jemand nicht verstehen will **F45**

- Was haben Sie denn nicht verstanden? Ich will es Ihnen gerne erklären, wir haben viel Zeit, auch wenn jemand es nicht sofort versteht.
- Ich sehe schon, Sie wollen mich einfach nicht verstehen. Dauernd verzerren Sie Aussagen.
- Rechnen schwach, Denken schwach, Logik schwach – worin sind Sie gut, Herr XY?

Wenn jemand streitet **F46**

- Aber meine Herren, seien Sie doch vernünftig!
- Vielleicht ist es angebracht, Sie an ein paar Verhaltensregeln zu erinnern. Wir sollten nicht..., und wir sollten auch nicht...

	- Das bringt uns doch nicht weiter! Private Rechnungen gehören nicht auf die Tagesordnung.
- So führt man keine Verhandlungen, so sollten wir nicht miteinander umgehen.
- Ich schlage vor, dass wir jetzt abbrechen. In einer solch aufgeheizten Atmosphäre lässt sich niemals ein Ergebnis erzielen.
Wenn jemand Sie auf Ungereimtheiten aufmerksam macht **F47**	- Ein großes Missverständnis. Ja, das stimmt, das habe ich früher gesagt, und ich möchte mich hierfür entschuldigen.
- Können Sie mir genau sagen, wann und wo ich das gesagt haben soll?
- Ja und? Wollen Sie etwa sagen, dass Sie selbst noch nie einen kleinen Fehler begangen haben?
- Die anderen Teilnehmer werden mir sicherlich zustimmen, dass ich niemals...
- Auch Sie können mich nicht davon abhalten, im Leben noch klüger zu werden.
- Was geht mich mein Geschwätz von vorgestern an? Heute ist heute, und vorgestern war vorgestern. Ich habe meine Meinung eben geändert. Punkt.
Wenn jemand ständig Gegenfragen auf Fragen stellt **F48**	- Ich will es äußerst knapp beantworten. Ja, wir haben...
- Sie sollten erst meine Frage beantworten, ehe Sie eine Frage stellen!
- Ist Ihnen meine Frage derart unangenehm, dass Sie meine überhaupt nicht beantworten wollen?
Wenn jemand schlecht über Abwesende redet **F49**	- Herr XY ist leider nicht anwesend, daher ist seine Verteidigung nicht möglich.
- Dazu müssten wir beide Seiten hören, nicht nur Ihre.
- Also ich kenne Herrn XY ganz anders.
- So sehr ich Klatsch und Tratsch liebe, möchte ich doch gern wieder auf das Thema zurückkommen.
Wenn jemand das Gespräch in die Länge zieht **F50**	- Vielleicht sollten wir uns über das bisherige Verhandlungsergebnis unterhalten. Was haben wir erreicht, was können wir noch erreichen?
- Uns läuft die Zeit davon, konzentrieren wir uns auf das Wesentliche!
- Ich denke, wir sollten jetzt einen gemeinsamen Beschluss fassen und bitte um Ihre Handzeichen.
- Die Redezeit ist überschritten.

Das Referat

A. Die Körpersprache   F51

- Die Körpersprache dient dazu, dass die Zuhörer aufmerksam sind.

- Es ist sehr wichtig, Blickkontakt zu halten.

- <u>Vor einer sehr großen Menge:</u> Punkte vorstellen, und dann von rechts nach links gleichmäßig fixieren und sich ihnen zuwenden. So fühlen sich die Menschen in der Menge, denen sich der Redner zuwendet, angesprochen.

- <u>Vor einer kleinen Menge:</u> Den Leuten direkt in die Augen schauen (nicht auf den Pickel oder die hässliche Frisur; nicht nur zu einer Person). Die Leute nicht zu lange anstarren; sondern nur kurz in die Augen und dann gleich den nächsten mit dem Blick erreichen.

- Wenn möglich, die eigenen Aussagen mit den Händen unterstreichen.

- Auf eine ruhige Beinstellung achten und versuchen, unkontrollierte Bewegungen (z.B. alle 10 Sekunden von rechts nach links wippen, am Kopf kratzen und überlegen) zu vermeiden.

- Klang der Stimme / Redefluss

    Stimme soll deutlich; nicht zu schnell oder langsam; betont (bei Fragen oder wichtigen Argumenten) sein. „Äääähs" und dergleichen vermeiden.

- Die eigenen Schwächen feststellen (hilfreich: Aufzeichnung durch eine Videokamera oder Webcam).

B. Der Rahmen   F52

Einstellung: Ich rede für die Zuhörer

Vorbereitung:

- körperlichen und seelischen Zustand achten (z.B. Frühstück, ausreichend Schlaf)
- äußerliches Erscheinungsbild der jeweiligen Situation anpassen (Kleidung: Bei einer Rede vor Finanzgrößen: Anzug / Bei einer Rede vor Jugendlichen: nicht spießig)
- die Grundeinstellung der Zuhörer beachten – was denken sie wohl über das Thema?
- rechtzeitig ankommen zur Bewältigung: bevor einer im Raum sitzt, die Medien testen; sich mit dem Raum vertraut machen (Akustik); Material bereitlegen; Flipchart)
- direkt vor dem Referat 10 bis 15 Minuten Entspannung gönnen

- nach dem Vortrag positive und negative Aspekte notieren, abwägen (Selbstkontrolle)
- Freund oder Freundin beobachtet euch und gibt euch ein Statement

C. Vorbereitung => Weg F53

    I. Eindeutige Themendefinition
    II. Ziel festlegen und klar abgrenzen (Manipulation; Überzeugung; Diskussion anregen; Information)

1. Während der Vorbereitung sachlich und ohne Emotionen vorbereiten!
Welches Argument ist wichtig / aussagekräftig?
Welches Argument könnte meinem gegenüberstehen?

2. Verwendung von Karteikärtchen F54

Auf die Papiergröße achten:
DINA5 / DINA6 Kärtchen mit verschiedenen Farben von Vorteil.

Beispiel:
Anweisungen: rot (z.B. Blickkontakt)
Stimme: gelb
Zitate: grün
ca. 10 – 15 Stück
nur einseitig beschriften (nicht am falschen Ende sparen; wenn der Redner etwas sucht, entsteht Unruhe)

- nicht ablesen, sondern so frei wie möglich reden (sonst keine Flexibilität möglich)
- Einleitung schriftlich formulieren / 5 – 6 Sätze (gibt Sicherheit und Selbstvertrauen) mit allen selbstverständlichen Dingen, die es gibt:
z.B. Begrüßung, Nennung der eigenen Person (Vorstellung), Thema usw.
- Doppelter Zeilenabstand; links und rechts Rand lassen; deutliche Schrift; hervorheben wenn möglich; bei Argumenten Betonung markieren)

3. Zeit des Vortrags messen

D. Inhaltliche Vorbereitung F55

Anfang und Ende wichtig

um Leute zu gewinnen   die letzte Möglichkeit, die Zuhörer zu erreichen

- je spannender der Vortrag, desto besser

- sofern möglich: Argumente unbedingt mit einprägsamen, leicht assoziierbaren Beispielen belegen
- keine Behauptungen aufstellen, die von vornherein angreifbar sind
  jedes Argument prüfen auf: **BELEGBARKEIT BEWEIS BEISPIEL**
- Konzentration auf das Wichtigste: Details ermüden

E. Der Vortrag F56

Man sollte vorher wissen:

1. *Der Zuhörer ist grundsätzlich faul*
2. *Bei einem Thema, das interessant ist, hört man auch einem langweiligen Redner zu*

- wenn möglich, Medien einsetzen
- kurzen Überblick über den inhaltlichen Aufbau geben:
  Textgliederung so ordnen, dass der Zuhörer alles nachvollziehen kann.
  Die Ankündigung der Gliederung ermöglicht den Zuhörern einen leichten Einstieg.
- Verbale Begleitung der Information („Kopien mitgebracht für euch")
- Nur die wichtigsten Daten aufzählen
- wichtig machen: Stimme
- Pausen machen (z.B. nach dem Höhepunkt)
- Länge der Sätze beachten
- Publikum miteinbeziehen / ansprechen (O-Ton: „Wie jeder weiß..." / „Sie als Autofahrer wissen doch auch, dass...")
- Keinen Ton verwenden, der aufdringlich bzw. besserwisserisch ist (sonst keine Akzeptanz)
- Datenquelle nennen
- nicht WAS ich sagen will
  sondern WIE ich es sage
  und WIE es ankommt ist wichtig (Ziel!)
- Thema nicht im ersten Satz nennen (versuchen, Spannung aufzubauen)
- Akzeptanz der Zuhörer hängt auch von der Person des Redners ab:
  bewusst machen:
  Als was trete ich vor diese Menschen?
  Habe ich die Untersuchung durchgeführt?
  Oder werde ich gebeten darüber zu sprechen?
  Somit: Bin ich qualifiziert?
  Welchen Rang, Stelle, Bekanntheitsgrad nimmt meine Person ein?
- Verabschiedung:
  (Dankeschön...für die Aufmerksamkeit)
- Die Wörter „ferner", „weiter" sind zu vermeiden.
  Alternative: „Es gibt 5 Vorteile: Erstens...zweitens...drittens..."
- nicht in die gesellschaftliche Norm eingreifen („Ihr, die ihr euch Tag und Nacht von Computer und Fernseher berieseln lasst")
- niemanden angreifen (Nicht: „Also schaut her, Jungs, bei euch klappt es doch eh nicht.")
- niemals in die Privatsphäre der Einzelpersonen vorstoßen; lieber selber als Betroffener

- reden
- lernen, Zahlen vorher zu hinterfragen
- gegen die Normalität antreten
  Was ist normal? Vergleich zum Vorjahr da?
  Beispiel: Im Jahr 1992 sind 440 000 Migranten zu uns gekommen.
  Frage dich selbst: Was bedeutet diese Information konkret? Ist das nun viel? Ist das normal? Ist das wenig? Wird die Zahl in der Zeitung auch richtig interpretiert?
- Bei einer Panne (z.B. Versprecher) keine Entschuldigung, sondern verbessern und weitermachen.

Streitgespräch im Anschluss des Referats   F57

Wozu Streitgespräch:

1. *Zur Konfliktbewältigung*
2. *Zum Informationsaustausch*
3. *Zum Meinungsaustausch*

- längere Diskussion ist nur möglich, wenn beide Seiten gleichgewichtige Argumente haben
- Interesse zur Konfliktlösung muss vorhanden sein
- die Diskussion muss in geordneten Bahnen verlaufen
- Emotionen weitgehend zurückstellen
- Lösung gibt es nur, wenn beide Diskussionspartner die Argumente des anderen akzeptieren

Verhaltensregeln bei Diskussionen   F58

I. Nicht auf Gedeih und Verderb contra geben; sondern lieber erst warten, welche Informationen der andere hat.
II. Diskussionspartner mit verworrenem Weltbild: keine Rettung möglich; Spielregeln sind nebensächlich, da keine Annäherung möglich - Diskussion abbrechen
III. Diskussion verlangsamen, Redefluss bremsen
IV. Hinterfragen: Besitzt der Diskussionspartner überhaupt Einblick in die Thematik? Wie ist sein Wissensstand?
V. Thema eingrenzen   WEG

Ziel definieren.
Gedanken regelmäßig ohne Wertung zusammenfassen:
(„Du meinst also... Hab' ich dich richtig verstanden...?")

VI. Wichtige Punkte bei Besprechungen aufschreiben. Papier und Bleistift verwenden. Über eigene Kompetenzen klar werden.
VII. Im privaten Bereich (z.B. Stress mit der Freundin) Signale beachten, Problematik zur

Sprache bringen, nicht alles schlucken.
Rückfragen, Zeit nehmen, Ruhe, systematisch diskutieren; Unsachlichkeit vermeiden; nicht Schnee von 10 Jahren vorwerfen; bei übermäßigen Emotionen abbrechen

Schritt 7:

Praxistest im Alltag (actio): außerhalb des Rhetorikseminars einen Vortrag halten, an Konferenzen der Firma teilnehmen.

Schritt 8:

Schritt 1 bis 7 mit Übungen daheim wiederholen. Wortschatz erweitern durch Diskussionen und das Lesen von Interviews und Reden bedeutender Persönlichkeiten.

Anhang

Eine kleine Auswahl über „Rhetorik" aus der deutschen Literatur

Raabe: Abu Telfan   F60

›Halte den Mund, Mädchen, und schilt mir diese Nacht und diesen Mondenschein nicht! Du bist zu schön, um zu schelten, und weinen sollst du noch weniger. Wie schön du bist! Das Licht der Offenbarung ist mit dir aus dem Gebüsch emporgestiegen; ich war ein Verirrter, doch nun kenne ich meinen Pfad wieder. Was Trauer und Verdruß, was Grübeln und Grämen, was Zerschlagenheit und Apathie; wenn du mir hilfst, Mädchen, bin ich von neuem Herr in meinem Reich! Das Leben war mir zerbrochen, wie einem der rechte Arm zerbricht; ich habe ihn lange, lange in der Schlinge getragen, und jetzt prüfe ich von neuem seine Stärke. Mädchen, ich weiß wieder, in welchem Sinne ich mein Leben begann und wie ich es fortsetzen mag, ohne dem Wahnsinn zu verfallen gesegnet sei die Tante Schnödler, der deutsche Mond und du – du schöne, schöne Nikola von Einstein!‹

So oder ähnlich wäre es dem Afrikaner erlaubt gewesen, sich zu äußern: er hätte auch, wie folgt, sprechen können:

›Gnädiges Fräulein, Sie haben gleich bei unserer ersten Begegnung einen merkwürdigen Eindruck auf mich gemacht; denn Sie bedingen für mich einen merkwürdigen Gegensatz zu meiner bisherigen Existenz. Gnädiges Fräulein, einem Manne, welcher zehn Jahre in Abu Telfan im täglichen Verkehr mit Madam Kulla Gulla, ihren Freundinnen, Töchtern, Nichten und so weiter zubrachte, geht der Begriff des Vaterlandes in wundervoller Klarheit und Anmut auf, wenn es ihm auch nur vierzehn Tage hindurch vergönnt ist, täglich einige Male in Ihre Augen zu blicken. Fräulein von Einstein, die schönsten Illusionen der Jugend müssen sich mir notwendig in Ihnen verkörpern. Und was die Tante Schnödler anbetrifft, so bilden Sie auch zu dieser einen angenehmen Gegensatz, gnädiges Fräulein; und wenn einmal im deutschen Mondenschein, während dem letzten Maikäfergesumme des Jahres einem Menschen in meiner Situation das Tu-

Jetzt trat er in sein Zimmer und glaubte fest, durchaus zu wissen, was er zu sagen habe; allein der Anblick, der ihn traf, bannte ihn für eine ganze Weile auf die Schwelle und löste allmählich alles, was ihm noch von Grimm in der...

Spielhagen: Problematische Naturen. Zweite Abteilung (Durch Nacht zum Licht)   F61

Ho, ho! nun kommt der Professor in Gang! schrie Herr Schmenckel, sich die Seiten haltend. Rede halten, Rede halten! Der Professor soll 'ne Rede halten.

Oswald war aufgesprungen und zu Berger getreten; er versuchte

in seiner Herzensangst den Exaltirten mit freundlichen Worten zu beruhigen und zum Fortgehen zu bewegen.
Berger achtete nicht auf ihn. Er stand da, sich mit beiden Händen auf den Tisch lehnend, wie Oswald es ihn im Auditorium hatte thun sehen.
Schreiben Sie, meine Herren, rief er; es ist die Quintessenz des langen Syllogismus, dessen einzelne Theile ich Ihnen so eben analysirt habe:

Ich stieg auf einen Birnenbaum,
Rüben wollt' ich graben,
Da hab' ich all' mein Leben lang,
Keine besseren Pflaumen gegessen.

Die Mathematik ist, wie die Dialektik, ein Organ des inneren höheren Sinnes, in der Ausübung ist sie eine Kunst wie die Beredsamkeit. Für beide hat nichts Wert als die Form; der Gehalt ist ihnen gleichgültig. Ob die Mathematik Pfennige oder Guineen berechne, die Rhetorik Wahres oder Falsches verteidige, ist beiden vollkommen gleich.

Goethe: Wilhelm Meisters Wanderjahre F62

Hier aber kommt es nun auf die Natur des Menschen an, der ein solches Geschäft betreibt, eine solche Kunst ausübt. Ein durchgreifender Advokat in einer gerechten Sache, ein durchdringender Mathematiker vor dem Sternenhimmel erscheinen beide gleich gottähnlich.

Er sprach als Maurer, nicht als Geistlicher. Er konnte nicht umhin, dem Gefühl der Ehrfurcht, das Alle empfanden, den Ausdruck der Weihe zu geben. Der Moment riß ihn fort, er trat aus dem künstlich gegrabenen Bett seiner Rhetorik diesmal heraus. Er sprach nicht so gut, als er wollte und darum eben diesmal besser. Er schien zu fühlen, daß dieser Hingegangene Das sicher besaß, was tastend er selber suchte. Rührung, die ihm nur in jungen Jahren über seine eignen Worte gekommen war, befiel den Redner mit einer Wahrheit, die den anwesenden Gegnern seines schwankenden und ehrgeizigen Sinnes schonende Achtung abgewann. Man sang am Grabe.

Gutzkow: Die Ritter vom Geiste F63

Es war eine laue Sommernacht und auch die erleuchteten Fenster der Kapelle standen offen. Im schmalen Zwischenraume hoch über uns flimmerten Sterne. Der Pater auf der Kanzel, ein junger blasser Franziskanermönch mit südlich feurigen Augen und zuckendem Mienenspiel, gebärdete sich so seltsam heftig, daß er mir

Meyer: Das Amulett F64

erst ein Lächeln abnötigte; bald aber nahm seine Rede, von der mir keine Silbe entging, meine ganze Aufmerksamkeit in Anspruch.
»Christen«, rief er, »was ist die Duldung, welche man von uns verlangt? Ist sie christliche Liebe? Nein, sage ich, dreimal nein! Sie ist eine fluchwürdige Gleichgültigkeit gegen das Los unsrer Brüder! Was würdet ihr von einem Menschen sagen, der einen andern am Rande des Abgrunds schlummern sähe und ihn nicht weckte und zurückzöge? Und doch handelt es sich in diesem Falle nur um Leben und Sterben des Leibes. Um wieviel weniger dürfen wir, wo ewiges Heil oder Verderben auf dem Spiele steht, ohne Grausamkeit unsern Nächsten seinem Schicksal überlassen! Wie? Es wäre möglich, mit den Ketzern zu wandeln und zu handeln, ohne den Gedanken auftauchen zu lassen, daß ihre Seelen in tödlicher Gefahr schweben? Gerade unsre Liebe zu ihnen gebietet uns, sie zum Heil zu überreden und, sind sie störrisch, zum Heil zu zwingen, und sind sie unverbesserlich, sie auszurotten, damit sie nicht durch ihr schlechtes Beispiel ihre Kinder, ihre Nachbarn, ihre Mitbürger in die ewigen Flammen mitreißen! Denn ein christliches Volk ist ein Leib, von dem geschrieben steht: Wenn dich dein Auge ärgert, so reiße es aus! Wenn dich deine rechte Hand ärgert, so haue sie ab und wirf sie von dir, denn, siehe, es ist dir besser, daß eines deiner Glieder verderbe, als daß dein ganzer Leib in das nie verlöschende Feuer geworfen werde!« –
Dies ungefähr war der Gedankengang des Paters, den er aber mit einer leidenschaftlichen Rhetorik und mit ungezügelten Gebärden zu einem wilden Schauspiel verkörperte. War es nun das ansteckende Gift des Fanatismus oder das grelle von oben fallende Lampenlicht, die Gesichter der Zuhörer nahmen einen so verzerrten und, wie mir schien, blutdürstigen Ausdruck an, daß mir auf einmal klarwurde, auf welchem Vulkan wir Hugenotten in Paris stünden.
Gasparde wohnte der unheimlichen Szene fast gleichgültig bei und richtete ihr Auge auf einen schönen Stern, der über dem Dache der Kapelle mild leuchtend aufstieg.
Nachdem der Italiener seine Rede mit einer Handbewegung geschlossen, die mir eher einer Fluchgebärde als einem Segen zu gleichen schien, begann das Volk in dichtem Gedränge aus der Pforte zu strömen, an deren beiden Seiten zwei große brennende Pechfackeln in eiserne Ringe gesteckt wurden. Ihr blutiger Schein beleuchtete die Heraustretenden und erhellte zeitweise auch Gaspardes Antlitz, die das Volksgewühle mit Neugierde betrachtete, während ich mich in den Schatten zurückgelehnt hatte. Plötzlich sah ich sie erblassen, dann flammte ihr Blick empört auf, und als der meinige ihm folgte, sah ich einen hohen Mann in reicher Kleidung ihr mit halb herablassender halb gieriger Gebärde einen Kuß zuwerfen. Gasparde bebte vor Zorn. Sie ergriff meine Hand, und indem sie mich an ihre Seite zog, sprach sie mit vor Erregung zitternder Stimme in die Gasse hinunter:

»Du beschimpfst mich, Memme, weil du mich schutzlos glaubst! Du irrst dich! Hier steht einer, der dich züchtigen wird, wenn du noch einen Blick wagst!« – Rede, doch die ausdrucksvolle Gebärde verstanden hatte, seinen Mantel um die Schulter und verschwand in der strömenden Menge.

Gaspardes Zorn löste sich in einen Tränenstrom auf und sie erzählte mir schluchzend, wie dieser Elende, der zu dem Hofstaate des Herzogs von Anjou, des königlichen Bruders, gehöre, schon seit dem Tage ihrer Ankunft sie auf der Straße verfolge, wenn sie einen Ausgang wage, und sich sogar durch das Begleit ihres Oheims nicht abhalten lasse, ihr freche Grüße zuzuwerfen.

»Ich mag dem lieben Ohm bei seiner erregbaren und etwas ängstlichen Natur nichts davon sagen. Es würde ihn beunruhigen, ohne daß er mich beschützen könnte. Ihr aber seid jung und führt einen Degen, ich zähle auf Euch! Die Unziemlichkeit muß um jeden Preis ein Ende nehmen. – Nun lebt wohl, mein Ritter!« fügte sie lächelnd hinzu, während ihre Tränen noch flossen, »und vergeßt nicht, meinem Ohm gute Nacht zu sagen!« –

Ein alter Diener leuchtete mir in das Gemach seines Herrn, bei dem ich mich beurlaubte.

»Ist die Predigt vorüber?« fragte der Rat. »In jüngern Tagen hätte mich das Fratzenspiel belustigt; jetzt aber, besonders seit ich in Nîmes, wo ich das letzte Jahrzehnt mit Gasparde im Namen Gottes Mord und Auflauf anstiften sah, kann ich keinen Volkshaufen um einen aufgeregten Pfaffen versammelt sehen ohne die Beängstigung, daß sie nun gleich etwas Verrücktes oder Grausames unternehmen werden. Es fällt mir auf die Nerven.«

Wie die weibliche Kleidung vor der männlichen, so hat auch der weibliche Geist vor dem männlichen den Vorzug, daß man sich da durch eine einzige kühne Kombination über alle Vorurteile der Kultur und bürgerlichen Konventionen wegsetzen und mit einemmale mitten im Stande der Unschuld und im Schoß der Natur befinden kann.

An wen sollte also wohl die Rhetorik der Liebe ihre Apologie der Natur und der Unschuld richten als alle Frauen, in deren zarten Herzen das heilige Feuer der göttlichen Wollust tief verschlossen ruht, und nie ganz verlöschen kann, wenn es auch noch so sehr verwahrlost und verunreinigt wird? Nächstdem freilich auch an die Jünglinge, und an die Männer die noch Jünglinge geblieben sind. Bei diesen ist aber schon ein großer Unterschied zu machen. Man könnte alle Jünglinge einteilen in solche, die das haben, was Diderot die Empfindung des Fleisches nennt, und in solche die es nicht haben. Eine seltne Gabe! Viele Maler von Talent und Einsicht streben ihr ganzes Leben umsonst danach, und viele Virtuosen der Männlichkeit vollenden ihre Laufbahn, ohne eine Ahndung davon gehabt zu haben. Auf dem gemeinen Wege kommt man nicht dahin. Ein Libertin mag verstehen mit einer Art von Geschmack den Gürtel zu lösen. Aber jenen höhern Kunstsinn der Wollust, durch den die männliche Kraft erst zur Schönheit gebildet wird, lehrt nur die Liebe allein den Jüngling. Es ist Elektrizität des Gefühls, dabei aber im Innern ein stilles leises Lauschen, im Äußern eine gewisse klare Durchsichtigkeit, wie in den hellen Stellen der Malerei, die ein reizbares Auge so deutlich fühlt. Es ist eine wunderbare Mischung und Harmonie aller Sinne: so gibt es auch in der Musik ganz kunstlose, reine, tiefe Akzente, die das Ohr nicht zu hören, sondern wirklich zu trinken scheint, wenn das Gemüt nach Liebe durstet. Übrigens aber möchte sich die Empfindung des Fleisches nicht weiter definieren lassen. Das ist auch unnötig. Genug sie ist für Jünglinge der erste Grad der Liebeskunst und eine angeborne Gabe der Frauen, durch deren Gunst und Huld allein sie jenen mitgeteilt, und angebildet werden kann. Mit den Unglücklichen, die sie nicht kennen, muß man nicht von Liebe reden: denn von Natur ist in dem Manne zwar ein Bedürfnis aber kein Vorgefühl derselben.

Tante Schorlemmer und Marie waren der Erzählung aufmerksam gefolgt; Renate aber warf hin: »Vorzüglich, und wie belehrend! Ein wahrer Generalbericht über russisch-deutsche Poststationen. Oh, ihr großstädtischen Herren, wie seid ihr doch so schlechte Erzähler, und je schlechter, je klüger ihr seid. Immer Vortrag, nie Geplauder!«

»Sei's drum, Renate; ich will nicht widersprechen. Aber wenn wir schlechte Erzähler sind, so seid ihr Frauen noch schlechtere Hörer. Ihr habt keine Geduld, und die Wahrnehmung davon verwirrt uns, läßt uns den Faden verlieren und fahrt uns, links und rechts tappend, in die Breite. Ihr wollt Guckkastenbilder: Brand von Moskau, Rostoptschin, Kreml, Übergang über die Beresina, alles in drei Minuten. Die Erzählung, die euch und euer Interesse tragen soll, soll bequem wie eine gepolsterte Staatsbarke, aber doch auch handlich wie eine Nußschale sein. Ich weiß wohl, wo die Wurzel des Übels steckt: der Zusammenhang ist euch gleichgiltig; ihr seid Springer.«

Renate lachte. »Ja, das sind wir; aber wenn wir zuviel springen, so springt ihr zuwenig. Eure Gründlichkeit ist beleidigend. Immer glaubt ihr, daß wir in der Weltgeschichte weit zurück seien, und wir wissen doch auch, daß der Kaiser in Paris angekommen ist. Oh, ich könnte Bulletins von Hohen-Vietz aus datieren. Aber lassen wir unsere Fehde, Lewin. Was ist es mit den roten Scheiben im Schloßhof von Berlin? In der Zeitung war eine Andeutung; Kathinka schrieb ausführlicher davon.«

Du hast gesessen wie ein Stock«, erwiderte Fink, »ich habe die Leute unterhalten, was willst du mehr? Laß dich in eine Maus verwandeln und kriech in die Löcher der aufgeputzten Stube, und du wirst hören, wie sie jetzt mein Lob singen. Kein Mensch kann mehr verlangen, als daß man ihn so behandelt, wie ihm selbst behaglich ist.«
»Ich meine«, sagte Anton, »man soll ihn so behandeln, wie es der eigenen Bildung würdig ist. Du hast dich benommen, wie ein leichtsinniger Edelmann, der morgen bei dem alten Ehrenthal eine Anleihe machen will.«
»Ich will leichtsinnig sein«, rief Fink lustig, »vielleicht will ich auch eine Anleihe bei dem Hause Ehrenthal machen. Schweig jetzt mit deinen Bußpredigten, es ist ein Uhr vorüber.«

Freytag: Soll und Haben
F67

Oft wenn Georg unglücklich darüber grübelte, daß eine, welche schöner war als alle andern, ihn in der Stille mit Abneigung betrachtete, fielen ihm die Worte ein, mit denen sie ihn gescholten hatte, dann sprang er leicht wie ein Ball über die Gasse und rief: »Solch hohen Mut und solch redliches Herz gibt es nicht weiter auf Erden«, und war auf kurze Zeit so froh, als ob ihm die fremde Jungfrau einen Kranz von Rosen aufgesetzt hätte. In der Schule aber war er in dieser Zeit nicht gerade lustig und hielt sich stiller als sonst. Aus diesem Benehmen erriet Anna endlich, daß es nicht mehr nötig war, ihn durch Strenge abzuschrecken, und sie vernahm auch ohne Widerwillen, wenn der Magister einmal Georgs Vortrag lobte. Denn der Magister ließ seine Patrizier gern Reden aus dem Livius memorieren und vortragen. Dann ergriff er seinen Stock und setzte sich mit übergeschlagenen Armen vor sie hin. »Hier sitzt euer Konsul Fabricius. Da ihr dereinst als Oratores vor dem polnischen Senat eure Worte stellen sollt, so sorgt jetzt, daß ihr vor dem römischen Rate wohl besteht.« Wenn nun Anna in Küche und Flur beschäftigt war und die Stimme Georgs hörte, so unterbrach sie die Arbeit, um zu vernehmen, ob er auch gewichtig und ohne Stocken die schweren Worte herausbrächte, ja, es geschah, daß sie die Küchentür öffnete und harrte, bis er an die Reihe kam. Dann stand sie an den Pfosten gelehnt und lauschte mit vorgebeugtem Haupt, und wenn der Magister zuletzt urteilte: satis bene, flog ein Lächeln über ihr Gesicht, und sie nickte zufrieden.

Freytag: Die Ahnen
F68

Indessen die Freunde sich auf diese lustige Weise von leichtfertigen Gegenständen unterhielten, hatte die übrige Gesellschaft ein ernsthaftes Gespräch angefangen. Kaum hatten Friedrich und Wilhelm sich entfernt, als der Abbé die Freunde unvermerkt in einen Gartensaal führte und, als sie Platz genommen hatten, seinen Vortrag begann.

Goethe: Wilhelm Meisters Lehrjahre
F69

»Wir haben«, sagte er, »im allgemeinen behauptet, daß Fräulein Therese nicht die Tochter ihrer Mutter sei; es ist nötig, daß wir uns hierüber auch nun im einzelnen erklären. Hier ist die Geschichte, die ich sodann auf alle Weise zu belegen und zu beweisen mich erbiete.

Frau von *** lebte die ersten Jahre ihres Ehestandes mit ihrem Gemahl in dem besten Vernehmen, nur hatten sie das Unglück, daß die Kinder, zu denen einigemal Hoffnung war, tot zur Welt kamen, und bei dem dritten die Ärzte der Mutter beinahe den Tod verkündigten und ihn bei einem folgenden als ganz unvermeidlich weissagten. Man war genötigt, sich zu entschließen, man wollte das Eheband nicht aufheben, man befand sich, bürgerlich genommen, zu wohl. Frau von *** suchte in der Ausbildung ihres Geistes, in einer gewissen Repräsentation, in den Freuden der Eitelkeit eine Art von Entschädigung für das Mutterglück, das ihr versagt war. Sie sah ihrem Gemahl mit sehr viel Heiterkeit nach, als er Neigung zu einem Frauenzimmer faßte, welche die ganze Haushaltung versah, eine schöne Gestalt und einen sehr soliden Charakter hatte. Frau von *** bot nach kurzer Zeit einer Einrichtung selbst die Hände, nach welcher das gute Mädchen sich Theresens Vater überließ, in der Besorgung des Hauswesens fortfuhr und gegen die Frau vom Hause fast noch mehr Dienstfertigkeit und Ergebung als vorher bezeigte.

Nach einiger Zeit erklärte sie sich guter Hoffnung, und die beiden Eheleute kamen bei dieser Gelegenheit, obwohl aus ganz verschiedenen Anlässen, auf einerlei Gedanken. Herr von *** wünschte das Kind seiner Geliebten als sein rechtmäßiges im Hause einzuführen, und Frau von ***, verdrießlich, daß durch die Indiskretion ihres Arztes ihr Zustand in der Nachbarschaft hatte verlauten wollen, dachte durch ein untergeschobenes Kind sich wieder in Ansehn zu setzen und durch eine solche Nachgiebigkeit ein Übergewicht im Hause zu erhalten, das sie unter den übrigen Umständen zu verlieren fürchtete. Sie war zurückhaltender als ihr Gemahl, sie merkte ihm seinen Wunsch ab und wußte, ohne ihm entgegenzugehn, eine Erklärung zu erleichtern. Sie machte ihre Bedingungen und erhielt fast alles, was sie verlangte, und so entstand...

Trauer gebot ihr, sich von der Gesellschaft fern zu halten. Rudhard war streng, einsilbig, oft mürrisch, pedantisch sogar und durch sein sicheres Auftreten ihr fast unbequem. Siegbert Wildungen aber, der gefeierte junge Künstler, Das war eine ideale Vermittelung mit der Welt! Wenn er kam, bot er den süßen Reiz der Gewohnheit. Wenn er ging, ließ er eine Lücke zurück. Er war so ruhig bewegt, so still glühend, so schweigend beredtsam, er wirkte so angenehm; es strömte, wenn er sprach, ein solcher Wohllaut von seinen Lippen; jede Idee, die er äußerte, schmeichelte sich schon durch den Vortrag ein und wenn er eine Meinung aussprach, so verband er die sicherste Männlichkeit und die Wärme der Überzeugung mit liebevoller Duldung und Schonung der Andersdenkenden. Ganz abweichend von Rudhard, der sogleich verurtheilte, keinen Irrthum anders entschuldigte als durch das verletzte Interesse oder die mangelnde Bildung Derer, die ihn hegten, von Rudhard, der das Gemüth wol einen Edelstein nannte, der aber nur klar und durchsichtig sein müsse, nichts Trübes und Unklares enthalten dürfe ... Siegbert hatte ihn bei der Fürstin vollkommen verdrängt. Rudhard merkte es wohl, war aber ohne Empfindlichkeit darüber. Er wünschte sich Glück, einen jungen Mann von so heilsamer Wirkung für diesen kleinen Familienkreis gefunden zu haben und war nur bedacht, daß in Olga keine gefährliche Regung entstand und in Siegbert nichts, was diese Regung nährte.

»Wir können nicht leugnen, daß über unsre Häupter eine gefährliche Weltepoche hereingebrochen ist. Unglücks haben die Menschen zu allen Zeiten genug gehabt; der Fluch des gegenwärtigen Geschlechts ist aber, sich auch ohne alles besondre Leid unselig zu fühlen. Ein ödes Wanken und Schwanken, ein lächerliches Sichernststellen und Zerstreutsein, ein Haschen, man weiß nicht, wonach? eine Furcht vor Schrecknissen, die um so unheimlicher sind, als sie keine Gestalt haben! Es ist, als ob die Menschheit, in ihrem Schifflein auf einem übergewaltigen Meere umhergeworfen, an einer moralischen Seekrankheit leide, deren Ende kaum abzusehn ist.

**Immermann:
Die Epigonen   F71**

Man muß noch zum Teil einer andern Periode angehört haben, um den Gegensatz der beiden Zeiten, deren jüngste die Revolution in ihrem Anfangspunkte bezeichnet, ganz empfinden zu können. Unsre Tagesschwätzer sehen mit großer Verachtung auf jenen Zustand Deutschlands, wie er gegen das letzte Viertel des vorigen Jahrhunderts sich gebildet hatte, und noch eine Reihe von Jahren nachwirkte, herab. Er kommt ihnen schal und dürftig vor; aber sie irren sich. Freilich wußten und trieben die Menschen damals nicht so vielerlei als jetzt; die Kreise, in denen sie sich bewegten, waren kleiner, aber man war mehr in seinem Kreise zu Hause, man trieb die Sache um der Sache willen, und, daß ich bei der Schutzrede für die Beschränkung mit einem recht beschränkten Sprüchlein argumentiere: der Schuster blieb bei seinem Leisten. Jetzt ist jedem Schuster der Leisten zu gering, woher es auch rührt, daß kein Schuh mehr uns bequem sitzen will.

Wir sind, um in einem Worte das ganze Elend auszusprechen, Epigonen, und tragen an der Last, die jeder Erb- und Nachgeborenschaft anzukleben pflegt. Die große Bewegung im Reiche des Geistes, welche unsre Väter von ihren Hütten und Hüttchen aus unternahmen, hat uns eine Menge von Schätzen zugeführt, welche nun auf allen Markttischen ausliegen. Ohne sonderliche Anstrengung vermag auch die geringe Fähigkeit wenigstens die Scheidemünze jeder Kunst und Wissenschaft zu erwerben. Aber es geht mit geborgten Ideen, wie mit geborgtem Gelde, wie mit fremdem Gute leichtfertig wirtschaftet, wird immer ärmer. Aus dieser Bereitwilligkeit der himmlischen Göttin gegen jeden Dummkopf ist eine ganz eigentümliche Verderbnis des Worts entstanden. Man hat dieses Palladium der Menschheit, dieses Taufzeugnis unsres göttlichen Ursprungs, zur Lüge gemacht, man hat seine Jungfräulichkeit entehrt. Für den windigsten Schein, für die hohlsten Meinungen, für das leerste Herz findet man überall mit leichter Mühe die geistreichsten, gehaltvollsten, kräftigsten Redensarten. Das alte schlichte: Überzeugung, ist deshalb auch aus der Mode gekommen, und man beliebt, von Ansichten zu reden. Aber auch damit sagt man noch meistenteils eine Unwahrheit, denn in der Regel hat man nicht einmal die Dinge angesehn, von denen man redet, und womit beschäftigt zu sein, man vorgibt.«

»Wie wahr! Wie haben Sie so ganz recht!« rief Hermann, den Redner unterbrechend, aus. Die Gedanken, welche Wilhelmi vortrug, hatten ihn in die höchste Bewegung versetzt.

Jener fuhr fort: »Ich muß Ihnen gestehn, daß mich die Betrachtung der allgemeinen Schwätzerei oft der Verzweiflung nahe gebracht hat. Wenn ich rings um mich nichts als das lose lockre Plaudern vernahm, wenn ich Kunstvereine mit pomphafter Ankündigung von Leuten stiften sah, die kalt an den Werken des Raffael vorübergehn würden, zeigte man ihnen diese, ohne den Namen des Meisters zu nennen; wenn ich hörte, da habe wieder einmal einer, vom innern Drange getrieben, das katholische Glaubensbekenntnis abgelegt, von dem ich recht wohl wußte, daß es mit dem religiösen Bedürfnisse bei ihm betrübt stand, daß er nur ein leichter nachgiebiger Weltcharakter war, wenn die Schneeflocken des politischen kalten Brandes mir aus dem Munde solcher entgegenstäubten, von denen ich voraussehen konnte, sie würden nicht der kleinsten Aufopfrung für ein Gemeinwesen fähig sein, dann, mein junger Freund, hatte ich Momente, in denen ich mir hätte das Leben nehmen können! Ich betastete mich und fragte: ›Bist du nicht auch ein Schemen, der Nachhall eines andern selbständigen Geistes?‹ Ich grub in die letzten Tiefen meiner Seele, und suchte nach der Affektation, die, das wußte ich wohl, in irgendeinem verborgnen Winkel bei mir ebenfalls lauern mußte. Ich sah ja alles verfälscht, vom armseligen Journalisten und seinem Handlanger an, die beide mit entwendetem Tiefsinn und geraubtem Scharfblick nur ihr trostloses Leben fristen, und ihre winzige Persönlichkeit bemerkbar machen wollen, bis hinauf zum Fürsten, dem ein faselnder Minister allerhand unregentenhafte Kostbarkeiten vor dem Volke in den Mund legt. Sollte ich denn allein eine Ausnahme machen?«

»Sie sind eine!« rief Hermann begeistert, Wilhelmin feurig die Hand drückend. »Wir leben in einer erbärmlichen Welt, und man möchte mit Feuer und Schwert darein wüten!«

Eine Predigt, das heißt eine Rede über irgendeinen religiösen Gegenstand, ist eine gute Sache; aber sie kann nicht als ein gottesdienstlicher Gebrauch angesehen werden und wirkt nur bei denen, welche, ihrer Gemütsstimmung nach, grade zu der Zeit an dem verhandelten Gegenstande teilnehmen können, und nur bei denen, welchen der Vortrag gut und geschmackvoll vorkömmt, also bei einer sehr kleinen Anzahl von Zuhörern, einige Rührung; wirkt durch den Verstand auf das Herz, statt daß das Wesen des äußern Gottesdienstes gewiß darin bestehn soll, durch das Gefühl, durch das Herz, durch die Sinne auf den Verstand, auf den Willen zu wirken. Sollte nun aber ein kalter Räsoneur oder sogenannter Philosoph alle äußern sinnlichen Mittel, nämlich Feierlichkeit, einfache Pracht, Zauber der Musik, der Baukunst und der Malerei für unwürdige Mittel halten, das Herz zur Gottesverehrung zu stimmen, so wird er doch zugeben müssen, daß es noch viel unverständiger und unwürdiger sei, Eindrücke von ganz entgegengesetzter Art zu bewirken und solche gottesdienstliche Gebräuche einzuführen, die jeden Mann von edelm Geschmack, von feinem Gefühle und von gesunder Vernunft em pören, ihm Langeweile machen und dem höchsten Wesen, wenn es sich herabließe, dies Unwesen zu beschauen, äußerst mißfällig sein müßten. Nun besuche man aber einmal eure protestantischen Kirchen, besonders auf dem Lande, und erstaune über die Verkehrtheit der Menschen! In dem geschmacklosesten, feuchtesten, kältesten und schmutzigsten Gebäude des ganzen Städtchens oder Dorfs versammelt sich das Volk beiderlei Geschlechts und setzt sich, teils wie in den Schulen auf Bänken, teils in kleinen hölzernen Kasten, den Tollhauskojen gleich, teils auf andern erkauften oder nicht erkauften Plätzen, in groteskem Anputze hin. Dann beginnt ein Gesang, dessen Poesie oft platt und komisch, die Musik abscheulich und die Begleitung einer verstimmten Orgel unerträglich ist. Ein Schulmeister gibt mit gräßlich verzerrtem Gesichte die Melodie an und wiederholt durch die Nase die letzten Worte jedes Verses. Einige hundert unmusikalische Menschen brüllen aus Leibeskräften mit. Und solcher Gesänge muß man vielleicht sechs in einer Sitzung hören. Wollt ihr durchaus Musik geben, so gebet gute Musik! Soll gesungen werden, so lasset doch Menschen singen, die singen können! Zwischendurch werden von einem Manne in einer großen Perücke, in heulendem Tone, Stellen aus der Bibel verlesen; es werden Gebete gesprochen, die jedermann auswendig weiß. Dann tritt der Geistliche in einen kleinen, erhaben gestellten Kasten und hält eine Rede, die nur auf den Gemütszustand weni-

Knigge:
Benjamin Noldmanns
Geschichte der Aufklärung
in Abyssinien F72

ger Zuhörer paßt. Hierauf geht das Gebrülle noch einmal an, und am Ende spielt der Organist ein lustiges Stückchen, worauf die Versammlung, wovon die Hälfte geschlafen hat, im Winter durch und durch gefroren, im Sommer von den Dünsten fast erstickt ist, auseinandergeht. – Und das soll ein dem erhabensten Wesen gefälliger, zu wahrer Andacht erweckender Gottesdienst sein? Versammelt euch doch lieber in einfach verzierten, reinlichen Gebäuden, wo gesunde, gemäßigte Luft herrscht! Lasset vier Menschen, die gute Stimmen haben und musikalisch sind, kurze, erhabne Hymnen singen! Euer Priester trete in einem anständigen und geschmackvollen Gewände auf und bete aus der Seele! Fallet auf eure Knie und betet ihm in der Stille nach! Lasset ihn eine kurze Rede in kunstloser, aber warmer Herzenssprache über die Schönheiten der Natur und die Herrlichkeiten der Schöpfung halten! Das Ganze daure nicht zu lange und komme nicht zu oft, damit ihr mit Vergnügen und Wonne die Tempel besuchet und in froher, heitrer Stimmung wieder herausgehet!«

Der rechtschaffene Pfarrer in P. will mir einen wackern jungen Mann zum Seelsorger in meinem Kirchspiele schaffen, mit welchem ich gar gerne einen schon lang gemachten Wunsch für einige Abänderungen in der gewöhnlichen Art, das Volk zu unterrichten, veranstalten möchte. Ich habe mich gründlich von der Güte und dem Nutzen der großen Wahrheiten unsrer Religion überzeugt; aber die wenige Wirkung, die ihr Vortrag auf die Herzen der größten Anzahl der Zuhörer macht, gab mir eher einen Zweifel in die Lehrart als den Gedanken ein, daß das menschliche Herz durchaus so sehr zum Bösen geneigt sei, als manche glauben. Wie oft kam ich von Anhörung der Kanzelrede eines berühmten Mannes zurück, und wenn ich dem moralischen Nutzen nachdachte, den ich daraus gezogen, und dem, welchen der gemeine Mann darin gefunden haben könnte, so fand ich in Wahrheit viel Leeres für den letztern dabei; und derjenige Teil, welchen der Prediger dem Ruhme der Gelehrsamkeit oder dem ausführlichen, aber nicht allzuverständlichen Vortrag mancher spekulativer Sätze gewidmet hatte, war für die Besserung der meisten verloren, und das gewiß nicht aus bösem Willen der letztern.

Denn wenn ich, der von Jugend auf meine Verstandskräfte geübt hatte und mit abstrakten Ideen bekannt war, Mühe hatte, nützliche Anwendungen davon zu machen; wie sollte der Handwerksmann und seine Kinder damit zurechte kommen? Da ich nun weit von dem unfreundlichen Stolz entfernt bin, der unter Personen von Glück und Rang den Satz erdacht hat, man müsse dem gemeinen Mann weder aufgeklärte Religionsbegriffe geben noch seinen Verstand erweitern, so wünsche ich, daß mein Pfarrer, aus wahrer Güte gegen seinen Nächsten, und aus Empfindung des ganzen

Umfangs seiner Obliegenheiten, zuerst bedacht wäre, seiner anvertrauten Gemeinde das Maß von Erkenntnis beizubringen, welches ihnen zu freudiger und eifriger Erfüllung ihrer Pflichten gegen Gott, ihre Obrigkeit, ihren Nächsten und sich selbst nötig ist. Der geringe Mann ist mit der nämlichen Begierde zu Glück und Vergnügen geboren wie der größere und wird, wie dieser, von den Begierden oft auf Abwege geführt. Daher möchte ich ihnen auch richtige Begriffe von Glück und Vergnügen geben lassen. Den Weg zu ihren Herzen, glaube ich, könne man am ehesten durch Betrachtungen über die physikalische Welt finden, von der sie am ersten gerührt werden, weil jeder Blick ihrer Augen, jeder Schritt ihrer Füße sie dahin leitet. – Wären erst ihre Herzen durch Erkenntnis der wohltätigen Hand ihres Schöpfers geöffnet, und durch historische Vergleichungen von ihrem Wohnplatz und ihren Umständen mit dem Aufenthalt und den Umständen andrer Menschen, die ebenso, wie sie, Geschöpfe Gottes sind, zufriedengestellt, so zeigte man ihnen auch die moralische Seite der Welt und die Verbindlichkeiten, welche sie darin zu einem ruhigen Leben für sich selbst, zum Besten der Ihrigen und zur Versicherung eines ewigen Wohlstands zu erfüllen haben. Wenn mein Pfarrer nur mit dem guten Bezeugen der letzten Lebenstage seiner Pfarrkinder zufrieden ist, so werde ich sehr unzufrieden mit ihm sein. Und wenn er die Besserung der Gemüter nur durch sogenannte Gesetz- und Strafpredigten erhalten will, ohne den Verstand zu öffnen und zu überzeugen, so wird er auch nicht mein Pfarrer sein.

Er hatte sich Zeit zu seiner Erzählung genommen, um so mehr, als er das gespannteste Interesse bei seiner Nebensitzerin wahrnahm; auch wurde er, wie wohl zu merken war, vollkommen gut verstanden. Die ganze Geschichte, an sich abenteuerlich und unglaublich, gewann durch einen gewandten und lebhaften Vortrag die höchste Wahrheit. Endlich war er fertig, und nach einigem Stillschweigen versetzte die Gouvernantin (während sie ihn mit einem Blick ansah, worin er ihren Dank für die zarte Schonung lesen sollte, die er gegen ihre Freundin und gewissermaßen gegen sie selbst mit seiner Fabel beobachtet hatte): »Meint man doch wahrlich ein Märchen zu hören, so bunt ist alles hier gewoben!«

Mörike: Maler Nolten
F74

Er war daher sehr erbaut von der stillen Aufmerksamkeit der Bäuerin und ihrer Kinder. Sogar auch der Vortrag seines Reisegefährten war ihm weniger zuwider, als er erwartet hatte; denn dieser besaß vollkommen die Biegsamkeit, womit Leute seiner Art sich bestreben, bei denjenigen, die sie nicht bekehren können, wenigstens eine gute Meinung von sich zu hinterlassen. Er

Nicolai:
Sebaldus Nothanker
F75

vermied daher sehr weislich alle Punkte, worüber etwa Sebaldus anderer Meinung sein konnte, und hielt sich bei asketischen Betrachtungen auf, welche der Bauerfamilie begreiflich und seinem Reisegefährten nicht zuwider waren, so daß sich jedermann sehr zufrieden zur Ruhe legte.

Raabe: Der Hungerpastor F76

In den Kollegien, die der Professor Gingler über praktische Pastoralklugheit hielt, träumte Hans viel Angenehmes und Idyllisches von einer künftigen Dorfpfarre unter Blumen, Kornfeldern und frommen Bauern. Der näselnde Vortrag in den Mittagsstunden war ganz geeignet, dabei allerlei Phantasien über Trösten der Kranken, Kindtaufen, Hochzeiten sich hinzugeben; Hans mußte die Enttäuschungen, die er später erfuhr, als er in Grunzenow das Ideal mit der Wirklichkeit verglich, dann auch hinnehmen.

Raabe: Abu Telfan F77

Es kann natürlich auch von uns nicht verlangt werden, daß wir den ganzen Vortrag hier abdrucken, sowenig als wir eine Photographie des Vortragenden beilegen werden: doch geben wir an dieser Stelle ein Bruchstück des Schlusses, welches uns dann zu einer Katastrophe führt, die niemand voraussehen konnte, weder der Redner selbst noch seine Freunde und merkwürdigerweise auch der Herr Polizeidirektor nicht.

Mit dem gefälligsten Lächeln sich von dem soeben wieder angeführten Herrn ab- und von neuem an sein Gesamtpublikum wendend, sprach Hagebucher folgendes, indem er sich aus den realistischen Einzelheiten seiner afrikanischen Erfahrungen zu einer letzten allgemeinen Betrachtung erhob:

»Ich habe Ihnen manches erzählt, meine Herrschaften, was mir erst während des Erzählens in den Sinn kam; ich habe Ihnen einen grimmigen Ernst in einem so heitern Licht gezeigt, wie mir nur irgend möglich war, und hoffe Sie nicht allzusehr gelangweilt zu haben. Es ist etwas Gewaltiges um den Gegensatz der Welt, und die zweiundneunzigste Nacht der arabischen Märchen weiß davon zu berichten. Wenn der König von Serendib auf seinem weißen Elefanten ausreitet, so ruft der vor ihm sitzende Hofmarschall von Zeit zu Zeit mit lauter Stimme: ›Dies ist der große Monarch, der mächtige und furchtbare Sultan von Indien, welcher größer ist, als der große Salomo und der große Maharadscha waren!‹ – Worauf der hinter Seiner Majestät hockende erste Kammerherr ruft: ›Dieser so große und mächtige Monarch muß sterben, muß sterben, muß sterben!‹ – Und der Chor des Volkes antwortet: ›Gelobt sei der, der da lebt und nie stirbt!‹ Meine hochverehrten Herrschaften, es ist niemand auf Erden, wes Standes und Geschlechts er auch sein möge, den diese drei Rufe nicht fort und fort auf seinem Wege von der Wiege bis zur Grube umtönen. Wohl dem, der seines Menschentums Kraft Macht und Herrlichkeit kennt und fühlt durch alle Adern und Fibern des Leibes und der Seele! Wohl dem, der stark genug ist sich nicht zu überheben, und ruhig genug, um zu jeder Stunde dem Nichts in die leeren Augenhöhlen blicken zu können! Wohl dem vor allen, dem jener letzte Ruf überall und immer der erste ist, welchem der ungeheure Lobgesang der Schöpfung an keiner Stelle und zu keiner Stunde ein sinnloses oder gar widerliches Rauschen ist und der aus jeder Not und jeder Verdunkelung die Hand aufrecken kann mit dem Schrei: Ich lebe, denn das Ganze lebt über mir und um mich! – Meine Damen und Herren, es ist etwas sehr Schönes und unter Umständen recht Angenehmes um den Gegensatz – war es nicht die Lust am Kontrast, welche Sie alle bewog, mir heute abend so zahlreich in diesem Saale Ihre Gegenwart zu schenken? Sie sprachen zueinander oder zu sich selbst: Hier ist ein Mensch zu uns gekommen der zwölf Jahre bei den Unterirdischen wohnte, während wir ohne Unterbrechung im Licht des fröhlichen Äthers unser Dasein weiterspinnen durften. Jener wird drollige, seltsame Dinge zu erzählen wissen; hören wir seine Mémoires d'outre-tombe, machen wir uns den Spaß, dieses Irrlicht, diesen Spuk auf dem Grabe seiner eigenen Existenz tanzen zu sehen! – Meine Hochzuverehrenden, das Gespenst hat getanzt, und Sie vernahmen den Anfang dessen, was es Ihnen gern mitteilen möchte. Sie waren viele Wachende gegen einen Träumenden, viele Sehende gegen einen Geblendeten: ich aber habe jetzt nur den einen Wunsch, daß Sie alle Ihre Rechnung – –«

Die beiden Wachskerzen gerieten ins Schwanken auf dem schwankenden Tischchen; in dem Augenblick, als der Vetter Wassertreter seinen Leonhard glücklich aus allen Gefahren, Tiefen, Untiefen, Brandungen und Wirbeln des Abends an das Land gerettet glaubte, jagte dieser ihm einen Schrecken ein, welcher über alle seine vieljährigen Nippenburger Erfahrungen ging.

Biba hält dem Lesa einen großen Vortrag über die Annäherungsmotive astraler Lebewesen, und Lesa hält das Gesagte für einen Beitrag zur Lösung des Persönlichkeitsproblems. Man entdeckt in Pekas Atelier ein großes Modell des Nordtrichterturms mit architektonischer Durchbildung. Viele Pallasianer bedauern, daß der Turm die Ausführung des Peka-Modells verhinderte. Die Ampel oben steigt aber höher, und man baut das nächste Stockwerk eine Meile hoch, Sofanti umschließt das Ganze mit Haut, sodaß der Turm seine Laterne hat. Labu ist verschwunden. Manesi geht in seinem Sonnenatelier ebenfalls wie Peka in Lesabéndio auf.

Scheerbart: Lesabéndio. Ein Asteroiden-Roman F78

Biba wurde jetzt sehr lebhaft; er ließ den Lesabéndio fast garnicht mehr aus den Augen. Fast in jeder Stunde hatte er ihm neue Gedankengänge zu übermitteln. Und Lesa hörte immer aufmerksam zu.

Oben auf dem Rande der großen Manesi-Ampel sagte Biba eines Tages zwischen großen karminroten Blumen, die wie schlaffe kleine Luftballons unter dem violetten Himmel hingen, während die grünen Sterne heftig funkelten und die Lichtwolke oben strahlte: »Lieber Lesa, wir denken wohl häufig, es könnte wohl verwunderlich sein, daß sich die Sterne einander nähern und so lange einander nahe sind. Ein bloßes Mitteilungsbedürfnis kann sie doch nicht zusammenführen. Um sich Gedanken mitzuteilen, dazu bedarf es keiner körperlichen Annäherung. Die Gedankenmitteilung ist durch Bücher und andere Schriftzeichen viel leichter herzustellen. Wenn wir Oberflächenwesen schon die fixierte Gedankenübermittlung kennen, so dürfte den Sternen noch eine ganz andere Art von verständlichen Schriftzeichen geläufig sein. Darum bin ich der Meinung, daß den großen astralen Lebewesen das Fixieren von Gedanken nicht so wichtig ist – wie das Formulieren von neuen Eigenschaften. Dieser wegen kommen sie zusammen. Und so läuft alles Zusammenkommen auf große lange Zeit hindurch vorzubereitende Umwandlungsprozesse hinaus. Die Sterne kommen eben zu andern Sternen, um ihr ganzes Wesen ein wenig oder recht energisch – umzuwandeln. Wie verwandeln sich nur die Kometen in der Nähe der Sonne! Bedenke das nur! Das ist das Deutlichste. Dieses Umwandlungsprinzip ist darum auch in den Oberflächenwesen der Sterne zu konstatieren. Denke an die sterbenden Pallasianer! Vielleicht ist alles Sterben in unserm Sonnensystem nur auf dieses große, überall bemerkliche Umwandlungsprinzip zurückzuführen. Da hätten wir einen Gedankengang, der wohl viele Rätsel einer Lösung etwas näher. Andrerseits wird doch auch die Sonne durch ihre Planeten umgewandelt; der Einfluß des Jupiters auf die Sonnenfleckenperiode ist doch ebenfalls so außerordentlich deutlich. Vielleicht ist sogar der Pallas in der Lage, einen kleinen Eindruck auf das Leben der Sonne auszuüben. Wir könnens ja nicht bemerken. Aber vielleicht weiß das Kopfsystem oben Näheres davon. Vielleicht stehen wir der Sonne näher, als wir denken. Natürlich werden sich manche Sterne zu Zeiten auch gegen den allzu kolossalen Einfluß der Sonne auflehnen und sich dann eine Kruste zulegen, durch die sie ein wenig geschützt sind gegen die allzu heftigen Temperaturbeeinflussungen unsres großen Centralgestirns. So mags bei der Erde sein. Vielleicht kommt daher auch die etwas zurückgebliebene Geistesverfassung der Erdoberflächenbewohner. Der Pallas ist ja auch sehr hartkrustig. Aber er hat einen beweglichen Kometenkopf. Vielleicht stammt dieser doch aus dem Nordtrichter. Man müßte allerdings annehmen, daß dann dem Südtrichter auch ein Kometenkopf entstiegen sei.

Aber über die Entstehung der Sternsysteme darf man ja nicht nachdenken. Was ist in diesen Kopf- und was ist Rumpfsystem? Das ist doch alles nur Bildersprache von uns. Möglich ist doch auch, daß das Kopfsystem oben ursprünglich garnicht an unsern Trichterstern gebunden war. Was ist nicht alles mög zu weit. Und wir würden wohl garnicht klüger, wenn wir Näheres von der Sternentstehung wüßten – oder wir würden vielleicht zu klug – was uns doch ebenfalls sehr schädlich sein könnte.«

Lesa sagte lächelnd:

»Das war eine famose Randbemerkung zum Thema: Persönlichkeit!«

Sie sprachen weiter über dieses große Thema. –

Auch schien der Prediger selbst, ein kleiner, schmächtiger Mann von etwa vierzig Jahren mit einem durch trockene Studien ausgetrockneten Gesicht, dies recht wohl zu empfinden; denn er war Oswalds, in welchem er natürlich sofort den vielbesprochenen neuen Hauslehrer von Grenwitz erkannte, kaum ansichtig geworden, als er seinen Vortrag hauptsächlich an ihn zu richten begann, als an den Einzigen, der im Stande sei, den Werth der ge lehrten Perlen zu würdigen, die ihn hier, vor ungebildetes Rüsselvieh zu werfen, ein unverständiges Consistorium nöthigte.

O, meine andächtigen Zuhörer, rief er, die bebrillten Augen auf Oswald richtend, der sich, so gut es gehen wollte, hinter den blonden Lockenkopf versteckte, o, meine andächtigen Zuhörer, Ihr sehet, ein wie schwaches Ding diesen ungeheuren Fragen gegenüber die menschliche Vernunft ist. Und dennoch, dennoch, Vielgeliebte, giebt es irrende Brüder und Schwestern, die noch immer dem Nachtlicht ihrer eitlen Vernunft vertrauen, nachdem schon längst auch für sie die Sonne aufgegangen ist. O ja! dieses Stümpfchen ihrer Unschlittkerze mag ihnen hell genug erscheinen in den Tagen des Festes, der Herrlichkeit und der Freude; aber nicht also in den Tagen des kummervollen und gedankenschweren Alters. Darum gebet auf das stolze Vertrauen auf die Vernunft, und haltet fest an dem Glauben! Gebet auf die thörichte Zuversicht, auf Euren gesunden Menschenverstand, wie Ihr ihn nennt! O, meine andächtigen Zuhörer, dieser gesunde Menschenverstand ist ein kranker, ein sehr kranker Menschenverstand, ist ein Teufelsspuk und ein Irrlicht, das Euch unaufhaltsam in den Sündenpfuhl der Verderbniß lockt.

Oswald wurde durch diese Rede, die sich, mit Citaten aus der heiligen Schrift reichlich untermischt, noch eine halbe Stunde fortspann, auf eine eigenthümliche, aber keineswegs angenehme Weise berührt. Der Gegensatz zwischen der stillen, demüthigen Unterwerfung unter die großen, ewigen Gesetze der Natur, die aus den Worten der alten Frau und noch mehr aus ihrem ernsten, bescheidenen Wesen gesprochen hatte, und der anmaßlichen Zuversicht, mit welcher der Mann auf der Kanzel über so tief verborgene Dinge sprach, und jedes gesunde Gefühl und jede natürliche

Regung der Menschenbrust als eitel Lug und Trug und Sünde verdammte, schien doch gar zu groß. Die schmucklose Weisheit der Matrone war frisch und duftig, wie ein Blümchen auf der Haide, die prunkende Klugheit des Predigers wie eine Pflanze, in der dumpfigen, schwülen Luft eines Zimmers üppig emporgeschossen in Stiel und Blätter, aber ohne Saft und Kraft und Blüthen.

Oswald war froh, als endlich der gelehrte Herr, nachdem er noch ein letztes kräftiges Anathema gegen alle Andersdenkende geschleudert und ihre Moralität gehörig verdächtigt hatte, bis zum Amen kam.

Es ist gewißlich nicht wahr! sagte der junge Mann bei sich, als er auf den Fußspitzen nach der kleinen Seitenthür schlich, durch die er eingetreten war. Und als da draußen der blaue Himmel sich wieder über ihm wölbte und der Duft der Linden ihn umwehte, da athmete er tief auf, wie Jemand, der aus der heißen, erstickenden Atmosphäre eines Krankenzimmers in die balsamische Luft eines Gartens kommt.

Ich werde die Bekanntschaft dieses Mannes nicht machen, wenn ich es vermeiden kann, monologisirte er weiter, während er den kleinen Hügel, auf dem die Kirche lag, hinunter, an mehreren herrschaftlichen Wagen, die unterdessen vorgefahren waren, vorüber, in's Dorf hineinging; was habe ich mit ihm zu schaffen! Seine Gedanken sind nicht meine Gedanken und seine Sprache ist nicht meine Sprache! wir würden uns in Ewigkeit nicht verstehen. Ich halte nichts von jener verwaschenen Humanität, die mit Jedermann gut Freund ist, und Niemanden zurückweist, weil es doch vielleicht ein fester Punkt ist, um den sich möglicherweise etwas krystallisiren könnte; nichts von jener Käferphilosophie, die jeden Fremden höflich umsummt, in der Hoffnung, die verborgene Blüthe zu finden, aus der sich eine Nahrung saugen ließe. Der kluge Kaufmann schifft der Küste vorüber, die zu arm zum Tauschhandel ist; und kommen doch die Worte: wer nicht für mich ist, der ist wider mich – aus dem erhabenen Munde, der die Liebe gepredigt hat.

Hippias, der sich eine zeitlang stillschweigend mit diesem Spiel belustigte, urteilte bei sich selbst, daß es nicht leicht sein werde, den Verstand eines Menschen zu fangen, dessen Herz selbst auf der schwächsten Seite, so wohl befestigt schien. Allein diese Anmerkung bekräftigte ihn nur in seinen Gedanken von der Methode, die er bei seinem neuen Schüler gebrauchen müsse; und da er selbst von seinem System besser überzeugt war, als irgend ein Bonze von der Kraft der Amulete, die er seinen dankbaren Gläubigen austeilt, so zweifelte er nicht, daß Agathon durch einen freimütigen Vortrag besser zu gewinnen sein würde, als durch die rednerischen Kunstgriffe, deren er sich bei schwächern Seelen mit gutem Erfolg zu bedienen pflegte. Sobald also das Frühstück genommen, und die beschämte Cyane abgetreten war, fing er nach einem kleinen Vorbereitungs-Gespräch, den merkwürdigen Discurs an, durch dessen vollständige Mitteilung wir desto mehr Dank zu verdienen hoffen, da wir von Kennern versichert worden, daß der geheime Verstand desselben den buchstäblichen an Wichtigkeit noch weit übertreffe, und der wahre und unfehlbare Proceß, den Stein der Weisen zu finden, darin verborgen liege.

Vorbereitung zu einem sehr interessanten Discurs

Wenn wir auf das Tun und Lassen der Menschen acht geben, mein lieber Callias, so scheint zwar, daß alle ihre Sorgen und Bemühungen kein andres Ziel haben als sich glücklich zu machen; allein die Seltenheit derjenigen die es würklich sind, oder es doch zu sein glauben, beweiset zugleich, daß die meisten nicht wissen, durch was für Mittel sie sich glücklich machen sollen, wenn sie es nicht sind; oder wie sie sich ihres guten Glückes bedienen sollen, um in denjenigen Zustand zu kommen den man Glückseligkeit nennt. Es gibt eben so viele die im Schoße des Ansehens, des Glücks und der Wollust, als solche die in einem Zustande von Mangel, Dienstbarkeit und Unterdrückung elend sind. Einige haben sich aus diesem letztem Zustand emporgearbeitet, in der Meinung, daß sie nur darum unglückselig seien, weil es ihnen am Besitz der Güter des Glücks fehle. Allein die Erfahrung hat sie gelehrt, daß wenn es eine Kunst gibt, die Mittel zur Glückseligkeit zu erwerben, es vielleicht eine noch schwerere, zum wenigsten eine seltnere Kunst sei, diese Mittel recht zu gebrauchen. Es ist daher allezeit die Beschäftigung der Verständigsten unter den Menschen gewesen, durch Verbindung dieser beiden Künste diejenige heraus zu bringen, die man die Kunst glücklich zu leben nennen kann, und in deren würklichen Ausübung, nach meinem Begriffe, die Weisheit besteht, die so selten ein Anteil der Sterblichen ist. Ich nenne sie eine Kunst, weil sie von der fertigen Anwendung gewisser Regeln abhängt, die nur durch die Übung erlangt werden kann: Allein sie setzt wie alle Künste einen gewissen Grad von Fähigkeit voraus, den nur die Natur gibt, und den sie nicht allen zu geben pflegt. Einige Menschen scheinen kaum einer größern Glückseligkeit fähig zu sein als die Austern, und wenn sie ja eine Seele haben, so ist es nur so viel als sie brauchen, um ihren Leib eine Zeitlang vor der Fäulnis zu bewahren. Ein größerer und vielleicht der größte Teil der Menschen befindet sich nicht in diesem Fall; aber weil es ihnen an genügsamer Stärke des Gemüts, und an einer gewissen Zärtlichkeit der Empfindung mangelt, so ist ihr Leben gleich dem Leben der übrigen Tiere des Erdbodens, zwischen Vergnügen, die sie weder zu wählen noch zu genießen, und Schmerzen, denen sie weder zu widerstehen noch zu entfliehen wissen, geteilt. Wahn und Leidenschaften sind die Triebfedern dieser menschlichen Maschinen; beide setzen sie einer unendlichen Menge von Übeln aus, die es nur in einer betrognen Einbildung, aber eben darum wo nicht schmerzlicher doch anhaltender und unheilbarer sind, als diejenigen die uns die Natur auferlegt. Diese Art von Menschen ist keines gesetzten und anhaltenden Vergnügens, keines Zustandes von Glückseligkeit fähig; ihre Freuden sind Augenblicke, und ihre übrige Dauer ist entweder ein Wirkliches Leiden, oder ein unaufhörliches Gefühl verworrener Wünsche, eine immerwährende Ebbe und Flut von Furcht und Hoffnung, von Phantasien und Gelüsten; kurz eine unruhige Bewegung die weder ein gewisses Maß noch ein festes Ziel hat, und also weder ein Mittel zur Erhaltung dessen was gut ist sein kann, noch dasjenige genießen läßt, was man würklich besitzt. Es scheint also unmöglich zu sein, ohne eine gewisse Zärtlichkeit der Empfindung, die uns in einer weitern Sphäre, mit feinem Sinnen und auf eine angenehmere Art genießen läßt, und ohne diejenige Stärke der Seele, die uns fähig macht das Joch der Phantasie und des Wahns abzuschütteln, und die Leidenschaften in unsrer Gewalt zu haben, zu demjenigen ruhigen Zustande von Genuß und Zufriedenheit zu kommen, der die Glückseligkeit ausmacht. Nur derjenige ist in der Tat glücklich, der sich von den Übeln die nur in der Einbildung bestehen, gänzlich frei zu machen; diejenigen aber, denen die Natur den Menschen unterworfen hat, entweder zu vermeiden, oder doch zu vermindern – und das Gefühl derselben einzuschläfern, hingegen sich in den Besitz alles des Guten, dessen uns die Natur fähig gemacht hat, zu setzen, und was er besitzt, auf die angenehmste Art zu genießen weiß; und dieser Glückselige allein ist der Weise.

Fontane: Stine   **F81**

Sarastro würde noch weitergesprochen haben, wenn nicht das sich wieder erhellende Nebenzimmer den Fortgang der Handlung angezeigt hätte. Wirklich erschien im nächsten Augenblicke Judith aufs neue, diesmal, um ihren entscheidenden Monolog zu halten.

»Er sterbe... Muß er's denn? Mir selber ist es leid,
Er sprach von einem Schmuck und sprach von einem Kleid,
Allein wer bürgt dafür? Ich weiß, wie Männer sind,
Ist erst der Sturm vorbei, so dreht sich auch der Wind:
Er sprach von Frau sogar, allein was ist es wert...?
Komm denn an meine Brust, geliebtes Racheschwert;
Er hat es so gewollt – ich fasse seinen Schopf,
Daß er mich zubegehrt, das kostet ihm den Kopf.«

Und im selben Augenblicke (die Gestalt des Holofernes war inzwischen aus der Tiefe heraufgestiegen) vollzog sich auch schon der Enthauptungsakt, und der Kopf des Holofernes flog, über die Gardine fort, ins andere Zimmer hinein und fiel hier vor Baron Papageno nieder. Alles klatschte dem Stück und mehr noch dem virtuosen Schwerthiebe Beifall, der alte Baron aber nahm den ihm zu Füßen liegenden Kopf auf und sagte: »Wahrhaftig, bloß eine Kartoffel. Kein Holofernes. Und doch war es mir, als ob er lebe.

Mit großen Augen beschaut sich erst die Menge den einzelnen, der ihr etwas vorsagen will, und dieser, mutvoll ausharrend, kehrt sein bestes Wesen heraus, um zu siegen. Er denke aber nicht, ihr Meister zu sein; denn vor ihm sind andere dagewesen, nach ihm werden andere kommen, und jeder wurde von der Menge geboren; er ist ein Teil von ihr, welchen sie sich gegenüberstellt, um mit ihm, ihrem Kinde und Eigentum, ein erbauliches Selbstgespräch zu führen. Jede wahre Volksrede ist nur ein Monolog, den das Volk selber hält. Glücklich aber, wer in seinem Lande ein Spiegel seines Volkes sein kann, der nichts widerspiegelt als dies Volk, indessen dieses selbst nur ein kleiner heller Spiegel der weiten lebendigen Welt ist!

Keller: Der grüne Heinrich F82

»Ach, lieber Leonhard, ich bin so ängstlich, überhören Sie mir schnell noch einmal die ersten Reden meiner Rolle, ob ich auch sicher bin.« Er nahm das Buch, und sie stand, nur durch die leinene Wand von ihm getrennt, dicht neben ihm sie sah mit in das Buch, das er ihr hinhielt, und so kam von selbst die Hand, welche die Blätter hielt, auf den schönen festen Busen zu liegen. Sie sagte die Worte her, und er half ein. »Nun die Stelle«, rief sie, »wo ich immer am unsichersten bin.« Sie zeigte mit den Fingern, etwas mehr umgewendet, in die Schrift, und so drückte sie seine zitternde Hand fester auf den Busen. Er konnte die Stelle, die sie suchte, nicht finden, sie sah vom Buche auf und ihn lächelnd an, doch, indem sie den Mund öffnete, um zu sprechen, erscholl die Klingel des Regisseurs, und sie schlüpfte hinter die Szene. Nach einer kurzen Musik hob sich der Vorhang. Leonhard verließ träumend und seltsam bewegt seinen Standpunkt, um hinter dem Walde wegzugehen, damit er als Mönch von der anderen Seite hereinkommen könne. Er hörte nichts von dem zu laut gesprochenen Monolog des Götz; er sah den kleinen liebenswürdigen Georg nicht, bei dessen Erscheinen der ganze Saal von lautem Gelächter erscholl; er dachte einzig an die unbillige Rüge seines Freundes, der Charlotten mit jenen grell funkelnden Kunstblumen verglichen hatte, die aus der Folie geschlagen werden. Er mußte sich sagen, daß Gold, Demant und Edelstein, Blume und alles, was im Lichte schimmert und glänzt vor dem hellen Leuchten eines schönen weiblichen Körpers erblindet. Diese Betrachtungen wa-

Tieck: Der junge Tischlermeister F83

ren ihm jetzt die natürlichsten, sie rissen seine Seele ganz in diese Anschauung und Fühlung hinein, und es kostete ihm einen harten und beschwerlichen Kampf, um auf sein Stichwort zu achten, welches nun bald ertönte, und das den ganz Zerstreuten auf die Bühne und vor die Blicke aller Zuschauenden hinrief.

Es war ihm schwer sich zu sammeln, und seine ersten Worte zitterten; doch fand er die Fassung wieder und sprach die Szene nun, um nicht in jenes undeutliche Lallen wieder zu geraten, zu stark. Als er an die Rede kam: »Und eure Weiber? – Ihr habt doch eins! – Und doch war das Weib die Krone der Schöpfung!« sprach er mit einem unbilligen Enthusiasmus. Er war froh, als er seine Szene geendigt hatte und sich nun in das angewiesene Zimmer begeben konnte, um sich zum Lerse neu anzukleiden und anders zu schminken.

Arnim: Armut, Reichtum, Schuld und Buße der Gräfin Dolores F84

Wie so ganz gegenwärtig wird mir die erste Bekanntschaft mit Hollin in H.; wie zeichnete er sich als Redner der Studenten bei dem glänzenden Morgenfeste aus, das von der Universität in dem Botanischen Garten zur Feier des ersten Besuches unsres Königs und der schönen Königin gegeben wurde; sein Anstand, seine tiefe Stimme, das männlich Vollendete seines Wesens nahmen alle Zuschauer für ihn ein; auch die hohen Herrschaften dankten ihm gnädig. Jedermann mußte ihm gut sein, so gar kein böser Hinterhalt war hinter seinen Augen möglich, die so lebendig mitsprachen, daß seine Seele wie in einem Glashause dachte, wo jedermann zuschauen konnte, ohne daß er etwas davon ahndete. Darum sahen die Mädchen meist nieder, wenn er sie anblickte, und die älteren Frauen in ungefährlichen Jahren lachten ihm alle freundlich entgegen; er hatte sein Teil erwählt, er gab wenig auf sie acht und mich zerstreute bald die mannigfaltige Pracht des Hofes und der Frauen, die farbig unter den farbigen Zelten wie unter hohen Blumen saßen, die sie geboren, und mit ihnen an den hohen Bäumen noch zu schweben schienen. Auch mich ergriff der allgemeine Verkehr, auch ich sah ihn nicht wieder in dem allgemeinen Jubel, der sich immer nach dem Hofe drängte und von ihm zurück strömte. Der König fragte mit Weisheit nach den Bedürfnissen der Stadt und der Universität, rühmte das zarte Ehrgefühl, die gute freie Lebensart der Studenten, ihre Begeisterung für Kunst, Wissenschaft und Vaterland. Die Früchte des Landes und die fremden Früchte des Gartens, Ananas, Melonen und Feigen wetteiferten in Fülle, Süße und Saftigkeit; der Wein wurde reichlich geschenkt, daß selbst der Boden von seinem Opfer duftete; doch vor allem war herrlich der Gesang wackerer Jünglinge und Mädchen, deren Chöre abwechselnd, die Luft einander zuschmeichelnd, sie mit Wollust erfüllten. In diesem Jubel sah ich Hollin zum letztenmal; der Hof zog fort und die Stadt schien mir ausgestorben; alle junge

Leute hatten sich in die zwei Hofdamen verliebt und das Unbedeutendste, was sie gesagt, wie sie sich getragen, wiederholten wir einander.«

Drei Haufen standen die Edeln am Ufer des Weltmeers. Nebel lag um sie her, und die Treuen sahen sich kaum untereinander, doch erkannten sie sich immer noch, wenn hie und da ein Wort aller im Enthusiasmus der Redner lauter schallte. Von dem einen Haufen hörte man unaufhörlich die Worte:
Kraft, Ideale Natur, Individualität.
Von dem andern die Worte:
Streben in sich zurück, Selbsterkenntnis, Tiefe, Fülle.
Und von dem dritten hörte man:
Lebensgenuß, Zurückreißen der Natur in sich, Verindividualisierung.
Endlich nun erstand ein Redner aus jedem Haufen. Der Redner der Tapfersten trat hervor, und rief aus:
»Dränget euch aneinander, ihr Freunde, ein einziger Wille, ein Phalanx dem Nebel, der uns neidisch einander entreißen will, ich habe ein Wort der Kraft an euch zu reden, welches gleich einem Magnete alle reine eisenhaltige Herzen an sich ziehen und zu einer Individualität vereinigen wird.« Die anderen näherten sich, ihre Redner an der Spitze, und der erste fuhr fort:
»Stehet fest, fest meine Freunde! lasset euch nicht irren – es gilt jetzt –
Ihr habt in der Kraft eurer idealen Natur eure Selbsten einer Aufgabe geweiht; was darf euch berechtigen, sie fallen zu lassen, als die Anschauung ihrer Nihilität –
Ich sprach mit euch, da ihr noch schwach waret; jetzt müßt ihr entern – das nenne ich, mit eigner Kraft eurer Selbst eueren Vorsatz und alle selbstgefundenen Mittel fassen, halten, durchführen; nur so seid ihr für den heiligen Krieg – oder diesen Gedanken in euren Seelen in den Abgrund der Vergessenheit senken, und alle Wellen eurer alten Gedanken über ihm zusammenschlagen lassen, wie die Wellen des vor uns liegenden Weltmeers über unsre streitglühenden Körper hinschlagen werden; denn wer dem Weltmeere die Brust nicht bieten mag, der ist kein Sohn seiner Mutter, die es tut, der Erde –
O ihr habt mich so oft angestaunt, da ich in objektiver Ruhe unter euch wandelte; erschrecken werdet ihr, wenn ihr schwach seid, und ich handelnd auftrete.
Ergründet schnell eure Subjektivität, und sprechet mit Klarheit, ob ihr fähig seid, mit mir zu handeln?«
Hier hielt der edle Mann ein, einige riefen bravo! viele murrten, dann sprach ein anderer Redner. Mit der zärtlichen Undeutlichkeit eines menschenliebenden, aber ganz in sich allein zurückkeh-

renden Gemütes redete er alle an, indem er sich zu dem vorigen Redner wendete:

»In der Tiefe deiner Brust bemerke ich eine apriorische Anschauung unsers Zustandes, die du mit Recht als ein Produkt von dir selbst giebst, weil sie falsch sein dürfte für die Intensität vieler, die hier stehen und erkannt haben den Ursitz der Welt, und die einzige Straße nach dem Besitze und der Gabe.

Ich spreche daher zu jenen Glücklichen unter uns, deren Wesen dem unendlichen tiefen Milchbrunnen gleicht, von dem ein kindlicher Aberglauben sagt, daß die unschuldigen Kindlein aus ihm herauskommen, – zu jenen spreche ich, welche die Schöpfung in der Brust, in dem reinen tiefen Spiegel ihres Herzens tragen, und welche mit mir die tiefen Worte des begeisterten Helden, der damals so feierlich zu dem Volke sprach, verstanden haben. – Er selbst hat sich nicht verstanden, und war nur ein Organ der Religion, wie hätte er sonst nach seinen eignen Worten:

›Glaubet aber nicht, das Grab Christi sei außer euch, und es stehe zu erlösen im Kriege fanatischer Waffen – in euch selbst ist das Grab des Herrn, von den Sünden des Unglaubens geschändet, nur in euch könnt ihr es befreien, und die äußerliche Tat ist nur gesellschaftlich, in euch ist die Tiefe, die Fülle, die Klarheit, strebet in euch zurück, kommet zur Selbsterkenntnis.‹

Wie hätte er sonst nach diesen seinen Worten hin ziehen können in Unendlichkeit und leerem Streben der Individualität ins Universum.

Wohin fliehet ihr, ihr Geister! – in die Unendlichkeit? Diese Kraft, euch aufzuschwingen, gab euch die Natur – aber sie treibt euch auch in die Endlichkeit zurück – schon die unfreundlichen Wellen dieses Weltmeers tun es, und sind, obschon sehr lange, doch wohl lange noch nicht die Natur – o Freunde, die ihr in euch, wie ich, den Lampenfunken des heiligen Grabes brennen sehet, bleibt zurück, denn das heilige Grab ist in euch – o! verliert es nicht in den Wellen, weil ihr es erobern wollt. Flattert nicht über die Endlichkeit hinaus, sonst werdet ihr bald, der Unendlichkeit müde, in eure Leerheit zurückkehren – durch inneres Vergraben erwerbet euch das heilige Grab – und schreitet so in ewiger Vertiefung in die Unendlichkeit dieses Grabes.

Wo wollt ihr euch aber finden, als in der Endlichkeit! Wo könnt ihr Kraft anwenden, als in dieser! – Überfliehet ihr sie, so stumpfen sich eure Kräfte mehr und mehr ab, es ist kein Rückhalt da, der euch festhalte, es ist kein Schiff auf diesem Weltmeere, und euer endloses Streben, eure schwimmenden Arme werden endlich doch in einen Wallfischmagen verendlicht, oder gar endlich als Fischtran auf Schuhen und Stiefeln, oder Fischbein in Schnürbrüsten (schreckliche Beschränkung schöner Weiblichkeit!) verindividualisiert werden.

Greifet ein in die Endlichkeit – suchet in euch das Ideal des heiligen Grabes, das eurem Wesen harmoniert; dieses fasset ganz, und alle Äußerungen, wonach ihr die Unendlichkeit modifiziert, seien euch nach diesem Ideale bestimmt. So könnt ihr das heilige Grab in euch erlösen, und von seiner Fülle, die sich in der Blüte ewiger Herrlichkeit erneuert und füllt, die Wunder auf alle andere durch euch ausströmen lassen.«

»Bravo, heiliger göttlicher Ausleger!« schrieen viele Stimmen mit einem seufzenden sehnsüchtigen Tone.

Der dritte Haufen und seine Redner hatten sich währenddem über den Mundvorrat in den Körben der Esel hergemacht, sie lagen umher und schliefen.

Pumps, pumps, pumps, tat es drei Schläge ins Weltmeer, die wenigen Anhänger des mutigen ersten Redners stürzten sich hinein. Die Anhänger des zweiten traten dicht zusammen und umklammerten, einer dem andern in den Armen ruhend, die heiligen Gräber; unter diesen waren jene innigen, dringenden, brünstigen Freunde.

Sie zogen wankend feldein, und man hat weiter nichts von ihnen gehört, als in einigen Volksromanzen, welche die Fischer und Schäfer dort singen, allerlei Überbleibsel ihres selbstischen Wahnsinnes. Auch sollen durch ihre fernern Taten fast alle Arten von Aberglauben, fliegende Drachen, Beischlaf des Teufels mit Hexen und besonders das Alpdrücken bei jungen schlafenden Frauenzimmern entstanden sein.

Daß es bei einem Souper, an dem Doktor Wenzel teilnahm an Trinksprüchen nicht fehlte, braucht wohl nicht erst gesagt zu werden. Es wurde auf das Wohl der Neuvermählten, auf das Wohl Regulas, auf das Wohl des Freiherrn, des Direktors und des Professors getrunken. Schimmelreiter brachte ein Hoch aus auf die Familie seiner geliebten Frau, der Freiherr eines auf die Frauen von Weinberg, der Direktor eines auf Doktor Wenzel und seine Angehörigen und auf das ganze weibliche Geschlecht. Nun neigte sich das Fräulein zu Schimmelreiter und flüsterte ihm leise einige Worte zu. Er erhob sich wie elektrisiert und sprach: »Eine edle Dame mahnt mich, daß wir bisher noch eines versäumten, das uns ziemt ...«

Die Pause, die der Redner hier machte, benützte der Professor, um leuchtenden Auges und mit bewegter Stimme das Zitat zu bringen:

»*Willst du genau erfahren, was sich ziemt,*
So frage nur bei edlen Frauen an«,

und Schimmelreiter fuhr fort: »Nämlich auch die treue Dienerin des Hauses Heißenstein, Jungfrau Boẑena, hochleben zu lassen. Auf ihr Wohl!« rief er, und dieser Toast fand lebhaften Anklang.

Božena verließ ihren Platz und ging mit dem Glase in der Hand von einem zum andern, um mit ihm anzustoßen. Dies wurde für jeden, der des Gespräches mit seinen Nachbarn satt war, das Signal, gleichfalls aufzustehen.

Anhang I:

Konversationsspiele:

a) Das Gespräch im Jenseits (2-4 Spieler)

Sehr geeignet für eine langweilige Busfahrt - wobei die Umsitzenden, die nicht wissen, um was es geht, erstaunt gucken werden.

Zwei berühmte Leute treffen sich im Jenseits. Sie unterhalten sich angeregt, ohne zu wissen, wer der andere ist. Thomas denkt sich z.B. in die Rolle von Mozart, Sabine in die von Napoleon Bonaparte. Jeder bemüht sich herauszubekommen, wen er vor sich hat.

Man kann das Spiel auf Romanfiguren oder auch berühmte Redner variieren; *Lederstrumpf unterhält sich mit Werter, Robin Hood mit dem Grafen von Monte Christo.*

b) Die Weltkatastrophe (2-4 Spieler)

Versetze dich in die folgende Lage: Du als Einziger auf der ganzen Welt weißt, dass morgen unsere Erde durch eine große Katastrophe vernichtet werden wird. Nur du bist im Besitz des Gegenmittels: ein wunderbares Raumschiff, das dich selbst und noch sieben andere Personen auf einen entfernten Planeten bringen kann, wo es ähnliche Lebensverhältnisse wie auf der Erde gibt. Und nun schreibe auf oder rede: Sieben Menschen kannst du retten. Wen würdest du auswählen? Es ist schwieriger, sieben Personen zu finden, als dreißig oder vierzig. Lässt man sich vom Gefühl der persönlichen Zuneigung leiten? Soll der menschlich-sittliche Wert ein Beweggrund sein? Soll das Alter ein Kriterium sein? Soll man Menschen, die normalerweise zusammen gehören, trennen, wenn dir nur ein Teil als besonders wertvoll erscheint? Eine Reihe von nachdenklichen Fragen taucht auf, die es wert sind, in einer besinnlichen Viertelstunde durchdacht und erörtert zu werden.

c) Der Streit im Luftballon (3 und mehr Spieler)

Die Spieler hocken in ihrer Fantasie in der schwankenden Gondel eines Luftballons. Draußen tobt ein schreckliches Unwetter, Blitze, Donner, Eisregen, sodass das kleine Gefährt hin- und hergerissen wird. Aller unnötiger Ballast ist bereits über Bord geworfen worden, um den Ballon in ruhigere Luftschichten zu heben. Nur leider erfolglos. Eine letzte Möglichkeit zur Rettung ist noch gegeben: Einer der Insassen muss das Luftschiff verlassen. Wer aber von den Passagieren soll gehen? Nun gibt es ein großes Rededuell: Jeder der Passagiere versucht darzulegen, dass gerade er und sein eigenes Weiterleben für die Welt wichtig ist. Wer dies am aussagefähigsten vollbringt, siegt bei dem Streit.

Man kann das Spiel variieren, indem man nicht die eigene Person, sondern eine historisch bedeutende Person sprechen lässt. *Wenn Christopher Columbus mit Leonardo da Vinci und Beethoven in einer Gondel sitzt.* Ein Konversationsspiel, das zu ernsthaften und langanhaltenden Debatten führt.

d) Mörder und Detektiv (10 und mehr Spieler)

Ein schrecklich schönes Spiel, das viel Nervenkitzel verspricht. Eine große Gesellschaft und viel Platz ist nötig, am besten mit mehreren Räumen, wo man auch das Treppenhaus betreten darf. Und Abend muss es sein, dunkel...

In der Anzahl der Mitspieler werden Zettel gefaltet. Man beschriftet jedoch nur zwei davon. Auf einen wird ein D gemalt, auf den anderen ein M. Jeder Mitspieler muss nun einen Zettel ziehen. Wer das D bekommt, ist der Detektiv. Dieser muss sich schnellstmöglich vom Platz des Geschehens entfernen und irgendwo außerhalb auf seinen großen Fall warten. Wer das M bekommt, ist der Mörder. Er teilt dies aber niemand mit und lässt seinen Zettel unbeeindruckt in der Tasche verschwinden. Nun beginnt der gruselige Teil der Geschichte. Man dreht in der Wohnung alle Lichter aus und tastet sich im Raum umher. Wer große Angst hat, kann auch unter den Tisch kriechen. Der arme Mörder muss ein Opfer finden, dem er „spielerisch" die Hände um den Hals legt. Wenn das geschehen ist, sollte sich das Opfer tot stellen. Der Mörder entfernt sich vom Tatort. Er hat es eilig. Denn das Opfer schreit laut ein letztes Mal auf. Beim Schrei des Opfers ist es die Sache des Detektivs, in den Raum hereinzustürzen und das Licht anzudrehen. Da vorne liegt sein Opfer - keiner darf den Raum verlassen, jeder muss an seinem Platz bleiben. Es ist die schwierige Aufgabe des Detektivs, im Kreuzverhör herauszubekommen, wer wohl der Täter gewesen sein könnte. Alle Spieler sind verpflichtet, die strenge Wahrheit zu sagen. Der Mörder darf jedoch als einziger von dieser Gesellschaft auch lügen, und das Opfer muss schweigen. Wenn der Detektiv scharfsinnig wie Sherlock Holmes ist, kann er den wahren Täter irgendwann entlarven.

Anhang II:
Alle rhetorischen Figuren mit deutscher Benennung

Die Wissenschaft zur Rhetorik hat es bislang versäumt, die lateinischen und griechischen Begriffe abzuschaffen und durch allgemeinverständliche deutsche zu ersetzen. Es ist schon fast so, als läse man in einer noch alten lateinischen Bibel ohne deutsche Luther-Übersetzung. Teilweise gefällt man sich auch in dieser Unverständlichkeit, und wer nicht Latein oder Griechisch kann, aus dem wird auch nie ein guter Redner werden.
Diese Ansicht ist falsch. Man kann auf sie auch verzichten. In der Angewandten Rhetorik ist nämlich nicht entscheidend, ob ich den richtigen Fachbegriff kenne, sondern ob eine bestimmte Technik zum passenden Zeitpunkt verwendet wird. Nachfolgend ein praktisches Beispiel, wie man einen Satz immer wieder umformen kann.

Insgesamt: 181 verschiedene rhetorische Figuren　F88	Rhetorische Figuren, die jeder kennt: (102 verschiedene sprachliche Ausdrucksmittel, um einen Satz neu zu formulieren, sodass seine Wirkung anders wird)
	„Ich erzähle dir einen Witz" (Aussagesatz)
Das Beiwortgegenteil (Oxymoron)	Ich erzähle dir einen tieftraurigen Witz
Der Aussageunsinn (Paradox)	Ich erzähle dir einen Witz, der nicht lustig ist, also lach laut!
Die unnötige Beiwortzufügung (Tautologie)	Ich erzähle dir einen witzigen Witz / Ich erzähle dir einen lustigen Witz.
Der Stilbruch	Ich erzähle dir einen Witz, der superscheißengut ist
Das veraltete Wort (Archaismus)	Ich erzähle dir einen Kalauer / Ich erzähle dir eine Zote
Das topmoderne Wort (Neologismus)	Ich erzähle dir eine total hammergeile, abgefahrene Lachsalvenstory
Das Fremdwort	Ich erzähle dir einen etwas frivolen Witz

Die Frau erzählt etwas, das man normalerweise sagt oder tut, um andere Leute zum Lachen zu bringen	Die Begriffsumschreibung (Periphrase)
Die Dame erzählte einen äußerst humorvollen Beitrag zur allgemeinen Geselligkeit	Wortbeschönigung (Euphemismus)
Diese blöde Zicke schwatzte vielleicht einen langweiligen Dreck mit diesem bescheuerten Witz	Wortverhässlichung (Aischrologie/Pejoration)
Ich erzähle dir einen nicht schlechten Witz	Die Begriffsverneinung (Litotes)
Ein neuer Otto, der diesen Witz erzählt hat!	Der Prominentenspitzname / Adeltstitel (Antonomasie)
Der Witz lachte schallend über sich selbst und japste errötet nach Luft	Die Vermenschlichung lebloser Dinge (Personifikation)
Es ist doch nur ein Witz!	Die Extrabetonung (Emphase)
Mein nächster Witz ist so gut, dass ihr noch Jahre davon erzählen werdet	Die Großübertreibung (Hyperbel)
Mein nächster Witz ist genauso schlecht wie der vorherige, also bitte nicht mehr lachen	Das Gemeinte-Gegenteil (Ironie)
Ich erzähle dir jetzt einen weiteren.	Die gedachte Wortergänzung
Ich erzähle dir jetzt einen Lachmuskelkitzler, wie du ihn noch nie gehört hast	Der Bildersprung (Katachrese)
Ich erzähle dir jetzt einen Fluss der feingeistigen Worte, der nach dem Höhepunkt Frohsinn und Entspannung verspricht	Das Bilderrätsel (Allegorie)
Oh, lustiger Witz! Oh, schöne Freude!	Der Beiwortausruf (Epiteton ornans)
Nachdem das Publikum schallend gelacht hatte, erzählte der Redner seinen ersten Witz	Die Zeitvertauschung (Hysteron proteron)

Die Beiwortvertauschung (Hypallage)	Der lustige Redner erzählte einen jungen Witz
Die Wortfolgeumstellung (Inversio)	Des Redners Witz ist eine seltene Gabe
Der doppelte Bildvergleich (Antithese)	Witz und Lachen sind wie ein Handschlag mit dem Glück
Der Finalsatzvorteil (Antimetabole)	Nicht um selbst darüber zu lachen erzähle ich diesen Witz, sondern damit andere lachen
Der Satzabbruch (Anakoluth)	Es ist mein erklärtes Ziel, nun einen Witz – aber vielleicht sollte ich Ihnen erst erklären, was überhaupt den Witz in uns auslöst...
Die Satzteilauslassung (Ellipse)	Nun ein Witz: Alle mal lachen!
Die Bindewortauslassung (Asyndeton)	Ich erzähle dir einen guten, schönen, echt famosen Witz
Die Bindeworthinzufügung (Polysyndeton)	Ich erzähle dir einen guten und schönen und echt famosen Witz
Der Aufzählungsstörfried (Zeugma)	Ich bin für freie Liebe, Flower-Power, Händchenhalten, Ringelreih und mehr Witze.
Die Anfangsbuchstabenwiederholung (Alliteration)	Ich erzähle dir einen wunderbaren Witz.
Die Neukasus-Wortwiederholung (Polyptoton)	Der Witz an diesem Witz scheint wohl zu sein, dass man den Witz nicht unbedingt lustig findet
Die Wortfamilie (Derivatio)	Ich witzele dir jetzt einen witzigen Witz
Die Wortwiederholung (Geminatio)	Ich erzähle dir jetzt einen Witz, einen Witz, also aufgepasst!
Die satzverknüpfende Wortwiederholung (Reduplicatio)	Ich erzähle dir jetzt einen Witz. Der Witz ist echt gut.

Ich erzähle dir jetzt einen Witz. Ich erzähle dir noch sehr viel mehr davon, wenn er dir gefällt.	Die Satzanfangswiederholung (Anapher)
Dieser Witz bringt mich zum Lachen, bringst du mir noch eine Cola?	Die Neusinnwortwiederholung (Distinctio)
Über diesen Witz muss man einfach lachen, da kann man nichts dagegen machen	Das Wortspiel (Paronomasie)
Ich erzähle dir jetzt einen Witz. Vielleicht erzählt ja noch jemand anderes in dieser Runde einen Witz.	Die Satzendewiederholung (Epipher)
Ich erzähle dir jetzt einen Witz. Hast du gehört? Ich teile mit dir meinen allerbesten Witz.	Die Satzanfangssatzendewiederholung (Complexio)
Ich erzähle dir jetzt einen Witz, der Witz muss dich einfach zum Lachen bringen, vor Lachen soll dir der Bauch platzen!	Die kommaverknüpfende Wortwiederholung mit Höhepunkt (Klimax)
Dieser Witz! Ich muss wirklich über ihn lachen. Dieser Witz! Witzig Lacher witzig!	Satzumrandungswiederholung / Wortumrandungswiederholung (Inclusio)
Ich erzähle dir jetzt einen Witz, einen Kalauer, eine Zote, eine ulkige Story, einen absoluten Unsinn	Die Wortgleichheitsanhäufung (Synonymia)
Ich erzähle dir jetzt einen Witz, jawoll, mein Lieber, einen Witz! Da kannst du gar nichts dagegen machen.	Die Einspruchsverhinderung (Bekräftigung)
Dieser supergeile Witz! Ich musste wirklich über ihn lachen. Dieser supergeile Witz! So habe ich schon lange nicht mehr gelacht. Dieser supergeile Witz! Der war mal richtig gut. Dieser supergeile Witz!	Die Satzwiederholung (Refrain)
Ich erzähle dir jetzt einen Witz, einen echt guten Witz	Die Wortwiederholung mit Beiwortzufügung (Verdeutlichung)

Die Aufzählungsanhäufung (Congeries)	So viele Witze, die noch auf ihre lachende Abnehmer hoffen - Witze über Blondinen, Witze über Chefs, Witze über Ölscheichs, Witze über Ärzte, Witze über Nationen.
Rhetorische Fragen	
ungeduldig	Wie lange sollen wir noch bis zum nächsten Witz warten?
nachdrücklich	Ist es richtig, dass wir jetzt einen Witz hören?
Befehl	Wer wird wohl ernsthaft bestreiten, dass dieser Witz sehr gut war?
an sich selbst	Aber warum erzähle ich diesen Witz überhaupt? Ich sehe, es gibt einige im Publikum, die nicht darüber gelacht haben.
zweifelnd	Soll ich nicht doch besser aufhören, einen neuen Witz zu erzählen?
zeitgewinnend	Ich frage Sie: Als ich den ersten Witz erzählt habe, ging es Ihnen da besser oder schlechter?
moralisch	Ist es gerecht, wenn die linke Seite der Halle über diesen Witz lacht, die rechte Seite der Halle sich aber in Schweigen hüllt?
ausrufend	Du meine Güte! Wann setzt sich bei Ihnen endlich die Überzeugung durch, dass man über Witze lachen sollte?
Der Direktangriff (Licentia)	Seien wir doch ehrlich: Die Leute in diesem Publikum, also Sie, sind viel zu langweilig und bieder und konservativ, um über diesen Spitzenwitz lachen zu können. Ein solches Publikum habe ich nicht verdient.
Gegenargumentsvorwegnahme (Anticipatio)	Zwar kenne ich ihre Bedenken, über Witze zu lachen, aber ich kann Ihnen versichern, dass dieser nächste hier echt lustig ist.
Der Überraschungseinfall (Adiectio)	Da kommt mir einmal... eigentlich wäre jetzt ein Witz angebracht. Was halten Sie davon?
Das Gemeinte-Gegenteil (Ironie)	Ich werde mich natürlich lächerlich machen, wenn ich diesen Witz erzähle, sie können das sicherlich viel besser als ich.

Ich will hier lieber nicht erwähnen, dass es in diesem Publikum auch äußerst humorlose Menschen gibt	Die Verschweigungsaussage (Praeteritio)
Ich erzähle dir jetzt einen Witz. Der Witz ist echt gut. Gut finde ich auch solche, die mit einem Wortspiel zu tun haben. Hast du eigentlich überhaupt Bock, einen Witz zu hören? Hörst du mir überhaupt zu?	Die satzverknüpfende Wortwiederholung (mehrfach) (Subnexio)
Was würde wohl Otto zum nächsten Witz sagen? Ich bin mir sicher, wäre Otto leibhaftig in diesem Raum, er würde sich nicht scheuen, ihn selbst erzählen zu wollen.	Das Aufleben eines Publikumslieblings (Sermocinatio)
Der folgende Witz ist nur für die Frauen im Publikum. Liebe Frauen, habt ihr euch eigentlich schon einmal überlegt, wie die Welt ohne euch wäre?...	Die Publikumsspaltung / die Publikumsneuorientierung (Fictio audientis)
Meine Damen, meine Herren, ich will ihre Aufmerksamkeit für den nächsten Witz nicht zu lange in Anspruch nehmen.	Das Redezeitbeschränkungsversprechen (Brevitas)
Eigentlich kann ich ja gar nicht so gut Witze erzählen, aber ich will's versuchen, auch wenn's vielleicht nicht gelingt.	Die Bescheidenheitseinführung (Humilitas)
Meine Damen, meine Herren! Ich glaube es ist Zeit für einen Witz. Meine Damen, meine Herren! Was halten Sie davon?	Die Publikumsansprache
Wollen Sie die gestrigen Aktienkurse hören oder einen neuen Witz? Die Hand bitte heben, wer jetzt alte Aktienkurse hören will.	Der Publikumsentscheid (zwei Wahlmöglichkeiten)
Der nächste Witz betrifft uns alle, also gut aufpassen!	Die Wichtigkeitserinnerung (Tua res agitur)
Ein guter Witz erreicht mehr als tausend Geschenke	Das Sprichwort (Sentenz)
Eine alte Krähe saß mit einem Stück Käse auf einem Baum. Da kam ein Fuchs vorbei und sagte: Oh, Krähe, gestatte, dass ich dir einen Witz erzähle, wie es gute Freunde einander tun. Nachdem die alte Krähe lautstark über den Witz des Fuchses lachen musste,	Die Fabel

fiel das Stück Käse aus ihrem Schnabel direkt vor den Fuchs, der es gierig mitnahm und sagte: Wer bei einem Witz übrigens nicht lacht, lacht am allerbesten.

Das Kosewörtchen (Diminutiv)	Ich erzähle dir ein Witzchen.
Die Verbwiederholung (Epanelepse)	Ich erzähle dir einen Witz und erzähle dir noch sehr viel mehr.
Die Begriffszerspaltung / Die Begriffsausdehnung (Synekdoche)	Ich erzähle dir eine Pointe (Teil fürs Ganze / die Pointe ist Teil des Witzes)
	Ich erzähle dir ein bisschen Humor (Ganze für den Teil / der Witz ist Teil des Humors)
	Ich erzähle dir einen über Blondinen (das Spezielle fürs Allgemeine / Blondine ersetzt Witz)
	Ich erzähle dir eine lustige Geschichte / ein paar lustige Worte (das Allgemeine fürs Spezielle / lustige Geschichte/lustige Worte ersetzt Witz)
Nebensatzreihung (Hypotaxe)	Während ich dir diesen Witz erzähle, hörst du mir zu.
Hauptsatzreihung (Parataxe)	Ich erzähle dir diesen Witz und du hörst mir zu.
Der Einschub (Parenthese)	Das ist – frei herausgesagt – mein allerbester Witz gewesen.
Aufzählungsstörenfried (Zeugma)	Ich erzähle dir einen kleinen Witz und mein ganzes Leben.
Symbolhaftes Bild ohne tatsächlichen Bezug (Metapher)	Ich erzähle dir einen funkelnden Stern des Humors
Symbolhaftes Bild mit tatsächlichem Bezug (Symbol)	Die Pappnase erzählt den Witz. (Pappnase = Komödiant)
Geschmackssinnrichtung (Synästhesie)	Dein Witz schmeckt abgestanden und klingt langweilig und riecht nach Plagiat und fühlt sich spießig an und sieht erbärmlich aus.

Dieser Witz ist so alt wie Methusalem.	Vergleichssatz
Du weißt ja, wen ich mit diesem Witz meine.	Anspielung, ohne es auszusprechen (Allusio)
So glaub mir doch! Das ist kein Witz gewesen.	Anruf
Wer diesen Witz nicht hören will, muss ihn fühlen.	knackige Kurzsentenz (Aphorismus)
Ich könnte dir jetzt auch die Pointe des Witzes erzählen, aber…	Redeabbruch (Aposiopese)
Ich erzähl dir jetzt einen hahaha! Da macht es schüttel-schüttel in eurem Bauch.	Lautklangmalerei (Onomatopoesie)
Ich erzähl' dir jetzt einen Witz	Endsilbenverzicht (Apokope)
's ist ein guter Witz.	Anfangssilbenverzicht (Aphärese)
Ich erzähl dir jetzt ein kleines Witz'en.	Mittelsilbenverzicht (Synkope)
Wenn alle meine Witze treffen, seid ihr tot.	Bildersprung (Katachrese)
Das ist vielleicht ein Witz!	Substantiv ohne Adjektiv (Emphase)
Der Witz war lang, und kurz die Freude.	Kreuzreim (Chiasmus)
Der Witz war lang und gut, kurz und heftig die Freude.	
Der Witz war lang. Die Freude war kurz.	Gleichklang der Satzglieder in aufeinanderfolgenden Sätzen (Parallelismus)
Der Witz war lang und gut. Die Freude war kurz und heftig.	

Gegenüberstellung von Begriffspaaren (Antithese)	Der Witz war lang, die Freude daran kurz. Der Witz war lang und gut, die Freude kurz und heftig. Der Witz und die Freude sind wie ein leerer Bauch und die Mahlzeit
Falsche Chronologie (Hysteron proteron)	Das Publikum lachte schallend, bevor der Redner den ersten Witz erzählte.
Zwei bedeutungsgleiche Wörter hintereinander (Hendiadyoin)	Der Witz ist lustig und humorvoll

Rhetorische Figuren, die nicht unbedingt jeder kennt: (52 weitere Möglichkeiten, sich mit Sprache auszudrücken)

Unmöglichkeitsvergleich (Adynaton)	„Die Welt geht schon eher unter, als dass ich euch noch einen weiteren Witz erzähle..."
Anfangsbuchstabensinnwort (Akrostichon)	Wunderbares in teurer Zeit erfolgreich = WITZE
Zweideutigkeit (Ambiguität)	Wirklich witzig (witzig oder nicht?) „Thatcher gestürzt" (ist sie die Treppe heruntergefallen oder politisch?)
Buchstabendreher (Anagramm)	Reh-Erotik = Rhetorik
Dialogwechselsatz (Antilabe)	SPRECHER 1: „Im folgenden Beitrag..." / SPRECHER 2: „... möchten wir sie darüber informieren..." SPRECHER 3: „dass Sie einen neuen Witz verdient haben"
Verneinungswiederholung (Antitheton)	„Das wird gleich witzig, nicht langweilig werden."
Apokoinu (Wortbezug auf zwei Teile)	„Was dieser Witz erreicht, das sind Leute, alles was hier versammelt ist."

„Ihr wollt also..." (PAUSE). "Habt ihr euch das auch gut überlegt?"	Aposiopese (Satzabbruch mit Pause)
„Hitz', schwitz, Witz!" / „Hitzel, schwitzel, kitzel – 'n ni-es Witzel!"	Assonanz (Vokalgleichlaut)
„Der nächste Witz zerstört alle bekannten Politiker und meinen Fernseher"	Bathos (Ungleichgewichtsgegenüberstellung)
„WitzeErzähler" „TürSchlossEnteiser" „GepäckTräger"	Binnenmajuskel (Innerer Großbuchstabe)
„Dieser Witz gefällt dem Publikum, das Eintrittsgeld dem Kabarettisten"	Brachylogie (Kürze im Ausdruck)
„Ihc ezrähle dri enien Wizt" (erster und letzter Buchstabe des Wortes sollten wie das Ursprungswort sein)	Buchstabendreher

oder:

Mikroständfoner = Mikrofonständer

„Meine Damen und Herren, ich freue mich in Ihrer Stadt zu sein und Ihnen diesen ersten letzten Witz erzählen zu dürfen …"	Captatio benevolentiae (Publikum für sich gewinnen)
„Rolltreppe" als Chiffre der Entfremdung in der Großstadt	Chiffre (Geheimzeichen / Geheimwort)
„Was du nicht willst, das man dir tu, das füg auch keinem andern zu."	Ethos (sittliches Bewusstsein)
„bitterernster Witz" „gerade Kurve", „gemahlene Kaffeebohnen im Originalzustand"	Contradictio in adjecto (innerer Widerspruch zwischen Adjektiv und Substantiv)
„Vide'ofilm."	Diärese (getrennte Aussprache zweier Selbstlaute)
„Die Witze schaukeln / das Publikum weit aufs Meer hinaus / sein Boot kentert / das Publikum ertrinkt auf hoher See zuhauf"	Enjambement (Zeilensprung):

Enumeration (Aufzählung)	„Die guten, die schlechten, die lustigen und die langweiligen Witze habt ihr euch durch diesen müden Beifall gebührend verdient"
Epiphrase (plötzliches Ende)	„Das ist ein wirklich toller Witz und super."
Exclamatio (Ausruf)	„Lacht gefälligst!"
Exemplum (Beispiel)	„Hierzu werfen wir einen Blick auf die Vereinigten Staaten von Amerika, wo solche Witze eine lange Tradition im Parlament haben."
Floskel (abgenutzte Redewendung)	„Ein echter Mann darf nicht weinen, nicht einmal bei seiner Geburt."
Hiatus (Zusammentreffen zweier Vokale in zwei aufeinanderfolgenden Silben)	„Th_ea_ter" „Witz_ee_rzähler" „K_oo_peration" / „bös_e E_rde" „hungrig_e E_lefanten"
Homoioteleuton (gleiche Nachsilbe in aufeinanderfolgenden Wörtern)	„Es ist vollb_racht_ um 8 vor Mittern_acht_. Nun l_acht_!"
Homoioarkton (Anfangsbuchstabengleichheit von aufeinanderfolgenden Wörtern; auch von solchen, die normalerweise einen anderen Anfangsbuchstaben hätten)	Wirklich wunderbare Witze wollen wir wenigstens w_ernünftig witzeln.
Idyll (Ansichtspostkarte)	Eine Bilderbuchfamilie von Vater, Mutter, Sohn, Tochter picknickt bei strahlendem Sonnenschein auf einer traumhaften Wiese, in der Ferne schneebedeckte Berge" / „Zwei junge Ehepaare spielen Beachvolleyball am Strand"
Inflektiv (Empfindungwort)	„stöhn", „seufz"; „ächz"
Inkonzinnität (innerer Zeitenwechsel)	„Ich laufe also durch die Stadt und da sah ich sie und mich durchfährt ein Blitz und dann hatte ich mir gedacht, sie wäre eigentlich genau die Richtige für mich, da hat sie sich umgedreht, ich bin dann schnell weiter, weil sie halt zirka 40 Jahre älter als ich gewesen war..."

„Ich laufe also durch die Stadt und da sehe ich sie und mich durchfährt ein Blitz und denke mir, sie ist genau die Richtige für mich, da dreht sie sich um, ich bin dann schnell weiter, sie ist schließlich 40 Jahre älter als ich."	Konzinnität (innere Zeitgleichheit)
„Autsch" „Aua" „Hatschi" „Ah!"; „Oh!"	Interjektion (Empfindungswort)
„Gepäckträgerhalter"; „Berufsunfähigkeitszusatzversicherung" „Witzeerzähler" „Talsohle"	Kompositum (Substantiv aus mehreren Wörtern)
Aus „Euro" und „teuer" = „Teuro", aus DFB-Elf und helfen: „DFB, helf!", aus Witzereißer „Witzescheißer", aus Partei „Partyei" (siehe auch Paronomasie)	Montage (Wort, das aus ursprünglich nicht zusammengehörigen Einzelteilen zu einer neuen Einheit zusammengesetzt ist)
„Reliefpfeiler" „Die Liebe ist Sieger – rege ist sie bei Leid" „Otto"	Palindrom (Wörter/Sätze, die vorwärts und rückwärts gelesen werden können)
Dieser Witz war – wer wird das bestreiten wollen – unnötig.	Parenthese (Satzeinschub)
„Über diesen Witz haben wir nun alle schallend gelacht, ich erzähle ihnen gleich einen neuen, das wäre doch gelacht."	Pluralis auctoris (Wir-Befehl)
„Wir, der Komikerkönig Rudolf von Humorsburg, nehmen die Krone und das Zepter an und schwören Ihnen feierlich einen Eid auf die Verfassungsvermassungsvermarktungsverlachung...	Pluralis maiestatis (Wir-König)
„Den letzten Witz haben wir uns wirklich gut erzählt."	Pluralis modestiae (Wir-Bescheidenheit)
„Das musste einmal gesagt werden, das lag mir schon lange auf der Zunge" / „Ich fuhr im Auto durch die Stadt, zuerst den Zündschlüssel rein, dann den Gang eingelegt, den Gurt angelegt, dann die erste Rechtskurve, dann die nächsten zwei Linkskurven, dann Vorfahrt gewährt, schließlich an der Ampel stopp und warten, bis die Ampel wieder auf „grün" steht. Dann in den ersten Gang ge-	Redundanz (Häufung sprachlicher Aussagen ohne neue Information)

schaltet, dann in den zweiten, dann in den dritten, bis ich schließlich zum Energiespargang kam. Passiert ist eigentlich nichts, als ich so durch die Stadt fuhr. Aber ich stehe jetzt hier auf der Bühne und muss ja etwas für mein Geld tun. Ich hoffe, Ihnen ist jetzt nicht langweilig."

Sarkasmus (bitterer Spott)	‚Natürlich interessiert mich Ihre Geschichte, wie sie durch die Stadt gefahren sind! Bitte noch mehr davon!"
Solözismus (schwerer Sprachfehler auf Satzebene)	Wir alles kann außer Hochdeutsch.
Barbarismus (schwerer Sprachfehler auf Wortebene)	Gutmensch
Stichomythie (versweiser Wechsel von Rede und Gegenrede)	SPRECHERIN 1: „Und nun ein Witz." SPRECHER 2: „Der wird sie umhauen." SPRECHERIN 1: „Er handelt von einer Frau." SPRECHER 2: „Nicht nur von einer Frau, auch von einem Mann, Blödmann!" SPRECHERIN 1: „Ich bin kein Blödmann, und wenn, dann schon eher ´ne Blödfrau." SPRECHER 2: „Gut, Frau Blöd, schön Sie kennenzulernen. Der Witz handelt übrigens von Ihnen." SPRECHERIN 1: „Nicht nur von mir, auch von Ihnen, Herr Unverschämt." SPECHER 2: „Ich bin nicht unverschämt." SPRECHERIN 1: „Aber schämen sollten Sie sich, schämen Sie sich denn nicht eine Frau, eine wunderschöne und nette und liebe und intelligente Frau so zu beleidigen?" SPRECHER 2: „Um die Sache kurz zu machen – dieser Witz handelt von uns, von unserer Ehe! Unserer gescheiterten Ehe."
Symbol (Sinnbild)	„weiße Taube" = Frieden; „rotes Herz" = Liebe; Kreuz = Christentum; fünf Ringe = Olympia; Zunge raus = Ätsch!; Kreis mit Pfeil nach oben = Männer (Toilette); Kreis mit Pfeil nach unten = Frauen (Toilette)
Tetrakolon (silbengleiche Wörter hintereinander)	„laufen, schnaufen, saufen, raufen"
Trikolon (nahezu silbengleiche Wörter mit Sprechpause hintereinander)	„Veni Vidi Vici"; „suchen, machen, lachen!"

„Ich lache, heule, sterbe über diesen letzten Witz."	Trikolon in membris crescentibus (semantisch gesteigerte Wörter hintereinander)
„Ich rauche nicht, weil es ungesund ist. Ich paffe keine Glimmstengel, da es andere Möglichkeiten gibt sich zu beschäftigen. Ich kaufe keine Kippen, denn Zigaretten sind nicht mein Ding. Der nächste Zigarettenladen kriegt nicht mein Geld, schließlich ist's verdammt teuer."	Variation (Wiederholung der Aussage durch andere Wortwahl)
„Der Redner druckt eine neuen Witz aus seiner Brainstorming-Festplatte"; „der Mann zerspringt klirrend in tausend Stücke."	Verdinglichung (sprachliche Behandlung eines Lebewesens als Sache)
„dumm wie ein Esel"; „stärker als Herkules"	Vergleich
„Beim nächsten Witz bepisst ihr euch vor Lachen."	Vulgarismus (auf abstoßende Weise Wörter einsetzen)
(An eine Person gerichtet): „Na, haben Ihnen die vielen Witze zu Ihrer Person gefallen? Soll ich dem versammelten Publikum noch mehr Witze erzählen, die zeigen, wie trottelig Sie sind?"	Zynismus (verletzender Spott)

Rhetorische Figuren für Fortgeschrittene, die kaum jemand kennt: (27 weitere Möglichkeiten, sich mit Sprache auszudrücken)

Ich halte euch heute eine erfolgreiche Elefantenrede: neuen Namen, niederträchtigen Neologismen. Witz und Zeit und Time und Erfolg und Gier. Seid ihr bereit?	Buchstaben-Chiasmus
h-h-e-e-h-h-e-e-e-e-E: n-N-n-N. z-Z-t-T-e-E-g-G.	
Ich erzähle dir jetzt einen neuen Witz in einer Zungen-Sprechgeschwindigkeit von 120 Wörtern pro Sekunde, mit einer Länge von insgesamt 768 Wörtern, davon 59 Verben, 43 Adjektive, 32 Substantive und 477 Adverbien und der Rest Pronomen, bei einer Raumtemperatur von 21,5 Grad Plus Celsius erzähle ich ihn dir,	Detailüberfrachtung/ Zahlverwirrung:

einen neuen Witz, der genau 8 Tage zwei Stunden und drei Sekunden alt ist, und den bis jetzt 43 Personen im deutschsprachigen Raum kennen, die ihn aber alle nicht verstanden haben.

Offizielle Bekanntmachung	Hiermit gebe ich feierlich bekannt, dass ich nun einen Witz erzähle, der sich zu hören lohnt. Stellen Sie das Rauchen ein, trinken Sie nicht, hören Sie auf zu lachen und zu reden, es geht los.
Gespielte Überraschung	Nein, so etwas! Da steht ja noch ein Witz auf meiner Karteikarte! Was soll ich machen? Soll ich Ihnen vielleicht den Witz erzählen, sodass Sie auch mal was zu lachen haben? Nicht daran zu denken, wenn wir ihn nicht erzählen. Nein, nein, also, der Witz geht so...
Kollektiver Traum	Schließen wir also alle die Augen, tun wir so, als ob wir träumen. Was sehen Sie? Ich sehe einen Mann auf der Bühne, er erzählt uns einen Witz, und der Witz ist gar nicht mal so schlecht.
Offizieller Brief	Ich habe die Ehre Sie davon zu informieren, dass mir ein amerikanischer Komödiant in einem Brief einen neuen Witz zukommen ließ, den ich vorhabe zu verlesen. Sehr geehrter Herr Rudi von Humorsburg! Wie geht es euer Gnaden? Ich hoffe...
Ein-Wort-Sätze	Witz. Neu. Ich. Wunsch. Erzählung. Mann. Cowboy. Frau. Cowgirl. Baby. Cowbaby. Wald. Bär. Böse. Tot: Mann. Tot: Frau. Tot: Bär. Baby. Schuss. Pistole.
Kurz-Sätze mit maximal drei Wörtern	Ein Witz. Neu. Ich erzähl'l mal. Im Wald. Ein Mann. Er ist Cowboy. Eine Frau. Sie ist Cowgirl. Ein Baby. Es ist Cowbaby. Leben im Wald. Da kommt: Bäriger Bär...
Beharrung	Ich bestehe und beharre darauf, Ihnen diesen behaarten Witz zu erzählen; nein, nein, widersprechen Sie ja nicht, ich sehe Ihnen an, Sie wollen ihn doch auch...
Unwissenheit spielen	Nun, ich weiß nichts davon, dass ich noch einen Witz in meiner Manteltasche liegen haben könnte. Aber sehen wir doch mal nach: Nanu? Da ich diesen Witz nicht kenne, lohnt es sich nicht, ihn Ihnen zum Besten zu bringen. Aber gut, ich will nicht so sein...

Um wieviel Uhr werden Sie Ihren nächsten Witz erzählen? „Um 20 Uhr 13". Wie lange wird der nächste Witz sein? „Zirka zwei Minuten". Was ist das Thema des Witzes? „Ein Witz über blonde Blondinen". Und der anschließende Witz? „Ein Witz über rothaarige Blondinen". Und der letzte Witz? „Ein Witz über schwarzhaarige Blondinen."

Fragebogen

Erster Akt.

Theaterstück

Szene I:

auf der Bühne erscheint ein Redner und setzt sich hastig auf den Sitz.
Redner (zerknirscht): Meine alten Witze sind viel besser als die neuen.
Der Redner kratzt sich am Kopf.
Redner: Ach, was täte ich für einen guten neuen Witz.

Szene II:

auf der Bühne erscheint eine Frau und geht achtlos weiter.
Redner (traurig): Früher wäre so etwas nicht passiert. Sie hätte sich neben mich gesetzt.
Wir hätten eine Unterhaltung geführt. Das Leben ist schon ein Witz, irgendwie.

Das Sujet des nächsten Iocus grande transformiert graduell in eine Metaphysik des allseits bekannten ‚Jux-Faux-pas', wie wir den Lettren der Textinhaltsebene entnehmen können.

Philosophisch (Lateinische Fremdwort-Überfrachtung)

Ok, Ladies and Gentleman, oh yeah, mein next joke ist über einen män und seine womän, Mr. X und Mrs. Y, die beide vorhaben, in den heiligen Stand der marriage zu treten.

Anglizismen-Überfrachtung

WITZ ERZÄHLEN STOPP REDNER AUF DIE BÜHNE STOPP MIT DER EINLEITUNG ANFANGEN STOPP DANN DIE POINTE SUCHEN STOPP

Telegrafisch

muss witz erzählen .)- redner stürzt auf bühne -:(fängt mit der einleitung an (/-) dann pointe :(-

SMS

Was ist ein Witz? Bevor wir über den ersten Witz lachen können, sollten wir uns fragen, was das Lachen über einen Witz verur-

Definitionenreihung

sacht. Doch was ist Lachen? Lachen ist ein Vorgang, der alle Muskeln des Körpers langsam erfasst, bis es sich wohlig ausbreitet und in uns ein Wohlbefinden mündet. Was ist aber Wohlbefinden?

Freivers

Der Redner
Erzählt
Einen
Witz.

Das Publikum
Lacht
Lacht
Laut
Immer
Lauter

Bis
Der Redner
Erzählt
Seinen
Neuen
Witz.

Wortanalyse

Substantive: Redner, Witz, Publikum
Verben: erzählen, lachen
Adjektiv: gut, schlecht, laut
Pronomen: Ich, Sie, Ihnen
Präpositionen: über, unter, mit

Eigennamen-Häufung

Mr. Hardy und Mr. Laurel sind zwei neue Komiker, die uns eine Otto-Pointe nach der anderen bescheren und die sogar die Aufmerksamkeit des allseits beliebten Murphy auf sich gezogen haben, weil ihr Stooges-Slapstick nicht nur die Herzen des Monty-Python-erprobten Publikums erfreut.

Keiner kennt den Urherber des nächsten Witzes. Er verbreitete sich über eine gefundene Flaschenpost rasant im Internet und weil ihn schon Millionen Leute kennen, sollen auch Sie zum verschwörerischen Kreis der paar wenigen gehören, die ihn kennen.	Anonym
Nach einem temporären Unwohlsein bezüglich des Verdauungstraktes infolge Lachmangels verordnete mir der Arzt nach eingehender Diagnose ein paar bittere Pillen, von denen ich jetzt ein paar vor Ihren Augen einnehmen werde.	Medizinisch
Ein guter Witz ist wie eine süße Birne, ein schlechter wirkt wie eine Zitrone. Die Pointe ist das Vanilleis zum Nachtisch, und das befreiende Lachen ist der Verdauungsschnaps. Während die Kerze am Restauranttisch flackert, winken wir dem Ober…dem Ober, der jeden neuen Witz kennt! Garçon! Kommen Sie her. Kommen Sie zu uns.	Gastronomisch
Die Affen sind die Leute, die über diesen Witz nicht lachen können. Die Füchse sind die Leute, die ihn verstehen. Die Esel im Publikum sollten jetzt aufpassen, sonst...	Zoologisch
Er ist ein Komiker, wie man ihn nur selten findet. Es ist Donnerstagnachmittag und ich sitze aufgeregt in seinem Büro. Er lässt mich warten, denn er kann es sich leisten, mich warten zu lassen. Er ist ein Star, ein Star unter den Komikern. Dann schreitet er zur Tür herein: majestätisch, stolz, sich seiner Wirkung auf mich schwache, junge und unerfahrene Frau voll bewusst. Mein Herz schlägt höher. Was für ein Mann! Welch Kühnheit in seinen Augen! Welch verspielte Sinnlichkeit! Jede Frau würde ihm sofort die Kleider vom Leib reißen… Ich stelle meine erste Frage, er wartet lange und zögert, schließlich gibt er mir die Antwort, während er sich die erste Zigarette langsam anzündet und den Kopf zurücklehnt. Dann haucht er, sodass ich ganz schwach werde: Ich will Ihnen einen Witz erzählen, der nur uns beiden gehört…	Porträt (Truman-Capote-Stil)
Oh! Stöhn! Bibber! Witzestunde! Zitter! Lach! Lach! Mach! Chef! Der Chef erzählt. Einen Witz! Einen? Zwei! Drei! Vier! Gute Güte! Nein, nein! Nie, nie! Er wird nie müde!	Interjektionen-Congeries (Anhäufung von Empfindungswörtern)

Anhang III: F89

Neueinteilung der rhetorischen Figuren nach Verdoppelung, Bild, Gegenteil, Wortstellung und Verkürzung

Alle rhetorischen Figuren lassen sich in diese 5 Kategorien einordnen, wobei die Kategorien Wortstellung und Verkürzung schon bekannt sein dürften. Der Vorteil dieses Systems liegt darin, dass sowohl Tropen (Ersetzungsfiguren) als auch Gedankenfiguren und Klangfiguren auf die verschiedenen Kategorien neu verteilt werden können.

Ein Redner kann so blitzschnell entscheiden:

Will ich meine Aussage oder ein wichtiges Wort wiederholen? Dann eine Verdoppelungsfigur.
Will ich meine Aussage mit einem Bild veranschaulichen? Dann eine Bildfigur.
Will ich meine Aussage durch ein Gegenteil interessant machen? Dann eine Gegenteilsfigur.
Will ich einen schöneren Satzrhythmus? Dann eine Wortstellungsfigur.
Will ich meinen Satz auf die Information beschränken? Dann eine Verkürzungsfigur.

Verdoppelung — Merkmal: Verdoppelung eines Wortes, eines Buchstabens, eines ganzen Satzes, eines Satzteils (Anfang + Ende) und der Aussage

- Alliteration
- Anapher
- Antimetabole
- Bekräftigung
- Complexio
- Derivatio
- Distinctio
- Epipher
- Geminatio
- Inclusio
- Paranomasie
- Pleonasmus
- Polyptoton
- Reduplicatio
- Redundanz
- Refrain
- Repetio sententiae
- Subnexio
- Synonymia
- Tautologie
- Verdeutlichung

Merkmal: Diese Figuren lassen ein Bild entstehen, das anschau-   **Bild**
lich, rätselhaft, neu, veraltet, lehrhaft, lustig sein kann

- Allegorie
- Antanomasie
- Aphorismus
- Archaismus
- Chiffre
- Detaillierung
- Epitheton ornans
- Exemplum
- Fabel
- Fictio audientis
- Gleichnis
- Hyperbel
- Metapher
- Metonymie
- Neologismus
- Onomatopoesie
- Personifikation
- Sentenz
- Sermocinatio
- Symbol
- Synekdoche
- Vergleichssatz mit „wie"

Merkmal: Verneinung einer Aussage bzw. inhaltlicher Wider-   **Gegenteil**
spruch zur Aussage

- Anticipatio
- Antithese
- Correctio
- Euphemismus (Periphrase)
- Hypallage (Enallage)
- Hysteron proteron
- Ironie
- Katachrese
- Licentia
- Litotes
- Negativbeispiel
- Oxymoron
- Paradox
- Stilbruch
- Synästhesie
- Tua res agitur
- Zeugma

Wortstellung im Satz	Merkmal: Die Wortfolge im Satz wird verändert

- Asyndeton
- Chiasmus
- Congeries
- Hypotaxe
- Inversion
- Klimax (trikolon)
- Parallelismus
- Parataxe
- Parenthese
- Polysyndeton

Verkürzung	Merkmal: Der Satz, das Wort oder die Aussage wird verkürzt

- Anakoluth
- Apokope
- Aposiopese
- Brevitas
- Elision
- Ellipse
- Emphase
- Praeteritio
- Reticentia
- Rhetorische Frage
- Synkope

Arbeitsschritte eines Redners: Schematische Übersicht F90

I. Inventio	II. Dispositio	III. Elocutio	IV. Memoria	IV Memoria
Stoffsammlung	Gliederung	Versprachlichung	Einprägen der Rede	Körpersprache, Stimme und technischer Ablauf
Informationen zur Person: Eltern / Vorfahren / Abstammung / Volkszugehörigkeit / Vaterland / Staat / Geschlecht / Alter / Erziehung / Ausbildung / Körperbeschaffenheit / Glück / Schicksal / soziale Stellung / Charakter / Beruf / Neigung / Vorliebe / frühere Äußerungen / Namen Informationen zur Sache: Gründe für den Vorfall / Ort / Zeit / wie es geschehen ist / was es möglicherweise bedeutet / Definition des Vorfalls / vergleichbar mit / angenommen, man würde… / mildernde Umstände /	*Exordium* (Redeanfang) *attentum parare* (Aufmerksamkeit gewinnen) *captatio benevolentiae* (Lob des Publikums und Ortes) *insinuatio* (einschmeicheln) *Narratio* (Erzählung aus parteilicher Sicht) *perspicuitas* (Klarheit) *brevitas* (Kürze) *probabilis* (Glaubhaftigkeit) *Argumentatio* (Argumentation) *probatio* (Beweismittel /Begründung) *confirmatio* (Standpunkt erhärten) *refutatio* (Gegenargumente zurückweisen) *Peroratio* (Schluss)	Grammatik (Beherrschung der Muttersprache) Wortarten: Fragewort, Artikel, Substantiv usw. Satzarten: *Hauptsatzarten:* Aussagesatz, Fragesatz, Befehlssatz, Vergleichssatz *Nebensatzarten* Kausalsatz, Temporalsatz, Adversativsatz usw. Rhetorische Figuren *durch Wortzufügung* Geminatio, Reduplicatio, Klimax usw. *durch Wortauslassung* Ellipse, Zeugma, Anakoluth usw.	Die Rede in kurzen Abschnitten selbst erarbeiten (laut aussprechen); *Loci-Technik* (Schlüsselwörter in Räumen ablegen); *Wortketten* (Schlüsselworter thematisch aneinander fügen; aus Schlüsselbegriffen eine Story ausdenken	Die Aussprache des Redners (= *pronuntiatio*) - Sprache - Sprechgeschwindigkeit - Lautstärke - Aussprache Die Körperbewegungen des Redners (=*actio*) - Haltung (still / zappelnd) - Miene: Gesichtsausdruck dem Inhalt angepasst? - Gestik: mit den Händen Redeinhalte unterstrichen? - Blickkontakt mit den Zuhörern gehalten? - Bewegung im Raum: sitzen / stehen / umherlaufen - Vorzeigen von Indizien (Zeugenvorführung, Zeichnungen, Requisiten)

Ähnlichkeit zu einem anderen Vorfall, nämlich... Sammeln von Information durch das Studium von Fachbüchern und Aufsätzen und Internetseiten (z.B Wikipedia) über das Sachgebiet; durch das Studieren des Werkes selbst (Buch; Kunstwerk; Landschaft); durch das planmäßige Beobachten und Vergleichen von Geschehnissen (Exkursionen); durch eigene Versuche (naturwissenschaftliche Themen); durch Gespräche mit Experten; durch Brainstorming-Techniken - Die journalistische Methode: Fragewörter beantworten - Die ABC-Methode: Alphabet aufschreiben und passende Wörter zum Thema suchen	recapitulatio (Zusammenfassung) repetitio (Wiederholung) enumeratio (Aufzählung) Argumentationsfiguren: Syllogismus, Enthymem, apodiktischer Beweis, Autoritätsbeweis, Evidentia usw. Affektenlehre: Zorn erregen / Zorn abbauen (Besänftigung); Freundschaft versus Feindschaft; Furcht auslösen / Furcht verringern (Mut); Scham auslösen / Scham verringern (Schamlosigkeit); Mitleid auslösen / Mitleid verringern (Neid / Eifersucht)	*durch Wortumstellung* Inversio, Parallelismus, Hypallage usw. *durch Wortersetzung* Synonym, Archaismus, Neologismus, Metapher usw. *Textabschnittsfiguren* Ironie, rhetorische Fragearten, Correctio, Praeteritio, Sermocinatio, brevitas, humilitas usw. Regeln zur Versprachlichung: *latinitas* (sprachliche Klarheit) *perspicuitas* (gedankliche Klarheit) *ornatus* (rhetorische Figuren) *inneres aptum* (Wort und Sache müssen stimmen) *äußeres aptum* (Sprache muss der Redesituation, Publikum, Person des Redners, Wirkungsabsicht angemessen sein)		Raum: - Größe des Raumes - Mikrofon - Tafel - Tageslichtprojektor – Computernotebook mit angeschlossenem Beamer

- Brainstorming-Techniken: Einzel-Brainstorming, Gruppen-Brainstorming, Methode 635; Brainwriting; Mindmap zeichnen; PQR4-Methode			Stilarten: *stilus humilis:* keine rhetorischen Figuren, geeignet für docere (belehren) *stilus mediocre:* Einbezug von rhetorischen Figuren (geeignet zur Erheiterung des Publikums / Gefühle) *stilus grandis:* voller Einsatz aller rhetorischen Figuren, um das Publikum mitzureißen (für Redegegenstände von wichtigster Bedeutung)		

Anhang: Redebeispiele   F91

Obamas Dankesrede nach der Wiederwahl – rhetorisch analysiert (Übersetzung „rhetorisch" – mit allen Figuren ins Deutsche übertragen; rhetorische Figuren, die durch die Übersetzung ins Deutsche durch Zufall auftreten, sind nicht berücksichtigt)

Text:

Danke euch. Danke euch. Danke euch so sehr. (GEMINATIO)

Heute Abend, mehr als 200 Jahre, nachdem eine ehemalige Kolonie das Recht erworben hat, ihr eigenes Schicksal zu entscheiden, rückt die Aufgabe, unsere Einheit zu verbessern vorwärts. Sie rückt vorwärts (REDUPLICATIO) wegen euch. Sie rückt vorwärts (ANAPHER), weil ihr den Geist wiederbestärkt habt, der über den Krieg und die Weltwirtschaftskrise triumphiert hat, der Geist (REDULICATIO), der dieses Land von den Tiefen der Trauer (ALLITERATION) zu den großen Höhen der Hoffnung (ALLITERATION) hochgehoben hat, der Glaube, dass während jeder von uns seine eigenen individuellen Träume verfolgen wird, wir eine amerikanische Familie sind (METAPHER), und wir uns gemeinsam als eine Nation und als ein Volk erheben und stürzen.

Heute Abend (ANAPHER), bei dieser Wahl, habt ihr, das amerikanische Volk (DIREKTANSPRACHE), uns erinnert, dass während unser Weg beschwerlich war, während (ANAPHER) unsere Reise lang war, wir uns selbst hochgehoben haben, wir (ANAPHER) unseren Weg zurückgekämpft haben, und wir (ANAPHER) wissen in unseren Herzen, dass für die Vereinigten Staaten von Amerika das Beste erst noch kommen wird.

Ich will jedem Amerikaner danken, der an dieser Wahl teilgenommen hat. Ob ihr zum allerersten Mal gewählt habt oder in einer Schlange für eine sehr lange Zeit gewartet habt – nebenbei, wir müssen das besser hinbekommen (SCHEINBARER REDEABBRUCH). Ob ihr (ANAPHER) den Verbindungsweg versehen habt (ALLITERATION; METAPHER) oder das Handy hochgenommen habt (ALLITERATION) – ob ihr (ANAPHER) ein Obama Schild oder ein Romney Schild hochgehoben habt, ihr habt eure Stimme hörbar gemacht (PERSONFIKATION) und ihr habt den Unterschied gemacht.

Ich habe gerade mit Gouverneur Romney gesprochen und ich habe ihm und Paul Ryan gratuliert für einen hartgefochtenen Wahlkampf. Wir mögen uns zornig bekriegt haben, aber es ist nur deswegen, weil wir dieses Land zutiefst lieben und wir uns um seine Zukunft sehr sorgen. (ALLITERATION). Von George zu Lenore zu ihrem Sohn Mitt, die Romney Familie hat gewählt, durch ihren öffentlichen Dienst es Amerika zurückzugeben. Und das ist ein Vermächtnis, das wir ehren und wofür wir heute Abend applaudieren. In den folgenden Wochen, freue ich mich auch darauf mit Gouverneur Romney zusammenzusitzen und darüber zu sprechen, wo wir arbeiten können, zusammen, zum (ALLITERATION) Vorwärtsbringen dieses Landes.

Ich will meinem Freund und Partner für die letzten vier Jahre danken, Amerikas glücklicher

Krieger (METPAHER), der beste Vizepräsident, auf den jemand nur hoffen kann, Joe Biden. Und ich wäre auch nicht der Mann, der ich heute bin, ohne die Frau, die vor 20 Jahren zugestimmt hat, mich zu heiraten. Lass mich dies öffentlich sagen, Michelle, ich habe dich nie mehr geliebt (PUBLIKUMSTAUSCH – FICTIO AUDIENTIS). Ich (ANAPHER) war niemals stolzer, mich auch mit dem Rest Amerikas (SYNEKDOCHE) in dich als die First Lady unserer Nation zu verlieben.

Sasha und Malia, - genau vor unseren Augen (EXEMPLUM), ihr wachst gerade auf, um zwei starke, scharfsinnige, (ALLITERATION) hübsche junge Frauen zu werden, genau wie eure Mama. (INSINUATIO). Und ich bin so stolz auf euch, Leute. Aber ich werde dieses jetzt sagen, ein Hund ist möglicherweise genug (ALLUSIO).

Aber ihr alle gehört zur Familie (METAPHER). Unabhängig davon, was ihr macht oder wohin ihr von hier geht, ihr werdet die Erinnerung an die Geschichte, die wir zusammen gemacht haben, mit euch tragen. Und ihr werdet (ANAPHER) die lebenslange Hochschätzung eines dankbaren Präsidenten haben. Danke an euch, dass ihr den ganzen Weg geglaubt habt, an jeden Hügel, jedes Tal (INCLUSIO – Wortumrandung; SYNEKDOCHE). Ihr habt mich den ganzen Tag hochgehoben, und ich werde euch für immer dankbar sein für alles, was ihr getan habt, und die ganze unglaubliche Arbeit, die ihr hineingesteckt habt.

Ich weiß, dass politische Kampagnen manchmal minimal muten (ALLITERATION) können, sogar mindersinnig. (ALLITERATION). Und das stellt viel Futter (METAPHER) für die Zyniker zur Verfügung, die uns sagen, dass Politik nicht mehr als ein Wettbewerb der Egos oder das Gebiet der speziellen Interessen ist. Aber wenn ihr jemals die Chance bekommt, mit den Leuten zu reden, die bei unseren Wahlveranstaltungen aufgetaucht sind und sich in einer Seilschlange (METPAHER) in der Turnhalle einer Schule versammelt haben oder – oder (GEMINATIO) ihr Leute gesehen habt, die in einem Wahlkampfbüro in irgendeinem winzigen Landstrich weit weg von zu Hause bis spät gearbeitet haben, werdet ihr etwas anderes entdecken.

Ihr werdet die Entschlossenheit in der Stimme eines jungen Feldorganisators hören, der sich seinen Weg weiterbahnt (ALLITERATION) durch die Hochschule und sicherstellen will, dass jedes Kind die gleiche Möglichkeit erhält. Ihr werdet (ANAPHER) den Stolz in der Stimme eines Selbstgewählten (ALLITERATION) hören, der seinen Weg von Tür zu Tür (INCLUSIO –WORTUMRANDUNG) geht, weil sein Bruder schließlich eingestellt wurde, als die örtliche Autofirma eine erneute (ALLITERATION) Schicht einlegte.

Ihr werdet den tiefen Patriotismus in der Stimme des Gatten eines Militärangehörigen hören, der das Telefon bis spät in die Nacht abnimmt, um sicherzustellen, dass niemand, der für diese sLand kämpft, jemals um einen Job kämpfen (DISTINCTIO) muss oder ein Dach über dem Kopf (SYNEKDOCHE) hat, wenn die Leute heimkommen.

Das ist der Grund, warum wir das machen. Das ist (ANAPHER), wie die Politik sein kann. Das ist der Grund (ANAPHER), warum die Wahl eine Rolle spielt. Es ist nicht klein, es ist groß (ANAPHER). Es ist wichtig (ANAPHER). Demokratie in einer Nation von 300 Millionen kann laut und unordentlich und kompliziert (POLYSYNDETON) sein. Wir haben unsere eigenen Meinungen. Jeder von uns hat tief in sich gehaltene Überzeugungen. Und wenn wir durch diese Zeiten, zutiefst rauh, (ALLITERATION) gehen, wenn wir (ANAPHER) große Entscheidungen als ein Land treffen, erhitzt es notwendigerweise die Gemüter, erhitzt sich eine

Kontroverse. (ANAPHER). Das wird sich nach heute Nacht nicht ändern. Und sollte nicht (ELLIPSE). Diese Streitpunkte, die wir haben, sind ein Zeichen unserer Freiheit, und wir können niemals vergessen, dass während wir sprechen, Leute in entfernten Nationen gerade jetzt ihr Leben riskieren, für die Chance, über die Streitpunkte zu streiten, die eine Rolle spielen – die Chance, ihre Stimme abzugeben, wie wir es heute getan haben.

Aber trotz dieser Differenzen teilen die meisten von uns gewisse Hoffnungen für die Zukunft Amerikas.

Wir wollen, dass unsere Kinder in einem Land aufwachsen (TRAUM), in dem sie die besten Schulen und die besten Lehrer haben, ein Land, das sein Vermächtnis als weltweiter Führer bei Technologie und Forschung und Innovation (POLYSYNDETON) erfüllt – mit all den guten Jobs und neuen Geschäftsfeldern, die folgen.

Wir wollen, dass (ANAPHER) unsere Kinder in einem Amerika leben, das nicht durch Schulden belastet ist, das nicht (ANAPHER) durch Ungleichheit geschwächt ist, das nicht (ANAPHER) durch die zerstörerische Kraft eines sich erwärmenden Planeten bedroht ist.

Wir wollen (ANAPHER) auf einem Land vorüberfahren, das sicher und respektiert und bewundert (POLYSYNDETON) auf der Welt ist, eine Nation, die vom stärksten Militär auf der Welt und den besten Truppen verteidigt wird, die diese – diese Welt (GEMINATIO) jemals gekannt hat, aber auch ein Land, das mit Zuversicht hinter dieser Zeit des Krieges vorwärts geht, um einen Frieden zu formen, der auf dem Versprechen der Freiheit und Würde für jedes menschliche Wesen gebaut ist.

Wir glauben an ein großzügiges Amerika, an ein mitfühlendes Amerika (EPIPHER), an ein tolerantes Amerika (EPIPHER), das offen für die Träume einer Einwanderertochter ist, die an unseren Schulen studiert und auf unsere Fahne gelobt – bis zum jungen Jungen (PLEONASMUS) an der Südseite von Chicago, der sein Leben hinter der nächsten Straßenecke sieht, bis zum Kind eines Möbelarbeiters in Nord-Carolina, der ein Arzt oder Wissenschaftler, ein Ingenieur oder Unternehmer, ein Diplomat werden will (ACCUMULATIO - CONGERIES „ANHÄUFUNG") oder sogar ein Präsident. (IRONIE).

Das ist die – das ist die (GEMINATIO) Zukunft, auf die wir hoffen.
Das ist die Vision (ANAPHER), die wir teilen. Das ist (ANAPHER), wohin wir gehen müssen: vorwärts. (ELLIPSE). Das ist, wohin wir gehen müssen. (REFRAIN).

Nun, wir werden uneinig sein, manchmal wütend, wie wir dorthin kommen. Da es seit mehr als zwei Jahrhunderten schon andauert, wird der Fortschritt stoßweise und ruckweise (HOMOIOTELEUTON) kommen. Es ist nicht immer eine gerade Linie. Es ist nicht immer ein glatter Weg (ANAPHER). Von sich selbst, wird die Erkenntnis, dass wir gemeinsame Hoffnungen und Träume (HENDIADYOIN) haben, nicht in einem Verkehrsstau enden, all unsere Problem lösen oder die gewissenhafte Arbeit der Konsenserrichtung ersetzen und die schwierigen Kompromisse schaffen, die nötig sind, um dieses Land vorwärts zu bringen.
(…)

Thatchers Verteidigungsrede F92

6. Februar 1976, Southgate. Richtet sich gegen einen Radioreport der BBC.

Ich stehe heute Abend vor Ihnen in meinem Chiffon-Abendkleid mit rotem Stern (Gelächter, Applaus), (EVIDENTIA) mein Gesicht sorgfältig hergerichtet und meine blonden Haar sanft gewellt (Gelächter). (IRONIE) Die eiserne adelige Dame der Westlichen Welt (PRONOMINATIO/METAPHER). Eine Kriegerin des Kalten Krieges, (METAPHER) eine Amazonenspießerin, (METAPHER) sogar eine Peking Verschwörerin (METAPHER). Nun, bin ich eines von diesen Dingen? (Nein!). (RHETORISCHE FRAGE)

Nun ja, wenn es das ist, wie sie ... (Gelächter). (APOSIOPESE-REDEABBRUCH) Ja, ich bin eine eiserne adelige Dame, (BEKRÄFTIGUNG), nach allem wäre es keine so schlechte Sache ein eiserner Herzog zu sein, (IRONIE) ja, wenn es das ist, wie sie die Verteidigung der Werte und der Freiheiten, die fundamental für unsere Lebensweise ist, interpretieren wollen.

Und von ihnen, da meine ich die irgendwie seltsame Verbindung zwischen den Kameraden des russischen Verteidigungsministeriums - und unseres eigenen Verteidigungsministers (Roy Mason). (ALLUSIO-ANSPIELUNG)

Ihnen steht es frei mich zu nennen, wie sie wollen, wenn sie glauben, dass wir den Aufbau der russischen Militärstärke ignorieren sollten, und dass wir nicht ihre Träume der atomaren Entspannung stören sollten wegen der kommunistischen Anwesenheit in Angola. (Im Original: ANAPHER)

Aber ich komme zu dem Schluss, das, was hier auf dem Spiel steht, ist wichtig und ist entscheidend für sowohl unsere Zukunft in diesem Land als auch für die ganze Welt. (Hört, hört, Applaus). (TUA RES AGITUR - DIE SACHE GEHT EUCH AN).

Wir führen einen Krieg auf vielen Fronten. (NARRATIO-Beginn)

Wir dürfen nicht die Gewehre und Raketen vergessen, die auf uns zielen - aber gleichermaßen dürfen wir uns nicht blenden lassen in Bezug auf den hinterhältigen Krieg der Worte, der gerade stattfindet.

Es ist nicht nur eine Angelegenheit Beleidigungen ins Gesicht zu schleudern - wo derjenige, der am lautesten schleudert, als letzter schleudert (das ist die eiserne Reserve des Mannes, der bereits das Argument verloren hat). (SENTENZ)

Nein, das ist kein solcher Krieg. (LITOTES)

Der Krieg ist ein wahrer Krieg der Worte (METAPHER), wo die Bedeutungen verloren gehen im Nebelschleier revolutionärer Fantasie (METAPHER); wo Genauigkeit leise unter den Teppich gekehrt wird (VERBLASSTE METAPHER); und wo die Wahrheit verdreht und gekrümmt wird (HENDIADYOIN), um der letzten propagandistischen Zeile zu entsprechen.

Das ist es, wogegen wir sind. (BEKRÄFTIGUNG)

Und wir müssen es bekämpfen, wenn wir es nur ganz fremdartig in Bezug auf unsere Vorstellungen von Freiheit und Wahrheit finden.

Um zu verdeutlichen, was ich meine, knöpfen wir uns den letzten Satz vor. Darin enthalten sind zwei Worte, die zusammen die am meisten missbrauchten in der Geschichte des Kampfes sind:

Freiheit und Kampf (ELLIPSE)

Der Marxist hat die Beschreibung des Freiheitskämpfers angewendet auf jemanden, der hilft, den Marxismus hervorzubringen, ein System, das grundlegende Freiheiten verleugnet.

Mit anderen Worten, der sogenannte Freiheitkämpfer ist ein Mann, der hilft, die Freiheit zu zerstören. (PARADOX)

Von solcher Art ist die Unredlichkeit der Sprache, die sie benutzen.

Notwendig in ihren Augen, weil sie wissen, dass Freiheit ein reizvolles Wort ist.

(...)

Also lasst uns nicht von ihrem Missbrauch der Worte irreleiten.

Aber die Trugschlüsse des gegenwärtigen Propagandakrieges kommen näher nach Hause als dieses.

Schauen wir auf ein anderes Wort, das gerade einfach fein unlauter gemacht wird in der Litanei der Linken. (ALLITERATION)

Das Wort ist „Öffentlichkeit". Wir benutzen es mehrere Male pro Tag.

Es ist mit uns die ganze Zeit - weil wir in der Öffentlichkeit stehen.

Alle von uns.

Dennoch ist dieses Wort verzerrt worden. Nehmen wir z.B. „öffentliches Eigentum".

In Theorie: Wir besitzen die Minen. Wir besitzen die Bahnhöfe. Wir besitzen die Postämter. (PARALLELISMUS/ANAPHER/ELLIPSE)

Aber tatsächlich besitzen wir davon nichts wirklich.

„Öffentliches Eigentum" sollte bedeuten, dass Sie und ich etwas besitzen, dass wir etwas zu sagen haben, wie es geführt wird, dass es verantwortlich für uns ist.

Aber die Tatsache ist, dass die Worte „öffentliches Eigentum" mittlerweile die sehr, sehr privaten Entscheidungswelten bedeuten, die hinter verschlossenen Türen gefällt werden, und in der Verantwortung für niemand stehen. (PARADOX)
Wie gut für uns alle, dass das öffentliche Eigentum als ein Wesen dargestellt wird.

Was für ein flüchtiger Blick auf den sozialistischen Himmel, den er anbietet. (IRONIE)

Die Sozialisten sagen uns, dass es massive Profite in einer bestimmten Industrie gibt und dass sie nicht zu den Aktionären gehen sollten - aber dass die Öffentlichkeit die Früchte ernten sollte.

Früchte?

Welche Früchte? (INCLUSIO; RHETORISCHE FRAGE)

Wenn man eine profitable Industrie in öffentliche Eignerschaft überträgt, verschwindet bald der Profit.

Die Gans, die die goldenen Eiern legt, wird ausgebrütet. (KATACHRESE: Sprichwortableitung)

Staatsgänse sind keine großen Rechtsanwälte.

Die Stahlindustrie wurde vor einigen Jahren im öffentlichen Interesse verstaatlicht - dennoch ist das einzige Interesse, das für die Öffentlichkeit übrig ist, das deprimierende Schauspiel zu bestaunen, wie ihr Geld den Abfluss runterläuft zu einem Wechselkurs von Millionen Pfund pro Tag. (EXEMPLUM)

Die Sozialisten versetzen den Boden, indem sie Industrien in öffentliches Eigentum überführen.

Sie sagen uns dann, dass einige Industrien nicht mehr länger überleben können, es sei denn, sie werden in öffentliches Eigentum überführt, angeblich um die Öffentlichkeit vor den Auswirkungen des Zusammenbruchs zu beschützen.

Es klingt alles so niedlich, und so demokratisch. (IRONIE)

Aber ist es wahr?

Nein, natürlich ist es das nicht. (RHETORISCHE FRAGE MIT SOFORTIGER BEANTWORTUNG)

(...)

Aber dies ist unweigerlich der Moment, wenn die Öffentlichkeit anfängt zu bezahlen.

Zahlt, um die Industrie zu übernehmen.

Zahlt die Verluste durch höhere Steuern.

Zahlt die Ineffektivität mit höheren Preisen. (ANAPHER/ELLIPSE)

(....)

Register F93

Das rhetorische System – Inhaltsübersicht zum Buch mit genauer Tabellenangabe

inventio (Informationssammlung)
dispositio (Anordnung der Information)
elocutio (sprachliche Ausformulierung der eigenen Gedanken)
memoria (Einprägung des Redetextes)
actio (tatsächliche Aufführung der Rede)

Bereich der „Elocutio" (sprachliche Ausgestaltung der eigenen Gedanken)

Grammatik: Natürliche Sprechweise (Alltagssprache)

Stilarten: gehobene Stilart (genus grande = gg / abgelesene Rede); mittlere Stilart (genus mediocre = gm / Referat, Meinungsrede); einfache Stilart (genus humile = gh / bei einem ungebildeten Publikum, z.B. Kinder)

Erklärung:
Wenn das Feld hinter der Wortart leer ist, so sind alle drei Stilarten davon betroffen. Wenn das Wort nur für ein oder zwei Stilarten verwendet wird, so stehen die Abkürzungen dahinter.

Wortarten:

  Fragewort (wer, wie, wo, was...) A17
  Artikel, bestimmt (der, die, das...) A18
  Artikel, unbestimmt (ein, eine, ein) A19
  Demonstrativpronomen (dieser, jener, derjenige, derselbe) gg   A20
  Substantiv (Haus, Garten, Dach...) A21
  Genitivattribut (des Hauses, des Gartens) A22
  Exkurs: Die vier Fälle im Satzgefüge A23
  Verb (singen, hüpfen, spielen, sein, können) A24
  Hilfsverb (sein, haben) A25
  Vollverb (singen, tanzen) A26
  Modalverb (können, dürfen, sollen, müssen) A27
  Substantiviertes Verb (das Singen, das Kochen) A28
  Partizip Präsens (singend, lachend) A29
  Partizip Perfekt (gesungen, gelacht) A30
  Adjektiv, Positiv (schön) A31
  Adjektiv, Komparativ (schöner als) A32
  Adjektiv, Superlativ (am schönsten) = gm A33
  substantiviertes Adjektiv (das Grauenhafte, das Schreckliche) = gg A34

Adverb der Art und Weise (er singt schön) = gg A35
Gradadverb (sehr, ziemlich, schrecklich, äußerst) = gm/gg A36
Ortsadverb (dort, hier; in Stuttgart, auf dem Dach) A37
Zeitadverb (gestern, heute; am gestrigen Tage) A38
Häufigkeitsadverb (manchmal, selten, oft, nie) = gm/gg A39
Adverbien – Reihenfolge im Satz A40
Modal-Adverbien A41
Modalpartikel A42
Präposition (in, an, auf, unter) A43
Personalpronomen (ich, du, er, sie, es) A44
Reflexivpronomen (mich, dich, sich) A45
Possessivpronomen (mein, dein, sein, unser) A46
Relativpronomen (der, die, das; welcher, welche, welches) = gm/gg A47
Indefinitpronomen (etwas, nichts, alle, keiner) = gm / gg A48
Numerale (eins, zwei; erstens, zweitens; 1985) = gm /gg A49
Interjektion (ach! Aha! Bravo!) A50
Konjunktion (und, oder; nicht nur... sondern auch; sowohl...als auch) = gm / gg A51
Subjunktion (als, während, weil, wie, indem, wenn, falls) = gm / gg A52
Komposita (Mutterschaftsurlaub; erlebnisorientiert) = gg A53

Satzarten:

Hauptsatzarten:

Aussagesatz (Es gibt immer noch viel zu viele Tierversuche) A54
Fragesatz (Sollten wir nicht lieber alle Tierversuche stoppen?) = gm / gg A55
Wunschsatz (Wenn doch die Politiker nur die Tierversuche stoppen würden!) = gg A56
Befehlssatz (Stoppt endlich die Tierversuche!) = gh / gm A57
Vergleichssatz (Tierversuche sind so unnötig wie ein Kropf.) A58
dass-Satz = Meinungssatz (Ich finde, dass Tierversuche unnötig sind) = gm /gg A59

Nebensatzarten

Kausalsatz (Tierversuche müssen gestoppt werden, weil die meisten der Untersuchungsergebnisse ohnehin bekannt sind.) A60
Temporalsatz (Als die ersten Tierversuche unternommen wurden, gab es noch keine Proteste.) A61
Adversativsatz (Obwohl immer mehr Menschen gegen Tierversuche demonstrieren, hat sich bis jetzt nur wenig getan.) A62
Konsekutivsatz (Er war so außer sich vor Zorn, dass er die Journalisten anschrie.) = gm / gg A63
Finalsatz (Wir sollten demonstrieren, damit die Politiker endlich etwas machen.) A64
Konditionalsatz (Wenn damals die Politiker die Tierversuche gestoppt hätten, so wären keine neuen Medikamente entwickelt worden) gm/gg A65
Relativsatz (Die Tierversuche, die in den letzten Jahren unternommen wurden, waren unnötig) = gm/gg A66
Direkte Rede (Die Bundeskanzlerin sagt – ich zitiere- : „Tierversuche sind nötig!" A67
Indirekte Rede (Die Bundeskanzlerin sagt, Tierversuche seien nötig.) = gg A68
Konjunktionalsatz (Ob wir Erfolg haben werden, hängt von verschiedenen Faktoren ab.) = gm/gg A69

Indirekter Fragesatz (Zeigen wir den Politikern, wie es richtig geht) A70
Infinitivsatz (Es ist unser erklärtes Ziel, alle Tierversuche zu stoppen) A71
Apposition (Er behandelt seine Mutter, die Erde, und seinen Bruder, den Himmel, wie Dinge zum Kaufen). = gg A72

Rhetorische Figuren (eher künstliche Sprechweise des Redners für ein bestimmtes Ziel: mehr Eindringlichkeit, die Sympathie der Zuhörer gewinnen, Manipulation)

GRUPPE 1:
durch Zufügung eines oder mehrerer Wörter: (+) --> bewirkt Eindringlichkeit (schönerer Sprachrhythmus)=E; regt zum Nachdenken an = N

Geminatio (Wir sind gegen Tierversuche, Tierversuche, Tierversuche!) = E A74
Reduplicatio (Wir sind gegen Tierversuche! Tierversuche sollten verboten werden!) = E A75
Klimax (Wir müssen zu den Politikern gehen, die Politiker müssen ein Gesetz machen, das Gesetz muss Tierversuche verbieten!) = E A76
Inclusio (Die Politiker! Sie behaupten tatsächlich immer noch, dass Tierversuche nötig sind. Die Politiker!) = E A77
Anapher (Die Politiker behaupten, dass Tierversuche nötig sind. Die Politiker behaupten auch, dass wir ohne Tierversuche nicht leben können.) = E A78
Epipher (Die Politiker behaupten tatsächlich immer noch, dass Tierversuche nötig sind. In diesem Publikum gibt es sicherlich noch weitere Leute, die glauben, dass Tierversuche nötig sind.) = E A79
Complexio (Die Politiker behaupten tatsächlich immer noch, dass Tierversuche nötig sind, und dass wir ohne diese vielen Tierversuche nicht leben können. Die Politiker behaupten also, sie sind nötig, wir können nicht ohne sie leben!) = E A80
Polyptoton (Die Politik dieser Politik scheint wohl zu sein, Tierversuche grundsätzlich zu erlauben = N A82
Synonymia (Die hohe Politik sollte nicht länger zögern oder untentschlossen sein oder aufschieben oder keine Entscheidungen treffen) = E A83
Distinctio (Tierversuch und Tierversuch ist aber nicht das gleiche) = N A84
Paronomasie (Sie nennen es Versuch, ich nenne es verrucht!) = E A85
Derivatio (Den versuchten Versuch versuchen umzudrehen, damit die Tiere nicht länger leiden müssen.) = N A86
Asyndeton (Die Tiere sitzen allesamt zitternd, bibbernd, frierend, aber auch geschockt, verängstigt, gezeichnet in ihren Viehwaggons.) = E A87
Refrain (So fleißige Politiker! Sie reden viel und halten wenig, insbesondere wenn es um Steuern geht. So fleißige Politiker! Sie stecken sich Diäten ein, fahren mit ihren Kampfjets ins Ausland – natürlich auf unsere Kosten - und regieren. So fleißige Politiker!) = E A88
Verdeutlichung (Die Tierversuche, die überaus grausamen Tierversuche sollten verboten werden.) = E A89
Bekräftigung (Das Verbot von Tierversuchen, ja! Ein Verbot von Tierversuchen!, ist das, was wir durchsetzen müssen.) = E A90
Alliteration (Ein totales Tierversuchsverbot dieser teuren, treuen Lebewesen ist unsere Forderung.) = E A91
Congeries (Wenn ich nur an Tierversuche denke, die Tiere im Käfig, die Tiere wehrlos und schutzlos, die Tiere gequält mit Elekroschockern und schlechtem Essen, die Tiere langsam dahinsiechend in ihrem eigenen Kot, um dem homo sapiens zu dienen...) = E A92

GRUPPE 2:
durch Weglassen eines oder mehrerer Wörter (-) bewirkt Eindringlichkeit = E; sorgt für Abwechslung = A

Ellipse (Unser Ziel: Tiererversuche stoppen!) = E / A A93
Asyndeton (Die Tiere sitzen allesamt zitternd, bibbernd, frierend, aber auch geschockt, verängstigt, gezeichnet in ihren Viehwaggons.) = E A94
Zeugma (Ich bin gegen Tierversuche, Atomtransporte und Autoverkehr.) = E A95
Anakoluth (Es ist unser erklärtes Ziel, alle Tierversuche – aber vielleicht sollte ich erst einmal erklären, was wir unter Tierversuche verstehen...) = A A96

GRUPPE 3:
durch das Umstellen der normalen Wortfolge im Satz <--> bewirkt Eindringlichkeit (besserer Sprachrhythmus = E; für lustige Effekte und zum Schmunzeln =L ; regt zum Nachdenken an = N

Inversio (Der Tierversuche Befürworter sind vor allem Politiker) = N A97
Hypallage (Ich trank einen gemütlichen Zitronentee in meiner heißen Küche.) = L A98
Hysteron proteron (Er wurde überfahren und ging über die Ampel) = L A99
Hyperbaton (In die Stadt er's Auto fährt) = N B1
Parallelismus (Sind diese Tierversuche etwa nötig? Sind diese Tierversuche etwa irgendeiner Sache dienlich?) = E B2
Antithese (Tierversuche und Quälerei verhalten sich wie Krieg und Verlust der Menschlichkeit.) = N B4
Antimetabole (Nicht um mich zu langweilen schalte ich den Fernseher ein, sondern um mich nicht zu langweilen.) = N B5
Chiasmus (Diese Rede ist etwas zu lang, und zu lang erscheint mir der heutige Abend) = N B3

GRUPPE 4
durch das Ersetzen eines einzelnen Wortes im Satz (x2 für x1) oder das Zufügen eines unpassenden Beiworts / für lustige Effekte und zum Schmunzeln (=L); bewirkt Eindringlichkeit = E; sorgt für Abwechslung = A; regt zum Nachdenken an = N; soll den wahren Sachverhalt verschleichern =V; soll gebildet klingen = G

- Synonym („Handy" für Mobiltelefon) = E B6
- Archaismus („Leib" für Körper) = A B7
- Neologismus („chillen" für entspannen) = A B8
- Periphrase („das Austesten von lebensnotwendigen Medikamenten an Tieren" für Tierversuch) = V B9
- Fremdwort („Analyse" für Untersuchung) = G B10
- Stilbruch („kapitalistische Scheiße") = N / L B11
- Oxymoron („siegreicher Verlust") = N / L B11
- Paradox („Mir nach – ich folge euch.") = L B11
- Tautologie („fliegendes Flugzeug") = L B11
- Litotes (Dieser Porsche war nicht gerade billig") = E B14
- Synekdoche – speziell wird zu „allgemein": (Er ist ein Dieb! (Unterbegriff: Taschendieb) / von dem Ankläger geäußert, denn Dieb klingt schrecklicher als Taschendieb.) = E B18

- Synekdoche – allgemein wird zu „speziell": Dies ist der Muttermörder! (Oberbegriff: Mörder) / vom Ankläger geäußert, denn Muttermörder klingt schrecklicher als Mörder. = E B19
- Synekdoche – allgemein wird zu einem „Teil des Ganzen": Er ist eine Hand, die wir gut gebrauchen können. (für „Helfer" - die Hand ist ein Teil des menschlichen Helfers, die aufs Ganze bezogen wird) B20
- Synekdoche – Teil des Ganzen wird zu „allgemein": Das Gesetz naht! (für „Polizist" - der Polizist ist ein Teil des Gesetzes) = E B21
- Antonomasie (Ein neuer Goethe! (für ein „Schreibgenie")) = E / G B22
- Personifikation (Wie verzweifelt schrie mein kaputter Wagen um Hilfe, doch niemand war zu sehen.) B26
- Emphase (Was willst du machen? Er ist doch noch ein Kind) = N / E B12
- epitheton ornans (Oh schreckliches Verbrechen! Oh niederträchtige Begierde! Oh heilige Götter!) = E B13
- Hyperbel (Du singst wie Micky Maus!) = L B15
- Ironie („Kommen Sie herein! Hier werden Sie genauso beschissen wie nebenan!" (an der Losbude)) = L B16
- Metonymie [Nimm doch ein „Tempo"! (Tempo ersetzt „Taschentuch")] = E B17
- Metapher (Pfennigfuchser für „geiziger Mensch") = A B23
- Katachrese („Berührware" oder „Externausstattung" für Computer-Hardware) = A B24
- Allegorie („Geteerte Straßen, auf denen ich jahrelang orientierungslos entlangwandere" für „Zigaretten enthalten Teer und Nikotin") = N / V B25

GRUPPE 5:
Manipulationsfiguren: oft auf einen ganzen Textabschnitt bezogen; bewirkt Beeinflussung zugunsten des Redners = B; soll den wahren Sachverhalt verschleiern = V; sorgt für lustige Effekte und zum Schmunzeln = L; sorgt für Abwechslung = A

Fragearten
- Die ungeduldige Frage (Wie lange sollen wir noch warten?) = B B30
- Die nachdrückliche Frage (Ist es richtig, dass Sie das tatsächlich gesagt haben?) = B B30
- Die Befehlsfrage (Wer wird wohl ernsthaft bestreiten, dass eine 40-Stunden-Woche für unsere Firma wesentlich profitabler ist als die bisherige Regelung mit 37 Stunden?) = B B30
- Die Frage an sich selbst („Aber was rede ich hier noch lange herum? Ich sehe, es gibt immer noch ein paar Uneinsichtige, die mit dem Kopf schütteln.) = B B30
- Die Frage an sich selbst mit Beantwortung („Wissen Sie, was es bedeutet, wenn wir weiterhin die 37 Stunden-Woche haben? Unsere Firma geht innerhalb eines Jahres pleite!) = B B30
- Die zweifelnde Frage (Soll ich die Produktion nicht gleich doch ins Ausland verlagern? Soll ich die Wochenarbeitszeit nur um eine Stunde erhöhen und abwarten? = B B30
- Die moralische Frage (Ist es gerecht, wenn Sie sich an einer aktiven Mitarbeit im Unternehmen einfach verweigern und hier die 40-Stunden-Woche pauschal ablehnen?) = B B30
- Die zeitgewinnende Frage (Ich frage Sie: Als wir es dann doch durchgesetzt hatten, ging es der Firma da schlechter oder besser? = V B30
- Die ausrufende Frage (Mein Gott! Wann setzt sich bei Ihnen endlich die Überzeugung durch, dass eine Wochenarbeitszeitverlängerung doch Sinn machen könnte?!) = B B30

- Correctio („Sie sind wohl nun sehr traurig, weil Sie mehr arbeiten müssen. Traurig? Was sage ich! Sie toben und schreien, ich höre es genau.) = V B31
- Licentia („Seien wir doch ehrlich: Sie sind nur zu faul und viel zu bequem, um 40 Stunden für diese Firma arbeiten zu wollen.) = B B33
- repetitio sententiae: „Ich will Sie nochmals darauf hinweisen dass unsere Firma gefährdet ist in ihrer Existenz! Wir müssen alles daran setzen, dass es mit unserer Firma nicht mehr weiter bergab geht! Unserer Firma kann so großer Schaden zugefügt werden, dass sie vielleicht nicht mehr länger existiert, und wir so zahlungsunfähig werden = V B34
- Subnexio (Äpfel sind grün. Grün steht als Farbe für Natürlichkeit. Die natürlichen Dinge sind es, die den Menschen am meisten erfreuen, so z.B. die Wiesen und Wälder, die Äpfel und Birnen, die Natur. Wer an der Natur drehen will) = V B35
- Ironie (Sokrates: Aber, mein seliger Phaidros, ich werde mich lächerlich machen, wenn neben einem Meister ich Laie aus dem Stegreife über den gleichen Gegenstand rede.) = L / B B36
- Praeteritio („Ich will hier lieber nicht erwähnen, dass es in unserer Firma Leute gibt, die noch nebenher für die Konkurrenz arbeiten) = B B37
- Adiectio („Fast hätte ich noch vergessen: In Zukunft möchte ich über alle Dinge, die diese Firma betreffen, durch den ersten Sachbearbeiter der jeweiligen Arbeitsgruppen auf dem Laufenden gehalten werden) = A / B B38
- Anticipatio („Zwar kenne ich Ihre Bedenken, dass Sie mit Abschluss einer Lebensversicherung langfristig hohe Raten zahlen müssen, aber ich kann Ihnen versichern, dass durch die allgemeine Inflation und Ihre Gehaltssteigerungen die abzuleistenden Prämien immer kleiner werden.) = B B39
- Praeparatio (Wie Sie wissen, waren die letzten Monate nicht leicht für unsere Firma. Durch den gestiegenen Benzinpreis sind die Kosten für unsere Güter verteuert worden. Gleichzeitig ist der Absatzmarkt für unsere Produkte in Fernost geschrumpft...) = B B40

GRUPPE 6:
Figuren, die dem Redner Sympathie einbringen oder die Aufmerksamkeit im Publikum steigern: oft auf einen ganzen Textabschnitt bezogen; schafft ein Sympathiefeld mit dem Publikum = S; sorgt für Abwechslung und steigert dadurch die Aufmerksamkeit = A; regt zum Nachdenken an = N

- Sermocinatio („Was würde wohl ein Mann wie Johann Wolfgang von Goethe zur neuen Rechtschreibreform sagen? Ich bin mir sicher, stünde Goethe hier leibhaftig vor uns im Raum, würde dieser Altmeister der deutschen Sprache mitbekommen, dass wir zunächst eine jahrelange Rechtschreibreform per Gesetz durchgesetzt hatten...) = S / A B42
- Fictio audientis („Darum bitten wir dich, der du unser Gott bist und für uns sorgst, auch wenn wir es nicht erkennen. Den Zweck deiner Einrichtungen haben wir oft verkannt, als unverständige Kinder oft getadelt, was Du zu unserem Heil uns gabest. Vater, verzeihe es uns, gib uns Deine Verzeihung dadurch zu erkennen, dass Du uns segnest mit weisen, festen, frommen, uneigennützigen Regenten!) = S B43
- reticentia („Wie meine Meinung darüber ist? Ihr habt ja die junge Frau gehört, die etwas darüber sagte, das ich jetzt mit Rücksicht auf kleine Kinder ganz bestimmt nicht wiederholen werde. Ich denke, es ist falsch.) = S B44
- brevitas (Meine Damen, meine Herren, ich will Ihre Aufmerksamkeit nicht zu lange in

Anspruch nehmen, und werde deshalb gleich an Dinge anknüpfen, die meine Vorredner bereits erwähnt haben.) = S / A B45
- humilitas (Eigentlich kann ich ja gar nicht so gut reden, aber weil ich muss, bleibt mir wohl nichts anderes übrig als ins kalte Wasser zu springen und es zu versuchen.) = S B4
- Tua res agitur (Was die Nein-Sager nicht verstanden haben ist, dass es nicht um mich geht, sondern um Euch!) = A B47
- Direkte Publikumsansprache (Meine Herren! Bei Vorkommnissen der gegenwärtigen Art, die meines Erachtens verhängnisvoll und unheilvoll sind, bemühe ich mich immer, um den Mut nicht zu verlieren. Meine Herren! Meines Erachtens, ja meiner Überzeugung nach ist Ihr Beschluss eine Bankrotterklärung.) = A B48
- Letzte Entscheidung dem Publikum überlassen (Wollen Sie Kurzarbeit oder mehr Geld in der Tasche? Wollen Sie Schichtstreichung oder Bargeld? Sie haben alle Familie, und ich will Sie nicht mit einer Entscheidung seitens der Firmenleitung bevormunden.) = S B49
- Detaillierung (Hier wird das Wort „alle" ersetzt: „Viele Menschen, die unter uns weilen, und müde und geschafft von der Arbeit nach Hause kommen, Fabrikarbeiter, die endlose Stunden am Band stehen, Bankangestellte, die den ganzen Tag Überweisungsscheine eintippen mussten, Medienschaffende, die da Wort Freizeit ohnehin nicht kennen, Beamte, die den ganzen Tag mit unfreundlichen Menschen zu tun haben..." = S B27

BEISPIELE
- alltägliches Beispiel (Ich will Ihnen die Notwendigkeit einer Gesundheitsreform am Beispiel der jungen Krankenhausärzte demonstrieren.) = A B28
- Negativbeispiel (Ich will Ihnen am Beispiel der USA deutlich machen, dass Waffenbesitz eine höhere Gewaltbereitschaft in der Bevölkerung nach sich zieht. In den Staaten der USA, wo Waffenbesitz erlaubt ist, gibt es wesentlich mehr Mordfälle als in den amerikanischen Bundesstaaten, wo dies nicht der Fall ist.) = A B28
- hypothetisches Beispiel (Wenn man den Waffenbesitz in der Bundesrepublik erlauben würde, hätten wir innerhalb kürzester Zeit eine gewaltige Erhöhung der Mordrate zu beklagen. Jugendliche würden sich auf den Straßen Schießereien liefern, Männer würden in Kneipen zur Pistole greifen.) = A B28
- Gleichnis als Beispiel (Ihre Parteiführung verhält sich so, als wenn Sie den Kapitän des Schiffes durch Losentscheid bestimmt hätten und nicht durch den Erwerb eines Schiffsführerscheins) = A B28
- Fabel als Beispiel (Ein Pferd saß allein auf einer Wiese; ein Hirsch zerstörte die Weide; das Pferd wollte Rache nehmen und fragte den Menschen, ob er mit ihm zusammen den Hirsch bestrafen wolle. „Seht euch also vor, Bürger, dass ihr nicht an euren Feinden Rache nehmt, indem ihr das Schicksal des Pferdes erleidet; denn die Zügel habt ihr schon, weil ihr Phalaris zum Heerführer gewählt habt.) = A B28
- Sentenz („Das Recht des Stärkeren ist das stärkste Unrecht" sagt Marie von Ebner-Eschenbach.) = N B50

GRUPPE 7:
Argumentationsfiguren; sorgt für Logik = L; will den wahren Sachverhalt verschleiern = V; sorgt für Abwechslung und steigert dadurch die Aufmerksamkeit = A; regt zum Nachdenken an = N

- Basis-Argumentation = L B54

- ARGUMENTATION
- Behauptung
- Begründung 1 (Begründungssatz mit weil / da / denn / schließlich)
- Begründung 2 (Begründungssatz mit weil / da / denn / schließlich)
- Beispiel
- Forderung

Pro-Contra-Darlegung mit Schlussfolgerung = L B55

- Einleitung (1)
- Pro (2)
- Contra (3)
- Synthese (Abwägung von Pro und Contra) (4)
- Schlussfolgerung (5)

Scheinbares Zugeständnis mit Contra = V B56

- Einleitung (1)
- scheinbares Zugeständnis (2)
- aber-Argumente (3)
- Belege für das „aber" (4)
- Schlussfolgerung (5)

Pro-Contra-Darlegung mit Ablenkmanöver = V: B57

- Einleitung (1):
- pro (2)
- contra (3)
- Neuer Vorschlag (4)
- Schlussfolgerung (5)

Syllogismus = bei richtiger Bezugsgröße = L; bei falscher Bezugsgröße im Syllogismus = V B59

A = B: Alle Menschen sind sterblich.
B = C: Sokrates ist ein Mensch
A = C: Also ist Sokrates sterblich.

Apodiktischer Beweis: bei richtiger Bezugsgröße = L; bei falscher Bezugsgröße = V

„Genau dann, wenn Wasser kocht, bilden sich Blasen. Nun sind Blasen im Wasser, also kocht das Wasser." B60
Autoritätsbeweis: bei richtiger Bezugsgröße = L; bei falscher Bezugsgröße im Syllogismus = V
„Wie schon Einstein mit seiner Relativitätstheorie darlegte, sind Zeitreisen kein Ding der Unmöglichkeit." B61
Bilanzierung von Pro-Contra = bei richtiger Bilanzierung = L; bei falscher Bilanzierung = V B62

„Wenn wir die Pro- und Contra-Argumente sorgsam abwägen, bin ich nicht für die Wiedereinführung der Todesstrafe."

Evidentia = A B63
„Ihr Bürger Roms! Hier ist das blutende Hemd von Cäsar. Doch Brutus ist ein ehrenwerter Mann."

Vorsicht, oft sind die nachfolgenden Argumente nur Scheinargumente!

Einbezug eines weiteren Faktors = V B64
Die Gegner der Rechtschreibreform behaupten, dass die Schüler mit den neuen Regeln mehr Fehler machen würden. Neueste Untersuchungen zeigen jedoch, dass die Fehlerquote seit Einführung um 20 Prozent gesunken ist.

Mitleidargument = V B65
Unser Mandant hatte zum Zeitpunkt der Tat hohe Schulden und war schwer alkoholabhängig. Er befand sich in einer Ausnahmesituation, die ihn zum Mord an dem alten Mann veranlasste.

Gruppenargument (ideologisch) = V B66
„Fürs Vaterland aufopferungsvoll zu kämpfen und möglicherweise sein Leben zu lassen, ist die höchste Pflicht jedes einzelnen. Wer Fahnenflucht begeht, und sein Vaterland verrät, der muss sterben."

Traditionsverweis = V B67
Das Christentum ist wahr. Wenn es falsch wäre, so hätte es nicht zweitausend Jahre Religionsgeschichte hinter sich.

Moralisches Argument = V B68
Die Hartz-4-Gesetze sind falsch, denn wenn jemand sein Leben lang gearbeitet hat, bekommt er nach genau einem Jahr Arbeitslosigkeit genauso viel wie einer, der nie gearbeitet hat, und muss zusätzlich noch mit seinem Privatvermögen einstehen. Das ist ungerecht.

Erfolgsargument = V B69
Ein Schneeballsystem gibt jedem gleiche Chancen. Schließlich ist Herr Marschmüller damit auch reich geworden

Angstargument = V B70
Nur eigene Bewaffnung senkt die Kriminalitätsrate. Oder willst Du, dass Du und Deine Familie von Mördern, Räubern und Vergewaltigern ermordet und missbraucht werden?

Neidargument = V B71
Dein Kollege bekommt viel mehr Gehalt als du, obwohl du genauso viel arbeitest. Willst du wirklich seine Position unterstützen?

Hassargument = V B72
Ausländer nehmen uns die Arbeitsplätze weg. Sie sind an allem schuld, was in diesem Staat schief läuft; lasst euch das nicht länger gefallen.

Fantasieargument = V B73
Sie sagen, Sie können nicht zur Bundeswehr aus Gewissensgründen. Aber tatsächlich glaube ich, dass Ihre Gewissensgründe nur vorgeschoben sind. Denn wenn Ihre Freundin auf offener Straßen von Unbekannten attackiert würde, würden Sie dann nicht auch versuchen sie mit körperlicher Gewalt zu retten, ja sogar eine Schusswaffe einzusetzen, die Sie aus der Hand der Angreifer entwenden konnten?

Argument aus Unwissenheit = V B74
Niemand hat gezeigt, dass es keinen Gott gibt; also muss Gott existieren.

Argument eines scheinbaren Zusammenhangs = V B75
Eisverkäufe im Sommer stehen mit Verbrechensraten im Zusammenhang. Denn je heißer es ist, desto mehr Speiseeis wird verkauft und desto mehr Verbrechen geschehen. Daher verursacht Speiseeis Verbrechen.

Herablassendes Argument = V B76
Universität XYZ behauptet, ein Mittel gegen Krebs gefunden zu haben? Das ist unmöglich; wir haben viel mehr Geld und alles, was die bisher herausgefunden haben, wussten wir schon längst.

Stammtisch-Argument = V B77
Früher schlugen alle Eltern ihre Kinder. Mich haben meine Eltern auch geschlagen, und das hat mir gut getan. Wieso sollte körperliche Züchtigung auf einmal verboten sein?

Gewinnersparnis-Argument = N B78
Bei Einsparungen von nur 1,7 Cent pro Druckseite sparen Sie bei Ihrer Auflage bereits 20.000 x 0,017 = 340,- Euro im Monat.

Risikominimierungs-Argument = V B79
Dieser Computer kostet zwar 2400,- Euro, bei einer Nutzungsdauer von 10 Jahren sind das allerdings nur 20 Euro pro Monat.

Argument eines praktischen Nutzens = N B80
Dieses neue Auto verbraucht nur fünf Liter pro 100 Kilometer und sein Tankinhalt beträgt 50 Liter. Das bedeutet, Sie können mit einer Tankfüllung 1.000 Kilometer reisen, ohne unterwegs tanken zu müssen.

Das Beschwichtigungsargument (durch Ausklammerung) = V B81
Die Demokratien in Athen und Rom waren wirklich vorbildlich, hier hatten alle die gleichen Rechte. (Anmerkung: Die Rechte galten aber nicht für alle, z.B. Sklaven und Frauen hatten praktisch keine Rechte...)

Das Diffamierungsargument (durch Ausklammerung) = V B82
„Wenn Sie das sagen, so sind Sie ein Kommunist! Bedingungsloses Grundeinkommen für alle? Das fordern doch nur Leute, die die Planwirtschaft wieder einführen wollen. Und ich darf dann dank Ihnen meinen Schokoladenbedarf auf fünf Jahre im Voraus berechnen..."

Wiederholungsargument = V B83
Ich war es nicht! Ich war es nicht! Ich war es nicht!
Angriffsargument auf die Person = V B84
„Sie sind eine Frau...daher kennen Sie sich mit Autos nicht aus. Die Reparatur ist deswegen so teuer, weil wir Originalteile verwenden müssen."

Schikanierungsargument = V B85
„Mann, heute haben Sie sich ja richtig ins Zeug gelegt. Haben Sie heute ausnahmsweise nicht wie sonst gefaulenzt?"

Das Weiterführungsargument = N B86
Sie haben zugegeben, zur fraglichen Zeit am Tatort gewesen zu sein. Da es aber am Tatort unmöglich ist, diesen Blutfleck zu übersehen, wenn man die Wohnung betritt, stellt sich die Frage, warum Sie behaupten, nichts gesehen zu haben.

Dispositio: Anordnung der Information durch eine Gliederung

Redeformen: B89
In der heutigen Zeit unterscheidet man:

- Die Informationsrede (z.B. Vorlesung, Geschäftszahlenbekanntgabe, Referat) / Sprache: eher neutral; Vermittlung von Informationen

- Die Meinungsrede (z.B. Politische Rede, Predigt, Werberede) Sprache: Wechsel zwischen neutral und emotional; Vermittlung von Meinungen und Emotionen

- Die Gelegenheitsrede (z.B. Jubiläumsrede, Geburtstagsrede, Einweihungsrede, Trauerrede) / Sprache: emotional; Vermittlung von Emotionen

- In der römischen und griechischen Antike hat man ebenfalls drei Gattungen unterschieden:

- Die Gerichtsrede (genus iudicale): eine Anklage oder Verteidigungsrede (pro und contra mit Schlussfolgerung)

- Die Beratungs und Ermahnungsrede (genus deliberativum): man beurteilt die gegenwärtige Lage und streitet über Maßnahmen (pro und contra mit Schlussfolgerung)

- Die Lob- und Tadelrede (genus demonstrativum): man stellt eine Person bzw. Sache besonders lobenswert oder als verwerflich dar (linearer Aufbau, nur pro oder nur contra)

Vorgehensweise für die Gliederung: B98

e) Gliederung: Auswertung der gesammelten Information. Ein eigenes Urteil bilden und begründen; Vergleich mit einer eigenen Erfahrung (dispositio)
f) Hauptgedanken in Stichworten formulieren, oder mit einfachen Sätzen (Rohschrift) (dispositio)

g) Logische Gliederung des Stoffes (von den Hauptgedanken) (dispositio)
h) Sprachliche Umsetzung der Rede (elocutio)

Einleitungsformen: C1

f) Vom Allgemeinen zum Besonderen
g) Vom Besonderen (Gegenwärtigem) zum Allgemeinen (Vergangenen)
h) Die geschichtliche Einleitung
i) Die Begriffserläuterung
j) Keine Einleitung (in medias res) (wenn der Redegegenstand allen schon bekannt ist)
k) Das Lob
l) Die Kritik
m) Appell (Mahnruf)
n) Schockeinleitung (eher Show-Rhetorik)

Schematische Darstellung einer Einleitung: C2

- Begrüßung der Zuhörer
- Vorstellen der eigenen Person (Name, Berufsfeld)
- Kontaktaufnahme mit dem Publikum (den Zuhörern ein Kompliment machen, sich auf den Raum beziehen)
- Thema nennen
- Wichtigkeit des Themas zum Ausdruck bringen
- Gliederung des Vortrags vorstellen, Unterpunkte nennen
- Vorgangsweise erläutern (was für Medien eingesetzt werden)
- Regeln für Fragen der Zuhörer nennen (wann gefragt werden darf – immer erst am Schluss der Rede)
- Überleitung zum Hauptteil

Schematische Darstellung vom Hauptteil:

Europäische Vorgehensweise für den Hauptteil: C3
Punkt 1, Punkt 2, Punkt 3 (pro); Punkt 1, Punkt 2, Punkt 3 (contra); Schluss: Zusammenfassung der Ergebnisse

Amerikanische Vorgehensweise für den Hauptteil: C3
Punkt 1 nennen; später kurze Zusammenfassung des ersten Punktes; Überleitung zu Punkt 2; später kurze Zusammenfassung von Punkt 2; Überleitung zu Punkt 3; später kurze Zusammenfassung von Punkt 3; Andeutung des Endes der Präsentation; Überleitung zu Schlussbemerkung)

Schlussformen: C6

e) Die Zusammenfassung
f) Der Ausblick
g) Die Einschränkung
h) Es ist auch möglich mit einem Zitat zu enden.

Gliederungsmöglichkeiten: C8

f) zweiteilige Gliederung
Nach der Nennung des Themas kommt ein pro- und contra-Argument. Ein kurzes Fazit wird gezogen
g) dreiteilige Gliederung
Der Stoff wird in drei Teile zerlegt (Einleitung / Hauptteil / Schluss).
h) vierteilige Gliederung.
Der Stoff wird wie bei der dreigliedrigen Gliederung, es gibt aber noch eine Synthese
i) die fünfteilige Gliederung
Der Stoff wird wie beim Drama angeboten: Einleitung, ein Problem tritt auf, das Problem vergrößert sich (Höhepunkt), das Problem wird gelöst, Schluss.
j) Die ausführliche Gliederung
Der Stoff wird nicht reduziert, sondern ausführlich in allen Einzelheiten dargeboten (mehrere Stunden Redezeit).

Actio: Stimme, Körpersprache und Raum

Die Aussprache des Redners (= pronuntiatio) C14

- Sprache
- Sprechgeschwindigkeit
- Lautstärke
- Aussprache

Die Körperbewegungen des Redners (=actio) C14

- Haltung (still / zappelnd)
- Miene: Gesichtsausdruck dem Inhalt angepasst?
- Gestik: mit den Händen Redeinhalte unterstrichen?
- Blickkontakt mit den Zuhörern gehalten?
- Bewegung im Raum:
  sitzen / stehen / umherlaufen
- Vorzeigen von Indizien (Zeugenvorführung, Zeichnungen, Requisiten)

Zur „Körpersprache" gehört auch der Raum (Setting), da dies einen direkten Einfluss auf das Verhalten des Redners hat: C14

- Größe des Raumes
- Mikrofon
- Tafel
- Tageslichtprojektor
- Computernotebook mit angeschlossenem Beamer

Inventio: Die Informationsbeschaffung

- Die journalistische Methode: Fragewörter beantworten C42
- Die ABC-Methode: Alphabet aufschreiben und passende Wörter zum Thema suchen C43

- Brainstorming-Techniken: Einzel-Brainstorming, Gruppen-Brainstorming, Methode 635; Brainwriting C44
- Mindmap zeichnen C45
- PQR4-Methode C46

Memoria: Einprägen der Rede ins Gedächtnis C54

- Die Rede in kurzen Abschnitten selbst erarbeiten (laut aussprechen): C58
- Loci-Technik (Schlüsselwörter in Räumen ablegen) C49.2
- Wortketten (Schlüsselwörter thematisch aneinander fügen) C50
- Aus Schlüsselbegriffen eine Story schaffen C51

Affektenlehre des Aristoteles: C54

Zorn erregen / Zorn abbauen (Besänftigung); Freundschaft versus Feindschaft; C58
Furcht auslösen / Furcht verringern (Mut); Scham auslösen / Scham verringern (Schamlosigkeit); C60   C65
Mitleid auslösen / Mitleid verringern (Neid / Eifersucht); C66
Rede vor jüngeren Leuten – was zu tun ist; Rede vor älteren Leuten – was zu tun ist; Rede vor reichen oder mächtigen Leuten – was zu tun ist C70-C76

Dialektik:
Konversationsmaximen kennen: Relevanz, Qualität, passende Länge, Vermeidung von Zweideutigkeit

Faire Gespräche führen: Grundregeln

- Kontakt herstellen D15
- richtige Fragen stellen D16
- Selbstenthüllung D17
- eigene Meinung unterdrücken D19
- dem anderen Zeit geben D20
- Gesprächsförderer einsetzen D21
- Emotionalisierung vermeiden D22
- Positive Beendigung des Gesprächs D23

Verhandlungen führen

- Eröffnungsphase des Gesprächs
- Themensammlung D38
- Meinungen einholen D39
- Verhandlung beginnen D40
- Maßnahmenkatalog D41
- Ergebnissicherung D42

Verhandlungssituationen: Null-Summensituation versus Nicht-Nullsummensituation
Verhandlungsziele: D43-D44

- Definitionsziele, materielle Ziele, Positionsziele, Imageziele, Kooperationsziele D46-D50

Unfaire Verhandlungen:

- Killerphrase D73
- Rollenanweisungen D75
- Sachzwänge D76
- Abwertung D77
- Unterstellungen D78
- böse Ironie D82
- Zwischenrufe D88
- Sprüche D89
- Teilnahme simulieren D92

Gegentaktiken auf unfaire Verhandlungsarten:

- Sichtbarmachung D95
- ironische Betroffenheit D98
- Gegner auflaufen lassen E1
- Emotionalisierung D97

Manipulationsversuche in Verhandlungen

- Buhmann-Taktik E13
- Schein-Kompromiss E14
- Reaktanzmethode E15
- Schmeichelei E20
- Spaltungstechnik E21
- Ja-Straße E25
- Drohung E27

weitere Verhandlungstricks:

- Arzt-Sprechstunde E28
- Stuntman E29
- Kerker E30
- Reise nach Jerusalem E31
- Störfeuer E32
- Alphabet von hinten E33
- „Ich bin dann mal weg" E36
- Nicht zu Wort kommen lassen E38
- Stumm wie ein Fisch E39
- „Ich mag Sie nicht!" E40
- Ja, aber-Taktik E42
- Alibi-Veranstaltung E55
- Kaninchen aus dem Zauberhut E50.1
- Heiratsschwindler E52

Eristische Dialektik nach Schopenhauer:

- Fragefluss E62
- Triumphierend aufschreien E63
- Diskussion unterbrechen E65
- Beispiel entkräften E67
- Themawechsel E69
- Konsequenzen leugnen E73
- Gegner durch hochgestochenen Wortschwall verdutzen E76
- Persönliche Angriffe fahren E78

Politische Dialektik nach Hamilton:

- Nachteil als unwichtig herausstellen E80
- Nach einer Kritik das Lob nicht vergessen E82
- Vorwürfe des Gegners verstärken E81
- Nach einer ironischen Bemerkung ernst werden E84
- Zweideutigkeit von Wörtern einsetzen E87
- eine falsche Argumentation des Gegners ausgiebig korrigieren E85

Rhetorische Literatur:

Raabe – Abu Telfan F60
Spielhagen – Problematische Naturen F61
Goethe – Wilhelm Meisters Wanderjahre F62
Gutzkow – Die Ritter vom Geiste F63
Meyer – Das Amulett F64
Schlegel – Lucinde F65
Fontane – Vor dem Sturm F66
Freytag – Soll und Haben F67
Freytag – Die Ahnen F68
Immermann – Die Epigonen E71
Knigge – Benjamin Noldmanns Geschichte F72
La Roche – Geschichte des Fräulein von Sternheims F73
Mörike – Maler Nolten F74
Nicolai – Sebaldus Nothanker F75
Raabe – Der Hungerpastor F76
Scheerbart – Lesabéndio F78
Wieland – Geschichte des Agathon F80
Fontane – Stine F81
Keller – Der grüne Heinrich F82
Tieck – Der junge Tischlermeister F83
Arnim – Armut, Schuld und Buße der Gräfin Dolores F84
Brentano – Godwi F85
Ebner-Eschenbach – Bozena F86

SACHREGISTER

181 verschiedene rhetorische Figuren - Übersicht, F88
Abblockung mit Gegenfrage, D99
Abblockung, D79
ABC-Methode Inventio, C43
Abhandlung, B92
Abkürzungsneologismus, D4
Absurd hinstellen, F15
Abtönungspartikel A41/A42
Abwertung mit Hintergedanken, E23
Abwertung, D77
Abwertung, E99
actio, A14
Actio, C14
Adiectio, B38
 Adjektiv - Komparativ, A32
 Adjektiv - Positiv   A31
Adverb der Art und Weise, A35
Adversativsatz, A62
Adynaton, B23
Aequiclinatum, A82
Affekte, Definition, C53
 Affektenlehre, C52
Affictio, B39
Ähnlichkeitssuche (Witz), C94
Aischrologie, B9
Akkusativ, A23
Aktiv und Passiv , A26
Aktiv, A26
Aktives Zuhören, D62
Akzeptanz des Verhandlungspartners, D56
Alibi-Veranstaltung, E45
Allegorie, B25
Alliteration, A91
Alphabet rückwärts, E33
Alte (Publikum), C74 / C75
Amerikanische Gliederung, C4
Anadiplose, A75

Anakoluth, A96
Anamnesis, B44
Anapher, A21 / A78
Andeutungen, E44
Anekdote (Witz), C91
Anekdote, A38
Angriffsargument, B84
Angriffstaktiken, E2
Angst (Affekt), C60 / C61
Angstargument, B70
Annahme als Tatsache, F24
Anordnung von Informationen, A11
Anspielung (Witz), C97
Ansprechen des Konflikts, D67
Anticipatio, B39
Antike Dialektik, A9
Antike Rhetorik, A5
Anadiplose, A75
Anakoluth, A96
Anamnesis, B44
Anapher, A21 / A78
Andeutungen, E44
Anekdote (Witz), C91
Anekdote, A38
Angriffsargument, B84
Angriffstaktiken, E2
Angst (Affekt), C60 / C61
Angstargument, B70
Annahme als Tatsache, F24
Anordnung von Informationen, A11
Anspielung (Witz), C97
 Ansprechen des Konflikts, D67
Anticipatio, B39
Antike Dialektik, A9
Antike Rhetorik, A5
Antiklimax, A76 / A95
Antimetabole, B5
Antithese, B4
Antonomasia, B22
Anweisungen, D74
Anzweifeln falscher Argumente, E85
Apodiktischer Beweis, B60

Apokope, B18
Aposiopese, A96
Appelle (versteckt), A54
Apposition, A72
Aptum, A37
Aptum, äußeres, C5
Aptum, Fragenkatalog, C5
Aptum, inneres C4
Arbeitsschritte eines Redners, A10-A14 / F90
Archaismus, B7
Argument der goldenen Mitte, D43
Argument gegen eigenes Interesse, E75
Argumentation gegen gesunden Menschenverstand, E48
Argumentationsarten, B58
Argumentationsfiguren, B52
Argumentationsregeln, B53
Argumentationsüberleitung, C3
Argumente ohne Folgen bringen, E89
Artikel bestimmt, A18
Artikel, unbestimmt, A19
Artikulation, C23
Arzt-Sprechstunde, E28
Assimilatio, B45
Assoziationen vertauschen (Witz), C90
Asyndeton, A17
Asyndeton, A87 / A94
Atmung, C26
Aufbau dieses Buches, A5
auflaufen lassen, E1
Aufschrei, E63
Aufschreiben der Rede, A12
Aufwertung des Partners, D68
Aufwertung, F1
Ausblick, C6
Ausdehnung, E54
Ausführliche Gliederung, C9
Ausklammerungs-Argument, B81
Aussagesatz, A54

Äußerung umdeuten, F10
Ausweichen, F4
Autoren von Rhetorikbüchern (Problematik), A5
Autoritätsargumentation, E70
Autoritätsbeweis, B61
Autoritätsbeweis, E91

Bagatellisierung, F11
Bankett-Bestuhlung, C33
Barbarismus, B18
Basis-Argumentation, B54
Baustein für Rhetorik, A6
Bedrohung, E40
Beeinflussungsfaktoren Körpersprache, C18
Befehlssatz A57
Beispiel, B28
Beispiele entkräften, E67
Beispiele für Gliederungen, C10
Bekräftigung A74 / A90
Belehrung, D83
Beleidigt sein, E4
Beleuchtung des Raumes, C33
Beratungsrede, A26
Bericht, B91
Berufliche Zeugnisse: Formulierungsunsinn (A36)
Besänftigung (Affekt), C56 (/ C57)
Beschreibung, B93
Bestätigungen geben, D63
Bestuhlungsarten, C33
Betrachtung, B90
Betroffenheit simulieren, E18
Betrüger, E53
Beurteilungskriterien Redner, C38
Beweise anzweifeln, E77
Beziehungsebene (Gespräche), D22
Bilderwartung verdrehen (Witz), C90
Blamage, E93

Blickkontakt zum Publikum, C27
Blitz-Entscheidung, E55
böse Ironie, D82
Brainstorming, A17 / C44
Brainwriting, C44
Brevitas, B45
Buchbesprechung, C10
Buchstaben-Reduplicatio, A75
Buhmann-Taktik, E13

Chiasmus, B3
com-par, B2
Comparatio, B4
Complexio, A80
Conciliatio, B45
Conduplicatio, A74
Congeries, A21
Contra-Argumentation, B56
Correctio (Witz), D6
Correctio, B31

Datenflut, E9
Dativ, A23
Defectio, A93
Definitionsziele, D46
Deiktische Bewegung, C29
Demonstrativpronomen, A20
Den Gegner loben, E82
Den Gegner reizen, E83
Derivatio, A86
Desinformation, E10
Desinteresse, D90
Destruktive Verhandlungsmethoden, D72
Detaillierung, B27
Detaillierung, E94
Dialekt (Gespräche), D18
Dialektik des 21. Jahrhunderts, A9
Dialektik in diesem Buch, A9
Dialektik: Anwendungsbereiche, D13
Dialektikdefinition, A8
Dialektikdefinition, D12

Diaphora, A84
Dickes Lob, E90
Diffamierungsargument, B82
direkte Publikumsansprache, A17
Direkte Rede A67
Direkter Angriff, E3
Diskussionsunterbrechung, E65
Dispositio, A11
Dispositio, B87
Distinctio, A84
Door-in-the-face-Taktik, E58
Dreiteilige Gliederung, C9
Drohung, E27
dumm stellen (Witz), C86
Dummheit (Witz), C86

Eifersucht (Affekt), C70 / C71
Eigenbegeisterung (Verhandlung), D61
Eigennamen und Genitiv, A22
Eindeutschung rhetorischer Figuren, F88
Einleitung, B99
Einleitung: Begriffserläuterung, C1
Einleitung: besonders zu allgemein, C1
Einleitung: geschichtlich, C1
Einleitungsschema, C2
Einnahmequellen als Redner, C37
Einprägen der Rede, A13
Einsatz der Hände, C29
Einschätzung des Kommunikationspartners, A8
Einschränkung, C6
Elativ, A33
Elefantengedächtnis, E37
Ellipse, A93
Elocutio, A12
Elocutio: Leitgedanken, B97
Emotion, C52

Emotionalisierung, D97
Empfangsrede, C10
Emphase, B12
Enallage, A98
Entlastung des Verhandlungspartners, D66
Epanode, A81 / B3
Epipher, A79
epitheton ornans, B13
Epizeuxis, A74
Erfahrungskegel, C15
Erfolgsargument, B69
Ergebnissicherung (Verhandlung), D42
Eristische Dialektik, E61 - E78
Erster Eindruck (Gespräche), D26 - D36)
Erzählung, B95
Etikettenschwindel Rhetorik, A5
Euphemismus, B9
Europäische Gliederung, C4
Evidentia, B63
Exemplum, B28
Exkurs, E51
Exordium, C1
Extremposition einnehmen, F26

Fabel (Witz), C92
Fabel, B28
Fachbücher zu Rhetorik (Problematik), A5
faire Gespräche, A9
Falsche Fährte, E50.2
Falsche Gewichtung, F23
Fantasieargument, B73
Feilschen, D43
Feindschaft (Affektenlehre), C58 / C59
Festansprache, C10
Festrede, A46
Fictio audientis, B43
Fictio personae, B42
Fictio, B8
Figura etymologica, A86

Figuren der Aufmerksamkeitssteigerung und Sympathie, B41
Film, A3
Finalsatz, A64
Flight or fight, C12
Folgen übertreiben, E88 / F12
Foot-in-the-door-Taktik, E59
Forderungshyperbel, E50.3
Formulierungswitz, C80
Fragefluss, E62
Fragekette (Witz), D7
Fragen in Vorstellungsgesprächen, A25
Fragen stellen (Gespräche), D16
Fragesatz, A55
Fragewort, A17
Fremdwort, A21
Fremdwort, B10
Freundschaft (Affektenlehre), C58 / C59
Fünfteilige Gliederung, C9
Furcht (Affekt), C60
Futur I, A26
Futur II, A26

Geburtstagsrede, C10
Gedankenfigur, A73
Gedichte, A3
Gefallenstrick, E60
Gefühle demonstrativ zeigen, D85
Gefühle ins Publikum transportieren, C52
Gefühle wechseln (Ironie zu Ernsthaftigkeit), E84
Gegenabwertung, D96
Gegenargument in Verruf bringen, E72
Gegenfrage stellen, F14
Gegensatzergänzung, D27
Gegentaktik Aggressivität, F28
Gegentaktik Aktenzitat, F40

Gegentaktik Ausweichen, F29
Gegentaktik Eigeninteresse, F38
Gegentaktik Fachkompetenz, F43
Gegentaktik Fragefluss, F48
Gegentaktik Fremdwörtersalat, F42
Gegentaktik Geflüster, F32
Gegentaktik Lästerung, F49
Gegentaktik Monolog, F35
Gegentaktik Nörgeln, F34
Gegentaktik Sonderangebot, F39
Gegentaktik Spott, F31
Gegentaktik Streithammel, F46
Gegentaktik Stummschaltung, F41
Gegentaktik Teilproblem, F44
Gegentaktik Trotzkopf, F45
Gegentaktik Ungereimtheit, F47
Gegentaktik Unterbrechung, F33
Gegentaktik Wiederholungsargument, F37
Gegentaktik Zeitausdehnung, F50
Gegentaktik Zeitmangel, F36
Gegentaktiken auf destruktive Verhandlungstechniken, D94
Gegner reizen, E66
Gelassenheit (Witz), D8
Gemeinplätze, C40
Geminatio, A74
Gemischte Allegorie, B25
Genitiv, A23
Genitivattribut, A22
Genitiv-Metapher, B23
Genus dubium, C5
Genus honestum, C5
Genus humile, C5
Genus obscurum, C5

Genus turpe, C5
Geplante Wahlmöglichkeit, E12
Gerichtsrede, A26 / C52
Geschichtsverdrehung (Witz), C93
Gespräche, Analysefehler, (D25)
Gespräche, Checkliste (D24)
Gesprächsbeendigung, D23
Gesprächsbeginn (Verhandlung), D40
Gesprächseröffnung (Verhandlung), D37
Gesprächsförderer, D21
Gesprächsführung, fair, D14 - D23
Gesprächsmeinungen (Verhandlungen), D39
Gesprächsthemen (Verhandlung), D38
Gesten, C17
Gewinnersparnis-Argument, B78
Gleichmacherei, D26
Gleichnis, B28
Gliederung, B87 / B88
Gliederung: einfach, B99
Gliederung: Leitgedanken, B96
Gliederung: Spannung C7
Gliederung: Vorgehensweise, B98
Gliederungsmöglichkeiten, C8
Gradadverb, A36
Gradatio, A76
Grammatik in diesem Buch, A7
Grammatikdefinition, A6
Großzügigkeit zeigen, F16
Grundemotionen, C30
Grundfertigkeiten Inventio, C41
Gruppenargument, B66
Guten Willen zeigen, D69
haben und sein, A25

Haltung des Redners, C28
Handgesten, C29
Hassargument, B72
Hässlichkeitsübertragung (Witz), C95
Häufigkeitsadverb A39
Hauptteil, B99
Hauptwort, A21
Heiratsschwindler, E52
Hendiadyoin, A83
Herablassungs-Argument, B76
Hilfsverb, A25
hinweisendes Fürwort, A20
Hochgestochener Wortschwall, E76
Hochzeitsrede, C10
Hufeisen, C33
Humilitas, B46
Hypallage, A98
Hyperbaton, B1
Hyperbel, B15
Hysteron proteron, A99

Ich bin dann mal weg, E36
Ich-Botschaft, D64
Ich-Botschaften senden (Gespräche), D22
Ideograph, C17 / C29
Imageziele, D49
Imperfekt, A26
Improvisation, E34
Impulsio, B45
In die Enge treiben, D91
In Medias Res, C1
Inclusio, A77 / A82
Indefinitpronomen A48
Indirekte Rede A68/A26
Indirekter Angriff, E3
Indirekter Fragesatz, A70
Infinitivsatz A71
Inhaltliche Vorbereitung Referat, F55
Interessenausgleich, D59
Interjektion, A50
Interrogativpronomen, A17
Interviewtaktiken, F7 - F26

Inventio, A10
Inventio, C39
Inversio, A97
Ironie (Witz), C87
Ironie, B16 / B36
Ironie, versteckt (Witz), C99
Ironische Betroffenheit, D98
Isokolon, B2
Iteratio, A78

Ja, aber-Taktik, E42
Jahreshauptversammlung, C10
Ja-Straße, E25
Journalistische Methode Inventio, C42
Jugend (Publikum), C72 / C73

Kaninchen aus dem Zauberhut, E50.1
Karteikartenbeschriftung, F54
Katachrese, B24
Katastrophenszenario, E22
Kausalsatz, A60
Keine Antwort geben, F7
Kerker, E30
Keynotes, C36
Killerphrasen, D73
Kinesik, C11
Kinetograph, C17 / C29
Kleidung des Redners, C31
Klimax, A76 / A95
Kombination Situation zu Formulierung (Witz), C81
Komik, geduldig, D2
Komik, mürrisch, D1
Komik, unerwartet, D5
Komik, unverschämt, D3
Komikarten, D11
Kommunikationsmodelle, A5
Kommunikationsregeln, C16
Komposita, A53
Konditionalsatz A65
Konjunktion, A51

Konjunktionalsatz A69
Konjunktiv, A26
Konsekutivsatz, A63
Konsequenzen leugnen, E73
Kontaktaufnahme (Gespräche), D15
Kontraste (Witz), D9
Konversationsmaximen, D14
Konversationsspiele, F87
Kooperationsziele, D50
Körpersprache, Definition, C13
Körpersprache: Mythen und Wahrheiten, C15
kraftsparende Redeweise, A17
Kränkung (Zorn), C54
Kreative Atmosphäre (Verhandlung), D58

Lampenfieber, C20
Latinitas, B18
Lautstärke der Stimme, C24
Leerlaufgerede (Gespräche), D20
Lerntypen, C15
Licentia, B33
Litotes, A17
Litotes, B14
Lob- und Tadelrede, A26 / A33
Lobrede, A38
Lobrede, A46
Lobrede, A55
Lobrede, C10
Loci a Persona, C40
Loci a Re, C40
Loci-Technik, C49
Lösungsorientierte Verhandlung, D51
Lösungsvorschläge beurteilen, D55
Lösungsvorschläge entwickeln, D54
Ludinalwellen, C26

Machtbasis ausspielen, D86

Mächtige (Publikum), C77
Manipulationsfiguren, B29
Manipulative Methode, E11
Manuskriptgestaltung, C32
Maßnahmenkatalog (Verhandlung), D41
Materielle Ziele, D47
Medienrhetorik, A5
Meinungssatz, A59
Meinungszurückhaltung (Gespräche), D19
memoria, A13
Memoria, C47
Metapher, A22
Metapher, B23
Methode 635, C44
Metonymie, B17
Mimik, C30
Mindmap, C45
Mitleid (Affekt), C66 / C67
Mitleidargument, B65
Modaladverbien A41
Modalpartikel A42
Modalverb, A27
Monolog, E47
Moralisches Argument, B68
Motivationsrede, C36
Mut (Affekt), C62 / C63

Nachhaken bei faulen Punkten, E74
Nachteil als Vorteil herausstellen, E97
Nachteile unterschlagen, E80
Narratio, A35
negative Abwertung, A20
Negative Gesprächsatmosphäre, E7
Negativworte, D87
Neid (Affekt), C68 / C69
Neidargument, B71
Neologismus, B8
Neueinteilung rhetorischer Figuren, F89
Nicht zu Wort kommen lassen, E38
Nicht-Nullsummensituation, D44
Nomen, A21
Nominativ, A23
Nullsummensituation, D43
Numerale A49
Nutzen-Argument, B80

Omissio, A93
Ortsadverb A37
Oxymoron, B11

Paradox (Witz), C98
Paradox, B11
Parallelismus, A26
Parallelismus, B2
paraphrase, B13
Paraprosdokian, A96
Parison, B2
Paronomasie (Witz), C84
Paronomasie, A85
Partizip Perfekt, A30
Partizip Präsens, A29
Partnerorientiertes Verhalten, D62
Passiv, A26
Pausen, C25
Pausen-Taktik, E5
Perfekt, A26
Periphrase, B9
Permissio, B32
Persönlicher Angriff, F2
Person angreifen, F20
Personalpronomen, A44
Personifikation, B26
Persönlich werden, E78
Persönliche Begründungen als Ich-Botschaft, D64
Piktograph, C17 / C29
Plusminus-Argumentation, B55
Plusquamperfekt, A26
Politische Rede, C52
Politische Rhetorik, E79-E89
Polyptoton, A17 / A82
Polysyndeton, A87
populärwissenschaftliche Bücher(Problematik), A5

Positionsziele, D48
Possessivpronomen A46
PQR4-Methode, C46
Praeparatio, B40
Praeteritio, B37
Präposition A43
Präsens, A2
Praxis gegen Theorie, F18
Praxis, A4
Preisverleihungsansprache, C10
Problembenennung, D52
Problem-Neubenennung, E57
Problem-Umschiffung, E56
Pro-Contra-Argumentation, B57
Pro-Contra-Bilanzierung, B62
Prolepsis, A97
Prominentenrede, C36
Pronominatio, B22
Pronuntiatio, C14
Proömium, C1
Provokation, E41
Public Relations, A3
Publikumsansprache, B48
Publikumsentscheid, B49

Querverweise, A5

Rahmen, F52
Raum, C33
Raumbestuhlung, C33
Reaktanzmethode, E15
Recapitulatio, A88
Redebeispiele mit rhetorischen Figuren, F91
Redeformen, B89
Redeschluss, C6
Redetext einprägen, C48
Rednerschulen, A4
Redundanz, B11
Reduplicatio, A75
Referat, F51
Reflexivpronomen A45
Refrain, A17

Refrain, A88
Regelbruch der Schulgrammatik, A2
Register, F94
Reiche (Publikum), C76
Reise nach Jerusalem, E31
Relativpronomen A47
Relativsatz A66
Repetitio sententiae, B34
Repetitio, A78
Resumptio, A88
Reticentia, B44
Reversio, A81
Rhetorik des 21. Jahrhunderts, A5
Rhetorik in diesem Buch, A5
Rhetorische Figur, A73
Rhetorische Frage, A17 / B30
Rhetorische Gliederungsformen, C9
Rhetorisches System - Übersicht, F93
Risikominimierungs-Argument, B79
Rollenzuweisungen, D75
Romane, A3
Ruhm, E92

Sachebene (Gespräche), D22
Sachkompetenz zeigen, F19
Sachwitz, C80
Sachzwänge, D76
Sammeln von Informationen, A10
Satzbaupläne im Deutschen, A23
Scalae, A76
Scham (Affekt) C64
Schamlosigkeit (Affekt), C64 / C65
Scheinargumente, B64 - B86
Schein-Kompromiss, E14
Schikanierungsargument, B85
Schilderung, B94
Schlagfertigkeit, A9

schlechtere Lage woanders, F25
Schlechtes Benehmen, E46
Schluss, B99 / C6
Schmeichelei, E20
Schockanfang, C1
Schuldgefühle erzeugen, E17
Schuldzuweisungen vermeiden, D57
Schwache Stelle suchen, E68
Selbstdarstellung, D84
Selbstenthüllung (Gespräche), D17
Selbsteröffnungen, D71
Selbstverständlichkeitstaktik, E26
Sender - Empfänger, A5
Sentenz (Witz), C85
Sentenz, B50
Separatio, A74 / A77
Sermocinatio, B42
Setting, C14
Sichtbarmachung, D95
Sieben Intelligenzen nach Gardner, C16
Sitzen oder Stehen? C28
Soundcheck, C33
Spaltungstechnik, E21
Spannungsgefälle, C7
Sprachbeherrschung (Gespräche), D18
Sprechmelodie, C22
Sprechpausen, C25
Sprechtempo, C21
Sprüche, D89
Stammtisch-Argument, B77
Statistik, A49
Statistiken, A32
Status des Redners, C19
Stegreifrede, C10
Steigreifrede, A17
Stilarten Redetext, A12
Stilarten, B96
Stilauffassungen zu Rhetorik, A16
Stilbruch, B11
Stilfehler Substantive, A21

Stilqualitäten der Antike, A16
Stilus grandis, B96
Stilus humilis, B96
Stilus mediocre, B96
Stimmfehler, C26
Stimmlage, C22
Stimmlautstärke, C24
Stoffkürzung durch Rhetoriktrainer, A4
Störfeuer, E32
Story als Gedächtnishilfe, C51
Streitgespräch nach Referat, F57
Stressgespräche, D19
Stummschaltung, E39
Stuntman, E29
Subjunktion, A52
Subnexio, B35
Substantiv, A21
Substantivertes Adjektiv, A34
Substantivierte Verben, A28
Suggestivfragen (Gespräche), D19
Suggestivfragen A39
Superreiche (Publikum), C76
Syllepse, A84
Syllogismus, B59
Sympathiekiller Gefallen, D35
Sympathiekiller Intelligenz, D29
Sympathiekiller Kritik, D31
Sympathiekiller Lob, D32
Sympathieträger „böse zu nett", D36
Sympathieträger „immer nett", D36
Sympathieträger Gefallen, D33 / D34
Sympathieträger Kritik, D30
Sympathieträger Lob, D32
Sympathieträger Schönheit, D28
Symploke, A80

Symptomverschreibung, E16
Synekdoche, „allgemein zu speziell", B19
Synekdoche, „allgemein zu Teil des Ganzen", B20
Synekdoche, „speziell zu allgemein", B18
Synekdoche, „Teil des Ganzen zu allgemein", B21
Synonym, B6
Synonymia, A83

Taktschlag, C17 / C29
Tarzan-Methode Manuskriptgestaltung, C32
Taufrede, C10
Tautologie, B11
Technisches Zubehör, C33
Teilersetzung eines Vorwurfs, E86
Teilnahme simulieren, D92
Temporalsatz, A61
Theaterbestuhlung, C33
Themawechsel, E69
Themawechsel, F21
Theorie, A4
Topoi, C39
Traditionsargument, B67
Tränen-Drüse, E19
Trauerfeier, C10
Trikolon, B2
Tropus, A73
Trugschluss ziehen, E49
Tua res agitur, B47
Tua res agitur, C1

Umarmung des Gegners, F22
Unbeweisbares Argument, B74
Unsicherheit verringern, F30
Unterstellung (Witz), C88
Unterstellung, D78
Unwissende Ironie gebrauchen, E71
Veränderte Lage hinweisen, F9
Veränderungskategorien

rhetorischer Figuren , A73
Verantwortungszuweisung, D80
Verantwortungszuweisung, E96
Verb: allgemeine Infos, A24
Verblasste Metapher, B23
Verdeutlichung, A74 / A89
Verdrehung eines Sachverhalts, F3
Vergleiche, A32
Vergleichssatz A58
Verhaltensregeln Diskussion, F58
Verhandlungsrhetorik, D37 - F5
Verhandlungssituationen, D43
Verhandlungsziel definieren, D53
Verhandlungsziele, D45 - D50
Verlegenheitslaute, C25
Verschleppungs-Taktik, E6
Verstecken hinter anderen, F17
Vertagung, F13
Vertrauensbasis schaffen, D60
Vertrauensvorschuss gewähren, D70
Verwirrung stiften, F5
Verzerrung (Witz), C96
Vier Fälle im Satz, A23
Vierteilige Gliederung, C9
Vir-Bonus-Ideal, B29
Vir-Bonus-Ideal, B50
Vollverb, A26
Voraussetzung leugnen, F8
Vorbereitung Referat, F53
Vortrag der Rede, A14
Vortrag, F56
Vorwurf als Vorteil herausstellen, E98
Vorwürfe umdefinieren, E81
Vorwürfe, D81
Vorziehen des Verbs, A24

Vorzugsbehandlung, E20

Wahl des richtigen Raumes, C33
Warum lacht man über Witze?, C83
Was ist noch Rhetorik, A3
Wechselbad, E8
Wechselrede, A8
Weiterer Faktor, B64
Weiterführungsargument, B86
Wemfall, A23
Wenfall, A23
Werbeslogans, A5
Werbung, A3
Werfall, A23
Wertschätzung zeigen, D65
Wessenfall, A23
Wie lernt man Rhetorik, A4
Wie schnell lernt man Rhetorik, A4
Wiederholungsargument, B83
Witzausnahmen, C79
Witzbeschreibung, D10
Witzfeld, C81
Witzgegenstand, C79
Witzkonter (Ironie), C89
Witzthemen, C82
Witztheorie, C78
Workshop-Bestuhlung, C33
Wortketten als Gedächtnishilfe, C50
Wortstellung Adverbien, A40
Wunschsatz, A56

Zange, E24
Zange, E43
Zeit gewähren für Antworten (Gespräche), D20
Zeitadverb, A38
Zeitenbildung mit Hilfsverben, A25 / A26
Zeitenübersicht, A26
Zeitung, A3

Zeugma, A95
Ziele der Rhetorik, A5
Zitat am Redeschluss, C6
Zorn (Affekt), C 54 / C55
Zusammenfassung, C6
Zusammenhangs-Argument, B75
Zweideutigkeit einsetzen, E87
Zweiteilige Gliederung, C9
Zwerchfellatmung, C26
Zwischenrufe, D88
Zynismus, E64 / E95

PERSONENREGISTER

A.F. Marfeld, B28
Abraham Lincoln A38
Achim von Arnim, A84 / E14
Adam Mickiewicz, A86
Adam Müller, A60
Adelbert von Chamisso, A78
Adolph Freiherr von Knigge, F72
Agrippa von Nettesheim, A92
Aischylos, A93
Alain-René Lesage, B23
Alessandro Manzoni, D85 / D91
Alex F. Osborn, C44
Alexandre Dumas, A24
Alfons Kordecki, A64
Annette von Droste-Hülshoff, B7
Aristoteles, A2 / B25 / B50 / C1/ C6 / C52
Arthur Schopenhauer, D12 / E61 - E78
Aspasia, A2

Barack Obama, B48 / C36/ C55 / C57 / C73 / C75
Barbarossa (Kaiser Friedrich I.), A22 /A46
Barabbas, B49
Baruch de Spinoza, D26 – D36
Bettina von Arnim, A75
Bill Clinton, A49 / C36
Bischof Otto von Freising, A46
Buddha, A17

Charis, C12
Charles Baudelaire, A70
Charles Dickens, A54 / B9 / D78 / D79
Charlotte Brontë, B44 / B48
Christian Dietrich Grabbe, D88
Christian Fürchtegott Gellert, A91 / B18
Christoffel von Grimmelshausen, A28 / A49
Christoph Martin Wieland, F80
Cicero, A2 / A4 / A15 / A96 / B1 / B16 / B30 / B36 / B87 /C11 / C52 / C79 - D8
Clemens August Graf von Galen, A58 / A61
Clemens Brentano, A99 / F85
Conrad Ferdinand Meyer, F64
Cook, C20

D. Peucer, A84
Dan Brown, B10
Dashiell Hammett, B23
Dayton Stoddard, B29
Demosthenes, C22 / C26
Dietrich Bonhoeffer, A69

Edgar Allan Poe, B31
Edgar Dale, C15
Edgar Rice Burroughs, B12 / B16 / B17
Eduard Mörike, F74
Elliot Aronson, B16 / C19 / C31/ C56 / D26 - D36
Elvis Presley, B69
Émile Zola, E8 / E24
Emily Jane Brontë, B30
Empedokles, A2
Ennius, B23 / B36
Erich Honecker, A17 / B82
Ernst Reuter, A20
E.T.A. Hoffmann, E22
Eva Herman, B81

Fedor Michajlovic Dostoevskij, A85 / B9 / D77 / D87
Franklin Roosevelt, A84
Franz Kafka, B25 / D83/ E25
Friedrich der Große, A43 / A47
Friedrich I., A22
Friedrich Nicolai, F75
Friedrich Schiller, A75 / A83 / A93 / A97 / B2 / D92
Friedrich Schlegel, F65
Friedrich Spielhagen, F61 / F79
Fritz Mauthner, B10

Gardner, C16
Georg-Christoph Lichtenberg, D11
Georg Engel, A90
Georg Herwegh, A83
George Orwell, B23 / B28
George Washington, A17
Giovanni Boccaccio, B23
Golo Mann, A17
Gorgias, B58 / C1 / D72 / D94
Gotamos Buddhos, A17
Gottfried-August Bürger, D11
Gottfried Benn, A21
Gottfried Keller, A82 / F82
Gotthold Ephraim Lessing, A86 / E6
Gustav Freytag, B5 / B11 / D80 / E5 / F68
Gustav Fülleborn, B20 / D9 – D11
Gustave Flaubert, D74, E10
Gustave Le Bon, B49 / B81

Hanns von Gumppenberg, A31
Häuptling Seattle, A63 / A72
Heinrich Heine, C1
Heinrich von Kleist, B1 / C41
Helmut Kohl, B82
Hellmuth Quast-Peregrin, A89
Henriette von Paalzow, D98
Henrik Ibsen, E23
Henryk Sienkiewicz, A77 /

A79 / A83
Hermann Ebbinghaus, C48
Hermann Hesse, A87 / A89
Hermann Müller-Bohn, A29
Hermann Sudermann, D96
Hippias, A2
Honoré de Balzac, D76 / E3
H. P. Grice, D14
Hucbald von Saint-Amand, A91
Hugo Ball, E4 / E17
Hugo von Hofmannsthal, C32 / D82 / E26

Ivan Sergeeviç Turgenev, D99

J.H. Campe, B10
J.M. Meyfart, A74
James Jones, A80 / B10
James Joyce, B8
Jean Paul, B14 / B23
Jeremias Gotthelf, A35 / B3 / B43 / E12
Jesus von Nazareth, A58/ B23 / B49
Johann Georg August Wirth, A26
Johann Heinrich Jung-Stilling, B11
Johann Jakob Engel, A55
Johann Karl Wezel, D84
Johann Nepomuk Nestroy, D89
Johann Wolfgang von Goethe, A31 / A82 / A99 / C18/ C21 / D81 / F62 / F69
Johanna Spyri, A77
John Keats, A22 / C6
John F. Kennedy, A33
John Locke, B59 / B84
Jorge Luis Borges, C49.1
Joseph Goebbels, B49
Julius Hey, C22

Kaiser Friedrich II, A30
Kaiser Konstantin, A27

Kaiser Wilhelm II., A71
Kaiserin Maria Theresia, A57
Kaiserin Theodora, A65
Kallikles, D94
Karl der Große, A59
Karl Gutzkov, E7 / F63
Karl Immermann, A83
Karl Immermann, F71
Karl May, A92
Klabund, A93/ B28
König Otto I., A56
Konrad Adenauer, A50
Konrad II., A54
Kurt Schumacher, A50 / A80

Laurence Sterne, A95
Lev Nikolaevic Tolstoj, B22 / B26 / D34 / D90 / D95 / E18
Li-Thai-Po, C91
Ludolf Wienbarg, B26
Ludovico Ariosto, B23
Ludwig Börne, B14
Ludwig Christoph Heinrich Hölty, A78
Ludwig Thoma, A83 / B14 / E19
Ludwig Tieck, B20 / F83

Malcolm X, A60
Marc Aurel, A20
Marcel Reich-Ranicki, B86
Mark Twain, A24
Margaret Thatcher, F92
Marie von Ebner-Eschenbach, A81/ D97 / E1 / F86
Martin Luther King, A61
Martin Opitz, B10
Matthias Horx, A21 / C36
Max Reihnhardt, A21
Mehrabian / Ferris, C15
Michail Gorbatschow, B82
Monica Lewinsky, C36
Molière, A44 / B45

Nikki Giovanni, A25
Nikolai Wassiljewitsch Gogol, A96 / D73 / E20
Nostradamus, B25

Oscar Wilde, A98 / B3/ B13 / B15
Oswald Neuberger, D19
Otto von Bismarck, A33 / A44 / A75 / C22
Otto von Freising, A22

Papst Urban II., A66
Paul Celan, B25
Paul Keller, B2
Paul Potts, C22
Paul Scheerbart, F78
Paul-Marie Verlaine, A77 / B25
Paulus, A76
Peter Altenberg, A90 / B6 / E9
Phaidros, B36 / B87
Phillip Jenninger, B81
Platon, A2 / B36
Pontius Pilatus, B49
Prodikos, A2
Protagoras, A2

Quintilian, A2 / A4
Quintus Hortensius Hortalus, B4

Raoul Schindler, B77
Raymond Chandler, A87 / B23
Reichensperger, B48
Richard von Weizsäcker, A21
Robert Louis Stevenson, A78
Roland Barthes, C52
Rolf Hochhuth, A20
Ronald Reagan, A94
Rudolf Virchow, A36
Rudolf von Habsburg, A37

Sarah Palin, C61 / C63 / C67
Sepp Herberger, B29 / E20
Sigmund Freud, C60

Simonides, C49 / C76
Sir Walter Scott, A84 / A93
Sokrates, B58 / B87 / C65 / D72 / D94
Solomon Shereshevskii, C49.1
Sophie von La Roche, F73
Steve Jobs, C36
Sueton, A15 / A19

Theodor Fontane A83 / B19 / E16 / E21 / E27 / F66 / F81
Theodor Heuss, B46
Thomas Hobbes, B59

Vergil, A78
Vespasian, A19
Victor Hugo, A85
Victor Hugo, B23

Waldemar Bonsels, B74 / E15
Walter Jens, A4 / B4
Widukind, A56
Wilbert, B24
Wilhelm Hauff, E13
Wilhelm Löbe, A20
Wilhelm Raabe, A74 / D75/ F60 / F76 / F77
William Gerard Hamilton, E80 – E89
William J. McGuire, B61
William Makepeace Thackeray, D86
William Pitt, A45
William Shakespeare, A76 / A88 / B4
Winston Churchill, A33

Xenophanes aus Kolophon, A65

Literaturvezeichnis F97

Klassische Texte zu Rhetorik:

Anonym, „Rhetorik an Herennius" (rhetorica ad Herennium). München 1994
Aristoteles, „Rhetorik". München 1980
Cicero, „Brutus". Düsseldorf / Zürich 2000
Cicero, „De Oratore". Stuttgart 1976
Cicero, „Orator". München 1986
Platon, „Gorgias". Stuttgart 2013
Platon, „Menexenos". Köln 1995
Platon, „Phaidros". Stuttgart 2000
Quintilianus, Marcus Fabius. „Institutio oratoria. Ausbildung des Redners". Darmstadt 1995

Klassische Texte zu Dialektik:

Hamilton, William Gerard: „Parliamentary Logick". London 1808
Schopenhauer, Arthur: „Eristische Dialektik oder die Kunst recht zu behalten".
(Unveröffentlichter Text aus dem Jahr 1830)

Standardwerke zu Rhetorik und Fachbegriffen:

Cockroft, Robert und Susan Cockroft. „Persuading People. An Introduction to Rhetoric". Hampshire, 2014
Fülleborn, Georg Gustav. „Rhetorik. Ein Leitfaden beym Unterricht in obern Klassen". Breslau 1805
Georges, Karl Ernst. „Ausführliches lateinisch-deutsches Handwörterbuch." Gotha, 1913
Jens, Walter. „Rhetorik". In: Reallexikon der deutschen Literaturgeschichte. Hrsg. von Werner Kohlschmidt und Wolfgang Mohr. Berlin / New York 1977
Jens, Walter (Hrsg). „Von deutscher Rede". München 1983
Knape, Joachim: „Allgemeine Rhetorik. Stationen der Theoriegeschichte". Stuttgart 2000.
Knape, Joachim: „Was ist Rhetorik?" Stuttgart 2000.
Lausberg, Heinrich: „Handbuch der literarischen Rhetorik. Eine Grundlegung der Literaturwissenschaft". München 1960.
Mayer, Heike. „Rhetorische Kompetenz". Paderborn 2007
Ottmers, Clemens. „Rhetorik". Stuttgart 2007
Robling, Franz-Hubert : „Redner und Rhetorik. Studie zur Begriffs- und Ideengeschichte des Rednerideals". Hamburg 2007,
Schlüter, Hermann, „Grundkurs der Rhetorik". München 1974
Ueding, Gert (Hrsg.), „Deutsche Reden von Luther bis zur Gegenwart". Frankfurt 1999
Ueding, Gert (Hrsg.): „Historisches Wörterbuch der Rhetorik". Band 1-10, Tübingen 1992
Ueding, Gert und Bernd Steinbrink, „Grundriss der Rhetorik". Stuttgart 1994

Weitere wichtige Werke zu Rhetorik, Grammatik und Geschichte:

Argyle, Michael. „Körpersprache und Kommunikation". Paderborn 1979
Argyle, Michael. „Soziale Interaktion". Köln 1972
Aronson, Elliot. „The Social Animal". New York 1972
Baron Robert A. und Donn Byrne: „Social Psychology. Understanding human interaction". Masachusetts 1993
Birkenbihl, Michael. „Train the Trainer". Landsberg/Lech 1990
Durant, Will. „Story of civilization" (Kulturgeschichte der Menschheit). New York 1944
Fiske, John. „Introduction to Communication Studies". London 1990
Geuenich, Bettina. „Das große Buch der erfolgreichen Lerntechniken". Köln 2007
Grice, H.P. „Logic and Conversation". In: Cole, P. und Morgan J. (Hrsg). „Speech Acts". New York, 1975
Göttert, Karl-Heinz. „Geschichte der Stimme". München 1998
Göttert, Karl-Heinz. „Mythos Redemacht. Eine andere Geschichte der Rhetorik". Frankfurt 2015
Hey, Julius. „Der kleine Hey. Die Kunst des Sprechens". Mainz 1956
Hill, Duncan. „Das antike Rom. Von der Republik zum Kaiserrreich". Bath, 2008
Knie, Frohmut. „Wie bleibe ich bei Stimme? Praktisches Stimmtraining für Lehrerinnen und Lehrer." Donauwörth, 2014
Kopf, L: „Das farbige Deutschbuch". Stuttgart 1971
Polanka, Bernhard. „Die Römer. Kultur und Geschichte". Wiesbaden 2012
Queneau, Raymond. „Exercises de style". Gallimard1947
Sallust. „Römische Geschichte". Wiesbaden 2012
Schneider, Wolf. „Deutsch für Profis". München 1999
Squire, Larry R. und Eric R. Kandel. „Gedächtnis. Die Natur des Erinnerns". Heidelberg 2009
Steinke, Klaus. „Projekte überzeugend präsentieren. So vermitteln Sie Ihr Anliegen klar und einprägsam". Bonn 2006
Stroh, Wilfried. „Die Macht der Rede. Eine kleine Geschichte der Rhetorik im alten Griechenland und Rom". Berlin 2009
Thiel, Monika und Caroline Frauer. „Stimmtherapie mit Erwachsenen. Was Stimmtherapeuten wissen sollten". Berlin 2012
Zimbardo, Philip G. „Psychologie". Berlin 1995